CTA 상법 (회사편)

객관식 문제집

시대에듀

2025 시대에듀 세무사 1차 객관식 상법(회사편)

Always with you

사람의 인연은 길에서 우연하게 만나거나 함께 살아가는 것만을 의미하지는 않습니다.
책을 펴내는 출판사와 그 책을 읽는 독자의 만남도 소중한 인연입니다.
시대에듀는 항상 독자의 마음을 헤아리기 위해 노력하고 있습니다. 늘 독자와 함께하겠습니다.

머리말

2024년 제61회 세무사 1차 시험에서는 22,455명의 출원자가 몰려 세무사 시험의 인기를 실감할 수 있었습니다. 그러나 1차 시험의 합격률은 17% 정도에 불과하여, 대부분의 수험생이 1차 시험의 문턱을 넘지 못하였습니다. 다른 시험에 비해 1차 시험의 합격도 쉽지 않은 만큼 세무사 시험에 최종 합격하려면 효율적인 학습을 할 필요가 있습니다.

1차 시험에 있어서 객관식 문제집을 통한 문제풀이 연습은 기출문제집을 통한 기출분석과 더불어 객관식 시험에 대비하는 가장 효율적인 학습법 중 하나입니다. 이에 국가자격시험 전문출판사인 시대에듀가 수험생의 입장에서 효율적인 1차 시험 대비를 위한 수험서로서 세무사 시험뿐만 아니라 유사 지문 등이 반복 출제되는 공인회계사 및 법무사 기출문제도 함께 수록하여 본서를 출간하게 되었습니다.

『2025 시대에듀 세무사 1차 객관식 상법(회사편)』의 특징은 다음과 같습니다.

❶ 상법 회사편의 기출문제를 진도별로 수록하였습니다.

❷ 최근 10개년의 세무사 기출문제(2015~2024)와 더불어 최근 5개년의 공인회계사 기출문제(2020~2024) 및 최근 4개년의 법무사 기출문제(2021~2024)를 수록하였습니다.

❸ 각 지문마다 O · X 표시를 하여 지문별 개별학습이 가능하도록 하였고, 특히 틀린 지문의 해설에는 주요 부분에 밑줄을 그어 그 내용을 한눈에 확인할 수 있도록 하였습니다.

❹ 최신 법령 · 판례에 근거하여 해설하였으며, 개정사항이 적용되어야 할 문제는 이를 반영하고, 기출수정 표시를 하였습니다.

끝으로 본서가 세무사 1차 시험에 도전하는 수험생 여러분에게 합격을 위한 좋은 안내서가 되기를 바라며, 여러분의 합격을 기원합니다.

대표 편저자 씀

도서 구성 및 특징

기출문제 단원별 수록

세무사 외에 공인회계사, 법무사 주요 기출문제를 단원별로 수록하여 출제경향을 파악할 수 있습니다.

상세한 해설

모든 지문에 정확하고 상세한 해설을 제시하여 강의 없이도 독학할 수 있도록 하였습니다.

STEP 3 판례 & 법령

이해하기 어려운 내용은 판례 & 법령을 통해 쉽게 이해할 수 있습니다.

STEP 4 더 살펴보기

핵심내용을 비교 · 정리한 더 살펴보기를 통해 학습의 편의성을 향상 시켜 주었습니다.

세무사 자격시험 소개

⬠ 시험과목

구 분	시험과목	시험방법
1차 시험	❶ 재정학 ❷ 세법학개론 (「국세기본법」, 「국세징수법」, 「조세범처벌법」, 「소득세법」, 「법인세법」, 「부가가치세법」, 「국제조세조정에 관한 법률」) ❸ 회계학개론 ❹ 「상법」(회사편) · 「민법」(총칙) · 「행정소송법」(「민사소송법」 준용규정 포함) 중 택1 ❺ 영어(공인어학성적 제출로 대체)	객관식 5지택일형
2차 시험	❶ 회계학1부(재무회계, 원가관리회계) ❷ 회계학2부(세무회계) ❸ 세법학1부(「국세기본법」, 「소득세법」, 「법인세법」, 「상속세및증여세법」) ❹ 세법학2부 (「부가가치세법」, 「개별소비세법」, 「조세특례제한법」, 「지방세법」 · 「지방세기본법」 · 「지방세징수법」 및 「지방세특례제한법」 중 취득세 · 재산세 및 등록에 대한 등록면허세)	주관식

⬠ 시험시간

시험구분	교 시	시험과목	시험시간	문항수
1차 시험	1교시	❶ 재정학 ❷ 세법학개론	09:30 ～ 10:50(80분)	과목별 40문항
	2교시	❸ 회계학개론 ❹ 상법 · 민법 · 행정소송법 중 택1	11:20 ～ 12:40(80분)	과목별 40문항
2차 시험	1교시	❶ 회계학1부	09:30 ～ 11:00(90분)	4문항
	2교시	❷ 회계학2부	11:30 ～ 13:00(90분)	4문항
	3교시	❸ 세법학1부	14:00 ～ 15:30(90분)	4문항
	4교시	❹ 세법학2부	16:00 ～ 17:30(90분)	4문항

※ 시험과 관련하여 법률 · 회계처리기준 등을 적용하여 정답을 구하여야 하는 문제는 "해당 시험일" 현재 시행 중인 법률 · 기준 등을 적용하여 그 정답을 구하여야 함
※ 회계학 과목의 경우 한국채택국제회계기준(K-IFRS)만 적용하여 출제
※ 기활용된 문제, 기출문제 등도 변형 · 활용되어 출제될 수 있음

⬠ 시험일정

구 분	원서접수기간	시험일자	합격자 발표
1차 시험	2025.03.24.～2025.03.28.	2025.04.26.	2025.05.28.
2차 시험	2025.06.23.～2025.06.27.	2025.08.02.	2025.11.12.

◈ 응시자격

- 최종 합격 발표일을 기준으로 「세무사법」 제4조 제2호부터 제10호까지의 어느 하나에 해당하면 시험에 응시할 수 없음
- 부정행위자로 처분을 받은 경우 그 처분이 있는 날부터 5년간 시험응시 자격을 정지

※ 최종 합격 발표일을 기준으로 「세무사법」 제5조 제2항 및 제5조의3 규정에 따라 응시할 수 없는 자로 확인된 경우 합격에서 제외

◈ 공인어학성적

시험명	TOEFL		TOEIC	TEPS	G-TELP	FLEX
	PBT	IBT				
일반응시자	530	71	700	340	65(level-2)	625
청각장애인	352	–	350	204	43(level-2)	375

※ 공인어학성적의 인정범위는 2022년 1월 1일 이후 실시된 시험으로 제1차 시험 전날까지 성적발표 및 성적표가 교부된 시험(단, 영어시험의 시행기관에서 정한 성적의 유효기간이 만료되기 전에 사전등록하여 진위가 확인이 된 성적에 한해 인정)

◈ 합격자 결정

구 분	합격기준
1차 시험	영어 과목을 제외한 나머지 과목에서 과목당 100점을 만점으로 하여 각 과목의 점수가 40점 이상이고, 전 과목 평균점수가 60점 이상인 사람을 합격자로 결정
2차 시험	과목당 100점을 만점으로 하여 각 과목의 점수가 40점 이상이고, 전 과목 평균점수가 60점 이상인 사람을 합격자로 결정(단, 최소 합격인원에 미달하는 경우에는 그 미달하는 범위에서 순차적으로 전 과목의 평균점수가 다른 사람보다 높은 사람을 합격자로 결정)

◈ 최근 5년간 1차 시험 과목별 응시인원

구 분		응시인원(단위 : 명)				
		2020년	2021년	2022년	2023년	2024년
재정학		9,506	10,348	12,554	13,768	18,842
세법학개론		9,506	10,348	12,554	13,768	18,842
회계학개론		9,470	10,291	12,496	13,673	18,714
선택 과목	상 법	3,433	3,591	4,244	4,439	5,406
	민 법	973	940	1,275	1,545	1,790
	행정소송법	5,064	5,760	6,977	7,689	11,518

이 책의 차례

세무사 1차 객관식

상 법
(회사편)

제1절 | 회사의 의의·종류·능력

01 세무사 2024 ☑ 확인 Check! ○ △ ✕

상법상 회사에 관한 설명으로 옳은 것은?

① 회사란 기본적 상행위만을 통한 영리추구를 목적으로 하여 설립된 법인을 말한다.
② 해산 후의 회사는 다른 해산 후의 회사를 존속하는 회사로 하여 합병할 수 있다.
③ 회사는 다른 회사의 무한책임사원이 될 수 있다.
④ 회사의 종류는 합명회사, 상호회사, 유한책임회사, 유한회사, 주식회사의 5종류로 한다.
⑤ 회사가 정당한 사유없이 설립 후 1년 이상 영업을 휴지하는 때에는 법원은 이해관계인이나 검사의 청구에 의하여 그 해산을 명할 수 있다.

∥해설∥

① [✕] 이 법에서 "회사"란 상행위나 그 밖의 영리를 목적으로 하여 설립한 법인을 말한다(상법 제169조).
② [✕] 해산 후의 회사는 존립 중의 회사를 존속하는 회사로 하는 경우에 한하여 합병을 할 수 있다(상법 제174조 제3항).
③ [✕] 회사는 다른 회사의 무한책임사원이 되지 못한다(상법 제173조).
④ [✕] 회사는 합명회사, 합자회사, 유한책임회사, 주식회사와 유한회사의 5종으로 한다(상법 제170조).
⑤ [○] 상법 제176조 제1항 제2호

> **상법 제176조(회사의 해산명령)**
> ① 법원은 다음의 사유가 있는 경우에는 이해관계인이나 검사의 청구에 의하여 또는 직권으로 회사의 해산을 명할 수 있다.
> 1. 회사의 설립목적이 불법한 것인 때
> 2. 회사가 정당한 사유없이 설립 후 1년 내에 영업을 개시하지 아니하거나 1년 이상 영업을 휴지하는 때
> 3. 이사 또는 회사의 업무를 집행하는 사원이 법령 또는 정관에 위반하여 회사의 존속을 허용할 수 없는 행위를 한 때

 답 ⑤

상법상 회사에 관한 설명으로 옳은 것은?

① 회사는 상행위 기타 영리를 목적으로 하는 사단법인이므로 설립시에는 사원이 적어도 2인 이상이어야 한다.
② 회사는 유한책임회사의 업무집행자가 될 수 있다.
③ 회사는 주식회사의 주주가 되지 못한다.
④ 회사는 해산등기를 한 때에 권리능력이 소멸한다.
⑤ 회사의 권리능력은 제한될 수 없다.

┃해설┃

① [✕] 회사는 영리성과 법인성을 개념요소로 하지만 <u>사단성은 개념요소가 아니다</u>(상법 제169조 참조). 그리고 합명회사와 합자회사는 설립 시 2인 이상의 사원이 있어야 하나(상법 제178조, 제268조 참조), <u>주식회사, 유한회사, 유한책임회사는 그와 같은 제한이 없어 1인 설립이 가능하다</u>(상법 제287조의2, 제288조, 제543조 참조).

> **상법 제169조(회사의 의의)**
> 이 법에서 "회사"란 상행위나 그 밖의 영리를 목적으로 하여 설립한 법인을 말한다.
>
> **상법 제178조(정관의 작성)**
> 합명회사의 설립에는 2인 이상의 사원이 공동으로 정관을 작성하여야 한다.
>
> **상법 제268조(회사의 조직)**
> 합자회사는 무한책임사원과 유한책임사원으로 조직한다.
>
> **상법 제287조의2(정관의 작성)**
> 유한책임회사를 설립할 때에는 사원은 정관을 작성하여야 한다.
>
> **상법 제288조(발기인)**
> 주식회사를 설립함에는 발기인이 정관을 작성하여야 한다.
>
> **상법 제543조(정관의 작성, 절대적 기재사항)**
> ① 유한회사를 설립함에는 사원이 정관을 작성하여야 한다.

② [○] 유한책임회사는 법인이 업무집행자가 될 수 있고(상법 제287조의15 제1항 참조), 회사는 법인이므로(상법 제169조 참조) 유한책임회사의 업무집행자가 될 수 있다.

> **상법 제287조의15(법인이 업무집행자인 경우의 특칙)**
> ① 법인이 업무집행자인 경우에는 그 법인은 해당 업무집행자의 직무를 행할 자를 선임하고, 그 자의 성명과 주소를 다른 사원에게 통지하여야 한다.

③ [×] 회사는 다른 회사의 무한책임사원이 되지 못한다(상법 제173조). 그러나 주식회사의 주주는 간접·유한책임만 지므로 회사는 주식회사의 주주가 될 수 있다.

④ [×] 회사는 해산된 후에도 청산의 목적 범위 내에서 존속하고(상법 제245조), 청산절차를 거쳐 청산을 사실상 종결하였을 때 권리능력이 소멸한다.

⑤ [×] 회사의 권리능력은 회사의 설립 근거가 된 법률과 회사의 정관상의 목적에 의하여 제한되나 그 목적범위 내의 행위라 함은 정관에 명시된 목적 자체에 국한되는 것이 아니라, 그 목적을 수행하는 데 있어 직접, 간접으로 필요한 행위는 모두 포함되고 목적수행에 필요한지의 여부는 행위의 객관적 성질에 따라 판단할 것이고 행위자의 주관적, 구체적 의사에 따라 판단할 것은 아니다(대판 1999.10.8. 98다2488).

답 ②

03 세무사 2022

☑ 확인Check! ○ △ ✕

상법상 회사에 관한 설명으로 옳지 않은 것은?

① 모든 회사는 법인이다.
② 회사의 주소는 지점소재지에 있는 것으로 한다.
③ 주식회사는 합명회사의 무한책임사원이 될 수 없다.
④ 회사는 권리의무의 당사자가 된다.
⑤ 회사편의 규정에 의하여 등기할 사항으로서 관청의 허가 또는 인가를 요하는 것에 관하여는 그 서류가 도달한 날로부터 등기기간을 기산한다.

┃ 해설 ┃

① [○] 이 법에서 "회사"란 상행위나 그 밖의 영리를 목적으로 하여 설립한 법인을 말한다(상법 제169조). 즉, 회사는 영리성과 법인성을 개념요소로 하므로 모든 회사는 법인이다.

② [×] 회사의 주소는 본점소재지에 있는 것으로 한다(상법 제171조).

③ [○] 회사는 다른 회사의 무한책임사원이 되지 못한다(상법 제173조).

④ [○] 법인은 법률의 규정에 좇아 정관으로 정한 목적의 범위 내에서 권리와 의무의 주체가 되는데(민법 제34조), 회사는 법인이므로 권리의무의 당사자가 된다.

⑤ [○] 본편(회사편)의 규정에 의하여 등기할 사항으로서 관청의 허가 또는 인가를 요하는 것에 관하여는 그 서류가 도달한 날로부터 등기기간을 기산한다(상법 제177조).

답 ②

상법상 회사의 능력에 관한 설명으로 옳은 것은?

① 회사는 자연인과 동일한 범위의 권리능력이 인정된다.

② 합명회사는 유한책임회사의 업무집행자가 될 수 없다.

③ 회사는 재산권은 물론 명예권·상호권과 같은 권리를 향유할 수 있다.

④ 회사에는 친권, 상속과 유증을 받을 권리가 인정되지 않는다.

⑤ 합명회사가 총사원의 동의로 해산한 경우 즉시 권리능력을 상실한다.

▌해설▐

① [✕] 회사는 법인이므로 권리·의무의 주체가 될 수 있는 권리능력이 있지만, 자연인과 달리 성질, 법령, 목적에 의한 제한을 받는다.

② [✕] 유한책임회사에서는 법인이 업무집행자가 될 수 있고(상법 제287조의15 제1항 참조), 회사는 법인이므로(상법 제169조 참조) 합명회사는 유한책임회사의 업무집행자가 될 수 있다.

> **상법 제287조의15(법인이 업무집행자인 경우의 특칙)**
> ① 법인이 업무집행자인 경우에는 그 법인은 해당 업무집행자의 직무를 행할 자를 선임하고, 그 자의 성명과 주소를 다른 사원에게 통지하여야 한다.
>
> **상법 제169조(회사의 의의)**
> 이 법에서 "회사"란 상행위나 그 밖의 영리를 목적으로 하여 설립한 법인을 말한다.

③ [○], ④ [✕] 회사는 권리능력을 가지므로 재산권, 명예·신용에 관한 인격권과 상호권의 주체가 될 수 있다. 그러나 회사는 자연인이 아니므로 그 성질에 의한 권리능력의 제한을 받는다. 즉 회사는 생명·신체에 대한 권리와 친족권·상속권 등 자연인을 전제로 한 권리의 주체가 될 수 없다. 하지만 유증은 자연인뿐만 아니라 법인, 권리능력 없는 사단·재단도 받을 수 있는데 회사는 법인이므로 유증을 받을 권리가 인정된다.

⑤ [✕] 회사는 해산된 후에도 청산의 목적범위 내에서 존속하는 것으로 본다(상법 제245조).

답 ③

상법상 회사에 관한 설명으로 옳지 않은 것은?

① 회사란 상행위나 그 밖의 영리를 목적으로 하여 설립한 법인을 말한다.

② 주식회사와 합명회사가 신설합병을 하는 경우, 그 설립되는 회사는 주식회사이어야 한다.

③ 회사는 다른 회사의 무한책임사원이 되지 못한다.

④ 해산 후의 회사가 합병하는 경우, 해산 후의 회사를 존속하는 회사로 할 수 있다.

⑤ 법원은 회사의 설립목적이 불법한 것인 때에는 직권으로 그 회사의 해산을 명할 수 있다.

──────────────────────────────────

▌해설▐

① [○] 이 법에서 "회사"란 상행위나 그 밖의 영리를 목적으로 하여 설립한 법인을 말한다(상법 제169조).

② [○] 합병을 하는 회사의 일방 또는 쌍방이 주식회사, 유한회사 또는 유한책임회사인 경우에는 합병 후 존속하는 회사나 합병으로 설립되는 회사는 주식회사, 유한회사 또는 유한책임회사이어야 한다(상법 제174조 제2항).

③ [○] 회사는 다른 회사의 무한책임사원이 되지 못한다(상법 제173조).

④ [✕] 해산 후의 회사는 존립 중의 회사를 존속하는 회사로 하는 경우에 한하여 합병을 할 수 있다(상법 제174조 제3항).

⑤ [○] 상법 제176조 제1항 제1호

> **상법 제176조(회사의 해산명령)**
> ① 법원은 다음의 사유가 있는 경우에는 이해관계인이나 검사의 청구에 의하여 또는 직권으로 회사의 해산을 명할 수 있다.
>   1. 회사의 설립목적이 불법한 것인 때
>   2. 회사가 정당한 사유없이 설립 후 1년 내에 영업을 개시하지 아니하거나 1년 이상 영업을 휴지하는 때
>   3. 이사 또는 회사의 업무를 집행하는 사원이 법령 또는 정관에 위반하여 회사의 존속을 허용할 수 없는 행위를 한 때

답 ④

상법상 회사에 관한 설명으로 옳지 않은 것은? (다툼이 있으면 판례에 따름)

① 상법상 회사라 함은 상행위나 그 밖의 영리를 목적으로 하여 설립한 법인을 말한다.

② 상법상 회사는 합명회사, 합자회사, 유한책임회사, 주식회사와 유한회사의 5종으로 한다.

③ 상법상 회사의 주소는 본점소재지에 있는 것으로 한다.

④ 지점이 있는 회사는 본점 및 지점소재지에서 설립등기를 함으로써 성립한다.

⑤ 상법상 회사는 다른 회사의 유한책임사원이 될 수 있다.

┃ 해설 ┃

① [○] 이 법에서 "회사"란 상행위나 그 밖의 영리를 목적으로 하여 설립한 법인을 말한다(상법 제169조).

② [○] 회사는 합명회사, 합자회사, 유한책임회사, 주식회사와 유한회사의 5종으로 한다(상법 제170조).

③ [○] 회사의 주소는 본점소재지에 있는 것으로 한다(상법 제171조).

④ [✕] 회사는 <u>본점소재지에서</u> 설립등기를 함으로써 성립한다(상법 제172조).

⑤ [○] 회사는 다른 회사의 무한책임사원이 되지 못한다(상법 제173조). 따라서 다른 회사의 유한책임사원은 될 수 있다.

답 ④

상법상 회사에 관한 설명으로 옳지 않은 것은?

① 회사란 상행위나 그 밖의 영리를 목적으로 하여 설립한 법인을 말한다.

② 합자회사의 청산인은 유한책임사원 전원의 의결로 선임하여야 한다.

③ 회사의 주소는 본점소재지에 있는 것으로 한다.

④ 회사는 본점소재지에서 설립등기를 함으로써 성립한다.

⑤ 회사는 다른 회사의 무한책임사원이 되지 못한다.

┃ 해설 ┃

① [○] 이 법에서 "회사"란 상행위나 그 밖의 영리를 목적으로 하여 설립한 법인을 말한다(상법 제169조).

② [✕] 합자회사의 청산인은 <u>무한책임사원 과반수의 의결로</u> 선임한다. 이를 선임하지 아니한 때에는 업무집행사원이 청산인이 된다(상법 제287조).

③ [○] 회사의 주소는 본점소재지에 있는 것으로 한다(상법 제171조).

④ [○] 회사는 본점소재지에서 설립등기를 함으로써 성립한다(상법 제172조).

⑤ [○] 회사는 다른 회사의 무한책임사원이 되지 못한다(상법 제173조).

답 ②

상법상 회사에 관한 설명으로 옳은 것은?

① 주식회사는 정관에 정한 경우에 무기명식의 주권을 발행할 수 있다.

② 회사의 주소는 본점 또는 지점소재지에 있는 것으로 한다.

③ 회사는 다른 회사의 무한책임사원은 될 수 있으나, 유한책임사원은 될 수 없다.

④ 회사는 해산된 후에도 청산의 목적범위 내에서 존속하는 것으로 본다.

⑤ 합병하는 회사의 일방이 유한회사인 경우에는 합병 후 존속하는 회사는 합자회사나 합명회사가 될 수 있다.

┃해설┃

① [✕] 주권과 주주명부에 주주의 성명의 기재 여부에 따라 기명주식과 무기명주식으로 분류할 수 있으나 2014년 무기명주식제도가 폐지되어 <u>현재는 상법상 모든 주식은 기명주식이다.</u>

② [✕] 회사의 주소는 <u>본점소재지에 있는 것으로 한다</u>(상법 제171조).

③ [✕] 회사는 다른 회사의 <u>무한책임사원이 되지 못한다</u>(상법 제173조).

④ [O] 회사는 해산된 후에도 청산의 목적범위 내에서 존속하는 것으로 본다(상법 제245조, 제269조, 제287조의45, 제542조 제1항, 제613조 제1항 참조).

> **상법 제245조(청산 중의 회사)**
> 회사는 해산된 후에도 청산의 목적범위 내에서 존속하는 것으로 본다.
>
> **상법 제269조(준용규정)**
> 합자회사에는 본장에 다른 규정이 없는 사항은 합명회사에 관한 규정을 준용한다.
>
> **상법 제287조의45(청산)**
> 유한책임회사의 청산에 관하여는 제245조, 제246조, 제251조부터 제257조까지 및 제259조부터 제267조까지의 규정을 준용한다.
>
> **상법 제542조(준용규정)**
> ① 제245조, 제252조 내지 제255조, 제259조, 제260조와 제264조의 규정은 주식회사에 준용한다.
>
> **상법 제613조(준용규정)**
> ① 제228조, 제245조, 제252조 내지 제255조, 제259조, 제260조, 제264조, 제520조, 제531조 내지 제537조, 제540조와 제541조의 규정은 유한회사에 준용한다.

⑤ [✕] 합병을 하는 회사의 일방 또는 쌍방이 주식회사, <u>유한회사</u> 또는 유한책임회사인 경우에는 합병 후 존속하는 회사나 합병으로 설립되는 회사는 <u>주식회사, 유한회사 또는 유한책임회사이어야 한다</u>(상법 제174조 제2항).

답 ④

09 CPA 2020

상법상 회사에 관한 설명으로 옳은 것만을 <u>모두</u> 고른 것은?

> ㄱ. 합명회사는 주식회사의 주주가 될 수 없다.
>
> ㄴ. 판례에 의하면, 1인회사의 경우 실제로 주주총회를 개최한 사실이 없더라도 1인주주에 의하여 의결이 있었던 것으로 주주총회 의사록이 작성되었다면 특별한 사정이 없는 한 그 내용의 결의가 있었던 것으로 볼 수 있다.
>
> ㄷ. 판례에 의하면, 회사의 권리능력은 회사의 정관상의 목적에 의하여 제한되나 그 목적범위 내의 행위라 함은 정관에 명시된 목적 자체에 국한되는 것이 아니라, 그 목적을 수행하는 데 있어 직접 또는 간접으로 필요한 행위는 모두 포함된다.
>
> ㄹ. 회사는 정관으로 정하지 않아도 이사회 결의에 의하여 발행된 액면주식을 무액면주식으로 전환할 수 있다.

① ㄱ, ㄴ
② ㄱ, ㄷ
③ ㄱ, ㄹ
④ ㄴ, ㄷ
⑤ ㄴ, ㄷ, ㄹ

┃해설┃

ㄱ. [✕] 회사는 다른 회사의 무한책임사원이 되지 못한다(상법 제173조). 그러나 주식회사의 주주는 유한책임을 지므로 <u>회사도 주식회사의 주주가 될 수 있다.</u>

ㄴ. [○] 주식회사에 있어서 회사가 설립된 이후 총주식을 한 사람이 소유하게 된 이른바 1인 회사의 경우에는 그 주주가 유일한 주주로서 주주총회에 출석하면 전원 총회로서 성립하고 그 주주의 의사대로 결의가 될 것임이 명백하므로 따로 총회소집절차가 필요 없고, 실제로 총회를 개최한 사실이 없었다 하더라도 그 1인 주주에 의하여 의결이 있었던 것으로 주주총회의사록이 작성되었다면 특별한 사정이 없는 한 그 내용의 결의가 있었던 것으로 볼 수 있고, 이는 실질적으로 1인 회사인 주식회사의 주주총회의 경우도 마찬가지이며, 그 주주총회의사록이 작성되지 아니한 경우라도 증거에 의하여 주주총회결의가 있었던 것으로 볼 수 있다(대판 2004.12.10. 2004다25123).

ㄷ. [○] 회사의 권리능력은 회사의 설립 근거가 된 법률과 회사의 정관상의 목적에 의하여 제한되나 그 목적범위 내의 행위라 함은 정관에 명시된 목적 자체에 국한되는 것이 아니라, 그 목적을 수행하는 데 있어 직접, 간접으로 필요한 행위는 모두 포함되고 목적수행에 필요한지의 여부는 행위의 객관적 성질에 따라 판단할 것이고 행위자의 주관적, 구체적 의사에 따라 판단할 것은 아니다(대판 1999.10.8. 98다2488).

ㄹ. [✕] 회사는 <u>정관으로 정하는 바에 따라</u> 발행된 액면주식을 무액면주식으로 전환하거나 무액면주식을 액면주식으로 전환할 수 있다(상법 제329조 제4항).

답 ④

상법상 1인회사에 관한 설명으로 틀린 것은? (이견이 있으면 판례에 의함)

① 합명회사와 합자회사는 1인회사가 인정되지 않지만 주식회사, 유한회사, 유한책임회사는 1인회사가 인정된다.

② 1인주식회사에서 주주총회의 소집절차가 위법하더라도 1인주주가 참석하여 총회개최에 동의하고 아무 이의 없이 결의한 것이라면 그 결의는 효력이 있다.

③ 이사의 자기거래에 대하여 사전에 1인주주의 동의가 있었다면 그 1인주식회사는 이사회의 승인이 없었음을 이유로 책임을 회피할 수 없다.

④ 1인주식회사에서 1인주주인 대표이사가 임무위반행위로써 회사에 재산상의 손해를 발생케 하였더라도 배임죄가 성립되지 않는다.

⑤ 1인주식회사에서 1인주주가 회사 소유의 돈을 임의로 소비하였다면 횡령죄가 성립한다.

....

┃해설┃

① [O] 합명회사와 합자회사는 설립 시 2인 이상의 사원이 있어야 하나(상법 제178조, 제268조 참조), 주식회사, 유한회사, 유한책임회사는 그와 같은 제한이 없어 1인 회사 설립이 가능하다(상법 제287조의2, 제288조, 제543조 참조).

> **상법 제178조(정관의 작성)**
> 합명회사의 설립에는 2인 이상의 사원이 공동으로 정관을 작성하여야 한다.
>
> **상법 제268조(회사의 조직)**
> 합자회사는 무한책임사원과 유한책임사원으로 조직한다.
>
> **상법 제287조의2(정관의 작성)**
> 유한책임회사를 설립할 때에는 사원은 정관을 작성하여야 한다.
>
> **상법 제288조(발기인)**
> 주식회사를 설립함에는 발기인이 정관을 작성하여야 한다.
>
> **상법 제543조(정관의 작성, 절대적 기재사항)**
> ① 유한회사를 설립함에는 사원이 정관을 작성하여야 한다.

② [O] 주주총회의 소집절차가 위법하다 하더라도 1인 주주회사에서 그 주주가 참석하여 총회 개최에 동의하고 아무 이의 없이 결의한 것이라면 그 결의 자체를 위법한 것이라고 할 수 없다(대판 1966.9.20. 66다1187).

③ [O] 회사의 채무부담행위가 상법 제398조 소정의 이사의 자기거래에 해당하여 이사회의 승인을 요한다고 할지라도, 위 규정의 취지가 회사 및 주주에게 예기치 못한 손해를 끼치는 것을 방지함에 있다고 할 것이므로, 그 채무부담행위에 대하여 사전에 주주 전원의 동의가 있었다면 회사는 이사회의 승인이 없었음을 이유로 그 책임을 회피할 수 없다(대판 2002.7.12. 2002다20544).

④ [×], ⑤ [○] 피고인이 사실상 자기 소유인 1인주주 회사들 중의 한 개 회사 소유의 금원을 자기 소유의 다른 회사의 채무변제를 위하여 지출하거나 그 다른 회사의 어음결제대금으로 사용한 경우, 주식회사의 주식이 사실상 1인의 주주에 귀속하는 1인회사에 있어서는 행위의 주체와 그 본인 및 다른 회사와는 별개의 인격체이므로, <u>그 법인인 주식회사 소유의 금원은 임의로 소비하면 횡령죄가 성립되고 그 본인 및 주식회사에게 손해가 발생하였을 때에는 배임죄가 성립한다</u>(대판 1996.8.23. 96도1525).

답 ④

11 | 법무사 2024 ☑ 확인Check! ○ △ ✕

1인 회사에 관한 다음 설명 중 가장 옳지 않은 것은?

① 주식회사에서 총 주식을 한 사람이 소유하고 있는 1인 회사의 경우에는 실제로 주주총회를 개최한 사실이 없다 하더라도 1인 주주에 의하여 의결이 있었던 것으로 주주총회 의사록이 작성되었다면 특별한 사정이 없는 한 그 내용의 결의가 있었던 것으로 볼 수 있어 형식적인 사유에 의하여 결의가 없었던 것으로 다툴 수는 없다.

② 위 ①항의 법리는 한 사람이 다른 사람의 명의를 빌려 주주로 등재하였으나 총 주식을 실질적으로 그 한 사람이 모두 소유한 경우에는 적용되지 않는다.

③ 주식의 소유가 실질적으로 분산되어 있는 경우에는 설령 1인이 총 주식의 대다수를 가지고 있고 그 지배주주에 의하여 의결이 있었던 것으로 주주총회 의사록이 작성되어 있다 하더라도 특별한 사정이 없는 한 그 내용의 결의가 있었던 것으로 볼 수 없다.

④ 실질상 1인 회사의 소유 재산을 그 회사의 대표이사이자 1인 주주가 처분하였다면 주주총회의 특별결의가 없고 그 재산이 회사의 유일한 영업재산이라 하더라도 유효하다.

⑤ 임원퇴직금지급규정에 관하여 주주총회 결의가 있거나 주주총회의사록이 작성된 적은 없으나 위 규정에 따른 퇴직금이 사실상 1인 회사의 실질적 1인 주주의 결재·승인을 거쳐 관행적으로 지급되었다면 위 규정에 대하여 주주총회의 결의가 있었던 것으로 볼 수 있다.

┃해설┃

① [○] 주식회사에서 총 주식을 한 사람이 소유하고 있는 1인회사의 경우에는 그 주주가 유일한 주주로서 주주총회에 출석하면 전원총회로서 성립하고 그 주주의 의사대로 결의될 것임이 명백하므로 따로이 총회소집절차가 필요 없다 할 것이고, 실제로 총회를 개최한 사실이 없다 하더라도 1인주주에 의하여 의결이 있었던 것으로 주주총회 의사록이 작성되었다면 특별한 사정이 없는 한 그 내용의 결의가 있었던 것으로 볼 수 있어 형식적인 사유에 의하여 결의가 없었던 것으로 다툴 수는 없다(대판 1993.6.11. 93다8702).

② [×], ③ [○] 주식회사에 있어서 총 주식을 한 사람이 소유한 이른바 1인 회사의 경우 그 주주가 유일한 주주로서 주주총회에 출석하면 전원 총회로서 성립하고 그 주주의 의사대로 결의가 될 것임이 명백하므로 따로 총회소집절차가 필요 없으며, 실제로 총회를 개최한 사실이 없었다 하더라도 그 1인 주주에 의하여 의결이 있었던 것으로 주주총회 의사록이 작성되었다면 특별한 사정이 없는 한 그 내용의 결의가 있었던 것으로 볼 수 있고, <u>이 점은 한 사람이 다른 사람의 명의를 빌려 주주로 등재하였으나 총 주식을 실질적으로 그 한 사람이 모두 소유한 경우에도 마찬가지라고 할 수 있으나</u>, 이와 달리 주식의 소유가 실질적으로 분산되어 있는 경우에는 상법상의 원칙으로 돌아가 실제의 소집절차와 결의절차를 거치지 아니한 채 주주총회의 결의가 있었던 것처럼 주주총회 의사록을 허위로 작성한 것이라면 설사 1인이 총 주식의 대다수를 가지고 있고 그 지배주주에 의하여 의결이 있었던 것으로 주주총회 의사록이 작성되어 있다 하더라도 도저히 그 결의가 존재한다고 볼 수 없을 정도로 중대한 하자가 있는 때에 해당하여 그 주주총회의 결의는 부존재하다고 보아야 한다(대판 2007.2.22. 2005다73020).

④ [○] 실질상 1인회사의 소유 재산을 그 회사의 대표이사이자 1인주주가 처분하였다면 그러한 처분의사결정은 곧 주주총회의 특별결의에 대치되는 것이라 할 것이므로 그 재산이 회사의 유일한 영업재산이라 하더라도 동처분은 유효하다(대판 1976.5.11. 73다52).

⑤ [○] 임원퇴직금지급규정에 관하여 주주총회 결의가 있거나 주주총회의사록이 작성된 적은 없으나 위 규정에 따른 퇴직금이 사실상 1인회사의 실질적 1인 주주의 결재·승인을 거쳐 관행적으로 지급되었다면 위 규정에 대하여 주주총회의 결의가 있었던 것으로 볼 수 있다(대판 2004.12.10. 2004다25123).

답 ②

12 법무사 2023   ☑확인Check! ○ △ ✕

상법상 회사에 관한 다음 설명 중 가장 옳지 않은 것은?

① 회사는 본점소재지에서 설립등기를 함으로써 성립되고, 주식회사의 경우 설립등기가 마쳐지면 주식인수인이 주식청약서 요건의 흠결을 이유로 그 인수의 무효를 주장하거나 사기, 강박 또는 착오를 이유로 그 인수를 취소하지 못한다.

② 회사는 합명회사, 합자회사, 유한책임회사, 주식회사, 유한회사의 5종으로 한다.

③ 개인이 회사를 설립하지 않고 영업을 하다가 그와 영업목적이나 물적 설비, 인적 구성원 등이 동일한 회사를 설립하는 경우에 그 회사가 외형상으로는 법인의 형식을 갖추고 있으나 법인의 형태를 빌리고 있는 것에 지나지 않고, 실질적으로는 완전히 그 법인격의 배후에 있는 개인의 개인기업에 불과하거나, 회사가 개인에 대한 법적 책임을 회피하기 위한 수단으로 함부로 이용되고 있는 예외적인 경우에는 회사의 법인격을 부인하여 그 배후에 있는 개인에게 책임을 물을 수 있다.

④ 개인과 회사의 주주들이 경제적 이해관계를 같이 하는 등 개인이 새로 설립한 회사를 실질적으로 운영하면서 자기 마음대로 이용할 수 있는 지배적 지위에 있다고 인정되는 경우로서, 제반 사정에 비추어 회사와 개인이 별개의 인격체임을 내세워 회사 설립 전 개인의 채무 부담행위에 대한 회사의 책임을 부인하는 것이 심히 정의와 형평에 반한다고 인정되는 때에는 회사에 대하여 회사 설립 전에 개인이 부담한 채무의 이행을 청구하는 것도 가능하다.

⑤ 회사의 법인격이 형해화되었다고 볼 수 있는지 여부는 원칙적으로 회사가 성립되는 설립등기를 한 시점을 기준으로, 회사의 법인격이 형해화될 정도에 이르지 않더라도 개인이 회사의 법인격을 남용하였는지 여부는 채무면탈 등의 남용행위를 한 시점을 기준으로 각 판단하여야 한다.

┃해설┃

① [○] 상법 제172조, 제320조 제1항

> **상법 제172조(회사의 성립)**
> 회사는 본점소재지에서 설립등기를 함으로써 성립한다.
>
> **상법 제320조(주식인수의 무효 주장, 취소의 제한)**
> ① (주식)회사 성립 후에는 주식을 인수한 자는 주식청약서의 요건의 흠결을 이유로 하여 그 인수의 무효를 주장하거나 사기, 강박 또는 착오를 이유로 하여 그 인수를 취소하지 못한다.

② [○] 회사는 합명회사, 합자회사, 유한책임회사, 주식회사와 유한회사의 5종으로 한다(상법 제170조).

③ [○], ④ [○] 주식회사는 주주와 독립된 별개의 권리주체이므로 그 독립된 법인격이 부인되지 않는 것이 원칙이다. 그러나 개인이 회사를 설립하지 않고 영업을 하다가 그와 영업목적이나 물적 설비, 인적 구성원 등이 동일한 회사를 설립하는 경우에 그 회사가 외형상으로는 법인의 형식을 갖추고 있으나 법인의 형태를 빌리고 있는 것에 지나지 않고, 실질적으로는 완전히 그 법인격의 배후에 있는 개인의 개인기업에 불과하거나, 회사가 개인에 대한 법적 책임을 회피하기 위한 수단으로 함부로 이용되고 있는 예외적인 경우까지 회사와 개인이 별개의 인격체임을 이유로 개인의 책임을 부정하는 것은 신의성실의 원칙에 반하므로, 이러한 경우에는 회사의 법인격을 부인하여 그 배후에 있는 개인에게 책임을 물을 수 있다. 나아가 그 개인과 회사의 주주들이 경제적 이해관계를 같이하는 등 개인이 새로 설립한 회사를 실질적으로 운영하면서 자기 마음대로 이용할 수 있는 지배적 지위에 있다고 인정되는 경우로서, 회사 설립과 관련된 개인의 자산 변동 내역, 특히 개인의 자산이 설립된 회사에 이전되었다면 그에 대하여 정당한 대가가 지급되었는지 여부, 개인의 자산이 회사에 유용되었는지 여부와 그 정도 및 제3자에 대한 회사의 채무 부담 여부와 그 부담 경위 등을 종합적으로 살펴보아 회사와 개인이 별개의 인격체임을 내세워 회사 설립 전 개인의 채무 부담행위에 대한 회사의 책임을 부인하는 것이 심히 정의와 형평에 반한다고 인정되는 때에는 회사에 대하여 회사 설립 전에 개인이 부담한 채무의 이행을 청구하는 것도 가능하다고 보아야 한다(대판 2021.4.15. 2019다293449).

⑤ [×] 개인의 채무 부담행위에 대한 회사의 책임을 부인하는 것이 심히 정의와 형평에 반한다고 인정되어 회사에 대하여 개인이 부담한 채무의 이행을 청구하는 법리는 채무면탈을 목적으로 회사가 새로 설립된 경우뿐 아니라 같은 목적으로 기존 회사의 법인격이 이용되는 경우에도 적용되는데, 여기에는 회사가 이름뿐이고 실질적으로는 개인기업에 지나지 않은 상태로 될 정도로 형해화된 경우와 회사의 법인격이 형해화될 정도에 이르지 않더라도 개인이 회사의 법인격을 남용하는 경우가 있을 수 있다. 이때 <u>회사의 법인격이 형해화되었다고 볼 수 있는지 여부는 원칙적으로 문제가 되고 있는 법률행위나 사실행위를 한 시점을 기준으로</u>, 회사의 법인격이 형해화될 정도에 이르지 않더라도 개인이 회사의 법인격을 남용하였는지 여부는 채무면탈 등의 남용행위를 한 시점을 기준으로 각 판단하여야 한다(대판 2023.2.2. 2022다276703).

답 ⑤

상법상 자본금 총액이 10억원 미만인 A 주식회사에 관한 설명으로 옳지 않은 것은?

① A 주식회사가 무기명식의 채권을 발행한 경우, 사채권자집회를 소집할 때에는 회일의 3주 전에 사채권자집회를 소집하는 뜻과 회의의 목적사항을 공고하여야 한다.

② A 주식회사는 주주총회를 소집하는 경우에 주주총회일의 10일 전에 각 주주에게 서면으로 통지를 발송하거나 각 주주의 동의를 받아 전자문서로 통지를 발송할 수 있다.

③ A 주식회사는 주주 전원의 동의가 있을 경우에는 소집절차 없이 주주총회를 개최할 수 있다.

④ A 주식회사는 1명 또는 2명의 이사를 둘 수 있다.

⑤ A 주식회사는 감사를 선임하지 아니할 수 있다.

┃해설┃

① [✕] 상법 제491조의2 제2항

> **상법 제491조의2(소집의 통지, 공고)**
> ① 제363조 제1항 및 제2항은 사채권자집회를 소집할 경우에 이를 준용한다.
> ② 제1항에도 불구하고 회사가 무기명식의 채권을 발행한 경우에는 주주총회일의 3주(자본금 총액이 10억원 미만인 회사는 2주) 전에 사채권자집회를 소집하는 뜻과 회의의 목적사항을 공고하여야 한다.

② [○] 상법 제363조 제3항

> **상법 제363조(소집의 통지)**
> ① 주주총회를 소집할 때에는 주주총회일의 2주 전에 각 주주에게 서면으로 통지를 발송하거나 각 주주의 동의를 받아 전자문서로 통지를 발송하여야 한다. 다만, 그 통지가 주주명부상 주주의 주소에 계속 3년간 도달하지 아니한 경우에는 회사는 해당 주주에게 총회의 소집을 통지하지 아니할 수 있다.
> ③ 제1항에도 불구하고 자본금 총액이 10억원 미만인 회사가 주주총회를 소집하는 경우에는 주주총회일의 10일 전에 각 주주에게 서면으로 통지를 발송하거나 각 주주의 동의를 받아 전자문서로 통지를 발송할 수 있다.

③ [○] 자본금 총액이 10억원 미만인 회사는 주주 전원의 동의가 있을 경우에는 소집절차 없이 주주총회를 개최할 수 있고, 서면에 의한 결의로써 주주총회의 결의를 갈음할 수 있다. 결의의 목적사항에 대하여 주주 전원이 서면으로 동의를 한 때에는 서면에 의한 결의가 있는 것으로 본다(상법 제363조 제4항).

④ [○] 이사는 3명 이상이어야 한다. 다만, 자본금 총액이 10억원 미만인 회사는 1명 또는 2명으로 할 수 있다(상법 제383조 제1항).

⑤ [○] 제1항, 제296조 제1항 및 제312조에도 불구하고 자본금의 총액이 10억원 미만인 회사의 경우에는 감사를 선임하지 아니할 수 있다(상법 제409조 제4항).

답 ①

상법상 자본금 총액이 10억원 미만인 비상장주식회사에 관한 설명으로 옳지 않은 것은?

① 이사는 1명 또는 2명으로 할 수 있다.

② 감사를 선임하지 아니할 수 있다.

③ 이사가 2명인 경우에는 공동으로 회사를 대표하여야 한다.

④ 주주총회를 소집하는 경우에는 주주총회일의 10일 전에 각 주주에게 서면으로 통지를 발송하거나 각 주주의 동의를 받아 전자문서로 통지를 발송할 수 있다.

⑤ 주주 전원의 동의가 있을 경우에는 소집절차 없이 주주총회를 개최할 수 있고, 서면에 의한 결의로써 주주총회의 결의를 갈음할 수 있다.

‖ 해설 ‖

① [○] 상법 제383조 제1항

② [○] 상법 제409조 제4항

> **상법 제409조(선임)**
> ① 감사는 주주총회에서 선임한다.
> ④ 제1항, 제296조 제1항 및 제312조에도 불구하고 자본금의 총액이 10억원 미만인 회사의 경우에는 감사를 선임하지 아니할 수 있다.

③ [✕] 자본금 총액이 10억원 미만인 비상장주식회사에서 이사가 2명인 경우에는 <u>각 이사가 회사를 대표한다.</u> 다만 정관에 따라 대표이사를 선임한 경우에는 대표이사가 회사를 대표한다(상법 제383조 제6항 참조).

> **상법 제383조(원수, 임기)**
> ① 이사는 3명 이상이어야 한다. 다만, 자본금 총액이 10억원 미만인 회사는 1명 또는 2명으로 할 수 있다.
> ⑥ <u>제1항 단서의 경우에는 각 이사(정관에 따라 대표이사를 정한 경우에는 그 대표이사를 말한다)가 회사를 대표하며</u> 제343조 제1항 단서, 제346조 제3항, 제362조, 제363조의2 제3항, 제366조 제1항, 제368조의4 제1항, 제393조 제1항, 제412조의3 제1항 및 제462조의3 제1항에 따른 이사회의 기능을 담당한다.

④ [○] 상법 제363조 제3항

> **상법 제363조(소집의 통지)**
> ① 주주총회를 소집할 때에는 주주총회일의 2주 전에 각 주주에게 서면으로 통지를 발송하거나 각 주주의 동의를 받아 전자문서로 통지를 발송하여야 한다. 다만, 그 통지가 주주명부상 주주의 주소에 계속 3년간 도달하지 아니한 경우에는 회사는 해당 주주에게 총회의 소집을 통지하지 아니할 수 있다.
> ③ 제1항에도 불구하고 자본금 총액이 10억원 미만인 회사가 주주총회를 소집하는 경우에는 주주총회일의 10일 전에 각 주주에게 서면으로 통지를 발송하거나 각 주주의 동의를 받아 전자문서로 통지를 발송할 수 있다.

⑤ [○] 자본금 총액이 10억원 미만인 회사는 주주 전원의 동의가 있을 경우에는 소집절차 없이 주주총회를 개최할 수 있고, 서면에 의한 결의로써 주주총회의 결의를 갈음할 수 있다. 결의의 목적사항에 대하여 주주 전원이 서면으로 동의를 한 때에는 서면에 의한 결의가 있는 것으로 본다(상법 제363조 제4항).

탑 ③

15 세무사 2023

☑ 확인Check! ○ △ ✕

상법상 회사의 설립에 관한 설명으로 옳지 않은 것은?

① 회사는 설립등기함으로써 성립한다.
② 본점의 소재지는 정관의 절대적 기재사항이다.
③ 회사가 설립시 지점을 둔 경우에 지점소재지는 설립등기사항이다.
④ 모든 회사에서 정관은 정관에 일정한 사항을 기재하고 사원 또는 발기인이 기명날인 또는 서명한 후 공증인의 인증을 받아야 효력이 발생한다.
⑤ 회사의 설립무효의 소의 제기기간은 회사성립일로부터 2년 내이다.

┃해설┃

① [○] 회사는 본점소재지에서 설립등기를 함으로써 성립한다(상법 제172조).
② [○] 합명회사(상법 제179조 제5호 참조), 합자회사(상법 제270조 참조), 유한책임회사(상법 제287조의3 제1호 참조), 주식회사(상법 제289조 제1항 제6호 참조), 유한회사(상법 제543조 제2항 제5호 참조) 모두 본점의 소재지는 정관의 절대적 기재사항이다.
③ [○] 합명회사(상법 제180조 제1호 참조), 합자회사(상법 제271조 참조), 유한책임회사(상법 제287조의5 제1항 제1호 참조), 주식회사(상법 제317조 제2항 제3호의4 참조), 유한회사(상법 제549조 제2항 제1호 참조) 모두 회사가 설립시 지점을 둔 때에는 그 소재지는 설립등기사항이다.
④ [✕] 주식회사와 유한회사의 경우에는 공증인의 인증을 받아야 정관의 효력이 발생하나(상법 제292조, 제543조 제3항 참조), 합명회사, 합자회사, 유한책임회사의 경우에는 정관에 공증인의 인증을 요하지 않는다.

> **상법 제292조(정관의 효력발생)**
> (주식회사)정관은 공증인의 인증을 받음으로써 효력이 생긴다. 다만, 자본금 총액이 10억원 미만인 회사를 제295조 제1항에 따라 발기설립하는 경우에는 제289조 제1항에 따라 각 발기인이 정관에 기명날인 또는 서명함으로써 효력이 생긴다.
>
> **상법 제543조(정관의 작성, 절대적 기재사항)**
> ③ 제292조의 규정은 유한회사에 준용한다.

⑤ [○] 합명회사(상법 제184조 제1항 참조), 합자회사(상법 제269조 참조), 유한책임회사(상법 제287조의6 참조), 주식회사(상법 제328조 제1항 참조), 유한회사(상법 제552조 제1항 참조) 모두 설립무효의 소의 제소기간은 회사성립의 날로부터 2년 내이다.

답 ④

상법상 회사의 설립에 관한 설명으로 옳은 것은?

① 합명회사, 합자회사, 유한책임회사에서 사원의 출자목적은 정관의 절대적 기재사항이다.

② 합명회사 및 합자회사의 경우 사원의 성명·주민등록번호 및 주소는 정관의 절대적 기재사항이지만, 유한회사의 경우에는 그러하지 아니하다.

③ 모든 회사의 설립등기사항은 동일하다.

④ 주식회사의 설립과정에서 발기인이나 주식인수인이 주식을 인수해야 하므로 회사는 설립등기 이전에 주권을 발행해야 한다.

⑤ 모든 회사는 지점소재지에서 3주간 내에 설립등기를 하여야 한다.

┃**해설**┃

① [O] 합명회사(상법 제179조 제4호), 합자회사(상법 제270조), 유한책임회사(상법 제287조의3 제2호)의 경우 사원의 출자목적은 정관의 절대적 기재사항이다. 그러나 주식회사와 유한회사의 경우에는 정관의 절대적 기재사항이 아니다.

② [✕] 합명회사(상법 제179조 제3호), 합자회사(상법 제270조), 유한회사(상법 제543조 제2항 제1호), 유한책임회사(상법 제287조의3 제1호)에서 사원의 성명·주민등록번호 및 주소는 정관의 절대적 기재사항이다. 주식회사의 경우에는 발기인의 성명·주민등록번호 및 주소가 정관의 절대적 기재사항이다(상법 제289조 제8호).

더 살펴보기	회사 정관의 절대적 기재사항
합명회사 (상법 제179조)	1. 목 적 2. 상 호 3. 사원의 성명·주민등록번호 및 주소 4. 사원의 출자의 목적과 그 가격 또는 평가의 표준 5. 본점의 소재지 6. 정관의 작성연월일
합자회사 (상법 제270조)	1. 제179조에 게기한 사항 2. 각 사원의 무한책임 또는 유한책임인 것
유한책임회사 (상법 제287조의3)	1. 제179조 제1호부터 제3호까지, 제5호 및 제6호에서 정한 사항 2. 사원의 출자의 목적 및 가액 3. 자본금의 액 4. 업무집행자의 성명(법인인 경우에는 명칭) 및 주소
유한회사 (상법 제543조 제2항)	1. 제179조 제1호 내지 제3호에 정한 사항 2. 자본금의 총액 3. 출자1좌의 금액 4. 각 사원의 출자좌수 5. 본점의 소재지

주식회사 (상법 제289조)	1. 목 적 2. 상 호 3. 회사가 발행할 주식의 총수 4. 액면주식을 발행하는 경우 1주의 금액 5. 회사의 설립 시에 발행하는 주식의 총수 6. 본점의 소재지 7. 회사가 공고를 하는 방법 8. 발기인의 성명·주민등록번호 및 주소

③ [×] 회사의 설립등기사항에는 종류별로 차이가 있다(상법 제180조, 제271조, 제287조의5, 제317조 제2항, 제549조 제2항).

④ [×] 주권은 회사의 성립 후 또는 신주의 납입기일 후가 아니면 발행하지 못하는데(상법 제355조 제2항), 회사는 본점소재지에서 설립등기를 함으로써 성립하므로(상법 제172조), 주식회사는 설립등기 이전에는 주권을 발행할 수 없다.

⑤ [×] 주식회사(상법 제317조 제1항, 제172조), 유한회사(상법 제549조, 제172조)는 설립절차가 종결한 날로부터 2주 내에 본점소재지에서 설립등기를 하여야 한다. 그러나 합명회사(상법 제180조), 합자회사(상법 제271조), 유한책임회사(상법 제287조의5)의 경우에는 설립등기기간이 없다.

> **상법 제317조(설립의 등기)**
> ① 주식회사의 설립등기는 발기인이 회사설립 시에 발행한 주식의 총수를 인수한 경우에는 제299조와 제300조의 규정에 의한 절차가 종료한 날로부터, 발기인이 주주를 모집한 경우에는 창립총회가 종결한 날 또는 제314조의 규정에 의한 절차가 종료한 날로부터 2주간 내에 이를 하여야 한다.
>
> **상법 제549조(설립의 등기)**
> ① 유한회사의 설립등기는 제548조의 납입 또는 현물출자의 이행이 있는 날로부터 2주간 내에 하여야 한다.

답 ①

상법상 회사설립 시 신용 또는 노무를 출자의 목적으로 할 수 있는 자는?

① 유한회사의 사원

② 합자회사의 유한책임사원

③ 유한책임회사의 사원

④ 주식회사의 주주

⑤ 합명회사의 사원

▮해설▮

> 대외적으로 채권자에게 무한책임을 지는 합명회사의 사원과 합자회사의 무한책임사원은 노무와 신용을 출자의 목적으로 할 수 있으나, 유한책임을 지는 합자회사의 유한책임사원, 유한회사와 유한책임회사의 사원, 주식회사의 주주는 노무와 신용을 출자의 목적으로 할 수 없다.

① [✕] 상법 제546조, 제548조 제1항

> **상법 제546조(출자 1좌의 금액의 제한)**
> (유한회사에서) 출자 1좌의 금액은 100원 이상으로 균일하게 하여야 한다.
>
> **상법 제548조(출자의 납입)**
> ① (유한회사의) 이사는 사원으로 하여금 출자전액의 납입 또는 현물출자의 목적인 재산전부의 급여를 시켜야 한다.

② [✕] (합자회사의) 유한책임사원은 신용 또는 노무를 출자의 목적으로 하지 못한다(상법 제272조).

③ [✕] (유한책임회사의) 사원은 신용이나 노무를 출자의 목적으로 하지 못한다(상법 제287조의4 제1항).

④ [✕] 상법 제303조, 제305조 제1항

> **상법 제303조(주식인수인의 의무)**
> 주식인수를 청약한 자는 발기인이 배정한 주식의 수에 따라서 인수가액을 납입할 의무를 부담한다.
>
> **상법 제305조(주식에 대한 납입)**
> ① 회사설립 시에 발행하는 주식의 총수가 인수된 때에는 발기인은 지체없이 주식인수인에 대하여 각 주식에 대한 인수가액의 전액을 납입시켜야 한다.

⑤ [○] (합명회사에서) 퇴사한 사원은 노무 또는 신용으로 출자의 목적으로 한 경우에도 그 지분의 환급을 받을 수 있다. 그러나 정관에 다른 규정이 있는 때에는 그러하지 아니하다(상법 제222조).

탭 ⑤

상법상 회사설립무효의 소에 관한 설명으로 옳지 않은 것은?

① 합명회사의 설립의 무효는 그 사원에 한하여 소만으로 이를 주장할 수 있다.

② 합자회사의 설립무효의 소의 제소기간은 회사성립의 날로부터 2년 내이다.

③ 주식회사의 설립무효의 소의 경우 주주 뿐만 아니라 이사도 소를 제기할 수 있다.

④ 유한책임회사의 설립무효의 소의 경우 그 소를 제기할 수 있는 자는 사원에 한정된다.

⑤ 유한회사의 설립무효의 소는 감사도 제기할 수 있다.

· ·

┃해설┃

① [○] (합명)회사의 설립의 무효는 그 사원에 한하여, 설립의 취소는 그 취소권 있는 자에 한하여 회사성립의 날로부터 2년 내에 소만으로 이를 주장할 수 있다(상법 제184조 제1항).

② [○] 합자회사에는 본장에 다른 규정이 없는 사항은 합명회사에 관한 규정을 준용한다(상법 제269조).

③ [○] (주식)회사설립의 무효는 주주·이사 또는 감사에 한하여 회사성립의 날로부터 2년 내에 소만으로 이를 주장할 수 있다(상법 제328조 제1항).

④ [✕] 유한책임회사의 설립의 무효와 취소에 관하여는 제184조부터 제194조까지의 규정을 준용한다. 이 경우 제184조 (설립무효, 취소의 소) 중 "<u>사원</u>"은 "사원 및 업무집행자"로 본다(상법 제287조의6). 따라서 유한책임회사의 경우 사원 및 업무집행자가 설립무효의 소의 제소권자이다.

⑤ [○] (유한)회사의 설립의 무효는 그 사원, 이사와 감사에 한하여 설립의 취소는 그 취소권 있는 자에 한하여 회사설립의 날로부터 2년 내에 소만으로 이를 주장할 수 있다(상법 제552조 제1항).

더 살펴보기	회사설립무효의 소 제소권자 및 제소기간			
구 분	합명·합자회사	유한책임회사	주식회사	유한회사
제소권자	사원	사원, 업무집행자	주주, 이사, 감사	사원, 이사, 감사
제소기간	회사설립의 날로부터 2년			

 답 ④

상법상 소송의 원고적격에 관한 설명으로 옳은 것을 모두 고른 것은?

> ㄱ. 합명회사의 사원이 그 채권자를 해할 것을 알고 회사를 설립한 때에는 채권자는 그 사원과 회사에 대한 소로 회사의 설립취소를 청구할 수 있다.
> ㄴ. 주식회사의 채권자는 주주총회결의 취소의 소를 제기할 수 없으나 설립무효의 소는 제기할 수 있다.
> ㄷ. 주식의 포괄적 교환을 승인하지 아니한 채권자는 포괄적 교환 무효의 소를 제기할 수 있다.
> ㄹ. 분할에 찬성한 주주는 분할무효의 소를 제기할 수 없다.

① ㄱ
② ㄱ, ㄷ
③ ㄱ, ㄹ
④ ㄴ, ㄷ
⑤ ㄴ, ㄹ

▌해설▐

ㄱ. [○] 사원이 그 채권자를 해할 것을 알고 회사를 설립한 때에는 채권자는 그 사원과 회사에 대한 소로 회사의 설립취소를 청구할 수 있다(상법 제185조).

ㄴ. [✕] 주식회사의 설립무효의 소, 주주총회결의 취소의 소 모두 주주·이사·감사가 제기할 수 있고 <u>채권자는 제기할 수 없다</u>(상법 제328조 제1항, 제376조 제1항 참조).

> **상법 제328조(설립무효의 소)**
> ① 회사설립의 무효는 <u>주주·이사 또는 감사에 한하여</u> 회사성립의 날로부터 2년 내에 소만으로 이를 주장할 수 있다.
>
> **상법 제376조(결의취소의 소)**
> ① 총회의 소집절차 또는 결의방법이 법령 또는 정관에 위반하거나 현저하게 불공정한 때 또는 그 결의의 내용이 정관에 위반한 때에는 <u>주주·이사 또는 감사</u>는 결의의 날로부터 2월 내에 결의취소의 소를 제기할 수 있다.

ㄷ. [✕] 주식교환의 무효는 각 회사의 <u>주주·이사·감사·감사위원회의 위원 또는 청산인에 한하여</u> 주식교환의 날부터 6월 내에 소만으로 이를 주장할 수 있다(상법 제360조의14 제1항).

ㄹ. [✕] <u>주주는 분할에 찬성·반대와 관계없이</u> 분할무효의 소를 제기할 수 있다(상법 제530조의11 제1항, 제529조 제1항 참조).

> **상법 제530조의11(준용규정)**
> ① 분할 또는 분할합병의 경우에는 제234조, 제237조부터 제240조까지, 제329조의2, 제440조부터 제443조까지, 제526조, 제527조, 제527조의6, 제528조 및 제529조를 준용한다. 다만, 제527조의 설립위원은 대표이사로 한다.
>
> **상법 제529조(합병무효의 소)**
> ① 합병무효는 각 회사의 <u>주주·이사·감사·청산인·파산관재인 또는 합병을 승인하지 아니한 채권자에 한하여</u> 소만으로 이를 주장할 수 있다.

답 ①

상법상 심리 중에 소의 원인이 된 하자가 보완되고 회사의 현황과 제반사정을 참작하여 원고의 청구를 인용하는 것이 부적당하다고 인정한 때에 법원이 그 청구를 기각할 수 있는 경우가 아닌 것은?

① 주식회사의 설립무효의 소
② 주식회사의 주식교환무효의 소
③ 주식회사의 신주발행무효의 소
④ 주식회사의 이사해임의 소
⑤ 주식회사의 합병무효의 소

┃해설┃

① [○] 상법 제328조 제2항, 제189조

> **상법 제328조(설립무효의 소)**
> ① 회사설립의 무효는 주주·이사 또는 감사에 한하여 회사성립의 날로부터 2년 내에 소만으로 이를 주장할 수 있다.
> ② 제186조 내지 제193조의 규정은 제1항의 소에 준용한다.
>
> **상법 제189조(하자의 보완 등과 청구의 기각)**
> 설립무효의 소 또는 설립취소의 소가 그 심리 중에 원인이 된 하자가 보완되고 회사의 현황과 제반사정을 참작하여 설립을 무효 또는 취소하는 것이 부적당하다고 인정한 때에는 법원은 그 청구를 기각할 수 있다.

② [○] 상법 제360조의14 제4항, 제189조

> **상법 제360조의14(주식교환무효의 소)**
> ① 주식교환의 무효는 각 회사의 주주·이사·감사·감사위원회의 위원 또는 청산인에 한하여 주식교환의 날부터 6월 내에 소만으로 이를 주장할 수 있다.
> ④ 제187조 내지 제189조, 제190조 본문, 제191조, 제192조, 제377조 및 제431조의 규정은 제1항의 소에, 제339조 및 제340조 제3항의 규정은 제3항의 경우에 각각 이를 준용한다.

③ [○] 상법 제430조, 제189조

> **상법 제429조(신주발행무효의 소)**
> 신주발행의 무효는 주주·이사 또는 감사에 한하여 신주를 발행한 날로부터 6월 내에 소만으로 이를 주장할 수 있다.
>
> **상법 제430조(준용규정)**
> 제186조 내지 제189조·제190조 본문·제191조·제192조 및 제377조의 규정은 제429조의 소에 관하여 이를 준용한다.

④ [×] 주식회사의 이사해임의 소에는 재량기각을 인정하는 규정이 없다.

⑤ [○] 상법 제530조 제2항, 제240조, 제189조

> **상법 제530조(준용규정)**
> ② 제234조, 제235조, 제237조 내지 제240조, 제329조의2, 제374조 제2항, 제374조의2 제2항 내지 제5항 및 제439조 제3항의 규정은 주식회사의 합병에 관하여 이를 준용한다.
>
> **상법 제240조(준용규정)**
> 제186조 내지 제191조의 규정은 합병무효의 소에 준용한다.

더 살펴보기 | 재량기각

1. 의의
   원고의 청구가 이유 있다 하더라도 회사의 현황과 제반 사정을 참작하여 당해 법률관계를 무효·취소로 하는 것이 부적당하다고 인정한 때 법원이 재량으로 원고청구 기각판결을 하는 것을 재량기각이라 한다.

2. 재량기각이 가능한 소송
   각종 회사의 설립무효 또는 취소의 소(상법 제189조, 제269조, 제287조의6, 제328조 제2항, 제552조 제2항), 주주총회결의 취소의 소(상법 제379조), 신주발행 무효의 소(상법 제430조), 감자무효의 소(상법 제446조), 합병무효의 소(상법 제240조, 제269조, 제287조의41, 제530조 제2항, 제603조), 분할·분할합병 무효의 소(상법 제530조의11 제1항), 주식교환·이전 무효의 소(상법 제360조의14 제4항, 제360조의23 제3항)에서 재량기각이 가능하다.

3. 하자 보완 요부
   주주총회결의 취소의 소에서 재량기각을 하기 위해서는 하자의 보완을 필요로 하지 않지만, 그 이외의 소송에서는 심리 중에 원인이 된 하자가 보완될 것을 요구하고 있다. 그러나 판례는 감자무효의 소와 분할합병무효의 소에서 그 하자가 경미하다는 등의 이유가 있는 경우에는 하자의 보완 없이도 재량기각을 할 수 있다고 하였다(대판 2004.4.27. 2003다29616: 2010.7.22. 2008다37193).

   > **상법 제189조(하자의 보완 등과 청구의 기각)**
   > 설립무효의 소 또는 설립취소의 소가 그 심리 중에 원인이 된 하자가 보완되고 회사의 현황과 제반사정을 참작하여 설립을 무효 또는 취소하는 것이 부적당하다고 인정한 때에는 법원은 그 청구를 기각할 수 있다.
   >
   > **상법 제379조(법원의 재량에 의한 청구기각)**
   > 결의취소의 소가 제기된 경우에 결의의 내용, 회사의 현황과 제반사정을 참작하여 그 취소가 부적당하다고 인정한 때에는 법원은 그 청구를 기각할 수 있다.

답 ④

상법상 회사와 관련된 소에 관한 설명으로 옳지 않은 것은?

① 설립무효판결은 대세적 효력이 있다.

② 설립취소의 소는 지점소재지의 지방법원의 관할에 전속한다.

③ 주주총회 결의무효확인의 소가 제기된 경우 법원은 재량으로 청구를 기각할 수 없다.

④ 주주총회 결의취소의 소는 주주·이사 또는 감사가 총회결의의 날로부터 2월 내에 제기할 수 있다.

⑤ 설립무효의 소를 제기한 자가 패소한 경우에 악의 또는 중대한 과실이 있는 때에는 회사에 대하여 연대하여 손해를 배상할 책임이 있다.

──

┃해설┃

① [○] (합명회사의) 설립무효의 판결 또는 설립취소의 판결은 제3자에 대하여도 그 효력이 있다. 그러나 판결확정 전에 생긴 회사와 사원 및 제3자 간의 권리의무에 영향을 미치지 아니한다(상법 제190조). 이 규정은 합자회사, 유한책임회사, 유한회사의 설립무효·취소의 소와 주식회사 설립무효의 소에 준용된다(상법 제269조, 제287조의6, 제328조 제2항, 제552조 제2항 참조).

② [✕] (합명회사에서) 전2조의 소(설립무효, 취소의 소, 채권자에 의한 설립취소의 소)는 <u>본점소재지의</u> 지방법원의 관할에 전속한다(상법 제186조). 이 규정은 합자회사, 유한책임회사, 유한회사의 설립무효·취소의 소와 주식회사 설립무효의 소에 준용된다(상법 제269조, 제287조의6, 제328조 제2항, 제552조 제2항 참조).

③ [○] 주주총회결의 하자의 소 중 재량기각은 결의취소의 소에서만 인정되고(상법 제379조 참조) 결의무효·부존재확인의 소, 부당결의취소·변경의 소에서는 인정되지 않는다.

④ [○] 총회의 소집절차 또는 결의방법이 법령 또는 정관에 위반하거나 현저하게 불공정한 때 또는 그 결의의 내용이 정관에 위반한 때에는 주주·이사 또는 감사는 결의의 날로부터 2월 내에 결의취소의 소를 제기할 수 있다(상법 제376조 제1항).

⑤ [○] (합명회사에서) 설립무효의 소 또는 설립취소의 소를 제기한 자가 패소한 경우에 악의 또는 중대한 과실이 있는 때에는 회사에 대하여 연대하여 손해를 배상할 책임이 있다(상법 제191조). 이 규정은 합자회사, 유한책임회사, 유한회사의 설립무효·취소의 소와 주식회사 설립무효의 소에 준용된다(상법 제269조, 제287조의6, 제328조 제2항, 제552조 제2항 참조).

> **상법 제184조(설립무효, 취소의 소)**
> ① 회사의 설립의 무효는 그 사원에 한하여, 설립의 취소는 그 취소권 있는 자에 한하여 회사성립의 날로부터 2년 내에 소만으로 이를 주장할 수 있다.
>
> **상법 제185조(채권자에 의한 설립취소의 소)**
> 사원이 그 채권자를 해할 것을 알고 회사를 설립한 때에는 채권자는 그 사원과 회사에 대한 소로 회사의 설립취소를 청구할 수 있다.
>
> **상법 제186조(전속관할)**
> 전2조의 소는 본점소재지의 지방법원의 관할에 전속한다.

상법 제190조(판결의 효력)

설립무효의 판결 또는 설립취소의 판결은 제3자에 대하여도 그 효력이 있다. 그러나 판결확정 전에 생긴 회사와 사원 및 제3자 간의 권리의무에 영향을 미치지 아니한다.

상법 제191조(패소원고의 책임)

설립무효의 소 또는 설립취소의 소를 제기한 자가 패소한 경우에 악의 또는 중대한 과실이 있는 때에는 회사에 대하여 연대하여 손해를 배상할 책임이 있다.

상법 제269조(준용규정)

합자회사에는 본장에 다른 규정이 없는 사항은 합명회사에 관한 규정을 준용한다.

상법 제287조의6(준용규정)

유한책임회사의 설립의 무효와 취소에 관하여는 제184조부터 제194조까지의 규정을 준용한다. 이 경우 제184조 중 "사원"은 "사원 및 업무집행자"로 본다.

상법 제328조(설립무효의 소)

② 제186조 내지 제193조의 규정은 제1항의 소에 준용한다.

상법 제552조(설립무효, 취소의 소)

② 제184조 제2항과 제185조 내지 제193조의 규정은 전항의 소에 준용한다.

답 ②

22 법무사 2022 ☑ 확인 Check! ○ △ ✕

합명회사의 설립무효, 취소에 관한 다음 설명 중 가장 옳지 않은 것은? 기출수정

① 회사의 설립의 무효는 그 사원에 한하여, 설립의 취소는 그 취소권 있는 자에 한하여 회사성립의 날로부터 2년 내에 소만으로 이를 주장할 수 있는데, 사원은 사원의 주소지 법원에 설립무효의 소를 제기할 수 있다.

② 설립무효의 판결 또는 설립취소의 판결은 제3자에 대하여도 그 효력이 있으나 판결확정 전에 생긴 회사와 사원 및 제3자 간의 권리의무에 영향을 미치지 아니한다.

③ 수개의 설립무효의 소 또는 설립취소의 소가 제기된 때에는 법원은 이를 병합심리하여야 한다.

④ 설립무효의 판결 또는 설립취소의 판결이 확정된 때에는 본점의 소재지에서 등기하여야 한다.

⑤ 설립무효의 판결 또는 설립취소의 판결이 확정된 때에는 해산의 경우에 준하여 청산하여야 한다.

▌해설▐

① [✕] 상법 제184조 제1항, 제186조

> **상법 제184조(설립무효, 취소의 소)**
> ① 회사의 설립의 무효는 그 사원에 한하여, 설립의 취소는 그 취소권 있는 자에 한하여 회사성립의 날로부터 2년 내에 소만으로 이를 주장할 수 있다.
>
> **상법 제186조(전속관할)**
> 전2조의 소는 본점소재지의 지방법원의 관할에 전속한다.

② [○] 설립무효의 판결 또는 설립취소의 판결은 제3자에 대하여도 그 효력이 있다. 그러나 판결확정 전에 생긴 회사와 사원 및 제3자 간의 권리의무에 영향을 미치지 아니한다(상법 제190조).

③ [○] 수개의 설립무효의 소 또는 설립취소의 소가 제기된 때에는 법원은 이를 병합심리하여야 한다(상법 제188조).

④ [○] 설립무효의 판결 또는 설립취소의 판결이 확정된 때에는 본점의 소재지에서 등기하여야 한다(상법 제192조).

⑤ [○] 설립무효의 판결 또는 설립취소의 판결이 확정된 때에는 해산의 경우에 준하여 청산하여야 한다(상법 제193조 제1항).

답 ①

회사의 설립에 관한 다음 설명 중 가장 옳지 않은 것은?

① 설립 중의 회사로서의 실체가 갖추어지기 이전에 발기인이 취득한 권리의무는 구체적인 사정에 따라 발기인 개인 또는 발기인 조합에 귀속되고, 이후 양수나 계약자 지위인수 등의 특별한 이전행위 없이 설립 후의 회사에게 귀속된다.

② 주식회사 설립의 무효는 주주·이사 또는 감사에 한하여 회사성립의 날로부터 2년 내에 소만으로 이를 주장할 수 있다.

③ 합명회사와 합자회사에서는 설립무효의 판결 또는 설립취소의 판결이 확정된 경우에 그 무효나 취소의 원인이 특정한 사원에 한한 것인 때에는 다른 사원 전원의 동의로써 회사를 계속할 수 있다.

④ 주식회사의 설립과정에서 설립 중의 회사는 정관이 작성되고 발기인이 적어도 1주 이상의 주식을 인수하였을 때 성립한다.

⑤ 주식회사설립무효의 소가 그 심리 중에 원인이 된 하자가 보완되고 회사의 현황과 제반사정을 참작하여 설립을 무효로 하는 것이 부적당하다고 인정한 때에는 법원은 그 청구를 기각할 수 있다.

❚ 해설 ❚

① [✕] 설립 중의 회사로서의 실체가 갖추어지기 이전에 발기인이 취득한 권리의무는 구체적인 사정에 따라 발기인 개인 또는 발기인 조합에 귀속되는 것으로서, <u>이들에게 귀속된 권리의무를 설립 후의 회사에게 귀속시키기 위하여는 양수나 계약자 지위인수 등의 특별한 이전행위가 있어야 한다</u>(대판 1998.5.12. 97다56020).

② [○], ⑤ [○] 상법 제328조, 제189조

> **상법 제328조(설립무효의 소)**
> ① 회사설립의 무효는 주주·이사 또는 감사에 한하여 회사성립의 날로부터 2년 내에 소만으로 이를 주장할 수 있다.
> ② 제186조 내지 제193조의 규정은 제1항의 소에 준용한다.
>
> **상법 제189조(하자의 보완 등과 청구의 기각)**
> 설립무효의 소 또는 설립취소의 소가 그 심리 중에 원인이 된 하자가 보완되고 회사의 현황과 제반사정을 참작하여 설립을 무효 또는 취소하는 것이 부적당하다고 인정한 때에는 법원은 그 청구를 기각할 수 있다.

③ [○] 합자회사에는 합명회사의 설립무효, 취소와 회사계속에 관한 규정인 상법 제194조를 준용한다.

> **상법 제194조(설립무효, 취소와 회사계속)**
> ① 설립무효의 판결 또는 설립취소의 판결이 확정된 경우에 그 무효나 취소의 원인이 특정한 사원에 한한 것인 때에는 다른 사원 전원의 동의로써 회사를 계속할 수 있다.
>
> **상법 제269조(준용규정)**
> 합자회사에는 본장에 다른 규정이 없는 사항은 합명회사에 관한 규정을 준용한다.

④ [○] 설립 중의 회사는 정관이 작성되고 발기인이 적어도 1주 이상의 주식을 인수하였을 때 비로소 성립한다(대판 1998.5.12. 97다56020).

답 ①

24 세무사 2024

☑ 확인 Check! ○ △ ✕

상법상 회사의 합병에 관한 설명으로 옳지 않은 것은?

① 합명회사와 주식회사는 합병할 수 있다.
② 유한회사가 주식회사를 존속회사로 하여 합병하는 경우에는 법원의 인가를 얻어야 한다.
③ 회사의 합병으로 인하여 신회사를 설립하는 경우에는 정관의 작성 기타 설립에 관한 행위는 각 회사에서 선임한 설립위원이 공동으로 하여야 한다.
④ 합병무효의 소의 제소기간은 합병등기가 있은 날부터 3월 이내이다.
⑤ 합병무효 판결의 효력은 소급하지 않는다.

┃해설┃

① [○] 합명회사와 주식회사는 합병할 수 있다. 다만 이 경우 합병 후 존속하는 회사나 합병으로 설립되는 회사는 주식회사이어야 한다(상법 제174조 제1항, 제2항 참조).

> **상법 제174조(회사의 합병)**
> ① 회사는 합병을 할 수 있다.
> ② 합병을 하는 회사의 일방 또는 쌍방이 주식회사, 유한회사 또는 유한책임회사인 경우에는 합병 후 존속하는 회사나 합병으로 설립되는 회사는 주식회사, 유한회사 또는 유한책임회사이어야 한다.

② [○] 유한회사가 주식회사와 합병하는 경우에 합병 후 존속하는 회사 또는 합병으로 인하여 설립되는 회사가 주식회사인 때에는 법원의 인가를 얻지 아니하면 합병의 효력이 없다(상법 제600조 제1항). 주식회사 설립에 관한 엄격한 규제를 피하기 위한 방법으로 유한회사 설립 후 주식회사와 합병하는 것을 방지하기 위한 것이다.

③ [○] 회사의 합병으로 인하여 신회사를 설립하는 경우에는 정관의 작성 기타 설립에 관한 행위는 각 회사에서 선임한 설립위원이 공동으로 하여야 한다(상법 제175조 제1항).

④ [✕] 합병무효의 소의 제소기간은 합병등기가 있은 날부터 <u>6월 이내이다</u>(상법 제236조 제2항, 제269조, 제529조 제2항, 제603조 참조).

> **상법 제236조(합병무효의 소의 제기)**
> ① 회사의 합병의 무효는 각 회사의 사원, 청산인, 파산관재인 또는 합병을 승인하지 아니한 회사채권자에 한하여 소만으로 이를 주장할 수 있다.
> ② 전항의 소는 제233조의 등기가 있은 날로부터 <u>6월</u> 내에 제기하여야 한다.
>
> **상법 제269조(준용규정)**
> 합자회사에는 본장에 다른 규정이 없는 사항은 합명회사에 관한 규정을 준용한다.
>
> **상법 제529조(합병무효의 소)**
> ① 합병무효는 각 회사의 주주·이사·감사·청산인·파산관재인 또는 합병을 승인하지 아니한 채권자에 한하여 소만으로 이를 주장할 수 있다.
> ② 제1항의 소는 제528조의 등기가 있은 날로부터 <u>6월</u> 내에 제기하여야 한다.

> **상법 제603조(준용규정)**
> 제232조, 제234조, 제235조, 제237조 내지 제240조, 제443조, 제522조 제1항·제2항, 제522조의2, 제523조, 제524조, 제526조 제1항·제2항, 제527조 제1항 내지 제3항 및 제529조의 규정은 유한회사의 합병의 경우에 준용한다.

⑤ [O] 합병무효판결은 소급효를 제한하는 상법 제190조 단서를 준용하고 있으므로 장래효만 인정된다(상법 제240조, 제269조, 제530조 제2항, 제603조 참조).

> **상법 제240조(준용규정)**
> 제186조 내지 제191조의 규정은 합병무효의 소에 준용한다.
>
> > **상법 제190조(판결의 효력)**
> > 설립무효의 판결 또는 설립취소의 판결은 제3자에 대하여도 그 효력이 있다. 그러나 판결확정 전에 생긴 회사와 사원 및 제3자 간의 권리의무에 영향을 미치지 아니한다.
>
> **상법 제269조(준용규정)**
> 합자회사에는 본장에 다른 규정이 없는 사항은 합명회사에 관한 규정을 준용한다.
>
> **상법 제530조(준용규정)**
> ② 제234조, 제235조, 제237조 내지 제240조, 제329조의2, 제374조 제2항, 제374조의2 제2항 내지 제5항 및 제439조 제3항의 규정은 주식회사의 합병에 관하여 이를 준용한다.
>
> **상법 제603조(준용규정)**
> 제232조, 제234조, 제235조, 제237조 내지 제240조, 제443조, 제522조 제1항·제2항, 제522조의2, 제523조, 제524조, 제526조 제1항·제2항, 제527조 제1항 내지 제3항 및 제529조의 규정은 유한회사의 합병의 경우에 준용한다.

답 ④

---

25 세무사 2022

☑ 확인 Check! ○ △ ✕

상법상 회사의 합병에 관한 설명으로 옳은 것은?

① 합명회사와 주식회사가 합병하는 경우 합명회사를 존속하는 회사로 할 수 있다.
② 합명회사와 합자회사가 합병하는 경우 합병승인의 결의는 사원총회의 특별결의로 한다.
③ 해산 후의 회사가 존립 중의 회사와 합병하는 경우 그 해산 후의 회사를 존속회사로 할 수 있다.
④ 주식회사를 존속회사로 정하여 주식회사와 유한회사가 합병하는 경우 물적회사 간의 합병이므로 법원의 인가는 필요없다.
⑤ 회사의 합병으로 인해 신회사를 설립하는 경우에는 정관의 작성 기타 설립에 관한 행위는 각 회사에서 선임한 설립위원이 공동으로 해야 한다.

┃해설┃

① [×] 합병을 하는 회사의 일방 또는 쌍방이 주식회사, 유한회사 또는 유한책임회사인 경우에는 합병 후 존속하는 회사나 합병으로 설립되는 회사는 <u>주식회사, 유한회사 또는 유한책임회사이어야 한다</u>(상법 제174조 제2항).

② [×] 합명회사와 합자회사가 합병하는 경우 합병승인의 결의는 <u>총사원의 동의</u>가 있어야 한다(상법 제230조, 제269조 참조).

> **상법 제230조(합병의 결의)**
> (합명)회사가 합병을 함에는 총사원의 동의가 있어야 한다.
>
> **상법 제269조(준용규정)**
> 합자회사에는 본장에 다른 규정이 없는 사항은 합명회사에 관한 규정을 준용한다.

③ [×] 해산 후의 회사는 <u>존립 중의 회사를 존속하는 회사로 하는 경우에 한하여</u> 합병을 할 수 있다(상법 제174조 제3항).

④ [×] 유한회사가 주식회사와 합병하는 경우에 합병 후 존속하는 회사 또는 합병으로 인하여 설립되는 회사가 주식회사인 때에는 <u>법원의 인가를 얻지 아니하면 합병의 효력이 없다</u>(상법 제600조 제1항). 주식회사 설립에 관한 엄격한 규제를 피하기 위한 방법으로 유한회사 설립 후 주식회사와 합병하는 것을 방지하기 위한 것이다.

⑤ [O] 회사의 합병으로 인하여 신회사를 설립하는 경우에는 정관의 작성 기타 설립에 관한 행위는 각 회사에서 선임한 설립위원이 공동으로 하여야 한다(상법 제175조 제1항).

답 ⑤

---

26 세무사 2020 ☑확인Check! ○ △ ×

상법상 합병에 관한 설명으로 옳은 것은?

① 간이합병이란 소멸회사의 주주에게 교부하기 위해 존속회사가 발행하는 신주의 총수가 발행주식총수의 10%를 초과하지 않는 합병을 말한다.

② 간이합병의 경우 채권자보호절차를 거쳐야 하나 소규모합병의 경우 채권자보호절차가 필요하지 않다.

③ 소규모합병의 경우 존속회사의 주주총회 개최가 없더라도 합병에 반대하는 존속회사의 주주에게는 주식매수청구권이 인정된다.

④ 존속하는 회사가 합병으로 소멸하는 회사의 주주에게 그 대가의 전부를 금전으로 제공할 수 없다.

⑤ 합병 후 존속하는 회사가 주식회사인 경우에 합병할 회사의 일방 또는 쌍방이 합명회사 또는 합자회사인 때에는 총사원의 동의를 얻어 합병계약서를 작성하여야 한다.

┃해설┃

① [×] 합병할 회사의 일방이 합병 후 존속하는 경우에 합병으로 인하여 <u>소멸하는 회사의 총주주의 동의가 있거나 그 회사의 발행주식총수의 100분의 90이상을 합병 후 존속하는 회사가 소유하고 있는 때</u>에는 합병으로 인하여 소멸하는 회사의 주주총회의 승인은 이를 이사회의 승인으로 갈음할 수 있는데(상법 제527조의2 제1항) 이를 간이합병이라고 한다.

② [×] <u>간이합병과 소규모합병 모두 채권자보호절차를 거쳐야 하고, 이 경우 이사회 승인결의를 주주총회 승인결의로 본다</u>(상법 제527조의5 제2항 참조).

> **상법 제527조의5(채권자보호절차)**
> ① 회사는 제522조의 주주총회의 승인결의가 있은 날부터 2주 내에 채권자에 대하여 합병에 이의가 있으면 1월이상
>   의 기간 내에 이를 제출할 것을 공고하고 알고 있는 채권자에 대하여는 따로따로 이를 최고하여야 한다.
> ② 제1항의 규정을 적용함에 있어서 제527조의2(간이합병) 및 제527조의3(소규모합병)의 경우에는 이사회의 승인
>   결의를 주주총회의 승인결의로 본다.

③ [×] 소규모합병의 경우 합병에 반대하는 존속회사의 주주는 <u>주식매수청구권을 행사할 수 없다</u>(상법 제527조의3 제5항 참조).

> **상법 제527조의3(소규모합병)**
> ① 합병 후 존속하는 회사가 합병으로 인하여 발행하는 신주 및 이전하는 자기주식의 총수가 그 회사의 발행주식총수
>   의 100분의 10을 초과하지 아니하는 경우에는 그 존속하는 회사의 주주총회의 승인은 이를 이사회의 승인으로
>   갈음할 수 있다. 다만, 합병으로 인하여 소멸하는 회사의 주주에게 제공할 금전이나 그 밖의 재산을 정한 경우에
>   그 금액 및 그 밖의 재산의 가액이 존속하는 회사의 최종 대차대조표상으로 현존하는 순자산액의 100분의 5를
>   초과하는 경우에는 그러하지 아니하다.
> ⑤ 제1항 본문의 경우에는 제522조의3(합병반대주주의 주식매수청구권)의 규정은 이를 적용하지 아니한다.

④ [×] 존속하는 회사가 합병으로 소멸하는 회사의 주주에게 <u>그 대가의 전부를 금전으로 제공할 수 있다</u>(상법 제523조 제4호 참조).

> **상법 제523조(흡수합병의 합병계약서)**
> 합병할 회사의 일방이 합병 후 존속하는 경우에는 합병계약서에 다음의 사항을 적어야 한다.
>   1. 존속하는 회사가 합병으로 인하여 그 발행할 주식의 총수를 증가하는 때에는 그 증가할 주식의 총수, 종류와 수
>   2. 존속하는 회사의 자본금 또는 준비금이 증가하는 경우에는 증가할 자본금 또는 준비금에 관한 사항
>   3. 존속하는 회사가 합병을 하면서 신주를 발행하거나 자기주식을 이전하는 경우에는 발행하는 신주 또는 이전하
>   는 자기주식의 총수, 종류와 수 및 합병으로 인하여 소멸하는 회사의 주주에 대한 신주의 배정 또는 자기주식의
>   이전에 관한 사항
>   4. <u>존속하는 회사가 합병으로 소멸하는 회사의 주주에게 제3호에도 불구하고 그 대가의 전부 또는 일부로서
>   금전이나 그 밖의 재산을 제공하는 경우에는 그 내용 및 배정에 관한 사항</u>
>   5. 각 회사에서 합병의 승인결의를 할 사원 또는 주주의 총회의 기일
>   6. 합병을 할 날
>   7. 존속하는 회사가 합병으로 인하여 정관을 변경하기로 정한 때에는 그 규정
>   8. 각 회사가 합병으로 이익배당을 할 때에는 그 한도액
>   9. 합병으로 인하여 존속하는 회사에 취임할 이사와 감사 또는 감사위원회의 위원을 정한 때에는 그 성명 및
>   주민등록번호

⑤ [○] 합병 후 존속하는 회사 또는 합병으로 인하여 설립되는 회사가 주식회사인 경우에 합병할 회사의 일방 또는
쌍방이 합명회사 또는 합자회사인 때에는 총사원의 동의를 얻어 합병계약서를 작성하여야 한다(상법 제525조 제1항).

답 ⑤

상법상 회사의 합병에 관한 설명으로 옳은 것은?

① 주식회사가 유한회사와 합병하는 경우에 신설되는 회사가 유한회사인 때에는 법원의 인가가 있어야 한다.

② 상법상 모든 회사는 합병을 할 수 있으므로 주식회사와 합명회사가 합병을 할 경우에 합명회사를 존속회사로 할 수 있다.

③ 주식회사가 흡수합병을 하는 경우에는 존속회사가 소멸하는 회사의 모든 주주에게 그 대가의 전부를 금전으로 지급하도록 합병계약서에 규정할 수 없다.

④ 합병으로 인하여 소멸하는 회사는 청산절차를 거쳐야 소멸한다.

⑤ 합명회사가 주식회사와 합병을 하여 존속하는 회사가 주식회사일 경우에 합명회사는 총사원의 동의를 얻어 합병계약서를 작성하여야 한다.

❚ 해설 ❚

① [✕] 유한회사가 주식회사와 합병하는 경우에 합병 후 존속하는 회사 또는 합병으로 인하여 설립되는 회사가 주식회사인 때에는 법원의 인가를 얻지 아니하면 합병의 효력이 없다(상법 제600조 제1항).

② [✕] 합병을 하는 회사의 일방 또는 쌍방이 주식회사, 유한회사 또는 유한책임회사인 경우에는 합병 후 존속하는 회사나 합병으로 설립되는 회사는 주식회사, 유한회사 또는 유한책임회사이어야 한다(상법 제174조 제2항). 따라서 주식회사와 합명회사가 합병을 할 경우에는 주식회사를 존속회사로 해야 한다.

③ [✕] 합병 후 존속하는 회사는 합병으로 소멸하는 회사의 주주에게 합병의 대가의 전부 또는 일부를 주식 이외의 금전이나 기타의 재산을 제공할 수 있는데(상법 제523조 제4호 참조), 이를 교부금합병이라 한다.

> **상법 제523조(흡수합병의 합병계약서)**
> 합병할 회사의 일방이 합병 후 존속하는 경우에는 합병계약서에 다음의 사항을 적어야 한다.
> … (중략) …
> 3. 존속하는 회사가 합병을 하면서 신주를 발행하거나 자기주식을 이전하는 경우에는 발행하는 신주 또는 이전하는 자기주식의 총수, 종류와 수 및 합병으로 인하여 소멸하는 회사의 주주에 대한 신주의 배정 또는 자기주식의 이전에 관한 사항
> 4. 존속하는 회사가 합병으로 소멸하는 회사의 주주에게 제3호에도 불구하고 그 대가의 전부 또는 일부로서 금전이나 그 밖의 재산을 제공하는 경우에는 그 내용 및 배정에 관한 사항
> … (하략) …

④ [✕] 회사가 해산한 때에는 합병·분할·분할합병 또는 파산의 경우 외에는 이사가 청산인이 된다. 다만, 정관에 다른 정함이 있거나 주주총회에서 타인을 선임한 때에는 그러하지 아니하다(상법 제531조 제1항). 합병·분할·분할합병에 의해 해산하는 경우에는 회사재산의 포괄승계가 있게 되므로 청산절차가 필요 없다.

⑤ [○] 합병 후 존속하는 회사 또는 합병으로 인하여 설립되는 회사가 주식회사인 경우에 합병할 회사의 일방 또는 쌍방이 합명회사 또는 합자회사인 때에는 총사원의 동의를 얻어 합병계약서를 작성하여야 한다(상법 제525조 제1항).

답 ⑤

상법상 회사의 합병에 관한 설명으로 옳지 않은 것은? 기출수정

① 해산 후의 회사는 존립 중의 회사를 존속하는 회사로 하는 경우에 한하여 합병을 할 수 있다.
② 회사는 합병의 결의가 있은 날부터 2주 내에 회사채권자에 대하여 합병에 이의가 있으면 일정한 기간 내에 이를 제출할 것을 공고하고 알고 있는 채권자에 대하여는 따로따로 이를 최고하여야 한다. 이 경우 그 기간은 1월 이상이어야 한다.
③ 회사가 합병을 한 때에는 본점의 소재지에서 2주일 내에 합병 후 존속하는 회사의 변경등기, 합병으로 인하여 소멸하는 회사의 해산등기, 합병으로 인하여 설립되는 회사의 설립등기를 하여야 한다.
④ 회사의 합병의 무효는 합병을 승인한 회사채권자도 소만으로 이를 주장할 수 있다.
⑤ 합병을 하는 회사의 일방 또는 쌍방이 주식회사, 유한회사 또는 유한책임회사인 경우에는 합병 후 존속하는 회사나 합병으로 설립되는 회사는 주식회사, 유한회사 또는 유한책임회사이어야 한다.

━━━

┃해설┃

① [O] 해산 후의 회사는 존립 중의 회사를 존속하는 회사로 하는 경우에 한하여 합병을 할 수 있다(상법 제174조 제3항).
② [O] 합병은 존속회사와 소멸회사의 채권자의 이해관계에 영향을 미치므로, 합병시 모든 종류의 회사에서 채권자보호절차를 거치도록 하고 있다(상법 제232조, 제269조, 제287조의41, 제527조의5, 제603조 참조).

> **상법 제232조(채권자의 이의)**
> ① (합명회사에서) 회사는 합병의 결의가 있은 날부터 2주 내에 회사채권자에 대하여 합병에 이의가 있으면 일정한 기간 내에 이를 제출할 것을 공고하고 알고 있는 채권자에 대하여는 따로따로 이를 최고하여야 한다. 이 경우 그 기간은 1월 이상이어야 한다.
>
> **상법 제269조(준용규정)**
> 합자회사에는 본장에 다른 규정이 없는 사항은 합명회사에 관한 규정을 준용한다.
>
> **상법 제287조의41(유한책임회사의 합병)**
> 유한책임회사의 합병에 관하여는 제230조, 제232조부터 제240조까지의 규정을 준용한다.
>
> **상법 제527조의5(채권자보호절차)**
> ① (주식회사에서) 회사는 제522조의 주주총회의 승인결의가 있은 날부터 2주 내에 채권자에 대하여 합병에 이의가 있으면 1월이상의 기간 내에 이를 제출할 것을 공고하고 알고 있는 채권자에 대하여는 따로따로 이를 최고하여야 한다.
>
> **상법 제603조(준용규정)**
> 제232조, 제234조, 제235조, 제237조 내지 제240조, 제443조, 제522조 제1항·제2항, 제522조의2, 제523조, 제524조, 제526조 제1항·제2항, 제527조 제1항 내지 제3항 및 제529조의 규정은 유한회사의 합병의 경우에 준용한다.

제1장

③ [O] (합명회사에서) 회사가 합병을 한 때에는 본점의 소재지에서 2주일 내에 합병 후 존속하는 회사의 변경등기, 합병으로 인하여 소멸하는 회사의 해산등기, 합병으로 인하여 설립되는 회사의 설립등기를 하여야 한다(상법 제233조). 합자회사, 유한책임회사, 주식회사, 유한회사도 마찬가지로 합병 시 이러한 합병의 등기를 하여야 한다(상법 제269조, 제287조의41, 제528조, 제602조 참조).

④ [X] 채권자가 회사의 합병의 무효의 소를 제기하기 위해서는 합병을 승인하지 아니한 경우이어야 한다(상법 제236조 제1항, 제269조, 제287조의41, 제529조 제1항, 제603조 참조).

> **상법 제236조(합병무효의 소의 제기)**
> ① (합명회사에서) 회사의 합병의 무효는 각 회사의 사원, 청산인, 파산관재인 또는 합병을 승인하지 아니한 회사채권자에 한하여 소만으로 이를 주장할 수 있다.
>
> **상법 제529조(합병무효의 소)**
> ① (주식회사에서) 합병무효는 각 회사의 주주·이사·감사·청산인·파산관재인 또는 합병을 승인하지 아니한 채권자에 한하여 소만으로 이를 주장할 수 있다.

⑤ [O] 합병을 하는 회사의 일방 또는 쌍방이 주식회사, 유한회사 또는 유한책임회사인 경우에는 합병 후 존속하는 회사나 합병으로 설립되는 회사는 주식회사, 유한회사 또는 유한책임회사이어야 한다(상법 제174조 제2항).

답 ④

29 세무사 **2016**　　　　　　　　　　　　☑ 확인Check! ○ △ ✕

회사의 합병에 관한 설명으로 옳지 않은 것은? (다툼이 있으면 판례에 따름)

① 합병으로 존속하는 회사가 합병으로 소멸하는 회사의 주주에게 합병대가의 전부 또는 일부로서 금전이나 그 밖의 재산을 제공하는 것도 가능하다.

② 간이영업양도에는 채권자보호절차가 불필요하나 간이합병에는 채권자보호절차가 필요하다.

③ 사적자치에 기초해 합병계약서에 정한 합병비율이라도 현저하게 불공정한 경우 합병무효의 소의 원인이 될 수 있다.

④ 합병을 하는 회사의 일방이 유한책임회사인 경우에는 합병 후 존속하는 회사는 주식회사, 유한회사 또는 유한책임회사이어야 한다.

⑤ 주식회사와 유한회사가 합병하여 존속회사 또는 신설회사가 유한회사가 되는 경우에는 법원의 인가를 얻어야 합병의 효력이 있다.

┃해설┃

① [O] 상법 제523조 제4호

> **상법 제523조(흡수합병의 합병계약서)**
> 합병할 회사의 일방이 합병 후 존속하는 경우에는 합병계약서에 다음의 사항을 적어야 한다.
> ··· (중략) ···
> 　4. 존속하는 회사가 합병으로 소멸하는 회사의 주주에게 제3호에도 불구하고 그 대가의 전부 또는 일부로서
> 　　　금전이나 그 밖의 재산을 제공하는 경우에는 그 내용 및 배정에 관한 사항
> ··· (하략) ···

② [O] 영업양도 및 간이영업양도는 채권자보호절차를 거치지 않는다. 그러나 합병은 존속회사와 소멸회사의 채권자의 이해관계에 영향을 미치므로 채권자보호절차를 거쳐야 한다(상법 제527조의5 제1항 참조). 이는 간이합병·소규모합병의 경우도 마찬가지이다(상법 제527조의5 제2항 참조).

> **상법 제527조의5(채권자보호절차)**
> ① 회사는 제522조의 주주총회의 승인결의가 있는 날부터 2주 내에 채권자에 대하여 합병에 이의가 있으면 1월이상
> 　의 기간 내에 이를 제출할 것을 공고하고 알고 있는 채권자에 대하여는 따로따로 이를 최고하여야 한다.
> ② 제1항의 규정을 적용함에 있어서 제527조의2 및 제527조의3의 경우에는 이사회의 승인결의를 주주총회의 승인
> 　결의로 본다.

③ [O] 합병비율을 정하는 것은 합병계약의 가장 중요한 내용이고, 그 합병비율은 합병할 각 회사의 재산 상태와 그에 따른 주식의 실제적 가치에 비추어 공정하게 정함이 원칙이며, 만일 그 비율이 합병할 각 회사의 일방에게 불리하게 정해진 경우에는 그 회사의 주주가 합병 전 회사의 재산에 대하여 가지고 있던 지분비율을 합병 후에 유지할 수 없게 됨으로써 실질적으로 주식의 일부를 상실케 되는 결과를 초래하므로, 현저하게 불공정한 합병비율을 정한 합병계약은 사법관계를 지배하는 신의성실의 원칙이나 공평의 원칙 등에 비추어 무효이고, 따라서 합병비율이 현저하게 불공정한 경우 합병할 각 회사의 주주 등은 상법 제529조에 의하여 소로써 합병의 무효를 구할 수 있다(대판 2008.1.10. 2007다64136).

④ [O] 합병을 하는 회사의 일방 또는 쌍방이 주식회사, 유한회사 또는 유한책임회사인 경우에는 합병 후 존속하는 회사나 합병으로 설립되는 회사는 주식회사, 유한회사 또는 유한책임회사이어야 한다(상법 제174조 제2항).

⑤ [×] 유한회사가 주식회사와 합병하는 경우에 합병 후 존속하는 회사 또는 합병으로 인하여 설립되는 회사가 <u>주식회사인 때에는 법원의 인가를 얻지 아니하면 합병의 효력이 없다</u>(상법 제600조 제1항). 주식회사 설립에 관한 엄격한 규제를 피하기 위한 방법으로 유한회사 설립 후 주식회사와 합병하는 것을 방지하기 위한 것이다.

답 ⑤

상법상 유한책임회사의 합병의 효력발생시기는?

① 업무집행자의 합병계약체결시

② 총사원의 동의에 의한 합병결의시

③ 회사의 채권자보호절차 종결시

④ 존속 또는 신설회사의 합병등기시

⑤ 합병계약서에 기재된 합병을 할 날

┃해설┃

④ [○] 상법상 유한책임회사의 합병의 효력발생시기는 존속 또는 신설회사의 합병등기시이다(상법 제287조의41, 제233조, 제234조).

> **상법 제287조의41(유한책임회사의 합병)**
> 유한책임회사의 합병에 관하여는 제230조, 제232조부터 제240조까지의 규정을 준용한다.
>
> **상법 제233조(합병의 등기)**
> 회사가 합병을 한 때에는 본점의 소재지에서 2주일 내에 합병 후 존속하는 회사의 변경등기, 합병으로 인하여 소멸하는 회사의 해산등기, 합병으로 인하여 설립되는 회사의 설립등기를 하여야 한다.
>
> **상법 제234조(합병의 효력발생)**
> 회사의 합병은 합병 후 존속하는 회사 또는 합병으로 인하여 설립되는 회사가 그 본점소재지에서 전조의 등기를 함으로써 그 효력이 생긴다.

탑 ④

상법상 회사에 관한 설명으로 옳은 것은?

① 기본적 상행위가 아닌 그 밖의 행위를 영리 목적으로 하여 설립한 법인은 회사가 될 수 없다.
② 합명회사는 다른 합명회사의 사원이 될 수 있다.
③ 이해관계인이나 검사는 부득이한 사유가 있는 때에는 유한회사의 해산판결을 법원에 청구할 수 있다.
④ 해산 후의 회사는 존립 중의 회사를 존속하는 회사로 하는 경우에 한하여 합병을 할 수 있다.
⑤ 합자회사와 주식회사의 합병으로 인하여 신회사를 설립하는 경우에는 정관의 작성 기타 설립에 관한 행위는 주식회사에서 선임한 설립위원이 단독으로 하여야 한다.

──────────────────

┃해설┃

① [✕] 이 법에서 "회사"란 상행위나 그 밖의 영리를 목적으로 하여 설립한 법인을 말한다(상법 제169조). 참고로 상행위를 영업으로 하는 회사를 상사회사라 하고, 상행위 외의 행위를 영업으로 하는 회사를 민사회사라 한다.

② [✕] 회사는 다른 회사의 무한책임사원이 되지 못한다(상법 제173조). 따라서 합명회사는 무한책임사원으로만 구성되므로 합명회사는 다른 합명회사의 사원이 될 수 없다.

③ [✕] 발행주식의 총수의 100분의 10 이상에 해당하는 출자좌수를 가진 사원은 부득이한 사유가 있는 때에는 유한회사의 해산판결을 법원에 청구할 수 있다(상법 제613조 제1항, 제520조 제1항 참조). 참고로 이해관계인이나 검사는 해산명령을 법원에 청구할 수 있다(상법 제176조 참조).

> **상법 제613조(준용규정)**
> ① 제228조, 제245조, 제252조 내지 제255조, 제259조, 제260조, 제264조, 제520조, 제531조 내지 제537조, 제540조와 제541조의 규정은 유한회사에 준용한다.
>
> **상법 제520조(해산판결)**
> ① 다음의 경우에 부득이한 사유가 있는 때에는 발행주식의 총수의 100분의 10 이상에 해당하는 주식을 가진 주주는 회사의 해산을 법원에 청구할 수 있다.
> 　1. 회사의 업무가 현저한 정돈상태를 계속하여 회복할 수 없는 손해가 생긴 때 또는 생길 염려가 있는 때
> 　2. 회사재산의 관리 또는 처분의 현저한 실당으로 인하여 회사의 존립을 위태롭게 한 때
>
> **상법 제176조(회사의 해산명령)**
> ① 법원은 다음의 사유가 있는 경우에는 이해관계인이나 검사의 청구에 의하여 또는 직권으로 회사의 해산을 명할 수 있다.
> 　1. 회사의 설립목적이 불법한 것인 때
> 　2. 회사가 정당한 사유없이 설립 후 1년 내에 영업을 개시하지 아니하거나 1년 이상 영업을 휴지하는 때
> 　3. 이사 또는 회사의 업무를 집행하는 사원이 법령 또는 정관에 위반하여 회사의 존속을 허용할 수 없는 행위를 한 때

④ [○] 해산 후의 회사는 존립 중의 회사를 존속하는 회사로 하는 경우에 한하여 합병을 할 수 있다(상법 제174조 제3항).

⑤ [✕] 회사의 합병으로 인하여 신회사를 설립하는 경우에는 정관의 작성 기타 설립에 관한 행위는 각 회사에서 선임한 설립위원이 공동으로 하여야 한다(상법 제175조 제1항).

달 ④

상법상 회사에 관한 설명으로 틀린 것은?

① 회사란 상행위나 그 밖의 영리를 목적으로 하여 설립한 법인을 말한다.

② 회사는 본점소재지에서 설립등기를 함으로써 성립한다.

③ 회사의 주소는 본점소재지에 있는 것으로 한다.

④ 회사의 업무를 집행하는 사원이 정관에 위반하여 회사의 존속을 허용할 수 없는 행위를 한 때에는, 법원은 직권으로 회사의 해산을 명할 수 있다.

⑤ 해산 후의 회사는 존립 중의 회사를 존속하는 회사로 하는 경우에는 합병할 수 없다.

┃해설┃

① [○] 이 법에서 "회사"란 상행위나 그 밖의 영리를 목적으로 하여 설립한 법인을 말한다(상법 제169조).

② [○] 회사는 본점소재지에서 설립등기를 함으로써 성립한다(상법 제172조).

③ [○] 회사의 주소는 본점소재지에 있는 것으로 한다(상법 제171조).

④ [○] 상법 제176조 제1항 제3호

> **상법 제176조(회사의 해산명령)**
> ① 법원은 다음의 사유가 있는 경우에는 이해관계인이나 검사의 청구에 의하여 또는 직권으로 회사의 해산을 명할 수 있다.
> 1. 회사의 설립목적이 불법한 것인 때
> 2. 회사가 정당한 사유없이 설립 후 1년 내에 영업을 개시하지 아니하거나 1년 이상 영업을 휴지하는 때
> 3. 이사 또는 회사의 업무를 집행하는 사원이 법령 또는 정관에 위반하여 회사의 존속을 허용할 수 없는 행위를 한 때

⑤ [✕] 해산 후의 회사는 존립 중의 회사를 존속하는 회사로 하는 경우에 한하여 합병을 할 수 있다(상법 제174조 제3항).

답 ⑤

33 세무사 2024

☑ 확인 Check! ○ △ ✕

상법상 회사의 조직변경에 관한 설명으로 옳은 것은? 기출수정

① 유한책임사원 전원이 퇴사한 경우에도 합자회사는 남아 있는 무한책임사원 과반수의 동의로 합명회사로 변경하여 계속할 수 있다.
② 합자회사의 유한책임사원이 전부 퇴사하여 무한책임사원 1인만 남은 경우, 무한책임사원을 새로 가입시켜 합자회사로 계속할 수 있다.
③ 주식회사는 주주총회의 특별결의로 유한회사로 조직변경을 할 수 있다.
④ 조직변경을 한 경우에는 본점의 소재지에서 3주일 내에 변경 전의 회사는 해산등기를, 변경 후의 회사는 설립등기를 해야 조직변경의 효력이 발생한다.
⑤ 유한회사에서 주식회사로 조직변경 시 발행하는 주식의 발행가액의 총액은 회사에 현존하는 순자산액을 초과하지 못한다.

▌해설▐

① [✕] 유한책임사원전원이 퇴사한 경우에도 무한책임사원은 <u>그 전원의 동의로</u> 합명회사로 변경하여 계속할 수 있다(상법 제286조 제2항).
② [✕] 합자회사의 유한책임사원이 전부 퇴사하여 무한책임사원 1인만 남은 경우, 합자회사는 무한책임사원과 유한책임사원으로 구성되므로 <u>유한책임사원</u>을 새로 가입시켜 합자회사로 계속할 수 있다(상법 제268조, 제285조 제2항 참조).

> **상법 제268조(회사의 조직)**
> 합자회사는 무한책임사원과 유한책임사원으로 조직한다.
>
> **상법 제285조(해산, 계속)**
> ① 합자회사는 무한책임사원 또는 유한책임사원의 전원이 퇴사한 때에는 해산된다.
> ② 전항의 경우에 잔존한 무한책임사원 또는 유한책임사원은 전원의 동의로 새로 <u>유한책임사원 또는 무한책임사원</u>을 가입시켜서 회사를 계속할 수 있다.

③ [✕] 주식회사는 <u>총주주의 일치에 의한 총회의 결의로</u> 그 조직을 변경하여 이를 유한회사로 할 수 있다. 그러나 사채의 상환을 완료하지 아니한 경우에는 그러하지 아니하다(상법 제604조 제1항).
④ [✕] 조직변경을 한 경우에는 <u>본점소재지에서 2주일 내에</u> 변경 전의 회사는 해산등기를, 변경 후의 회사는 설립등기를 해야한다(상법 제243조, 제286조 제3항, 제287조의44, 제606조, 제607조 제5항 참조). 조직변경의 효력발생시기에 대하여는 등기시라는 것이 다수설이다.

> **상법 제243조(조직변경의 등기)**
> 합명회사를 합자회사로 변경한 때에는 <u>본점의 소재지에서 2주일 내에</u> 합명회사의 해산등기, 합자회사의 설립등기를 하여야 한다.

> **상법 제286조(조직변경)**
> ① 합자회사는 사원전원의 동의로 그 조직을 합명회사로 변경하여 계속할 수 있다.
> ③ 제1항과 제2항의 경우에는 <u>본점의 소재지에서 2주일 내</u>에 합자회사의 해산등기, 합명회사의 설립등기를 하여야 한다.
>
> **상법 제287조의44(준용규정)**
> 유한책임회사의 조직의 변경에 관하여는 제232조 및 제604조부터 제607조까지의 규정을 준용한다.
>
> **상법 제606조(조직변경의 등기)**
> 주식회사가 제604조에 따라 그 조직을 변경한 때에는 <u>본점의 소재지에서 2주일 내</u>에 주식회사의 해산등기, 유한회사의 설립등기를 하여야 한다.
>
> **상법 제607조(유한회사의 주식회사로의 조직변경)**
> ⑤ 제1항에 따라 조직을 변경하는 경우 제340조 제3항, 제601조 제1항, 제604조 제3항 및 제606조를 준용한다.

⑤ [○] 상법 제607조 제2항

> **상법 제607조(유한회사의 주식회사로의 조직변경)**
> ① 유한회사는 총사원의 일치에 의한 총회의 결의로 주식회사로 조직을 변경할 수 있다. 다만, 회사는 그 결의를 정관으로 정하는 바에 따라 제585조의 사원총회의 결의로 할 수 있다.
> ② 제1항에 따라 조직을 변경할 때 발행하는 주식의 발행가액의 총액은 회사에 현존하는 순재산액을 초과하지 못한다.

답 ⑤

34 세무사 2023

상법상 조직변경이 인정되는 것을 모두 고른 것은?

ㄱ. 합명회사의 유한책임회사로의 조직변경

ㄴ. 합자회사의 합명회사로의 조직변경

ㄷ. 유한책임회사의 유한회사로의 조직변경

ㄹ. 유한회사의 주식회사로의 조직변경

ㅁ. 주식회사의 유한책임회사로의 조직변경

---

① ㄱ, ㄴ, ㄷ   ② ㄱ, ㄷ, ㄹ

③ ㄴ, ㄷ, ㄹ   ④ ㄴ, ㄹ, ㅁ

⑤ ㄷ, ㄹ, ㅁ

┃해설┃

ㄱ. [✕], ㄴ. [ㅇ], ㄷ. [✕], ㄹ. [ㅇ], ㅁ. [ㅇ] 상법상 회사의 조직변경은 성질이 비슷한 <u>합명회사와 합자회사 상호</u> <u>간</u>(상법 제242조, 제286조 참조), <u>주식회사와 유한회사 상호 간</u>(상법 제604조, 제607조 참조), <u>주식회사와 유한책임회사 상호 간</u>(상법 제287조의43 참조)에만 허용된다.

답 ④

상법상 회사의 조직변경에 관한 설명으로 옳지 않은 것은?

① 사채를 발행한 주식회사가 유한회사로 조직변경하기 위해서는 사채의 상환을 완료하여야 한다.

② 유한회사가 주식회사로 조직변경하는 경우 법원의 인가를 받지 아니하면 효력이 없다.

③ 주식회사가 유한회사로 조직변경한 후, 회사에 현존하는 순재산액이 자본금의 총액에 부족하여 결의당시의 이사가 부담하는 그 부족액에 대한 지급책임은 총사원의 동의로도 면제할 수 없다.

④ 합명회사의 사원으로서 조직변경에 의하여 합자회사의 유한책임사원이 된 자는 본점 등기 전에 생긴 회사채무에 대하여 등기 후 2년 내에는 무한책임사원의 책임을 면하지 못한다.

⑤ 유한회사는 정관에 규정이 있는 경우 사원총회 특별결의로 주식회사로 조직을 변경할 수 있다.

┃해설┃

① [O] 주식회사는 총주주의 일치에 의한 총회의 결의로 그 조직을 변경하여 이를 유한회사로 할 수 있다. 그러나 사채의 상환을 완료하지 아니한 경우에는 그러하지 아니하다(상법 제604조 제1항).

② [O] 상법 제607조 제3항

③ [×] 주식회사가 유한회사로 조직변경한 후, 회사에 현존하는 순재산액이 자본금의 총액에 부족하여 결의당시의 <u>이사와 감사가 부담하는 그 부족액에 대한 지급책임은 총사원의 동의로 면제할 수 있다</u>(상법 제605조 제2항, 제551조 제3항 참조). 그러나 주주의 책임은 총사원의 동의로도 면제할 수 없다(상법 제605조 제2항, 제551조 제2항 참조).

> **상법 제605조(이사, 주주의 순재산액전보책임)**
> ① 전조의 조직변경(주식회사의 유한회사에의 조직변경)의 경우에 회사에 현존하는 순재산액이 자본금의 총액에 부족하는 때에는 전조 제1항의 결의당시의 이사와 주주는 회사에 대하여 연대하여 그 부족액을 지급할 책임이 있다.
> ② 제550조 제2항과 제551조 제2항, 제3항의 규정은 전항의 경우에 준용한다.
>
> **상법 제551조(출자미필액에 대한 회사성립시의 사원 등의 책임)**
> ① 회사성립 후에 출자금액의 납입 또는 현물출자의 이행이 완료되지 아니하였음이 발견된 때에는 회사성립 당시의 사원, 이사와 감사는 회사에 대하여 그 납입되지 아니한 금액 또는 이행되지 아니한 현물의 가액을 연대하여 지급할 책임이 있다.
> ② 전항의 사원의 책임은 면제하지 못한다.
> ③ <u>제1항의 이사와 감사의 책임은 총사원의 동의가 없으면 면제하지 못한다.</u>

④ [O] 합명회사사원으로서 제242조(조직변경) 제1항의 규정에 의하여 유한책임사원이 된 자는 전조의 규정에 의한 본점등기를 하기 전에 생긴 회사채무에 대하여는 등기 후 2년 내에는 무한책임사원의 책임을 면하지 못한다(상법 제244조).

⑤ [O] 상법 제607조 제1항 단서

> **상법 제607조(유한회사의 주식회사로의 조직변경)**
> ① 유한회사는 총사원의 일치에 의한 총회의 결의로 주식회사로 조직을 변경할 수 있다. 다만, 회사는 그 결의를 정관으로 정하는 바에 따라 제585조(정관변경의 특별결의)의 사원총회의 결의로 할 수 있다.
> ③ 제1항의 조직변경은 법원의 인가를 받지 아니하면 효력이 없다.

답 ③

상법상 회사의 조직변경에 관한 설명으로 옳지 않은 것은?

① 유한책임회사는 총사원의 동의에 의하여 유한회사로 변경할 수 있다.

② 합자회사의 유한책임사원 전원이 퇴사한 경우에는 무한책임사원은 그 전원의 동의로 합명회사로 변경하여 계속할 수 있다.

③ 주식회사가 유한회사로 조직을 변경하면서 회사에 현존하는 순재산액이 자본금의 총액에 부족하는 때, 조직변경결의 당시의 주주가 부담하는 전보책임은 총사원의 동의로도 이를 면제하지 못한다.

④ 주식회사가 사채를 발행한 경우 유한회사로 조직변경하기 위해서는 그 사채의 상환을 완료하여야 한다.

⑤ 유한회사가 주식회사로 조직변경하는 경우에는 법원의 인가를 받아야 한다.

┃해설┃

① [✕] 조직변경은 합명회사와 합자회사 상호 간(상법 제242조, 제286조 참조), 주식회사와 유한회사 상호 간(상법 제604조 제1항, 제607조 제1항 참조), 주식회사와 유한책임회사 상호 간(상법 제287조의43 참조)에만 허용되고, <u>유한책임회사와 유한회사 상호 간의 조직변경은 허용되지 않는다.</u>

② [○] (합자회사에서) 유한책임사원전원이 퇴사한 경우에도 무한책임사원은 그 전원의 동의로 합명회사로 변경하여 계속할 수 있다(상법 제286조 제2항).

③ [○] 상법 제605조 제1항·제2항, 제550조 제2항, 제551조 제2항

> **상법 제605조(이사, 주주의 순재산액전보책임)**
> ① 전조(주식회사의 유한회사에의 조직변경)의 조직변경의 경우에 회사에 현존하는 순재산액이 자본금의 총액에 부족하는 때에는 전조(주식회사의 유한회사에의 조직변경) 제1항의 결의당시의 이사와 주주는 회사에 대하여 연대하여 그 부족액을 지급할 책임이 있다.
> ② 제550조 제2항과 제551조 제2항, 제3항의 규정은 전항의 경우에 준용한다.
>
> **상법 제550조(현물출자 등에 관한 회사성립시의 사원의 책임)**
> ② 전항의 <u>사원의 책임은 면제하지 못한다.</u>
>
> **상법 제551조(출자미필액에 대한 회사성립시의 사원 등의 책임)**
> ② 전항의 <u>사원의 책임은 면제하지 못한다.</u>

④ [○] 주식회사는 총주주의 일치에 의한 총회의 결의로 그 조직을 변경하여 이를 유한회사로 할 수 있다. 그러나 사채의 상환을 완료하지 아니한 경우에는 그러하지 아니하다(상법 제604조 제1항).

⑤ [○] 상법 제607조 제3항

> **상법 제607조(유한회사의 주식회사로의 조직변경)**
> ① 유한회사는 총사원의 일치에 의한 총회의 결의로 주식회사로 조직을 변경할 수 있다. 다만, 회사는 그 결의를 정관으로 정하는 바에 따라 제585조의 사원총회의 결의로 할 수 있다.
> ③ 제1항의 조직변경은 법원의 인가를 받지 아니하면 효력이 없다.

답 ①

상법상 A 주식회사가 B 유한회사로 조직변경을 하는 경우에 관한 설명으로 옳지 않은 것은?

① 조직변경을 위한 A 주식회사 주주총회의 결의는 총주주의 일치에 의한 총회의 결의이어야 한다.

② A 주식회사가 B 유한회사로의 조직변경을 하기 위해서는 A 주식회사에 현존하는 순재산액보다 많은 금액을 B 유한회사의 자본금 총액으로 하지 못한다.

③ A 주식회사가 사채의 상환을 완료하지 아니한 경우에는 B 유한회사로 조직을 변경할 수 없다.

④ A 주식회사의 조직변경의 결의가 있는 때에는 A 주식회사는 채권자보호절차를 밟아야 한다.

⑤ A 주식회사가 B 유한회사로 조직변경을 하기 위해서는 법원의 인가를 받아야 한다.

┃해설┃

① [○], ③ [○] 상법 제604조 제1항
② [○] 상법 제604조 제2항

> **상법 제604조(주식회사의 유한회사에의 조직변경)**
> ① 주식회사는 총주주의 일치에 의한 총회의 결의로 그 조직을 변경하여 이를 유한회사로 할 수 있다. 그러나 사채의 상환을 완료하지 아니한 경우에는 그러하지 아니하다.
> ② 전항의 조직변경의 경우에는 회사에 현존하는 순재산액보다 많은 금액을 자본금의 총액으로 하지 못한다.

④ [○] 상법 제608조, 제232조

> **상법 제608조(준용규정)**
> 제232조의 규정은 제604조와 제607조의 조직변경의 경우에 준용한다.
>
> **상법 제232조(채권자의 이의)**
> ① 회사는 합병의 결의가 있은 날부터 2주 내에 회사채권자에 대하여 합병에 이의가 있으면 일정한 기간 내에 이를 제출할 것을 공고하고 알고 있는 채권자에 대하여는 따로따로 이를 최고하여야 한다. 이 경우 그 기간은 1월 이상이어야 한다.

⑤ [✕] 유한회사나 유한책임회사가 주식회사로 조직변경을 하려면 법원의 인가를 얻어야 한다. 이는 엄격한 주식회사의 설립절차를 회피하는 방법으로 조직변경을 이용하는 것을 막기 위한 것이다(상법 제287조의44, 제607조 제3항 참조). 그러나 주식회사가 유한회사로 조직변경하는 경우에는 법원의 인가가 요구되지 않는다.

> **상법 제287조의44(준용규정)**
> 유한책임회사의 조직의 변경에 관하여는 제232조 및 제604조부터 제607조까지의 규정을 준용한다.
>
> **상법 제607조(유한회사의 주식회사로의 조직변경)**
> ① 유한회사는 총사원의 일치에 의한 총회의 결의로 주식회사로 조직을 변경할 수 있다. 다만, 회사는 그 결의를 정관으로 정하는 바에 따라 제585조의 사원총회의 결의로 할 수 있다.
> ③ 제1항의 조직변경은 법원의 인가를 받지 아니하면 효력이 없다.

🄰 ⑤

상법상 회사의 조직변경에 관한 설명으로 옳은 것은?

① 사채의 상환을 완료하지 아니한 주식회사라고 하더라도 주주총회의 특별결의로 유한회사로 조직을 변경할 수 있다.

② 합자회사는 유한책임사원 전원이 퇴사한 경우에는 무한책임사원의 과반수의 동의로 합명회사로 조직을 변경할 수 있다.

③ 유한책임회사가 주식회사로 조직을 변경하기 위해서는 총사원의 동의가 필요하다.

④ 유한회사의 주식회사로의 조직변경은 법원의 인가를 받지 아니하여도 효력이 있다.

⑤ 합명회사는 사원의 과반수의 동의로 일부 사원을 유한책임사원으로 하거나 유한책임사원을 새로 가입시켜서 합자회사로 조직을 변경할 수 있다.

┃해설┃

① [✕] 주식회사는 <u>총주주의 일치</u>에 의한 총회의 결의로 그 조직을 변경하여 이를 유한회사로 할 수 있다. 그러나 <u>사채의 상환을 완료하지 아니한 경우에는 그러하지 아니하다</u>(상법 제604조 제1항).

② [✕] (합자회사의) 유한책임사원 전원이 퇴사한 경우에도 무한책임사원은 그 <u>전원의 동의</u>로 합명회사로 변경하여 계속할 수 있다(상법 제286조 제2항).

③ [O] 유한책임회사는 총사원의 동의에 의하여 주식회사로 변경할 수 있다(상법 제287조의43 제2항).

④ [✕] 유한회사가 주식회사로 조직변경을 하려면 법원의 인가를 얻어야 한다(상법 제607조 제3항 참조). 이는 엄격한 주식회사의 설립절차를 회피하는 방법으로 조직변경을 이용하는 것을 막기 위한 것이다.

> **상법 제607조(유한회사의 주식회사로의 조직변경)**
> ① 유한회사는 총사원의 일치에 의한 총회의 결의로 주식회사로 조직을 변경할 수 있다. 다만, 회사는 그 결의를 정관으로 정하는 바에 따라 제585조의 사원총회의 결의로 할 수 있다.
> ③ 제1항의 조직변경은 <u>법원의 인가를 받지 아니하면 효력이 없다.</u>

⑤ [✕] 합명회사는 <u>총사원의 동의</u>로 일부사원을 유한책임사원으로 하거나 유한책임사원을 새로 가입시켜서 합자회사로 변경할 수 있다(상법 제242조 제1항).

답 ③

상법상 회사의 조직변경에 관한 설명으로 옳지 않은 것은?

① 합명회사가 합자회사로 조직을 변경한 경우 합명회사사원으로서 유한책임사원이 된 자는 합명회사의 해산과 합자회사의 신설이 본점에 등기되기 전에 생긴 회사채무에 대하여 등기 후 2년 내에는 무한책임사원의 책임을 면하지 못한다.

② 유한회사는 정관의 규정이 있으면 총사원의 반수 이상이며 총사원의 의결권의 3분의 2 이상을 가지는 자의 동의로 주식회사로 조직을 변경할 수 있다.

③ 주식회사는 사채의 상환을 완료하지 않으면 총주주의 일치에 의한 총회의 결의로도 그 조직을 유한회사로 변경할 수 없다.

④ 주식회사가 유한회사로 조직변경하는 경우 회사에 현존하는 순재산액이 자본금의 총액에 부족하는 때에는 조직변경을 위한 총회결의 당시의 이사와 주주는 회사에 대하여 그 부족액을 지급할 연대책임을 부담한다.

⑤ 유한회사가 주식회사로 조직을 변경할 때 발행하는 주식의 발행가액의 총액은 회사에 현존하는 순재산액을 초과하지 못한다.

┃해설┃

① [○] 상법 제242조 제1항, 제243조, 제244조

> **상법 제242조(조직변경)**
> ① 합명회사는 총사원의 동의로 일부사원을 유한책임사원으로 하거나 유한책임사원을 새로 가입시켜서 합자회사로 변경할 수 있다.
>
> **상법 제243조(조직변경의 등기)**
> 합명회사를 합자회사로 변경한 때에는 본점의 소재지에서 2주일 내에 합명회사의 해산등기, 합자회사의 설립등기를 하여야 한다.
>
> **상법 제244조(조직변경에 의하여 유한책임사원이 된 자의 책임)**
> 합명회사사원으로서 제242조 제1항의 규정에 의하여 유한책임사원이 된 자는 전조의 규정에 의한 본점등기를 하기 전에 생긴 회사채무에 대하여는 등기 후 2년 내에는 무한책임사원의 책임을 면하지 못한다.

② [✕] 유한회사는 정관의 규정이 있으면 총사원의 반수 이상이며 총사원의 의결권의 4분의 3 이상을 가지는 자의 동의로 주식회사로 조직을 변경할 수 있다(상법 제607조 제1항, 제585조 제1항 참조).

③ [○] 상법 제604조 제1항

④ [○] 상법 제605조 제1항

> **상법 제604조(주식회사의 유한회사에의 조직변경)**
> ① 주식회사는 총주주의 일치에 의한 총회의 결의로 그 조직을 변경하여 이를 유한회사로 할 수 있다. 그러나 사채의 상환을 완료하지 아니한 경우에는 그러하지 아니하다.

> **상법 제605조(이사, 주주의 순재산액전보책임)**
> ① 전조의 조직변경의 경우에 회사에 현존하는 순재산액이 자본금의 총액에 부족하는 때에는 전조 제1항의 결의당시의 이사와 주주는 회사에 대하여 연대하여 그 부족액을 지급할 책임이 있다.

⑤ [O] 상법 제607조 제2항

> **상법 제607조(유한회사의 주식회사로의 조직변경)**
> ① 유한회사는 총사원의 일치에 의한 총회의 결의로 주식회사로 조직을 변경할 수 있다. 다만, 회사는 그 결의를 정관으로 정하는 바에 따라 제585조의 사원총회의 결의로 할 수 있다.
>
>> **상법 제585조(정관변경의 특별결의)**
>> ① 전조의 결의는 총사원의 반수 이상이며 총사원의 의결권의 4분의 3 이상을 가지는 자의 동의로 한다.
>
> ② 제1항에 따라 조직을 변경할 때 발행하는 주식의 발행가액의 총액은 회사에 현존하는 순재산액을 초과하지 못한다.

답 ②

40 세무사 2024

☑ 확인 Check! ○ △ ✕

상법상 회사의 해산 및 청산에 관한 설명으로 옳지 않은 것은?

① 합자회사는 무한책임사원 또는 유한책임사원의 전원이 퇴사한 때에는 해산된다.

② 합명회사가 총사원의 동의로 해산하는 경우에는 청산절차를 거치지 않고 소멸한다.

③ 유한회사에서는 사원이 1인으로 되어도 해산사유가 되지 않는다.

④ 사원이 1인으로 되어 합명회사가 해산하는 경우 법원은 이해관계인이나 검사의 청구에 의하여 또는 직권으로 청산인을 선임한다.

⑤ 합명회사가 해산한 경우 총사원 과반수의 결의로 청산인을 선임한다.

▌해설▐

① [○] 합자회사는 무한책임사원 또는 유한책임사원의 전원이 퇴사한 때에는 해산된다(상법 제285조 제1항).

② [✕] 회사가 해산시 청산절차를 거치지 않는 경우는 합병, 분할, 분할합병, 파산의 경우이다. 합명회사가 총사원의 동의로 해산하는 경우에는 청산절차를 거쳐야 한다(상법 제227조 제2호, 제250조 참조).

> **상법 제227조(해산원인)**
> 회사는 다음의 사유로 인하여 해산한다.
> 1. 존립기간의 만료 기타 정관으로 정한 사유의 발생
> 2. 총사원의 동의
> 3. 사원이 1인으로 된 때
> 4. 합 병
> 5. 파 산
> 6. 법원의 명령 또는 판결
>
> **상법 제250조(법정청산)**
> 제247조 제1항의 규정에 의하여 회사재산의 처분방법을 정하지 아니한 때에는 합병과 파산의 경우를 제외하고 제251조 내지 제265조의 규정에 따라서 청산을 하여야 한다.

③ [○] 상법 제609조 제1항

> **상법 제609조(해산사유)**
> ① 유한회사는 다음의 사유로 인하여 해산한다.
> 1. 제227조 제1호 · 제4호 내지 제6호에 규정된 사유(존립기간의 만료 기타 정관으로 정한 사유의 발생, 합병, 파산, 법원의 해산명령 · 법원의 해산판결)
> 2. 사원총회의 결의

④ [○] (합명)회사가 제227조 제3호(사원이 1인으로 된 때) 또는 제6호(법원의 명령 또는 판결)의 사유로 인하여 해산된 때에는 법원은 사원 기타의 이해관계인이나 검사의 청구에 의하여 또는 직권으로 청산인을 선임한다(상법 제252조).

⑤ [○] (합명)회사가 해산된 때에는 총사원 과반수의 결의로 청산인을 선임한다(상법 제251조 제1항).

답 ②

주주가 甲(지분율 75%), 乙(지분율 20%), 丙(지분율 5%) 3명으로 구성된 A 주식회사의 해산에 관한 설명으로 옳은 것은?

① A 주식회사의 해산결의는 주주총회에서 甲, 乙, 丙 총주주의 동의로 결의한 경우에만 가능하다.
② 甲, 乙, 丙은 누구든지 A 주식회사의 해산을 법원에 청구할 수 있다.
③ A 주식회사가 합병, 분할 또는 분할합병에 의해 해산하는 경우 청산절차를 거쳐야 한다.
④ 법원은 A 주식회사의 설립목적이 불법한 것인 때에는 이해관계인이나 검사의 청구가 있는 경우에 한하여 A 주식회사의 해산을 명할 수 있다.
⑤ A 주식회사의 해산판결을 구하는 소송을 제기한 자가 패소한 경우에 중대한 과실이 있는 때에는 A 주식회사에 대하여 연대하여 손해를 배상할 책임이 있다.

▌해설▐

① [✕] 해산의 결의는 제434조(출석한 주주의 의결권의 3분의 2 이상의 수와 발행주식총수의 3분의 1 이상의 수)의 규정에 의하여야 한다(상법 제518조).
② [✕] 발행주식총수의 100분의 10 이상을 소유한 甲, 乙만 A 주식회사의 해산을 법원에 청구할 수 있다(상법 제520조 제1항 참조).

> **상법 제520조(해산판결)**
> ① 다음의 경우에 부득이한 사유가 있는 때에는 발행주식의 총수의 100분의 10 이상에 해당하는 주식을 가진 주주는 회사의 해산을 법원에 청구할 수 있다.
> 1. 회사의 업무가 현저한 정돈상태를 계속하여 회복할 수 없는 손해가 생긴 때 또는 생길 염려가 있는 때
> 2. 회사재산의 관리 또는 처분의 현저한 실당으로 인하여 회사의 존립을 위태롭게 한 때

③ [✕] 회사가 해산한 때에는 합병·분할·분할합병 또는 파산의 경우 외에는 이사가 청산인이 된다. 다만, 정관에 다른 정함이 있거나 주주총회에서 타인을 선임한 때에는 그러하지 아니하다(상법 제531조 제1항). 합병·분할·분할합병에 의해 해산하는 경우에는 회사재산의 포괄승계가 있게 되므로 청산절차가 필요 없다.
④ [✕] 법원은 A 주식회사의 설립목적이 불법한 것인 때에는 이해관계인이나 검사의 청구에 의하여 또는 직권으로 A 주식회사의 해산을 명할 수 있다(상법 제176조 제1항 제1호 참조).

> **상법 제176조(회사의 해산명령)**
> ① 법원은 다음의 사유가 있는 경우에는 이해관계인이나 검사의 청구에 의하여 또는 직권으로 회사의 해산을 명할 수 있다.
> 1. 회사의 설립목적이 불법한 것인 때
> 2. 회사가 정당한 사유없이 설립 후 1년 내에 영업을 개시하지 아니하거나 1년 이상 영업을 휴지하는 때
> 3. 이사 또는 회사의 업무를 집행하는 사원이 법령 또는 정관에 위반하여 회사의 존속을 허용할 수 없는 행위를 한 때

⑤ [O] 상법 제520조 제2항, 제191조

> **상법 제520조(해산판결)**
> ② 제186조와 제191조의 규정은 전항의 청구에 준용한다.
>
> **상법 제191조(패소원고의 책임)**
> 설립무효의 소 또는 설립취소의 소를 제기한 자가 패소한 경우에 악의 또는 중대한 과실이 있는 때에는 회사에 대하여 연대하여 손해를 배상할 책임이 있다.

답 ⑤

42 세무사 2018
☑ 확인 Check! ○ △ ✕

상법상 회사의 해산에 관한 설명으로 옳지 않은 것은?

① 회사의 설립목적이 불법한 것인 때에는 법원은 검사의 청구에 의하여 회사의 해산을 명할 수 있다.
② 회사의 해산명령의 청구가 있는 때에는 법원은 해산을 명하기 전일지라도 직권으로 관리인을 선임할 수 있다.
③ 주식회사가 정한 해산사유는 설립등기 사항이 아니다.
④ 회사의 이사가 정관에 위반하여 회사의 존속을 허용할 수 없는 행위를 한 때에는 회사의 해산명령의 사유가 될 수 있다.
⑤ 회사가 정당한 사유 없이 설립 후 1년 내에 영업을 개시하지 아니하는 경우에는 법원은 직권으로 회사의 해산을 명할 수 있다.

┃해설┃
① [O] 상법 제176조 제1항 제1호
② [O] 상법 제176조 제2항
③ [✕] 주식회사가 정한 해산사유는 설립등기 사항이다(상법 제317조 제2항 제4호 참조).

> **상법 제317조(설립의 등기)**
> ② 제1항의 설립등기에 있어서는 다음의 사항을 등기하여야 한다.
> 1. 제289조 제1항 제1호 내지 제4호, 제6호와 제7호에 게기한 사항
> 2. 자본금의 액
> 3. 발행주식의 총수, 그 종류와 각종주식의 내용과 수
> 3의2. 주식의 양도에 관하여 이사회의 승인을 얻도록 정한 때에는 그 규정
> 3의3. 주식매수선택권을 부여하도록 정한 때에는 그 규정
> 3의4. 지점의 소재지

> 4. 회사의 존립기간 또는 해산사유를 정한 때에는 그 기간 또는 사유
> 5. 삭제 〈2011.4.14.〉
> 6. 주주에게 배당할 이익으로 주식을 소각할 것을 정한 때에는 그 규정
> 7. 전환주식을 발행하는 경우에는 제347조에 게기한 사항
> 8. 사내이사, 사외이사, 그 밖에 상무에 종사하지 아니하는 이사, 감사 및 집행임원의 성명과 주민등록번호
> 9. 회사를 대표할 이사 또는 집행임원의 성명·주민등록번호 및 주소
> 10. 둘 이상의 대표이사 또는 대표집행임원이 공동으로 회사를 대표할 것을 정한 경우에는 그 규정
> 11. 명의개서대리인을 둔 때에는 그 상호 및 본점소재지
> 12. 감사위원회를 설치한 때에는 감사위원회 위원의 성명 및 주민등록번호

④ [O] 상법 제176조 제1항 제3호
⑤ [O] 상법 제176조 제1항 제2호

> **상법 제176조(회사의 해산명령)**
> ① 법원은 다음의 사유가 있는 경우에는 이해관계인이나 검사의 청구에 의하여 또는 직권으로 회사의 해산을 명할 수 있다.
> 1. 회사의 설립목적이 불법한 것인 때
> 2. 회사가 정당한 사유없이 설립 후 1년 내에 영업을 개시하지 아니하거나 1년 이상 영업을 휴지하는 때
> 3. 이사 또는 회사의 업무를 집행하는 사원이 법령 또는 정관에 위반하여 회사의 존속을 허용할 수 없는 행위를 한 때
> ② 전항의 청구가 있는 때에는 법원은 해산을 명하기 전일지라도 이해관계인이나 검사의 청구에 의하여 또는 직권으로 관리인의 선임 기타 회사재산의 보전에 필요한 처분을 할 수 있다.

답 ③

43

☑ 확인 Check! ○ △ ✕

상법상 주식회사의 해산사유가 아닌 것은?

① 파 산
② 법원의 해산판결
③ 법원의 해산명령
④ 주주가 1인으로 된 때
⑤ 존립기간의 만료 기타 정관으로 정한 사유의 발생

┃해설┃

① [○], ② [○], ③ [○], ⑤ [○] 상법 제517조 제1호에 규정된 존립기간의 만료 기타 정관으로 정한 사유의 발생, 합병, 파산, 법원의 해산명령, 법원의 해산판결은 모든 회사에 공통된 해산사유이다.

> **상법 제517조(해산사유)**
> 주식회사는 다음의 사유로 인하여 해산한다.
> 1. 제227조 제1호, 제4호 내지 제6호에 정한 사유(존립기간의 만료 기타 정관으로 정한 사유의 발생, 합병, 파산, 법원의 해산명령·법원의 해산판결)
> 1의2. 제530조의2의 규정에 의한 회사의 분할 또는 분할합병
> 2. 주주총회의 결의

④ [✕] 주식회사, 유한회사, 유한책임회사는 주주(사원)이 1인으로 되어도 해산사유가 되지 않는다. 그러나 합명회사와 합자회사는 사원이 1인으로 된 때가 해산사유가 된다(상법 제227조 제3호, 제269조 참조).

답 ④

44

☑ 확인 Check! ○ △ ✕

상법상 주식회사의 해산에 관한 설명으로 옳은 것은?

① 합병으로 인한 해산의 경우 주주총회의 특별결의에 의하여 회사를 계속할 수 있다.
② 주주총회의 결의에 의한 회사의 해산은 출석한 주주의 의결권의 과반수와 발행주식총수의 4분의 1 이상의 수로써 하여야 한다.
③ 회사의 설립목적이 불법인 경우 법원은 직권으로 회사의 해산을 명할 수 있다.
④ 파산으로 인하여 회사가 해산한 경우 이사는 지체없이 주주에 대하여 그 통지를 하여야 한다.
⑤ 발행주식총수의 100분의 5의 주식을 가진 주주는 회사의 해산을 법원에 청구할 수 있다.

┃해설┃

① [✕] 주식회사는 존립기간의 만료 기타 정관에 정한 사유의 발생 또는 주주총회의 결의에 의하여 해산한 경우와 해산이 간주된 휴면회사의 경우 주주총회의 특별결의에 의하여 회사를 계속할 수 있다(상법 제519조, 제520조의2 제1항·제3항 참조). 합병, 분할, 분할합병, 해산명령, 해산판결로 해산된 경우 회사의 계속은 인정되지 않는다.

> **상법 제519조(회사의 계속)**
> 회사가 존립기간의 만료 기타 정관에 정한 사유의 발생 또는 주주총회의 결의에 의하여 해산한 경우에는 제434조의 규정에 의한 결의로 회사를 계속할 수 있다.

> **상법 제520조의2(휴면회사의 해산)**
> ① 법원행정처장이 최후의 등기 후 5년을 경과한 회사는 본점의 소재지를 관할하는 법원에 아직 영업을 폐지하지 아니하였다는 뜻의 신고를 할 것을 관보로써 공고한 경우에, 그 공고한 날에 이미 최후의 등기 후 5년을 경과한 회사로서 공고한 날로부터 2월 이내에 대통령령이 정하는 바에 의하여 신고를 하지 아니한 때에는 그 회사는 그 신고기간이 만료된 때에 해산한 것으로 본다. 그러나 그 기간 내에 등기를 한 회사에 대하여는 그러하지 아니하다.
> ③ 제1항의 규정에 의하여 해산한 것으로 본 회사는 그 후 3년 이내에는 제434조의 결의에 의하여 회사를 계속할 수 있다.

② [×] 주주총회의 결의에 의한 회사의 해산은 <u>출석한 주주의 의결권의 3분의 2 이상의 수와 발행주식총수의 3분의 1 이상의 수로써 하여야 한다</u>(상법 제518조, 제434조 참조).

> **상법 제518조(해산의 결의)**
> 해산의 결의는 제434조의 규정에 의하여야 한다.
>
> **상법 제434조(정관변경의 특별결의)**
> 제433조 제1항의 결의는 <u>출석한 주주의 의결권의 3분의 2 이상의 수와 발행주식총수의 3분의 1 이상의 수로써</u> 하여야 한다.

③ [○] 상법 제176조 제1항 제1호

> **상법 제176조(회사의 해산명령)**
> ① 법원은 다음의 사유가 있는 경우에는 <u>이해관계인이나 검사의 청구에 의하여 또는 직권으로</u> 회사의 해산을 명할 수 있다.
> 1. 회사의 설립목적이 불법한 것인 때
> 2. 회사가 정당한 사유없이 설립 후 1년 내에 영업을 개시하지 아니하거나 1년 이상 영업을 휴지하는 때
> 3. 이사 또는 회사의 업무를 집행하는 사원이 법령 또는 정관에 위반하여 회사의 존속을 허용할 수 없는 행위를 한 때

④ [×] 회사가 해산한 때에는 <u>파산의 경우 외에는</u> 이사는 지체없이 주주에 대하여 그 통지를 하여야 한다(상법 제521조).

⑤ [×] 상법 제520조 제1항

> **상법 제520조(해산판결)**
> ① 다음의 경우에 부득이한 사유가 있는 때에는 발행주식의 총수의 <u>100분의 10 이상</u>에 해당하는 주식을 가진 주주는 회사의 해산을 법원에 청구할 수 있다.
> 1. 회사의 업무가 현저한 정돈상태를 계속하여 회복할 수 없는 손해가 생긴 때 또는 생길 염려가 있는 때
> 2. 회사재산의 관리 또는 처분의 현저한 실당으로 인하여 회사의 존립을 위태롭게 한 때

답 ③

상법상 주식회사의 해산과 청산에 관한 설명으로 옳은 것은?

① 주식회사가 파산으로 해산하는 때에는 이사가 청산인이 된다.

② 주식회사는 합명회사와 달리 주주가 1인이 되어도 해산사유가 아니고, 주주총회의 특별결의에 의해 해산할 수 있다.

③ 회사재산의 관리 또는 처분의 현저한 실당으로 인하여 회사의 존립을 위태롭게 한 때에는 법원은 직권으로 회사의 해산명령을 내릴 수 있다.

④ 주식회사의 청산인은 법원이 선임한 경우 외에는 언제든지 주주총회의 결의로 이를 해임할 수 있는데, 그 결의는 특별결의이어야 한다.

⑤ 주식회사의 청산인은 변제기에 이르지 않은 회사채무에 대하여는 이를 미리 변제할 수 없다.

❙**해설**❙

① [✕] 회사가 해산한 때에는 <u>합병·분할·분할합병 또는 파산의 경우 외에는 이사가 청산인이 된다</u>. 다만, 정관에 다른 정함이 있거나 주주총회에서 타인을 선임한 때에는 그러하지 아니하다(상법 제531조 제1항). 주식회사가 파산으로 해산하는 경우에는 파산절차에 따라 파산관재인이 선임된다.

② [O] 합명회사·합자회사는 사원이 1인으로 된 경우 해산사유에 해당한다(상법 제227조 제3호, 제269조 참조). 그러나 주식회사·유한회사·유한책임회사에서는 사원이 1인으로 되어도 해산사유에 해당하지 않는다(상법 제517조 제1호, 제609조 제1항 제1호, 제287조의38 제1호 참조). 한편 주식회사는 주주총회의 특별결의에 의해 해산할 수 있다(상법 제517조 제2호, 제518조).

> **상법 제517조(해산사유)**
> 주식회사는 다음의 사유로 인하여 해산한다.
> 1. 제227조 제1호, 제4호 내지 제6호에 정한 사유
> 1의2. 제530조의2의 규정에 의한 회사의 분할 또는 분할합병
> 2. 주주총회의 결의
>
> **상법 제518조(해산의 결의)**
> 해산의 결의는 제434조의 규정에 의하여야 한다.

③ [✕] 회사재산의 관리 또는 처분의 현저한 실당으로 인하여 회사의 존립을 위태롭게 한 때에는 해산명령사유가 아니라(상법 제176조 참조), <u>해산판결사유이다</u>(상법 제520조 제1항 제2호 참조).

> **상법 제176조(회사의 해산명령)**
> ① 법원은 다음의 사유가 있는 경우에는 이해관계인이나 검사의 청구에 의하여 또는 직권으로 회사의 해산을 명할 수 있다.
> 1. 회사의 설립목적이 불법한 것인 때
> 2. 회사가 정당한 사유없이 설립 후 1년 내에 영업을 개시하지 아니하거나 1년 이상 영업을 휴지하는 때
> 3. 이사 또는 회사의 업무를 집행하는 사원이 법령 또는 정관에 위반하여 회사의 존속을 허용할 수 없는 행위를 한 때

④ [×] 청산인은 법원이 선임한 경우 외에는 언제든지 주주총회의 결의로 이를 해임할 수 있다(상법 제539조 제1항). 청산인 해임결의는 주주총회 보통결의에 의한다.

⑤ [×] 주식회사의 청산인은 변제기에 이르지 않은 회사채무에 대하여도 이를 변제할 수 있다(상법 제542조 제1항, 제259조 제1항 참조).

> **상법 제542조(준용규정)**
> ① 제245조, 제252조 내지 제255조, 제259조, 제260조와 제264조의 규정은 주식회사에 준용한다.
>
> **상법 제259조(채무의 변제)**
> ① 청산인은 변제기에 이르지 아니한 회사채무에 대하여도 이를 변제할 수 있다.

답 ②

46 세무사 2017

☑ 확인 Check! ○ △ ×

상법상 합명회사의 해산과 청산에 관한 설명으로 옳지 않은 것은? 기출수정

① 회사는 해산된 후에도 청산의 목적범위 내에서 존속하는 것으로 본다.
② 회사가 파산으로 해산하는 경우에는 본점소재지에서 2주간 내에 해산등기를 하여야 한다.
③ 회사의 업무를 집행하는 사원이 법령 또는 정관에 위반하여 회사의 존속을 허용할 수 없는 행위를 한 때에 법원은 직권으로 회사의 해산을 명할 수 있다.
④ 회사가 법원의 명령으로 해산된 때에는 법원은 직권 또는 사원 기타의 이해관계인이나 검사의 청구에 의해 청산인을 선임한다.
⑤ 회사의 청산인은 그 임무가 종료한 때에는 지체없이 계산서를 작성하여 각 사원에게 교부하고 그 승인을 얻어야 한다.

┃해설┃

① [○] 회사는 해산된 후에도 청산의 목적범위 내에서 존속하는 것으로 본다(상법 제245조).
② [×] 회사가 해산된 때에는 합병과 파산의 경우 외에는 그 해산사유가 있는 날로부터 2주일 내에 본점의 소재지에서 해산등기를 하여야 한다(상법 제228조). 파산의 경우에는 해산등기가 아니라 파산등기를 하게 된다.

③ [O] 상법 제176조 제1항 제3호

> **상법 제176조(회사의 해산명령)**
>
> ① 법원은 다음의 사유가 있는 경우에는 <u>이해관계인이나 검사의 청구에 의하여 또는 직권으로</u> 회사의 해산을 명할 수 있다.
> 1. 회사의 설립목적이 불법한 것인 때
> 2. 회사가 정당한 사유없이 설립 후 1년 내에 영업을 개시하지 아니하거나 1년 이상 영업을 휴지하는 때
> 3. <u>이사 또는 회사의 업무를 집행하는 사원이 법령 또는 정관에 위반하여 회사의 존속을 허용할 수 없는 행위를 한 때</u>

④ [O] 회사가 제227조 제3호(사원이 1인으로 된 때) 또는 제6호(법원의 명령 또는 판결)의 사유로 인하여 해산된 때에는 법원은 사원 기타의 이해관계인이나 검사의 청구에 의하여 또는 직권으로 청산인을 선임한다(상법 제252조).

⑤ [O] 청산인은 그 임무가 종료한 때에는 지체없이 계산서를 작성하여 각 사원에게 교부하고 그 승인을 얻어야 한다(상법 제263조 제1항).

답 ②

---

47 세무사 2021 ☑ 확인Check! ○ △ ✕

상법상 주식회사의 청산에 관한 설명으로 옳지 않은 것은?

① 청산사무가 종결한 때에는 청산인은 지체없이 결산보고서를 작성하고 이를 주주총회에 제출하여 승인을 얻어야 한다.
② 청산인은 대차대조표 및 사무보고서를 정기총회에 제출하여 그 승인을 요구하여야 한다.
③ 청산인의 임기는 3년을 초과할 수 없다.
④ 청산인은 법원이 선임한 경우 외에는 언제든지 주주총회의 결의로 이를 해임할 수 있다.
⑤ 청산에서 제외된 채권자는 분배되지 아니한 잔여재산에 대하여서만 변제를 청구할 수 있다.

┃ **해설** ┃

① [O] 청산사무가 종결한 때에는 청산인은 지체없이 결산보고서를 작성하고 이를 주주총회에 제출하여 승인을 얻어야 한다(상법 제540조 제1항).
② [O] 청산인은 대차대조표 및 사무보고서를 정기총회에 제출하여 그 승인을 요구하여야 한다(상법 제534조 제5항).
③ [✕] 청산인의 임기에 관하여 상법상 별도의 규정이 없다.
④ [O] 청산인은 법원이 선임한 경우 외에는 언제든지 주주총회의 결의로 이를 해임할 수 있다(상법 제539조 제1항).
⑤ [O] 청산에서 제외된 채권자는 분배되지 아니한 잔여재산에 대하여서만 변제를 청구할 수 있다(상법 제537조 제1항).

답 ③

상법상 주식회사의 해산사유에 해당하는 것은 <u>모두</u> 몇 개인가?

ㄱ. 존립기간의 만료 기타 정관으로 정한 사유의 발생
ㄴ. 합 병
ㄷ. 주주총회의 보통결의
ㄹ. 파 산
ㅁ. 주주가 1인으로 된 때
ㅂ. 법원의 해산명령 또는 해산판결

① 1개   ② 2개
③ 3개   ④ 4개
⑤ 5개

┃해설┃

ㄱ. [○] 상법 제517조 제1호, 제227조 제1호
ㄴ. [○] 상법 제517조 제1호, 제227조 제4호
ㄷ. [✕] 주식회사의 해산은 <u>주주총회의 특별결의</u>에 의하여 한다(상법 제517조 제2호, 제518조 참조).
ㄹ. [○] 상법 제517조 제1호, 제227조 제5호
ㅁ. [✕] 합명회사 · 합자회사는 사원이 1인으로 된 경우 해산사유에 해당한다(상법 제227조 제3호, 제269조 참조). 그러나 <u>주식회사 · 유한회사 · 유한책임회사에서는 사원이 1인으로 되어도 해산사유에 해당하지 않는다</u>(상법 제517조 제1호, 제609조 제1항 제1호, 제287조의38 제1호 참조).
ㅂ. [○] 상법 제517조 제1호, 제227조 제6호

> **상법 제517조(해산사유)**
> 주식회사는 다음의 사유로 인하여 해산한다.
>   1. 제227조 제1호, 제4호 내지 제6호에 정한 사유
>
> > **상법 제227조(해산원인)**
> > 회사는 다음의 사유로 인하여 해산한다.
> >   1. <u>존립기간의 만료 기타 정관으로 정한 사유의 발생</u>
> >   2. 총사원의 동의
> >   3. 사원이 1인으로 된 때
> >   4. 합 병
> >   5. 파 산
> >   6. 법원의 명령 또는 판결
>
>   1의2. 제530조의2의 규정에 의한 회사의 분할 또는 분할합병
>   2. 주주총회의 결의

> **상법 제518조(해산의 결의)**
> 해산의 결의는 제434조의 규정에 의하여야 한다.

답 ④

49 CPA 2021 ☑ 확인Check! ○ △ ✕

상법상 회사의 해산에 관한 설명으로 옳은 것은?

① 회사의 분할은 합자회사의 해산사유이다.

② 사원이 1인으로 된 때는 유한책임회사의 해산사유이다.

③ 휴면회사의 해산의제는 유한회사의 해산사유이다.

④ 유한책임사원 전원이 퇴사한 때는 합명회사의 해산사유이다.

⑤ 회사가 정당한 사유없이 설립 후 1년 내에 영업을 개시하지 아니하는 때에는 법원은 직권으로 회사의 해산을 명할 수 있다.

┃해설┃

① [✕] 회사의 분할은 <u>주식회사의</u> 해산사유이다(상법 제517조 제1호의2 참조). 참고로 상법상 회사분할은 주식회사에만 인정되는 제도이다.

> **상법 제517조(해산사유)**
> <u>주식회사는</u> 다음의 사유로 인하여 해산한다.
>   1. 제227조 제1호(존립기간의 만료 기타 정관으로 정한 사유의 발생), 제4호(합병) 내지 제6호(법원의 명령 또는 판결)에 정한 사유
>   1의2. 제530조의2의 규정에 의한 <u>회사의 분할</u> 또는 분할합병
>   2. 주주총회의 결의

② [×] 합명회사・합자회사는 사원이 1인으로 된 경우 해산사유에 해당한다(상법 제227조 제3호, 제269조 참조). 그러나 **주식회사・유한회사・유한책임회사에서는 사원이 1인으로 되어도 해산사유에 해당하지 않는다**(상법 제517조 제1호, 제609조 제1항 제1호, 제287조의38 제1호 참조).

> **상법 제287조의38(해산 원인)**
> 유한책임회사는 다음 각 호의 어느 하나에 해당하는 사유로 해산한다.
> 1. 제227조 제1호・제2호 및 제4호부터 제6호까지에서 규정한 사항에 해당하는 경우
>
> > **상법 제227조(해산원인)**
> > 회사는 다음의 사유로 인하여 해산한다.
> > 1. 존립기간의 만료 기타 정관으로 정한 사유의 발생
> > 2. 총사원의 동의
> > 3. 사원이 1인으로 된 때
> > 4. 합 병
> > 5. 파 산
> > 6. 법원의 명령 또는 판결
>
> 2. 사원이 없게 된 경우

③ [×] 휴면회사의 해산의제는 <u>주식회사에만</u> 있는 제도이다(상법 제520조의2 참조).

> **상법 제520조의2(휴면회사의 해산)**
> ① 법원행정처장이 최후의 등기 후 5년을 경과한 회사는 본점의 소재지를 관할하는 법원에 아직 영업을 폐지하지 아니하였다는 뜻의 신고를 할 것을 관보로써 공고한 경우에, 그 공고한 날에 이미 최후의 등기 후 5년을 경과한 회사로써 공고한 날로부터 2월 이내에 대통령령이 정하는 바에 의하여 신고를 하지 아니한 때에는 그 회사는 그 신고기간이 만료된 때에 해산한 것으로 본다. 그러나 그 기간 내에 등기를 한 회사에 대하여는 그러하지 아니하다.

④ [×] 합자회사는 무한책임사원 또는 유한책임사원의 전원이 퇴사한 때에는 해산된다(상법 제285조 제1항). 합명회사는 2인 이상의 무한책임사원으로만 구성되는 회사로서 유한책임사원이 존재하지 않는다.

⑤ [O] 상법 제176조 제1항 제2호

> **상법 제176조(회사의 해산명령)**
> ① 법원은 다음의 사유가 있는 경우에는 이해관계인이나 검사의 청구에 의하여 또는 직권으로 회사의 해산을 명할 수 있다.
> 1. 회사의 설립목적이 불법한 것인 때
> 2. 회사가 정당한 사유없이 설립 후 1년 내에 영업을 개시하지 아니하거나 1년 이상 영업을 휴지하는 때
> 3. 이사 또는 회사의 업무를 집행하는 사원이 법령 또는 정관에 위반하여 회사의 존속을 허용할 수 없는 행위를 한 때

답 ⑤

상법상 비상장주식회사의 청산에 관한 설명으로 틀린 것은?

① 회사는 해산된 후에도 청산의 목적범위 내에서 존속하는 것으로 본다.

② 청산인은 법원이 선임한 경우 외에는 언제든지 주주총회의 결의로 이를 해임할 수 있다.

③ 청산인이 그 임무를 집행함에 현저하게 부적임하거나 중대한 임무에 위반한 행위가 있는 때에는 발행주식총수의 100분의 3 이상에 해당하는 주식을 가진 주주는 법원에 그 청산인의 해임을 청구할 수 있다.

④ 청산사무가 종료한 때에는 청산인은 지체없이 결산보고서를 작성하고 이를 주주총회에 제출하여 특별결의로 승인을 얻어야 한다.

⑤ 감사가 있는 회사의 청산인은 정기총회 회일로부터 4주간 전에 대차대조표 및 그 부속명세서와 사무보고서를 작성하여 감사에게 제출하여야 한다.

┃해설┃

① [○] 상법 제542조 제1항, 제245조

> **상법 제542조(준용규정)**
> ① 제245조, 제252조 내지 제255조, 제259조, 제260조와 제264조의 규정은 주식회사에 준용한다.
>
> **상법 제245조(청산 중의 회사)**
> 회사는 해산된 후에도 청산의 목적범위 내에서 존속하는 것으로 본다.

② [○] 청산인은 법원이 선임한 경우 외에는 언제든지 주주총회의 결의로 이를 해임할 수 있다(상법 제539조 제1항).

③ [○] 청산인이 그 업무를 집행함에 현저하게 부적임하거나 중대한 임무에 위반한 행위가 있는 때에는 발행주식의 총수의 100분의 3 이상에 해당하는 주식을 가진 주주는 법원에 그 청산인의 해임을 청구할 수 있다(상법 제539조 제2항).

④ [✕] 청산사무가 종결한 때에는 청산인은 지체없이 결산보고서를 작성하고 이를 <u>주주총회에 제출하여 승인을 얻어야</u> 한다(상법 제540조 제1항). 즉, 주주총회 보통결의사항이다.

⑤ [○] 청산인은 정기총회회일로부터 4주간 전에 대차대조표 및 그 부속명세서와 사무보고서를 작성하여 감사에게 제출하여야 한다(상법 제534조 제1항).

답 ④

02 | 주식회사의 설립

제1절 | 주식회사의 기초

01 세무사 2024   ☑ 확인 Check! ○ △ ✕

상법상 주식회사의 자본금에 관한 설명으로 옳은 것은?

① 무액면주식을 발행하는 회사를 설립하는 경우 설립 시 발행되는 주식의 발행가액 중 자본금으로 계상하는 금액은 발기인의 과반수 결의로 정한다.
② 무액면주식을 발행하는 회사가 설립 이후 주식을 발행하는 경우 이사회는 주식 발행가액 전액에 대해 자본금을 계상할 수 있다.
③ 액면주식을 발행한 회사가 액면주식을 무액면주식으로 전환하면 그 회사의 자본금이 증가한다.
④ 무액면주식을 발행하여 온 회사는 기존의 무액면주식을 존속시키면서 새로 액면주식을 발행할 수 있다.
⑤ 액면주식을 발행하는 회사는 기발행된 액면주식의 1주 액면금액은 변경하지 않은 채 1주 액면금액을 감액하여 신주를 발행할 수 있다.

┃해설┃

① [✕] 상법 제291조 제3호

> **상법 제291조(설립 당시의 주식발행사항의 결정)**
> 회사설립 시에 발행하는 주식에 관하여 다음의 사항은 정관으로 달리 정하지 아니하면 <u>발기인 전원의 동의로</u> 이를 정한다.
> 1. 주식의 종류와 수
> 2. 액면주식의 경우에 액면 이상의 주식을 발행할 때에는 그 수와 금액
> 3. <u>무액면주식을 발행하는 경우에는 주식의 발행가액과 주식의 발행가액 중 자본금으로 계상하는 금액</u>

② [○] 회사가 무액면주식을 발행하는 경우 회사의 자본금은 <u>주식 발행가액의 2분의 1 이상의 금액으로서 이사회</u>(제416조 단서에서 정한 주식발행의 경우에는 주주총회를 말한다)에서 자본금으로 계상하기로 한 금액의 총액으로 한다. 이 경우 주식의 발행가액 중 자본금으로 계상하지 아니하는 금액은 자본준비금으로 계상하여야 한다(상법 제451조 제2항). 따라서 <u>이사회는 무액면주식 발행가액 전액에 대해서도 자본금으로 계상할 수 있다.</u>

③ [✕] 회사의 자본금은 액면주식을 무액면주식으로 전환하거나 무액면주식을 액면주식으로 전환함으로써 <u>변경할 수 없다</u>(상법 제451조 제3항).
④ [✕] 회사는 정관으로 정한 경우에는 주식의 전부를 무액면주식으로 발행할 수 있다. 다만, <u>무액면주식을 발행하는 경우에는 액면주식을 발행할 수 없다</u>(상법 제329조 제1항).
⑤ [✕] <u>액면주식의 금액은 균일하여야 한다</u>(상법 제329조 제2항). 따라서 액면주식을 발행하는 회사는 기발행된 액면주식의 1주 액면금액은 변경하지 않은 채 1주 액면금액을 감액하여 신주를 발행할 수 없다.

답 ②

02 세무사 2019

☑ 확인 Check! ○ △ ✕

상법상 주식회사의 자본금에 관한 설명으로 옳지 않은 것은?

① 회사의 자본금은 상법에서 달리 규정한 경우 외에는 발행주식의 액면총액으로 한다.
② 회사는 정관에서 정하는 바에 따라 발행된 액면주식을 무액면주식으로 전환하거나 무액면주식을 액면주식으로 전환하는 경우에는 신주발행 절차에 따른다.
③ 회사가 무액면주식을 발행하는 경우 회사의 자본금은 주식 발행가액의 2분의 1 이상의 금액으로서 이사회(정관으로 주주총회에서 결정하기로 정한 경우에는 주주총회)에서 자본금으로 계상하기로 한 금액의 총액으로 한다.
④ 회사가 정관의 정함에 따라 무액면주식을 발행하는 경우에는 액면주식을 발행할 수 없다.
⑤ 회사의 자본금은 액면주식을 무액면주식으로 전환하거나 무액면주식을 액면주식으로 전환함으로써 변경할 수 없다.

┃해설┃

① [○] 회사의 자본금은 이 법에서 달리 규정한 경우 외에는 발행주식의 액면총액으로 한다(상법 제451조 제1항).
② [✕] 회사는 정관에서 정하는 바에 따라 발행된 액면주식을 무액면주식으로 전환하거나 무액면주식을 액면주식으로 전환하는 경우에는 <u>주식병합 절차에 따른다</u>(상법 제329조 제4항・제5항, 제440조 참조).

> **상법 제329조(자본금의 구성)**
> ④ 회사는 정관으로 정하는 바에 따라 발행된 액면주식을 무액면주식으로 전환하거나 무액면주식을 액면주식으로 전환할 수 있다.
> ⑤ 제4항의 경우에는 <u>제440조</u>, 제441조 본문 및 제442조를 준용한다.
>
> **상법 제440조(주식병합의 절차)**
> 주식을 병합할 경우에는 회사는 1월 이상의 기간을 정하여 그 뜻과 그 기간 내에 주권을 회사에 제출할 것을 공고하고 주주명부에 기재된 주주와 질권자에 대하여는 각별로 그 통지를 하여야 한다.

③ [O] 회사가 무액면주식을 발행하는 경우 회사의 자본금은 주식 발행가액의 2분의 1 이상의 금액으로서 이사회(제416조 단서에서 정한 주식발행의 경우에는 주주총회를 말한다)에서 자본금으로 계상하기로 한 금액의 총액으로 한다. 이 경우 주식의 발행가액 중 자본금으로 계상하지 아니하는 금액은 자본준비금으로 계상하여야 한다(상법 제451조 제2항).

④ [O] 회사는 정관으로 정한 경우에는 주식의 전부를 무액면주식으로 발행할 수 있다. 다만, 무액면주식을 발행하는 경우에는 액면주식을 발행할 수 없다(상법 제329조 제1항).

⑤ [O] 회사의 자본금은 액면주식을 무액면주식으로 전환하거나 무액면주식을 액면주식으로 전환함으로써 변경할 수 없다(상법 제451조 제3항).

답 ②

03 세무사 2016 ☑ 확인 Check! ○ △ ✕

상법상 주식회사의 자본금에 관한 설명으로 옳지 않은 것은?

① 회사설립시 자본금의 액은 설립등기사항이다.
② 회사의 자본금은 액면주식을 무액면주식으로 전환함으로써 변경할 수 있다.
③ 무액면주식을 발행하는 경우 회사의 자본금은 주식 발행가액의 2분의 1 이상의 금액으로서 이사회(상법이나 정관에서 주주총회로 정한 경우에는 주주총회)에서 자본금으로 계상하기로 한 금액의 총액으로 한다.
④ 액면주식을 발행하는 경우 회사의 자본금은 상법에서 달리 규정한 경우 외에는 발행주식의 액면총액으로 한다.
⑤ 신주의 발행으로 인한 변경등기가 있은 후에 아직 인수하지 아니한 주식이 있거나 주식인수의 청약이 취소된 때에는 이사가 이를 공동으로 인수한 것으로 본다.

┃해설┃

① [O] 상법 제317조 제2항 제2호

> **상법 제317조(설립의 등기)**
> ② 제1항의 설립등기에 있어서는 다음의 사항을 등기하여야 한다.
> 1. 제289조 제1항 제1호 내지 제4호, 제6호와 제7호에 게기한 사항
> 2. <u>자본금의 액</u>
> 3. 발행주식의 총수, 그 종류와 각종주식의 내용과 수
> 3의2. 주식의 양도에 관하여 이사회의 승인을 얻도록 정한 때에는 그 규정
> 3의3. 주식매수선택권을 부여하도록 정한 때에는 그 규정
> 3의4. 지점의 소재지

4. 회사의 존립기간 또는 해산사유를 정한 때에는 그 기간 또는 사유
5. 삭제 〈2011.4.14.〉
6. 주주에게 배당할 이익으로 주식을 소각할 것을 정한 때에는 그 규정
7. 전환주식을 발행하는 경우에는 제347조에 계기한 사항
8. 사내이사, 사외이사, 그 밖에 상무에 종사하지 아니하는 이사, 감사 및 집행임원의 성명과 주민등록번호
9. 회사를 대표할 이사 또는 집행임원의 성명·주민등록번호 및 주소
10. 둘 이상의 대표이사 또는 대표집행임원이 공동으로 회사를 대표할 것을 정한 경우에는 그 규정
11. 명의개서대리인을 둔 때에는 그 상호 및 본점소재지
12. 감사위원회를 설치한 때에는 감사위원회 위원의 성명 및 주민등록번호

② [×] 회사의 자본금은 액면주식을 무액면주식으로 전환하거나 무액면주식을 액면주식으로 전환함으로써 <u>변경할 수 없다</u>(상법 제451조 제3항).

③ [○] 회사가 무액면주식을 발행하는 경우 회사의 자본금은 주식 발행가액의 2분의 1 이상의 금액으로서 이사회(제416조 단서에서 정한 주식발행의 경우에는 주주총회를 말한다)에서 자본금으로 계상하기로 한 금액의 총액으로 한다. 이 경우 주식의 발행가액 중 자본금으로 계상하지 아니하는 금액은 자본준비금으로 계상하여야 한다(상법 제451조 제2항).

④ [○] 회사의 자본금은 이 법에서 달리 규정한 경우 외에는 발행주식의 액면총액으로 한다(상법 제451조 제1항).

⑤ [○] 신주의 발행으로 인한 변경등기가 있은 후에 아직 인수하지 아니한 주식이 있거나 주식인수의 청약이 취소된 때에는 이사가 이를 공동으로 인수한 것으로 본다(상법 제428조 제1항).

답 ②

04 세무사 2021
☑ 확인 Check! ○ △ ✕

상법상 주식회사의 정관에 관한 설명으로 옳은 것은?

① 회사가 집행임원을 둔 경우, 집행임원의 성명·주민등록번호 및 주소는 정관의 절대적 기재사항이다.
② 회사설립의 경우, 발기인 전원의 동의로 정관을 작성하고 대표발기인만 기명날인 또는 서명하면 된다.
③ 자본금 총액이 10억원 미만인 회사를 발기설립하는 경우, 회사의 정관은 공증인의 인증을 받아야 효력이 생긴다.
④ 회사가 정관으로 정하는 바에 따라 전자적 방법으로 공고하려는 경우, 회사의 인터넷 홈페이지에 게재하는 방법으로 하여야 한다.
⑤ 회사가 무액면주식을 발행하는 경우, 주식의 발행가액과 자본금으로 계상하는 금액은 정관의 절대적 기재사항이다.

┃해설┃

① [✕] 집행임원의 성명과 주민등록번호, 회사를 대표할 집행임원의 성명·주민등록번호 및 주소는 <u>등기사항이지만</u>(상법 제317조 제2항 제8호, 제9호 참조), 정관의 절대적 기재사항은 아니다(상법 제289조 제1항 참조).
② [✕] 상법 제288조, 제289조

> **상법 제288조(발기인)**
> 주식회사를 설립함에는 발기인이 정관을 작성하여야 한다.
>
> **상법 제289조(정관의 작성, 절대적 기재사항)**
> ① 발기인은 정관을 작성하여 다음의 사항을 적고 <u>각 발기인이</u> 기명날인 또는 서명하여야 한다.
>   1. 목 적
>   2. 상 호
>   3. 회사가 발행할 주식의 총수
>   4. 액면주식을 발행하는 경우 1주의 금액
>   5. 회사의 설립 시에 발행하는 주식의 총수
>   6. 본점의 소재지
>   7. 회사가 공고를 하는 방법
>   8. 발기인의 성명·주민등록번호 및 주소
>   9. 삭제 〈1984.4.10.〉

③ [✕] 정관은 공증인의 인증을 받음으로써 효력이 생긴다. 다만, 자본금 총액이 10억원 미만인 회사를 제295조 제1항에 따라 발기설립하는 경우에는 제289조 제1항에 따라 <u>각 발기인이 정관에 기명날인 또는 서명함으로써 효력이 생긴다</u>(상법 제292조).

④ [○] 상법 제289조 제3항, 상법 시행령 제6조 제1항

> **상법 제289조(정관의 작성, 절대적 기재사항)**
> ③ 회사의 공고는 관보 또는 시사에 관한 사항을 게재하는 일간신문에 하여야 한다. 다만, 회사는 그 공고를 정관으로 정하는 바에 따라 전자적 방법으로 할 수 있다.
>
> **상법 시행령 제6조(전자적 방법을 통한 회사의 공고)**
> ① 법 제289조 제3항 단서에 따라 회사가 전자적 방법으로 공고하려는 경우에는 회사의 인터넷 홈페이지에 게재하는 방법으로 하여야 한다.

⑤ [×] 액면주식을 발행하는 경우 1주의 금액은 정관의 절대적 기재사항이나(상법 제289조 제1항 제4호 참조), 무액면주식을 발행하는 경우 주식의 발행가액과 자본금으로 계상하는 금액은 임의적 기재사항으로 정관에서 정하지 아니하면 발기인 전원의 동의로 정한다(상법 제291조 제3호 참조).

> **상법 제291조(설립 당시의 주식발행사항의 결정)**
> 회사설립 시에 발행하는 주식에 관하여 다음의 사항은 정관으로 달리 정하지 아니하면 발기인 전원의 동의로 이를 정한다.
> 1. 주식의 종류와 수
> 2. 액면주식의 경우에 액면 이상의 주식을 발행할 때에는 그 수와 금액
> 3. 무액면주식을 발행하는 경우에는 주식의 발행가액과 주식의 발행가액 중 자본금으로 계상하는 금액

답 ④

---

05 세무사 2019

☑ 확인Check! ○ △ ×

상법상 주식회사의 정관에 관한 설명으로 옳은 것은?

① 수인의 발기인이 회사를 설립하는 경우, 정관 작성 시 대표 발기인 1인이 기명날인 또는 서명하면 된다.
② 발기인이 받을 보수액은 정관에 정함이 없더라도 이사회의 결의로 정할 수 있다.
③ 정관에 정함이 없을 경우, 회사설립 시에 발행하는 주식의 종류와 수는 발기인 과반수의 동의로 이를 정한다.
④ 모든 주식회사의 설립 시에 작성된 정관은 공증인의 인증을 받아야만 효력이 생긴다.
⑤ 주식회사가 공고를 전자적 방법으로 할 경우에는 정관으로 이에 관하여 정하여야 한다.

┃해설┃

① [×] 상법 제289조 제1항

> **상법 제289조(정관의 작성, 절대적 기재사항)**
> ① 발기인은 정관을 작성하여 다음의 사항을 적고 각 발기인이 기명날인 또는 서명하여야 한다.
> 1. 목 적
> 2. 상 호
> 3. 회사가 발행할 주식의 총수

4. 액면주식을 발행하는 경우 1주의 금액
　　5. 회사의 설립 시에 발행하는 주식의 총수
　　6. 본점의 소재지
　　7. 회사가 공고를 하는 방법
　　8. 발기인의 성명·주민등록번호 및 주소

② [✕] 상대적 기재사항이란 정관에 기재되지 않더라도 정관의 효력에 영향이 없으나, 해당 내용이 구속력을 가지기 위해서는 정관에 기재되어야 하는 사항을 말한다. 변태설립사항은 상대적 기재사항 중 하나이고 발기인이 받을 보수액은 이러한 변태설립사항에 해당하므로 <u>정관에 기재되어야 효력이 있다</u>(상법 제290조 제4호 참조).

> **상법 제290조(변태설립사항)**
> 다음의 사항은 <u>정관에 기재함으로써 그 효력이 있다.</u>
> 　1. 발기인이 받을 특별이익과 이를 받을 자의 성명
> 　2. 현물출자를 하는 자의 성명과 그 목적인 재산의 종류, 수량, 가격과 이에 대하여 부여할 주식의 종류와 수
> 　3. 회사성립 후에 양수할 것을 약정한 재산의 종류, 수량, 가격과 그 양도인의 성명
> 　4. 회사가 부담할 설립비용과 <u>발기인이 받을 보수액</u>

③ [✕] 정관에 정함이 없을 경우, 회사설립 시에 발행하는 주식의 종류와 수는 <u>발기인 전원의 동의로</u> 이를 정한다(상법 제291조 제1호 참조).

> **상법 제291조(설립 당시의 주식발행사항의 결정)**
> 회사설립 시에 발행하는 주식에 관하여 다음의 사항은 정관으로 달리 정하지 아니하면 <u>발기인 전원의 동의로</u> 이를 정한다.
> 　1. <u>주식의 종류와 수</u>
> 　2. 액면주식의 경우에 액면 이상의 주식을 발행할 때에는 그 수와 금액
> 　3. 무액면주식을 발행하는 경우에는 주식의 발행가액과 주식의 발행가액 중 자본금으로 계상하는 금액

④ [✕] 정관은 공증인의 인증을 받음으로써 효력이 생긴다. 다만, <u>자본금 총액이 10억원 미만인 회사를 제295조 제1항에 따라 발기설립하는 경우에는 제289조 제1항에 따라 각 발기인이 정관에 기명날인 또는 서명함으로써 효력이 생긴다</u>(상법 제292조).

⑤ [O] 회사의 공고는 관보 또는 시사에 관한 사항을 게재하는 일간신문에 하여야 한다. 다만, 회사는 그 공고를 정관으로 정하는 바에 따라 전자적 방법으로 할 수 있다(상법 제289조 제3항).

답 ⑤

상법상 주식회사의 정관에 관한 설명으로 옳지 않은 것은?

① 액면주식을 발행하는 경우 1주의 금액은 정관의 절대적 기재사항이다.

② 회사가 부담할 설립비용은 정관에 기재하지 아니하면 효력이 없다.

③ 정관을 변경함으로써 어느 종류주식의 주주에게 손해를 미치게 될 때에는 주주총회의 결의 외에 그 종류주식의 주주의 총회의 결의가 있어야 한다.

④ 자본금 총액이 10억원 미만인 회사를 발기설립하는 경우에는 각 발기인이 정관에 기명날인 또는 서명함으로써 정관의 효력이 생긴다.

⑤ 정관변경은 주주총회에서 출석한 주주의 의결권의 3분의 2 이상의 수와 의결권 없는 주식을 제외한 발행주식 총수의 3분의 1 이상의 수로 결의하여야 한다.

┃해설┃

① [O] 상법 제289조 제1항 제4호

> **상법 제289조(정관의 작성, 절대적 기재사항)**
> ① 발기인은 정관을 작성하여 다음의 사항을 적고 각 발기인이 기명날인 또는 서명하여야 한다.
> 1. 목 적
> 2. 상 호
> 3. 회사가 발행할 주식의 총수
> 4. 액면주식을 발행하는 경우 1주의 금액
> 5. 회사의 설립 시에 발행하는 주식의 총수
> 6. 본점의 소재지
> 7. 회사가 공고를 하는 방법
> 8. 발기인의 성명ㆍ주민등록번호 및 주소

② [O] 회사가 부담할 설립비용은 상대적 기재사항인 변태설립사항으로서 정관에 기재하지 아니하면 효력이 없다(상법 제290조 제4호 참조).

> **상법 제290조(변태설립사항)**
> 다음의 사항은 정관에 기재함으로써 그 효력이 있다.
> 1. 발기인이 받을 특별이익과 이를 받을 자의 성명
> 2. 현물출자를 하는 자의 성명과 그 목적인 재산의 종류, 수량, 가격과 이에 대하여 부여할 주식의 종류와 수
> 3. 회사성립 후에 양수할 것을 약정한 재산의 종류, 수량, 가격과 그 양도인의 성명
> 4. 회사가 부담할 설립비용과 발기인이 받을 보수액

③ [O] 회사가 종류주식을 발행한 경우에 정관을 변경함으로써 어느 종류주식의 주주에게 손해를 미치게 될 때에는 주주총회의 결의 외에 그 종류주식의 주주의 총회의 결의가 있어야 한다(상법 제435조 제1항).

④ [O] 정관은 공증인의 인증을 받음으로써 효력이 생긴다. 다만, 자본금 총액이 10억원 미만인 회사를 제295조 제1항에 따라 발기설립하는 경우에는 제289조 제1항에 따라 각 발기인이 정관에 기명날인 또는 서명함으로써 효력이 생긴다(상법 제292조).

⑤ [×] 상법 제433조 제1항, 제434조

> **상법 제433조(정관변경의 방법)**
> ① 정관의 변경은 주주총회의 결의에 의하여야 한다.
>
> **상법 제434조(정관변경의 특별결의)**
> 제433조 제1항의 결의는 출석한 주주의 의결권의 3분의 2 이상의 수와 발행주식총수의 3분의 1 이상의 수로써 하여야 한다.

답 ⑤

07 세무사 2018

☑ 확인Check! ○ △ ×

상법상 주식회사 정관의 절대적 기재사항이 아닌 것은?

① 목 적
② 상 호
③ 본점의 소재지
④ 자본금의 액
⑤ 회사가 공고를 하는 방법

해설

① [○] 상법 제289조 제1항 제1호
② [○] 상법 제289조 제1항 제2호
③ [○] 상법 제289조 제1항 제6호
④ [×] 자본금의 액은 정관의 절대적 기재사항은 아니고 <u>설립등기사항에 해당한다</u>(상법 제317조 제2항 제2호 참조).
⑤ [○] 상법 제289조 제1항 제7호

> **상법 제289조(정관의 작성, 절대적 기재사항)**
> ① 발기인은 정관을 작성하여 다음의 사항을 적고 각 발기인이 기명날인 또는 서명하여야 한다.
> 1. <u>목 적</u>
> 2. <u>상 호</u>
> 3. 회사가 발행할 주식의 총수
> 4. 액면주식을 발행하는 경우 1주의 금액
> 5. 회사의 설립 시에 발행하는 주식의 총수
> 6. <u>본점의 소재지</u>
> 7. <u>회사가 공고를 하는 방법</u>
> 8. 발기인의 성명·주민등록번호 및 주소

답 ④

08 세무사 2020   ☑ 확인Check! ○ △ ✕

상법상 주식회사 설립시 정관의 절대적 기재사항 또는 설립등기사항에 관한 설명으로 옳은 것은?

① 회사의 존립기간을 정한 때에 그 기간은 설립등기사항이다.
② 발기인의 성명과 주민등록번호는 설립등기사항이다.
③ 회사의 설립시에 발행하는 주식의 총수는 설립등기사항이다.
④ 지점의 소재지는 정관의 절대적 기재사항이다.
⑤ 회사를 대표할 이사의 성명, 주민등록번호 및 주소는 정관의 절대적 기재사항이다.

┃해설┃

① [○] 상법 제317조 제2항 제4호
② [✕] 발기인의 성명·주민등록번호 및 주소는 <u>정관의 절대적 기재사항</u>이지만 설립등기사항은 아니다(상법 제289조 제1항 제8호 참조).
③ [✕] 회사의 설립 시에 발행하는 주식의 총수는 <u>정관의 절대적 기재사항</u>이지만 설립등기사항은 아니다(상법 제289조 제1항 제5호 참조). 그러나 발행주식의 총수, 그 종류와 각종주식의 내용과 수는 설립등기사항이다(상법 제317조 제2항 제3호 참조).
④ [✕] 지점의 소재지는 <u>설립등기사항</u>이지만 정관의 절대적 기재사항은 아니다(상법 제317조 제2항 제3의4호 참조). 그러나 본점의 소재지는 정관의 절대적 기재사항이면서 설립등기사항이다(상법 제289조 제1항 제6호, 제317조 제2항 제1호 참조).
⑤ [✕] 회사를 대표할 이사 또는 집행임원의 성명·주민등록번호 및 주소는 <u>설립등기사항</u>이지만 정관의 절대적 기재사항은 아니다(상법 제317조 제2항 제9호 참조).

상법 제289조(정관의 작성, 절대적 기재사항)
① 발기인은 정관을 작성하여 다음의 사항을 적고 각 발기인이 기명날인 또는 서명하여야 한다.
  1. 목 적
  2. 상 호
  3. 회사가 발행할 주식의 총수
  4. 액면주식을 발행하는 경우 1주의 금액
  5. <u>회사의 설립 시에 발행하는 주식의 총수</u>
  6. 본점의 소재지
  7. 회사가 공고를 하는 방법
  8. <u>발기인의 성명·주민등록번호 및 주소</u>

상법 제317조(설립의 등기)
② 제1항의 설립등기에 있어서는 다음의 사항을 등기하여야 한다.
  1. 제289조 제1항 제1호 내지 제4호, 제6호와 제7호에 게기한 사항
  2. 자본금의 액
  3. 발행주식의 총수, 그 종류와 각종주식의 내용과 수
  3의2. 주식의 양도에 관하여 이사회의 승인을 얻도록 정한 때에는 그 규정
  3의3. 주식매수선택권을 부여하도록 정한 때에는 그 규정
  3의4. 지점의 소재지
  4. <u>회사의 존립기간 또는 해산사유를 정한 때에는 그 기간 또는 사유</u>
  5. 삭제 〈2011.4.14.〉

6. 주주에게 배당할 이익으로 주식을 소각할 것을 정한 때에는 그 규정
7. 전환주식을 발행하는 경우에는 제347조에 게기한 사항
8. 사내이사, 사외이사, 그 밖에 상무에 종사하지 아니하는 이사, 감사 및 집행임원의 성명과 주민등록번호
9. 회사를 대표할 이사 또는 집행임원의 성명·주민등록번호 및 주소
10. 둘 이상의 대표이사 또는 대표집행임원이 공동으로 회사를 대표할 것을 정한 경우에는 그 규정
11. 명의개서대리인을 둔 때에는 그 상호 및 본점소재지
12. 감사위원회를 설치한 때에는 감사위원회 위원의 성명 및 주민등록번호

답 ①

09 CPA 2020 ☑ 확인 Check! ○ △ ✕

상법상 주식회사 정관의 절대적 기재사항이 <u>아닌</u> 것은?

① 이사의 성명·주민등록번호 및 주소
② 회사가 발행할 주식의 총수
③ 액면주식을 발행하는 경우 1주의 금액
④ 회사의 설립 시에 발행하는 주식의 총수
⑤ 회사가 공고를 하는 방법

▌ 해설 ▌

① [✕] <u>발기인의 성명·주민등록번호 및 주소</u>는 정관의 절대적 기재사항이나(상법 제289조 제8호 참조). 이사의 성명·주민등록번호 및 주소는 정관의 절대적 기재사항이 아니다. 다만 이사의 성명과 주민등록번호는 등기사항이다(상법 제317조 제2항 제8호 참조).
② [○] 상법 제289조 제3호
③ [○] 상법 제289조 제4호
④ [○] 상법 제289조 제5호
⑤ [○] 상법 제289조 제7호

> **상법 제289조(정관의 작성, 절대적 기재사항)**
> ① 발기인은 정관을 작성하여 다음의 사항을 적고 각 발기인이 기명날인 또는 서명하여야 한다.
> 1. 목 적
> 2. 상 호
> 3. 회사가 발행할 주식의 총수
> 4. 액면주식을 발행하는 경우 1주의 금액
> 5. 회사의 설립 시에 발행하는 주식의 총수
> 6. 본점의 소재지
> 7. 회사가 공고를 하는 방법
> 8. 발기인의 성명·주민등록번호 및 주소

답 ①

10 세무사 2022

☑ 확인Check! ○ △ ✕

상법상 주식회사의 변태설립사항이 아닌 것은?

① 회사가 그 성립 후 2년 내에 그 성립 전부터 존재하는 재산으로서 영업을 위하여 계속하여 사용하여야 할 것을 자본금의 100분의 5 이상에 해당하는 대가로 취득하는 계약
② 발기인이 받을 특별이익과 이를 받을 자의 성명
③ 현물출자를 하는 자의 성명과 그 목적인 재산의 종류, 수량, 가격과 이에 대해 부여할 주식의 종류와 수
④ 회사성립 후에 양수할 것을 약정한 재산의 종류, 수량, 가격과 그 양도인의 성명
⑤ 회사가 부담할 설립비용과 발기인이 받을 보수액

┃해설┃

① [**변태설립사항** ✕] 회사가 그 성립 후 2년 내에 그 성립 전부터 존재하는 재산으로서 영업을 위하여 계속하여 사용하여야 할 것을 자본금의 100분의 5 이상에 해당하는 대가로 취득하는 계약을 하는 경우에는 제374조(영업양도, 양수, 임대등)를 준용한다(상법 제375조). 이러한 계약을 사후설립이라고 한다.
② [**변태설립사항** ○] 발기인의 특별이익(상법 제290조 제1호)
③ [**변태설립사항** ○] 현물출자(상법 제290조 제2호)
④ [**변태설립사항** ○] 재산인수(상법 제290조 제3호)
⑤ [**변태설립사항** ○] 설립비용, 발기인의 보수(상법 제290조 제4호)

> **상법 제290조(변태설립사항)**
> 다음의 사항은 정관에 기재함으로써 그 효력이 있다.
> 1. 발기인이 받을 특별이익과 이를 받을 자의 성명
> 2. 현물출자를 하는 자의 성명과 그 목적인 재산의 종류, 수량, 가격과 이에 대하여 부여할 주식의 종류와 수
> 3. 회사성립 후에 양수할 것을 약정한 재산의 종류, 수량, 가격과 그 양도인의 성명
> 4. 회사가 부담할 설립비용과 발기인이 받을 보수액

답 ①

11 ☑ 확인Check! ○ △ ✕

상법상 주식회사의 변태설립사항에 관한 설명으로 옳은 것은?

① 발기인이 받을 특별이익을 정관에 기재하지 아니하면 정관 자체가 무효로 된다.

② 발기설립에서 법원은 변태설립사항이 부당하다고 인정한 때에는 이를 변경하여 각 발기인에게 통고할 수 있는데, 그 변경에 불복하는 발기인은 그 주식의 인수를 취소할 수 없다.

③ 현물출자를 하는 자의 성명, 현물출자의 목적인 재산의 종류, 수량, 가격과 이에 대하여 부여할 주식의 종류와 수는 정관에 기재하여야 효력이 있다.

④ 회사성립 후에 양수할 것을 약정한 재산이 있는 경우 그 재산의 종류와 수량만 정관에 기재하여도 그 효력이 있다.

⑤ 발기인이 받을 보수액은 정관에 기재하지 않아도 그 효력이 있다.

┃해설┃

① [✕] 상대적 기재사항이란 정관에 기재되지 않더라도 정관의 효력에는 영향이 없으나, 해당 내용이 구속력을 가지기 위해서는 정관에 기재되어야 하는 사항을 말한다. 변태설립사항은 상대적 기재사항 중 하나이고, 발기인이 받을 특별이익은 이러한 변태설립사항에 해당하므로 정관에 기재되지 않으면 효력이 없으나 정관 자체가 무효가 되지는 않는다(상법 제290조 제1호 참조).

② [✕] 상법 제300조 제1항, 제2항

> **상법 제300조(법원의 변경처분)**
> ① 법원은 검사인 또는 공증인의 조사보고서 또는 감정인의 감정결과와 발기인의 설명서를 심사하여 제290조의 규정에 의한 사항을 부당하다고 인정한 때에는 이를 변경하여 각 발기인에게 통고할 수 있다.
> ② 제1항의 변경에 불복하는 발기인은 그 주식의 인수를 취소할 수 있다. 이 경우에는 정관을 변경하여 설립에 관한 절차를 속행할 수 있다.

③ [○] 상법 제290조 제2호

④ [✕] 회사성립 후에 양수할 것을 약정한 재산이 있는 경우 그 재산의 종류와 수량 뿐만 아니라 가격과 그 양도인의 성명까지 정관에 기재하여야 효력이 있다(상법 제290조 제3호 참조).

⑤ [✕] 발기인이 받을 보수액은 변태설립사항이므로 정관에 기재되어야 효력이 있다(상법 제290조 제4호 참조).

> **상법 제290조(변태설립사항)**
> 다음의 사항은 정관에 기재함으로써 그 효력이 있다.
> 1. 발기인이 받을 특별이익과 이를 받을 자의 성명
> 2. 현물출자를 하는 자의 성명과 그 목적인 재산의 종류, 수량, 가격과 이에 대하여 부여할 주식의 종류와 수
> 3. 회사성립 후에 양수할 것을 약정한 재산의 종류, 수량, 가격과 그 양도인의 성명
> 4. 회사가 부담할 설립비용과 발기인이 받을 보수액

답 ③

상법상 주식회사의 변태설립사항에 관한 설명으로 옳은 것은?

① 발기설립의 경우 발기인은 변태설립사항에 관한 조사를 하게 하기 위하여 검사인의 선임을 법원에 청구하여야 한다.

② 모집설립의 경우 이사 및 감사는 변태설립사항에 관한 조사를 하게 하기 위하여 검사인의 선임을 법원에 청구하여야 한다.

③ 발기인이 받을 특별이익에 관한 사항에 관하여는 공증인의 조사·보고로 법원이 선임한 검사인의 조사에 갈음할 수 있다.

④ 회사가 부담할 설립비용과 발기인이 받을 보수액에 대해서는 공인된 감정인의 감정으로 법원이 선임한 검사인의 조사에 갈음할 수 있다.

⑤ 모집설립의 경우 검사인의 변태설립사항의 조사에 대하여 법원이 한 변경처분에 불복한 발기인은 그 주식의 인수를 취소할 수 있다.

▌해설▌

① [✕], ② [✕] 변태설립사항의 조사는 검사인(공증인, 감정인)이 조사한다. <u>발기설립의 경우</u>에는 검사인 선임 신청을 <u>이사</u>가 하고(상법 제298조 제4항 참조), <u>모집설립</u>은 <u>발기인</u>이 한다(상법 제310조 제1항 참조).

> **상법 제298조(이사·감사의 조사·보고와 검사인의 선임청구)**
> ④ 정관으로 제290조 각 호의 사항을 정한 때에는 <u>이사는</u> 이에 관한 조사를 하게 하기 위하여 검사인의 선임을 법원에 청구하여야 한다. 다만, 제299조의2의 경우에는 그러하지 아니하다.
>
> **상법 제310조(변태설립의 경우의 조사)**
> ① 정관으로 제290조에 게기한 사항을 정한 때에는 <u>발기인은</u> 이에 관한 조사를 하게 하기 위하여 검사인의 선임을 법원에 청구하여야 한다.

③ [O], ④ [✕] 검사인의 조사는 변태설립사항이 <u>발기인의 특별이익 및 설립비용과 발기인의 보수인 경우</u>에는 <u>공증인</u>의 조사로, <u>현물출자 및 재산인수인 경우</u>에는 공인된 <u>감정인</u>의 감정으로 갈음할 수 있다(상법 제299조의2, 제290조 참조).

> **상법 제299조의2(현물출자 등의 증명)**
> 제290조 제1호 및 제4호에 기재한 사항에 관하여는 공증인의 조사·보고로, 제290조 제2호 및 제3호의 규정에 의한 사항과 제295조의 규정에 의한 현물출자의 이행에 관하여는 공인된 감정인의 감정으로 제299조 제1항의 규정에 의한 검사인의 조사에 갈음할 수 있다. 이 경우 공증인 또는 감정인은 조사 또는 감정결과를 법원에 보고하여야 한다.
>
> **상법 제290조(변태설립사항)**
> 다음의 사항은 정관에 기재함으로써 그 효력이 있다.
> 1. 발기인이 받을 특별이익과 이를 받을 자의 성명
> 2. 현물출자를 하는 자의 성명과 그 목적인 재산의 종류, 수량, 가격과 이에 대하여 부여할 주식의 종류와 수
> 3. 회사성립 후에 양수할 것을 약정한 재산의 종류, 수량, 가격과 그 양도인의 성명
> 4. 회사가 부담할 설립비용과 발기인이 받을 보수액

⑤ [×] 변태설립사항의 조사에 대한 변경처분에 불복한 발기인이 그 주식의 인수를 취소할 수 있는 점은 발기설립이든 모집설립이든 공통된다_(상법 제300조 제2항, 제314조 제2항 참조). 다만, 변경 주체가 발기설립의 경우에는 법원이고, 모집설립의 경우에는 창립총회이다_(상법 제300조 제1항, 제314조 제1항 참조).

> **상법 제300조(법원의 변경처분)**
> ① 법원은 검사인 또는 공증인의 조사보고서 또는 감정인의 감정결과와 발기인의 설명서를 심사하여 제290조의 규정에 의한 사항을 부당하다고 인정한 때에는 이를 변경하여 각 발기인에게 통고할 수 있다. 〈개정 1998.12.28.〉
> ② 제1항의 변경에 불복하는 발기인은 그 주식의 인수를 취소할 수 있다. 이 경우에는 정관을 변경하여 설립에 관한 절차를 속행할 수 있다.
>
> **상법 제314조(변태설립사항의 변경)**
> ① 창립총회에서는 제290조에 게기한 사항이 부당하다고 인정한 때에는 이를 변경할 수 있다.
> ② 제300조 제2항과 제3항의 규정은 전항의 경우에 준용한다.

더 살펴보기 발기설립과 모집설립 비교

구 분		발기설립	모집설립
주식인수		발기인	발기인 + 모집주주
납입 불이행		실권절차 ×(강제이행)	실권절차 ○
기관구성(이사·감사)		발기인이 선임	창립총회가 선임
일반설립경과	조사·보고자	이사·감사	
	조사·보고대상	발기인	창립총회
변태설립사항	조사·보고자	검사인(공증인, 감정인)	
	검사인 선임청구	이사가 청구, 법원이 선임	발기인이 청구, 법원이 선임
	조사·보고대상	법 원	창립총회
	변경권	법 원	창립총회

답 ③

13 세무사 2015

☑ 확인Check! ○ △ ✕

상법상 주식회사의 변태설립에 관한 설명으로 옳지 않은 것은?

① 발기인이 받을 특별이익과 이를 받을 자의 성명은 변태설립사항이다.

② 현물출자를 하는 자의 성명과 그 목적인 재산의 종류, 수량, 가격과 이에 대하여 부여할 주식의 종류와 수는 변태설립사항이다.

③ 현물출자 및 재산인수의 경우, 공인된 감정인의 감정으로 검사인의 조사에 갈음할 수 있다.

④ 회사성립 후에 양수할 것을 약정한 재산의 종류, 수량, 가격과 그 양수인의 성명은 변태설립사항이다.

⑤ 현물출자를 하는 발기인은 납입기일에 지체없이 출자의 목적인 재산을 인도하고 등기, 등록 기타 권리의 설정 또는 이전을 요할 경우에는 이에 관한 서류를 완비하여 교부하여야 한다.

┃해설┃

① [○] 상법 제290조 제1호

② [○] 상법 제290조 제2호

③ [○] 제290조 제1호(발기인의 특별이익) 및 제4호(설립비용과 발기인의 보수)에 기재한 사항에 관하여는 공증인의 조사·보고로, 제290조 제2호(현물출자) 및 제3호(재산인수)의 규정에 의한 사항과 제295조의 규정에 의한 현물출자의 이행에 관하여는 공인된 감정인의 감정으로 제299조 제1항의 규정에 의한 검사인의 조사에 갈음할 수 있다. 이 경우 공증인 또는 감정인은 조사 또는 감정결과를 법원에 보고하여야 한다(상법 제299조의2).

④ [✕] 회사성립 후에 양수할 것을 약정한 재산의 종류, 수량, 가격과 그 <u>양도인의 성명</u>은 변태설립사항이다(상법 제290조 제3호 참조).

> **상법 제290조(변태설립사항)**
> 다음의 사항은 정관에 기재함으로써 그 효력이 있다.
>   1. 발기인이 받을 특별이익과 이를 받을 자의 성명
>   2. 현물출자를 하는 자의 성명과 그 목적인 재산의 종류, 수량, 가격과 이에 대하여 부여할 주식의 종류와 수
>   3. 회사성립 후에 양수할 것을 약정한 재산의 종류, 수량, 가격과 그 <u>양도인의 성명</u>
>   4. 회사가 부담할 설립비용과 발기인이 받을 보수액

⑤ [○] 현물출자를 하는 발기인은 납입기일에 지체없이 출자의 목적인 재산을 인도하고 등기, 등록 기타 권리의 설정 또는 이전을 요할 경우에는 이에 관한 서류를 완비하여 교부하여야 한다(상법 제295조 제2항).

탑 ④

76 세무사 1차 객관식 상법(회사편)

상법상 주식회사에 관한 설명으로 옳지 않은 것은? 기출수정

① 유사발기인은 발기인과 동일한 인수담보책임과 납입담보책임을 진다.

② 주주명부폐쇄기간은 3월을 초과하지 못하며, 기준일은 주주 또는 질권자로서 권리를 행사할 날에 앞선 3월 내의 날로 정하여야 한다.

③ 자동차제조업을 영위하기 위한 회사설립 시 발기인이 회사성립 후에 공장 부지를 양수하기로 약정한 경우 이를 정관에 기재하지 않아도 그 효력이 있다.

④ 주주총회특별결의를 요하는 영업양도에 반대하는 주주가 주식매수청구권을 행사한 경우, 회사는 매수청구 기간이 종료하는 날부터 2개월 이내에 그 주식을 매수하여야 한다.

⑤ 사외이사를 두어야 하는 상장회사 중 최근 사업연도 말 현재의 자산총액이 2조원 이상인 회사의 사외이사는 3명 이상으로 하되, 이사 총수의 과반수가 되어야 한다.

▌해설▐

① [O] 주식청약서 기타 주식모집에 관한 서면에 성명과 회사의 설립에 찬조하는 뜻을 기재할 것을 승낙한 자는 발기인과 동일한 책임이 있다(상법 제327조). 발기인과 동일한 책임이 있다고 규정되어 있으나 유사발기인은 회사설립사무를 수행하지 않으므로 임무해태를 전제로 한 회사 및 제3자에 대한 손해배상책임을 지지는 않고, 회사가 성립한 경우의 인수·납입담보책임과 회사가 불성립한 경우의 납입된 주금반환 및 설립비용에 관한 책임만 진다.

② [O] 상법 제354조 제2항, 제3항

> **상법 제354조(주주명부의 폐쇄, 기준일)**
> ① 회사는 의결권을 행사하거나 배당을 받을 자 기타 주주 또는 질권자로서 권리를 행사할 자를 정하기 위하여 일정한 기간을 정하여 주주명부의 기재변경을 정지하거나 일정한 날에 주주명부에 기재된 주주 또는 질권자를 그 권리를 행사할 주주 또는 질권자로 볼 수 있다.
> ② 제1항의 기간은 3월을 초과하지 못한다.
> ③ 제1항의 날은 주주 또는 질권자로서 권리를 행사할 날에 앞선 3월 내의 날로 정하여야 한다.

③ [✕] 자동차제조업을 영위하기 위한 회사설립 시 발기인이 회사성립 후에 공장 부지를 양수하기로 약정한 것은 변태설립사항인 <u>재산인수에 해당하는 것으로 이를 정관에 기재하지 아니하면 효력이 없다</u>(상법 제290조 제3호 참조).

> **상법 제290조(변태설립사항)**
> 다음의 사항은 정관에 기재함으로써 그 효력이 있다.
> 1. 발기인이 받을 특별이익과 이를 받을 자의 성명
> 2. 현물출자를 하는 자의 성명과 그 목적인 재산의 종류, 수량, 가격과 이에 대하여 부여할 주식의 종류와 수
> 3. 회사성립 후에 양수할 것을 약정한 재산의 종류, 수량, 가격과 그 양도인의 성명
> 4. 회사가 부담할 설립비용과 발기인이 받을 보수액

④ [○] 상법 제374조의2 제1항, 제2항

> **상법 제374조의2(반대주주의 주식매수청구권)**
> ① 제374조에 따른 결의사항에 반대하는 주주(의결권이 없거나 제한되는 주주를 포함한다. 이하 이 조에서 같다)는 주주총회 전에 회사에 대하여 서면으로 그 결의에 반대하는 의사를 통지한 경우에는 그 총회의 결의일부터 20일 이내에 주식의 종류와 수를 기재한 서면으로 회사에 대하여 자기가 소유하고 있는 주식의 매수를 청구할 수 있다.
> ② 제1항의 청구를 받으면 해당 회사는 같은 항의 매수 청구 기간(이하 이 조에서 "매수청구기간"이라 한다)이 종료하는 날부터 2개월 이내에 그 주식을 매수하여야 한다.

⑤ [○] 상법 제542조의8 제1항 단서, 상법 시행령 제34조 제2항

> **상법 제542조의8(사외이사의 선임)**
> ① 상장회사는 자산 규모 등을 고려하여 대통령령으로 정하는 경우를 제외하고는 이사 총수의 4분의 1 이상을 사외이사로 하여야 한다. 다만, 자산 규모 등을 고려하여 대통령령으로 정하는 상장회사의 사외이사는 3명 이상으로 하되, 이사 총수의 과반수가 되도록 하여야 한다.
>
>> **상법 시행령 제34조(상장회사의 사외이사 등)**
>> ② 법 제542조의8 제1항 단서에서 "대통령령으로 정하는 상장회사"란 최근 사업연도 말 현재의 자산총액이 2조원 이상인 상장회사를 말한다.

답 ③

상법상 주식회사의 설립에 관한 설명으로 옳은 것은? (이견이 있으면 판례에 의함)

① 회사설립 시에 발행하는 주식의 종류와 수는 정관으로 달리 정하지 아니하면 발기인의 과반수로 이를 정한다.

② 정관은 발기인 2인 이상이 공동으로 작성하여야 한다.

③ 설립 중의 회사는 정관이 작성되고 발기인이 적어도 1주 이상의 주식을 인수하면 성립한다.

④ 정관은 설립등기를 함으로써 효력이 생기지만 자본금 총액이 10억원 미만인 회사의 경우 공증인의 인증을 받음으로써 효력이 생긴다.

⑤ 회사가 성립되었으나 인수된 주식의 납입을 완료하지 아니한 때에는 발기인이 이를 공동으로 인수한 것으로 본다.

┃해설┃

① [✕] 회사설립 시에 발행하는 주식의 종류와 수는 정관으로 달리 정하지 아니하면 <u>발기인 전원의 동의로 이를 정한다</u> (상법 제291조 제1호 참조).

> **상법 제291조(설립 당시의 주식발행사항의 결정)**
> 회사설립 시에 발행하는 주식에 관하여 다음의 사항은 정관으로 달리 정하지 아니하면 <u>발기인 전원의 동의로 이를</u> 정한다.
> 1. 주식의 종류와 수
> 2. 액면주식의 경우에 액면 이상의 주식을 발행할 때에는 그 수와 금액
> 3. 무액면주식을 발행하는 경우에는 주식의 발행가액과 주식의 발행가액 중 자본금으로 계상하는 금액

② [✕] 주식회사를 설립함에는 <u>발기인이</u> 정관을 작성하여야 한다(상법 제288조). 즉, 발기인은 1인 이상이면 된다.

③ [○] 설립 중의 회사는 정관이 작성되고 발기인이 적어도 1주 이상의 주식을 인수하였을 때 비로소 성립한다(대판 1998.5.12. 97다56020).

④ [✕] 정관은 <u>공증인의 인증을 받음으로써 효력이 생긴다.</u> 다만, <u>자본금 총액이 10억원 미만인 회사를 제295조 제1항</u>에 따라 발기설립하는 경우에는 제289조 제1항에 따라 <u>각 발기인이 정관에 기명날인 또는 서명함으로써 효력이 생긴다</u>(상법 제292조).

⑤ [✕] 회사성립 후 제295조 제1항 또는 제305조 제1항의 규정에 의한 납입 완료하지 아니한 주식이 있는 때에는 발기인은 <u>연대하여 그 납입을 하여야 한다</u>(상법 제321조 제2항).

답 ③

상법상 주식회사의 설립에 관한 설명으로 틀린 것은?

① 본점의 소재지는 정관의 절대적 기재사항이다.

② 회사가 부담할 설립비용과 발기인이 받을 보수액은 정관에 기재함으로써 그 효력이 있다.

③ 모집설립 시 납입장소를 변경할 때에는 창립총회의 결의가 있으면 법원의 허가를 얻을 필요가 없다.

④ 모집설립 시 창립총회의 결의는 출석한 주식인수인의 의결권의 3분의 2 이상이며 인수된 주식의 총수의 과반수에 해당하는 다수로 하여야 한다.

⑤ 법원이 선임한 검사인이 악의 또는 중대한 과실로 인하여 그 임무를 해태한 때에는 회사 또는 제3자에 대하여 손해를 배상할 책임이 있다.

▌해설▐

① [○] 상법 제289조 제1항 제6호

> **상법 제289조(정관의 작성, 절대적 기재사항)**
> ① 발기인은 정관을 작성하여 다음의 사항을 적고 각 발기인이 기명날인 또는 서명하여야 한다.
>   1. 목 적
>   2. 상 호
>   3. 회사가 발행할 주식의 총수
>   4. 액면주식을 발행하는 경우 1주의 금액
>   5. 회사의 설립 시에 발행하는 주식의 총수
>   6. <u>본점의 소재지</u>
>   7. 회사가 공고를 하는 방법
>   8. 발기인의 성명·주민등록번호 및 주소

② [○] 상법 제290조 제4호

> **상법 제290조(변태설립사항)**
> 다음의 사항은 정관에 기재함으로써 그 효력이 있다.
>   1. 발기인이 받을 특별이익과 이를 받을 자의 성명
>   2. 현물출자를 하는 자의 성명과 그 목적인 재산의 종류, 수량, 가격과 이에 대하여 부여할 주식의 종류와 수
>   3. 회사성립 후에 양수할 것을 약정한 재산의 종류, 수량, 가격과 그 양도인의 성명
>   4. <u>회사가 부담할 설립비용과 발기인이 받을 보수액</u>

③ [✕] (모집설립 시) 납입금의 보관자 또는 납입장소를 변경할 때에는 <u>법원의 허가를 얻어야 한다</u>(상법 제306조).

④ [○] 창립총회의 결의는 출석한 주식인수인의 의결권의 3분의 2 이상이며 인수된 주식의 총수의 과반수에 해당하는 다수로 하여야 한다(상법 제309조).

⑤ [○] 법원이 선임한 검사인이 악의 또는 중대한 과실로 인하여 그 임무를 해태한 때에는 회사 또는 제3자에 대하여 손해를 배상할 책임이 있다(상법 제325조).

답 ③

17 법무사 2022 ☑ 확인 Check! ○ △ ✕

다음 중 상법 제290조의 변태설립사항에 해당하지 않는 것은?

① 발기인이 받을 특별이익과 이를 받을 자의 성명

② 현물출자를 하는 자의 성명과 그 목적인 재산의 종류, 수량, 가격과 이에 대하여 부여할 주식의 종류와 수

③ 액면주식의 경우에 액면 이상의 주식을 발행할 때에는 그 수와 금액

④ 회사성립 후에 양수할 것을 약정한 재산의 종류, 수량, 가격과 그 양도인의 성명

⑤ 회사가 부담할 설립비용과 발기인이 받을 보수액

┃해설┃

① [○], ② [○], ③ [✕], ④ [○], ⑤ [○] 상법 제290조

> **상법 제290조(변태설립사항)**
> 다음의 사항은 정관에 기재함으로써 그 효력이 있다.
>   1. 발기인이 받을 특별이익과 이를 받을 자의 성명
>   2. 현물출자를 하는 자의 성명과 그 목적인 재산의 종류, 수량, 가격과 이에 대하여 부여할 주식의 종류와 수
>   3. 회사성립 후에 양수할 것을 약정한 재산의 종류, 수량, 가격과 그 양도인의 성명
>   4. 회사가 부담할 설립비용과 발기인이 받을 보수액

답 ③

상법상 주식회사 설립 시 현물출자에 관한 설명으로 옳은 것은?

① 정관에 출자의 목적인 부동산의 종류와 가격만 기재되어 있으면, 누구든 그 부동산을 유효하게 현물출자할 수 있다.

② 현물출자자인 이사도 회사의 설립에 관한 모든 사항이 법령 또는 정관의 규정에 위반되지 아니하는지 여부의 조사에 참여할 수 있다.

③ 현물출자 및 재산인수의 재산의 총액에 관계없이 법원이 선임한 검사인에 의해 현물출자의 이행에 대한 조사를 받아야 한다.

④ 모집설립에서 현물출자가 부당한 경우 그 변경은 법원만이 할 수 있다.

⑤ 모집설립 시 현물출자의 이행에 관하여 공인된 감정인의 감정으로 검사인의 조사에 갈음하는 경우 감정인은 감정결과를 창립총회에 보고하여야 한다.

┃해설┃

① [✕] 정관에 현물출자를 하는 자의 성명이 기재되어야 하므로 그 자만이 현물출자를 할 수 있다(상법 제290조 제2호 참조).

> **상법 제290조(변태설립사항)**
> 다음의 사항은 정관에 기재함으로써 그 효력이 있다.
> 　2. 현물출자를 하는 자의 성명과 그 목적인 재산의 종류, 수량, 가격과 이에 대하여 부여할 주식의 종류와 수

② [✕] 상법 제298조 제2항

> **상법 제298조(이사 · 감사의 조사 · 보고와 검사인의 선임청구)**
> ① 이사와 감사는 취임 후 지체없이 회사의 설립에 관한 모든 사항이 법령 또는 정관의 규정에 위반되지 아니하는지의 여부를 조사하여 발기인에게 보고하여야 한다.
> ② 이사와 감사중 발기인이었던 자 · 현물출자자 또는 회사성립 후 양수할 재산의 계약당사자인 자는 제1항의 조사 · 보고에 참가하지 못한다.
> ③ 이사와 감사의 전원이 제2항에 해당하는 때에는 이사는 공증인으로 하여금 제1항의 조사 · 보고를 하게 하여야 한다.

③ [✕] 상법 제299조 제1항, 제2항 제1호

> **상법 제299조(검사인의 조사, 보고)**
> ① 검사인은 제290조 각 호의 사항과 제295조에 따른 현물출자의 이행을 조사하여 법원에 보고하여야 한다.
> ② 제1항은 다음 각 호의 어느 하나에 해당할 경우에는 적용하지 아니한다.
> 　1. 제290조 제2호(현물출자) 및 제3호(재산인수)의 재산총액이 자본금의 5분의 1을 초과하지 아니하고 대통령령으로 정한 금액(5천만원)을 초과하지 아니하는 경우
> 　2. 제290조 제2호 또는 제3호의 재산이 거래소에서 시세가 있는 유가증권인 경우로서 정관에 적힌 가격이 대통령령으로 정한 방법으로 산정된 시세를 초과하지 아니하는 경우
> 　3. 그 밖에 제1호 및 제2호에 준하는 경우로서 대통령령으로 정하는 경우

④ [×], ⑤ [○] 변태설립사항의 조사는 검사인(공증인, 감정인)이 조사한다. 다만, 모집설립의 경우에는 검사인 선임 신청을 발기인이 하고(발기설립은 이사), <u>보고 대상과 변경 주체가 창립총회(발기설립은 법원)</u>라는 점이 발기설립과 다르다(상법 제310조 제2항, 제314조 제1항 참조).

> **상법 제310조(변태설립의 경우의 조사)**
> ① 정관으로 제290조에 게기한 사항을 정한 때에는 발기인은 이에 관한 조사를 하게 하기 위하여 검사인의 선임을 법원에 청구하여야 한다.
> ② 전항의 검사인의 보고서는 이를 <u>창립총회</u>에 제출하여야 한다.
> ③ 제298조 제4항 단서 및 제299조의2의 규정은 제1항의 조사에 관하여 이를 준용한다.
>
> **상법 제314조(변태설립사항의 변경)**
> ① <u>창립총회</u>에서는 제290조에 게기한 사항이 부당하다고 인정한 때에는 이를 변경할 수 있다.

더 살펴보기 **발기설립과 모집설립 비교**

구 분		발기설립	모집설립
주식인수		발기인	발기인 + 모집주주
납입 불이행		실권절차 ×(강제이행)	실권절차 ○
기관구성(이사·감사)		발기인이 선임	창립총회가 선임
일반설립경과	조사·보고자	이사·감사	
	조사·보고대상	발기인	창립총회
변태설립사항	조사·보고자	검사인(공증인, 감정인)	
	검사인 선임청구	이사가 청구, 법원이 선임	발기인이 청구, 법원이 선임
	조사·보고대상	법 원	창립총회
	변경권	법 원	창립총회

답 ⑤

상법상 주식회사 설립 시 현물출자 사항에 대한 검사인의 조사 · 보고에 관한 설명으로 옳지 않은 것은?

① 현물출자의 이행에 관하여는 공인된 감정인의 감정으로 검사인의 조사에 갈음할 수 있다.

② 발기설립 시 법원은 검사인의 조사보고서를 심사하여 현물출자 사항을 부당하다고 인정한 때에는 이를 변경하여 각 발기인에게 통고할 수 있다.

③ 모집설립 시 이사는 검사인의 선임을 법원에 청구하여야 한다.

④ 발기설립 시 검사인은 현물출자의 이행을 조사하여 법원에 보고하여야 한다.

⑤ 모집설립 시 검사인은 현물출자의 이행을 조사하여 그 보고서를 창립총회에 제출하여야 한다.

▌해설▐

① [○] 제290조 제1호 및 제4호에 기재한 사항에 관하여는 공증인의 조사 · 보고로, 제290조 제2호 및 제3호의 규정에 의한 사항과 제295조의 규정에 의한 현물출자의 이행에 관하여는 공인된 감정인의 감정으로 제299조 제1항의 규정에 의한 검사인의 조사에 갈음할 수 있다. 이 경우 공증인 또는 감정인은 조사 또는 감정결과를 법원에 보고하여야 한다(상법 제299조의2).

② [○] 법원은 검사인 또는 공증인의 조사보고서 또는 감정인의 감정결과와 발기인의 설명서를 심사하여 제290조의 규정에 의한 사항을 부당하다고 인정한 때에는 이를 변경하여 각 발기인에게 통고할 수 있다(상법 제300조 제1항).

③ [✕], ⑤ [○] 모집설립의 경우에는 발기인이 변태설립사항을 조사할 검사인의 선임 신청을 하고, 검사인은 보고서를 창립총회에 보고한다(상법 제310조 제1항, 제2항 참조).

> **상법 제310조(변태설립의 경우의 조사)**
> ① 정관으로 제290조에 게기한 사항을 정한 때에는 발기인은 이에 관한 조사를 하게 하기 위하여 검사인의 선임을 법원에 청구하여야 한다.
> ② 전항의 검사인의 보고서는 이를 창립총회에 제출하여야 한다.

④ [○] 발기설립의 경우에는 이사가 변태설립사항을 조사할 검사인을 선임 신청하고, 검사인은 조사 또는 감정결과를 법원에 보고한다(상법 제298조 제4항, 제299조 제1항 참조).

> **상법 제298조(이사 · 감사의 조사 · 보고와 검사인의 선임청구)**
> ④ 정관으로 제290조 각 호의 사항을 정한 때에는 이사는 이에 관한 조사를 하게 하기 위하여 검사인의 선임을 법원에 청구하여야 한다. 다만, 제299조의2의 경우에는 그러하지 아니하다.
>
> **상법 제299조(검사인의 조사, 보고)**
> ① 검사인은 제290조 각 호의 사항과 제295조에 따른 현물출자의 이행을 조사하여 법원에 보고하여야 한다.

 ③

상법상 주식회사의 설립에 관한 설명으로 옳은 것은?

① 설립 시에 발행하는 주식의 종류와 수에 관한 사항은 정관으로 달리 정하지 아니하면 발기인 과반수의 동의로 이를 정한다.

② 자본금 총액이 10억원 미만인 회사의 정관도 공증인의 인증을 받아야 효력이 생긴다.

③ 각 발기인은 구두 또는 서면에 의하여 주식을 인수할 수 있다.

④ 발기설립 시 주금의 납입을 맡을 은행 기타 금융기관과 납입장소는 발기인이 정하여야 한다.

⑤ 설립의 하자는 회사성립의 날로부터 2년 내에 설립취소의 소 또는 설립무효의 소로써 이를 주장할 수 있다.

▌해설▌

① [✕] 상법 제291조 제1호

> **상법 제291조(설립 당시의 주식발행사항의 결정)**
> 회사설립 시에 발행하는 주식에 관하여 다음의 사항은 정관으로 달리 정하지 아니하면 발기인 전원의 동의로 이를 정한다.
> 1. 주식의 종류와 수
> 2. 액면주식의 경우에 액면 이상의 주식을 발행할 때에는 그 수와 금액
> 3. 무액면주식을 발행하는 경우에는 주식의 발행가액과 주식의 발행가액 중 자본금으로 계상하는 금액

② [✕] 정관은 공증인의 인증을 받음으로써 효력이 생긴다. 다만, 자본금 총액이 10억원 미만인 회사를 제295조 제1항에 따라 발기설립하는 경우에는 제289조 제1항에 따라 각 발기인이 정관에 기명날인 또는 서명함으로써 효력이 생긴다(상법 제292조).

③ [✕] 각 발기인은 서면에 의하여 주식을 인수하여야 한다(상법 제293조).

④ [○] 발기인이 회사의 설립 시에 발행하는 주식의 총수를 인수한 때에는 지체없이 각 주식에 대하여 그 인수가액의 전액을 납입하여야 한다. 이 경우 발기인은 납입을 맡을 은행 기타 금융기관과 납입장소를 지정하여야 한다(상법 제295조 제1항).

⑤ [✕] 주식회사의 경우에는 설립무효의 소만이 가능하며 설립취소의 소를 인정하지 않는다. 또한 사원의 개성이 중시되지 않으므로 객관적 하자만이 설립무효의 소의 원인이 된다.

> **상법 제328조(설립무효의 소)**
> ① 회사설립의 무효는 주주·이사 또는 감사에 한하여 회사성립의 날로부터 2년 내에 소만으로 이를 주장할 수 있다.

답 ④

상법상 주식회사의 발기설립에 관한 설명으로 옳은 것은?

① 각 발기인은 주식청약서에 의하여 주식을 인수하여야 한다.

② 발기인이 이사와 감사를 선임하는 경우, 각 발기인은 인수한 주식수와 상관없이 각자 1개의 의결권을 가진다.

③ 법원이 부당한 변태설립사항을 변경하여 각 발기인에게 통고한 경우, 발기인은 그 변경에 불복하여 그 주식의 인수를 취소할 수 없다.

④ 변태설립사항의 조사를 위하여 선임된 공증인 또는 감정인은 조사 또는 감정결과를 발기인에게 보고하여야 한다.

⑤ 이사와 감사 전원이 발기인이었던 자에 해당하는 때에는 이사는 공증인으로 하여금 설립경과의 조사·보고를 하게 하여야 한다.

┃해설┃

① [✕] 각 발기인은 <u>서면</u>에 의하여 주식을 인수하여야 한다(상법 제293조).

② [✕] 상법 제296조 제1항, 제2항

> **상법 제296조(발기설립의 경우의 임원선임)**
> ① 전조의 규정에 의한 납입과 현물출자의 이행이 완료된 때에는 발기인은 지체없이 의결권의 과반수로 이사와 감사를 선임하여야 한다.
> ② 발기인의 의결권은 그 <u>인수주식의 1주</u>에 대하여 1개로 한다.

③ [✕] 상법 제300조 제1항, 제2항

> **상법 제300조(법원의 변경처분)**
> ① 법원은 검사인 또는 공증인의 조사보고서 또는 감정인의 감정결과와 발기인의 설명서를 심사하여 제290조의 규정에 의한 사항을 부당하다고 인정한 때에는 이를 변경하여 각 발기인에게 통고할 수 있다.
> ② 제1항의 변경에 불복하는 발기인은 그 주식의 인수를 <u>취소할 수 있다</u>. 이 경우에는 정관을 변경하여 설립에 관한 절차를 속행할 수 있다.

④ [✕] 변태설립사항의 조사는 검사인이 한다. <u>발기설립의 경우에는 이사가 검사인을 선임 신청하고, 검사인은 조사결과를 법원에 보고하며</u>(상법 제298조 제4항, 제299조 제1항 참조), 모집설립의 경우에는 발기인이 검사인을 선임 신청을 하고, 검사인은 보고서를 창립총회에 보고한다(상법 제310조 제1항·제2항·제3항 참조). 이러한 검사인의 조사는 발기인의 특별이익, 설립비용, 발기인의 보수인 경우에는 공증인의 조사·보고로, 현물출자, 재산인수인 경우에는 공인된 감정인의 감정으로 대체할 수 있다(상법 제298조 제4항 단서, 제299조의2 참조).

> **상법 제298조(이사·감사의 조사·보고와 검사인의 선임청구)**
> ④ 정관으로 제290조 각 호의 사항을 정한 때에는 이사는 이에 관한 조사를 하게 하기 위하여 검사인의 선임을 법원에 청구하여야 한다. 다만, 제299조의2의 경우에는 그러하지 아니하다.
>
> **상법 제299조(검사인의 조사, 보고)**
> ① 검사인은 제290조 각 호의 사항과 제295조에 따른 현물출자의 이행을 조사하여 법원에 보고하여야 한다.

> **상법 제299조의2(현물출자 등의 증명)**
> 제290조 제1호 및 제4호에 기재한 사항에 관하여는 공증인의 조사·보고로, 제290조 제2호 및 제3호의 규정에 의한 사항과 제295조의 규정에 의한 현물출자의 이행에 관하여는 공인된 감정인의 감정으로 제299조 제1항의 규정에 의한 검사인의 조사에 갈음할 수 있다. 이 경우 공증인 또는 감정인은 조사 또는 감정결과를 <u>법원에 보고하여야</u> <u>한다</u>.

⑤ [O] 상법 제298조 제1항, 제2항, 제3항

> **상법 제298조(이사·감사의 조사·보고와 검사인의 선임청구)**
> ① 이사와 감사는 취임 후 지체없이 회사의 설립에 관한 모든 사항이 법령 또는 정관의 규정에 위반되지 아니하는지의 여부를 조사하여 발기인에게 보고하여야 한다.
> ② 이사와 감사중 발기인이었던 자·현물출자자 또는 회사성립 후 양수할 재산의 계약당사자인 자는 제1항의 조사·보고에 참가하지 못한다.
> ③ 이사와 감사의 전원이 제2항에 해당하는 때에는 이사는 공증인으로 하여금 제1항의 조사·보고를 하게 하여야 한다.

탑 ⑤

---

22 세무사 2024 ☑ 확인 Check! ○ △ ✕

상법상 주식회사의 설립에 관한 설명으로 옳지 않은 것은?

① 모집설립 시 주식인수인이 납입기일 내에 주금을 납입하지 않으면 그 다음 날 권리를 상실한다.

② 회사는 그 공고를 정관으로 정하는 바에 따라 전자적 방법으로도 할 수 있다.

③ 발기설립 방식으로 자본금총액 10억원 미만의 회사를 설립할 경우 각 발기인이 정관에 기명날인 또는 서명함으로써 정관의 효력이 발생한다.

④ 발기설립 시 주식가액의 납입과 현물출자의 이행이 완료된 때에는 발기인은 지체없이 의결권의 과반수로 이사와 감사를 선임해야 한다.

⑤ 발기설립 시 선임된 이사와 감사는 취임 후 지체없이 회사의 설립에 관한 모든 사항이 법령 또는 정관규정에 위반되는지를 조사하여 발기인에게 보고하여야 한다.

┃해설┃

① [×] 발기설립과 달리 모집설립에서는 납입이 이루어지지 않은 경우 실권절차가 마련되어 있다. 즉, 발기인은 납입 불이행자에게 일정한 기일을 정하여 그 기일 내에 납입을 하지 아니하면 <u>그 권리를 잃는다는 뜻을 기일의 2주간 전에 통지하여야 하고,</u> 주식인수인이 그 기일 내에 납입의 이행을 하지 아니한 때에는 그 권리를 잃는다(상법 제307조 제1항, 제2항 참조).

> **상법 제307조(주식인수인의 실권절차)**
> ① 주식인수인이 제305조의 규정에 의한 납입을 하지 아니한 때에는 발기인은 일정한 기일을 정하여 <u>그 기일 내에 납입을 하지 아니하면 그 권리를 잃는다는 뜻을 기일의 2주간 전에 그 주식인수인에게 통지하여야 한다.</u>
> ② <u>전항의 통지를 받은 주식인수인이 그 기일 내에 납입의 이행을 하지 아니한 때에는 그 권리를 잃는다.</u> 이 경우에는 발기인은 다시 그 주식에 대한 주주를 모집할 수 있다.

② [O] 회사의 공고는 관보 또는 시사에 관한 사항을 게재하는 일간신문에 하여야 한다. 다만, 회사는 그 공고를 정관으로 정하는 바에 따라 전자적 방법으로 할 수 있다(상법 제289조 제3항).

③ [O] 정관은 공증인의 인증을 받음으로써 효력이 생긴다. 다만, 자본금 총액이 10억원 미만인 회사를 제295조 제1항에 따라 발기설립하는 경우에는 제289조 제1항에 따라 각 발기인이 정관에 기명날인 또는 서명함으로써 효력이 생긴다(상법 제292조).

④ [O] 상법 제295조 제1항, 제296조 제1항

> **상법 제295조(발기설립의 경우의 납입과 현물출자의 이행)**
> ① 발기인이 회사의 설립 시에 발행하는 주식의 총수를 인수한 때에는 지체없이 각 주식에 대하여 그 인수가액의 전액을 납입하여야 한다. 이 경우 발기인은 납입을 맡을 은행 기타 금융기관과 납입장소를 지정하여야 한다.
>
> **상법 제296조(발기설립의 경우의 임원선임)**
> ① 전조의 규정에 의한 납입과 현물출자의 이행이 완료된 때에는 발기인은 지체없이 의결권의 과반수로 이사와 감사를 선임하여야 한다.

⑤ [O] 발기설립 시 이사와 감사는 취임 후 지체없이 회사의 설립에 관한 모든 사항이 법령 또는 정관의 규정에 위반되지 아니하는지의 여부를 조사하여 발기인에게 보고하여야 한다(상법 제298조 제1항 참조). 참고로 모집설립 시에는 설립경과에 대한 조사보고를 창립총회에 한다(상법 제313조 제1항 참조).

 ①

23 세무사 2021

☑ 확인Check! ○ △ ✕

상법상 주식회사의 모집설립 시 주식인수에 관한 설명으로 옳지 않은 것은?

① 회사설립 시에 발행한 주식으로서 회사성립 후에 주식인수의 청약이 취소된 때에는 발기인은 다시 주주를 모집하여야 한다.

② 주식인수인이 주식의 인수로 인한 권리를 회사설립 전에 양도한 경우, 그 권리의 양도는 회사에 대하여 효력이 없다.

③ 주식을 인수한 자는 회사성립 후에는 주식청약서의 요건의 흠결을 이유로 그 인수의 무효를 주장하지 못한다.

④ 회사설립 시에 발행하는 주식의 총수가 인수된 때에는 발기인은 지체없이 주식인수인에 대하여 각 주식에 대한 인수가액의 전액을 납입시켜야 한다.

⑤ 주식인수인에 대한 통지 또는 최고는 보통 그 도달할 시기에 도달한 것으로 본다.

┃ 해설 ┃

① [✕] 회사설립 시에 발행한 주식으로서 회사성립 후에 아직 인수되지 아니한 주식이 있거나 주식인수의 청약이 취소된 때에는 <u>발기인이 이를 공동으로 인수한 것으로 본다</u>(상법 제321조 제1항). 즉, 발기인 전원이 공동인수인으로 의제되고 주금액을 연대하여 납입할 책임을 부담하게 된다(상법 제333조 제1항 참조).

② [○] 주식의 인수로 인한 권리의 양도는 회사에 대하여 효력이 없다(상법 제319조).

③ [○] 회사성립 후에는 주식을 인수한 자는 주식청약서의 요건의 흠결을 이유로 하여 그 인수의 무효를 주장하거나 사기, 강박 또는 착오를 이유로 하여 그 인수를 취소하지 못한다(상법 제320조 제1항).

④ [○] 회사설립 시에 발행하는 주식의 총수가 인수된 때에는 발기인은 지체없이 주식인수인에 대하여 각 주식에 대한 인수가액의 전액을 납입시켜야 한다(상법 제305조 제1항).

⑤ [○] 상법 제304조 제2항

> **상법 제304조(주식인수인 등에 대한 통지, 최고)**
> ① 주식인수인 또는 주식청약인에 대한 통지나 최고는 주식인수증 또는 주식청약서에 기재한 주소 또는 그 자로부터 회사에 통지한 주소로 하면 된다.
> ② 전항의 통지 또는 최고는 보통 그 도달할 시기에 도달한 것으로 본다.

답 ①

상법상 주식회사 설립 시 정관의 절대적 기재사항 또는 설립등기사항에 관한 설명으로 옳은 것은?

① 회사의 존립기간을 정한 때에 그 기간은 설립등기사항이다.

② 발기인의 성명과 주민등록번호는 설립등기사항이다.

③ 회사의 설립 시에 발행하는 주식의 총수는 설립등기사항이다.

④ 지점의 소재지는 정관의 절대적 기재사항이다.

⑤ 회사를 대표할 이사의 성명, 주민등록번호 및 주소는 정관의 절대적 기재사항이다.

┃해설┃

① [○] 상법 제317조 제2항 제4호

② [✕] 발기인의 성명·주민등록번호 및 주소는 <u>정관의 절대적 기재사항</u>이지만 설립등기사항은 아니다(상법 제289조 제1항 제8호 참조).

③ [✕] 회사의 설립 시에 발행하는 주식의 총수는 <u>정관의 절대적 기재사항</u>이지만 설립등기사항은 아니다(상법 제289조 제1항 제5호 참조). 그러나 발행주식의 총수, 그 종류와 각종주식의 내용과 수는 설립등기사항이다(상법 제317조 제2항 제3호 참조).

④ [✕] 지점의 소재지는 <u>설립등기사항</u>이지만 정관의 절대적 기재사항은 아니다(상법 제317조 제2항 제3의4호 참조). 그러나 본점의 소재지는 정관의 절대적 기재사항이면서 설립등기사항이다(상법 제289조 제1항 제6호, 제317조 제2항 제1호 참조).

⑤ [✕] 회사를 대표할 이사 또는 집행임원의 성명·주민등록번호 및 주소는 <u>설립등기사항</u>이지만 정관의 절대적 기재사항은 아니다(상법 제317조 제2항 제9호 참조).

상법 제289조(정관의 작성, 절대적 기재사항)

① 발기인은 정관을 작성하여 다음의 사항을 적고 각 발기인이 기명날인 또는 서명하여야 한다.

1. 목 적
2. 상 호
3. 회사가 발행할 주식의 총수
4. 액면주식을 발행하는 경우 1주의 금액
5. <u>회사의 설립 시에 발행하는 주식의 총수</u>
6. 본점의 소재지
7. 회사가 공고를 하는 방법
8. <u>발기인의 성명·주민등록번호 및 주소</u>

상법 제317조(설립의 등기)

② 제1항의 설립등기에 있어서는 다음의 사항을 등기하여야 한다.

1. 제289조 제1항 제1호 내지 제4호, 제6호와 제7호에 게기한 사항
2. 자본금의 액
3. 발행주식의 총수, 그 종류와 각종주식의 내용과 수
   3의2. 주식의 양도에 관하여 이사회의 승인을 얻도록 정한 때에는 그 규정
   3의3. 주식매수선택권을 부여하도록 정한 때에는 그 규정
   3의4. <u>지점의 소재지</u>
4. <u>회사의 존립기간 또는 해산사유를 정한 때에는 그 기간 또는 사유</u>
5. 삭제 〈2011.4.14.〉

6. 주주에게 배당할 이익으로 주식을 소각할 것을 정한 때에는 그 규정
7. 전환주식을 발행하는 경우에는 제347조에 게기한 사항
8. 사내이사, 사외이사, 그 밖에 상무에 종사하지 아니하는 이사, 감사 및 집행임원의 성명과 주민등록번호
9. 회사를 대표할 이사 또는 집행임원의 성명ㆍ주민등록번호 및 주소
10. 둘 이상의 대표이사 또는 대표집행임원이 공동으로 회사를 대표할 것을 정한 경우에는 그 규정
11. 명의개서대리인을 둔 때에는 그 상호 및 본점소재지
12. 감사위원회를 설치한 때에는 감사위원회 위원의 성명 및 주민등록번호

답 ①

25 세무사 2019 ☑ 확인Check! ○ △ ✕

상법상 모집설립에 관한 설명으로 옳지 않은 것은?

① 주식인수의 청약을 하고자 하는 자는 주식청약서 2통에 인수할 주식의 종류 및 수와 주소를 기재하고 기명날인 또는 서명하여야 한다.

② 창립총회의 결의는 출석한 주식인수인의 의결권의 3분의 2 이상이며 인수된 주식의 총수의 과반수에 해당하는 다수로 하여야 한다.

③ 주식인수인이 주식청약서상의 납입기일까지 납입을 하지 아니한 경우, 발기인은 일정한 기일을 정하여 그 기일 내에 납입을 하지 아니하면 주식인수인으로서의 권리를 잃는다는 뜻을 기일의 2주간 전에 그 주식인수인에게 통지하여야 한다.

④ 주식인수를 청약한 자는 발기인이 배정한 주식의 수에 따라서 인수가액을 납입할 의무를 부담한다.

⑤ 창립총회에서 변태설립사항이 부당하다고 결의한 경우 이사는 그 변경을 법원에 청구하여야 한다.

┃해설┃

① [O] 주식인수의 청약을 하고자 하는 자는 주식청약서 2통에 인수할 주식의 종류 및 수와 주소를 기재하고 기명날인 또는 서명하여야 한다(상법 제302조 제1항).

② [O] 창립총회의 결의는 출석한 주식인수인의 의결권의 3분의 2 이상이며 인수된 주식의 총수의 과반수에 해당하는 다수로 하여야 한다(상법 제309조).

③ [O] 주식인수인이 제305조의 규정에 의한 납입을 하지 아니한 때에는 발기인은 일정한 기일을 정하여 그 기일 내에 납입을 하지 아니하면 그 권리를 잃는다는 뜻을 기일의 2주간 전에 그 주식인수인에게 통지하여야 한다(상법 제307조 제1항).

④ [O] 주식인수를 청약한 자는 발기인이 배정한 주식의 수에 따라서 인수가액을 납입할 의무를 부담한다(상법 제303조).

⑤ [✕] 창립총회에서는 제290조(변태설립사항)에 게기한 사항이 부당하다고 인정한 때에는 이를 <u>변경할 수 있다</u>(상법 제314조 제1항).

답 ⑤

상법상 주식회사의 설립에 관한 설명으로 옳지 않은 것은?

① 회사성립 후에는 주식을 인수한 자는 주식청약서의 요건의 흠결을 이유로 그 인수의 무효를 주장할 수 없다.

② 모집설립의 경우 발기인이 회사의 설립시에 발행하는 주식의 총수를 인수하지 아니하는 때에는 주주를 모집하여야 한다.

③ 회사설립의 무효는 주주, 이사 또는 감사에 한하여 회사성립의 날로부터 2년 내에 소만으로 이를 주장할 수 있다.

④ 발기인은 주주를 모집하는 데 있어서 회사의 개요와 청약의 조건을 기재한 주식청약서를 작성하게 하여 청약을 받거나 구두로 청약을 받을 수 있다.

⑤ 회사설립시에 발행하는 주식에 관하여 정관으로 달리 정하지 아니하면 발기인 전원의 동의로 주식의 종류와 수를 정한다.

┃해설┃

① [○] 회사성립 후에는 주식을 인수한 자는 주식청약서의 요건의 흠결을 이유로 하여 그 인수의 무효를 주장하거나 사기, 강박 또는 착오를 이유로 하여 그 인수를 취소하지 못한다(상법 제320조 제1항).

② [○] (모집설립의 경우) 발기인이 회사의 설립시에 발행하는 주식의 총수를 인수하지 아니하는 때에는 주주를 모집하여야 한다(상법 제301조).

③ [○] 회사설립의 무효는 주주·이사 또는 감사에 한하여 회사성립의 날로부터 2년 내에 소만으로 이를 주장할 수 있다(상법 제328조 제1항).

④ [✕] 주식인수의 청약을 하고자 하는 자는 <u>주식청약서 2통</u>에 인수할 주식의 종류 및 수와 주소를 기재하고 기명날인 또는 서명하여야 한다(상법 제302조 제1항). 주식청약서에 의하지 않고 <u>구두에 의한 주식의 인수는 무효이다</u>.

⑤ [○] 상법 제291조

> **상법 제291조(설립 당시의 주식발행사항의 결정)**
> 회사설립 시에 발행하는 주식에 관하여 다음의 사항은 정관으로 달리 정하지 아니하면 발기인 전원의 동의로 이를 정한다.
>   1. 주식의 종류와 수
>   2. 액면주식의 경우에 액면 이상의 주식을 발행할 때에는 그 수와 금액
>   3. 무액면주식을 발행하는 경우에는 주식의 발행가액과 주식의 발행가액 중 자본금으로 계상하는 금액

답 ④

상법상 주식회사의 창립총회에 관한 설명으로 옳지 않은 것은?

① 창립총회의 결의는 출석한 주식인수인의 의결권의 3분의 2 이상이며 인수된 주식의 총수의 과반수에 해당하는 다수로 하여야 한다.

② 주식인수인은 대리인으로 하여금 창립총회에서 그 의결권을 행사하게 할 수 있다.

③ 창립총회에서의 정관변경 결의는 소집통지서에 그 뜻의 기재가 없는 경우에는 이를 할 수 없다.

④ 발기인은 회사의 창립에 관한 사항을 서면에 의하여 창립총회에 보고하여야 한다.

⑤ 창립총회에서는 설립의 폐지를 결의할 수 있다.

┃ 해설 ┃

① [○] 창립총회의 결의는 출석한 주식인수인의 의결권의 3분의 2 이상이며 인수된 주식의 총수의 과반수에 해당하는 다수로 하여야 한다(상법 제309조).

② [○] 상법 제308조 제2항, 제368조 제2항

> **상법 제308조(창립총회)**
> ② 제363조 제1항·제2항, 제364조, 제368조 제2항·제3항, 제368조의2, 제369조 제1항, 제371조 제2항, 제372조, 제373조, 제376조 내지 제381조와 제435조의 규정은 창립총회에 준용한다.
>
> **상법 제368조(총회의 결의방법과 의결권의 행사)**
> ② 주주는 대리인으로 하여금 그 의결권을 행사하게 할 수 있다. 이 경우에는 그 대리인은 대리권을 증명하는 서면을 총회에 제출하여야 한다.

③ [✗], ⑤ [○] 상법 제316조 제1항, 제2항

> **상법 제316조(정관변경, 설립폐지의 결의)**
> ① 창립총회에서는 정관의 변경 또는 설립의 폐지를 결의할 수 있다.
> ② 전항의 결의는 소집통지서에 그 뜻의 기재가 없는 경우에도 이를 할 수 있다.

④ [○] 발기인은 회사의 창립에 관한 사항을 서면에 의하여 창립총회에 보고하여야 한다(상법 제311조 제1항).

답 ③

28 세무사 2020 ☑ 확인 Check! ○ △ ✕

상법상 주식회사 설립 시 주금납입에 관한 설명으로 옳지 않은 것은?

① 모집설립 시 주식인수인은 주식청약서에 기재한 납입장소에서 납입하여야 한다.

② 회사성립 후 납입을 완료하지 아니한 주식이 있는 때에는 발기인은 연대하여 그 납입을 하여야 한다.

③ 납입금 보관은행은 증명한 보관금액에 대하여 납입이 부실하거나 그 금액의 반환에 제한이 있다는 것을 이유로 회사에 대항할 수 있다.

④ 모집설립 시 납입금의 보관자 또는 납입장소를 변경할 때에는 법원의 허가를 얻어야 한다.

⑤ 자본금 총액이 10억원 미만인 주식회사를 발기설립하는 경우에는 납입금보관증명서를 은행이나 그 밖의 금융기관의 잔고증명서로 대체할 수 있다.

▌해설▌

① [○] 상법 제305조 제2항

> **상법 제305조(주식에 대한 납입)**
> ① 회사설립시에 발행하는 주식의 총수가 인수된 때에는 발기인은 지체없이 주식인수인에 대하여 각 주식에 대한 인수가액의 전액을 납입시켜야 한다.
> ② 전항의 납입은 주식청약서에 기재한 납입장소에서 하여야 한다.

② [○] 회사성립 후 제295조 제1항 또는 제305조 제1항의 규정에 의한 납입을 완료하지 아니한 주식이 있는 때에는 발기인은 연대하여 그 납입을 하여야 한다(상법 제321조 제2항).

③ [✕] 상법 제318조 제2항

④ [○] 납입금의 보관자 또는 납입장소를 변경할 때에는 법원의 허가를 얻어야 한다(상법 제306조).

⑤ [○] 상법 제318조 제3항

> **상법 제318조(납입금 보관자의 증명과 책임)**
> ① 납입금을 보관한 은행이나 그 밖의 금융기관은 발기인 또는 이사의 청구를 받으면 그 보관금액에 관하여 증명서를 발급하여야 한다.
> ② 제1항의 은행이나 그 밖의 금융기관은 증명한 보관금액에 대하여는 납입이 부실하거나 그 금액의 반환에 제한이 있다는 것을 이유로 회사에 대항하지 못한다.
> ③ 자본금 총액이 10억원 미만인 회사를 제295조 제1항에 따라 발기설립하는 경우에는 제1항의 증명서를 은행이나 그 밖의 금융기관의 잔고증명서로 대체할 수 있다.

답 ③

상법상 주식회사의 주금 납입에 관한 설명으로 옳지 않은 것은? (다툼이 있으면 판례에 따름)

① 감사위원회 위원이나 감사가 주금을 가장납입하는 경우 상법상 납입가장죄의 처벌대상이 된다.

② 주금 납입금 보관은행은 증명한 보관금액에 대하여는 납입이 부실하거나 그 금액의 반환에 제한이 있다는 것을 이유로 회사에 대항하지 못한다.

③ 회사성립 후 주식인수인이 납입을 완료하지 아니한 주식이 있는 때에는 발기인, 이사, 감사는 연대하여 그 납입을 하여야 한다.

④ 상법은 발기설립에서와 마찬가지로 모집설립에서도 전액납입주의를 취하고 있다.

⑤ 주식회사를 설립하면서 일시적인 차입금으로 주금납입의 외형을 갖추고 회사 설립절차를 마친 다음 바로 그 납입금을 인출하여 차입금을 변제하는 경우에도 주금납입의 효력을 부인할 수는 없다.

━━━

┃해설┃

① [○] 상법 제628조 제1항, 제622조 제1항

> **상법 제628조(납입가장죄등)**
> ① 제622조 제1항에 게기한 자가 납입 또는 현물출자의 이행을 가장하는 행위를 한 때에는 5년 이하의 징역 또는 1천500만원 이하의 벌금에 처한다.
>
> **상법 제622조(발기인, 이사 기타의 임원등의 특별배임죄)**
> ① 회사의 발기인, 업무집행사원, 이사, 집행임원, 감사위원회 위원, 감사 또는 제386조 제2항, 제407조 제1항, 제415조 또는 제567조의 직무대행자, 지배인 기타 회사영업에 관한 어느 종류 또는 특정한 사항의 위임을 받은 사용인이 그 임무에 위배한 행위로써 재산상의 이익을 취하거나 제3자로 하여금 이를 취득하게 하여 회사에 손해를 가한 때에는 10년 이하의 징역 또는 3천만원 이하의 벌금에 처한다.

② [○] 상법 제318조 제2항

> **상법 제318조(납입금 보관자의 증명과 책임)**
> ① 납입금을 보관한 은행이나 그 밖의 금융기관은 발기인 또는 이사의 청구를 받으면 그 보관금액에 관하여 증명서를 발급하여야 한다.
> ② 제1항의 은행이나 그 밖의 금융기관은 증명한 보관금액에 대하여는 납입이 부실하거나 그 금액의 반환에 제한이 있다는 것을 이유로 회사에 대항하지 못한다.

③ [✕] 회사성립 후 제295조 제1항 또는 제305조 제1항의 규정에 의한 납입을 완료하지 아니한 주식이 있는 때에는 발기인은 연대하여 그 납입을 하여야 한다(상법 제321조 제2항).

④ [○] 상법 제295조 제1항, 제305조 제1항

> **상법 제295조(발기설립의 경우의 납입과 현물출자의 이행)**
> ① 발기인이 회사의 설립 시에 발행하는 주식의 총수를 인수한 때에는 지체없이 각 주식에 대하여 그 인수가액의 전액을 납입하여야 한다. 이 경우 발기인은 납입을 맡을 은행 기타 금융기관과 납입장소를 지정하여야 한다.

⑤ [O] 주식회사를 설립하면서 일시적인 차입금으로 주금납입의 외형을 갖추고 회사 설립절차를 마친 다음 바로 그 납입금을 인출하여 차입금을 변제하는 이른바 가장납입의 경우에도 주금납입의 효력을 부인할 수는 없다(대판 1998.12.23. 97다20649).

답 ③

---

30 세무사 2017

☑ 확인 Check! ○ △ X

상법상 주식회사 설립에 관한 설명으로 옳지 않은 것은?

① 모집설립의 경우 발기인은 법원의 허가 없이 납입금의 보관자를 변경할 수 있다.
② 발기설립의 경우 이사와 감사의 선임은 발기인의 의결권의 과반수로 한다.
③ 모집설립의 경우 창립총회의 결의는 출석한 주식인수인의 의결권의 3분의 2 이상이며 인수된 주식의 총수의 과반수에 해당하는 다수로 하여야 한다.
④ 모집설립의 경우 이사와 감사는 발기인이 소집한 창립총회에서 선임된다.
⑤ 모집설립의 경우 주식인수인이 그 인수한 주식의 인수가액을 지체없이 납입하지 아니한 때에는 발기인은 일정한 기일을 정해 그 기일 내에 납입을 하지 않으면 그 권리를 잃는다는 뜻을 기일의 2주간 전에 그 주식인수인에게 통지해야 한다.

┃해설┃

① [X] 납입금의 보관자 또는 납입장소를 변경할 때에는 <u>법원의 허가를 얻어야 한다</u>(상법 제306조).
② [O] 전조(발기설립의 경우의 납입과 현물출자의 이행)의 규정에 의한 납입과 현물출자의 이행이 완료된 때에는 발기인은 지체없이 의결권의 과반수로 이사와 감사를 선임하여야 한다(상법 제296조 제1항).
③ [O] 창립총회의 결의는 출석한 주식인수인의 의결권의 3분의 2 이상이며 인수된 주식의 총수의 과반수에 해당하는 다수로 하여야 한다(상법 제309조).
④ [O] 상법 제308조 제1항, 제312조

> **상법 제308조(창립총회)**
> ① 제305조의 규정에 의한 납입과 현물출자의 이행을 완료한 때에는 발기인은 지체없이 창립총회를 소집하여야 한다.
>
> **상법 제312조(임원의 선임)**
> 창립총회에서는 이사와 감사를 선임하여야 한다.

⑤ [O] 주식인수인이 제305조의 규정에 의한 납입을 하지 아니한 때에는 발기인은 일정한 기일을 정하여 그 기일 내에 납입을 하지 아니하면 그 권리를 잃는다는 뜻을 기일의 2주간 전에 그 주식인수인에게 통지하여야 한다(상법 제307조 제1항).

답 ①

상법상 주식회사의 주금납입에 관한 설명으로 옳지 않은 것은?

① 납입금의 보관자 또는 납입장소를 변경할 때에는 법원의 허가를 얻어야 한다.

② 납입의 책임을 면하기 위하여 타인 또는 가설인의 명의로 주식 또는 출자를 인수한 자는 1년 이하의 징역 또는 300만원 이하의 벌금에 처한다.

③ 납입금을 보관한 은행이나 그 밖의 금융기관은 증명한 보관금액에 대하여는 납입이 부실하거나 그 금액의 반환에 제한이 있다는 것을 이유로 회사에 대항하지 못한다.

④ 자본금 총액이 10억원 미만인 회사를 발기설립하는 경우에는 납입금보관증명서를 은행이나 그 밖의 금융기관의 잔고증명서로 대체할 수 있다.

⑤ 발기설립의 경우 발기인이 인수한 주금의 납입을 하지 아니한 때에는 다른 발기인은 일정한 기일을 정하여 그 기일 내에 납입을 하지 아니하면 그 권리를 잃는다는 뜻을 기일의 2주간 전에 그 발기인에게 통지하여야 한다.

▌해설▌

① [O] 납입금의 보관자 또는 납입장소를 변경할 때에는 법원의 허가를 얻어야 한다(상법 제306조).

② [O] 납입의 책임을 면하기 위하여 타인 또는 가설인의 명의로 주식 또는 출자를 인수한 자는 1년 이하의 징역 또는 300만원 이하의 벌금에 처한다(상법 제634조).

③ [O] 상법 제318조 제2항

④ [O] 상법 제318조 제3항

> **상법 제318조(납입금 보관자의 증명과 책임)**
> ① 납입금을 보관한 은행이나 그 밖의 금융기관은 발기인 또는 이사의 청구를 받으면 그 보관금액에 관하여 증명서를 발급하여야 한다.
> ② 제1항의 은행이나 그 밖의 금융기관은 증명한 보관금액에 대하여는 납입이 부실하거나 그 금액의 반환에 제한이 있다는 것을 이유로 회사에 대항하지 못한다.
> ③ 자본금 총액이 10억원 미만인 회사를 제295조 제1항에 따라 발기설립하는 경우에는 제1항의 증명서를 은행이나 그 밖의 금융기관의 잔고증명서로 대체할 수 있다.

⑤ [✕] 주식인수인이 제305조의 규정에 의한 납입을 하지 아니한 때에는 발기인은 일정한 기일을 정하여 그 기일 내에 납입을 하지 아니하면 그 권리를 잃는다는 뜻을 기일의 2주간 전에 그 주식인수인에게 통지하여야 한다(상법 제307조 제1항). 이와같은 실권절차는 발기설립이 아닌 모집설립에서 모집주주가 주금을 납입하지 않은 경우에 인정되는 것이다.

답 ⑤

32 세무사 2015

☑ 확인Check! ○ △ ✕

상법상 주식회사의 설립에 관한 설명으로 옳은 것은?

① 창립총회의 결의는 출석한 주식인수인의 의결권의 3분의 2 이상이며 인수된 주식의 총수의 과반수에 해당하는 다수로 하여야 한다.

② 모집설립시 이사와 감사의 선임은 발기인의 권한사항이다.

③ 자본금 총액이 5억원 미만인 주식회사를 모집설립하는 경우에는 공증인의 인증이 없어도 정관은 유효하다.

④ 발기인의 인수담보책임은 무과실책임이지만 납입 담보책임은 과실책임이다 .

⑤ 발기인이 받을 보수액은 정관의 기재가 없어도 그 효력이 있다.

┃해설┃

① [○] 창립총회의 결의는 출석한 주식인수인의 의결권의 3분의 2 이상이며 인수된 주식의 총수의 과반수에 해당하는 다수로 하여야 한다(상법 제309조).

② [✕] 창립총회에서는 이사와 감사를 선임하여야 한다(상법 제312조). 즉 모집설립시 이사와 감사의 선임은 창립총회에서 한다. 참고로 발기설립의 경우에는 발기인의 의결권의 과반수로 이사와 감사를 선임한다(상법 제296조 제1항 참조).

③ [✕] 정관은 공증인의 인증을 받음으로써 효력이 생긴다. 다만, 자본금 총액이 10억원 미만인 회사를 제295조 제1항에 따라 발기설립하는 경우에는 제289조 제1항에 따라 각 발기인이 정관에 기명날인 또는 서명함으로써 효력이 생긴다(상법 제292조). 따라서 자본금 총액이 10억원 미만인 회사라도 모집설립의 경우에는 공증인의 인증을 받아야 정관의 효력이 생긴다.

④ [✕] 발기인의 인수·납입담보책임(상법 제321조 제1항, 제2항 참조)은 회사의 성립을 전제로 하는 책임이며 자본금충실의 요청에 따라 특별히 인정한 법정책임으로서 무과실책임이다.

> **상법 제321조(발기인의 인수, 납입담보책임)**
> ① 회사설립시에 발행한 주식으로서 회사성립 후에 아직 인수되지 아니한 주식이 있거나 주식인수의 청약이 취소된 때에는 발기인이 이를 공동으로 인수한 것으로 본다.
> ② 회사성립 후 제295조 제1항 또는 제305조 제1항의 규정에 의한 납입을 완료하지 아니한 주식이 있는 때에는 발기인은 연대하여 그 납입을 하여야 한다.

⑤ [✕] 회사가 부담할 설립비용과 발기인이 받을 보수액은 상대적 기재사항인 변태설립사항으로서 정관에 기재하지 않으면 효력이 없다(상법 제290조 제4호 참조).

> **상법 제290조(변태설립사항)**
> 다음의 사항은 정관에 기재함으로써 그 효력이 있다.
> 1. 발기인이 받을 특별이익과 이를 받을 자의 성명
> 2. 현물출자를 하는 자의 성명과 그 목적인 재산의 종류, 수량, 가격과 이에 대하여 부여할 주식의 종류와 수
> 3. 회사성립 후에 양수할 것을 약정한 재산의 종류, 수량, 가격과 그 양도인의 성명
> 4. 회사가 부담할 설립비용과 발기인이 받을 보수액

답 ①

상법상 주식회사의 설립에 관한 설명으로 옳지 않은 것은?

① 권리주의 양도는 회사에 대하여 효력이 없다.

② 회사가 성립한 경우 발기인의 회사에 대한 책임은 주주대표소송의 대상이 되지 않는다.

③ 창립총회에 출석하여 그 권리를 행사한 자는 주식청약서의 요건의 흠결을 이유로 하여 그 인수의 무효를 주장하지 못한다.

④ 회사성립 후에는 주식을 인수한 자는 사기를 이유로 하여 그 인수를 취소하지 못한다.

⑤ 발기인이 회사의 설립에 관하여 그 임무를 해태한 때에는 그 발기인은 회사에 대하여 연대하여 손해를 배상할 책임이 있다.

┃해설┃

① [○] 주식의 인수로 인한 권리의 양도는 회사에 대하여 효력이 없다(상법 제319조).

② [✕] 회사가 성립한 경우 발기인의 회사에 대한 책임은 <u>주주대표소송의 대상이 된다</u>(상법 제324조 제403조 참조).

> **상법 제324조(발기인의 책임면제, 주주의 대표소송)**
> 제400조, 제403조부터 제406조까지 및 제406조의2는 발기인에 준용한다.
>
> **상법 제403조(주주의 대표소송)**
> ① 발행주식의 총수의 100분의 1 이상에 해당하는 주식을 가진 주주는 회사에 대하여 이사의 책임을 추궁할 소의 제기를 청구할 수 있다.

③ [○] 상법 제320조 제2항

④ [○] 상법 제320조 제1항

> **상법 제320조(주식인수의 무효 주장, 취소의 제한)**
> ① 회사성립 후에는 주식을 인수한 자는 주식청약서의 요건의 흠결을 이유로 하여 그 인수의 무효를 주장하거나 사기, 강박 또는 착오를 이유로 하여 그 인수를 취소하지 못한다.
> ② 창립총회에 출석하여 그 권리를 행사한 자는 회사의 성립 전에도 전항과 같다.

⑤ [○] 발기인이 회사의 설립에 관하여 그 임무를 해태한 때에는 그 발기인은 회사에 대하여 연대하여 손해를 배상할 책임이 있다(상법 제322조 제1항).

답 ②

상법상 주식회사의 모집설립 절차에 관한 설명으로 틀린 것은?

① 설립절차를 주관하는 자는 정관에 발기인으로 기명날인 또는 서명을 하지 않은 이상 주식을 인수할 의무가 없다.

② 발기인이 현물출자를 하는 경우 발기인의 성명과 그 목적인 재산의 종류, 수량, 가격과 이에 대하여 부여할 주식의 종류와 수를 주식청약서에 기재해야 한다.

③ 주식청약서에 기재된 주소로 주식청약인에 대한 통지 또는 최고가 이루어진 경우, 그 통지 또는 최고는 보통 그 도달할 시기에 도달한 것으로 본다.

④ 주식인수인이 인수가액을 납입하지 않은 때에는 실권절차를 거치지 않아도 그 권리를 잃는다.

⑤ 창립총회에서는 정관에 기재되어 있는 발기인이 받을 보수액이 부당하다고 인정한 때에는 이를 변경할 수 있다.

┃해설┃

① [○] 발기인은 정관에 발기인으로 기명날인 또는 서명한 자를 말한다(상법 제289조 제1항 참조). 설립과 관련된 법률관계에서 발기인은 형식적으로 결정되므로 설립사무에 종사하였더라도 정관에 발기인으로 기재되어 기명날인 또는 서명을 하지 않은 이상 회사설립과 관련하여 발기인으로서의 책임을 지지 않는다.

> **상법 제289조(정관의 작성, 절대적 기재사항)**
> ① 발기인은 정관을 작성하여 다음의 사항을 적고 각 발기인이 기명날인 또는 서명하여야 한다.
> 1. 목 적
> 2. 상 호
> 3. 회사가 발행할 주식의 총수
> 4. 액면주식을 발행하는 경우 1주의 금액
> 5. 회사의 설립 시에 발행하는 주식의 총수
> 6. 본점의 소재지
> 7. 회사가 공고를 하는 방법
> 8. 발기인의 성명·주민등록번호 및 주소

② [○] 상법 제302조 제2항 제2호, 제290조 제2호

> **상법 제302조(주식인수의 청약, 주식청약서의 기재사항)**
> ② 주식청약서는 발기인이 작성하고 다음의 사항을 적어야 한다.
> 1. 정관의 인증연월일과 공증인의 성명
> 2. 제289조 제1항과 제290조에 게기한 사항
>
> > **상법 제290조(변태설립사항)**
> > 다음의 사항은 정관에 기재함으로써 그 효력이 있다.
> > 1. 발기인이 받을 특별이익과 이를 받을 자의 성명
> > 2. 현물출자를 하는 자의 성명과 그 목적인 재산의 종류, 수량, 가격과 이에 대하여 부여할 주식의 종류와 수

> 3. 회사성립 후에 양수할 것을 약정한 재산의 종류, 수량, 가격과 그 양도인의 성명
> 4. 회사가 부담할 설립비용과 발기인이 받을 보수액

3. 회사의 존립기간 또는 해산사유를 정한 때에는 그 규정
4. 각 발기인이 인수한 주식의 종류와 수
5. 제291조에 게기한 사항
5의2. 주식의 양도에 관하여 이사회의 승인을 얻도록 정한 때에는 그 규정
6. 삭제 〈2011.4.14.〉
7. 주주에게 배당할 이익으로 주식을 소각할 것을 정한 때에는 그 규정
8. 일정한 시기까지 창립총회를 종결하지 아니한 때에는 주식의 인수를 취소할 수 있다는 뜻
9. 납입을 맡을 은행 기타 금융기관과 납입장소
10. 명의개서대리인을 둔 때에는 그 성명·주소 및 영업소

③ [O] 상법 제304조 제1항, 제2항

상법 제304조(주식인수인 등에 대한 통지, 최고)
① 주식인수인 또는 주식청약인에 대한 통지나 최고는 주식인수증 또는 주식청약서에 기재한 주소 또는 그 자로부터 회사에 통지한 주소로 하면 된다.
② 전항의 통지 또는 최고는 보통 그 도달할 시기에 도달한 것으로 본다.

④ [X] 발기설립과 달리 모집설립에서는 납입이 이루어지지 않은 경우 실권절차가 마련되어 있다. 즉, 발기인은 납입불이행자에게 일정한 기일을 정하여 그 기일 내에 납입을 하지 아니하면 그 권리를 잃는다는 뜻을 기일의 2주간 전에 통지하여야 하고, 주식인수인이 그 기일 내에 납입의 이행을 하지 아니한 때에는 그 권리를 잃는다(상법 제307조 제1항, 제2항 참조).

상법 제307조(주식인수인의 실권절차)
① 주식인수인이 제305조의 규정에 의한 납입을 하지 아니한 때에는 발기인은 일정한 기일을 정하여 그 기일 내에 납입을 하지 아니하면 그 권리를 잃는다는 뜻을 기일의 2주간 전에 그 주식인수인에게 통지하여야 한다.
② 전항의 통지를 받은 주식인수인이 그 기일 내에 납입의 이행을 하지 아니한 때에는 그 권리를 잃는다. 이 경우에는 발기인은 다시 그 주식에 대한 주주를 모집할 수 있다.

⑤ [O] 창립총회에서는 제290조(변태설립사항)에 게기한 사항이 부당하다고 인정한 때에는 이를 변경할 수 있다(상법 제314조 제1항).

답 ④

상법상 주식회사의 설립에 관한 설명으로 옳은 것은? (이견이 있으면 판례에 의함)

① 발기설립의 경우 납입과 현물출자의 이행이 완료된 때 발기인은 지체없이 의결권의 과반수로 이사와 감사를 선임하여야 하는데, 발기인의 의결권은 1인에 대하여 1개로 한다.
② 발기인이 납입취급은행 이외의 제3자로부터 납입금액을 차입하여 주금을 납입한 다음 회사가 성립하면 즉시 납입금 전액을 인출하는 방식으로 가장납입을 한 경우에도 주금납입의 효력은 있다.
③ 회사의 설립 당시 주식발행사항의 결정에 관하여 정관에 달리 정하고 있지 않은 경우, 발기인의 전원이 동의하더라도 전환주식은 발행할 수 없다.
④ 회사 설립무효는 소만으로 주장할 수 있고, 원고가 승소한 경우 소급효가 인정된다.
⑤ 회사가 성립하지 못한 경우에 발기인은 회사의 설립에 관하여 지급한 비용을 부담하지 않는다.

∥해설∥

① [✕] 발기설립의 경우 납입과 현물출자의 이행이 완료된 때 발기인은 지체없이 의결권의 과반수로 이사와 감사를 선임하여야 하는데, 발기인의 의결권은 그 <u>인수주식의 1주에</u> 대하여 1개로 한다(상법 제296조 제1항, 제2항 참조).

> **상법 제296조(발기설립의 경우의 임원선임)**
> ① 전조의 규정에 의한 납입과 현물출자의 이행이 완료된 때에는 발기인은 지체없이 의결권의 과반수로 이사와 감사를 선임하여야 한다.
> ② 발기인의 의결권은 그 <u>인수주식의 1주에</u> 대하여 1개로 한다.

② [○] 주식회사를 설립하면서 일시적인 차입금으로 주금납입의 외형을 갖추고 회사 설립절차를 마친 다음 바로 그 납입금을 인출하여 차입금을 변제하는 이른바 가장납입의 경우에도 주금납입의 효력을 부인할 수는 없다(대판 1998.12.23. 97다20649).

③ [✕] 회사의 설립 당시 주식발행사항의 결정에 관하여 정관에 달리 정하고 있지 않은 경우, <u>발기인의 전원이 동의로</u> <u>주식의 종류와 수를 정하게 되므로 전환주식을 발행할 수 있다</u>(상법 제291조 제1호 참조).

> **상법 제291조(설립 당시의 주식발행사항의 결정)**
> 회사설립 시에 발행하는 주식에 관하여 다음의 사항은 정관으로 달리 정하지 아니하면 <u>발기인 전원의 동의로</u> 이를 정한다.
>   1. <u>주식의 종류와 수</u>
>   2. 액면주식의 경우에 액면 이상의 주식을 발행할 때에는 그 수와 금액
>   3. 무액면주식을 발행하는 경우에는 주식의 발행가액과 주식의 발행가액 중 자본금으로 계상하는 금액

④ [✕] 회사설립무효는 소만으로 주장할 수 있고, 원고가 승소한 경우 <u>장래효가</u> 인정된다(상법 제328조 제1항·제2항, 제190조 참조).

> **상법 제328조(설립무효의 소)**
> ① 회사설립의 무효는 주주·이사 또는 감사에 한하여 회사성립의 날로부터 2년 내에 소만으로 이를 주장할 수 있다.
> ② 제186조 내지 제193조의 규정은 제1항의 소에 준용한다.

⑤ [×] 상법 제326조 제2항

답 ②

---

36 CPA 2020 ☑ 확인 Check! ○ △ ✕

상법상 주식회사의 모집설립에 관한 설명으로 옳은 것은?

① 정관으로 회사가 부담할 설립비용과 발기인이 받을 보수액을 정한 때에는, 이사는 이에 관한 조사를 하게 하기 위하여 검사인의 선임을 법원에 청구하여야 한다.
② 이사와 감사는 취임 후 지체없이 회사의 설립에 관한 모든 사항이 법령 또는 정관의 규정에 위반되지 아니하는지의 여부를 조사하여 창립총회에 보고하여야 한다.
③ 자본금 총액이 10억원 미만인 회사를 모집설립하는 경우에는, 은행의 납입금 보관금액에 관한 증명서를 그 잔고증명서로 대체할 수 있다.
④ 납입과 현물출자의 이행이 완료된 때에는 발기인은 지체없이 의결권의 과반수로 이사와 감사를 선임하여야 한다.
⑤ 법원은 변태설립사항이 부당하다고 인정한 때에는 이를 변경하여 각 발기인에게 통고할 수 있다.

┃해설┃

① [×], ⑤ [×] 변태설립사항의 조사는 검사인이 조사한다. 모집설립의 경우에는 <u>발기인이 검사인 선임 신청을 하고</u>, 검사인은 보고서를 창립총회에 보고하며, 부당한 사항을 <u>창립총회가 변경한다</u>(상법 제310조 제1항·제2항, 제314조 제1항 참조). 반면에 발기설립의 경우에는 이사가 검사인을 선임 신청하고, 검사인은 조사 결과를 법원에 보고하며, 부당한 사항을 법원이 변경한다(상법 제298조 제4항, 제299조 제1항, 제300조 제1항 참조).

> **상법 제300조(법원의 변경처분)**
> ① 법원은 검사인 또는 공증인의 조사보고서 또는 감정인의 감정결과와 발기인의 설명서를 심사하여 제290조의 규정에 의한 사항을 부당하다고 인정한 때에는 이를 변경하여 각 발기인에게 통고할 수 있다.
>
> **상법 제310조(변태설립의 경우의 조사)**
> ① 정관으로 제290조에 게기한 사항을 정한 때에는 <u>발기인</u>은 이에 관한 조사를 하게 하기 위하여 검사인의 선임을 법원에 청구하여야 한다.
> ② 전항의 검사인의 보고서는 이를 창립총회에 제출하여야 한다.
>
> **상법 제314조(변태설립사항의 변경)**
> ① <u>창립총회</u>에서는 제290조에 게기한 사항이 부당하다고 인정한 때에는 이를 변경할 수 있다.

② [O] 이사와 감사는 취임 후 지체없이 회사의 설립에 관한 모든 사항이 법령 또는 정관의 규정에 위반되지 아니하는지의 여부를 조사하여야 한다. 다만 모집설립의 경우에는 창립총회에 보고하며(상법 제313조 제1항 참조), 발기설립의 경우에는 발기인에게 보고하여야 한다(상법 제298조 제1항).

> **상법 제298조(이사·감사의 조사·보고와 검사인의 선임청구)**
> ① 이사와 감사는 취임 후 지체없이 회사의 설립에 관한 모든 사항이 법령 또는 정관의 규정에 위반되지 아니하는지의 여부를 조사하여 발기인에게 보고하여야 한다.
>
> **상법 제313조(이사, 감사의 조사, 보고)**
> ① 이사와 감사는 취임 후 지체없이 회사의 설립에 관한 모든 사항이 법령 또는 정관의 규정에 위반되지 아니하는지의 여부를 조사하여 창립총회에 보고하여야 한다.

③ [×] 자본금 총액이 10억원 미만인 회사를 제295조 제1항에 따라 <u>발기설립하는 경우</u>에는 제1항의 증명서를 은행이나 그 밖의 금융기관의 잔고증명서로 대체할 수 있다(상법 제318조 제3항).

④ [×] 모집설립의 경우에는 <u>창립총회에서</u> 이사와 감사를 선임한다(상법 제312조 참조). 반면에 발기설립의 경우에는 발기인총회에서 이사와 감사를 선임한다(상법 제296조 제1항 참조).

> **상법 제296조(발기설립의 경우의 임원선임)**
> ① 전조의 규정에 의한 납입과 현물출자의 이행이 완료된 때에는 발기인은 지체없이 의결권의 과반수로 이사와 감사를 선임하여야 한다.
>
> **상법 제312조(임원의 선임)**
> <u>창립총회</u>에서는 이사와 감사를 선임하여야 한다.

답 ②

상법상 주식회사의 설립등기 사항을 모두 고른 것은?

> ㄱ. 지점의 소재지
> ㄴ. 회사가 발행할 주식의 총수
> ㄷ. 발기인의 성명·주민등록번호 및 주소
> ㄹ. 회사의 존립기간 또는 해산사유를 정한 때에는 그 기간 또는 사유

① ㄱ, ㄹ   ② ㄴ, ㄷ

③ ㄱ, ㄴ, ㄹ   ④ ㄴ, ㄷ, ㄹ

⑤ ㄱ, ㄴ, ㄷ, ㄹ

∥해설∥

ㄱ. [○] 상법 제317조 제2항 제3호의4

ㄴ. [○] 상법 제317조 제2항 제1호, 제289조 제1항 제3호

ㄷ. [✕] 발기인의 성명·주민등록번호 및 주소는 <u>정관의 절대적 기재사항이지만 설립등기사항은 아니다</u>(상법 제289조 제1항 제8호 참조).

ㄹ. [○] 상법 제317조 제2항 제4호

> **상법 제289조(정관의 작성, 절대적 기재사항)**
> ① 발기인은 정관을 작성하여 다음의 사항을 적고 각 발기인이 기명날인 또는 서명하여야 한다.
> 1. 목 적
> 2. 상 호
> 3. <u>회사가 발행할 주식의 총수</u>
> 4. 액면주식을 발행하는 경우 1주의 금액
> 5. 회사의 설립 시에 발행하는 주식의 총수
> 6. 본점의 소재지
> 7. 회사가 공고를 하는 방법
> 8. <u>발기인의 성명·주민등록번호 및 주소</u>
>
> **상법 제317조(설립의 등기)**
> ② 제1항의 설립등기에 있어서는 다음의 사항을 등기하여야 한다.
> 1. <u>제289조 제1항 제1호 내지 제4호, 제6호와 제7호에 게기한 사항</u>
> 2. 자본금의 액
> 3. 발행주식의 총수, 그 종류와 각종주식의 내용과 수
> 3의2. 주식의 양도에 관하여 이사회의 승인을 얻도록 정한 때에는 그 규정
> 3의3. 주식매수선택권을 부여하도록 정한 때에는 그 규정
> 3의4. <u>지점의 소재지</u>
> 4. <u>회사의 존립기간 또는 해산사유를 정한 때에는 그 기간 또는 사유</u>
> 5. 삭제 〈2011.4.14.〉

6. 주주에게 배당할 이익으로 주식을 소각할 것을 정한 때에는 그 규정
7. 전환주식을 발행하는 경우에는 제347조에 게기한 사항
8. 사내이사, 사외이사, 그 밖에 상무에 종사하지 아니하는 이사, 감사 및 집행임원의 성명과 주민등록번호
9. 회사를 대표할 이사 또는 집행임원의 성명·주민등록번호 및 주소
10. 둘 이상의 대표이사 또는 대표집행임원이 공동으로 회사를 대표할 것을 정한 경우에는 그 규정
11. 명의개서대리인을 둔 때에는 그 상호 및 본점소재지
12. 감사위원회를 설치한 때에는 감사위원회 위원의 성명 및 주민등록번호

답 ③

38 세무사 2024

☑ 확인Check! ○ △ ✕

상법상 주식회사의 설립에 관한 설명으로 옳은 것은?

① 발기인이 경과실로 인하여 그 임무를 해태한 때에는 그 발기인은 제3자에 대하여 연대하여 손해를 배상할 책임이 있다.

② 회사설립의 취소는 주주·이사 또는 감사에 한하여 회사성립의 날로부터 2년 내에 소만으로 이를 주장할 수 있다.

③ 회사불성립 시 회사설립과 관련하여 지급한 비용은 발기인이 부담한다.

④ 발기인의 인수담보책임과 납입담보책임은 총주주의 동의로 면제할 수 있다.

⑤ 회사설립 시에 발행하는 주식의 총수가 인수된 때에는 이사는 지체없이 주식인수인에 대하여 각 주식에 대한 인수가액의 전액을 납입시켜야 한다.

┃해설┃

① [✕] 발기인이 <u>악의 또는 중대한 과실</u>로 인하여 그 임무를 해태한 때에는 그 발기인은 제3자에 대하여도 연대하여 손해를 배상할 책임이 있다(상법 제322조 제2항).

② [✕] <u>회사설립의 무효</u>는 주주·이사 또는 감사에 한하여 회사성립의 날로부터 2년 내에 소만으로 이를 주장할 수 있다(상법 제328조 제1항). 설립의 하자가 있는 경우 주식회사는 다른 종류의 회사와 달리 설립무효의 소만이 가능하며 <u>설립취소의 소를 인정하지 않는다</u>.

③ [○] 상법 제326조 제2항

> **상법 제326조(회사불성립의 경우의 발기인의 책임)**
> ① 회사가 성립하지 못한 경우에는 발기인은 그 설립에 관한 행위에 대하여 연대하여 책임을 진다.
> ② 전항의 경우에 회사의 설립에 관하여 지급한 비용은 발기인이 부담한다.

④ [✕] 발기인의 인수·납입담보책임은 회사의 성립을 전제로 하는 책임이며 자본금충실의 요청에 따라 특별히 인정한 법정책임으로서 무과실책임이다. 또한 <u>채권자 보호를 위한 책임이므로 총주주의 동의로도 면제할 수 없다</u>.

⑤ [✕] 회사설립 시에 발행하는 주식의 총수가 인수된 때에는 <u>발기인</u>은 지체없이 주식인수인에 대하여 각 주식에 대한 인수가액의 전액을 납입시켜야 한다(상법 제305조 제1항).

답 ③

39 세무사 2019

☑ 확인Check! ○ △ ✕

상법상 주식회사의 발기인의 책임에 관한 설명으로 옳지 않은 것은?

① 발기인이 회사의 설립에 관하여 그 임무를 해태한 때에는 그 발기인은 회사에 대하여 연대하여 손해를 배상할 책임이 있다.

② 회사설립 시에 발행한 주식으로서 회사성립 후에 아직 인수되지 아니한 주식이 있는 때에는 발기인이 이를 공동으로 인수한 것으로 본다.

③ 발기인이 중대한 과실로 인하여 그 임무를 해태한 때에는 그 발기인은 제3자에 대하여도 연대하여 손해를 배상할 책임이 있다.

④ 회사가 성립하지 못한 경우에는 발기인은 그 설립에 관한 행위에 대하여 연대하여 책임을 진다.

⑤ 모집설립 시 변태설립사항이 부당하다고 인정되어 변경된 경우, 회사에 손해가 발생하더라도 발기인에 대하여 손해배상을 청구할 수 없다.

┃해설┃

① [○] 발기인이 회사의 설립에 관하여 그 임무를 해태한 때에는 그 발기인은 회사에 대하여 연대하여 손해를 배상할 책임이 있다(상법 제322조 제1항).

② [○] 회사설립시에 발행한 주식으로서 회사성립 후에 아직 인수되지 아니한 주식이 있거나 주식인수의 청약이 취소된 때에는 발기인이 이를 공동으로 인수한 것으로 본다(상법 제321조 제1항).

③ [○] 발기인이 악의 또는 중대한 과실로 인하여 그 임무를 해태한 때에는 그 발기인은 제3자에 대하여도 연대하여 손해를 배상할 책임이 있다(상법 제322조 제2항).

④ [○] 회사가 성립하지 못한 경우에는 발기인은 그 설립에 관한 행위에 대하여 연대하여 책임을 진다(상법 제326조 제1항).

⑤ [✕] 모집설립 시 변태설립사항이 부당하다고 인정되어 변경된 경우, 회사에 손해가 발생하였다면 발기인에 대하여 손해배상을 청구할 수 있다(상법 제315조 참조).

> **상법 제314조(변태설립사항의 변경)**
> ① 창립총회에서는 제290조에 게기한 사항이 부당하다고 인정한 때에는 이를 변경할 수 있다.
>
> **상법 제315조(발기인에 대한 손해배상청구)**
> 전조의 규정은 발기인에 대한 손해배상의 청구에 영향을 미치지 아니한다.

답 ⑤

108 세무사 1차 객관식 상법(회사편)

상법상 주식회사설립에 관여한 자의 책임에 관한 설명으로 옳지 않은 것은?

① 회사성립 후 납입을 완료하지 아니한 주식이 있는 때에는 발기인은 연대하여 그 납입을 하여야 한다.

② 발기인이 회사설립에 관한 임무해태로 인하여 회사에 대하여 부담하는 손해배상책임은 주주 전원의 동의가 있어도 면제할 수 없다.

③ 회사가 성립하지 못한 경우, 회사의 설립에 관하여 지급한 비용은 발기인이 부담한다.

④ 이사 또는 감사는 설립경과조사보고의 임무를 해태하여 회사에 손해가 발생한 경우, 회사에 대하여 손해를 배상할 책임이 있다.

⑤ 법원이 선임한 검사인이 악의 또는 중대한 과실로 인하여 그 임무를 해태한 때에는 회사 또는 제3자에 대하여 손해를 배상할 책임이 있다.

▌해설▐

① [○] 회사성립 후 제295조 제1항 또는 제305조 제1항의 규정에 의한 납입을 완료하지 아니한 주식이 있는 때에는 발기인은 연대하여 그 납입을 하여야 한다(상법 제321조 제2항).

② [✕] 상법 제322조 제1항, 제324조, 제400조 제1항

> **상법 제322조(발기인의 손해배상책임)**
> ① 발기인이 회사의 설립에 관하여 그 임무를 해태한 때에는 그 발기인은 회사에 대하여 연대하여 손해를 배상할 책임이 있다.
>
> **상법 제324조(발기인의 책임면제, 주주의 대표소송)**
> 제400조, 제403조부터 제406조까지 및 제406조의2는 발기인에 준용한다.
>
> **상법 제400조(회사에 대한 책임의 감면)**
> ① 제399조(회사에 대한 책임)에 따른 이사의 책임은 <u>주주 전원의 동의로 면제할 수 있다</u>.

③ [○] 상법 제326조 제2항

> **상법 제326조(회사불성립의 경우의 발기인의 책임)**
> ① 회사가 성립하지 못한 경우에는 발기인은 그 설립에 관한 행위에 대하여 연대하여 책임을 진다.
> ② 전항의 경우에 회사의 설립에 관하여 지급한 비용은 발기인이 부담한다.

④ [○] 이사 또는 감사가 제313조(이사, 감사의 조사, 보고) 제1항의 규정에 의한 임무를 해태하여 회사 또는 제3자에 대하여 손해를 배상할 책임을 지는 경우에 발기인도 책임을 질때에는 그 이사, 감사와 발기인은 연대하여 손해를 배상할 책임이 있다(상법 제323조).

⑤ [○] 법원이 선임한 검사인이 악의 또는 중대한 과실로 인하여 그 임무를 해태한 때에는 회사 또는 제3자에 대하여 손해를 배상할 책임이 있다(상법 제325조).

답 ②

주식회사의 모집설립 절차에 관여한 자의 책임에 관한 설명으로 옳은 것은?

① 회사설립 시에 발행한 주식으로서 회사성립 후에 아직 인수되지 아니한 주식이 있는 때에는 발기인이 이를 공동으로 인수한 것으로 본다.

② 회사설립 시에 발행한 주식으로서 주식인수의 청약이 취소된 때에는 이사가 이를 공동으로 인수한 것으로 본다.

③ 창립총회에 출석하여 그 권리를 행사한 주식인수인은 회사가 성립하기 전에는 사기, 강박, 착오를 이유로 주식의 인수를 취소할 수 있다.

④ 법원이 선임한 검사인이 경과실로 그 임무를 해태한 때에는 회사에 대하여 손해를 배상할 책임이 있다.

⑤ 발기인이 회사설립에 관하여 임무를 해태하여 회사에 손해배상책임을 부담하는 경우 이는 총주주의 동의로 면제할 수 없다.

┃해설┃

① [○], ② [✕] 회사설립 시에 발행한 주식으로서 회사성립 후에 아직 인수되지 아니한 주식이 있거나 주식인수의 청약이 취소된 때에는 <u>발기인이</u> 이를 공동으로 인수한 것으로 본다(상법 제321조 제1항).

③ [✕] 상법 제320조 제2항

> **상법 제320조(주식인수의 무효 주장, 취소의 제한)**
> ① 회사성립 후에는 주식을 인수한 자는 주식청약서의 요건의 흠결을 이유로 하여 그 인수의 무효를 주장하거나 <u>사기, 강박 또는 착오를 이유로 하여 그 인수를 취소하지 못한다.</u>
> ② 창립총회에 출석하여 그 권리를 행사한 자는 회사의 성립 전에도 전항과 같다.

④ [✕] 법원이 선임한 검사인이 <u>악의 또는 중대한 과실로 인하여</u> 그 임무를 해태한 때에는 회사 또는 제3자에 대하여 손해를 배상할 책임이 있다(상법 제325조).

⑤ [✕] 상법 제324조, 제400조

> **상법 제324조(발기인의 책임면제, 주주의 대표소송)**
> 제400조, 제403조부터 제406조까지 및 제406조의2는 발기인에 준용한다.
>
> **상법 제400조(회사에 대한 책임의 감면)**
> ① 제399조에 따른 이사의 책임은 <u>주주 전원의 동의로 면제할 수 있다.</u>

답 ①

☑ 확인Check! ○ △ ✕

상법상 발기인의 책임에 관한 설명으로 옳지 않은 것은?

① 회사설립시에 발행한 주식으로서 회사성립 후에 아직 인수되지 아니한 주식이 있거나 주식인수의 청약이 취소된 때에는 발기인이 이를 공동으로 인수한 것으로 본다.

② 주식청약서 기타 주식모집에 관한 서면에 성명과 회사의 설립에 찬조하는 뜻을 기재할 것을 승낙한 자는 발기인과 동일한 책임이 있다.

③ 발기인이 회사의 설립에 관하여 그 임무를 해태한 때에는 그 발기인은 회사에 대하여 연대하여 손해를 배상할 책임이 있다.

④ 회사가 성립하지 못한 경우 발기인은 그 설립에 관하여 지급한 비용을 부담하지 않는다.

⑤ 발기인이 악의 또는 중대한 과실로 인하여 그 임무를 해태한 때에는 그 발기인은 제3자에 대하여도 연대하여 손해를 배상할 책임이 있다.

▌해설▌

① [○] 회사설립시에 발행한 주식으로서 회사성립 후에 아직 인수되지 아니한 주식이 있거나 주식인수의 청약이 취소된 때에는 발기인이 이를 공동으로 인수한 것으로 본다(상법 제321조 제1항).

② [○] 주식청약서 기타 주식모집에 관한 서면에 성명과 회사의 설립에 찬조하는 뜻을 기재할 것을 승낙한 자는 발기인과 동일한 책임이 있다(상법 제327조).

③ [○] 발기인이 회사의 설립에 관하여 그 임무를 해태한 때에는 그 발기인은 회사에 대하여 연대하여 손해를 배상할 책임이 있다(상법 제322조 제1항).

④ [✕] 상법 제326조 제2항

> **상법 제326조(회사불성립의 경우의 발기인의 책임)**
> ① 회사가 성립하지 못한 경우에는 발기인은 그 설립에 관한 행위에 대하여 연대하여 책임을 진다.
> ② 전항의 경우에 회사의 설립에 관하여 지급한 비용은 발기인이 부담한다.

⑤ [○] 발기인이 악의 또는 중대한 과실로 인하여 그 임무를 해태한 때에는 그 발기인은 제3자에 대하여도 연대하여 손해를 배상할 책임이 있다(상법 제322조 제2항).

답 ④

상법상 주식회사의 설립에 관한 설명으로 옳은 것은?

① 발기인이 악의 또는 중대한 과실로 인하여 그 임무를 해태한 때에는 그 발기인은 제3자에 대하여도 연대하여 손해를 배상할 책임이 있다.

② 회사설립 시에 발행하는 주식에 관하여 그 주식의 종류와 수에 관한 사항은 정관으로 달리 정하지 아니하면 발기인의 의결권의 과반수로 이를 정한다.

③ 회사설립의 무효는 주주·이사 또는 이해관계 있는 채권자에 한하여 회사성립의 날로부터 2년 내에 소만으로 이를 주장할 수 있다.

④ 상법은 회사의 설립 시에 발행하는 주식의 총수는 회사가 발행할 주식의 총수의 4분의 1 이상이어야 한다고 규정하고 있다.

⑤ 회사성립 후에는 주식을 인수한 자는 사기·강박 또는 착오를 이유로 하여 그 인수를 취소할 수 있다.

‖해설‖

① [○] 발기인이 악의 또는 중대한 과실로 인하여 그 임무를 해태한 때에는 그 발기인은 제3자에 대하여도 연대하여 손해를 배상할 책임이 있다(상법 제322조 제2항).

② [×] 회사설립 시에 발행하는 주식에 관하여 그 주식의 종류와 수에 관한 사항은 정관으로 달리 정하지 아니하면 발기인 전원의 동의로 이를 정한다(상법 제291조 제1호 참조).

> **상법 제291조(설립 당시의 주식발행사항의 결정)**
> 회사설립 시에 발행하는 주식에 관하여 다음의 사항은 정관으로 달리 정하지 아니하면 발기인 전원의 동의로 이를 정한다.
> 1. 주식의 종류와 수
> 2. 액면주식의 경우에 액면 이상의 주식을 발행할 때에는 그 수와 금액
> 3. 무액면주식을 발행하는 경우에는 주식의 발행가액과 주식의 발행가액 중 자본금으로 계상하는 금액

③ [×] 회사설립의 무효는 주주·이사 또는 감사에 한하여 회사성립의 날로부터 2년 내에 소만으로 이를 주장할 수 있다(상법 제328조 제1항).

④ [×] 회사의 설립 시에 발행하는 주식의 총수는 회사가 발행할 주식의 총수의 4분의 1 이상이어야 한다는 규정은 2011년 상법 개정에서 삭제되었다. 이에 따라 현행 상법은 완전한 수권주식주의를 취하고 있다.

⑤ [×] 회사성립 후에는 주식을 인수한 자는 주식청약서의 요건의 흠결을 이유로 하여 그 인수의 무효를 주장하거나 사기, 강박 또는 착오를 이유로 하여 그 인수를 취소하지 못한다(상법 제320조 제1항).

답 ①

44 세무사 2020   ☑ 확인 Check! ○ △ ✕

상법상 주식회사 설립무효의 소에 관한 설명으로 옳지 않은 것은?

① 감사는 설립무효의 소를 제기할 수 있다.

② 설립무효의 소에서 원고가 승소한 경우 그 판결의 대세적 효력과 소급적 효력이 인정된다.

③ 설립의 무효는 회사성립의 날부터 2년 내에 소만으로 이를 주장할 수 있다.

④ 설립무효의 판결이 확정된 때에는 해산의 경우에 준하여 청산하여야 한다.

⑤ 설립무효의 소를 제기한 자가 패소한 경우에 중대한 과실이 있는 때에는 회사에 대하여 연대하여 손해를 배상할 책임이 있다.

┃해설┃

① [○], ③ [○] 상법 제328조 제1항

② [✕] 대세적 효력은 인정되나 소급적 효력은 인정되지 않는다(상법 제328조 제2항, 제190조 참조).

④ [○] 상법 제328조 제2항, 제193조 제1항

⑤ [○] 상법 제328조 제2항, 제191조

상법 제328조(설립무효의 소)

① 회사설립의 무효는 주주·이사 또는 감사에 한하여 회사성립의 날로부터 2년 내에 소만으로 이를 주장할 수 있다.

② 제186조 내지 제193조의 규정은 제1항의 소에 준용한다.

상법 제190조(판결의 효력)

설립무효의 판결 또는 설립취소의 판결은 제3자에 대하여도 그 효력이 있다. 그러나 판결확정 전에 생긴 회사와 사원 및 제3자 간의 권리의무에 영향을 미치지 아니한다.

상법 제191조(패소원고의 책임)

설립무효의 소 또는 설립취소의 소를 제기한 자가 패소한 경우에 악의 또는 중대한 과실이 있는 때에는 회사에 대하여 연대하여 손해를 배상할 책임이 있다.

상법 제193조(설립무효, 취소판결의 효과)

① 설립무효의 판결 또는 설립취소의 판결이 확정된 때에는 해산의 경우에 준하여 청산하여야 한다.

답 ②

상법상 주식회사 설립의 하자에 관한 설명으로 옳지 않은 것을 모두 고른 것은?

> ㄱ. 주주, 이사, 감사, 회사채권자는 설립무효의 소를 제기할 수 있다.
> ㄴ. 설립무효의 소는 설립등기를 한 날부터 1년 내에 주장하여야 한다.
> ㄷ. 주식인수인의 주식인수에 의사표시의 하자가 있는 경우 설립취소의 소로써 이를 다툴 수 있다.
> ㄹ. 설립무효의 판결은 제3자에 대하여도 그 효력이 있으나, 판결확정 전에 생긴 회사와 주주 및 제3자 간의 권리의
>   무에 영향을 미치지 아니한다.

① ㄱ, ㄴ   ② ㄱ, ㄷ
③ ㄴ, ㄷ   ④ ㄱ, ㄴ, ㄷ
⑤ ㄱ, ㄷ, ㄹ

┃해설┃

ㄱ. [✕] <u>주주, 이사, 감사</u>에 한하여 설립무효의 소를 제기할 수 있다(상법 제328조 제1항 참조).

ㄴ. [✕] 설립무효의 소는 설립등기를 한 날부터 <u>2년</u> 내에 주징하여야 한다(상법 제328조 제1항 참조).

ㄷ. [✕] 설립의 하자가 있는 경우 주식회사는 다른 종류의 회사와 달리 설립무효의 소만이 가능하며 <u>설립취소의 소는</u>
<u>인정되지 않는다</u>.

ㄹ. [○] 상법 제328조 제2항, 제190조

> **상법 제328조(설립무효의 소)**
> ① 회사설립의 무효는 주주·이사 또는 감사에 한하여 회사성립의 날로부터 2년 내에 소만으로 이를 주장할 수
> 있다.
> ② 제186조 내지 제193조의 규정은 제1항의 소에 준용한다.
>
> **상법 제190조(판결의 효력)**
> 설립무효의 판결 또는 설립취소의 판결은 제3자에 대하여도 그 효력이 있다. 그러나 판결확정 전에 생긴 회사와
> 사원 및 제3자 간의 권리의무에 영향을 미치지 아니한다.

답 ④

46 ☑ 확인 Check! ○ △ ✕

상법상 주식회사의 설립절차의 하자를 다투는 소에 관한 설명으로 옳지 않은 것은?

① 주식을 1주(株)만 보유한 주주도 회사성립의 날로부터 2년 내에 설립무효의 소를 제기할 수 있다.
② 설립절차의 하자를 다투고자 하는 자는 설립취소의 소를 제기할 수 있다.
③ 회사설립의 무효는 회사성립의 날로부터 2년 내에 소만으로 이를 주장할 수 있다.
④ 설립무효판결의 효력은 판결확정 전에 생긴 회사와 주주 및 제3자 간의 권리의무에 영향을 미치지 않는다.
⑤ 설립무효의 소에 대해 설립무효판결이 내려지면 원고 이외의 자에 대한 관계에서도 당해 회사의 설립은 무효가 된다.

┃해설┃

① [○], ③ [○] 회사설립의 무효는 주주·이사 또는 감사에 한하여 회사성립의 날로부터 2년 내에 소만으로 이를 주장할 수 있다(상법 제328조 제1항). 주주의 설립무효판결청구권은 단독주주권이다.
② [✕] 설립의 하자가 있는 경우 주식회사는 다른 종류의 회사와 달리 설립무효의 소만이 가능하며 <u>설립취소의 소를 인정하지 않는다</u>.
④ [○] 설립무효판결에 소급효는 인정되지 않으므로 설립이 무효가 되더라도 이미 성립된 당사자들의 권리의무에 영향을 미치지 않는다(상법 제328조 제2항, 제190조 단서 참조).
⑤ [○] 설립무효판결은 대세적 효력이 인정되어 당사자 이외의 제3자도 그 무효를 다투지 못한다(상법 제328조 제2항, 제190조 본문 참조).

> **상법 제328조(설립무효의 소)**
> ① 회사설립의 무효는 주주·이사 또는 감사에 한하여 회사성립의 날로부터 2년 내에 소만으로 이를 주장할 수 있다.
> ② 제186조 내지 제193조의 규정은 제1항의 소에 준용한다.
>
> **상법 제190조(판결의 효력)**
> 설립무효의 판결 또는 설립취소의 판결은 제3자에 대하여도 그 효력이 있다. 그러나 판결확정 전에 생긴 회사와 사원 및 제3자 간의 권리의무에 영향을 미치지 아니한다.

답 ②

제1절 | 주 식

01 세무사 2023   ☑ 확인Check! ○ △ ✕

상법상 비상장주식회사의 주식 등에 관한 설명으로 옳지 않은 것은?

① 회사는 정관으로 정하는 바에 따라 회사의 이익으로써 소각할 수 있는 종류주식을 발행할 수 있다.

② 회사가 정관으로 정하는 바에 따라 주주가 인수한 주식을 다른 종류주식으로 전환할 것을 청구할 수 있는 종류주식을 발행한 경우 그 주주가 전환을 청구한 때에 전환의 효력이 발생한다.

③ 이사는 신주의 인수인으로 하여금 그 배정한 주수(株數)에 따라 납입기일에 그 인수한 주식에 대한 인수가액의 전액을 납입시켜야 한다.

④ 회사가 무액면주식을 발행하는 경우 주식의 발행가액 중 자본금으로 계상하지 아니하는 금액은 자본준비금으로 계상하여야 한다.

⑤ 회사의 자본금은 무액면주식을 액면주식으로 전환함으로써 변경할 수 없지만, 액면주식을 무액면주식으로 전환함으로써는 변경할 수 있다.

┃해설┃

① [○] 회사는 정관으로 정하는 바에 따라 회사의 이익으로써 소각할 수 있는 종류주식을 발행할 수 있다. 이 경우 회사는 정관에 상환가액, 상환기간, 상환의 방법과 상환할 주식의 수를 정하여야 한다(상법 제345조 제1항).

② [○] 주식의 전환은 주주가 전환을 청구한 경우에는 그 청구한 때에, 회사가 전환을 한 경우에는 제346조 제3항 제2호의 기간(주권제출기간 만료 시)이 끝난 때에 그 효력이 발생한다(상법 제350조 제1항).

③ [○] 이사는 신주의 인수인으로 하여금 그 배정한 주수(株數)에 따라 납입기일에 그 인수한 주식에 대한 인수가액의 전액을 납입시켜야 한다(상법 제421조 제1항).

④ [○] 회사가 무액면주식을 발행하는 경우 회사의 자본금은 주식 발행가액의 2분의 1 이상의 금액으로서 이사회(제416조 단서에서 정한 주식발행의 경우에는 주주총회를 말한다)에서 자본금으로 계상하기로 한 금액의 총액으로 한다. 이 경우 주식의 발행가액 중 자본금으로 계상하지 아니하는 금액은 자본준비금으로 계상하여야 한다(상법 제451조 제2항).

⑤ [✕] 회사의 자본금은 액면주식을 무액면주식으로 전환하거나 무액면주식을 액면주식으로 전환함으로써 <u>변경할 수 없다</u>(상법 제451조 제3항).

답 ⑤

상법상 주식 등에 관한 설명으로 옳지 않은 것은?

① 주식이 수인의 공유에 속하는 경우에 공유자라면 누구나 주주의 권리를 행사할 수 있어야 하므로 주주의 권리를 행사할 자 1인을 정하여서는 안 된다.

② 주식의 질권자는 계속하여 주권을 점유하지 아니하면 그 질권으로써 제3자에게 대항하지 못한다.

③ 타인의 승낙을 얻어 그 명의로 주식을 인수한 자는 그 타인과 연대하여 납입할 책임이 있다.

④ 회사는 정관이 정하는 바에 의하여 명의개서대리인을 둘 수 있다.

⑤ 회사의 권리를 실행함에 있어 그 목적을 달성하기 위하여 필요한 경우 회사는 발행주식총수의 20분의 1을 초과하여 자기의 주식을 질권의 목적으로 할 수 있다.

┃해설┃

① [✕] 주식이 수인의 공유에 속하는 때에는 공유자는 <u>주주의 권리를 행사할 자 1인을 정하여야 한다</u>(상법 제333조 제2항).

② [○] 질권자는 계속하여 주권을 점유하지 아니하면 그 질권으로써 제3자에게 대항하지 못한다(상법 제338조 제2항).

③ [○] 타인의 승낙을 얻어 그 명의로 주식을 인수한 자는 그 타인과 연대하여 납입할 책임이 있다(상법 제332조 제2항).

④ [○] 회사는 정관이 정하는 바에 의하여 명의개서대리인을 둘 수 있다. 이 경우 명의개서대리인이 취득자의 성명과 주소를 주주명부의 복본에 기재한 때에는 제1항의 명의개서가 있는 것으로 본다(상법 제337조 제2항).

⑤ [○] 상법 제341조의3, 제341조의2 제2호

> **상법 제341조의3(자기주식의 질취)**
> 회사는 발행주식총수의 20분의 1을 초과하여 자기의 주식을 질권의 목적으로 받지 못한다. 다만, 제341조의2 제1호 및 제2호의 경우에는 그 한도를 초과하여 질권의 목적으로 할 수 있다.
>
> **상법 제341조의2(특정목적에 의한 자기주식의 취득)**
> 회사는 다음 각 호의 어느 하나에 해당하는 경우에는 제341조에도 불구하고 자기의 주식을 취득할 수 있다.
> 　1. 회사의 합병 또는 다른 회사의 영업전부의 양수로 인한 경우
> 　2. 회사의 권리를 실행함에 있어 그 목적을 달성하기 위하여 필요한 경우
> 　3. 단주(端株)의 처리를 위하여 필요한 경우
> 　4. 주주가 주식매수청구권을 행사한 경우

답 ①

상법상 주식 등에 관한 설명으로 옳은 것은?

① 회사는 정관으로 정한 경우에는 주식의 전부를 무액면주식으로 발행할 수 있다.

② 회사는 주주총회의 보통결의로 액면주식을 무액면주식으로 전환하거나 무액면주식을 액면주식으로 전환할 수 있다.

③ 회사는 주주총회의 보통결의로 주식을 분할할 수 있으나 분할 후의 액면주식 1주의 금액은 100원 미만으로 하지 못한다.

④ 주식이 수인의 공유에 속하나 그 주식에 관한 주주의 권리를 행사할 자가 없는 경우 공유자에 대한 통지나 최고는 그 전원에 대하여 하여야 한다.

⑤ 주주의 책임은 그가 가진 주식의 액면가액을 한도로 한다.

해설

① [O] 회사는 정관으로 정한 경우에는 주식의 전부를 무액면주식으로 발행할 수 있다. 다만, 무액면주식을 발행하는 경우에는 액면주식을 발행할 수 없다(상법 제329조 제1항).

② [✕] 회사는 <u>정관으로</u> 정하는 바에 따라 발행된 액면주식을 무액면주식으로 전환하거나 무액면주식을 액면주식으로 전환할 수 있다(상법 제329조 제4항).

③ [✕] 주식분할은 <u>주주총회의 특별결의로</u> 할 수 있다(상법 제329조의2 제1항 참조).

> **상법 제329조의2(주식의 분할)**
> ① 회사는 제434조의 규정에 의한 주주총회의 결의로 주식을 분할할 수 있다.
> ② 제1항의 경우에 분할 후의 액면주식 1주의 금액은 제329조 제3항에 따른 금액(100원) 미만으로 하지 못한다.

④ [✕] 상법 제333조 제3항

> **상법 제333조(주식의 공유)**
> ② 주식이 수인의 공유에 속하는 때에는 공유자는 주주의 권리를 행사할 자 1인을 정하여야 한다.
> ③ 주주의 권리를 행사할 자가 없는 때에는 공유자에 대한 통지나 최고는 <u>그 1인에 대하여 하면 된다.</u>

⑤ [✕] 주주의 책임은 그가 가진 <u>주식의 인수가액을 한도로</u> 한다(상법 제331조).

　　　　　　　　　　　　　　　　　　　　　　　　　　　　　　　　　　　　　답 ①

상법상 주식에 관한 설명으로 옳지 않은 것은?

① 회사가 정관으로 정하여 무액면주식을 발행하는 경우에는 액면주식을 발행할 수 없다.

② 주식의 분할에는 주주총회의 특별결의가 필요하다.

③ 회사는 성립한 날부터 1년을 경과한 후에 주주총회의 특별결의와 법원의 인가를 얻어서 주식을 액면미달의 가액으로 발행할 수 있다.

④ 타인의 승낙을 얻어 그 명의로 주식을 인수한 자는 그 타인과 연대하여 납입할 책임이 있다.

⑤ 수인이 공동으로 주식을 인수한 경우, 이들은 연대하여 납입할 책임이 있다.

───

▌해설▐

① [O] 회사는 정관으로 정한 경우에는 주식의 전부를 무액면주식으로 발행할 수 있다. 다만, 무액면주식을 발행하는 경우에는 액면주식을 발행할 수 없다(상법 제329조 제1항).

② [O] 회사는 제434조의 규정에 의한 주주총회의 결의로 주식을 분할할 수 있다(상법 제329조의2 제1항).

③ [X] 회사가 성립한 날로부터 2년을 경과한 후에 주식을 발행하는 경우에는 회사는 제434조의 규정에 의한 주주총회의 결의와 법원의 인가를 얻어서 주식을 액면미달의 가액으로 발행할 수 있다(상법 제417조 제1항).

④ [O] 타인의 승낙을 얻어 그 명의로 주식을 인수한 자는 그 타인과 연대하여 납입할 책임이 있다(상법 제332조 제2항).

⑤ [O] 수인이 공동으로 주식을 인수한 자는 연대하여 납입할 책임이 있다(상법 제333조 제1항).

답 ③

제3장

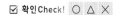

05 세무사 2020

☑ 확인Check! ○ △ ✕

상법상 주식의 발행이 허용되지 않는 경우를 모두 고른 것은?

> ㄱ. 회사가 성립한 날부터 1년이 되는 시점에서 액면미달의 가액으로 주식 발행
> ㄴ. 1주당 액면가 5천원인 주식을 100주로 분할하여 1주당 액면가 50원으로의 주식 발행
> ㄷ. 1주당 발행가액을 5천원으로 정하고 그 1주당 1천원을 자본금으로 계상하기로 하는 무액면주식의 발행

① ㄴ
② ㄱ, ㄴ
③ ㄱ, ㄷ
④ ㄴ, ㄷ
⑤ ㄱ, ㄴ, ㄷ

‖해설‖

ㄱ. [✕] 회사가 성립한 날로부터 <u>2년</u>을 경과한 후에 주식을 발행하는 경우에는 회사는 제434조의 규정에 의한 주주총회의 결의와 법원의 인가를 얻어서 주식을 액면미달의 가액으로 발행할 수 있다(상법 제417조 제1항).

ㄴ. [✕] 분할 후의 액면주식 1주의 금액은 <u>제329조 제3항에 따른 금액(100원) 미만으로 하지 못한다</u>(상법 제329조의2 제2항).

ㄷ. [✕] 회사가 무액면주식을 발행하는 경우 회사의 자본금은 <u>주식 발행가액의 2분의 1 이상의 금액</u>으로서 이사회(제416조 단서에서 정한 주식발행의 경우에는 주주총회를 말한다)에서 자본금으로 계상하기로 한 금액의 총액으로 한다. 이 경우 주식의 발행가액 중 자본금으로 계상하지 아니하는 금액은 자본준비금으로 계상하여야 한다(상법 제451조 제2항).

답 ⑤

06 세무사 2019

☑ 확인Check! ○ △ ✕

상법상 주식회사의 주식에 관한 설명으로 옳지 않은 것은?

① 주식회사는 기명주식과 무기명주식을 함께 발행할 수 있다.
② 액면주식 1주의 금액은 100원 이상으로 균일하여야 하며, 주식을 분할하는 경우에도 동일하다.
③ 타인의 승낙을 얻어 그 명의로 주식을 인수한 자는 그 타인과 연대하여 납입할 책임이 있다.
④ 주주는 회사에 대하여 자신이 가지는 주식의 인수가액을 한도로 책임을 진다.
⑤ 주식이 수인의 공유에 속하는 때에는 공유자는 주주의 권리를 행사할 자 1인을 정하여야 한다.

┃해설┃

① [×] 주권과 주주명부에 주주의 성명이 기재되는지 여부에 따라 기명주식과 무기명주식으로 분류할 수 있으나 <u>2014년 무기명주식제도가 폐지되어 현재는 상법상 모든 주식은 기명주식이다.</u>

② [O] 상법 제329조 제2항·제3항, 제329조의2 제2항

> **상법 제329조(자본금의 구성)**
> ② 액면주식의 금액은 균일하여야 한다.
> ③ 액면주식 1주의 금액은 100원 이상으로 하여야 한다.
>
> **상법 제329조의2(주식의 분할)**
> ① 회사는 제434조의 규정에 의한 주주총회의 결의로 주식을 분할할 수 있다.
> ② 제1항의 경우에 분할 후의 액면주식 1주의 금액은 제329조 제3항에 따른 금액 미만으로 하지 못한다.

③ [O] 타인의 승낙을 얻어 그 명의로 주식을 인수한 자는 그 타인과 연대하여 납입할 책임이 있다(상법 제332조 제2항).

④ [O] 주주의 책임은 그가 가진 주식의 인수가액을 한도로 한다(상법 제331조).

⑤ [O] 주식이 수인의 공유에 속하는 때에는 공유자는 주주의 권리를 행사할 자 1인을 정하여야 한다(상법 제333조 제2항).

답 ①

07 **세무사** **2018**　　　　　　　☑ 확인Check! ○ △ ✕

상법상 주식 등에 관한 설명으로 옳은 것은?

① 회사는 액면주식과 무액면주식 모두를 동시에 발행할 수 있다.

② 회사가 무액면주식을 발행한 경우에는 주식분할을 할 수 없다.

③ 주주가 수인인 회사가 정관으로 정하는 바에 따라 그 발행하는 주식의 양도에 관하여 이사회의 승인을 받도록 한 경우, 이를 위반하여 이사회의 승인을 얻지 아니한 주식의 양도는 회사에 대하여 효력이 없다.

④ 수인이 공동으로 주식을 소유하고 있을 경우에 주주의 권리를 행사할 자가 없는 때에는 공유자에 대한 통지나 최고는 공유자 전원에 대하여 하여야 한다.

⑤ 회사는 이사회의 결의로 액면주식을 분할할 수 있다.

┃해설┃

① [×] 회사는 정관으로 정한 경우에는 주식의 전부를 무액면주식으로 발행할 수 있다. 다만, <u>무액면주식을 발행하는 경우에는 액면주식을 발행할 수 없다</u>(상법 제329조 제1항).

② [×] 회사가 무액면주식을 발행한 경우에도 <u>주식분할을 할 수 있다.</u>

③ [O] 상법 제335조 제1항, 제2항

④ [×] 주주의 권리를 행사할 자가 없는 때에는 공유자에 대한 통지나 최고는 <u>그 1인에 대하여 하면 된다</u>(상법 제333조 제3항).

⑤ [×] 회사는 제434조의 규정에 의한 주주총회의 결의로 주식을 분할할 수 있다(상법 제329조의2 제1항). 참고로 상법 제461조의 무상증자는 이사회 결의, 상법 제462조의2의 주식배당은 주주총회의 보통결의를 거쳐야 한다.

답 ③

08 세무사 2018

☑ 확인Check! ○ △ ✕

상법상 주식회사의 주식에 관한 설명으로 옳지 않은 것을 모두 고른 것은?

> ㄱ. 회사는 무액면주식을 액면주식으로 전환함으로써 자본금을 증가시킬 수 있다.
> ㄴ. 타인의 승낙을 얻어 그 명의로 주식을 인수한 자는 그 타인과 연대하여 납입할 책임이 있다.
> ㄷ. 회사가 액면주식을 분할하는 경우 주주총회의 결의는 출석한 주주의 의결권의 3분의 2 이상의 수와 발행주식총수의 3분의 1 이상의 수로써 하여야 한다.
> ㄹ. 회사는 보통주식과 이익배당에 관한 종류주식의 액면가를 달리 정할 수 있다.

① ㄱ
② ㄴ
③ ㄱ, ㄹ
④ ㄴ, ㄷ
⑤ ㄷ, ㄹ

┃해설┃

ㄱ. [✕] 회사의 자본금은 액면주식을 무액면주식으로 전환하거나 무액면주식을 액면주식으로 전환함으로써 <u>변경할 수 없다</u>(상법 제451조 제3항).

ㄴ. [○] 타인의 승낙을 얻어 그 명의로 주식을 인수한 자는 그 타인과 연대하여 납입할 책임이 있다(상법 제332조 제2항).

ㄷ. [○] 상법 제329조의2 제1항, 제434조

ㄹ. [✕] 액면주식의 금액은 <u>균일하여야 한다</u>(상법 제329조 제2항). 따라서 회사는 보통주식과 이익배당에 관한 종류주식의 <u>액면가를 달리 정할 수 없다</u>.

답 ③

-----

09 세무사 2017

☑ 확인Check! ○ △ ✕

상법상 주식에 관한 설명으로 옳은 것은?

① 회사는 정관으로 정한 경우에는 주식의 일부만을 무액면주식으로 발행할 수 있다.
② 액면주식 1주의 금액은 100원 이상으로 하여야 한다.
③ 회사의 자본금은 액면주식을 무액면주식으로 전환함으로써 변경할 수 있다.
④ 회사는 정관으로 정하는 바에 따라 발행된 무액면주식을 액면주식으로 전환할 수는 없다.
⑤ 주권이 발행된 경우 주식의 질권자는 계속하여 주권을 점유하지 아니하여도 그 질권으로써 제3자에게 대항할 수 있다.

▌해설▐

① [×] 회사는 정관으로 정한 경우에는 <u>주식의 전부를</u> 무액면주식으로 발행할 수 있다. 다만, 무액면주식을 발행하는 경우에는 액면주식을 발행할 수 없다(상법 제329조 제1항).

② [○] 액면주식 1주의 금액은 100원 이상으로 하여야 한다(상법 제329조 제3항).

③ [×] 회사의 자본금은 액면주식을 무액면주식으로 전환하거나 무액면주식을 액면주식으로 전환함으로써 <u>변경할 수 없다</u>(상법 제451조 제3항).

④ [×] 회사는 정관으로 정하는 바에 따라 발행된 액면주식을 무액면주식으로 전환하거나 <u>무액면주식을 액면주식으로 전환할 수 있다</u>(상법 제329조 제4항).

⑤ [×] 질권자는 계속하여 주권을 점유하지 아니하면 그 질권으로써 제3자에게 <u>대항하지 못한다</u>(상법 제338조 제2항).

답 ②

10 세무사 2016

☑ 확인Check! ○ △ ✕

상법상 주식에 관한 설명으로 옳지 않은 것은?

① 회사는 정관으로 정한 경우에는 주식의 전부를 무액면주식으로 발행할 수 있다.

② 주주의 책임은 그가 가진 주식의 인수가액을 한도로 한다.

③ 액면주식 1주의 금액은 100원 이상으로 하여야 한다.

④ 주식이 수인의 공유에 속하는 때에는 공유자는 주주의 권리를 공동으로 행사하여야 한다.

⑤ 회사는 주주총회의 특별결의로 액면주식을 분할할 수 있다.

▌해설▐

① [○] 회사는 정관으로 정한 경우에는 주식의 전부를 무액면주식으로 발행할 수 있다. 다만, 무액면주식을 발행하는 경우에는 액면주식을 발행할 수 없다(상법 제329조 제1항).

② [○] 주주의 책임은 그가 가진 주식의 인수가액을 한도로 한다(상법 제331조).

③ [○] 액면주식 1주의 금액은 100원 이상으로 하여야 한다(상법 제329조 제3항).

④ [×] 주식이 수인의 공유에 속하는 때에는 공유자는 <u>주주의 권리를 행사할 자 1인을 정하여야 한다</u>(상법 제333조 제2항).

⑤ [○] 회사는 제434조의 규정에 의한 주주총회의 결의로 주식을 분할할 수 있다(상법 제329조의2 제1항).

답 ④

11 세무사 2015

☑ 확인 Check! ○ △ ✕

상법상 주식에 관한 설명으로 옳은 것은?

① 회사가 무액면주식을 발행하는 경우 동시에 액면주식을 발행할 수도 있다.

② 액면주식의 금액은 균일하여야 하며, 액면주식 1주의 금액은 500원 이상으로 하여야 한다.

③ 이사회의 결의로 액면주식을 무액면주식으로 전환하여 회사의 자본금을 증가시킬 수 있다.

④ 회사는 설립시에 창립총회의 결의와 법원의 인가를 얻어 액면미달의 가액으로 주식을 발행할 수 있다.

⑤ 회사는 정관으로 정하는 바에 따라 발행된 무액면주식을 액면주식으로 전환할 수 있다.

┃해설┃

① [✕] 회사는 정관으로 정한 경우에는 주식의 전부를 무액면주식으로 발행할 수 있다. 다만, <u>무액면주식을 발행하는 경우에는 액면주식을 발행할 수 없다</u>(상법 제329조 제1항).

② [✕] 상법 제329조 제2항, 제3항

> **상법 제329조(자본금의 구성)**
> ② 액면주식의 금액은 균일하여야 한다.
> ③ 액면수식 1주의 금액은 <u>100원 이상</u>으로 하여야 한다.

③ [✕] 회사의 자본금은 액면주식을 무액면주식으로 전환하거나 무액면주식을 액면주식으로 전환함으로써 <u>변경할 수 없다</u>(상법 제451조 제3항).

④ [✕] <u>회사가 성립한 날로부터 2년을 경과한 후에 주식을 발행하는 경우에는 회사는 제434조의 규정에 의한 주주총회의 결의와 법원의 인가를 얻어서 주식을 액면미달의 가액으로 발행할 수 있다</u>(상법 제417조 제1항).

⑤ [O] 회사는 정관으로 정하는 바에 따라 발행된 액면주식을 무액면주식으로 전환하거나 무액면주식을 액면주식으로 전환할 수 있다(상법 제329조 제4항).

탑 ⑤

124 세무사 1차 객관식 상법(회사편)

12 CPA 2023

상법상 비상장주식회사의 주식에 관한 설명으로 옳은 것은?

① 액면주식을 발행하는 회사는 정관으로 정한 경우에 주식의 일부를 무액면주식으로 발행할 수 있다.

② 회사는 발행된 액면주식의 전부 또는 일부를 무액면주식으로 전환할 수 있다.

③ 회사는 무액면주식을 액면주식으로 전환할 경우 1월 이상의 기간을 정하여 그 뜻과 그 기간 내에 주권을 회사에 제출할 것을 공고하고 주주명부에 기재된 주주와 질권자에 대하여는 각별로 통지하여야 한다.

④ 무액면주식을 발행한 회사의 자본금은 발행가의 총액으로 한다.

⑤ 회사는 주주총회의 보통결의로 액면미달의 가액으로 신주를 발행할 수 있다.

▌해설▐

① [✕] 회사는 정관으로 정한 경우에는 <u>주식의 전부를</u> 무액면주식으로 발행할 수 있다. 다만, <u>무액면주식을 발행하는 경우에는 액면주식을 발행할 수 없다</u>(상법 제329조 제1항).

② [✕] 회사는 정관으로 정하는 바에 따라 <u>발행된 액면주식을 무액면주식으로 전환하거나 무액면주식을 액면주식으로 전환할 수 있다</u>(상법 제329조 제4항). 즉, 전부전환만이 가능하고 일부전환은 할 수 없다.

③ [○] 상법 제329조 제4항·제5항, 제440조

> **상법 제329조(자본금의 구성)**
> ④ 회사는 정관으로 정하는 바에 따라 발행된 액면주식을 무액면주식으로 전환하거나 무액면주식을 액면주식으로 전환할 수 있다.
> ⑤ 제4항의 경우에는 제440조, 제441조 본문 및 제442조를 준용한다.
>
> **상법 제440조(주식병합의 절차)**
> 주식을 병합할 경우에는 회사는 1월 이상의 기간을 정하여 그 뜻과 그 기간 내에 주권을 회사에 제출할 것을 공고하고 주주명부에 기재된 주주와 질권자에 대하여는 각별로 그 통지를 하여야 한다.

④ [✕] 회사가 무액면주식을 발행하는 경우 회사의 자본금은 <u>주식 발행가액의 2분의 1 이상의 금액으로서 이사회</u>(제416조 단서에서 정한 주식발행의 경우에는 주주총회를 말한다)에서 자본금으로 계상하기로 한 금액의 총액으로 한다. 이 경우 주식의 발행가액 중 자본금으로 계상하지 아니하는 금액은 자본준비금으로 계상하여야 한다(상법 제451조 제2항).

⑤ [✕] 회사가 성립한 날로부터 2년을 경과한 후에 주식을 발행하는 경우에는 회사는 <u>제434조의 규정에 의한 주주총회의 결의와 법원의 인가를 얻어서</u> 주식을 액면미달의 가액으로 발행할 수 있다(상법 제417조 제1항).

답 ③

☑ 확인 Check! ○ △ ✕

상법상 주식에 관한 설명으로 옳은 것은?

① 회사의 자본금은 액면주식을 무액면주식으로 전환함으로써 변경할 수 없으나, 무액면주식을 액면주식으로 전환함으로써 변경할 수 있다.

② 회사는 정관으로 정한 경우에는 분할 후의 액면주식 1주의 금액을 100원 미만으로 하는 주식분할을 할 수 있다.

③ 회사설립 시 무액면주식을 발행하는 경우에는 주식의 발행가액 중 자본금으로 계상하는 금액에 관한 사항은 정관으로 달리 정하지 아니하면 발기인 과반수의 동의로 이를 정한다.

④ 수인이 공동으로 주식을 인수한 자는 연대하여 납입할 책임이 있다.

⑤ 주식이 수인의 공유에 속하는 때 공유자는 주주의 권리를 행사할 자 1인을 정하여야 하고, 주주의 권리를 행사할 자가 없는 때에는 공유자에 대한 통지는 공유자 전원에 대하여 하여야 한다.

┃해설┃

① [✕] 회사의 자본금은 액면주식을 무액면주식으로 전환하거나 <u>무액면주식을 액면주식으로 전환함으로써 변경할 수 없다</u>(상법 제451조 제3항).

② [✕] 회사는 분할 후의 액면주식 1주의 금액을 <u>100원 미만으로 하는 주식분할을 할 수 없다</u>(상법 제329조의2 제2항 참조).

> **상법 제329조의2(주식의 분할)**
> ① 회사는 제434조의 규정에 의한 주주총회의 결의로 주식을 분할할 수 있다.
> ② 제1항의 경우에 분할 후의 액면주식 1주의 금액은 <u>제329조 제3항에 따른 금액(100원) 미만으로 하지 못한다.</u>

③ [✕] 회사설립 시 무액면주식을 발행하는 경우에는 주식의 발행가액 중 자본금으로 계상하는 금액에 관한 사항은 정관으로 달리 정하지 아니하면 <u>발기인 전원의 동의로 이를 정한다</u>(상법 제291조 제3호 참조).

> **상법 제291조(설립 당시의 주식발행사항의 결정)**
> 회사설립 시에 발행하는 주식에 관하여 다음의 사항은 정관으로 달리 정하지 아니하면 <u>발기인 전원의 동의로 이를</u> 정한다.
>   1. 주식의 종류와 수
>   2. 액면주식의 경우에 액면 이상의 주식을 발행할 때에는 그 수와 금액
>   3. <u>무액면주식을 발행하는 경우에는 주식의 발행가액과 주식의 발행가액 중 자본금으로 계상하는 금액</u>

④ [○] 수인이 공동으로 주식을 인수한 자는 연대하여 납입할 책임이 있다(상법 제333조 제1항).

⑤ [✕] 상법 제333조 제2항, 제3항

> **상법 제333조(주식의 공유)**
> ② 주식이 수인의 공유에 속하는 때에는 공유자는 주주의 권리를 행사할 자 1인을 정하여야 한다.
> ③ 주주의 권리를 행사할 자가 없는 때에는 공유자에 대한 통지나 최고는 <u>그 1인에 대하여 하면 된다.</u>

답 ④

14 세무사 2022

상법상 종류주식 등에 관한 설명으로 옳지 않은 것은?

① 회사가 종류주식을 발행할 경우 정관에 다른 정함이 없는 경우에도 주식의 종류에 따라 신주의 인수, 주식의 병합·분할·소각 또는 회사의 합병·분할로 인한 주식의 배정에 관하여 특수하게 정할 수 있다.

② 회사는 이익배당이나 잔여재산분배에 관하여 내용이 다른 종류주식을 발행할 수 있다.

③ 의결권의 배제·제한에 관한 종류주식이 발행주식총수의 4분의 1을 초과하여 발행된 경우에는 회사는 지체 없이 그 제한을 초과하지 아니하도록 하기 위하여 필요한 조치를 하여야 한다.

④ 회사는 회사의 이익으로써 소각할 수 있는 종류주식 또는 주주가 회사에 대하여 상환을 청구할 수 있는 종류주식을 정관으로 정하는 바에 따라 발행할 수 있다.

⑤ 주식의 상환에 관한 종류주식을 발행한 회사는 그 주식 취득의 대가로 그 회사의 다른 종류주식을 교부할 수 있다.

┃해설┃

① [○] 회사가 종류주식을 발행하는 때에는 정관에 다른 정함이 없는 경우에도 주식의 종류에 따라 신주의 인수, 주식의 병합·분할·소각 또는 회사의 합병·분할로 인한 주식의 배정에 관하여 특수하게 정할 수 있다(상법 제344조 제3항).

② [○] 회사는 이익의 배당, 잔여재산의 분배, 주주총회에서의 의결권의 행사, 상환 및 전환 등에 관하여 내용이 다른 종류의 주식(이하 "종류주식"이라 한다)을 발행할 수 있다(상법 제344조 제1항).

③ [○] 제1항에 따른 종류주식(의결권의 배제·제한에 관한 종류주식)의 총수는 발행주식총수의 4분의 1을 초과하지 못한다. 이 경우 의결권이 없거나 제한되는 종류주식이 발행주식총수의 4분의 1을 초과하여 발행된 경우에는 회사는 지체 없이 그 제한을 초과하지 아니하도록 하기 위하여 필요한 조치를 하여야 한다(상법 제344조의3 제2항).

④ [○] 상법 제345조 제1항, 제3항

⑤ [✕] 상법 제345조 제4항

> **상법 제345조(주식의 상환에 관한 종류주식)**
> ① 회사는 정관으로 정하는 바에 따라 회사의 이익으로써 소각할 수 있는 종류주식을 발행할 수 있다. 이 경우 회사는 정관에 상환가액, 상환기간, 상환의 방법과 상환할 주식의 수를 정하여야 한다.
> ③ 회사는 정관으로 정하는 바에 따라 주주가 회사에 대하여 상환을 청구할 수 있는 종류주식을 발행할 수 있다. 이 경우 회사는 정관에 주주가 회사에 대하여 상환을 청구할 수 있다는 뜻, 상환가액, 상환청구기간, 상환의 방법을 정하여야 한다.
> ④ 제1항 및 제3항의 경우 회사는 주식의 취득의 대가로 현금 외에 유가증권(다른 종류주식은 제외한다)이나 그 밖의 자산을 교부할 수 있다. 다만, 이 경우에는 그 자산의 장부가액이 제462조에 따른 배당가능이익을 초과하여서는 아니 된다.

 답 ⑤

15

15 세무사 2021   ☑ 확인 Check! ○ △ ✕

상법상 종류주식에 관한 설명으로 옳지 않은 것은?

① 회사가 종류주식을 발행하는 경우, 정관으로 각 종류주식의 내용과 수를 정하여야 한다.

② 종류주주총회의 결의는 출석한 주주의 의결권의 3분의 2 이상의 수와 그 종류의 발행주식총수의 3분의 1 이상의 수로써 하여야 한다.

③ 주식의 상환에 관한 종류주식의 경우, 회사는 주식의 취득의 대가로 현금 외에 유가증권(다른 종류주식은 제외한다)이나 그 밖의 자산을 교부할 수 있으며, 이 경우 그 자산의 장부가액이 상법 규정에 따른 배당가능이익을 초과하여서는 아니 된다.

④ 주식의 전환에 관한 종류주식에서 전환으로 인하여 신주식을 발행하는 경우에는 전환 전의 주식의 발행가액을 신주식의 발행가액으로 한다.

⑤ 회사가 의결권이 제한되는 종류주식을 발행주식총수의 4분의 1을 초과하여 발행한 경우, 그 초과된 부분의 발행은 당연히 무효로 된다.

┃해설┃

① [○] 상법 제344조 제2항

> **상법 제344조(종류주식)**
> ① 회사는 이익의 배당, 잔여재산의 분배, 주주총회에서의 의결권의 행사, 상환 및 전환 등에 관하여 내용이 다른 종류의 주식(이하 "종류주식"이라 한다)을 발행할 수 있다.
> ② 제1항의 경우에는 정관으로 각 종류주식의 내용과 수를 정하여야 한다.

② [○] 상법 제435조 제2항

> **상법 제435조(종류주주총회)**
> ① 회사가 종류주식을 발행한 경우에 정관을 변경함으로써 어느 종류주식의 주주에게 손해를 미치게 될 때에는 주주총회의 결의 외에 그 종류주식의 주주의 총회의 결의가 있어야 한다.
> ② 제1항의 결의는 출석한 주주의 의결권의 3분의 2 이상의 수와 그 종류의 발행주식총수의 3분의 1 이상의 수로써 하여야 한다.

③ [○] 상법 제345조 제4항

> **상법 제345조(주식의 상환에 관한 종류주식)**
> ① 회사는 정관으로 정하는 바에 따라 회사의 이익으로써 소각할 수 있는 종류주식을 발행할 수 있다. 이 경우 회사는 정관에 상환가액, 상환기간, 상환의 방법과 상환할 주식의 수를 정하여야 한다.
> ③ 회사는 정관으로 정하는 바에 따라 주주가 회사에 대하여 상환을 청구할 수 있는 종류주식을 발행할 수 있다. 이 경우 회사는 정관에 주주가 회사에 대하여 상환을 청구할 수 있다는 뜻, 상환가액, 상환청구기간, 상환의 방법을 정하여야 한다.
> ④ 제1항 및 제3항의 경우 회사는 주식의 취득의 대가로 현금 외에 유가증권(다른 종류주식은 제외한다)이나 그 밖의 자산을 교부할 수 있다. 다만, 이 경우에는 그 자산의 장부가액이 제462조에 따른 배당가능이익을 초과하여서는 아니 된다.

④ [O] 전환으로 인하여 신주식을 발행하는 경우에는 전환 전의 주식의 발행가액을 신주식의 발행가액으로 한다(상법 제348조).

⑤ [×] 의결권의 배제·제한 종류주식의 발행한도를 초과하여 발행하여도 무효가 되는 것이 아니고, 단지 회사에 필요한 조치를 취할 의무만 발생할 뿐이다(상법 제344조의3 제2항 참조).

> **상법 제344조의3(의결권의 배제·제한에 관한 종류주식)**
> ① 회사가 의결권이 없는 종류주식이나 의결권이 제한되는 종류주식을 발행하는 경우에는 정관에 의결권을 행사할 수 없는 사항과, 의결권행사 또는 부활의 조건을 정한 경우에는 그 조건 등을 정하여야 한다.
> ② 제1항에 따른 종류주식의 총수는 발행주식총수의 4분의 1을 초과하지 못한다. 이 경우 의결권이 없거나 제한되는 종류주식이 발행주식총수의 4분의 1을 초과하여 발행된 경우에는 회사는 지체 없이 그 제한을 초과하지 아니하도록 하기 위하여 필요한 조치를 하여야 한다.

답 ⑤

16 세무사 2020 ☑ 확인 Check! ○ △ ✕

상법상 종류주식에 관한 설명으로 옳은 것은?

① 회사는 의결권이 없는 종류주식을 주주가 회사에 대하여 상환을 청구할 수 있는 종류주식으로 발행할 수 있다.

② 주식의 전환은 회사가 전환을 청구한 경우에는 그 청구한 때에, 주주가 전환을 한 경우에는 주권제출기간이 끝난 때에 그 효력이 발생한다.

③ 회사가 상환에 관한 종류주식을 상환할 때 그 회사가 발행한 전환에 관한 종류주식을 상환의 대가로 교부할 수 있다.

④ 전환에 관한 종류주식의 경우 전환으로 인해 발행되는 신주 1주의 액면가는 전환으로 인해 소멸하는 전환주식 1주의 액면가와 다르다.

⑤ 의결권이 없는 종류주식을 의결권이 있는 종류주식으로 전환할 수 있는 전환주식을 가진 주주가 주주명부 폐쇄기간 중에 전환청구를 하면 그 폐쇄기간 중의 주주총회 결의에서 의결권을 행사할 수 있다.

┃해설┃

① [O] 상환주식에는 회사가 상환권을 갖는 회사상환주식과 주주가 상환을 청구할 수 있는 주주상환주식이 있는데(상법 제345조 제1항, 제3항 참조), 상환주식과 전환주식을 제외한 이익배당·잔여재산분배에 관한 종류주식과 의결권이 없거나 제한된 종류주식에 한정하여 상환주식으로 발행할 수 있다(상법 제345조 제5항 참조).

② [×] 주식의 전환은 <u>주주가 전환을 청구한 경우에는 그 청구한 때에, 회사가 전환을 한 경우에는 제346조 제3항 제2호의 기간(주권제출기간)</u>이 끝난 때에 그 효력이 발생한다(상법 제350조 제1항).

③ [×] <u>회사의 다른 종류주식을 상환대가로 지급할 수 없다</u>(상법 제345조 제4항 참조). 이를 허용하면 상환주식이 아니라 전환주식이라는 의미가 되기 때문이다.

> **상법 제345조(주식의 상환에 관한 종류주식)**
> ① 회사는 정관으로 정하는 바에 따라 회사의 이익으로써 소각할 수 있는 종류주식을 발행할 수 있다. 이 경우 회사는 정관에 상환가액, 상환기간, 상환의 방법과 상환할 주식의 수를 정하여야 한다.
> ③ 회사는 정관으로 정하는 바에 따라 주주가 회사에 대하여 상환을 청구할 수 있는 종류주식을 발행할 수 있다. 이 경우 회사는 정관에 주주가 회사에 대하여 상환을 청구할 수 있다는 뜻, 상환가액, 상환청구기간, 상환의 방법을 정하여야 한다.
> ④ 제1항 및 제3항의 경우 회사는 주식의 취득의 대가로 현금 외에 유가증권(<u>다른 종류주식은 제외한다</u>)이나 그 밖의 자산을 교부할 수 있다. 다만, 이 경우에는 그 자산의 장부가액이 제462조에 따른 배당가능이익을 초과하여서는 아니 된다.
> ⑤ 제1항과 제3항에서 규정한 주식은 종류주식(<u>상환과 전환에 관한 것은 제외한다</u>)에 한정하여 발행할 수 있다.

④ [×] <u>액면주식의 금액은 균일하여야 한다</u>(상법 제329조 제2항). 이는 전환주식의 전환의 경우에도 마찬가지이어야 한다.

⑤ [×] 제354조 제1항의 기간(주주명부폐쇄기간) 중에 전환된 주식의 주주는 그 기간 중의 총회의 결의에 관하여는 <u>의결권을 행사할 수 없다</u>(상법 제350조 제2항).

답 ①

17 세무사 2018

☑ 확인Check! ○ △ ✕

상법상 종류주식에 관한 설명으로 옳지 않은 것은?

① 회사가 종류주식을 발행한 경우에 정관을 변경함으로써 어느 종류주식의 주주에게 손해를 미치게 될 때에는 주주총회의 결의 외에 그 종류주식의 주주의 총회의 결의가 있어야 한다.

② 회사는 정관으로 정하는 바에 따라 회사의 이익으로써 소각할 수 있는 종류주식을 발행할 수 있다.

③ 주권이 상장되지 않는 회사의 경우, 의결권이 없거나 제한되는 종류주식이 발행주식총수의 4분의 1을 초과하여 발행된 경우에는 회사는 지체 없이 그 제한을 초과하지 아니하도록 하기 위하여 필요한 조치를 하여야 한다.

④ 상법상 이익배당에 관하여 내용이 다른 종류주식의 발행이 인정되고 있다.

⑤ 의결권이 없는 종류주식은 그 종류주주총회에서 발행주식총수에는 산입되나 출석주주의 의결권 수에는 산입되지 아니한다.

┊ 해설 ┊

① [○] 회사가 종류주식을 발행한 경우에 정관을 변경함으로써 어느 종류주식의 주주에게 손해를 미치게 될 때에는 주주총회의 결의 외에 그 종류주식의 주주의 총회의 결의가 있어야 한다(상법 제435조 제1항).

② [○] 회사는 정관으로 정하는 바에 따라 회사의 이익으로써 소각할 수 있는 종류주식을 발행할 수 있다. 이 경우 회사는 정관에 상환가액, 상환기간, 상환의 방법과 상환할 주식의 수를 정하여야 한다(상법 제345조 제1항).

③ [O] 제1항에 따른 종류주식의 총수는 발행주식총수의 4분의 1을 초과하지 못한다. 이 경우 의결권이 없거나 제한되는 종류주식이 발행주식총수의 4분의 1을 초과하여 발행된 경우에는 회사는 지체 없이 그 제한을 초과하지 아니하도록 하기 위하여 필요한 조치를 하여야 한다(상법 제344조의3 제2항).

④ [O] 회사가 이익의 배당에 관하여 내용이 다른 종류주식을 발행하는 경우에는 정관에 그 종류주식의 주주에게 교부하는 배당재산의 종류, 배당재산의 가액의 결정방법, 이익을 배당하는 조건 등 이익배당에 관한 내용을 정하여야 한다(상법 제344조의2 제1항).

⑤ [X] 주주총회에 관한 규정은 의결권 없는 종류의 주식에 관한 것을 제외하고 제1항의 총회(종류주주총회)에 준용한다(상법 제435조 제3항). 따라서 의결권이 없는 종류주식도 그 종류주주총회에서는 <u>발행주식총수와 출석주주의 의결권 수에 산입된다</u>.

답 ⑤

18 세무사 2017 ☑ 확인 Check! ○ △ X

상법상 종류주식에 관한 설명으로 옳지 않은 것은?

① 주식의 상환에 관한 종류주식을 발행한 회사는 상환주식의 취득의 대가로 현금 외에 그 회사의 다른 종류주식을 교부할 수 있다.

② 회사가 종류주식을 발행하는 경우에는 정관에 일정한 사유가 발생할 때 회사가 주주의 인수 주식을 다른 종류주식으로 전환할 수 있음을 정할 수 있다.

③ 회사는 잔여재산의 분배에 관하여 내용이 다른 종류의 주식을 발행할 수 있다.

④ 회사가 종류주식을 발행하는 때에는 정관에 다른 정함이 없는 경우에도 주식의 종류에 따라 회사의 합병으로 인한 주식의 배정에 관하여 특수하게 정할 수 있다.

⑤ 주식의 전환에 관한 종류주식에서 전환으로 인하여 신주식을 발행하는 경우에는 전환 전의 주식의 발행가액을 신주식의 발행가액으로 한다.

┃해설┃

① [X] 회사의 다른 종류주식을 상환대가로 지급할 수 없다(상법 제345조 제4항 참조). 이를 허용하면 상환주식이 아니라 전환주식이라는 의미가 되기 때문이다.

> **상법 제345조(주식의 상환에 관한 종류주식)**
> ① 회사는 정관으로 정하는 바에 따라 회사의 이익으로써 소각할 수 있는 종류주식을 발행할 수 있다. 이 경우 회사는 정관에 상환가액, 상환기간, 상환의 방법과 상환할 주식의 수를 정하여야 한다.
> ③ 회사는 정관으로 정하는 바에 따라 주주가 회사에 대하여 상환을 청구할 수 있는 종류주식을 발행할 수 있다. 이 경우 회사는 정관에 주주가 회사에 대하여 상환을 청구할 수 있다는 뜻, 상환가액, 상환청구기간, 상환의 방법을 정하여야 한다.
> ④ 제1항 및 제3항의 경우 회사는 주식의 취득의 대가로 현금 외에 유가증권(<u>다른 종류주식은 제외한다</u>)이나 그 밖의 자산을 교부할 수 있다. 다만, 이 경우에는 그 자산의 장부가액이 제462조에 따른 배당가능이익을 초과하여서는 아니 된다.

② [O] 회사가 종류주식을 발행하는 경우에는 정관에 일정한 사유가 발생할 때 회사가 주주의 인수 주식을 다른 종류주식으로 전환할 수 있음을 정할 수 있다. 이 경우 회사는 전환의 사유, 전환의 조건, 전환의 기간, 전환으로 인하여 발행할 주식의 수와 내용을 정하여야 한다(상법 제346조 제2항).

③ [O] 회사는 이익의 배당, 잔여재산의 분배, 주주총회에서의 의결권의 행사, 상환 및 전환 등에 관하여 내용이 다른 종류의 주식(이하 "종류주식"이라 한다)을 발행할 수 있다(상법 제344조 제1항).

④ [O] 회사가 종류주식을 발행하는 때에는 정관에 다른 정함이 없는 경우에도 주식의 종류에 따라 신주의 인수, 주식의 병합·분할·소각 또는 회사의 합병·분할로 인한 주식의 배정에 관하여 특수하게 정할 수 있다(상법 제344조 제3항).

⑤ [O] 전환으로 인하여 신주식을 발행하는 경우에는 전환 전의 주식의 발행가액을 신주식의 발행가액으로 한다(상법 제348조).

답 ①

---

19 CPA 2023

☑ 확인Check! ○ △ ✕

상법상 비상장주식회사의 종류주식에 관한 설명으로 옳은 것만을 모두 고른 것은?

> ㄱ. 회사는 정관에 정한 바에 따라 이익의 배당, 잔여재산의 분배, 주주총회에서의 의결권의 행사, 상환 및 전환 등에 관하여 내용이 다른 종류의 주식을 발행할 수 있다.
> ㄴ. 회사가 종류주식을 발행할 때 정관에 정함이 없으면 회사의 합병·분할로 인한 주식의 배정에 관하여 주식의 종류에 따라 특수하게 정할 수 없다.
> ㄷ. 의결권이 없거나 제한되는 종류주식의 수는 발행주식총수의 4분의 1을 초과하지 못한다.
> ㄹ. 회사는 상환주식을 상환할 때 그 주식의 취득 대가로 현금 외에 다른 종류주식이나 그 밖의 자산을 교부할 수 있다.
> ㅁ. 전환주식의 전환으로 인하여 신주식을 발행하는 경우에는 전환 전의 주식의 발행가액을 신주식의 발행가액으로 한다.

① ㄱ, ㄴ, ㄷ
② ㄱ, ㄷ, ㅁ
③ ㄱ, ㄹ, ㅁ
④ ㄴ, ㄷ, ㄹ
⑤ ㄴ, ㄹ, ㅁ

┃해설┃

ㄱ. [O] 회사는 이익의 배당, 잔여재산의 분배, 주주총회에서의 의결권의 행사, 상환 및 전환 등에 관하여 내용이 다른 종류의 주식(이하 "종류주식"이라 한다)을 발행할 수 있다(상법 제344조 제1항).

ㄴ. [✕] 회사가 종류주식을 발행하는 때에는 정관에 다른 정함이 없는 경우에도 주식의 종류에 따라 신주의 인수, 주식의 병합·분할·소각 또는 회사의 합병·분할로 인한 주식의 배정에 관하여 특수하게 정할 수 있다(상법 제344조 제3항).

ㄷ. [○] 상법 제344조의3 제1항, 제2항

> **상법 제344조의3(의결권의 배제·제한에 관한 종류주식)**
> ① 회사가 의결권이 없는 종류주식이나 의결권이 제한되는 종류주식을 발행하는 경우에는 정관에 의결권을 행사할
> 수 없는 사항과, 의결권행사 또는 부활의 조건을 정한 경우에는 그 조건 등을 정하여야 한다.
> ② 제1항에 따른 종류주식의 총수는 발행주식총수의 4분의 1을 초과하지 못한다. 이 경우 의결권이 없거나 제한되는
> 종류주식이 발행주식총수의 4분의 1을 초과하여 발행된 경우에는 회사는 지체 없이 그 제한을 초과하지 아니하도
> 록 하기 위하여 필요한 조치를 하여야 한다.

ㄹ. [✕] 회사는 상환주식을 상환할 때 <u>회사의 다른 종류주식을 상환대가로 지급할 수 없다</u>(상법 제345조 제4항 참조). 이를
허용하면 상환주식이 아니라 전환주식이라는 의미가 되기 때문이다.

> **상법 제345조(주식의 상환에 관한 종류주식)**
> ① 회사는 정관으로 정하는 바에 따라 회사의 이익으로써 소각할 수 있는 종류주식을 발행할 수 있다. 이 경우
> 회사는 정관에 상환가액, 상환기간, 상환의 방법과 상환할 주식의 수를 정하여야 한다.
> ③ 회사는 정관으로 정하는 바에 따라 주주가 회사에 대하여 상환을 청구할 수 있는 종류주식을 발행할 수 있다.
> 이 경우 회사는 정관에 주주가 회사에 대하여 상환을 청구할 수 있다는 뜻, 상환가액, 상환청구기간, 상환의
> 방법을 정하여야 한다.
> ④ 제1항 및 제3항의 경우 회사는 주식의 취득의 대가로 현금 외에 유가증권(<u>다른 종류주식은 제외한다</u>)이나 그
> 밖의 자산을 교부할 수 있다. 다만, 이 경우에는 그 자산의 장부가액이 제462조에 따른 배당가능이익을 초과하여
> 서는 아니 된다.

ㅁ. [○] 전환으로 인하여 신주식을 발행하는 경우에는 전환 전의 주식의 발행가액을 신주식의 발행가액으로 한다(상법
제348조).

답 ②

20 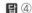 CPA 2020

상법상 종류주식에 관한 설명으로 틀린 것은?

① 의결권이 없거나 제한되는 종류주식이 발행주식총수의 4분의 1을 초과하여 발행된 경우, 회사는 지체없이 그 제한을 초과하지 않도록 하기 위하여 필요한 조치를 하여야 한다.

② 회사가 의결권이 없거나 제한되는 종류주식을 발행하는 때에는, 정관에 의결권을 행사할 수 없는 사항과, 의결권행사 또는 부활의 조건을 정한 경우에는 그 조건 등을 정하여야 한다.

③ 회사가 정관으로 정하는 바에 따라 회사의 이익으로써 소각할 수 있는 종류주식을 발행하는 경우, 회사는 정관에 상환가액, 상환기간, 상환의 방법과 상환할 주식의 수를 정하여야 한다.

④ 회사가 종류주식을 발행하는 경우에는, 정관에 정함이 없더라도 주주는 인수한 주식을 다른 종류주식으로 전환할 것을 청구할 수 있다.

⑤ 회사가 잔여재산의 분배에 관하여 내용이 다른 종류주식을 발행하는 경우에는, 정관에 잔여재산의 종류, 잔여재산의 가액의 결정방법, 그 밖에 잔여재산분배에 관한 내용을 정하여야 한다.

┃해설┃

① [○] 상법 제344조의3 제2항

② [○] 상법 제344조의3 제1항

> **상법 제344조의3(의결권의 배제·제한에 관한 종류주식)**
> ① 회사가 의결권이 없는 종류주식이나 의결권이 제한되는 종류주식을 발행하는 경우에는 정관에 의결권을 행사할 수 없는 사항과, 의결권행사 또는 부활의 조건을 정한 경우에는 그 조건 등을 정하여야 한다.
> ② 제1항에 따른 종류주식의 총수는 발행주식총수의 4분의 1을 초과하지 못한다. 이 경우 의결권이 없거나 제한되는 종류주식이 발행주식총수의 4분의 1을 초과하여 발행된 경우에는 회사는 지체 없이 그 제한을 초과하지 아니하도록 하기 위하여 필요한 조치를 하여야 한다.

③ [○] 회사는 정관으로 정하는 바에 따라 회사의 이익으로써 소각할 수 있는 종류주식을 발행할 수 있다. 이 경우 회사는 정관에 상환가액, 상환기간, 상환의 방법과 상환할 주식의 수를 정하여야 한다(상법 제345조 제1항).

④ [✕] 회사가 종류주식을 발행하는 경우에는 <u>정관으로 정하는</u> 바에 따라 주주는 인수한 주식을 다른 종류주식으로 전환할 것을 청구할 수 있다. 이 경우 전환의 조건, 전환의 청구기간, 전환으로 인하여 발행할 주식의 수와 내용을 정하여야 한다(상법 제346조 제1항).

⑤ [○] 회사가 잔여재산의 분배에 관하여 내용이 다른 종류주식을 발행하는 경우에는 정관에 잔여재산의 종류, 잔여재산의 가액의 결정방법, 그 밖에 잔여재산분배에 관한 내용을 정하여야 한다(상법 제344조의2 제2항).

답 ④

상법상 甲회사, 乙회사 그리고 丙회사에 관한 설명으로 옳지 않은 것은? (단, 각 회사는 모두 비상장주식회사임)

① 甲회사가 乙회사의 발행주식총수의 10분의 1을 초과하여 취득한 때에는 甲회사는 乙회사에 대하여 지체없이 이를 통지하여야 한다.

② 甲회사는 정관에 의하여 의결권이 제한되는 것에 불과한 종류주식을 발행하는 경우에는 그 종류주식의 발행총수에 제한을 받지 않는다.

③ 甲회사가 丙회사의 발행주식총수의 100분의 96을 자기의 계산으로 보유하고 있는 주주이고 乙회사가 丙회사의 발행주식총수의 100분의 4를 보유하고 있는 주주라면 乙회사는 언제든지 甲회사에게 보유주식의 매수를 청구할 수 있다.

④ 甲회사가 乙회사와 주식의 포괄적 교환을 하여 완전모회사가 되었다면, 甲회사와 乙회사의 이사는 주식교환의 날로부터 6월 내에 주식교환무효의 소를 제기할 수 있다.

⑤ 甲회사가 신주의 납입기일 전에 신주의 주권을 발행하여 그 주권이 무효가 되어도 甲회사에 대한 손해배상청구에 영향을 미치지 않는다.

▌해설▐

① [○] 회사가 다른 회사의 발행주식총수의 10분의 1을 초과하여 취득한 때에는 그 다른 회사에 대하여 지체없이 이를 통지하여야 한다(상법 제342조의3).

② [×] 상법 제344조의3 제2항

> **상법 제344조의3(의결권의 배제·제한에 관한 종류주식)**
> ① 회사가 의결권이 없는 종류주식이나 의결권이 제한되는 종류주식을 발행하는 경우에는 정관에 의결권을 행사할 수 없는 사항과, 의결권행사 또는 부활의 조건을 정한 경우에는 그 조건 등을 정하여야 한다.
> ② 제1항에 따른 종류주식의 총수는 발행주식총수의 4분의 1을 초과하지 못한다. 이 경우 의결권이 없거나 제한되는 종류주식이 발행주식총수의 4분의 1을 초과하여 발행된 경우에는 회사는 지체 없이 그 제한을 초과하지 아니하도록 하기 위하여 필요한 조치를 하여야 한다.

③ [○] 丙회사는 甲회사가 발행주식총수의 100분의 96을 자기의 계산으로 보유하여 지배주주로 있는 회사이므로 소수주주인 乙회사는 지배주주인 甲회사에게 그 보유주식의 매수를 청구할 수 있다(상법 제360조의25 제1항 참조).

> **상법 제360조의24(지배주주의 매도청구권)**
> ① 회사의 발행주식총수의 100분의 95 이상을 자기의 계산으로 보유하고 있는 주주(이하 이 관에서 "지배주주"라 한다)는 회사의 경영상 목적을 달성하기 위하여 필요한 경우에는 회사의 다른 주주(이하 이 관에서 "소수주주"라 한다)에게 그 보유하는 주식의 매도를 청구할 수 있다.
>
> **상법 제360조의25(소수주주의 매수청구권)**
> ① 지배주주가 있는 회사의 소수주주는 언제든지 지배주주에게 그 보유주식의 매수를 청구할 수 있다.

④ [○] 주식교환의 무효는 각 회사의 주주·이사·감사·감사위원회의 위원 또는 청산인에 한하여 주식교환의 날부터 6월 내에 소만으로 이를 주장할 수 있다(상법 제360조의14 제1항).

⑤ [○] 상법 제355조 제3항

> **상법 제355조(주권발행의 시기)**
> ② 주권은 회사의 성립 후 또는 신주의 납입기일 후가 아니면 발행하지 못한다.
> ③ 전항의 규정에 위반하여 발행한 주권은 무효로 한다. 그러나 발행한 자에 대한 손해배상의 청구에 영향을 미치지 아니한다.

 답 ②

22 세무사 2020

☑ 확인 Check! ○ △ ✕

상법상 의결권이 없거나 제한되는 종류주식에 관한 설명으로 옳지 않은 것은?

① 주주총회의 결의에 관하여는 의결권이 없는 종류주식의 수는 발행주식총수에 산입하지 아니한다.

② 의결권이 없거나 제한되는 종류주식이 발행주식총수의 4분의 1을 초과하여 발행된 경우에는 회사는 지체 없이 그 제한을 초과하지 아니하도록 하기 위하여 필요한 조치를 하여야 한다.

③ 의결권이 없는 주식을 보유한 주주는 주식회사가 유한회사로의 조직변경을 위한 주주총회에서 의결권을 행사할 수 있다.

④ 의결권이 없는 주식을 보유한 주주는 회사의 분할 또는 분할합병의 승인을 위한 주주총회의 결의가 그에게 손해를 미치는 경우에 한하여 그 주주총회에서 의결권을 행사할 수 있다.

⑤ 회사가 의결권이 없거나 제한되는 종류주식을 발행하는 경우에는 정관에 의결권을 행사할 수 없는 사항과, 의결권행사 또는 부활의 조건을 정한 경우에는 그 조건 등을 정하여야 한다.

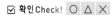

┃해설┃

① [○] 총회의 결의에 관하여는 제344조의3 제1항(의결권이 배제되는 종류주식)과 제369조 제2항(자기주식) 및 제3항 (의결권 없는 상호주)의 의결권 없는 주식의 수는 발행주식총수에 산입하지 아니한다(상법 제371조 제1항).

② [○] 제1항에 따른 종류주식의 총수는 발행주식총수의 4분의 1을 초과하지 못한다. 이 경우 의결권이 없거나 제한되는 종류주식이 발행주식총수의 4분의 1을 초과하여 발행된 경우에는 회사는 지체 없이 그 제한을 초과하지 아니하도록 하기 위하여 필요한 조치를 하여야 한다(상법 제344조의3 제2항).

③ [○] 주식회사는 총주주의 일치에 의한 총회의 결의로 그 조직을 변경하여 이를 유한회사로 할 수 있다. 그러나 사채의 상환을 완료하지 아니한 경우에는 그러하지 아니하다(상법 제604조 제1항). 총주주의 동의가 필요하므로 의결권이 없는 종류주식을 보유한 주주도 의결권을 행사할 수 있다.

④ [×] 손해를 미치는지 여부와 관계 없이 의결권이 있다(상법 제530조의3 제3항 참조).

> **상법 제530조의3(분할계획서 · 분할합병계약서의 승인)**
> ① 회사가 분할 또는 분할합병을 하는 때에는 분할계획서 또는 분할합병계약서를 작성하여 주주총회의 승인을 얻어야 한다.
> ② 제1항의 승인결의는 제434조의 규정에 의하여야 한다.
> ③ 제2항의 결의에 관하여는 제344조의3 제1항에 따라 의결권이 배제되는 주주도 의결권이 있다.

⑤ [○] 회사가 의결권이 없는 종류주식이나 의결권이 제한되는 종류주식을 발행하는 경우에는 정관에 의결권을 행사할 수 없는 사항과, 의결권행사 또는 부활의 조건을 정한 경우에는 그 조건 등을 정하여야 한다(상법 제344조의3 제1항).

답 ④

---

23 세무사 2024

☑ 확인 Check! ○ △ ✕

상법상 회사에게 전환권이 부여된 전환주식에 관한 설명으로 옳지 않은 것은?

① 회사는 종류주식을 발행하는 경우 정관에 일정한 사유가 발생할 때 회사가 주주의 인수 주식을 다른 종류주식으로 전환할 수 있음을 정할 수 있다.

② 회사가 전환주식의 주주 및 주주명부에 적힌 권리자에게 전환할 주식, 주권제출기간 및 그 기간 내에 주권을 제출하지 않으면 주권이 무효가 된다는 뜻을 통지한 경우, 주권제출기간이 끝난 때에 전환의 효력이 발생한다.

③ 주주명부 폐쇄기간 중에 전환이 이루어져 의결권 있는 주식을 발행받은 주주는 그 기간 중의 총회 결의에 관하여는 의결권을 행사할 수 없다.

④ 회사가 전환주식을 발행할 때에는 전환의 기간을 주식청약서 또는 신주인수권증서에 기재해야 한다.

⑤ 회사가 전환주식을 전환하면 정관에 기재된 회사가 발행할 주식의 총수가 감소한다.

▌해설▌

① [○] 상법 제346조 제2항
② [○] 상법 제346조 제3항, 제350조 제1항

> **상법 제346조(주식의 전환에 관한 종류주식)**
> ② 회사가 종류주식을 발행하는 경우에는 정관에 일정한 사유가 발생할 때 회사가 주주의 인수 주식을 다른 종류주식으로 전환할 수 있음을 정할 수 있다. 이 경우 회사는 전환의 사유, 전환의 조건, 전환의 기간, 전환으로 인하여 발행할 주식의 수와 내용을 정하여야 한다.
> ③ 제2항의 경우에 이사회는 다음 각 호의 사항을 그 주식의 주주 및 주주명부에 적힌 권리자에게 따로 통지하여야 한다. 다만, 통지는 공고로 갈음할 수 있다.
>   1. 전환할 주식
>   2. 2주 이상의 일정한 기간 내에 그 주권을 회사에 제출하여야 한다는 뜻
>   3. 그 기간 내에 주권을 제출하지 아니할 때에는 그 주권이 무효로 된다는 뜻
>
> **상법 제350조(전환의 효력발생)**
> ① 주식의 전환은 주주가 전환을 청구한 경우에는 그 청구한 때에, 회사가 전환을 한 경우에는 제346조 제3항 제2호의 기간이 끝난 때에 그 효력이 발생한다.

③ [○] 제354조 제1항의 기간(주주명부폐쇄기간) 중에 전환된 주식의 주주는 그 기간 중의 총회의 결의에 관하여는 의결권을 행사할 수 없다(상법 제350조 제2항).
④ [○] 상법 제347조 제4호

> **상법 제347조(전환주식발행의 절차)**
> 제346조(주식의 전환에 관한 종류주식)의 경우에는 주식청약서 또는 신주인수권증서에 다음의 사항을 적어야 한다.
>   1. 주식을 다른 종류의 주식으로 전환할 수 있다는 뜻
>   2. 전환의 조건
>   3. 전환으로 인하여 발행할 주식의 내용
>   4. 전환청구기간 또는 <u>전환의 기간</u>

⑤ [×] 주식의 전환으로 인하여 소멸한 종류주식의 수만큼 발행할 주식의 총수 중 미발행부분이 증가하는데, 이 부분에서 다시 신주식을 발행할 수 있다고 보는 것이 통설이다.

답 ⑤

상법상 전환주식에 관한 설명으로 옳지 않은 것은?

① 전환주식을 발행하는 경우 정관으로 정하는 바에 따라 주주는 인수한 주식을 다른 종류주식으로 전환할 것을 청구할 수 있다.

② 전환주식을 발행하는 경우 정관에 일정한 사유가 발생할 때 회사가 주주의 인수 주식을 다른 종류주식으로 전환할 수 있음을 정할 수 있다.

③ 종류주식의 수 중 새로 발행할 주식의 수는 전환청구기간 또는 전환의 기간 내에는 그 발행을 유보(留保)하여야 한다.

④ 전환으로 인하여 신주식을 발행하는 경우에는 전환 전의 주식의 액면가액을 신주식의 발행가액으로 한다.

⑤ 주식의 전환은 주주가 전환을 청구한 경우에는 그 청구한 때에 그 효력이 발생한다.

───────────────────────────────

┃ 해설 ┃

① [○] 회사가 종류주식을 발행하는 경우에는 정관으로 정하는 바에 따라 주주는 인수한 주식을 다른 종류주식으로 전환할 것을 청구할 수 있다. 이 경우 전환의 조건, 전환의 청구기간, 전환으로 인하여 발행할 주식의 수와 내용을 정하여야 한다(상법 제346조 제1항).

② [○] 회사가 종류주식을 발행하는 경우에는 정관에 일정한 사유가 발생할 때 회사가 주주의 인수 주식을 다른 종류주식으로 전환할 수 있음을 정할 수 있다. 이 경우 회사는 전환의 사유, 전환의 조건, 전환의 기간, 전환으로 인하여 발행할 주식의 수와 내용을 정하여야 한다(상법 제346조 제2항).

③ [○] 제344조 제2항에 따른 종류주식의 수 중 새로 발행할 주식의 수는 전환청구기간 또는 전환의 기간 내에는 그 발행을 유보(留保)하여야 한다(상법 제346조 제4항).

④ [✕] 전환으로 인하여 신주식을 발행하는 경우에는 전환 전의 주식의 <u>발행가액</u>을 신주식의 발행가액으로 한다(상법 제348조). 여기서의 발행가액은 전체 주식의 발행가액을 의미한다.

⑤ [○] 주식의 전환은 주주가 전환을 청구한 경우에는 그 청구한 때에, 회사가 전환을 한 경우에는 제346조 제3항 제2호의 기간(전환기간)이 끝난 때에 그 효력이 발생한다(상법 제350조 제1항).

답 ④

상법상 비상장주식회사의 상환주식에 관한 설명으로 옳은 것은?

① 상환주식은 상환과 전환에 관한 종류주식에 한정하여 발행할 수 있다.

② 회사가 상환주식을 발행하더라도 회사의 자본금은 증가하지 않는다.

③ 모회사가 상환주식을 발행한 경우 모회사는 상환주식 취득의 대가로 모회사가 보유한 자회사의 주식을 교부할 수 있다.

④ 주주에게 상환청구권이 부여된 상환주식을 회사가 발행한 경우 그 내용을 주권에 기재할 의무가 없다.

⑤ 회사에게 상환권이 부여된 상환주식을 회사가 상환하는 경우 주식취득일로부터 2주 전에 그 주식의 주주 및 주주명부에 적힌 권리자에게 따로 통지해야 하며 이를 공고로 갈음할 수 없다.

┃해설┃

① [✕] <u>상환주식과 전환주식을 제외한</u> 다른 종류주식에 한정하여 상환주식으로 발행할 수 있다(상법 제345조 제5항 참조). 즉 보통주를 상환주식으로 할 수 없고, 상환주식, 전환주식에 상환권을 붙이는 것은 허용되지 않는다.

② [✕] 회사의 자본금은 발행주식의 액면총액인 것이 원칙이므로(상법 제451조 제1항 참조), 상환주식을 발행하면 통상의 신주발행과 같이 회사의 <u>자본금은 증가한다</u>. 다만 상환주식의 상환은 회사의 배당가능이익으로 하게 되므로 상환되더라도 자본금이 감소하지 않는다.

③ [○] 회사는 회사가 미리 정관에서 정한 바에 따라 주식 상환의 대가로 현금 외의 유가증권(다른 종류주식은 제외한다)이나 그 밖의 자산을 교부할 수 있다(상법 제345조 제4항 본문 참조). 즉, 현물상환을 인정하고 있다. 상환의 대가로서 현물의 범위로는 가치가 균일화된 유가증권인 발행회사의 사채, 모회사·자회사·계열회사의 주식이나 사채 등이 대표적이다.

④ [✕] 종류주식이 있는 경우에는 그 주식의 종류와 내용을 주권에 기재하여야 하므로(상법 제356조 제6호 참조), 주주에게 상환청구권이 부여된 상환주식을 회사가 발행한 경우 그 내용을 <u>주권에 기재하여야 한다</u>.

⑤ [✕] 상법 제345조 제2항

> **상법 제345조(주식의 상환에 관한 종류주식)**
> ① 회사는 정관으로 정하는 바에 따라 회사의 이익으로써 소각할 수 있는 종류주식을 발행할 수 있다. 이 경우 회사는 정관에 상환가액, 상환기간, 상환의 방법과 상환할 주식의 수를 정하여야 한다.
> ② 제1항의 경우 회사는 상환대상인 주식의 취득일부터 2주 전에 그 사실을 그 주식의 주주 및 주주명부에 적힌 권리자에게 따로 통지하여야 한다. 다만, <u>통지는 공고로 갈음할 수 있다.</u>
> ③ 회사는 정관으로 정하는 바에 따라 주주가 회사에 대하여 상환을 청구할 수 있는 종류주식을 발행할 수 있다. 이 경우 회사는 정관에 주주가 회사에 대하여 상환을 청구할 수 있다는 뜻, 상환가액, 상환청구기간, 상환의 방법을 정하여야 한다.
> ④ 제1항 및 제3항의 경우 회사는 주식의 취득의 대가로 현금 외에 유가증권(다른 종류주식은 제외한다)이나 그 밖의 자산을 교부할 수 있다. 다만, 이 경우에는 그 자산의 장부가액이 제462조에 따른 배당가능이익을 초과하여서는 아니 된다.
> ⑤ 제1항과 제3항에서 규정한 주식은 종류주식(<u>상환과 전환에 관한 것은 제외한다</u>)에 한정하여 발행할 수 있다.

답 ③

26 [CPA] [2024]

상법상 액면주식을 발행하는 비상장주식회사의 상환주식 또는 전환주식에 관한 설명으로 옳은 것은?

① 회사가 상환주식을 이익으로써 소각한 경우 회사의 자본금도 감소한다.

② 회사가 상환주식을 상환할 때에는 그 회사의 자회사가 발행한 종류주식을 취득의 대가로 교부할 수 있다.

③ 전환주식을 소유한 주주가 전환을 청구한 경우 회사가 이에 대해 승낙을 한 시점에 전환의 효력이 발생한다.

④ 상환주식과 전환주식의 종류와 내용은 회사가 발행하는 주권에 기재하지 않아도 무방하다.

⑤ 주주명부 폐쇄기간 중에 전환된 주식의 주주는 그 기간 중의 주주총회 결의에 관하여 의결권을 행사할 수 있다.

┃ 해설 ┃

① [✕] 상환주식은 배당가능이익으로 상환하므로(상법 제345조 제1항 참조) 상환이 이루어지더라도 자본금은 감소하지 않는다. 따라서 채권자보호절차를 거칠 필요가 없고, 액면주식을 발행한 회사의 자본금은 발행주식의 액면총액이라는 등식은 예외적으로 깨진다.

② [○] 회사는 회사가 미리 정관에서 정한 바에 따라 주식 상환의 대가로 현금 외의 유가증권(다른 종류주식은 제외한다)이나 그 밖의 자산을 교부할 수 있다(상법 제345조 제4항 본문 참조). 즉, 현물상환을 인정하고 있다. 이때 그 회사의 다른 종류주식을 상환대가로 지급하는 것은 상환주식이 아니라 전환주식이라는 의미가 되므로 허용되지 않으나 그 회사의 자회사가 발행한 종류주식은 이러한 제한에 해당하지 않으므로 취득의 대가로 교부할 수 있다.

③ [✕] 주식의 전환은 주주가 전환을 청구한 경우에는 그 청구한 때에, 회사가 전환을 한 경우에는 제346조 제3항 제2호의 기간(2주 이상의 일정한 기간 내에 그 주권을 회사에 제출하여야 한다는 뜻)이 끝난 때에 그 효력이 발생한다(상법 제350조 제1항).

④ [✕] 종류주식이 있는 경우에는 그 주식의 종류와 내용은 회사가 발행하는 주권에 기재하여야 한다(상법 제356조 제6호 참조).

> **상법 제356조(주권의 기재사항)**
> 주권에는 다음의 사항과 번호를 기재하고 대표이사가 기명날인 또는 서명하여야 한다.
> 1. 회사의 상호
> 2. 회사의 성립연월일
> 3. 회사가 발행할 주식의 총수
> 4. 액면주식을 발행하는 경우 1주의 금액
> 5. 회사의 성립 후 발행된 주식에 관하여는 그 발행 연월일
> 6. 종류주식이 있는 경우에는 그 주식의 종류와 내용
> 6의2. 주식의 양도에 관하여 이사회의 승인을 얻도록 정한 때에는 그 규정

⑤ [✕] 제354조 제1항의 기간(주주명부 폐쇄기간) 중에 전환된 주식의 주주는 그 기간 중의 총회의 결의에 관하여는 의결권을 행사할 수 없다(상법 제350조 제2항).

답 ②

27 CPA 2022

상법상 주식에 관한 설명으로 틀린 것은? (이견이 있으면 판례에 의함)

① 정관이나 상환주식인수계약 등에서 특별한 정함이 없는 경우, 상환주식의 상환권자인 주주가 상환권을 행사하였다면, 회사로부터 상환금을 지급받지 않더라도 그 행사시점에 주주의 지위를 상실한다.

② 회사의 자본금은 액면주식을 무액면주식으로 전환함으로써 변경할 수 없다.

③ 3개월 전부터 계속하여 발행주식총수의 100분의 3에 해당하는 주식을 가진 상장회사의 주주는 임시주주총회의 소집청구권을 갖는다.

④ 액면주식을 발행한 회사는 주주총회의 특별결의로 주식을 분할할 수 있다.

⑤ 비상장회사는 정관이 정하는 바에 따라 그 발행하는 주식의 양도에 관하여 이사회의 승인을 받도록 할 수 있다.

┃해설┃

① [✕] 주주가 상환권을 행사하면 회사는 주식 취득의 대가로 주주에게 상환금을 지급할 의무를 부담하고, 주주는 상환금을 지급받음과 동시에 회사에게 주식을 이전할 의무를 부담한다. 따라서 정관이나 상환주식인수계약 등에서 특별히 정한 바가 없으면 주주가 회사로부터 상환금을 지급받을 때까지는 상환권을 행사한 이후에도 여전히 주주의 지위에 있다(대판 2020.4.9. 2017다251564).

② [O] 회사의 자본금은 액면주식을 무액면주식으로 전환하거나 무액면주식을 액면주식으로 전환함으로써 변경할 수 없다(상법 제451조 제3항).

③ [O] 비상장회사의 경우에는 발행주식총수의 100분의 3 이상에 해당하는 주식을 보유한 주주는 임시주주총회의 소집을 청구할 수 있고(상법 제366조 제1항 참조), 상장회사의 경우에는 발행주식총수의 1,000분의 15 이상에 해당하는 주식을 6개월 전부터 계속 보유한 주주가 임시주주총회의 소집을 청구할 수 있다(상법 제542조의6 제1항 참조). 하지만 소수주주권에 관한 상장회사의 특례규정은 일반적인 소수주주권의 규정과 선택적으로 적용가능하므로(상법 제542조의6 제10항 참조), 상장회사의 경우에도 발행주식총수의 100분의 3 이상에 해당하는 주식을 보유하고 있는 주주라면 주식보유기간과 상관없이 임시주주총회의 소집을 청구할 수 있다.

> **상법 제366조(소수주주에 의한 소집청구)**
> ① 발행주식총수의 100분의 3 이상에 해당하는 주식을 가진 주주는 회의의 목적사항과 소집의 이유를 적은 서면 또는 전자문서를 이사회에 제출하여 임시총회의 소집을 청구할 수 있다.
>
> **상법 제542조의6(소수주주권)**
> ① 6개월 전부터 계속하여 상장회사 발행주식총수의 1천분의 15 이상에 해당하는 주식을 보유한 자는 제366조(제542조에서 준용하는 경우를 포함한다) 및 제467조에 따른 주주의 권리를 행사할 수 있다.
> ⑩ 제1항부터 제7항까지는 제542조의2 제2항에도 불구하고 이 장의 다른 절에 따른 소수주주권의 행사에 영향을 미치지 아니한다.

④ [O] 회사는 제434조의 규정에 의한 주주총회의 결의로 주식을 분할할 수 있다(상법 제329조의2 제1항).

⑤ [O] 주식은 타인에게 양도할 수 있다. 다만, 회사는 정관으로 정하는 바에 따라 그 발행하는 주식의 양도에 관하여 이사회의 승인을 받도록 할 수 있다(상법 제335조 제1항).

답 ①

상법상 상환주식에 관한 설명으로 틀린 것은?

① 회사는 정관으로 정하는 바에 따라 회사의 이익으로써 소각할 수 있는 종류주식을 발행할 수 있다.

② 회사는 주식 취득의 대가로 현금 외에 다른 종류주식을 교부할 수 있다.

③ 회사는 정관으로 정하는 바에 따라 주주가 회사에 대하여 상환을 청구할 수 있는 종류주식을 발행할 수 있다.

④ 주주가 회사에 대하여 상환을 청구할 수 있는 종류주식을 발행하는 경우, 회사는 정관에 주주가 회사에 대하여 상환을 청구할 수 있다는 뜻, 상환가액, 상환청구기간, 상환의 방법을 정하여야 한다.

⑤ 상환주식은 종류주식(상환과 전환에 관한 것은 제외한다)에 한정하여 발행할 수 있다.

┃해설┃

① [○] 상법 제345조 제1항

② [✕] 회사는 주식 취득의 대가로 현금 외에 <u>다른 종류주식을 교부할 수 없다</u>(상법 제345조 제4항 참조). 이를 허용하면 상환주식이 아니라 전환주식이라는 의미가 되기 때문이다.

③ [○], ④ [○] 상법 제345조 제3항

⑤ [○] 상법 제345조 제5항

> **상법 제345조(주식의 상환에 관한 종류주식)**
> ① 회사는 정관으로 정하는 바에 따라 회사의 이익으로써 소각할 수 있는 종류주식을 발행할 수 있다. 이 경우 회사는 정관에 상환가액, 상환기간, 상환의 방법과 상환할 주식의 수를 정하여야 한다.
> ③ 회사는 정관으로 정하는 바에 따라 주주가 회사에 대하여 상환을 청구할 수 있는 종류주식을 발행할 수 있다. 이 경우 회사는 정관에 주주가 회사에 대하여 상환을 청구할 수 있다는 뜻, 상환가액, 상환청구기간, 상환의 방법을 정하여야 한다.
> ④ 제1항 및 제3항의 경우 회사는 주식의 취득의 대가로 현금 외에 유가증권(<u>다른 종류주식은 제외한다</u>)이나 그 밖의 자산을 교부할 수 있다. 다만, 이 경우에는 그 자산의 장부가액이 제462조에 따른 배당가능이익을 초과하여서는 아니 된다.
> ⑤ 제1항과 제3항에서 규정한 주식은 종류주식(상환과 전환에 관한 것은 제외한다)에 한정하여 발행할 수 있다.

🅐 ②

제3장

29 세무사 2024

☑ 확인Check! ○ △ ✕

상법상 의결권 없는 주식을 제외한 발행주식총수를 기준으로 하여 소수주주권 행사를 위한 주식의 보유비율을 정하고 있는 경우는?

① 집중투표청구권
② 발기인의 회사에 대한 손해배상책임을 추궁하는 대표소송제기권
③ 청산인해임청구권
④ 해산판결청구권
⑤ 주주총회소집청구권

▌해설▐

① [○] 2인 이상의 이사의 선임을 목적으로 하는 총회의 소집이 있는 때에는 <u>의결권 없는 주식을 제외한 발행주식총수의 100분의 3 이상</u>에 해당하는 주식을 가진 주주는 정관에서 달리 정하는 경우를 제외하고는 회사에 대하여 집중투표의 방법으로 이사를 선임할 것을 청구할 수 있다(상법 제382조의2 제1항).

② [✕] 상법 제322조, 제324조, 제403조 제1항

> **상법 제322조(발기인의 손해배상책임)**
> ① 발기인이 회사의 설립에 관하여 그 임무를 해태한 때에는 그 발기인은 회사에 대하여 연대하여 손해를 배상할 책임이 있다.
>
> **상법 제324조(발기인의 책임면제, 주주의 대표소송)**
> 제400조, 제403조부터 제406조까지 및 제406조의2는 발기인에 준용한다.
>
> **상법 제403조(주주의 대표소송)**
> ① <u>발행주식의 총수의 100분의 1 이상</u>에 해당하는 주식을 가진 주주는 회사에 대하여 이사의 책임을 추궁할 소의 제기를 청구할 수 있다.

③ [✕] 청산인이 그 업무를 집행함에 현저하게 부적임하거나 중대한 임무에 위반한 행위가 있는 때에는 <u>발행주식의 총수의 100분의 3 이상</u>에 해당하는 주식을 가진 주주는 법원에 그 청산인의 해임을 청구할 수 있다(상법 제539조 제2항).

④ [✕] 상법 제520조 제1항

> **상법 제520조(해산판결)**
> ① 다음의 경우에 부득이한 사유가 있는 때에는 <u>발행주식의 총수의 100분의 10 이상</u>에 해당하는 주식을 가진 주주는 회사의 해산을 법원에 청구할 수 있다.
> 1. 회사의 업무가 현저한 정돈상태를 계속하여 회복할 수 없는 손해가 생긴 때 또는 생길 염려가 있는 때
> 2. 회사재산의 관리 또는 처분의 현저한 실당으로 인하여 회사의 존립을 위태롭게 한 때

⑤ [×] 발행주식총수의 100분의 3 이상에 해당하는 주식을 가진 주주는 회의의 목적사항과 소집의 이유를 적은 서면 또는 전자문서를 이사회에 제출하여 임시총회의 소집을 청구할 수 있다(상법 제366조 제1항).

답 ①

30 세무사 2023

☑ 확인 Check! ○ △ ✕

A는 상법상 비상장주식회사인 甲주식회사의 발행주식총수의 100분의 2를 보유하고 있는 주주이고, 비상장주식회사인 乙회사는 甲회사의 자회사이다. 아래의 권리 중 A가 상법상 행사할 수 있는 주주로서의 권리를 모두 고른 것은? (단, A의 주식보유는 주주명부를 기준으로 하고, A는 乙회사의 주식을 전혀 보유하고 있지 않으며, 甲회사 및 乙회사의 발행주식에는 의결권이 없거나 의결권을 행사할 수 없는 주식은 없음)

> ㄱ. 乙회사의 이사에 대한 위법행위 유지청구
> ㄴ. 甲회사의 재무제표의 열람
> ㄷ. 乙회사의 이사에 대한 다중대표소송제기
> ㄹ. 甲회사의 임시주주총회의 소집청구
> ㅁ. 甲회사의 이사에게 주주총회 목적사항의 제안

① ㄱ, ㄴ
② ㄱ, ㅁ
③ ㄴ, ㄷ
④ ㄱ, ㄷ, ㄹ
⑤ ㄷ, ㄹ, ㅁ

┃해설┃

ㄱ. [×] 발행주식의 총수의 100분의 1 이상을 보유하고 있는 주주는 위법행위 유지청구를 할 수 있다(상법 제402조 참고). 그러나 우리 상법은 다중대표소송은 인정하고 있으나, <u>모회사의 주주가 자회사의 이사에 대한 위법행위 유지청구는 명문의 규정이 없어 인정되기 어렵다.</u>

ㄴ. [○] 주주의 재무제표열람청구권은 단독주주권이다(상법 제448조 제2항 참조).

> **상법 제448조(재무제표 등의 비치·공시)**
> ① 이사는 정기총회회일의 1주간 전부터 제447조 및 제447조의2의 서류와 감사보고서를 본점에 5년간, 그 등본을 지점에 3년간 비치하여야 한다.
> ② 주주와 회사채권자는 영업시간 내에 언제든지 제1항의 비치서류를 열람할 수 있으며 회사가 정한 비용을 지급하고 그 서류의 등본이나 초본의 교부를 청구할 수 있다.

ㄷ. [○] 모회사 발행주식총수의 100분의 1 이상에 해당하는 주식을 가진 주주는 자회사에 대하여 자회사 이사의 책임을 추궁할 소의 제기를 청구할 수 있다(상법 제406조의2 제1항).

ㄹ. [×] 발행주식총수의 100분의 3 이상에 해당하는 주식을 가진 주주는 회의의 목적사항과 소집의 이유를 적은 서면 또는 전자문서를 이사회에 제출하여 임시총회의 소집을 청구할 수 있다(상법 제366조 제1항).

ㅁ. [×] 의결권 없는 주식을 제외한 발행주식총수의 100분의 3 이상에 해당하는 주식을 가진 주주는 이사에게 주주총회일(정기주주총회의 경우 직전 연도의 정기주주총회일에 해당하는 그 해의 해당일. 이하 이 조에서 같다)의 6주 전에 서면 또는 전자문서로 일정한 사항을 주주총회의 목적사항으로 할 것을 제안(이하 '주주제안'이라 한다)할 수 있다(상법 제363조의2 제1항).

더 살펴보기	주주권	
단독주주		의결권, 설립무효판결청구권, 재무제표열람권
소수주주	1%	위법행위유지청구권, 대표소송 제기권
	3%	주주제안권, 주주총회소집청구권, 집중투표청구권, 이사·감사·청산인 해임청구권, 회계장부열람청구권, 업무검사권
	10%	해산판결청구권

답 ③

31 세무사 2022

☑확인 Check! ○ △ ✕

상법상 비상장회사의 소수주주권과 그 행사요건으로서의 주식소유 비율이 옳지 않은 것은?

① 회계장부열람권–발행주식총수의 100분의 1 이상
② 주주총회소집청구권–발행주식총수의 100분의 3 이상
③ 이사해임청구권–발행주식총수의 100분의 3 이상
④ 감사해임청구권–발행주식총수의 100분의 3 이상
⑤ 청산인해임청구권–발행주식총수의 100분의 3 이상

┃해설┃

① [✕] 발행주식의 총수의 <u>100분의 3 이상</u>에 해당하는 주식을 가진 주주는 이유를 붙인 서면으로 회계의 장부와 서류의 열람 또는 등사를 청구할 수 있다(상법 제466조 제1항).
② [○] 발행주식총수의 100분의 3 이상에 해당하는 주식을 가진 주주는 회의의 목적사항과 소집의 이유를 적은 서면 또는 전자문서를 이사회에 제출하여 임시총회의 소집을 청구할 수 있다(상법 제366조 제1항).
③ [○] 상법 제385조 제2항
④ [○] 상법 제415조, 제385조 제2항

> **상법 제385조(해임)**
> ② 이사가 그 직무에 관하여 부정행위 또는 법령이나 정관에 위반한 중대한 사실이 있음에도 불구하고 주주총회에서 그 해임을 부결한 때에는 발행주식의 총수의 100분의 3 이상에 해당하는 주식을 가진 주주는 총회의 결의가 있은 날부터 1월 내에 그 이사의 해임을 법원에 청구할 수 있다.
>
> **상법 제415조(준용규정)**
> 제382조 제2항, 제382조의4, 제385조, 제386조, 제388조, 제400조, 제401조, 제403조부터 제406조까지, 제406조의2 및 제407조는 감사에 준용한다.

⑤ [○] 청산인이 그 업무를 집행함에 현저하게 부적임하거나 중대한 임무에 위반한 행위가 있는 때에는 발행주식의 총수의 100분의 3 이상에 해당하는 주식을 가진 주주는 법원에 그 청산인의 해임을 청구할 수 있다(상법 제539조 제2항).

답 ①

32 세무사 2021

상법상 비상장주식회사 주주의 소수주주권 행사를 위한 주식 보유비율이 다른 하나는?

① 주주제안권

② 회계장부열람권

③ 이사·감사의 해임청구권

④ 임시주주총회의 소집청구권

⑤ 이사의 위법행위에 대한 유지청구권

┃해설┃

① [**100분의 3 이상**] 의결권 없는 주식을 제외한 발행주식총수의 100분의 3 이상에 해당하는 주식을 가진 주주는 이사에게 주주총회일(정기주주총회의 경우 직전 연도의 정기주주총회일에 해당하는 그 해의 해당일. 이하 이 조에서 같다)의 6주 전에 서면 또는 전자문서로 일정한 사항을 주주총회의 목적사항으로 할 것을 제안(이하 '주주제안'이라 한다)할 수 있다(상법 제363조의2 제1항).

② [**100분의 3 이상**] 발행주식의 총수의 100분의 3 이상에 해당하는 주식을 가진 주주는 이유를 붙인 서면으로 회계의 장부와 서류의 열람 또는 등사를 청구할 수 있다(상법 제466조 제1항).

③ [**100분의 3 이상**] 이사가 그 직무에 관하여 부정행위 또는 법령이나 정관에 위반한 중대한 사실이 있음에도 불구하고 주주총회에서 그 해임을 부결한 때에는 발행주식의 총수의 100분의 3 이상에 해당하는 주식을 가진 주주는 총회의 결의가 있은 날부터 1월 내에 그 이사의 해임을 법원에 청구할 수 있다(상법 제385조 제2항).

④ [**100분의 3 이상**] 발행주식총수의 100분의 3 이상에 해당하는 주식을 가진 주주는 회의의 목적사항과 소집의 이유를 적은 서면 또는 전자문서를 이사회에 제출하여 임시총회의 소집을 청구할 수 있다(상법 제366조 제1항).

⑤ [**100분의 1 이상**] 이사가 법령 또는 정관에 위반한 행위를 하여 이로 인하여 회사에 회복할 수 없는 손해가 생길 염려가 있는 경우에는 감사 또는 발행주식의 총수의 100분의 1 이상에 해당하는 주식을 가진 주주는 회사를 위하여 이사에 대하여 그 행위를 유지할 것을 청구할 수 있다(상법 제402조).

답 ⑤

비상장주식회사의 주주가 소수주주권을 행사하기 위하여 필요한 주식의 소유비율을 의결권 없는 주식을 제외한 발행주식총수를 기준으로 계산하는 경우는?

① 주주가 주주총회와 관련하여 주주제안권을 행사하고자 하는 경우

② 주주가 회사의 해산을 법원에 청구하고자 하는 경우

③ 주주가 임시주주총회 소집청구를 하고자 하는 경우

④ 주주가 법령 위반행위를 행한 이사에게 위법행위유지청구를 하고자 하는 경우

⑤ 위법행위를 행한 이사에 대한 주주총회 해임결의가 부결된 때에 주주가 법원에 이사해임의 소를 제기하는 경우

┃해설┃

① [○] 의결권 없는 주식을 제외한 발행주식총수의 100분의 3 이상에 해당하는 주식을 가진 주주는 이사에게 주주총회일(정기주주총회의 경우 직전 연도의 정기주주총회일에 해당하는 그 해의 해당일. 이하 이 조에서 같다)의 6주 전에 서면 또는 전자문서로 일정한 사항을 주주총회의 목적사항으로 할 것을 제안(이하 '주주제안'이라 한다)할 수 있다(상법 제363조의2 제1항).

② [✕] 상법 제520조 제1항

> **상법 제520조(해산판결)**
> ① 다음의 경우에 부득이한 사유가 있는 때에는 발행주식의 총수의 100분의 10 이상에 해당하는 주식을 가진 주주는 회사의 해산을 법원에 청구할 수 있다.
> 1. 회사의 업무가 현저한 정돈상태를 계속하여 회복할 수 없는 손해가 생긴 때 또는 생길 염려가 있는 때
> 2. 회사재산의 관리 또는 처분의 현저한 실당으로 인하여 회사의 존립을 위태롭게 한 때

③ [✕] 발행주식총수의 100분의 3 이상에 해당하는 주식을 가진 주주는 회의의 목적사항과 소집의 이유를 적은 서면 또는 전자문서를 이사회에 제출하여 임시총회의 소집을 청구할 수 있다(상법 제366조 제1항).

④ [✕] 이사가 법령 또는 정관에 위반한 행위를 하여 이로 인하여 회사에 회복할 수 없는 손해가 생길 염려가 있는 경우에는 감사 또는 발행주식의 총수의 100분의 1 이상에 해당하는 주식을 가진 주주는 회사를 위하여 이사에 대하여 그 행위를 유지할 것을 청구할 수 있다(상법 제402조).

⑤ [✕] 이사가 그 직무에 관하여 부정행위 또는 법령이나 정관에 위반한 중대한 사실이 있음에도 불구하고 주주총회에서 그 해임을 부결한 때에는 발행주식의 총수의 100분의 3 이상에 해당하는 주식을 가진 주주는 총회의 결의가 있은 날부터 1월 내에 그 이사의 해임을 법원에 청구할 수 있다(상법 제385조 제2항).

답 ①

34 세무사 2018

상법상 주식회사의 주주에 관한 설명으로 옳지 않은 것은? (다툼이 있으면 판례에 따름)

① 주주의 책임은 그가 가진 주식의 인수가액을 한도로 한다.

② 회사가 주주의 일부인 회사직원들을 유상증자에 참여시키면서 퇴직시 출자 손실금을 전액 보전해 주기로 한 약정은 주주평등의 원칙에 위반되어 무효이다.

③ 주주권은 주식의 양도나 소각 등 법률에 정하여진 사유 이외에도 단순히 당사자 사이의 특약이나 주주권 포기의 의사표시만으로 상실된다.

④ 주주가 일정기간 주주권을 포기하고 타인에게 주주로서의 의결권 행사권한을 위임하기로 약정한 사정만으로는 그 주주가 주주로서의 의결권을 직접 행사할 수 없게 되었다고 볼 수 없다.

⑤ 주주 간의 분쟁 등 일정한 사유가 발생할 경우 특정 주주를 제명하고 회사가 그 주주에게 출자금 등을 환급하도록 규정한 정관이나 내부규정은 무효이다.

┃ 해설 ┃

① [○] 주주의 책임은 그가 가진 주식의 인수가액을 한도로 한다(상법 제331조).

② [○] 회사가 직원들을 유상증자에 참여시키면서 퇴직시 출자 손실금을 전액 보전해 주기로 약정한 경우, 직원들의 신주인수의 동기가 된 위 손실보전약정이 주주평등의 원칙에 위배되어 무효라는 이유로 신주인수까지 무효로 보아 신주인수인들로 하여금 그 주식인수대금을 부당이득으로서 반환받을 수 있도록 한다면 이는 사실상 다른 주주들과는 달리 그들에게만 투하자본의 회수를 보장하는 결과가 되어 오히려 강행규정인 주주평등의 원칙에 반하는 결과를 초래하게 될 것이므로, 위 신주인수계약까지 무효라고 보아서는 아니 된다(대판 2007.6.28. 2006다38161).

③ [✕] 주주권은 주식의 양도나 소각 등 법률에 정하여진 사유에 의하여서만 상실되고 <u>단순히 당사자 사이의 특약이나 주주권 포기의 의사표시만으로 상실되지 아니하며</u> 다른 특별한 사정이 없는 한 그 행사가 제한되지도 아니한다(대판 2002.12.24. 2002다54691).

④ [○] 주주가 일정기간 주주권을 포기하고 타인에게 주주로서의 의결권 행사권한을 위임하기로 약정한 사정만으로는 그 주주가 주주로서의 의결권을 직접 행사할 수 없게 되었다고 볼 수 없다(대판 2002.12.24. 2002다54691).

⑤ [○] 주주 간의 분쟁 등 일정한 사유가 발생할 경우 어느 주주를 제명시키되 회사가 그 주주에게 출자금 등을 환급해 주기로 하는 내용의 규정을 회사의 정관이나 내부규정에 두는 것은 그것이 회사 또는 주주 등에게 생길지 모르는 중대한 손해를 회피하기 위한 것이라 하더라도 법정사유 이외에는 자기주식의 취득을 금지하는 상법 제341조의 규정에 위반되므로, 결국 주주를 제명하고 회사가 그 주주에게 출자금 등을 환급하도록 하는 내용을 규정한 정관이나 내부규정은 물적 회사로서의 주식회사의 본질에 반하고 자기주식의 취득을 금지하는 상법의 규정에도 위반되어 무효이다(대판 2007.5.10. 2005다60147).

답 ③

상법상 발행주식총수가 5,000주인 비상장회사에서 주식을 1주만 보유하는 주주도 행사할 수 있는 권리는?

① 임시주주총회의 소집청구권
② 이사·감사의 해임청구권
③ 재무제표열람청구권
④ 회계장부 열람청구권
⑤ 이사의 위법행위에 대한 유지청구권

┃해설┃

① [×] 발행주식총수의 <u>100분의 3 이상</u>에 해당하는 주식을 가진 주주는 회의의 목적사항과 소집의 이유를 적은 서면 또는 전자문서를 이사회에 제출하여 임시총회의 소집을 청구할 수 있다(상법 제366조 제1항).

② [×] 상법 제385조 제2항, 제415조]

> **상법 제385조(해임)**
> ② 이사가 그 직무에 관하여 부정행위 또는 법령이나 정관에 위반한 중대한 사실이 있음에도 불구하고 주주총회에서 그 해임을 부결한 때에는 발행주식의 총수의 <u>100분의 3 이상</u>에 해당하는 주식을 가진 주주는 총회의 결의가 있은 날부터 1월 내에 그 이사의 해임을 법원에 청구할 수 있다.
>
> **상법 제415조(준용규정)**
> 제382조 제2항, 제382조의4, 제385조, 제386조, 제388조, 제400조, 제401조, 제403조부터 제406조까지, 제406조의2 및 제407조는 <u>감사에 준용한다</u>.

③ [○] 주주의 재무제표열람청구권은 단독주주권이다(상법 제448조 제2항 참조).

> **상법 제448조(재무제표 등의 비치·공시)**
> ① 이사는 정기총회회일의 1주간 전부터 제447조 및 제447조의2의 서류와 감사보고서를 본점에 5년간, 그 등본을 지점에 3년간 비치하여야 한다.
> ② 주주와 회사채권자는 영업시간 내에 언제든지 제1항의 비치서류를 열람할 수 있으며 회사가 정한 비용을 지급하고 그 서류의 등본이나 초본의 교부를 청구할 수 있다.

④ [×] 발행주식의 총수의 <u>100분의 3 이상</u>에 해당하는 주식을 가진 주주는 이유를 붙인 서면으로 회계의 장부와 서류의 열람 또는 등사를 청구할 수 있다(상법 제466조 제1항).

⑤ [×] 이사가 법령 또는 정관에 위반한 행위를 하여 이로 인하여 회사에 회복할 수 없는 손해가 생길 염려가 있는 경우에는 감사 또는 발행주식의 총수의 <u>100분의 1 이상</u>에 해당하는 주식을 가진 주주는 회사를 위하여 이사에 대하여 그 행위를 유지할 것을 청구할 수 있다(상법 제402조).

답 ③

주주평등의 원칙에 관한 다음 설명 중 옳은 것을 모두 고른 것은?

> ㄱ. 주주는 원칙적으로 회사와의 법률관계에서 그가 가진 주식의 수에 따라 평등한 취급을 받아야 하지만, 회사가 일부 주주에게 우월한 권리나 이익을 부여하여 다른 주주들과 다르게 대우하는 경우에도 법률이 허용하는 절차와 방식에 따르거나 그 차등적 취급을 정당화할 수 있는 특별한 사정이 있는 경우에는 이를 허용할 수 있다. 회사의 주주에 대한 차등적 취급을 허용할 수 있는지 여부는 제반 사정을 고려하여 일부 주주에게 우월적 권리나 이익을 부여하여 주주를 차등 취급하는 것이 주주와 회사 전체의 이익에 부합하는지를 따져서 정의와 형평의 관념에 비추어 신중하게 판단하여야 한다.
>
> ㄴ. 회사와 주주가 회사의 중요 의사결정에 대하여 일부 주주의 사전동의를 받도록 하는 약정을 체결하였고 그 약정에 따른 일부 주주에 대한 차등적 취급이 예외적으로 허용되는 경우에 그 동의권 부여 약정 위반으로 인한 손해배상 명목의 금원을 지급하는 약정을 함께 체결하였다면, 그 금원 지급 약정이 사전동의를 받을 의무 위반으로 주주가 입은 손해를 배상 또는 전보하고 의무의 이행을 확보하기 위한 것이라 하더라도, 이는 투하자본의 회수를 절대적으로 보장함으로써 주주평등의 원칙에 위배되는 것이다.
>
> ㄷ. 주주가 회사와 계약을 체결할 때 회사의 다른 주주 내지 이사 개인이 함께 당사자로 참여한 경우에는 주주와 회사의 다른 주주 내지 이사 개인의 법률관계에도 주주평등의 원칙을 직접 적용할 수 있다.
>
> ㄹ. 주주가 회사의 다른 주주 내지 이사 개인과 체결한 계약의 내용을 해석할 때에는 계약의 형식과 내용, 계약이 체결된 동기와 경위 및 목적, 당사자의 진정한 의사 등을 종합적으로 고려하여 논리와 경험의 법칙, 사회일반의 상식과 거래의 통념에 따라 합리적으로 해석해야 하는 등 계약 해석에 관한 일반 원칙을 적용할 수 있다.

① ㄱ, ㄴ
② ㄱ, ㄷ
③ ㄱ, ㄹ
④ ㄴ, ㄷ
⑤ ㄴ, ㄹ

▌해설 ▌

ㄱ. [○] 주주평등 원칙이란, 주주는 회사와의 법률관계에서 그가 가진 주식의 수에 따라 평등한 취급을 받아야 함을 의미한다. 이를 위반하여 회사가 일부 주주에게만 우월한 권리나 이익을 부여하기로 하는 약정은 특별한 사정이 없는 한 무효이다. 다만 회사가 일부 주주에게 우월한 권리나 이익을 부여하여 다른 주주들과 다르게 대우하는 경우에도 법률이 허용하는 절차와 방식에 따르거나 그 차등적 취급을 정당화할 수 있는 특별한 사정이 있는 경우에는 이를 허용할 수 있다. 나아가 차등적 취급을 허용할 수 있는지 여부는, 차등적 취급의 구체적 내용, 회사가 차등적 취급을 하게 된 경위와 목적, 차등적 취급이 회사 및 주주 전체의 이익을 위해 필요하였는지 여부와 정도, 일부 주주에 대한 차등적 취급이 상법 등 관계 법령에 근거를 두었는지 아니면 상법 등의 강행법규와 저촉되거나 채권자보다 후순위에 있는 주주로서의 본질적인 지위를 부정하는지 여부, 일부 주주에게 회사의 경영참여 및 감독과 관련하여 특별한 권한을 부여하는 경우 그 권한 부여로 회사의 기관이 가지는 의사결정 권한을 제한하여 종국적으로 주주의 의결권을 침해하는지 여부를 비롯하여 차등적 취급에 따라 다른 주주가 입는 불이익의 내용과 정도, 개별 주주가 처분할 수 있는 사항에 관한 차등적 취급으로 불이익을 입게 되는 주주의 동의 여부와 전반적인 동의율, 그 밖에 회사의 상장 여부, 사업목적, 지배구조, 사업현황, 재무상태 등 제반 사정을 고려하여 일부 주주에게 우월적 권리나 이익을 부여하여 주주를 차등 취급하는 것이 주주와 회사 전체의 이익에 부합하는지를 따져서 정의와 형평의 관념에 비추어 신중하게 판단하여야 한다(대판 2023.7.13. 2021다293213).

제3장

ㄴ. [×] 회사와 주주가 체결한 동의권 부여 약정에 따른 차등적 취급이 예외적으로 허용되는 경우에 동의권 부여 약정 위반으로 인한 손해배상 명목의 금원을 지급하는 약정을 함께 체결하였고 그 약정이 사전동의를 받을 의무 위반으로 주주가 입은 손해를 배상 또는 전보하고 의무의 이행을 확보하기 위한 것이라고 볼 수 있다면, 이는 회사와 주주 사이에 채무불이행에 따른 손해배상액의 예정을 약정한 것으로서 특별한 사정이 없는 한 유효하고, 일부 주주에 대하여 투하자본의 회수를 절대적으로 보장함으로써 주주평등의 원칙에 위배된다고 단정할 것은 아니다. 다만 손해배상액의 예정 약정이 유효하다고 하더라도, 그 금액이 부당히 과다하다면 민법 제398조 제2항에 따라 법원이 이를 감액할 수 있다(대판 2023.7.13. 2021다293213).

ㄷ. [×], ㄹ. [○] 주주평등의 원칙은 주주와 회사의 법률관계에 적용되는 원칙이고, 주주가 회사와 계약을 체결할 때 회사의 다른 주주 내지 이사 개인이 함께 당사자로 참여한 경우 주주와 다른 주주 사이의 계약은 주주평등과 관련이 없으므로, 주주와 회사의 다른 주주 내지 이사 개인의 법률관계에는 주주평등의 원칙이 직접 적용되지 않는다. 주주는 회사와 계약을 체결하면서 사적자치의 원칙상 다른 주주 내지 이사 개인과도 회사와 관련한 계약을 체결할 수 있고, 그 계약의 효력은 특별한 사정이 없는 한 주주와 회사가 체결한 계약의 효력과는 별개로 보아야 한다. 나아가 주주가 회사의 다른 주주 내지 이사 개인과 체결한 계약의 내용을 해석할 때에는 계약의 형식과 내용, 계약이 체결된 동기와 경위 및 목적, 당사자의 진정한 의사 등을 종합적으로 고려하여 논리와 경험의 법칙, 사회일반의 상식과 거래의 통념에 따라 합리적으로 해석해야 하는 등 계약 해석에 관한 일반 원칙을 적용할 수 있다(대판 2023.7.13. 2022다224986).

답 ③

---

37 법무사 2023

☑ 확인 Check! ○ △ ✕

다음 설명 중 가장 옳지 않은 것은?

① 주주평등의 원칙에 위반하여 회사가 일부 주주에게만 우월한 권리나 이익을 부여하기로 하는 약정은 특별한 사정이 없는 한 무효이다.

② 회사가 직원들을 유상증자에 참여시키면서 퇴직 시 그 출자 손실금을 전액 보전해 주는 약정은 사용자와 근로자의 관계를 규율하는 단체협약이나 취업규칙의 성격을 함께 가지고 있더라도 무효이다.

③ 잔여재산은 각 주주가 가진 주식 수에 따라 주주에게 분배하여야 한다. 그러나 회사가 잔여 재산의 분배 등에 관하여 내용이 다른 종류의 주식을 발행한 경우에는 그러하지 아니하다.

④ 회사가 주주에게 투하자본의 회수를 절대적으로 보장하는 내용의 약정은 원칙적으로 무효이지만 주주 전원의 동의를 받았다는 특별한 사정이 인정된다면 유효하다.

⑤ 주주와 다른 주주 사이의 계약은 주주평등의 원칙과 관련이 없다.

┃해설┃

① [O] 주주평등의 원칙이란, 주주는 회사와의 법률관계에서는 그가 가진 주식의 수에 따라 평등한 취급을 받아야 함을 의미한다. 이를 위반하여 회사가 일부 주주에게만 우월한 권리나 이익을 부여하기로 하는 약정은 특별한 사정이 없는 한 무효이다(대판 2018.9.13. 2018다9920).

② [O] 회사가 직원들을 유상증자에 참여시키면서 퇴직 시 출자 손실금을 전액 보전해 주기로 약정한 경우, 그러한 내용의 '손실보전합의 및 퇴직금 특례지급기준'은 회사가 주주에 대하여 투하자본의 회수를 절대적으로 보장하는 셈이 되고 다른 주주들에게 인정되지 않는 우월한 권리를 부여하는 것으로서 주주평등의 원칙에 위반되어 무효이다. 비록 그 손실보전약정이 사용자와 근로자의 관계를 규율하는 단체협약 또는 취업규칙의 성격을 겸하고 있고, 위 손실보전약정 당시 그들이 회사의 직원이었고 또한 시가가 액면에 현저히 미달하는 상황이었다는 사정을 들어 달리 볼 수는 없다(대판 2007.6.28. 2006다38161).

③ [O] 상법 제538조, 제344조 제1항

> **상법 제538조(잔여재산의 분배)**
> 잔여재산은 각 주주가 가진 주식의 수에 따라 주주에게 분배하여야 한다. 그러나 제344조 제1항의 규정을 적용하는 경우에는 그러하지 아니하다.
>
> **상법 제344조(종류주식)**
> ① 회사는 이익의 배당, 잔여재산의 분배, 주주총회에서의 의결권의 행사, 상환 및 전환 등에 관하여 내용이 다른 종류의 주식(이하 "종류주식"이라 한다)을 발행할 수 있다.

④ [X] 회사가 신주를 인수하여 주주의 지위를 갖게 되는 사람에게 금전 지급을 약정한 경우, 그 약정이 실질적으로는 회사가 주주의 지위를 갖게 되는 자와 사이에 주식인수대금으로 납입한 돈을 전액 보전해 주기로 약정하거나, 상법 제462조 등 법률의 규정에 의한 배당 외에 다른 주주들에게는 지급되지 않는 별도의 수익을 지급하기로 약정한다면, 이는 회사가 해당 주주에 대하여만 투하자본의 회수를 절대적으로 보장함으로써 다른 주주들에게 인정되지 않는 우월한 권리를 부여하는 것으로서 주주평등의 원칙에 위배되어 무효이다. 이러한 약정은 회사의 자본적 기초를 위태롭게 하여 회사와 다른 주주의 이익을 해하고 주주로서 부담하는 본질적 책임에서조차 벗어나게 하여 특정 주주에게 상법이 허용하는 범위를 초과하는 권리를 부여하는 것에 해당하므로, 회사의 다른 주주 전원이 그와 같은 차등적 취급에 동의하였다고 하더라도 주주평등의 원칙을 위반하여 효력이 없다(대판 2023.7.13. 2022다224986).

⑤ [O] 주주평등의 원칙은 주주와 회사의 법률관계에 적용되는 원칙이고, 주주가 회사와 계약을 체결할 때 회사의 다른 주주 내지 이사 개인이 함께 당사자로 참여한 경우 주주와 다른 주주 사이의 계약은 주주평등과 관련이 없으므로, 주주와 회사의 다른 주주 내지 이사 개인의 법률관계에는 주주평등의 원칙이 직접 적용되지 않는다(대판 2023.7.13. 2022다224986).

답 ④

38 세무사 2022

☑ 확인Check! ○ △ ✕

상법상 주권 등에 관한 설명으로 옳지 않은 것은?

① 주권, 신주인수권증서, 신주인수권증권을 점유한 자는 각각 적법한 소지인으로 추정된다.

② 주식의 질권자가 그 질권으로써 제3자에게 대항하려면 계속하여 주권을 점유하여야 한다.

③ 주식의 소각이 있는 경우 이로 인하여 종전의 주주가 받을 금전이나 주식에 대하여도 종전의 주식을 목적으로 한 질권을 행사할 수 있다.

④ 주식의 양도에 관하여 이사회의 승인을 얻도록 정한 때에는 그 규정을 주권에 기재하여야 한다.

⑤ 주주가 그 주식에 대하여 주권의 소지를 하지 아니하겠다는 뜻을 회사에 신고하려면 정관에 근거가 있어야 한다.

┃해설┃

① [○] 상법 제336조 제2항, 제420조의3 제2항, 제516조의6 제2항

> **상법 제336조(주식의 양도방법)**
> ② 주권의 점유자는 이를 적법한 소지인으로 추정한다.
>
> **상법 제420조의3(신주인수권의 양도)**
> ② 제336조 제2항 및 수표법 제21조의 규정은 신주인수권증서에 관하여 이를 준용한다.
>
> **상법 제516조의6(신주인수권의 양도)**
> ② 제336조 제2항, 제360조 및 수표법 제21조의 규정은 신주인수권증권에 관하여 이를 준용한다.

② [○] 질권자는 계속하여 주권을 점유하지 아니하면 그 질권으로써 제3자에게 대항하지 못한다(상법 제338조 제2항).

③ [○] 주식의 소각, 병합, 분할 또는 전환이 있는 때에는 이로 인하여 종전의 주주가 받을 금전이나 주식에 대하여도 종전의 주식을 목적으로한 질권을 행사할 수 있다(상법 제339조).

④ [○] 상법 제356조 제6호의2

> **상법 제356조(주권의 기재사항)**
> 주권에는 다음의 사항과 번호를 기재하고 대표이사가 기명날인 또는 서명하여야 한다.
> ··· (중략) ···
> 6. 종류주식이 있는 경우에는 그 주식의 종류와 내용
> 6의2. 주식의 양도에 관하여 이사회의 승인을 얻도록 정한 때에는 그 규정

⑤ [✕] 주주는 정관에 다른 정함이 있는 경우를 제외하고는 그 주식에 대하여 주권의 소지를 하지 아니하겠다는 뜻을 회사에 신고할 수 있다(상법 제358조의2 제1항).

답 ⑤

상법상 주권에 관한 설명으로 옳지 않은 것은?

① 주권은 회사의 성립 후 또는 신주의 납입기일 후가 아니면 발행하지 못한다.

② 회사가 전자등록부에 등록한 주식에 대하여는 선의취득이 인정되지 않는다.

③ 주주는 정관에 다른 정함이 있는 경우를 제외하고는 그 주식에 대하여 주권의 소지를 하지 아니하겠다는 뜻을 회사에 신고할 수 있다.

④ 주권은 공시최고의 절차에 의하여 이를 무효로 할 수 있다.

⑤ 주권을 상실한 자는 제권판결을 얻지 아니하면 회사에 대하여 주권의 재발행을 청구하지 못한다.

┃해설┃

① [○] 주권은 회사의 성립 후 또는 신주의 납입기일 후가 아니면 발행하지 못한다(상법 제355조 제2항).

② [✕] 전자등록부에 주식을 등록한 자는 그 등록된 주식에 대한 권리를 적법하게 보유한 것으로 추정하며, <u>이러한 전자등록부를 선의로, 그리고 중대한 과실 없이 신뢰하고 제2항의 등록에 따라 권리를 취득한 자는 그 권리를 적법하게 취득한다</u>(상법 제356조의2 제3항).

③ [○] 주주는 정관에 다른 정함이 있는 경우를 제외하고는 그 주식에 대하여 주권의 소지를 하지 아니하겠다는 뜻을 회사에 신고할 수 있다(상법 제358조의2 제1항).

④ [○] 주권은 공시최고의 절차에 의하여 이를 무효로 할 수 있다(상법 제360조 제1항).

⑤ [○] 주권을 상실한 자는 제권판결을 얻지 아니하면 회사에 대하여 주권의 재발행을 청구하지 못한다(상법 제360조 제2항).

답 ②

40 세무사 2020

☑ 확인 Check! ○ △ ✕

상법상 비상장회사의 주권에 관한 설명으로 옳지 않은 것은? (단, 주식의 전자등록은 고려하지 않음)

① 회사는 성립 후 또는 신주의 납입기일 후 지체없이 주권을 발행하여야 한다.
② 주식의 양도에 있어서는 주권을 교부하여야 한다.
③ 주권을 상실한 자는 공시최고의 절차를 마치면 제권판결을 얻지 아니하더라도 회사에 대하여 주권의 재발행을 청구할 수 있다.
④ 주식을 질권의 목적으로 하는 때에는 주권을 질권자에게 교부하여야 한다.
⑤ 질권자는 계속하여 주권을 점유하지 아니하면 그 질권으로써 제3자에게 대항하지 못한다.

··

┃해설┃

① [○] 회사는 성립 후 또는 신주의 납입기일 후 지체없이 주권을 발행하여야 한다(상법 제355조 제1항).
② [○] 주식의 양도에 있어서는 주권을 교부하여야 한다(상법 제336조 제1항).
③ [✕] 주권을 상실한 자는 <u>제권판결을 얻지 아니하면</u> 회사에 대하여 주권의 재발행을 청구하지 못한다(상법 제360조 제2항).
④ [○] 주식을 질권의 목적으로 하는 때에는 주권을 질권자에게 교부하여야 한다(상법 제338조 제1항).
⑤ [○] 질권자는 계속하여 주권을 점유하지 아니하면 그 질권으로써 제3자에게 대항하지 못한다(상법 제338조 제2항).

답 ③

41 세무사 2018

☑ 확인 Check! ○ △ ✕

상법상 비상장주식회사의 주식과 주권에 관한 설명으로 옳지 않은 것은?

① 수인이 공동으로 주식을 인수한 자는 연대하여 납입할 책임이 있다.
② 주식의 양도에 관하여 정관으로 이사회의 승인을 얻도록 정한 때에는 그 규정은 주권의 기재사항이다.
③ 주권은 회사의 성립 후 또는 신주의 납입기일 후가 아니면 발행하지 못한다.
④ 가설인의 명의로 주식을 인수한 자는 주식인수인으로서의 책임이 없다.
⑤ 주식이 수인의 공유에 속하는 때에는 공유자는 주주의 권리를 행사할 자 1인을 정하여야 한다.

··

┃해설┃

① [○] 수인이 공동으로 주식을 인수한 자는 연대하여 납입할 책임이 있다(상법 제333조 제1항).
② [○] 상법 제356조 제6호의2

> **상법 제356조(주권의 기재사항)**
> 주권에는 다음의 사항과 번호를 기재하고 대표이사가 기명날인 또는 서명하여야 한다.
>   1. 회사의 상호
>   2. 회사의 성립연월일
>   3. 회사가 발행할 주식의 총수

    4. 액면주식을 발행하는 경우 1주의 금액
    5. 회사의 성립 후 발행된 주식에 관하여는 그 발행 연월일
    6. 종류주식이 있는 경우에는 그 주식의 종류와 내용
    6의2. 주식의 양도에 관하여 이사회의 승인을 얻도록 정한 때에는 그 규정

③ [O] 주권은 회사의 성립 후 또는 신주의 납입기일 후가 아니면 발행하지 못한다(상법 제355조 제2항).
④ [×] 가설인의 명의로 주식을 인수하거나 타인의 승낙없이 그 명의로 주식을 인수한 자는 <u>주식인수인으로서의 책임이</u> <u>있다</u>(상법 제332조 제1항).
⑤ [O] 주식이 수인의 공유에 속하는 때에는 공유자는 주주의 권리를 행사할 자 1인을 정하여야 한다(상법 제333조 제2항).

답 ④

42   CPA   2024   ☑ 확인Check! ○ △ ✕

상법상 주권의 기재사항으로 규정되어 있지 <u>않은</u> 것은?

① 무액면주식을 발행하는 경우 1주의 발행가액
② 회사의 상호
③ 회사가 발행할 주식의 총수
④ 액면주식을 발행하는 경우 1주의 금액
⑤ 회사의 성립 후 발행된 주식의 발행 연월일

┃ 해설 ┃

① [×] 무액면주식을 발행하는 경우 1주의 발행가액은 <u>주권의 기재사항이 아니다.</u>
② [O] 상법 제356조 제1호
③ [O] 상법 제356조 제3호
④ [O] 상법 제356조 제4호
⑤ [O] 상법 제356조 제5호

상법 제356조(주권의 기재사항)
주권에는 다음의 사항과 번호를 기재하고 대표이사가 기명날인 또는 서명하여야 한다.
    1. 회사의 상호
    2. 회사의 성립연월일
    3. 회사가 발행할 주식의 총수
    4. 액면주식을 발행하는 경우 1주의 금액
    5. 회사의 성립 후 발행된 주식에 관하여는 그 발행 연월일
    6. 종류주식이 있는 경우에는 그 주식의 종류와 내용
    6의2. 주식의 양도에 관하여 이사회의 승인을 얻도록 정한 때에는 그 규정

답 ①

43 세무사 2020

☑ 확인 Check! ○ △ ✕

상법상 주권불소지제도에 관한 설명으로 옳은 것은?

① 주주는 정관에 다른 정함이 있는 경우를 제외하고는 그 주식에 대하여 주권의 소지를 하지 아니하겠다는 뜻을 회사에 신고할 수 있다.

② 회사가 주권을 발행하기 전에는 주권불소지 신고를 할 수 없다.

③ 주주의 주권불소지 신고와 함께 이미 발행된 주권이 회사에 제출된 경우, 회사는 제출된 주권을 무효로 할 수는 없고 명의개서대리인에게 임치하여야 한다.

④ 주권불소지 신고를 한 주주가 회사에 대하여 주권의 재발행을 청구하기 위해서는 주주총회의 승인을 얻어야 한다.

⑤ 주권불소지 신고를 한 주주는 주주명부 폐쇄기간 중에는 주권의 재발행을 청구할 수 없다.

┃해설┃

① [O] 상법 제358조의2 제1항

② [✕] 주권불소지 신고는 <u>주권발행 전후를 막론하고 가능하다</u>. 다만 주권발행 이후에 신고를 하는 경우에는 이미 발행된 주권을 회사에 제출해야 한다(상법 제358조의2 제3항 참조).

③ [✕] <u>제출된 주권을 무효로 하거나</u> 명의개서대리인에게 임치하여야 한다(상법 제358조의2 제3항 참조).

④ [✕], ⑤ [✕] 주권불소지 신고를 한 주주는 <u>언제든지</u> 주권의 발행을 청구할 수 있다(상법 제358조의2 제4항 참조). 이는 정관에 의해서도 다르게 정할 수 없으며, <u>주주총회의 승인도 요구되지 않는다</u>.

> **상법 제358조의2(주권의 불소지)**
> ① 주주는 정관에 다른 정함이 있는 경우를 제외하고는 그 주식에 대하여 주권의 소지를 하지 아니하겠다는 뜻을 회사에 신고할 수 있다.
> ③ 제1항의 경우 이미 발행된 주권이 있는 때에는 이를 회사에 제출하여야 하며, 회사는 <u>제출된 주권을 무효로 하거나</u> 명의개서대리인에게 임치하여야 한다.
> ④ 제1항 내지 제3항의 규정에 불구하고 주주는 언제든지 회사에 대하여 주권의 발행 또는 반환을 청구할 수 있다.

답 ①

158 세무사 1차 객관식 상법(회사편)

☑ 확인 Check! ○ △ ✕

상법상 주권불소지제도에 관한 설명으로 옳지 않은 것은?

① 정관에 다른 정함이 있는 경우를 제외하고는 주주는 그 주식에 대하여 주권불소지 신고를 할 수 있다.

② 상장회사의 주주와 달리 비상장회사의 주주는 주권불소지 신고를 할 수 없다.

③ 주권이 발행된 후에 불소지의 신고를 하는 경우에는 회사에 그 주권을 제출하여야 한다.

④ 주권발행 전에 주권불소지의 신고가 있으면 회사는 그 주권을 발행할 수 없다.

⑤ 주권불소지의 신고가 있는 경우에도 주주는 언제든지 회사에 대하여 주권의 발행 또는 반환을 청구할 수 있다.

┃해설┃

① [○] 상법 제358조의2 제1항

② [✕] 주권의 불소지제도는 정관에 다른 정함이 없는 한 <u>상장회사, 비상장회사 구분 없이 모두 인정된다</u>.

③ [○] 상법 제358조의2 제3항

④ [○] 상법 제358조의2 제2항

⑤ [○] 상법 제358조의2 제4항

> **상법 제358조의2(주권의 불소지)**
> ① 주주는 정관에 다른 정함이 있는 경우를 제외하고는 그 주식에 대하여 주권의 소지를 하지 아니하겠다는 뜻을 회사에 신고할 수 있다.
> ② 제1항의 신고가 있는 때에는 회사는 지체없이 주권을 발행하지 아니한다는 뜻을 주주명부와 그 복본에 기재하고, 그 사실을 주주에게 통지하여야 한다. 이 경우 회사는 그 주권을 발행할 수 없다.
> ③ 제1항의 경우 이미 발행된 주권이 있는 때에는 이를 회사에 제출하여야 하며, 회사는 제출된 주권을 무효로 하거나 명의개서대리인에게 임치하여야 한다.
> ④ 제1항 내지 제3항의 규정에 불구하고 주주는 언제든지 회사에 대하여 주권의 발행 또는 반환을 청구할 수 있다.

답 ②

제3장

상법상 비상장주식회사 주주의 주권 불소지 신고에 관한 설명으로 **틀린** 것은? (정관에서 주권 불소지 신고를 금지하고 있지 않음)

① 주주가 주권이 발행되기 전에 주권 불소지를 신고하였음에도 주권이 발행된 경우 그 주권은 선의취득의 대상이 될 수 없다.

② 주주가 주권이 발행되기 전에 주권 불소지를 신고한 이상 그 후 다른 주주들에게 주권이 발행되더라도 불소지를 신고한 주주는 주권의 교부 없이 주식을 양도할 수 있다.

③ 주권을 발행받은 주주가 주권 불소지 신고를 하려면 주권을 회사에 제출해야 한다.

④ 주권을 발행받은 주주가 주권 불소지 신고를 한 경우 회사는 제출된 주권을 무효로 하거나 명의개서대리인에게 임치하여야 한다.

⑤ 주권을 발행받은 주주가 주권 불소지 신고를 한 경우 그 주주는 언제든지 회사에 대해 주권의 발행 또는 반환을 청구할 수 있다.

┃해설┃

① [○] 주권의 선의취득이 성립하기 위해서는 주권이 유효한 것이어야 한다. 그런데 주권발행 전 불소지신고가 있는 때에는 회사는 지체 없이 주권을 발행하지 아니한다는 뜻을 주주명부와 그 복본에 기재하고, 그 사실을 주주에게 통지하여야 한다. 이 경우 회사는 그 주권을 발행할 수 없고(상법 제358조의2 제2항 참조), 이에 위반해 회사가 발행한 주권은 무효이므로 선의취득의 대상이 되지 않는다.

② [✕], ⑤ [○]주주가 불소지신고를 한 경우에도 주주는 언제든지 회사에 대하여 주권의 발행 또는 반환을 청구할 수 있다(상법 제358조의2 제4항 참조). 불소지신고를 한 주주가 주식을 양도 또는 입질하려면 반드시 회사로부터 주권을 발행 또는 반환받아 주권을 교부하는 방법으로 하여야 하며, <u>주권 없이 지명채권 양도방법으로 할 수 없다.</u>

③ [○], ④ [○] 상법 제358조의2 제3항

> **상법 제358조의2(주권의 불소지)**
> ① 주주는 정관에 다른 정함이 있는 경우를 제외하고는 그 주식에 대하여 주권의 소지를 하지 아니하겠다는 뜻을 회사에 신고할 수 있다.
> ② 제1항의 신고가 있는 때에는 회사는 지체없이 주권을 발행하지 아니한다는 뜻을 주주명부와 그 복본에 기재하고, 그 사실을 주주에게 통지하여야 한다. 이 경우 회사는 그 주권을 발행할 수 없다.
> ③ 제1항의 경우 이미 발행된 주권이 있는 때에는 이를 회사에 제출하여야 하며, 회사는 제출된 주권을 무효로 하거나 명의개서대리인에게 임치하여야 한다.
> ④ 제1항 내지 제3항의 규정에 불구하고 주주는 언제든지 회사에 대하여 주권의 발행 또는 반환을 청구할 수 있다.

 답 ②

상법상 비상장주식회사의 주권에 관한 설명으로 틀린 것은?

① 주권은 공시최고의 절차에 의하여 이를 무효로 할 수 있다.

② 회사는 적법한 주권의 불소지 신고가 있는 때에는 지체없이 주권을 발행하지 아니한다는 뜻을 주주명부와 그 복본에 기재하여야 한다.

③ 주권은 회사의 성립 후 또는 신주의 납입기일 후가 아니면 발행하지 못한다.

④ 주권이 발행된 경우 정관에 정함이 없으면 주주는 그 주식에 대하여 주권의 소지를 하지 아니하겠다는 뜻을 회사에 신고할 수 없다.

⑤ 주권을 상실한 자는 제권판결을 얻지 아니하면 회사에 대하여 주권의 재발행을 청구하지 못한다.

▌해설▐

① [○] 주권은 공시최고의 절차에 의하여 이를 무효로 할 수 있다(상법 제360조 제1항).

② [○] 상법 제358조의2 제1항, 제2항

③ [○] 주권은 회사의 성립 후 또는 신주의 납입기일 후가 아니면 발행하지 못한다(상법 제355조 제2항).

④ [✕] 주권 발행 전후를 불문하고 정관에 다른 정함이 있는 경우를 제외하고는 주주는 그 주식에 대하여 주권의 소지를 하지 아니하겠다는 뜻을 회사에 신고할 수 있다. 다만, 주권이 발행된 이후에는 이미 발행된 주권을 회사에 제출해야 한다(상법 제358조의2 제1항, 제3항 참조).

> **상법 제358조의2(주권의 불소지)**
> ① 주주는 정관에 다른 정함이 있는 경우를 제외하고는 그 주식에 대하여 주권의 소지를 하지 아니하겠다는 뜻을 회사에 신고할 수 있다.
> ② 제1항의 신고가 있는 때에는 회사는 지체없이 주권을 발행하지 아니한다는 뜻을 주주명부와 그 복본에 기재하고, 그 사실을 주주에게 통지하여야 한다. 이 경우 회사는 그 주권을 발행할 수 없다.
> ③ 제1항의 경우 이미 발행된 주권이 있는 때에는 이를 회사에 제출하여야 하며, 회사는 제출된 주권을 무효로 하거나 명의개서대리인에게 임치하여야 한다.

⑤ [○] 주권을 상실한 자는 제권판결을 얻지 아니하면 회사에 대하여 주권의 재발행을 청구하지 못한다(상법 제360조 제2항).

🅓 ④

제3장

47 ☑ 확인Check! ○ △ ✕

상법상 주식 및 주권에 관한 설명으로 <u>틀린</u> 것은?

① 원칙적으로 주식의 이전은 취득자의 성명과 주소를 주주명부에 기재하지 아니하면 회사에 대항하지 못한다.

② 이미 발행된 주권이 주주의 주권불소지 신고에 의하여 회사에 제출된 경우, 회사는 그 제출된 주권을 무효로 해야 하므로 이를 임치할 수 없다.

③ 주식의 소각, 병합, 분할 또는 전환이 있는 때에는 이로 인하여 종전의 주주가 받을 금전이나 주식에 대하여도 종전의 주식을 목적으로 한 질권을 행사할 수 있다.

④ 주식을 질권의 목적으로 하는 때에는 주권을 질권자에게 교부하여야 한다.

⑤ 주식의 등록질의 경우에는, 질권자는 회사로부터 이익배당에 따른 금전의 지급을 받아 다른 채권자에 우선하여 자기채권의 변제에 충당할 수 있다.

┃해설┃

① [○] 주식의 이전은 취득자의 성명과 주소를 주주명부에 기재하지 아니하면 회사에 대항하지 못한다(상법 제337조 제1항).

② [✕] 이미 발행된 주권이 주주의 주권불소지 신고에 의하여 회사에 제출된 경우, 회사는 그 제출된 주권을 <u>무효로 하거나 명의개서대리인에게 임치하여야 한다</u>(상법 제358조의2 제3항 참조).

> **상법 제358조의2(주권의 불소지)**
> ① 주주는 정관에 다른 정함이 있는 경우를 제외하고는 그 주식에 대하여 주권의 소지를 하지 아니하겠다는 뜻을 회사에 신고할 수 있다.
> ③ 제1항의 경우 이미 발행된 주권이 있는 때에는 이를 회사에 제출하여야 하며, 회사는 제출된 주권을 <u>무효로 하거나 명의개서대리인에게 임치하여야 한다.</u>

③ [○] 주식의 소각, 병합, 분할 또는 전환이 있는 때에는 이로 인하여 종전의 주주가 받을 금전이나 주식에 대하여도 종전의 주식을 목적으로한 질권을 행사할 수 있다(상법 제339조).

④ [○] 주식을 질권의 목적으로 하는 때에는 주권을 질권자에게 교부하여야 한다(상법 제338조 제1항).

⑤ [○] 주식을 질권(質權)의 목적으로 한 경우에 회사가 질권설정자의 청구에 따라 그 성명과 주소를 주주명부에 덧붙여 쓰고 그 성명을 주권(株券)에 적은 경우에는 질권자는 회사로부터 이익배당, 잔여재산의 분배 또는 제339조(질권의 물상대위)에 따른 금전의 지급을 받아 다른 채권자에 우선하여 자기채권의 변제에 충당할 수 있다(상법 제340조 제1항).

답 ②

상법상 주권에 관한 다음 설명 중 가장 옳지 않은 것은?

① 대표이사가 정관에 규정된 병합 주권의 종류와 다른 주권을 발행하였다고 하더라도 회사가 이미 발행한 주식을 표창하는 주권을 발행한 것이라면, 위와 같은 정관 규정에 위배되었다는 사유만으로 이미 발행된 위 주권이 무효라고 할 수는 없다.

② 주식의 양도에 있어서는 주권을 교부하여야 하고, 주권이 발행되어 있는 주식을 양수한 자는 주권을 제시하여 양수사실을 증명함으로써 회사에 대해 단독으로 명의개서를 청구할 수 있다.

③ 주권이 발행되어 있는 주식을 양수한 자가 단독으로 명의개서를 청구한 경우, 회사는 청구자가 진정한 주주인가에 대한 실질적 자격을 심사하여 명의개서 여부를 결정하여야 한다.

④ 주주의 주권불소지신고에 의해 회사가 주주명부에 주권을 발행하지 아니한다는 뜻을 기재하고 그 사실을 주주에게 통지한 경우, 회사는 그 주권을 발행할 수 없다.

⑤ 주권을 상실한 자는 제권판결을 얻지 아니하면 회사에 대하여 주권의 재발행을 청구하지 못한다.

❚ 해설 ❚

① [○] 설사 대표이사가 정관에 규정된 병합 주권의 종류와 다른 주권을 발행하였다고 하더라도 회사가 이미 발행한 주식을 표창하는 주권을 발행한 것이라면, 단순히 정관의 임의적 기재사항에 불과한 병합 주권의 종류에 관한 규정에 위배되었다는 사유만으로 이미 발행된 주권이 무효라고 할 수는 없다(대판 1996.1.26. 94다24039).

② [○], ③ [✕] 주권의 점유자는 적법한 소지인으로 추정되므로(상법 제336조 제2항), 주권을 점유하는 자는 반증이 없는 한 그 권리자로 인정되고 이를 다투는 자는 반대사실을 입증하여야 한다. 주권이 발행되어 있는 주식을 양도할 때에는 주권을 교부하여야 하고(상법 제336조 제1항), 주권이 발행되어 있는 주식을 양수한 자는 주권을 제시하여 양수사실을 증명함으로써 회사에 대해 단독으로 명의개서를 청구할 수 있다. 이때 <u>회사는 청구자가 진정한 주권을 점유하고 있는가에 대한 형식적 자격만을 심사하면 족하고, 나아가 청구자가 진정한 주주인가에 대한 실질적 자격까지 심사할 의무는 없다.</u> 따라서 주권이 발행되어 있는 주식을 취득한 자가 주권을 제시하는 등 그 취득사실을 증명하는 방법으로 명의개서를 신청하고, 그 신청에 관하여 주주명부를 작성할 권한 있는 자가 형식적 심사의무를 다하였으며, 그에 따라 명의개서가 이루어졌다면, 특별한 사정이 없는 한 그 명의개서는 적법한 것으로 보아야 한다(대판 2019.8.14. 2017다231980).

④ [○] 상법 제358조의2 제2항

> **상법 제358조의2(주권의 불소지)**
> ① 주주는 정관에 다른 정함이 있는 경우를 제외하고는 그 주식에 대하여 주권의 소지를 하지 아니하겠다는 뜻을 회사에 신고할 수 있다.
> ② 제1항의 신고가 있는 때에는 회사는 지체 없이 주권을 발행하지 아니한다는 뜻을 주주명부와 그 복본에 기재하고, 그 사실을 주주에게 통지하여야 한다. <u>이 경우 회사는 그 주권을 발행할 수 없다.</u>

⑤ [○] 주권을 상실한 자는 제권판결을 얻지 아니하면 회사에 대하여 주권의 재발행을 청구하지 못한다(상법 제360조 제2항).

답 ③

49 세무사 2019

☑ 확인Check! ○ △ ✕

상법상 주식 등의 전자등록에 관한 설명으로 옳지 않은 것은?

① 회사는 주권을 발행하는 대신 정관으로 정하는 바에 따라 전자등록기관의 전자등록부에 주식을 등록할 수 있다.

② 회사는 신주인수권증서를 발행하는 대신 정관으로 정하는 바에 따라 전자등록기관의 전자등록부에 신주인수권을 등록할 수 있다.

③ 전자등록부에 등록된 주식의 양도나 입질(入質)은 전자등록부에 등록하여야 효력이 발생한다.

④ 전자등록부에 등록된 주식에 대한 권리는 선의취득이 인정되지 않는다.

⑤ 전자등록부에 주식을 등록한 자는 그 등록된 주식에 대한 권리를 적법하게 보유한 것으로 추정한다.

┃해설┃

① [○] 회사는 주권을 발행하는 대신 정관으로 정하는 바에 따라 전자등록기관(유가증권 등의 전자등록 업무를 취급하는 기관을 말한다. 이하 같다)의 전자등록부에 주식을 등록할 수 있다(상법 제356조의2 제1항).

② [○] 회사는 신주인수권증서를 발행하는 대신 정관으로 정하는 바에 따라 전자등록기관의 전자등록부에 신주인수권을 등록할 수 있다. 이 경우 제356조의2(주식의 전자등록) 제2항부터 제4항까지의 규정을 준용한다(상법 제420조의4).

③ [○] 전자등록부에 등록된 주식의 양도나 입질(入質)은 전자등록부에 등록하여야 효력이 발생한다(상법 제356조의2 제2항).

④ [✕], ⑤ [○] 전자등록부에 주식을 등록한 자는 그 등록된 주식에 대한 권리를 적법하게 보유한 것으로 추정하며, 이러한 전자등록부를 선의(善意)로, 그리고 중대한 과실 없이 신뢰하고 제2항의 등록에 따라 권리를 취득한 자는 그 권리를 적법하게 취득한다(상법 제356조의2 제3항).

답 ④

50 세무사 2016

☑ 확인Check! ○ △ ✕

상법상 전자등록에 관한 설명으로 옳지 않은 것은?

① 회사는 정관의 규정이 없더라도 주권을 발행하는 대신 전자등록기관의 전자등록부에 주식을 등록할 수 있다.

② 회사는 신주인수권증권을 발행하는 대신 정관으로 정하는 바에 따라 전자등록기관의 전자등록부에 신주인수권을 등록할 수 있다.

③ 전자등록부에 주식을 등록한 자는 그 등록된 주식에 대한 권리를 적법하게 보유한 것으로 추정한다.

④ 주식이 등록된 전자등록부를 선의(善意)로, 그리고 중대한 과실 없이 신뢰하고 그 등록에 따라 권리를 취득한 자는 그 권리를 적법하게 취득한다.

⑤ 전자등록부에 등록된 주식의 양도나 입질(入質)은 전자등록부에 등록하여야 효력이 발생한다.

해설

① [×] 회사는 주권을 발행하는 대신 정관으로 정하는 바에 따라 전자등록기관(유가증권 등의 전자등록 업무를 취급하는 기관을 말한다. 이하 같다)의 전자등록부에 주식을 등록할 수 있다(상법 제356조의2 제1항).

② [○] 회사는 신주인수권증권을 발행하는 대신 정관으로 정하는 바에 따라 전자등록기관의 전자등록부에 신주인수권을 등록할 수 있다. 이 경우 제356조의2(주식의 전자등록) 제2항부터 제4항까지의 규정을 준용한다(상법 제516조의7).

③ [○], ④ [○] 전자등록부에 주식을 등록한 자는 그 등록된 주식에 대한 권리를 적법하게 보유한 것으로 추정하며, 이러한 전자등록부를 선의(善意)로, 그리고 중대한 과실 없이 신뢰하고 제2항의 등록에 따라 권리를 취득한 자는 그 권리를 적법하게 취득한다(상법 제356조의2 제3항).

⑤ [○] 전자등록부에 등록된 주식의 양도나 입질(入質)은 전자등록부에 등록하여야 효력이 발생한다(상법 제356조의2 제2항).

답 ①

51 세무사 2024

☑ 확인 Check! ○ △ ×

주주명부상 주주인 甲은 자신이 소유한 A주식회사의 주식 1만주의 주권을 乙에게 양도하였다. 그러나 아직 乙의 명의로 명의개서가 이루어지지 아니한 경우에 관한 설명으로 옳지 않은 것은?

① A회사가 乙이 주식을 양수한 사실을 알고 있다면 乙에게 주주권 행사를 인정해야 한다.

② 乙이 A회사에게 주권을 제시하여 명의개서를 청구하는 경우 주권의 적법한 소지인으로 추정된다.

③ 乙이 A회사에게 주권을 제시하여 명의개서를 청구하는 경우 단독으로 명의개서를 청구할 수 있다.

④ 乙이 명의개서를 청구하였음에도 부당하게 거절된 경우 乙은 A회사를 상대로 명의개서 이행을 구하는 소를 제기할 수 있다.

⑤ 甲이 주식을 양도하였음을 알지 못한 A회사가 甲에게 주식배당을 한 경우 그 배당의 효력이 있다.

해설

① [×] 주주명부상의 주주만이 회사에 대한 관계에서 주주권을 행사할 수 있다는 법리는 주주에 대하여만 아니라 회사에 대하여도 마찬가지로 적용되므로, 회사는 특별한 사정이 없는 한 주주명부에 기재된 자의 주주권 행사를 부인하거나 주주명부에 기재되지 아니한 자의 주주권 행사를 인정할 수 없다(대판[전합] 2017.3.23. 2015다248342).

② [○], ③ [○] 주권의 점유자는 적법한 소지인으로 추정되므로(상법 제336조 제2항), 주권을 점유하는 자는 반증이 없는 한 그 권리자로 인정되고 이를 다투는 자는 반대사실을 입증하여야 한다. 주권이 발행되어 있는 주식을 양도할 때에는 주권을 교부하여야 하고(상법 제336조 제1항), 주권이 발행되어 있는 주식을 양수한 자는 주권을 제시하여 양수사실을 증명함으로써 회사에 대해 단독으로 명의개서를 청구할 수 있다(대판 2019.8.14. 2017다231980).

④ [○] 명의개서 부당거절의 경우 취득자는 회사를 상대로 민법상 강제이행의 유형으로서 명의개서청구소송을 제기할 수 있다(민법 제389조 제2항 참조).

⑤ [○] 주주명부에 명의개서를 한 주식양수인은 회사에 대하여 자신이 권리자라는 사실을 따로 증명하지 않고도 의결권, 배당금청구권, 신주인수권 등 주주로서의 권리를 적법하게 행사할 수 있다. 회사로서도 주주명부에 기재된 자를 주주로 보고 주주로서의 권리를 인정한 경우 주주명부상 주주가 진정한 주주가 아니더라도 책임을 지지 않는다(대판 2018.10.12. 2017다221501).

답 ①

상법상 자본금총액이 10억원 이상인 비상장주식회사의 주식, 주권 및 주주명부 등에 관한 설명으로 옳은 것은?

① 이사회의 결의에 의하여 회사가 보유하는 자기주식을 소각하는 경우에도 자본금 감소에 관한 규정에 따라야 한다.

② 주주는 정관에 다른 정함이 있는 경우를 제외하고는 그 주식에 대하여 주권의 소지를 하지 아니하겠다는 뜻을 회사에 신고할 수 있는데, 이미 발행된 주권이 있는 경우에는 이같은 신고를 할 수 없다.

③ 정관에 주식의 양도에 관하여 이사회의 승인을 얻도록 정한 때에는 그 규정을 주권에 기재하여야 한다.

④ 주주가 회사에 대하여 상환을 청구할 수 있는 종류주식의 발행을 정한 정관규정은 무효이다.

⑤ 회사는 정관에 정하는 바가 없어도 전자문서로 주주명부를 작성할 수 있다.

....

▮해설▮

① [✕] 주식은 자본금 감소에 관한 규정에 따라서만 소각할 수 있다. 다만, <u>이사회의 결의에 의하여 회사가 보유하는 자기주식을 소각하는 경우에는 그러하지 아니하다</u>(상법 제343조 제1항).

② [✕] 주권이 발행된 경우에도 주주는 주권의 불소지 신고를 할 수 있다. 다만 이 경우에는 주주는 그 주권을 회사에 **제출하여야 한다**(상법 제358조의2 제1항, 제3항 참조).

> **상법 제358조의2(주권의 불소지)**
> ① 주주는 정관에 다른 정함이 있는 경우를 제외하고는 그 주식에 대하여 주권의 소지를 하지 아니하겠다는 뜻을 회사에 신고할 수 있다.
> ③ 제1항의 경우 이미 발행된 주권이 있는 때에는 이를 회사에 제출하여야 하며, 회사는 제출된 주권을 무효로 하거나 명의개서대리인에게 임치하여야 한다.

③ [○] 상법 제335조 제1항, 제356조 제6호의2

> **상법 제335조(주식의 양도성)**
> ① 주식은 타인에게 양도할 수 있다. 다만, 회사는 정관으로 정하는 바에 따라 그 발행하는 주식의 양도에 관하여 이사회의 승인을 받도록 할 수 있다.
>
> **상법 제356조(주권의 기재사항)**
> 주권에는 다음의 사항과 번호를 기재하고 대표이사가 기명날인 또는 서명하여야 한다.
> … (중략) …
> 6의2. 주식의 양도에 관하여 이사회의 승인을 얻도록 정한 때에는 그 규정

④ [✕] 회사는 정관으로 정하는 바에 따라 <u>주주가 회사에 대하여 상환을 청구할 수 있는 종류주식을 발행할 수 있다.</u> 이 경우 회사는 정관에 주주가 회사에 대하여 상환을 청구할 수 있다는 뜻, 상환가액, 상환청구기간, 상환의 방법을 정하여야 한다(상법 제345조 제3항).

⑤ [✕] 회사는 <u>정관으로 정하는 바에 따라</u> 전자문서로 주주명부(이하 "전자주주명부"라 한다)를 작성할 수 있다(상법 제352조의2 제1항).

답 ③

상법상 비상장주식회사의 주주명부 등에 관한 설명으로 옳지 않은 것은?

① 주주 또는 질권자에 대한 회사의 통지 또는 최고는 주주명부에 기재한 주소 또는 그 자로부터 회사에 통지한 주소로 하면 되는데, 그 통지 또는 최고는 보통 그 도달할 시기에 도달한 것으로 본다.

② 주주명부의 폐쇄기간은 3월을 초과하지 못한다.

③ 정관으로 기준일을 지정한 때에는 기준일의 공고절차를 생략할 수 있다.

④ 이사는 주주명부를 본점에 비치하여야 하고 명의개서대리인의 영업소에는 비치할 수 없다.

⑤ 주식양수인이 주권을 제시하면서 명의개서를 청구하는 경우 그 양수인은 적법한 소지인으로 추정된다.

▌해설▐

① [O] 상법 제353조 제1항·제2항, 제304조 제2항

> **상법 제353조(주주명부의 효력)**
> ① 주주 또는 질권자에 대한 회사의 통지 또는 최고는 주주명부에 기재한 주소 또는 그 자로부터 회사에 통지한 주소로 하면 된다.
> ② 제304조 제2항의 규정은 전항의 통지 또는 최고에 준용한다.
>
> **상법 제304조(주식인수인 등에 대한 통지, 최고)**
> ② 전항의 통지 또는 최고는 보통 그 도달할 시기에 도달한 것으로 본다.

② [O], ③ [O] 상법 제354조 제2항, 제4항

> **상법 제354조(주주명부의 폐쇄, 기준일)**
> ① 회사는 의결권을 행사하거나 배당을 받을 자 기타 주주 또는 질권자로서 권리를 행사할 자를 정하기 위하여 일정한 기간을 정하여 주주명부의 기재변경을 정지하거나 일정한 날에 주주명부에 기재된 주주 또는 질권자를 그 권리를 행사할 주주 또는 질권자로 볼 수 있다.
> ② 제1항의 기간은 3월을 초과하지 못한다.
> ④ 회사가 제1항의 기간 또는 날을 정한 때에는 그 기간 또는 날의 2주간 전에 이를 공고하여야 한다. 그러나 정관으로 그 기간 또는 날을 지정한 때에는 그러하지 아니하다.

④ [✕] 이사는 회사의 정관, 주주총회의 의사록을 본점과 지점에, 주주명부, 사채원부를 본점에 비치하여야 한다. 이 경우 명의개서대리인을 둔 때에는 주주명부나 사채원부 또는 그 복본을 명의개서대리인의 영업소에 비치할 수 있다(상법 제396조 제1항).

⑤ [O] 주권의 점유자는 이를 적법한 소지인으로 추정한다(상법 제336조 제2항). 따라서 주권의 소지자는 자기가 권리자임을 증명하지 않아도 회사에 대하여 명의개서를 청구할 수 있고, 오히려 회사는 그 청구자가 무권리자임을 입증하지 못하는 한 명의개서를 해주어야 한다.

답 ④

상법상 주주명부 등에 관한 설명으로 옳지 않은 것은?

① 회사는 정관으로 정하는 바에 따라 전자문서로 주주명부를 작성할 수 있으며 이 경우 그 주주명부에 전자우편주소를 적어야 한다.

② 주주 또는 질권자에 대한 회사의 통지 또는 최고는 주주명부에 기재한 주소 또는 그 자로부터 회사에 통지한 주소로 하면 되며, 이러한 통지 또는 최고는 보통 그 도달할 시기에 도달한 것으로 본다.

③ 주주명부의 기준일은 주주 또는 질권자로서 권리를 행사할 날에 앞선 2월 내의 날로 정하여야 하며 주주명부의 폐쇄 기간은 2월을 초과하지 못한다.

④ 회사의 주주명부는 본점에 비치되어야 하나 명의개서대리인을 둔 때에는 주주명부를 명의개서대리인의 영업소에 비치할 수 있다.

⑤ 명의개서대리인이 주식 취득자의 성명과 주소를 주주명부의 복본에 기재한 때에는 그 주식 취득자는 주식의 이전을 회사에 대항할 수 있다.

┃해설┃

① [○] 상법 제352조의2 제1항, 제2항

> **상법 제352조의2(전자주주명부)**
> ① 회사는 정관으로 정하는 바에 따라 전자문서로 주주명부(이하 "전자주주명부"라 한다)를 작성할 수 있다.
> ② 전자주주명부에는 제352조 제1항의 기재사항 외에 전자우편주소를 적어야 한다.

② [○] 상법 제353조 제1항·제2항, 제304조 제2항

> **상법 제353조(주주명부의 효력)**
> ① 주주 또는 질권자에 대한 회사의 통지 또는 최고는 주주명부에 기재한 주소 또는 그 자로부터 회사에 통지한 주소로 하면 된다.
> ② 제304조 제2항의 규정은 전항의 통지 또는 최고에 준용한다.
>
> **상법 제304조(주식인수인 등에 대한 통지, 최고)**
> ② 전항의 통지 또는 최고는 보통 그 도달할 시기에 도달한 것으로 본다.

③ [✕] 주주명부의 기준일은 주주 또는 질권자로서 권리를 행사할 날에 앞선 **3월** 내의 날로 정하여야 하며 주주명부의 폐쇄 기간은 **3월**을 초과하지 못한다(상법 제354조 제2항, 제3항 참조).

> **상법 제354조(주주명부의 폐쇄, 기준일)**
> ① 회사는 의결권을 행사하거나 배당을 받을 자 기타 주주 또는 질권자로서 권리를 행사할 자를 정하기 위하여 일정한 기간을 정하여 주주명부의 기재변경을 정지하거나 일정한 날에 주주명부에 기재된 주주 또는 질권자를 그 권리를 행사할 주주 또는 질권자로 볼 수 있다.
> ② 제1항의 기간은 **3월**을 초과하지 못한다.
> ③ 제1항의 날은 주주 또는 질권자로서 권리를 행사할 날에 앞선 **3월** 내의 날로 정하여야 한다.

④ [O] 이사는 회사의 정관, 주주총회의 의사록을 본점과 지점에, 주주명부, 사채원부를 본점에 비치하여야 한다. 이 경우 명의개서대리인을 둔 때에는 주주명부나 사채원부 또는 그 복본을 명의개서대리인의 영업소에 비치할 수 있다(상법 제396조 제1항).

⑤ [O] 상법 제337조 제1항, 제2항

상법 제337조(주식의 이전의 대항요건)
① 주식의 이전은 취득자의 성명과 주소를 주주명부에 기재하지 아니하면 회사에 대항하지 못한다.
② 회사는 정관이 정하는 바에 의하여 명의개서대리인을 둘 수 있다. 이 경우 명의개서대리인이 취득자의 성명과 주소를 주주명부의 복본에 기재한 때에는 제1항의 명의개서가 있는 것으로 본다.

답 ③

55 세무사 2019

☑ 확인 Check! ○ △ ✕

상법상 주주명부에 관한 설명으로 옳지 않은 것은? (다툼이 있으면 판례에 따름)

① 전자주주명부에는 주주의 전자우편주소도 적어야 한다.

② 주주에 대한 회사의 통지 또는 최고는 주주명부에 기재한 주소 또는 그 자로부터 회사에 통지한 주소로 하면 된다.

③ 회사는 주주명부상 주주 외에 실제 주식을 인수한 자가 따로 존재한다는 사실을 알고 있는 경우에 실제 주식을 인수한 자의 주주권 행사를 인정하여야 한다.

④ 이사는 주주명부를 작성하여 회사의 본점에 비치하여야 하며, 명의개서대리인을 둔 경우에는 주주명부 또는 그 복본을 명의개서대리인의 영업소에 비치할 수 있다.

⑤ 명의개서대리인이 취득자의 성명과 주소를 주주명부의 복본에 기재한 때에는 주주명부에 한 명의개서와 동일한 효력이 있다.

❚ 해설 ❚

① [O] 전자주주명부에는 제352조 제1항의 기재사항(주주명부의 기재사항) 외에 전자우편주소를 적어야 한다(상법 제352조의2 제2항).

② [O] 주주 또는 질권자에 대한 회사의 통지 또는 최고는 주주명부에 기재한 주소 또는 그 자로부터 회사에 통지한 주소로 하면 된다(상법 제353조 제1항).

③ [✕] 특별한 사정이 없는 한, 주주명부에 적법하게 주주로 기재되어 있는 자는 회사에 대한 관계에서 주식에 관한 의결권 등 주주권을 행사할 수 있고, 회사 역시 주주명부상 주주 외에 실제 주식을 인수하거나 양수하고자 하였던 자가 따로 존재한다는 사실을 알았든 몰랐든 간에 주주명부상 주주의 주주권 행사를 부인할 수 없으며, 주주명부에 기재를 마치지 아니한 자의 주주권 행사를 인정할 수도 없다(대판[전합] 2017.3.23. 2015다248342).

④ [O] 이사는 회사의 정관, 주주총회의 의사록을 본점과 지점에, 주주명부, 사채원부를 본점에 비치하여야 한다. 이 경우 명의개서대리인을 둔 때에는 주주명부나 사채원부 또는 그 복본을 명의개서대리인의 영업소에 비치할 수 있다(상법 제396조 제1항).

⑤ [O] 상법 제337조 제2항

> **상법 제337조(주식의 이전의 대항요건)**
> ① 주식의 이전은 취득자의 성명과 주소를 주주명부에 기재하지 아니하면 회사에 대항하지 못한다.
> ② 회사는 정관이 정하는 바에 의하여 명의개서대리인을 둘 수 있다. 이 경우 명의개서대리인이 취득자의 성명과 주소를 주주명부의 복본에 기재한 때에는 제1항의 명의개서가 있는 것으로 본다.

답 ③

56 세무사 2018

☑ 확인Check! ○ △ ✕

상법상 주주명부에 관한 설명으로 옳은 것은? (다툼이 있으면 판례에 따름)

① 주주명부에 적법하게 주주로 기재되어 있는 자는 특별한 사정이 없는 한 회사에 대한 관계에서 주주권을 행사할 수 있고, 회사는 명의개서를 하지 아니한 실질상의 주주를 주주로 인정할 수 있다.
② 회사채권자는 영업시간 내에도 주주명부 또는 그 복본의 열람 또는 등사를 청구할 수 없다.
③ 명의개서대리인을 둔 경우 주주명부를 본점에 비치하지 아니하고 명의개서대리인의 영업소에만 비치하는 것은 허용되지 않는다.
④ 회사는 의결권을 행사하거나 배당을 받을 자 기타 주주로서 권리를 행사할 자를 정하기 위하여 일정한 날에 주주명부에 기재된 주주를 그 권리를 행사할 주주로 볼 수 있다.
⑤ 주주 또는 회사채권자가 주주명부 등의 열람 또는 등사를 청구한 경우 회사는 그 청구에 정당한 목적이 없는 등의 특별한 사정이 없는 한 이를 거절할 수 없고, 이 경우 정당한 목적이 있다는 것에 관한 증명책임은 주주 또는 회사채권자가 부담한다.

▌**해설**▌

① [✕] 특별한 사정이 없는 한, 주주명부에 적법하게 주주로 기재되어 있는 자는 회사에 대한 관계에서 주식에 관한 의결권 등 주주권을 행사할 수 있고, 회사 역시 주주명부상 주주 외에 실제 주식을 인수하거나 양수하고자 하였던 자가 따로 존재한다는 사실을 알았든 몰랐든 간에 주주명부상 주주의 주주권 행사를 부인할 수 없으며, <u>주주명부에 기재를 마치지 아니한 자의 주주권 행사를 인정할 수도 없다</u>(대판[전합] 2017.3.23. 2015다248342).
② [✕] 회사채권자는 영업시간 내에 <u>언제든지</u> 주주명부 또는 그 복본의 열람 또는 등사를 청구할 수 있다(상법 제396조 제2항 참조).
③ [✕] 명의개서대리인을 둔 경우 주주명부를 본점에 비치하지 아니하고 명의개서대리인의 영업소에만 비치하는 것도 허용된다(상법 제396조 제1항 참조).

> **상법 제396조(정관 등의 비치, 공시의무)**
> ① 이사는 회사의 정관, 주주총회의 의사록을 본점과 지점에, 주주명부, 사채원부를 본점에 비치하여야 한다. <u>이 경우 명의개서대리인을 둔 때에는 주주명부나 사채원부 또는 그 복본을 명의개서대리인의 영업소에 비치할 수 있다.</u>
> ② <u>주주와 회사채권자는 영업시간 내에 언제든지 제1항의 서류의 열람 또는 등사를 청구할 수 있다.</u>

④ [O] 회사는 의결권을 행사하거나 배당을 받을 자 기타 주주 또는 질권자로서 권리를 행사할 자를 정하기 위하여 일정한 기간을 정하여 주주명부의 기재변경을 정지하거나 일정한 날에 주주명부에 기재된 주주 또는 질권자를 그 권리를 행사할 주주 또는 질권자로 볼 수 있다(상법 제354조 제1항).

⑤ [×] 주주 또는 회사채권자가 상법 제396조 제2항에 의하여 주주명부 등의 열람등사청구를 한 경우 회사는 그 청구에 정당한 목적이 없는 등의 특별한 사정이 없는 한 이를 거절할 수 없고, 이 경우 <u>정당한 목적이 없다는 점에 관한 증명책임은 회사가 부담한다</u>(대판 2010.7.22. 2008다37193).

답 ④

---

57 세무사 2017

확인Check! ○ △ ×

상법상 주주명부에 관한 설명으로 옳지 않은 것은?

① 주주에 대한 회사의 통지 또는 최고는 주주명부에 기재한 주소 또는 그 자로부터 회사에 통지한 주소로 하면 된다.

② 주식을 양수한 자는 자신의 성명과 주소를 주주명부에 기재하지 아니하면 양도인에게 대항하지 못한다.

③ 회사는 정관이 정하는 바에 의하여 명의개서대리인을 둘 수 있다.

④ 주주명부에는 각주식의 취득연월일을 기재하여야 한다.

⑤ 회사는 의결권을 행사할 자를 정하기 위하여 일정한 기간을 정하여 주주명부의 기재변경을 정지할 수 있으며 이 기간은 3월을 초과하지 못한다.

┃해설┃

① [O] 주주 또는 질권자에 대한 회사의 통지 또는 최고는 주주명부에 기재한 주소 또는 그 자로부터 회사에 통지한 주소로 하면 된다(상법 제353조 제1항).

② [×] 주식의 이전은 취득자의 성명과 주소를 주주명부에 기재하지 아니하면 <u>회사에</u> 대항하지 못한다(상법 제337조 제1항). 여기서 회사에 대항하지 못한다는 의미는 양수인이 명의개서를 하지 않으면 회사에 대하여 주주권을 행사할 수 없다는 의미이고, 당사자 사이의 합의와 주권의 교부만으로 주식은 양도된다.

③ [O] 회사는 정관이 정하는 바에 의하여 명의개서대리인을 둘 수 있다. 이 경우 명의개서대리인이 취득자의 성명과 주소를 주주명부의 복본에 기재한 때에는 제1항의 명의개서가 있는 것으로 본다(상법 제337조 제2항).

④ [O] 상법 제352조 제1항 제3호

> **상법 제352조(주주명부의 기재사항)**
> ① 주식을 발행한 때에는 주주명부에 다음의 사항을 기재하여야 한다.
>   1. 주주의 성명과 주소
>   2. 각 주주가 가진 주식의 종류와 그 수
>   2의2. 각 주주가 가진 주식의 주권을 발행한 때에는 그 주권의 번호
>   3. <u>각주식의 취득연월일</u>

제3장

⑤ [O] 상법 제354조 제1항, 제2항

> **상법 제354조(주주명부의 폐쇄, 기준일)**
> ① 회사는 의결권을 행사하거나 배당을 받을 자 기타 주주 또는 질권자로서 권리를 행사할 자를 정하기 위하여 일정한 기간을 정하여 주주명부의 기재변경을 정지하거나 일정한 날에 주주명부에 기재된 주주 또는 질권자를 그 권리를 행사할 주주 또는 질권자로 볼 수 있다.
> ② 제1항의 기간은 3월을 초과하지 못한다.

답 ②

58 세무사 2016

☑ 확인 Check! ○ △ ✕

상법상 주주명부에 관한 설명으로 옳지 않은 것은?

① 회사는 정관으로 정하는 바에 따라 전자문서로 주주명부를 작성할 수 있다.
② 주주 또는 질권자에 대한 회사의 통지 또는 최고는 주주명부에 기재한 주소 또는 그 자로부터 회사에 통지한 주소로 하면 된다.
③ 주주명부의 폐쇄기간은 3월을 초과하지 못한다.
④ 주주명부의 기준일은 주주 또는 질권자로서 권리를 행사할 날에 앞선 3월 내의 날로 정하여야 한다.
⑤ 회사가 주주명부의 폐쇄기간 또는 기준일을 정한 때에는 정관에 다른 정함이 없는 때에는 그 기간 또는 날의 1주간 전에 이를 공고하여야 한다.

──────────────────────────

│해설│

① [O] 회사는 정관으로 정하는 바에 따라 전자문서로 주주명부(이하 "전자주주명부"라 한다)를 작성할 수 있다(상법 제352조의2 제1항).
② [O] 주주 또는 질권자에 대한 회사의 통지 또는 최고는 주주명부에 기재한 주소 또는 그 자로부터 회사에 통지한 주소로 하면 된다(상법 제353조 제1항).
③ [O] 상법 제354조 제2항
④ [O] 상법 제354조 제3항
⑤ [✕] 상법 제354조 제4항

> **상법 제354조(주주명부의 폐쇄, 기준일)**
> ① 회사는 의결권을 행사하거나 배당을 받을 자 기타 주주 또는 질권자로서 권리를 행사할 자를 정하기 위하여 일정한 기간을 정하여 주주명부의 기재변경을 정지하거나 일정한 날에 주주명부에 기재된 주주 또는 질권자를 그 권리를 행사할 주주 또는 질권자로 볼 수 있다.
> ② 제1항의 기간은 3월을 초과하지 못한다.
> ③ 제1항의 날은 주주 또는 질권자로서 권리를 행사할 날에 앞선 3월 내의 날로 정하여야 한다.
> ④ 회사가 제1항의 기간 또는 날을 정한 때에는 그 기간 또는 날의 2주간 전에 이를 공고하여야 한다. 그러나 정관으로 그 기간 또는 날을 지정한 때에는 그러하지 아니하다.

답 ⑤

상법상 비상장주식회사의 주주명부와 명의개서에 관한 설명으로 틀린 것은? (이견이 있으면 판례에 의함)

① 명의개서를 하지 아니한 주식의 양수인은 회사에 대항하지 못한다.

② 회사는 명의개서를 마치지 않은 주식양수인에게 의결권 행사를 허락할 수 있으나 특별한 사정이 있으면 그러하지 아니하다.

③ 주주명부의 폐쇄기간은 3월을 초과할 수 없고, 회사는 정관에 폐쇄기간의 정함이 없으면 폐쇄기간 개시 2주간 전에 이를 공고하여야 한다.

④ 회사는 정관으로 정하는 바에 따라 전자문서로 주주명부를 작성할 수 있다.

⑤ 회사가 명의개서대리인을 둔 때에는 주주명부나 사채원부 또는 그 복본을 명의개서대리인의 영업소에 비치할 수 있다.

▌해설▌

① [○] 주식을 양수하였으나 아직 주주명부에 명의개서를 하지 아니하여 주주명부에는 양도인이 주주로 기재되어 있는 경우뿐만 아니라, 주식을 인수하거나 양수하려는 자가 타인의 명의를 빌려 회사의 주식을 인수하거나 양수하고 타인의 명의로 주주명부에의 기재까지 마치는 경우에도, 회사에 대한 관계에서는 주주명부상 주주만이 주주로서 의결권 등 주주권을 적법하게 행사할 수 있다. 이는 주주명부에 주주로 기재되어 있는 자는 특별한 사정이 없는 한 회사에 대한 관계에서 주식에 관한 의결권 등 주주권을 적법하게 행사할 수 있고, 회사의 주식을 양수하였더라도 주주명부에 기재를 마치지 아니하면 주식의 양수를 회사에 대항할 수 없다는 법리에 비추어 볼 때 자연스러운 결과이다(대판[전합] 2017.3.23. 2015다248342).

② [✕] 주주명부상의 주주만이 회사에 대한 관계에서 주주권을 행사할 수 있다는 법리는 주주에 대하여만 아니라 회사에 대하여도 마찬가지로 적용되므로, <u>회사는 특별한 사정이 없는 한 주주명부에 기재된 자의 주주권 행사를 부인하거나 주주명부에 기재되지 아니한 자의 주주권 행사를 인정할 수 없다</u>(대판[전합] 2017.3.23. 2015다248342).

③ [○] 상법 제354조 제1항, 제2항, 제4항

> **상법 제354조(주주명부의 폐쇄, 기준일)**
> ① 회사는 의결권을 행사하거나 배당을 받을 자 기타 주주 또는 질권자로서 권리를 행사할 자를 정하기 위하여 일정한 기간을 정하여 주주명부의 기재변경을 정지하거나 일정한 날에 주주명부에 기재된 주주 또는 질권자를 그 권리를 행사할 주주 또는 질권자로 볼 수 있다.
> ② 제1항의 기간은 3월을 초과하지 못한다.
> ④ 회사가 제1항의 기간 또는 날을 정한 때에는 그 기간 또는 날의 2주간 전에 이를 공고하여야 한다. 그러나 정관으로 그 기간 또는 날을 지정한 때에는 그러하지 아니하다.

④ [○] 회사는 정관으로 정하는 바에 따라 전자문서로 주주명부(이하 "전자주주명부"라 한다)를 작성할 수 있다(상법 제352조의2 제1항).

⑤ [○] 이사는 회사의 정관, 주주총회의 의사록을 본점과 지점에, 주주명부, 사채원부를 본점에 비치하여야 한다. 이 경우 명의개서대리인을 둔 때에는 주주명부나 사채원부 또는 그 복본을 명의개서대리인의 영업소에 비치할 수 있다(상법 제396조 제1항).

답 ②

상법상 주권을 발행한 비상장회사의 주주명부에 관한 설명으로 틀린 것은? (이견이 있으면 판례에 의함)

① 주식의 이전은 취득자의 성명과 주소를 주주명부에 기재하지 아니하면 회사에 대항하지 못한다.

② 주식을 취득한 자는 특별한 사정이 없는 한 점유하고 있는 주권의 제시 등의 방법으로 자신이 주식을 취득한 사실을 증명함으로써 회사에 대하여 단독으로 그 명의개서를 청구할 수 있다.

③ 정관이 정하는 바에 따라 전자문서로 주주명부를 작성한 경우에는 그 주주명부에 전자우편주소를 적어야 한다.

④ 회사는 의결권을 행사할 자를 정하기 위하여 주주로서 권리를 행사할 날에 앞선 3월 내의 일정한 날에 주주명부에 기재된 주주를 그 권리를 행사할 주주로 볼 수 있다.

⑤ 주식양수인이 명의개서를 청구한 경우 회사는 그 청구자가 진정한 주주인가에 대하여 실질적인 자격 여부까지 심사할 의무를 부담한다.

┃해설┃

① [○] 주식의 이전은 취득자의 성명과 주소를 주주명부에 기재하지 아니하면 회사에 대항하지 못한다(상법 제337조 제1항).

② [○] 주식을 취득한 자는 특별한 사정이 없는 한 점유하고 있는 주권의 제시 등의 방법으로 자신이 주식을 취득한 사실을 증명함으로써 회사에 대하여 단독으로 그 명의개서를 청구할 수 있다(대판 2019.5.16. 2016다240338).

③ [○] 상법 제352조의2 제1항, 제2항

> **상법 제352조의2(전자주주명부)**
> ① 회사는 정관으로 정하는 바에 따라 전자문서로 주주명부(이하 "전자주주명부"라 한다)를 작성할 수 있다.
> ② 전자주주명부에는 제352조 제1항의 기재사항 외에 전자우편주소를 적어야 한다.

④ [○] 상법 제354조 제1항, 제3항

> **상법 제354조(주주명부의 폐쇄, 기준일)**
> ① 회사는 의결권을 행사하거나 배당을 받을 자 기타 주주 또는 질권자로서 권리를 행사할 자를 정하기 위하여 일정한 기간을 정하여 주주명부의 기재변경을 정지하거나 일정한 날에 주주명부에 기재된 주주 또는 질권자를 그 권리를 행사할 주주 또는 질권자로 볼 수 있다.
> ③ 제1항의 날은 주주 또는 질권자로서 권리를 행사할 날에 앞선 3월 내의 날로 정하여야 한다.

⑤ [✕] 주권이 발행되어 있는 주식을 양도할 때에는 주권을 교부하여야 하고(상법 제336조 제1항), 주권이 발행되어 있는 주식을 양수한 자는 주권을 제시하여 양수사실을 증명함으로써 회사에 대해 단독으로 명의개서를 청구할 수 있다. 이때 회사는 청구자가 진정한 주권을 점유하고 있는가에 대한 형식적 자격만을 심사하면 족하고, 나아가 청구자가 진정한 주주인가에 대한 실질적 자격까지 심사할 의무는 없다. 따라서 주권이 발행되어 있는 주식을 취득한 자가 주권을 제시하는 등 그 취득사실을 증명하는 방법으로 명의개서를 신청하고, 그 신청에 관하여 주주명부를 작성할 권한 있는 자가 형식적 심사의무를 다하였으며, 그에 따라 명의개서가 이루어졌다면, 특별한 사정이 없는 한 그 명의개서는 적법한 것으로 보아야 한다(대판 2019.8.14. 2017다231980).

탑 ⑤

주주명부와 명의개서에 관한 다음 설명 중 가장 옳지 않은 것은?

① 주주 또는 회사채권자가 상법 제396조 제2항에 의하여 주주명부 등의 열람·등사청구를 한 경우 회사는 그 청구에 정당한 목적이 없는 등의 특별한 사정이 없는 한 이를 거절할 수 없는데, 이 경우 주주 또는 회사채권자가 정당한 목적이 있다는 점에 관한 증명책임을 부담한다.

② 주주명부에 명의개서를 한 주식양수인은 회사에 대하여 자신이 권리자라는 사실을 따로 증명하지 않고도 의결권, 배당금청구권, 신주인수권 등 주주로서의 권리를 적법하게 행사할 수 있다.

③ 주식회사는 주주명부상 주주 외에 실제 주식을 인수하거나 양수하고자 하였던 자가 따로 존재한다는 사실을 알았든 몰랐든 간에 주주명부상 주주의 주주권 행사를 부인할 수 없으며, 주주명부에 기재를 마치지 아니한 자의 주주권 행사를 인정할 수도 없다.

④ 주식을 취득한 자가 회사에 대하여 의결권을 주장할 수 있기 위하여는 주주명부에 주주로서 명의개서를 하여야 하므로, 명의개서를 하지 아니한 주식양수인에 대하여 주주총회소집통지를 하지 않았다고 하여 주주총회결의에 절차상의 하자가 있다고 할 수 없다.

⑤ 주권이 발행되어 있는 주식을 양수한 자는 주권을 제시하여 양수사실을 증명함으로써 회사에 대해 단독으로 명의개서를 청구할 수 있다. 이때 회사는 청구자가 진정한 주권을 점유하고 있는가에 대한 형식적 자격만을 심사하면 족하고, 나아가 청구자가 진정한 주주인가에 대한 실질적 자격까지 심사할 의무는 없다.

┃ 해설 ┃

① [✕] 주주 또는 회사채권자가 상법 제396조 제2항에 의하여 주주명부 등의 열람등사청구를 한 경우 회사는 그 청구에 정당한 목적이 없는 등의 특별한 사정이 없는 한 이를 거절할 수 없고, 이 경우 정당한 목적이 없다는 점에 관한 증명책임은 회사가 부담한다(대판 2010.7.22. 2008다37193).

② [○] 상법은 주식의 유통성으로 인해 주주가 계속 변동되는 단체적 법률관계의 특성을 고려하여 주주들과 회사 간의 권리관계를 획일적이고 안정적으로 처리할 수 있도록 명의개서제도를 마련해 두고 있다. 즉, 주식을 양수하여 기명주식을 취득한 자가 회사에 대하여 주주의 권리를 행사하려면 자기의 성명과 주소를 주주명부에 기재하여야 한다(상법 제337조 제1항). 주주명부에 명의개서를 한 주식양수인은 회사에 대하여 자신이 권리자라는 사실을 따로 증명하지 않고도 의결권, 배당금청구권, 신주인수권 등 주주로서의 권리를 적법하게 행사할 수 있다. 회사로서도 주주명부에 기재된 자를 주주로 보고 주주로서의 권리를 인정한 경우 주주명부상 주주가 진정한 주주가 아니더라도 책임을 지지 않는다(대판 2018.10.12. 2017다221501).

③ [○] 특별한 사정이 없는 한, 주주명부에 적법하게 주주로 기재되어 있는 자는 회사에 대한 관계에서 주식에 관한 의결권 등 주주권을 행사할 수 있고, 회사 역시 주주명부상 주주 외에 실제 주식을 인수하거나 양수하고자 하였던 자가 따로 존재한다는 사실을 알았든 몰랐든 간에 주주명부상 주주의 주주권 행사를 부인할 수 없으며, 주주명부에 기재를 마치지 아니한 자의 주주권 행사를 인정할 수도 없다. 주주명부에 기재를 마치지 않고도 회사에 대한 관계에서 주주권을 행사할 수 있는 경우는 주주명부에의 기재 또는 명의개서청구가 부당하게 지연되거나 거절되었다는 등의 극히 예외적인 사정이 인정되는 경우에 한한다(대판[전합] 2017.3.23. 2015다248342).

④ [○] 주식을 취득한 자가 회사에 대하여 의결권을 주장할 수 있기 위하여는 주주명부에 주주로서 명의개서를 하여야 하므로, 명의개서를 하지 아니한 주식양수인에 대하여 주주총회소집통지를 하지 않았다고 하여 주주총회결의에 절차상의 하자가 있다고 할 수 없다(대판 1996.12.23. 96다32768).

⑤ [O] 주권의 점유자는 적법한 소지인으로 추정되므로(상법 제336조 제2항), 주권을 점유하는 자는 반증이 없는 한 그 권리자로 인정되고 이를 다투는 자는 반대사실을 입증하여야 한다. 주권이 발행되어 있는 주식을 양도할 때에는 주권을 교부하여야 하고(상법 제336조 제1항), 주권이 발행되어 있는 주식을 양수한 자는 주권을 제시하여 양수사실을 증명함으로써 회사에 대해 단독으로 명의개서를 청구할 수 있다. 이때 회사는 청구자가 진정한 주권을 점유하고 있는가에 대한 형식적 자격만을 심사하면 족하고, 나아가 청구자가 진정한 주주인가에 대한 실질적 자격까지 심사할 의무는 없다. 따라서 주권이 발행되어 있는 주식을 취득한 자가 주권을 제시하는 등 그 취득사실을 증명하는 방법으로 명의개서를 신청하고, 그 신청에 관하여 주주명부를 작성할 권한 있는 자가 형식적 심사의무를 다하였으며, 그에 따라 명의개서가 이루어졌다면, 특별한 사정이 없는 한 그 명의개서는 적법한 것으로 보아야 한다(대판 2019.8.14. 2017다231980).

답 ①

62 법무사 2022 ☑ 확인Check! ○ △ ✕

주식회사의 주식양도 내지 명의개서에 관한 다음 설명 중 가장 옳지 않은 것은?

① 상법 제335조 제3항 소정의 주권발행 전에 한 주식의 양도는 회사성립 후 6월이 경과한 때에는 회사에 대하여 효력이 있는 것으로서, 이 경우 주식의 양도는 지명채권의 양도에 관한 일반원칙에 따라 당사자의 의사표시만으로 효력이 발생하는 것이고, 상법 제337조 제1항에 규정된 주주명부상의 명의개서는 주식의 양수인이 회사에 대한 관계에서 주주의 권리를 행사하기 위한 대항요건에 지나지 아니한다.

② 상법 제335조 제1항의 본문 및 단서에 의하면, 주식은 원칙적으로 타인에게 양도할 수 있고, 예외적으로 회사가 정관으로 정하는 바에 따라 그 발행하는 주식의 양도에 관하여 이사회의 승인을 받도록 할 수 있을 뿐이므로, 주주 사이에서 주식의 양도를 일부 제한하는 약정은 원칙적으로 무효이다.

③ 주권발행 전 주식의 양도가 회사성립 후 6월이 경과한 후에 이루어진 때에는 당사자의 의사표시만으로 회사에 대하여 효력이 있으므로, 주식양수인은 특별한 사정이 없는 한 양도인의 협력을 받을 필요 없이 단독으로 자신이 주식을 양수한 사실을 증명함으로써 회사에 대하여 명의개서를 청구할 수 있다.

④ 주권발행 전에 한 주식의 양도가 회사성립 후 또는 신주의 납입기일 후 6월이 경과하기 전에 이루어졌다고 하더라도 그 이후 6월이 경과하고 그때까지 회사가 주권을 발행하지 않았다면, 그 하자는 치유되어 회사에 대하여도 유효한 주식양도가 된다.

⑤ 명의개서청구권은 기명주식을 취득한 자가 회사에 대하여 주주권에 기하여 그 기명주식에 관한 자신의 성명, 주소 등을 주주명부에 기재하여 줄 것을 청구하는 권리로서 기명주식을 취득한 자만이 그 기명주식에 관한 명의개서청구권을 행사할 수 있다. 또한 기명주식의 취득자는 원칙적으로 취득한 기명주식에 관하여 명의개서를 할 것인지 아니면 명의개서 없이 이를 타인에게 처분할 것인지 등에 관하여 자유로이 결정할 권리가 있으므로, 주식 양도인은 다른 특별한 사정이 없는 한 회사에 대하여 주식 양수인 명의로 명의개서를 하여 달라고 청구할 권리가 없다.

‖ 해설 ‖

① [○] 상법 제335조 제3항 소정의 주권발행 전에 한 주식의 양도는 회사성립 후 6월이 경과한 때에는 회사에 대하여 효력이 있는 것으로서, 이 경우 주식의 양도는 지명채권의 양도에 관한 일반원칙에 따라 당사자의 의사표시만으로 효력이 발생하는 것이고, 상법 제337조 제1항에 규정된 주주명부상의 명의개서는 주식의 양수인이 회사에 대한 관계에서 주주의 권리를 행사하기 위한 대항요건에 지나지 아니한다(대판 2003.10.24. 2003다29661).

② [×] 주식의 양도를 제한하는 방법으로서 이사회의 승인을 요하도록 정관에 정할 수 있다는 상법 제335조 제1항 단서의 취지에 비추어 볼 때, <u>주주들 사이에서 주식의 양도를 일부 제한하는 내용의 약정을 한 경우, 그 약정은 주주의 투하자본회수의 가능성을 전면적으로 부정하는 것이 아니고, 공서양속에 반하지 않는다면 당사자 사이에서는 원칙적으로 유효하다고 할 것이다</u>(대판 2008.7.10. 2007다14193).

③ [○] 주권발행 전 주식의 양도가 회사성립 후 6월이 경과한 후에 이루어진 때에는 당사자의 의사표시만으로 회사에 대하여 효력이 있으므로, 그 주식양수인은 특별한 사정이 없는 한 양도인의 협력을 받을 필요 없이 단독으로 자신이 주식을 양수한 사실을 증명함으로써 회사에 대하여 그 명의개서를 청구할 수 있다(대판 2016.3.24. 2015다71795).

④ [○] 주권발행 전의 주식의 양도는 지명채권의 양도에 관한 일반원칙에 따라 당사자의 의사표시만으로 효력이 발생하는 것이고, 한편 주권발행 전에 한 주식의 양도가 회사성립 후 또는 신주의 납입기일 후 6월이 경과하기 전에 이루어졌다고 하더라도 그 이후 6월이 경과하고 그때까지 회사가 주권을 발행하지 않았다면, 그 하자는 치유되어 회사에 대하여도 유효한 주식양도가 된다고 봄이 상당하다(대판 2002.3.15. 2000두1850).

⑤ [○] 명의개서청구권은 기명주식을 취득한 자가 회사에 대하여 주주권에 기하여 그 기명주식에 관한 자신의 성명, 주소 등을 주주명부에 기재하여 줄 것을 청구하는 권리로서 기명주식을 취득한 자만이 그 기명주식에 관한 명의개서 청구권을 행사할 수 있다. 또한 기명주식의 취득자는 원칙적으로 취득한 기명주식에 관하여 명의개서를 할 것인지 아니면 명의개서 없이 이를 타인에게 처분할 것인지 등에 관하여 자유로이 결정할 권리가 있으므로, 주식 양도인은 다른 특별한 사정이 없는 한 회사에 대하여 주식 양수인 명의로 명의개서를 하여 달라고 청구할 권리가 없다. 이러한 법리는 주권이 발행되어 주권의 인도에 의하여 기명주식이 양도되는 경우뿐만 아니라, 회사성립 후 6월이 경과하도록 주권이 발행되지 아니하여 양도인과 양수인 사이의 의사표시에 의하여 기명주식이 양도되는 경우에도 동일하게 적용된다(대판 2010.10.14. 2009다89665).

답 ②

63 법무사 2021

확인 Check! ○ △ ✕

상법상 주식의 양도 및 명의개서에 관한 다음 설명 중 가장 옳지 않은 것은?

① 주권발행 전 주식의 양도가 회사성립 후 6월이 경과한 후에 이루어진 때에는 당사자의 의사표시만으로 회사에 대하여 효력이 있으므로, 주식양수인은 특별한 사정이 없는 한 양도인의 협력을 받을 필요 없이 단독으로 자신이 주식을 양수한 사실을 증명함으로써 회사에 대하여 명의개서를 청구할 수 있다.

② 회사성립 후 또는 신주의 납입기간 후 6월이 지나도록 주권이 발행되지 않아 주권 없이 채권담보를 목적으로 체결된 주식양도계약에 따른 주식의 양도담보권자와 동일 주식에 대하여 압류명령을 집행한 자 사이의 우열은 그들이 주주명부에 명의개서를 하였는지 여부와는 상관없이 확정일자 있는 증서에 의한 양도통지 또는 승낙의 일시와 압류명령의 송달일시를 비교하여 그 선후에 따라 결정된다.

③ 상법은 주주명부의 기재를 회사에 대한 대항요건으로 정하고 있을 뿐 주식이전의 효력발생요건으로 정하고 있지 않으므로 명의개서가 이루어졌다고 하여 무권리자가 주주가 되는 것은 아니고, 명의개서가 이루어지지 않았다고 해서 주주가 그 권리를 상실하는 것도 아니다.

④ 주식을 인수하거나 양수하려는 자가 타인의 명의를 빌려 회사의 주식을 인수하거나 양수하고 타인의 명의로 주주명부에의 기재까지 마친 경우, 주주명부상의 주주가 아니라 명의를 빌려 실제 주식을 인수하거나 양수한 자가 회사에 대한 관계에서 주주로서 의결권 등 주주권을 적법하게 행사할 수 있다.

⑤ 주주가 양도의 상대방을 지정하여 줄 것을 청구한 경우, 이사회가 2주간 내에 주주에게 상대방 지정의 통지를 하지 아니한 때에는 주식의 양도에 관하여 이사회의 승인이 있는 것으로 본다.

┃해설┃

① [O] 주권발행 전 주식의 양도가 회사성립 후 6월이 경과한 후에 이루어진 때에는 당사자의 의사표시만으로 회사에 대하여 효력이 있으므로, 그 주식양수인은 특별한 사정이 없는 한 양도인의 협력을 받을 필요 없이 단독으로 자신이 주식을 양수한 사실을 증명함으로써 회사에 대하여 그 명의개서를 청구할 수 있다(대판 2016.3.24. 2015다71795).

② [O] 회사성립 후 또는 신주의 납입기간 후 6월이 지나도록 주권이 발행되지 않아 주권 없이 채권담보를 목적으로 체결된 주식양도계약은 바로 주식양도담보의 효력이 생기고, 양도담보권자가 대외적으로는 주식의 소유자가 된다. 주권발행 전 주식의 양도담보권자와 동일 주식에 대하여 압류명령을 집행한 자 사이의 우열은 주식양도의 경우와 마찬가지로 확정일자 있는 증서에 의한 양도통지 또는 승낙의 일시와 압류명령의 송달일시를 비교하여 그 선후에 따라 결정된다. 이때 그들이 주주명부에 명의개서를 하였는지 여부와는 상관없다(대판 2018.10.12. 2017다221501).

③ [O] 상법은 주주명부의 기재를 회사에 대한 대항요건으로 정하고 있을 뿐 주식이전의 효력발생요건으로 정하고 있지 않으므로 명의개서가 이루어졌다고 하여 무권리자가 주주가 되는 것은 아니고, 명의개서가 이루어지지 않았다고 해서 주주가 그 권리를 상실하는 것도 아니다(대판 2020.6.11. 2017다278385).

④ [✕] 주식을 양수하였으나 아직 주주명부에 명의개서를 하지 아니하여 주주명부에는 양도인이 주주로 기재되어 있는 경우뿐만 아니라, 주식을 인수하거나 양수하려는 자가 타인의 명의를 빌려 회사의 주식을 인수하거나 양수하고 타인의 명의로 주주명부에의 기재까지 마치는 경우에도, <u>회사에 대한 관계에서는 주주명부상 주주만이 주주로서 의결권 등 주주권을 적법하게 행사할 수 있다</u>(대판[전합] 2017.3.23. 2015다248342).

178 세무사 1차 객관식 상법(회사편)

⑤ [O] 상법 제335조의3 제2항

> **상법 제335조의3(양도상대방의 지정청구)**
> ① 주주가 양도의 상대방을 지정하여 줄 것을 청구한 경우에는 이사회는 이를 지정하고, 그 청구가 있은 날부터 2주간 내에 주주 및 지정된 상대방에게 서면으로 이를 통지하여야 한다.
> ② 제1항의 기간 내에 주주에게 상대방 지정의 통지를 하지 아니한 때에는 주식의 양도에 관하여 이사회의 승인이 있는 것으로 본다.

답 ④

64 세무사 2024

☑ 확인 Check! ○ △ ✕

주권의 선의취득이 인정될 수 있는 자는?

① 타인 소유의 주권을 보관중인 자가 사망한 경우 그 상속인
② 회사의 설립등기가 이루어지기 전에 발행된 주권을 양수한 자
③ 제권판결 선고 이후에 분실된 그 주권을 양수한 자
④ 불소지 신고가 이루어졌으나 무효가 되지 않은 채 보관중인 주권을 절취한 자로부터 그 주권을 양수한 자
⑤ 위조된 주권을 양수한 자

┃해설┃

① [✕] 주권의 선의취득은 거래의 안전을 보호하기 위한 것이므로 주식을 양도에 의해 취득하는 경우에 인정된다. 따라서 상속·합병 등 포괄승계의 경우에는 선의취득이 인정되지 않는다.
② [✕] 주권의 선의취득이 성립하기 위해서는 주권이 유효해야 한다. 따라서 회사는 본점소재지에서 설립등기를 함으로써 성립하고(상법 제172조), 회사성립 전에 발행된 주권은 무효이므로(상법 제355조 제3항 참조) 회사의 설립등기가 이루어지기 전에 발행된 주권을 양수한 자에게는 주권의 선의취득이 인정되지 않는다.
③ [✕] 제권판결이 내려지면 주권은 무효가 되므로 제권판결 이후에는 그 주권에 대해 선의취득이 불가능하다.
④ [O] 주권발행 후 불소지신고가 된 경우 주주는 발행된 주권을 회사에 제출하여야 하며, 회사는 제출된 주권을 무효로 하거나 명의개서대리인에게 임치하여야 한다(상법 제358조의2 제3항 참조). 따라서 불소지 신고가 이루어졌으나 무효가 되지 않은 주권은 유효하므로 그 주권을 절취한 자로부터 양수한 자에게는 선의취득이 인정된다.
⑤ [✕] 위조된 주권은 무효이므로 그 주권을 양수한 자에게는 선의취득이 인정되지 않는다.

답 ④

65 세무사 2024 ☑ 확인Check! ○ △ ✕

주권을 발행하지 않고 있는 A주식회사 주식을 소유하고 있는 甲이 乙에게 주식전부를 양도하는 경우에 관한 설명으로 옳지 않은 것은? (주주명부상 여전히 甲이 주주임)

① A회사가 설립된 지 6개월이 지나기 전에 주식양도가 이루어졌다면 乙의 주식양수는 A회사에 대하여 효력이 없다.

② 적법하게 주권불소지 신고를 한 甲이 A회사가 설립된 지 6개월이 지나기 전에 乙에게 주식을 양도하였다면 A회사에 대해 그 효력이 있다.

③ A회사가 설립된 지 6개월이 지난 후 주식양도가 이루어졌다면 乙은 주식을 취득할 수 있다.

④ A회사가 설립된 지 6개월이 지난 후 주식양도가 이루어진 경우 乙은 주식의 적법한 소지인으로 추정되지 않는다.

⑤ A회사가 설립된 후 즉시 주식양도가 이루어진 후 주권 미발행 상태로 6개월이 경과하였다면 乙의 양수행위의 하자는 치유된다.

❚해설❚

① [○], ② [✕], ③ [○] 주권발행 전에 한 주식의 양도는 회사에 대하여 효력이 없다. 그러나 회사성립 후 또는 신주의 납입기일 후 6월이 경과한 때에는 그러하지 아니하다(상법 제335조 제3항). 이는 주권불소지 신고를 해서 주권이 발행이 되지 않은 경우에도 마찬가지이다.

④ [○] 주권의 점유자는 이를 적법한 소지인으로 추정한다(상법 제336조 제2항). 그런데 A회사가 설립된 지 6개월이 지난 후 주식양도가 이루어졌어도 주권의 발행이 없었으므로 乙은 주식의 적법한 소지인으로 추정되지 않는다.

⑤ [○] 주권발행 전의 주식의 양도는 지명채권의 양도에 관한 일반원칙에 따라 당사자의 의사표시만으로 효력이 발생하는 것이고, 한편 주권발행 전에 한 주식의 양도가 회사성립 후 또는 신주의 납입기일 후 6월이 경과하기 전에 이루어졌다고 하더라도 그 이후 6월이 경과하고 그때까지 회사가 주권을 발행하지 않았다면, 그 하자는 치유되어 회사에 대하여도 유효한 주식양도가 된다고 봄이 상당하다(대판 2002.3.15. 2000두1850).

답 ②

비상장회사인 甲주식회사는 2022.5.2.에 성립되었다. A는 甲회사 설립 시 주식을 인수한 자로 甲회사의 주식 1천주를 보유하고 있으며, 주주명부에 주주로 기재되어 있다. 상법상 이에 관한 설명으로 옳지 않은 것은? (단, 甲회사의 정관에는 주식양도 및 주식의 전자등록에 관하여 특별하게 정하고 있는 것이 없음)

① A가 2022.4.10.에 주식의 인수로 인한 권리를 B에게 양도했다면 이 양도는 甲회사에 대하여 효력이 없다.

② 甲회사가 2022.4.15.에 주권을 발행하였다면 이 주권은 무효이다.

③ A가 2022.6.1.에 C에게 주식을 양도하였다면 甲회사가 주권을 발행하지 않아 주권 없이 양도하였어도 甲회사에 대하여 양도의 효력이 있다.

④ 甲회사가 2022.7.1.에 주권을 발행하였다면 A는 그 후의 주식양도에 있어서 주권을 교부하여야 한다.

⑤ A가 2022.12.3.에 D에게 주식을 양도하였다면 D는 자신의 성명과 주소를 주주명부에 기재하지 아니하면 甲회사에 주식의 양도로 대항하지 못한다.

┃해설┃

① [○] 주식의 인수로 인한 권리의 양도는 회사에 대하여 효력이 없다(상법 제319조).

② [○] 상법 제355조 제3항

> **상법 제355조(주권발행의 시기)**
> ① 회사는 성립 후 또는 신주의 납입기일 후 지체없이 주권을 발행하여야 한다.
> ② 주권은 회사의 성립 후 또는 신주의 납입기일 후가 아니면 발행하지 못한다.
> ③ 전항의 규정에 위반하여 발행한 주권은 무효로 한다. 그러나 발행한 자에 대한 손해배상의 청구에 영향을 미치지 아니한다.

③ [✕] 주권발행 전에 한 주식의 양도는 회사에 대하여 효력이 없다. 그러나 <u>회사성립 후 또는 신주의 납입기일 후 6월이 경과한 때에는 그러하지 아니하다</u>(상법 제335조 제3항). 그러나 A가 C에게 주식을 양도한 2022.6.1.은 회사성립일인 2022.5.2.로부터 아직 6월이 경과하기 전이므로 甲회사에 대하여 양도의 효력이 없다.

④ [○] 주식의 양도에 있어서는 주권을 교부하여야 한다(상법 제336조 제1항). 따라서 甲회사가 회사성립일 이후인 2022.7.1.에 주권을 발행하였다면 A는 그 후의 주식양도에 있어서는 주권을 교부하여야 한다.

⑤ [○] 주식의 이전은 취득자의 성명과 주소를 주주명부에 기재하지 아니하면 회사에 대항하지 못한다(상법 제337조 제1항).

답 ③

상법상 비상장주식회사의 주식의 양도 등에 관한 설명으로 옳지 않은 것은? (다툼이 있으면 판례에 따름)

① 주권발행 후 주식의 양도에 있어서는 주권을 교부하여야 한다.

② 회사가 보유하는 자기의 주식을 처분하는 경우에 처분할 주식의 종류와 수에 대하여 정관의 규정이 없으면 이사회가 결정한다.

③ 주권발행 전에 한 주식의 양도는 회사성립 후 6월이 경과한 때에는 회사에 대하여 효력이 있고, 이 경우 주식의 양도는 지명채권의 양도에 관한 일반원칙에 따라 당사자의 의사표시만으로 효력이 발생한다.

④ 주권의 점유자는 이를 적법한 소지인으로 추정하지 않는다.

⑤ 회사는 정관으로 정하는 바에 따라 그 발행하는 주식의 양도에 관하여 이사회의 승인을 받도록 할 수 있다.

┃해설┃

① [○] 주식의 양도에 있어서는 주권을 교부하여야 한다(상법 제336조 제1항).

② [○] 상법 제342조 제1호

> **상법 제342조(자기주식의 처분)**
> 회사가 보유하는 자기의 주식을 처분하는 경우에 다음 각 호의 사항으로서 정관에 규정이 없는 것은 이사회가 결정한다.
> 1. 처분할 주식의 종류와 수
> 2. 처분할 주식의 처분가액과 납입기일
> 3. 주식을 처분할 상대방 및 처분방법

③ [○] 주권발행 전에 한 주식의 양도도 회사성립 후 또는 신주의 납입기일 후 6월이 경과한 때에는 회사에 대하여 효력이 있는 것으로서, 이 경우 주식의 양도는 지명채권의 양도에 관한 일반원칙에 따라 당사자의 의사표시만으로 효력이 발생하는 것이고, 상법 제337조 제1항에 규정된 주주명부상의 명의개서는 주식의 양수인이 회사에 대한 관계에서 주주의 권리를 행사하기 위한 대항요건에 지나지 않는 것이므로, 회사성립 후 또는 신주의 납입기일 후 6월이 경과하도록 회사가 주권을 발행하지 아니한 경우에 당사자 간의 의사표시만으로 주식을 양수한 사람은 특별한 사정이 없는 한 양도인의 협력을 받을 필요 없이 단독으로 자신이 주식을 양수한 사실을 증명함으로써 회사에 대하여 그 명의개서를 청구할 수 있다(대판 1992.10.27. 92다16386).

④ [✕] 주권의 점유자는 이를 <u>적법한 소지인으로 추정한다</u>(상법 제336조 제2항).

⑤ [○] 주식은 타인에게 양도할 수 있다. 다만, 회사는 정관으로 정하는 바에 따라 그 발행하는 주식의 양도에 관하여 이사회의 승인을 받도록 할 수 있다(상법 제335조 제1항).

답 ④

상법상 주식 및 주권에 관한 설명으로 옳지 않은 것은?

① 주권이 발행된 경우 주식의 양도는 주권을 교부하는 방법에 의한다.

② 주권의 점유자는 이를 적법한 소지인으로 추정한다.

③ 주식의 이전은 양도인의 성명과 주소를 주주명부에 기재하지 않으면 회사에 대항하지 못한다.

④ 주식의 질권자는 계속하여 주권을 점유하지 아니하면 그 질권으로써 제3자에게 대항하지 못한다.

⑤ 회사는 원칙적으로 발행주식총수의 20분의 1을 초과하여 자기의 주식을 질권의 목적으로 받지 못한다.

┃해설┃

① [○] 주식의 양도에 있어서는 주권을 교부하여야 한다(상법 제336조 제1항).

② [○] 주권의 점유자는 이를 적법한 소지인으로 추정한다(상법 제336조 제2항).

③ [✕] 주식의 이전은 <u>취득자</u>의 성명과 주소를 주주명부에 기재하지 아니하면 회사에 대항하지 못한다(상법 제337조 제1항).

④ [○] 질권자는 계속하여 주권을 점유하지 아니하면 그 질권으로써 제3자에게 대항하지 못한다(상법 제338조 제2항).

⑤ [○] 회사는 발행주식총수의 20분의 1을 초과하여 자기의 주식을 질권의 목적으로 받지 못한다. 다만, 제341조의2 제1호(회사의 합병 또는 다른 회사의 영업전부의 양수로 인한 경우) 및 제2호(회사의 권리를 실행함에 있어 그 목적을 달성하기 위하여 필요한 경우)의 경우에는 그 한도를 초과하여 질권의 목적으로 할 수 있다(상법 제341조의3).

답 ③

제3장

甲주식회사는 그 발행하는 주식의 양도에 관하여 이사회의 승인을 받도록 하는 정관규정을 두고 있다. 상법상 주식 양도 등에 관한 설명으로 옳은 것은?

① 甲회사 이사회의 승인을 얻지 아니한 주식의 양도는 주식 양도인과 양수인 간에 효력이 없다.

② 甲회사의 주주가 甲회사에 대하여 서면으로 양도의 승인을 청구한 경우 甲회사는 2월 이내에 주주에게 그 승인여부를 서면으로 통지하여야 한다.

③ 양도승인거부의 통지를 받은 주주는 통지를 받은 날부터 30일 이내에 甲회사에 대하여 양도의 상대방의 지정을 청구할 수 있으나 주식매수는 청구할 수 없다.

④ 주주가 양도의 상대방 지정을 청구한 경우 이사회가 그 청구가 있은 날부터 2주간 내에 주주에게 상대방 지정의 통지를 하지 아니한 때에는 주식의 양도에 관하여 이사회의 승인이 있는 것으로 본다.

⑤ 甲회사의 주식을 취득한 자는 甲회사에 대하여 그 주식의 종류와 수를 기재한 서면으로 그 취득의 승인을 청구할 수 없다.

▌해설▐

① [✕] 주식의 양도는 이사회의 승인을 얻도록 규정되어 있는 회사의 정관에도 불구하고 이사회의 승인을 얻지 아니하고 주식을 양도한 경우에 그 주식의 양도는 회사에 대하여 효력이 없을 뿐, 주주 사이의 주식양도계약 자체가 무효라고 할 수는 없다(대판 2008.7.10. 2007다14193).

② [✕], ③ [✕] 상법 제335조의2 제1항, 제2항, 제4항

> **상법 제335조의2(양도승인의 청구)**
> ① 주식의 양도에 관하여 이사회의 승인을 얻어야 하는 경우에는 주식을 양도하고자 하는 주주는 회사에 대하여 양도의 상대방 및 양도하고자 하는 주식의 종류와 수를 기재한 서면으로 양도의 승인을 청구할 수 있다.
> ② 회사는 제1항의 청구가 있는 날부터 1월 이내에 주주에게 그 승인여부를 서면으로 통지하여야 한다.
> ④ 제2항의 양도승인거부의 통지를 받은 주주는 통지를 받은 날부터 20일 내에 회사에 대하여 양도의 상대방의 지정 또는 그 주식의 매수를 청구할 수 있다.

④ [○] 상법 제335조의3 제1항, 제2항

> **상법 제335조의3(양도상대방의 지정청구)**
> ① 주주가 양도의 상대방을 지정하여 줄 것을 청구한 경우에는 이사회는 이를 지정하고, 그 청구가 있은 날부터 2주간 내에 주주 및 지정된 상대방에게 서면으로 이를 통지하여야 한다.
> ② 제1항의 기간 내에 주주에게 상대방지정의 통지를 하지 아니한 때에는 주식의 양도에 관하여 이사회의 승인이 있는 것으로 본다.

⑤ [✕] 주식의 양도에 관하여 이사회의 승인을 얻어야 하는 경우에 주식을 취득한 자는 회사에 대하여 그 주식의 종류와 수를 기재한 서면으로 그 취득의 승인을 청구할 수 있다(상법 제335조의7 제1항).

답 ④

상법상 정관으로 정하는 바에 따라 이사회의 승인을 얻어야 하는 주식의 양도에 관한 설명으로 옳은 것은?

① 회사는 주식을 양도하고자 하는 주주의 양도승인 청구가 있는 날부터 20일 이내에 주주에게 그 승인여부를 서면으로 통지하여야 한다.

② 회사가 주주의 양도승인 청구를 거부한 경우, 거부의 통지를 받은 주주는 회사에 대하여 우선적으로 양도의 상대방의 지정을 청구하여야 한다.

③ 주주의 양도상대방 지정청구에 대하여 청구가 있은 날부터 2주간 내에 회사가 상대방 지정의 통지를 하지 않은 경우, 해당 주주는 양도할 주식의 매수를 회사에 청구하여야 한다.

④ 이사회의 승인을 얻지 않고 주식을 취득한 자는 회사에 대하여 그 주식의 종류와 수를 기재한 서면으로 그 취득의 승인을 청구할 수 있다.

⑤ 이사회의 승인을 얻지 아니한 주식의 양도는 주주총회의 특별결의가 있으면 회사에 대하여 효력이 있다.

┃ 해설 ┃

① [✕] 상법 제335조의2 제2항

② [✕] 상법 제335조의2 제4항

> **상법 제335조의2(양도승인의 청구)**
> ① 주식의 양도에 관하여 이사회의 승인을 얻어야 하는 경우에는 주식을 양도하고자 하는 주주는 회사에 대하여 양도의 상대방 및 양도하고자 하는 주식의 종류와 수를 기재한 서면으로 양도의 승인을 청구할 수 있다.
> ② 회사는 제1항의 청구가 있는 날부터 1월 이내에 주주에게 그 승인여부를 서면으로 통지하여야 한다.
> ④ 제2항의 양도승인거부의 통지를 받은 주주는 통지를 받은 날부터 20일 내에 회사에 대하여 양도의 상대방의 지정 또는 그 주식의 매수를 청구할 수 있다.

③ [✕] 상법 제335조의3 제1항, 제2항

> **상법 제335조의3(양도상대방의 지정청구)**
> ① 주주가 양도의 상대방을 지정하여 줄 것을 청구한 경우에는 이사회는 이를 지정하고, 그 청구가 있은 날부터 2주간 내에 주주 및 지정된 상대방에게 서면으로 이를 통지하여야 한다.
> ② 제1항의 기간 내에 주주에게 상대방지정의 통지를 하지 아니한 때에는 주식의 양도에 관하여 이사회의 승인이 있는 것으로 본다.

④ [○] 주식의 양도에 관하여 이사회의 승인을 얻어야 하는 경우에 주식을 취득한 자는 회사에 대하여 그 주식의 종류와 수를 기재한 서면으로 그 취득의 승인을 청구할 수 있다(상법 제335조의7 제1항).

⑤ [✕] 회사에 대하여 효력이 없으며 주주총회의 특별결의로 이를 유효하게 할 수 없다(상법 제335조 제2항 참조).

> **상법 제335조(주식의 양도성)**
> ① 주식은 타인에게 양도할 수 있다. 다만, 회사는 정관으로 정하는 바에 따라 그 발행하는 주식의 양도에 관하여 이사회의 승인을 받도록 할 수 있다.
> ② 제1항 단서의 규정에 위반하여 이사회의 승인을 얻지 아니한 주식의 양도는 회사에 대하여 효력이 없다.

답 ④

상법상 정관의 규정에 의한 주식양도의 제한에 관한 설명으로 옳은 것은? (다툼이 있으면 판례에 따름)

① 이사회의 승인 없이 주식을 취득한 자는 회사에 대하여 양도승인의 청구를 할 수는 없으나 양도상대방의 지정청구권은 행사할 수 있다.

② 이사회의 승인 없이 한 주식양도는 양도인과 양수인 간에도 효력이 없다.

③ 양도승인거부의 통지를 받은 주주는 통지를 받은 날부터 20일 내에 회사에 대하여 양도상대방의 지정 또는 그 주식의 매수를 청구할 수 있다.

④ 이사회가 주식양도의 상대방으로 지정한 자가 그 지정통지를 받은 날부터 10일 이내에 지정청구를 한 주주에게 주식매도를 청구하지 않은 때에는 이사회가 다른 상대방을 지정하여야 한다.

⑤ 양도상대방으로 지정된 자가 매도청구를 한 경우, 그 주식의 매도가액은 회사와 매도청구인간의 협의로 이를 결정한다.

▌해설▌

① [✕], ③ [○] 주식의 양도에 이사회의 승인을 얻어야 하는 경우 <u>양도승인의 청구는</u> 양도인 뿐만 아니라(상법 제335조의2 제1항 참조), <u>양수인도 할 수 있다</u>(상법 제335조의7 제1항 참조). 양도승인거부의 통지를 받은 양도인은 통지를 받은 날부터 20일 내에 회사에 대하여 양도상대방의 지정 또는 그 주식의 매수를 청구할 수 있는데(상법 제335조의2 제4항 참조), 양수인도 마찬가지이다(상법 제335조의7 제2항 참조).

> **상법 제335조의2(양도승인의 청구)**
> ① 주식의 양도에 관하여 이사회의 승인을 얻어야 하는 경우에는 주식을 양도하고자 하는 주주는 회사에 대하여 양도의 상대방 및 양도하고자 하는 주식의 종류와 수를 기재한 서면으로 양도의 승인을 청구할 수 있다.
> ② 회사는 제1항의 청구가 있는 날부터 1월 이내에 주주에게 그 승인여부를 서면으로 통지하여야 한다.
> ④ 제2항의 양도승인거부의 통지를 받은 주주는 통지를 받은 날부터 20일 내에 회사에 대하여 양도의 상대방의 지정 또는 그 주식의 매수를 청구할 수 있다.
>
> **상법 제335조의7(주식의 양수인에 의한 승인청구)**
> ① 주식의 양도에 관하여 이사회의 승인을 얻어야 하는 경우에 <u>주식을 취득한 자는</u> 회사에 대하여 그 주식의 종류와 수를 기재한 서면으로 그 취득의 <u>승인을 청구할 수 있다.</u>
> ② <u>제335조의2</u> 제2항 내지 <u>제4항,</u> 제335조의3 내지 제335조의6의 규정은 제1항의 경우에 이를 준용한다.

② [✕] 주식의 양도는 이사회의 승인을 얻도록 규정되어 있는 회사의 정관에도 불구하고 이사회의 승인을 얻지 아니하고 주식을 양도한 경우에 그 주식의 양도는 회사에 대하여 효력이 없을 뿐, <u>주주 사이의 주식양도계약 자체가 무효라고 할 수는 없다</u>(대판 2008.7.10. 2007다14193).

④ [✕] 이사회가 주식양도의 상대방으로 지정한 자가 그 지정통지를 받은 날부터 10일 이내에 지정청구를 한 주주에게 주식매도를 청구하지 않은 때에는 <u>이사회의 승인이 있는 것으로 본다</u>(상법 제335조의4 제2항, 제335조의3 제2항 참조).

⑤ [×] 양도상대방으로 지정된 자가 매도청구를 한 경우, 그 주식의 매도가액은 <u>주주와 매도청구인간의 협의</u>로 이를 결정한다(상법 제335조의5 제1항 참조).

> **상법 제335조의4(지정된 자의 매도청구권)**
> ① 제335조의3 제1항의 규정에 의하여 상대방으로 지정된 자는 지정통지를 받은 날부터 10일 이내에 지정청구를 한 주주에 대하여 서면으로 그 주식을 자기에게 매도할 것을 청구할 수 있다.
> ② 제335조의3 제2항의 규정은 주식의 양도상대방으로 지정된 자가 제1항의 기간 내에 매도의 청구를 하지 아니한 때에 이를 준용한다.
>
> > **상법 제335조의3(양도상대방의 지정청구)**
> > ② 제1항의 기간 내에 주주에게 상대방지정의 통지를 하지 아니한 때에는 주식의 양도에 관하여 <u>이사회의 승인이 있는 것으로 본다.</u>
>
> **상법 제335조의5(매도가액의 결정)**
> ① 제335조의4의 경우에 그 주식의 매도가액은 <u>주주와 매도청구인간의 협의</u>로 이를 결정한다.

답 ③

---

72 세무사 2019 　　　　　　　　　　　　　　☑ 확인 Check!　○ △ ✕

상법상 주식양도의 제한에 관한 설명으로 옳은 것은? (다툼이 있으면 판례에 따름)

① 상법상 자본금 총액이 10억원 미만인 주식회사가 정관으로 주식의 양도를 제한하는 경우, 이사회를 두지 않은 때에는 주식의 양도를 승인할 권한은 이사에게 있다.

② 정관으로 주식의 양도를 제한하는 경우에도 주식양도를 전면적으로 금지하는 규정을 둘 수는 없다.

③ 주주들 사이에서 주식의 양도를 일부 제한하는 내용의 약정을 한 경우, 그 약정은 회사에 대해서뿐만 아니라 당사자 사이에서도 무효이다.

④ 정관규정에 의하여 주식양도 시 이사회의 승인을 얻어야 하는 경우, 이사회에 대한 양도 승인청구는 양도인이 하여야 하며 양수인은 할 수 없다.

⑤ 정관규정에 의하여 주식양도 시 이사회의 승인을 얻어야 하는 경우, 이사회가 주식양도의 상대방을 지정했을 때의 매도가액은 이사회가 결정한다.

┃해설┃

① [×] 상법상 자본금 총액이 10억원 미만인 주식회사가 정관으로 주식의 양도를 제한하는 경우, 이사회를 두지 않은 때에는 주식의 양도를 승인할 권한은 <u>주주총회</u>에게 있다(상법 제383조 제4항, 제335조 제1항 단서 참조).

> **상법 제383조(원수, 임기)**
> ① 이사는 3명 이상이어야 한다. 다만, 자본금 총액이 10억원 미만인 회사는 1명 또는 2명으로 할 수 있다.
> ④ 제1항 단서의 경우에는 제302조 제2항 제5호의2, 제317조 제2항 제3호의2, <u>제335조 제1항 단서</u> 및 제2항, 제335조의2 제1항·제3항, 제335조의3 제1항·제2항, 제335조의7 제1항, 제340조의3 제1항 제5호, 제356조 제6호의2, 제397조 제1항·제2항, 제397조의2 제1항, 제398조, 제416조 본문, 제451조 제2항, 제461조 제1항 본문 및 제3항, 제462조의3 제1항, 제464조의2 제1항, 제469조, 제513조 제2항 본문 및 제516조의2 제2항 본문(준용되는 경우를 포함한다) 중 "이사회"는 각각 "주주총회"로 보며, 제360조의5 제1항 및 제522조의3 제1항 중 "이사회의 결의가 있는 때"는 "제363조 제1항에 따른 주주총회의 소집통지가 있는 때"로 본다.
>
> **상법 제335조(주식의 양도성)**
> ① 주식은 타인에게 양도할 수 있다. 다만, 회사는 정관으로 정하는 바에 따라 그 발행하는 주식의 양도에 관하여 이사회의 승인을 받도록 할 수 있다.

② [O] 상법 제335조 제1항 단서는 주식의 양도를 전제로 하고, 다만 이를 제한하는 방법으로서 이사회의 승인을 요하도록 정관에 정할 수 있다는 취지이지 주식의 양도 그 자체를 금지할 수 있음을 정할 수 있다는 뜻은 아니기 때문에, 정관의 규정으로 주식의 양도를 제한하는 경우에도 주식양도를 전면적으로 금지하는 규정을 둘 수는 없다(대판 2000.9.26. 99다48429).

③ [×] 주식의 양도를 제한하는 방법으로서 이사회의 승인을 요하도록 정관에 정할 수 있다는 상법 제335조 제1항 단서의 취지에 비추어 볼 때, 주주들 사이에서 주식의 양도를 일부 제한하는 내용의 약정을 한 경우, 그 약정은 주주의 투하자본회수의 가능성을 전면적으로 부정하는 것이 아니고, 공서양속에 반하지 않는다면 당사자 사이에서는 원칙적으로 유효하다(대판 2008.7.10. 2007다14193).

④ [×] 정관규정에 의하여 주식양도 시 이사회의 승인을 얻어야 하는 경우, 이사회에 대한 양도 승인청구는 <u>양도인 뿐만 아니라 양수인도 할 수 있다</u>(상법 제335조의2 제1항, 제335조의7 제1항 참조).

> **상법 제335조의2(양도승인의 청구)**
> ① 주식의 양도에 관하여 이사회의 승인을 얻어야 하는 경우에는 주식을 양도하고자 하는 주주는 회사에 대하여 양도의 상대방 및 양도하고자 하는 주식의 종류와 수를 기재한 서면으로 양도의 승인을 청구할 수 있다.
>
> **상법 제335조의7(주식의 양수인에 의한 승인청구)**
> ① 주식의 양도에 관하여 이사회의 승인을 얻어야 하는 경우에 주식을 취득한 자는 회사에 대하여 그 주식의 종류와 수를 기재한 서면으로 그 취득의 승인을 청구할 수 있다.

⑤ [×] 정관규정에 의하여 주식양도 시 이사회의 승인을 얻어야 하는 경우, 이사회가 주식양도의 상대방을 지정했을 때의 매도가액은 <u>주주와 매도청구인간의 협의</u>로 결정한다. 주식의 매도 청구를 받은 날부터 30일 이내에 협의가 이루어지지 아니하는 경우에는 법원에 대하여 매수가액의 결정을 청구할 수 있다(상법 제335조의5 제1항·제2항, 제374조의2 제4항 참조).

> **상법 제335조의4(지정된 자의 매도청구권)**
> ① 제335조의3 제1항의 규정에 의하여 상대방으로 지정된 자는 지정통지를 받은 날부터 10일 이내에 지정청구를 한 주주에 대하여 서면으로 그 주식을 자기에게 매도할 것을 청구할 수 있다.

답 ②

73 세무사 2016

☑ 확인Check! ○ △ ✕

상법상 정관에 의한 주식양도의 제한에 관한 내용이다. (   )에 들어갈 기간이 순서대로 옳은 것은?

주식을 양도하고자 하는 주주는 회사에 대하여 양도의 상대방 및 양도하고자 하는 주식의 종류와 수를 기재한 서면으로 양도의 승인을 청구할 수 있다. 이때 회사로부터 1개월 이내에 양도승인거부의 통지를 받은 주주는 통지를 받은 날부터 (   )내에 회사에 대하여 그 주식의 매수를 청구할 수 있다. 회사는 그 청구를 받은 날부터 (   ) 이내에 그 주식을 매수하여야 한다.

① 20일, 2개월
② 20일, 3개월
③ 1개월, 1개월
④ 1개월, 2개월
⑤ 1개월, 3개월

▌해설▐

① [○] 상법 제335조의2 제1항・제2항・제4항, 제335조의6, 제374조의2 제2항

답 ①

74 세무사 2015

✓ 확인 Check! ○ △ ✕

상법상 정관에 의한 주식양도의 제한에 관한 설명으로 옳지 않은 것은?

① 주식의 양도에 관하여 이사회의 승인을 얻도록 하는 정관 규정을 둔 경우, 이에 위반하여 주식을 양도하더라도 회사에 대하여 효력이 있다.

② 회사설립시 주식의 양도에 관하여 이사회의 승인을 얻도록 정한 때에는 그 규정은 설립등기사항이다.

③ 회사는 주주의 양도승인청구가 있는 날부터 1월 이내에 주주에게 그 승인여부를 서면으로 통지하여야 한다.

④ 회사로부터 양도승인거부의 통지를 받은 주주는 통지를 받은 날부터 20일 내에 회사에 대하여 양도의 상대방의 지정을 청구할 수 있다.

⑤ 주주의 양도상대방 지정청구가 있은 날부터 2주간 내에 회사가 주주에게 상대방 지정의 통지를 하지 아니한 때에는 주식의 양도에 관하여 이사회의 승인이 있는 것으로 본다.

┃해설┃

① [✕] 상법 제335조 제1항, 제2항

상법 제335조(주식의 양도성)
① 주식은 타인에게 양도할 수 있다. 다만, 회사는 정관으로 정하는 바에 따라 그 발행하는 주식의 양도에 관하여 이사회의 승인을 받도록 할 수 있다.
② 제1항 단서의 규정에 위반하여 이사회의 승인을 얻지 아니한 주식의 양도는 회사에 대하여 효력이 없다.

② [○] 상법 제317조 제2항 제3호의2

상법 제317조(설립의 등기)
② 제1항의 설립등기에 있어서는 다음의 사항을 등기하여야 한다.
　1. 제289조 제1항 제1호 내지 제4호, 제6호와 제7호에 게기한 사항
　2. 자본금의 액
　3. 발행주식의 총수, 그 종류와 각종주식의 내용과 수
　3의2. 주식의 양도에 관하여 이사회의 승인을 얻도록 정한 때에는 그 규정
　3의3. 주식매수선택권을 부여하도록 정한 때에는 그 규정
　3의4. 지점의 소재지

③ [O] 상법 제335조의2 제2항
④ [O] 상법 제335조의2 제4항

상법 제335조의2(양도승인의 청구)
① 주식의 양도에 관하여 이사회의 승인을 얻어야 하는 경우에는 주식을 양도하고자 하는 주주는 회사에 대하여 양도의 상대방 및 양도하고자 하는 주식의 종류와 수를 기재한 서면으로 양도의 승인을 청구할 수 있다.
② 회사는 제1항의 청구가 있는 날부터 1월 이내에 주주에게 그 승인여부를 서면으로 통지하여야 한다.
④ 제2항의 양도승인거부의 통지를 받은 주주는 통지를 받은 날부터 20일 내에 회사에 대하여 양도의 상대방의 지정 또는 그 주식의 매수를 청구할 수 있다.

⑤ [O] 상법 제335조의3 제1항, 제2항

상법 제335조의3(양도상대방의 지정청구)
① 주주가 양도의 상대방을 지정하여 줄 것을 청구한 경우에는 이사회는 이를 지정하고, 그 청구가 있은 날부터 2주간 내에 주주 및 지정된 상대방에게 서면으로 이를 통지하여야 한다.
② 제1항의 기간 내에 주주에게 상대방지정의 통지를 하지 아니한 때에는 주식의 양도에 관하여 이사회의 승인이 있는 것으로 본다.

답 ①

75 CPA 2024

☑ 확인 Check! ○ △ ✕

상법상 주식 양도시 이사회의 승인을 얻을 것을 정관에서 정하고 있는 비상장주식회사의 주주가 주식을 양도하고자 하는 경우에 관한 설명으로 옳은 것은?

① 주식을 양도할 경우 이사회 승인이 요구된다는 사정은 설립등기시 등기해야 할 사항에 포함되지 않는다.

② 양도인이 회사에 대해 주식양도에 대한 승인을 청구하지 않은 경우 양수인은 회사에 대해 주식 취득의 승인을 청구할 수 없다.

③ 양도인이 회사에 대해 주식양도에 대한 승인을 청구하였으나 그날로부터 1월 내에 회사가 거부 통지를 하지 않으면 이사회의 승인이 있는 것으로 본다.

④ 양도인이 회사에 대해 주식양도에 대한 승인을 청구할 때에는 서면이 아닌 구두에 의하여도 할 수 있다.

⑤ 만약 회사의 자본금 총액이 10억원 미만이고 이사 1인만 재직 중이라면 그 이사가 단독으로 주식양도에 대한 승인 여부를 결정한다.

┃ 해설 ┃

① [✕] 주식을 양도할 경우 이사회 승인이 요구된다는 사정은 설립등기시 등기해야 할 사항에 포함된다(상법 제317조 제2항 제3호의2 참조).

> **상법 제317조(설립의 등기)**
> ② 제1항의 설립등기에 있어서는 다음의 사항을 등기하여야 한다.
> 1. 제289조 제1항 제1호 내지 제4호, 제6호와 제7호에 게기한 사항
> 2. 자본금의 액
> 3. 발행주식의 총수, 그 종류와 각종주식의 내용과 수
> 3의2. 주식의 양도에 관하여 이사회의 승인을 얻도록 정한 때에는 그 규정
> 3의3. 주식매수선택권을 부여하도록 정한 때에는 그 규정
> 3의4. 지점의 소재지
> 4. 회사의 존립기간 또는 해산사유를 정한 때에는 그 기간 또는 사유
> 5. 삭제 〈2011.4.14.〉
> 6. 주주에게 배당할 이익으로 주식을 소각할 것을 정한 때에는 그 규정
> 7. 전환주식을 발행하는 경우에는 제347조에 게기한 사항
> 8. 사내이사, 사외이사, 그 밖에 상무에 종사하지 아니하는 이사, 감사 및 집행임원의 성명과 주민등록번호
> 9. 회사를 대표할 이사 또는 집행임원의 성명·주민등록번호 및 주소
> 10. 둘 이상의 대표이사 또는 대표집행임원이 공동으로 회사를 대표할 것을 정한 경우에는 그 규정
> 11. 명의개서대리인을 둔 때에는 그 상호 및 본점소재지
> 12. 감사위원회를 설치한 때에는 감사위원회 위원의 성명 및 주민등록번호

② [✕] 주식의 양도에 관하여 이사회의 승인을 얻어야 하는 경우에 주식을 취득한 자는 회사에 대하여 그 주식의 종류와 수를 기재한 서면으로 그 취득의 승인을 청구할 수 있다(상법 제335조의7 제1항).

③ [○] 상법 제335조의2 제2항, 제3항

④ [×] 양도인이 회사에 대해 주식양도에 대한 승인을 청구할 때에는 <u>서면으로</u> 양도의 승인을 청구할 수 있다(상법 제335조의2 제1항 참조).

> **상법 제335조의2(양도승인의 청구)**
> ① 주식의 양도에 관하여 이사회의 승인을 얻어야 하는 경우에는 주식을 양도하고자 하는 주주는 회사에 대하여 양도의 상대방 및 양도하고자 하는 주식의 종류와 수를 기재한 <u>서면으로</u> 양도의 승인을 청구할 수 있다.
> ② 회사는 제1항의 청구가 있는 날부터 1월 이내에 주주에게 그 승인여부를 서면으로 통지하여야 한다.
> ③ 회사가 제2항의 기간 내에 주주에게 거부의 통지를 하지 아니한 때에는 주식의 양도에 관하여 이사회의 승인이 있는 것으로 본다.

⑤ [×] 만약 회사의 자본금 총액이 10억원 미만이고 이사 1인만 재직 중이라면 <u>주주총회</u>가 주식양도에 대한 승인 여부를 결정한다(상법 제383조 제1항, 제4항, 제335조 제1항 단서 참조).

> **상법 제383조(원수, 임기)**
> ① 이사는 3명 이상이어야 한다. 다만, 자본금 총액이 10억원 미만인 회사는 1명 또는 2명으로 할 수 있다.
> ④ 제1항 단서의 경우에는 제302조 제2항 제5호의2, 제317조 제2항 제3호의2, <u>제335조 제1항 단서 및 제2항</u>, 제335조의2 제1항·제3항, 제335조의3 제1항·제2항, 제335조의7 제1항, 제340조의3 제1항 제5호, 제356조 제6호의2, 제397조 제1항·제2항, 제397조의2 제1항, 제398조, 제416조 본문, 제451조 제2항, 제461조 제1항 본문 및 제3항, 제462조의3 제1항, 제464조의2 제1항, 제469조, 제513조 제2항 본문 및 제516조의2 제2항 본문(준용되는 경우를 포함한다) 중 "이사회"는 각각 "주주총회"로 보며, 제360조의5 제1항 및 제522조의3 제1항 중 "이사회의 결의가 있는 때"는 "제363조 제1항에 따른 주주총회의 소집통지가 있는 때"로 본다.
>
> **상법 제335조(주식의 양도성)**
> ① 주식은 타인에게 양도할 수 있다. 다만, 회사는 정관으로 정하는 바에 따라 그 발행하는 주식의 양도에 관하여 이사회의 승인을 받도록 할 수 있다.

답 ③

상법상 비상장주식회사의 주식양도에 관한 설명으로 틀린 것은? (이견이 있으면 판례에 의함)

① 주식의 인수로 인한 권리의 양도는 회사가 승인하면 회사에 대하여 효력이 있다.

② 회사는 정관으로 정하는 바에 따라 그 발행하는 주식의 양도에 관하여 이사회의 승인을 받도록 할 수 있다.

③ 신주의 납입기일 후 6월이 경과한 때에는 주권발행 전에 주식을 양도하더라도 그 양도는 회사에 대하여 효력이 있다.

④ 회사성립 후 6월 경과 전에 주권발행 전의 주식을 양도한 때에는 6월이 경과하도록 회사가 주권을 발행하지 않으면 그 양도의 하자가 치유된다.

⑤ 회사는 다른 회사의 영업전부의 양수로 인한 경우 자기의 주식을 취득할 수 있다.

┃해설┃

① [✕] 주식의 인수로 인한 권리의 양도는 <u>회사에 대하여 효력이 없다</u>(상법 제319조). 다수설과 판례는 회사에 대하여는 효력이 없다는 것은 양수인이 회사에 대하여 양도의 효력을 주장할 수 없음은 물론이고 회사도 양도의 효력을 승인할 수 없다는 의미로 본다(대판 1965.12.7. 65다2069 참조).

② [○] 주식은 타인에게 양도할 수 있다. 다만, 회사는 정관으로 정하는 바에 따라 그 발행하는 주식의 양도에 관하여 이사회의 승인을 받도록 할 수 있다(상법 제335조 제1항).

③ [○] 주권발행 전에 한 주식의 양도는 회사에 대하여 효력이 없다. 그러나 회사성립 후 또는 신주의 납입기일 후 6월이 경과한 때에는 그러하지 아니하다(상법 제335조 제3항).

④ [○] 주권발행 전의 주식의 양도는 지명채권의 양도에 관한 일반원칙에 따라 당사자의 의사표시만으로 효력이 발생하는 것이고, 한편 주권발행 전에 한 주식의 양도가 회사성립 후 또는 신주의 납입기일 후 6월이 경과하기 전에 이루어졌다고 하더라도 그 이후 6월이 경과하고 그때까지 회사가 주권을 발행하지 않았다면, 그 하자는 치유되어 회사에 대하여도 유효한 주식양도가 된다고 봄이 상당하다(대판 2002.3.15. 2000두1850).

⑤ [○] 상법 제341조의2 제1호

> **상법 제341조의2(특정목적에 의한 자기주식의 취득)**
> 회사는 다음 각 호의 어느 하나에 해당하는 경우에는 제341조에도 불구하고 자기의 주식을 취득할 수 있다.
> 1. 회사의 합병 또는 다른 회사의 영업전부의 양수로 인한 경우
> 2. 회사의 권리를 실행함에 있어 그 목적을 달성하기 위하여 필요한 경우
> 3. 단주(端株)의 처리를 위하여 필요한 경우
> 4. 주주가 주식매수청구권을 행사한 경우

답 ①

상법상 주권이 발행된 경우의 주식양도에 관한 설명으로 틀린 것은? (이견이 있으면 판례에 의함)

① 주식의 양도에 있어서는 주권을 교부하여야 한다.

② 주권의 점유자는 이를 적법한 소지인으로 추정한다.

③ 주식의 이전은 취득자의 성명과 주소를 주주명부에 기재하지 아니하면 회사에 대항하지 못하는 것이 원칙이다.

④ 회사는 정관이 정하는 바에 의하여 명의개서대리인을 둘 수 있다.

⑤ 주식을 양수하려는 자가 타인의 명의를 빌려 회사의 주식을 양수하고 타인의 명의로 주주명부에의 기재까지 마치는 경우, 회사에 대한 관계에서는 주주명부상 주주가 아니라 그 타인의 명의를 차용한 자만이 주주로서 의결권 등 주주권을 적법하게 행사할 수 있다.

·····

▌해설▐

① [O] 주식의 양도에 있어서는 주권을 교부하여야 한다(상법 제336조 제1항).

② [O] 주권의 점유자는 이를 적법한 소지인으로 추정한다(상법 제336조 제2항).

③ [O] 주식의 이전은 취득자의 성명과 주소를 주주명부에 기재하지 아니하면 회사에 대항하지 못한다(상법 제337조 제1항).

④ [O] 회사는 정관이 정하는 바에 의하여 명의개서대리인을 둘 수 있다. 이 경우 명의개서대리인이 취득자의 성명과 주소를 주주명부의 복본에 기재한 때에는 제1항의 명의개서가 있는 것으로 본다(상법 제337조 제2항).

⑤ [✕] 주식을 양수하였으나 아직 주주명부에 명의개서를 하지 아니하여 주주명부에는 양도인이 주주로 기재되어 있는 경우뿐만 아니라, 주식을 인수하거나 양수하려는 자가 타인의 명의를 빌려 회사의 주식을 인수하거나 양수하고 타인의 명의로 주주명부에의 기재까지 마치는 경우에도, <u>회사에 대한 관계에서는 주주명부상 주주만이 주주로서 의결권 등 주주권을 적법하게 행사할 수 있다</u>(대판[전합] 2017.3.23. 2015다248342).

🅐 ⑤

상법상 회사성립 후 6월이 경과한 이후의 주권발행 전 주식양도에 관한 설명으로 틀린 것은? (이견이 있으면 판례에 의함)

① 주권발행 전 주식의 양도는 지명채권의 양도에 관한 일반원칙에 따라 당사자의 의사표시만으로 효력이 발생한다.

② 주권발행 전 주식을 양수한 자는 특별한 사정이 없는 한 양도인의 협력을 받아 양도인과 공동으로 회사에 대하여 그 명의개서를 청구하여야 한다.

③ 회사 이외의 제3자에 대하여 주식의 양도 사실을 대항하기 위하여는 지명채권의 양도에 준하여 확정일자 있는 증서에 의한 양도통지 또는 승낙을 갖추어야 한다.

④ 주권발행 전 주식의 이중양도가 문제되는 경우, 이중양수인 상호 간의 우열은 지명채권 이중양도의 경우에 준하여 확정일자 있는 양도통지가 회사에 도달한 일시 또는 확정일자 있는 승낙의 일시의 선후에 의하여 결정하는 것이 원칙이다.

⑤ 만약 주권발행 전에 한 주식양도가 회사성립 후 6월이 경과하기 전에 이루어졌다고 하더라도 그 회사성립 후 6월이 경과하고 그때까지 회사가 주권을 발행하지 않았다면, 그 하자는 치유되어 회사에 대하여도 유효한 주식양도가 된다.

┃ 해설 ┃

① [○], ⑤ [○] 상법 제335조 제3항은 "주권발행 전에 한 주식의 양도는 회사에 대하여 효력이 없다. 그러나 회사성립 후 또는 신주의 납입기일 후 6월이 경과한 때에는 그러하지 아니하다"라고 규정하고 있는바, 주권발행 전의 주식의 양도는 지명채권의 양도에 관한 일반원칙에 따라 당사자의 의사표시만으로 효력이 발생하는 것이고, 한편 주권발행 전에 한 주식의 양도가 회사성립 후 또는 신주의 납입기일 후 6월이 경과하기 전에 이루어졌다고 하더라도 그 이후 6월이 경과하고 그때까지 회사가 주권을 발행하지 않았다면, 그 하자는 치유되어 회사에 대하여도 유효한 주식양도가 된다고 봄이 상당하다(대판 2002.3.15. 2000두1850).

② [✕], ③ [○] 주권발행 전 주식의 양도는 당사자의 의사표시만으로 효력이 발생하고, <u>주권발행 전 주식을 양수한 사람은 특별한 사정이 없는 한 양도인의 협력을 받을 필요 없이 단독으로 자신이 주식을 양수한 사실을 증명함으로써 회사에 대하여 그 명의개서를 청구할 수 있다.</u> 다만, 회사 이외의 제3자에 대하여 양도사실을 대항하기 위하여는 지명채권의 양도에 준하여 확정일자 있는 증서에 의한 양도통지 또는 승낙을 갖추어야 한다는 점을 고려할 때, 양도인은 회사에 그와 같은 양도통지를 함으로써 양수인으로 하여금 제3자에 대한 대항요건을 갖출 수 있도록 해 줄 의무를 부담하는바, 주권발행 전 주식의 매매에 있어서 매수인은 스스로 이행에 착수하거나 매도인이 회사에 대하여 주식의 양도사실을 통지하거나 통지하기 위하여 필요한 전제행위를 하기 전까지는 계약금을 포기하고 매매계약을 해제할 수 있다고 보아야 한다(대판 2008.10.23. 2007다72274,72281).

④ [○] 주주명부에 기재된 명의상의 주주는 회사에 대한 관계에 자신의 실질적 권리를 증명하지 않아도 주주의 권리를 행사할 수 있는 자격수여적 효력을 인정받을 뿐이지 주주명부의 기재에 의하여 창설적 효력을 인정받는 것은 아니므로, 실질상 주식을 취득하지 못한 사람이 명의개서를 받았다고 하여 주주의 권리를 행사할 수 있는 것이 아니다. 따라서 주권발행 전 주식의 이중양도가 문제되는 경우, 그 이중양수인 중 일부에 대하여 이미 명의개서가 경료되었는지 여부를 불문하고 누가 우선순위자로서 권리취득자인지를 가려야 하고, 이때 이중양수인 상호 간의 우열은 지명채권 이중양도의 경우에 준하여 확정일자 있는 양도통지가 회사에 도달한 일시 또는 확정일자 있는 승낙의 일시의 선후에 의하여 결정하는 것이 원칙이다(대판 2006.9.14. 2005다45537).

답 ②

☑ 확인 Check! ○ △ ✕

상법상 자기주식에 관한 설명으로 옳지 않은 것은? (단, 특정목적에 의한 자기주식 취득의 경우는 제외)

① 회사는 거래소에서 시세(時勢)가 있는 주식의 경우에는 거래소에서 취득하는 방법에 따라 자기의 명의와 계산으로 자기주식을 취득할 수 있다.

② 회사가 자기주식을 취득할 경우 그 취득가액의 총액은 직전 결산기 기준으로 상법 규정에 따라 산정된 배당가능이익을 초과하지 못한다.

③ 회사는 자기주식을 취득하는 해당 영업연도의 결산기에 상법 규정에 따라 산정된 배당가능이익이 없을 우려가 있더라도 자기주식을 취득할 수 있고, 이에 관한 이사의 회사에 대한 손해배상책임은 성립할 여지가 없다.

④ 회사는 발행주식총수의 20분의 1을 초과하여 자기주식을 질권의 목적으로 받지 못한다.

⑤ 이사회의 결의에 의하여 회사가 보유하는 자기주식을 소각하는 경우 자본금 감소에 관한 규정을 따르지 아니하고 소각(消却)할 수 있다.

┃해설┃

① [○] 상법 제341조 제1항 제1호
② [○] 상법 제341조 제1항 단서
③ [✕] 상법 제341조 제3항, 제4항

> **상법 제341조(자기주식의 취득)**
> ① 회사는 다음의 방법에 따라 자기의 명의와 계산으로 자기의 주식을 취득할 수 있다. 다만, 그 취득가액의 총액은 직전 결산기의 대차대조표상의 순자산액에서 제462조 제1항 각 호의 금액을 뺀 금액(배당가능이익)을 초과하지 못한다.
>   1. 거래소에서 시세(時勢)가 있는 주식의 경우에는 거래소에서 취득하는 방법
>   2. 제345조 제1항의 주식의 상환에 관한 종류주식의 경우 외에 각 주주가 가진 주식 수에 따라 균등한 조건으로 취득하는 것으로서 대통령령으로 정하는 방법
> ③ 회사는 해당 영업연도의 결산기에 대차대조표상의 순자산액이 제462조 제1항 각 호의 금액의 합계액에 미치지 못할 우려가 있는 경우에는 제1항에 따른 주식의 취득을 하여서는 아니 된다.
> ④ 해당 영업연도의 결산기에 대차대조표상의 순자산액이 제462조 제1항 각 호의 금액의 합계액에 미치지 못함에도 불구하고 회사가 제1항에 따라 주식을 취득한 경우 이사는 회사에 대하여 연대하여 그 미치지 못한 금액을 배상할 책임이 있다. 다만, 이사가 제3항의 우려가 없다고 판단하는 때에 주의를 게을리하지 아니하였음을 증명한 경우에는 그러하지 아니하다.

④ [○] 회사는 발행주식총수의 20분의 1을 초과하여 자기의 주식을 질권의 목적으로 받지 못한다. 다만, 제341조의2 제1호(회사의 합병 또는 다른 회사의 영업전부의 양수로 인한 경우) 및 제2호(회사의 권리를 실행함에 있어 그 목적을 달성하기 위하여 필요한 경우)의 경우에는 그 한도를 초과하여 질권의 목적으로 할 수 있다(상법 제341조의3).

⑤ [○] 주식은 자본금 감소에 관한 규정에 따라서만 소각(消却)할 수 있다. 다만, 이사회의 결의에 의하여 회사가 보유하는 자기주식을 소각하는 경우에는 그러하지 아니하다(상법 제343조 제1항).

답 ③

상법상 특정목적에 의한 자기주식의 취득이 허용되는 경우를 모두 고른 것은?

> ㄱ. 회사의 합병으로 인한 경우
> ㄴ. 다른 회사의 영업 일부의 양수로 인한 경우
> ㄷ. 회사의 권리를 실행함에 있어 그 목적을 달성하기 위하여 필요한 경우
> ㄹ. 주주가 주식매수청구권을 행사한 경우

① ㄱ, ㄴ, ㄷ   ② ㄱ, ㄴ, ㄹ
③ ㄱ, ㄷ, ㄹ   ④ ㄴ, ㄷ, ㄹ
⑤ ㄱ, ㄴ, ㄷ, ㄹ

────────────

┃해설┃

ㄱ. [○] 상법 제341조의2 제1호

ㄴ. [✕] 다른 회사의 영업 일부의 양수로 인한 경우가 아니라 <u>영업 전부의 양수</u>로 인한 경우에 특정목적에 의한 자기주식의 취득이 허용된다(상법 제341조의2 제1호 참조).

ㄷ. [○] 상법 제341조의2 제2호

ㄹ. [○] 상법 제341조의2 제4호

> **상법 제341조의2(특정목적에 의한 자기주식의 취득)**
> 회사는 다음 각 호의 어느 하나에 해당하는 경우에는 제341조에도 불구하고 자기의 주식을 취득할 수 있다.
> 1. 회사의 합병 또는 다른 회사의 영업전부의 양수로 인한 경우
> 2. 회사의 권리를 실행함에 있어 그 목적을 달성하기 위하여 필요한 경우
> 3. 단주(端株)의 처리를 위하여 필요한 경우
> 4. 주주가 주식매수청구권을 행사한 경우

 달 ③

상법상 자기주식에 관한 설명으로 옳지 않은 것은? (단, 특정목적에 의한 자기주식 취득의 경우는 제외)

① 회사가 자기주식 취득에 사용할 수 있는 총액은 직전 결산기의 배당가능이익을 초과할 수 없다.

② 상법은 배당가능이익을 재원으로 하는 이상 회사가 타인 명의와 자기 계산으로 자기주식을 취득할 수 있음을 명시적으로 인정하고 있다.

③ 회사가 보유하는 자기의 주식을 처분하는 경우에 주식을 처분할 상대방 및 처분방법에 관하여 정관에 규정이 없는 것은 이사회가 결정한다.

④ 이사회 결의로 이익배당을 할 수 있도록 정관으로 정하고 있는 회사는 이사회 결의로 취득할 수 있는 주식의 종류 및 수, 취득가액의 총액의 한도, 1년을 초과하지 아니하는 범위에서 자기주식을 취득할 수 있는 기간을 정할 수 있다.

⑤ 자기주식을 취득하고자 하는 날이 속하는 영업연도의 결산기에 배당가능이익이 존재하지 않을 우려가 있는 경우에는 자기주식을 취득하여서는 아니 된다.

┃해설┃

① [○], ② [✕] 회사는 배당가능이익의 범위 내에서 <u>자기의 명의와 계산으로</u> 자기주식을 취득할 수 있다(상법 제341조 제1항, 제462조 제1항 참조).

③ [○] 상법 제342조 제3호

> **상법 제342조(자기주식의 처분)**
> 회사가 보유하는 자기의 주식을 처분하는 경우에 다음 각 호의 사항으로서 정관에 규정이 없는 것은 이사회가 결정한다.
> 1. 처분할 주식의 종류와 수
> 2. 처분할 주식의 처분가액과 납입기일
> 3. 주식을 처분할 상대방 및 처분방법

④ [○] 상법 제341조 제2항 단서
⑤ [○] 상법 제341조 제3항

> **상법 제341조(자기주식의 취득)**
> ① 회사는 다음의 방법에 따라 <u>자기의 명의와 계산으로</u> 자기의 주식을 취득할 수 있다. 다만, 그 취득가액의 총액은 직전 결산기의 대차대조표상의 순자산액에서 제462조 제1항 각 호의 금액을 뺀 금액(배당가능이익)을 초과하지 못한다.
> 1. 거래소에서 시세가 있는 주식의 경우에는 거래소에서 취득하는 방법
> 2. 제345조 제1항의 주식의 상환에 관한 종류주식의 경우 외에 각 주주가 가진 주식 수에 따라 균등한 조건으로 취득하는 것으로서 대통령령으로 정하는 방법
> ② 제1항에 따라 자기주식을 취득하려는 회사는 미리 주주총회의 결의로 다음 각 호의 사항을 결정하여야 한다. 다만, 이사회의 결의로 이익배당을 할 수 있다고 정관으로 정하고 있는 경우에는 이사회의 결의로써 주주총회의 결의를 갈음할 수 있다.

답 ②

82 세무사 2018

☑ 확인 Check! ○ △ ✕

상법상 특정목적에 의한 자기주식의 취득으로 규정되지 않은 경우는?

① 주주가 주식매수청구권을 행사한 경우
② 회사의 합병으로 인한 경우
③ 회사의 권리를 실행함에 있어 그 목적을 달성하기 위하여 필요한 경우
④ 단주(端株)의 처리를 위하여 필요한 경우
⑤ 다른 회사의 영업일부의 양수로 인한 경우

▮해설▮
① [○] 상법 제341조의2 제4호
② [○] 상법 제341조의2 제1호
③ [○] 상법 제341조의2 제2호
④ [○] 상법 제341조의2 제3호
⑤ [✕] 다른 회사의 <u>영업전부의</u> 양수로 인한 경우에 자기주식의 취득이 허용된다(상법 제341조의2 제1호 참조).

상법 제341조의2(특정목적에 의한 자기주식의 취득)
회사는 다음 각 호의 어느 하나에 해당하는 경우에는 제341조에도 불구하고 자기의 주식을 취득할 수 있다.
    1. 회사의 합병 또는 <u>다른 회사의 영업전부의 양수로 인한 경우</u>
    2. 회사의 권리를 실행함에 있어 그 목적을 달성하기 위하여 필요한 경우
    3. 단주(端株)의 처리를 위하여 필요한 경우
    4. 주주가 주식매수청구권을 행사한 경우

답 ⑤

상법상 주식회사가 배당가능이익과 상관없이 자기주식을 취득할 수 있는 경우에 해당하지 않는 것은?

① 주식을 소각하기 위한 경우

② 회사의 합병 또는 다른 회사의 영업전부의 양수로 인한 경우

③ 회사의 권리를 실행함에 있어 그 목적을 달성하기 위하여 필요한 경우

④ 단주(端株)의 처리를 위하여 필요한 경우

⑤ 주주가 주식매수청구권을 행사한 경우

‖ 해설 ‖

① [✕] 주식소각 목적의 자기주식 취득, 주식매수선택권 부여를 위한 자기주식 취득은 현행 상법에서는 인정되지
　　않는다.

② [○] 상법 제341조의2 제1호

③ [○] 상법 제341조의2 제2호

④ [○] 상법 제341조의2 제3호

⑤ [○] 상법 제341조의2 제4호

> **상법 제341조의2(특정목적에 의한 자기주식의 취득)**
> 회사는 다음 각 호의 어느 하나에 해당하는 경우에는 제341조에도 불구하고 자기의 주식을 취득할 수 있다.
>   1. 회사의 합병 또는 다른 회사의 영업전부의 양수로 인한 경우
>   2. 회사의 권리를 실행함에 있어 그 목적을 달성하기 위하여 필요한 경우
>   3. 단주(端株)의 처리를 위하여 필요한 경우
>   4. 주주가 주식매수청구권을 행사한 경우

답 ①

상법상 자기주식의 취득에 관한 설명으로 옳지 않은 것은?

① 회사는 그 권리를 실행함에 있어 그 목적을 달성하기 위하여 필요한 경우 상법 제341조(자기주식의 취득)
　　규정에도 불구하고 자기의 주식을 취득할 수 있다.

② 회사가 자기주식을 취득할 수 있는 경우 자기주식이 거래소에서 시세가 있는 주식인 때에는 거래소에서
　　자기의 명의와 계산으로 취득할 수 있다.

③ 회사가 자기주식을 취득할 수 있는 경우 그 취득가액의 총액의 한도는 원칙적으로 주주총회에서 이를 정한다.

④ 회사가 자기주식을 보유하는 경우에 그 주식은 의결권이 없다.

⑤ 회사가 보유하는 자기의 주식을 처분하는 경우 정관에 규정이 없으면 그 처분방법은 주주총회에서 이를
　　정한다.

❚ 해설 ❚

① [O] 상법 제341조의2 제2호

> **상법 제341조의2(특정목적에 의한 자기주식의 취득)**
>
> 회사는 다음 각 호의 어느 하나에 해당하는 경우에는 제341조에도 불구하고 자기의 주식을 취득할 수 있다.
> 1. 회사의 합병 또는 다른 회사의 영업전부의 양수로 인한 경우
> 2. 회사의 권리를 실행함에 있어 그 목적을 달성하기 위하여 필요한 경우
> 3. 단주(端株)의 처리를 위하여 필요한 경우
> 4. 주주가 주식매수청구권을 행사한 경우

② [O] 상법 제341조 제1항 제1호
③ [O] 상법 제341조 제2항 제2호

> **상법 제341조(자기주식의 취득)**
>
> ① 회사는 다음의 방법에 따라 자기의 명의와 계산으로 자기의 주식을 취득할 수 있다. 다만, 그 취득가액의 총액은 직전 결산기의 대차대조표상의 순자산액에서 제462조 제1항 각 호의 금액을 뺀 금액을 초과하지 못한다.
> 1. 거래소에서 시세(時勢)가 있는 주식의 경우에는 거래소에서 취득하는 방법
> 2. 제345조 제1항의 주식의 상환에 관한 종류주식의 경우 외에 각 주주가 가진 주식 수에 따라 균등한 조건으로 취득하는 것으로서 대통령령으로 정하는 방법
> ② 제1항에 따라 자기주식을 취득하려는 회사는 미리 주주총회의 결의로 다음 각 호의 사항을 결정하여야 한다. 다만, 이사회의 결의로 이익배당을 할 수 있다고 정관으로 정하고 있는 경우에는 이사회의 결의로써 주주총회의 결의를 갈음할 수 있다.
> 1. 취득할 수 있는 주식의 종류 및 수
> 2. 취득가액의 총액의 한도
> 3. 1년을 초과하지 아니하는 범위에서 자기주식을 취득할 수 있는 기간

④ [O] 회사가 가진 자기주식은 의결권이 없다(상법 제369조 제2항).
⑤ [×] 회사가 보유하는 자기의 주식을 처분하는 경우 정관에 규정이 없으면 그 처분방법은 이사회가 이를 정한다(상법 제342조 제3호 참조).

> **상법 제342조(자기주식의 처분)**
>
> 회사가 보유하는 자기의 주식을 처분하는 경우에 다음 각 호의 사항으로서 정관에 규정이 없는 것은 이사회가 결정한다.
> 1. 처분할 주식의 종류와 수
> 2. 처분할 주식의 처분가액과 납입기일
> 3. 주식을 처분할 상대방 및 처분방법

답 ⑤

85 CPA 2022

상법상 비상장주식회사에 관한 설명으로 틀린 것은?

① 회사가 취득하여 가지고 있는 자기주식은 의결권이 없다.

② 회사가 보유하는 자기의 주식을 처분하는 경우, 정관에 규정이 없으면 처분할 주식의 종류와 수, 처분가액과 납입기일, 처분할 상대방 및 처분방법을 이사회가 결정한다.

③ A회사가 B회사의 발행주식총수의 10분의 1을 초과하여 취득한 때에는 B회사에 대하여 지체없이 이를 통지하여야 한다.

④ A회사의 자회사인 C회사가 D회사의 발행주식총수의 100분의50을 초과하는 주식을 보유하고 있다면, D회사는 상법의 적용에 있어 A회사의 자회사로 본다.

⑤ A회사가 E회사와 주식의 포괄적 교환을 하여 E회사의 모회사가 되었다면, 주식의 교환 전에 E회사가 보유하고 있던 A회사의 주식은 교환 즉시 소멸된다.

▌**해설** ▌

① [○] 회사가 가진 자기주식은 의결권이 없다(상법 제369조 제2항).

② [○] 상법 제342조

> **상법 제342조(자기주식의 처분)**
> 회사가 보유하는 자기의 주식을 처분하는 경우에 다음 각 호의 사항으로서 정관에 규정이 없는 것은 이사회가 결정한다.
> 1. 처분할 주식의 종류와 수
> 2. 처분할 주식의 처분가액과 납입기일
> 3. 주식을 처분할 상대방 및 처분방법

③ [○] 회사가 다른 회사의 발행주식총수의 10분의 1을 초과하여 취득한 때에는 그 다른 회사에 대하여 지체없이 이를 통지하여야 한다(상법 제342조의3).

④ [○] 다른 회사의 발행주식의 총수의 100분의 50을 초과하는 주식을 모회사 및 자회사 또는 <u>자회사가 가지고 있는 경우</u> 그 다른 회사는 이 법의 적용에 있어 그 <u>모회사의 자회사로 본다</u>(상법 제342조의2 제3항).

⑤ [✕] A회사가 E회사와 주식의 포괄적 교환을 하여 E회사의 모회사가 되었다면, 주식의 교환 전에 E회사가 보유하고 있던 A회사의 주식은 포괄적 교환 후에도 <u>E회사가 보유한다</u>. <u>다만 6개월 이내에 처분해야 한다</u>(상법 제342조의2 제1항 제1호, 제2항 참조).

> **상법 제342조의2(자회사에 의한 모회사주식의 취득)**
> ① 다른 회사의 발행주식의 총수의 100분의 50을 초과하는 주식을 가진 회사(이하 "모회사"라 한다)의 주식은 다음의 경우를 제외하고는 그 다른 회사(이하 "자회사"라 한다)가 이를 취득할 수 없다.
> 1. <u>주식의 포괄적 교환</u>, 주식의 포괄적 이전, 회사의 합병 또는 다른 회사의 영업전부의 양수로 인한 때
> 2. 회사의 권리를 실행함에 있어 그 목적을 달성하기 위하여 필요한 때
> ② 제1항 각 호의 경우 자회사는 그 주식을 취득한 날로부터 <u>6월 이내에 모회사의 주식을 처분하여야 한다</u>.

답 ⑤

주식회사 甲의 다음 행위 중 현행 상법 및 판례에 의할 때 허용되는 것을 모두 고른 것은?

ㄱ. 주식회사 甲이 발행주식 총수 1,000주 중 500주를 액면가 5,000원에 발행하였는데, 추가로 신주 500주를 액면가 10,000원에 발행하는 행위

ㄴ. 임원 A와 퇴직합의를 체결하면서 A가 보유한 주식회사 甲 발행 주식을 주식회사 甲이 매수하게 하는 주식매수 청구권을 부여하였는데, 그 후 주식회사 甲이 배당가능이익이 없음에도 위 약정에 기한 A의 주식매수청구권 행사에 따라 주식을 취득한 행위

ㄷ. 주식회사 甲이 주주 B로부터 주식회사 甲 발행 주식을 무상으로 양수하는 행위

ㄹ. 주식회사 甲의 대표이사가 주주총회에 참석하여 주식회사 甲이 취득한 자기주식으로 의결권을 행사하는 행위

ㅁ. 주식회사 甲 발행 주식을 C, D가 공유하는데, 그 주주권을 행사할 자가 지정되지 않는 등으로 권리행사자가 없는 상황에서 주식회사 甲이 주소와 연락처를 알고 있는 C에게만 주주권 행사 관련 통지를 하는 행위

① ㄱ, ㄷ
② ㄱ, ㅁ
③ ㄴ, ㄷ
④ ㄴ, ㄹ
⑤ ㄷ, ㅁ

┃해설┃

ㄱ. [✕] 액면주식의 금액은 <u>균일하여야 한다</u>(상법 제329조 제2항).

ㄴ. [✕] 2012.4.15.부터 시행된 개정 상법은 종래 자기주식 취득을 엄격히 불허하였던 것에서 이를 완화하여, 제341조에서 회사가 배당가능이익의 한도 내에서 거래소에서 취득하는 방법 등으로 자기의 명의와 계산으로 자기주식을 취득할 수 있도록 허용하고, 제341조의2에서는 각 호에서 규정한 특정한 목적이 있는 경우에는 구 상법과 마찬가지로 배당가능이익이나 취득 방법 등의 제한 없이 자기주식을 취득할 수 있도록 허용하면서, 제4호에서 주주가 주식매수청구권을 행사한 경우를 들고 있다. 따라서 개정 상법 제360조의5 제1항, 제374조의2 제1항, 제522조의3 제1항 등에 따라 주주가 주식매수청구권을 행사하는 경우에는 개정 상법 제341조의2 제4호에 따라 회사가 제한 없이 자기주식을 취득할 수 있으나, <u>회사가 특정 주주와 사이에 특정한 금액으로 주식을 매수하기로 약정함으로써 사실상 매수청구를 할 수 있는 권리를 부여하여 주주가 그 권리를 행사하는 경우는 개정 상법 제341조의2 제4호가 적용되지 않으므로</u>, 개정 상법 제341조에서 정한 요건하에서만 회사의 자기주식취득이 허용된다. 다만 이와 같이 개정 상법이 자기주식취득 요건을 완화하였다고 하더라도 여전히 법이 정한 경우에만 자기주식취득이 허용된다는 원칙에는 변함이 없고 따라서 위 규정에서 정한 요건 및 절차에 의하지 않은 자기주식취득 약정은 효력이 없다(대판 2021.10.28. 2020다208058).

ㄷ. [○] 회사는 원칙적으로 자기의 계산으로 자기의 주식을 취득하지 못하는 것이지만, 회사가 무상으로 자기주식을 취득하는 때와 같이 회사의 자본적 기초를 위태롭게 하거나 회사 채권자와 주주의 이익을 해한다고 할 수가 없는 경우에는 예외적으로 자기주식의 취득을 허용할 수 있다(대판 1996.6.25. 96다12726).

ㄹ. [✕] 회사가 가진 <u>자기주식은 의결권이 없다</u>(상법 제369조 제2항).

ㅁ. [○] 상법 제333조 제3항

> **상법 제333조(주식의 공유)**
> ② 주식이 수인의 공유에 속하는 때에는 공유자는 주주의 권리를 행사할 자 1인을 정하여야 한다.
> ③ 주주의 권리를 행사할 자가 없는 때에는 공유자에 대한 통지나 최고는 그 1인에 대하여 하면 된다.

답 ⑤

상법상 자기주식에 관한 설명으로 가장 옳지 않은 것은?

① 상법 제341조의2에서 정한 특정목적에 의한 자기주식 취득이 아닌 경우에 회사는 직전 결산기의 배당가능이익을 초과하지 않는 범위에서 자기주식을 취득할 수 있다.

② 배당가능이익으로 하는 자기주식 취득에서 매수할 주식의 종류와 수, 취득가액의 총액 한도 등은 주주총회 결의로 정하지만, 정관에서 이사회의 결의로 이익배당을 할 수 있다고 정하는 경우에는 이사회 결의로 정할 수 있다.

③ 회사의 합병 또는 다른 회사의 영업전부의 양수로 인한 경우, 회사의 권리를 실행함에 있어 그 목적을 달성하기 위하여 필요한 경우, 단주의 처리를 위하여 필요한 경우, 주주가 주식매수청구권을 행사한 경우에는 배당가능이익과 무관하게 자기주식을 취득할 수 있다.

④ 회사가 자기주식을 취득한 경우 상법 제341조의2에서 정한 특정목적에 의한 자기주식 취득이 아닌 이상 지체 없이 주식실효의 절차를 밟아야 한다.

⑤ 자기주식의 취득이 예외적으로 허용되는 경우를 제외하고, 상법에서 정한 요건과 절차에 따르지 않은 자기주식 취득은 당연히 무효이다.

❚ 해설 ❚

① [○], ② [○] 상법은 배당가능이익의 범위 내에서의 자기주식 취득(상법 제341조)과 특정한 목적에 의한 자기주식 취득(상법 제341조의2)을 인정하고 있다.

> **상법 제341조(자기주식의 취득)**
> ① 회사는 다음의 방법에 따라 자기의 명의와 계산으로 자기의 주식을 취득할 수 있다. 다만, 그 취득가액의 총액은 직전 결산기의 대차대조표상의 순자산액에서 제462조 제1항 각 호의 금액(자본금과 법정준비금)을 뺀 금액(배당가능이익)을 초과하지 못한다.
>   1. 거래소에서 시세가 있는 주식의 경우에는 거래소에서 취득하는 방법
>   2. 제345조 제1항의 주식의 상환에 관한 종류주식의 경우 외에 각 주주가 가진 주식 수에 따라 균등한 조건으로 취득하는 것으로서 대통령령으로 정하는 방법
> ② 제1항에 따라 자기주식을 취득하려는 회사는 미리 주주총회의 결의로 다음 각 호의 사항을 결정하여야 한다. 다만, 이사회의 결의로 이익배당을 할 수 있다고 정관으로 정하고 있는 경우에는 이사회의 결의로써 주주총회의 결의를 갈음할 수 있다.
>   1. 취득할 수 있는 주식의 종류 및 수
>   2. 취득가액의 총액의 한도
>   3. 1년을 초과하지 아니하는 범위에서 자기주식을 취득할 수 있는 기간

③ [○] 상법 제341조의2

> **상법 제341조의2(특정목적에 의한 자기주식의 취득)**
> 회사는 다음 각 호의 어느 하나에 해당하는 경우에는 제341조에도 불구하고 자기의 주식을 취득할 수 있다.
>   1. 회사의 합병 또는 다른 회사의 영업전부의 양수로 인한 경우
>   2. 회사의 권리를 실행함에 있어 그 목적을 달성하기 위하여 필요한 경우
>   3. 단주(端株)의 처리를 위하여 필요한 경우
>   4. 주주가 주식매수청구권을 행사한 경우

④ [×] 종전에는 취득한 자기주식을 즉시 처분하도록 하였으나, <u>2011년 개정 상법은 자기주식의 처분을 이사회의 재량으로 정하도록 하고 있다.</u>

> **상법 제342조(자기주식의 처분)**
> 회사가 보유하는 자기의 주식을 처분하는 경우에 다음 각 호의 사항으로서 정관에 규정이 없는 것은 이사회가 결정한다.
>   1. 처분할 주식의 종류와 수
>   2. 처분할 주식의 처분가액과 납입기일
>   3. 주식을 처분할 상대방 및 처분방법

⑤ [○] 상법은 주식회사가 자기의 계산으로 자기주식을 취득하는 것을 원칙적으로 금지하면서, 예외적으로 일정한 경우에만 그 취득이 허용되는 것으로 명시하고 있다. 따라서 상법 제341조, 제341조의2, 제342조의2 또는 증권거래법 등이 명시적으로 이를 허용하고 있는 경우 외에는, 회사의 자본적 기초를 위태롭게 하거나 주주 등의 이익을 해한다고 할 수 없는 것이 유형적으로 명백한 경우가 아닌 한 자기주식의 취득은 허용되지 아니하고, 위와 같은 금지규정에 위반하여 회사가 자기주식을 취득하거나 취득하기로 하는 약정은 무효이다(대판 2006,10,12, 2005다75729).

답 ④

88   법무사   2021   ☑ 확인Check! ○ △ ✕

주식양도의 제한에 관한 다음 설명 중 가장 옳지 않은 것은? (다툼이 있는 경우 판례에 따르고 전원합의체 판결의 경우 다수의견에 의함. 이하 같음)

① 상법 등에서 명시적으로 자기주식의 취득을 허용하는 경우 외에 회사의 자본적 기초를 위태롭게 하거나 주주 등의 이익을 해한다고 할 수 없는 것이 유형적으로 명백한 경우에도 자기주식의 취득이 예외적으로 허용되지만, 그 밖의 경우에는, 설령 회사 또는 주주나 회사채권자 등에게 생길지도 모르는 중대한 손해를 회피하기 위하여 부득이한 사정이 있다고 하더라도 자기주식의 취득은 허용되지 않고 위와 같은 금지규정에 위반하여 회사가 자기주식을 취득하는 것은 당연히 무효이다.

② 정관에 의하여 양도가 제한된 주식을 보유한 주주는 이사회로부터 양도승인거부의 통지를 받은 경우 통지를 받은 날부터 20일 내에 회사에 대하여 양도 상대방의 지정 또는 그 주식의 매수를 청구할 수 있다.

③ 상법 제335조 제1항 단서는 주식의 양도를 전제로 하고, 다만 이를 제한하는 방법으로서 이사회의 승인을 요하도록 정관에 정할 수 있다는 취지이지 주식의 양도 그 자체를 금지할 수 있음을 정할 수 있다는 뜻은 아니기 때문에, 정관의 규정으로 주식의 양도를 제한하는 경우에도 주식양도를 전면적으로 금지하는 규정을 둘 수는 없다.

④ 甲회사가 乙회사의 발생주식총수의 10분의 1을 초과하여 취득한 때에는 乙회사에 지체 없이 이를 통지하여야 하고, 이 경우 乙회사가 가지고 있는 甲회사의 주식은 의결권이 없다.

⑤ 주식의 양도에 관하여 이사회의 승인을 얻어야 하는 경우에 주식을 취득하였으나 회사로부터 양도승인거부의 통지를 받은 양수인은 상법 제335조의7에 따라 회사에 대하여 주식매수청구권을 행사할 수 있다. 이와 관련하여 주식을 취득하지 못한 양수인이 회사에 대하여 주식매수청구를 하더라도 이는 효력이 없으나, 사후적으로 양수인이 주식 취득의 요건을 갖추게 되면 그 하자가 치유될 수 있다.

┃해설┃

① [O] 상법 제341조, 제341조의2, 제342조의2 또는 증권거래법 등에서 명시적으로 자기주식의 취득을 허용하는 경우 외에, 회사가 자기주식을 무상으로 취득하는 경우 또는 타인의 계산으로 자기주식을 취득하는 경우 등과 같이, 회사의 자본적 기초를 위태롭게 하거나 주주 등의 이익을 해한다고 할 수 없는 것이 유형적으로 명백한 경우에도 자기주식의 취득이 예외적으로 허용되지만, 그 밖의 경우에 있어서는, 설령 회사 또는 주주나 회사채권자 등에게 생길지도 모르는 중대한 손해를 회피하기 위하여 부득이한 사정이 있다고 하더라도 자기주식의 취득은 허용되지 아니하는 것이고 위와 같은 금지규정에 위반하여 회사가 자기주식을 취득하는 것은 당연히 무효이다(대판 2003.5.16. 2001다44109).

② [O] 상법 제335조 제1항, 제335조의2 제4항

> **상법 제335조(주식의 양도성)**
> ① 주식은 타인에게 양도할 수 있다. 다만, 회사는 정관으로 정하는 바에 따라 그 발행하는 주식의 양도에 관하여 이사회의 승인을 받도록 할 수 있다.
>
> **상법 제335조의2(양도승인의 청구)**
> ① 주식의 양도에 관하여 이사회의 승인을 얻어야 하는 경우에는 주식을 양도하고자 하는 주주는 회사에 대하여 양도의 상대방 및 양도하고자 하는 주식의 종류와 수를 기재한 서면으로 양도의 승인을 청구할 수 있다.
> ② 회사는 제1항의 청구가 있는 날부터 1월 이내에 주주에게 그 승인 여부를 서면으로 통지하여야 한다.
> ④ 제2항의 양도승인거부의 통지를 받은 주주는 통지를 받은 날부터 20일 내에 회사에 대하여 양도의 상대방의 지정 또는 그 주식의 매수를 청구할 수 있다.

③ [O] 상법 제335조 제1항 단서는 주식의 양도를 전제로 하고, 다만 이를 제한하는 방법으로서 이사회의 승인을 요하도록 정관에 정할 수 있다는 취지이지 주식의 양도 그 자체를 금지할 수 있음을 정할 수 있다는 뜻은 아니기 때문에, 정관의 규정으로 주식의 양도를 제한하는 경우에도 주식양도를 전면적으로 금지하는 규정을 둘 수는 없다(대판 2000.9.26. 99다48429).

④ [O] 상법 제342조의3, 제369조 제3항

> **상법 제342조의3(다른 회사의 주식취득)**
> 회사가 다른 회사의 발행주식 총수의 10분의 1을 초과하여 취득한 때에는 그 다른 회사에 대하여 지체 없이 이를 통지하여야 한다.
>
> **상법 제369조(의결권)**
> ③ 회사, 모회사 및 자회사 또는 자회사가 다른 회사의 발행주식의 총수의 10분의 1을 초과하는 주식을 가지고 있는 경우 그 다른 회사가 가지고 있는 회사 또는 모회사의 주식은 의결권이 없다.

⑤ [X] 주식의 양도에 관하여 이사회의 승인을 얻어야 하는 경우에 주식을 취득하였으나 회사로부터 양도승인거부의 통지를 받은 양수인은 상법 제335조의7에 따라 회사에 대하여 주식매수청구권을 행사할 수 있다. 이러한 주식매수청구권은 주식을 취득한 양수인에게 인정되는 이른바 형성권으로서 그 행사로 회사의 승낙 여부와 관계없이 주식에 관한 매매계약이 성립하게 되므로, 주식을 취득하지 못한 양수인이 회사에 대하여 주식매수청구를 하더라도 이는 아무런 효력이 없고, <u>사후적으로 양수인이 주식 취득의 요건을 갖추게 되더라도 하자가 치유될 수는 없다</u>(대판 2014.12.24. 2014다221258).

답 ⑤

☑ 확인Check! ○ △ X

상법상 상호보유주식에 관한 설명으로 옳지 않은 것은? (단, B회사는 A회사와 S회사의 모회사가 아님)

① A회사가 B회사 주식을 15% 보유하는 경우, B회사가 보유하는 A회사 주식은 의결권이 없다.

② A회사가 그 자회사인 S회사와 함께 B회사 주식을 11%(A회사가 7%, S회사가 4%) 보유하는 경우, B회사가 보유하는 A회사 주식은 의결권이 없다.

③ A회사의 자회사인 S회사가 단독으로 B회사 주식을 15% 보유하는 경우, B회사가 보유하는 A회사 및 S회사의 주식은 의결권이 없다.

④ B회사가 A회사 주식을 30% 매수한 경우, A회사가 B회사 주식을 15% 취득하면 B회사가 보유하는 A회사 주식은 의결권이 없다.

⑤ A회사가 그 자회사인 S회사와 함께 B회사 주식을 11%(A회사가 7%, S회사가 4%) 보유하는 경우, B회사가 보유하는 S회사 주식은 의결권이 없다.

▌해설▐

회사, 모회사 및 자회사 또는 자회사가 다른 회사의 발행주식의 총수의 10분의 1을 초과하는 주식을 가지고 있는 경우 그 다른 회사가 가지고 있는 <u>회사 또는 모회사의 주식은 의결권이 없다</u>(상법 제369조 제3항). 이를 상호주의 의결권 제한이라고 하는데 이를 각 지문에 적용하면 다음과 같다.

① [○] 회사(A회사)가 다른 회사(B회사)의 발행주식의 총수의 10분의 1을 초과(15% 보유)하는 주식을 가지고 있는 경우 그 다른 회사(B회사)가 가지고 있는 회사(A회사)의 주식은 의결권이 없다.

② [○], ⑤ [X] 모회사(A회사) 및 자회사(S회사)가 함께 다른 회사(B회사)의 발행주식의 총수의 10분의 1을 초과[11%(A회사가 7%, S회사가 4%)]하는 주식을 가지고 있는 경우 그 다른 회사(B회사)가 가지고 있는 모회사(A회사)의 주식은 의결권이 없다. 그러나 <u>다른 회사(B회사)가 보유하는 자회사(S회사) 주식은 의결권이 있다</u>. 다른 회사가 가지고 있는 자회사의 주식에 대하여는 의결권이 없다고 규정되어 있지 않기 때문이다.

③ [○] 자회사(S회사)가 다른 회사(B회사)의 발행주식의 총수의 10분의 1을 초과(15% 보유)하는 주식을 가지고 있는 경우 그 다른 회사(B회사)가 가지고 있는 모회사(A회사)의 주식은 의결권이 없고, 동시에 회사(S회사)가 다른 회사(B회사)의 발행주식의 총수의 10분의 1을 초과(15% 보유)하는 주식을 가지고 있는 경우 그 다른 회사(B회사)가 가지고 있는 회사(S회사)의 주식은 의결권이 없다. 즉, 모회사(A회사)는 자회사(S회사)가 다른 회사(B회사)의 주식을 소유하기 때문에 의결권이 없는 것이고, 자회사(S회사)의 의결권은 모회사(A회사) 상관없이 법조문의 앞부분의 회사로서 단독으로 다른 회사(B회사)와 상호소유가 성립하기 때문에 의결권이 없는 것이다.

④ [○] 회사(A회사)가 다른 회사(B회사)의 발행주식의 총수의 10분의 1을 초과(15% 보유)하는 주식을 가지고 있는 경우 그 다른 회사(B회사)가 가지고 있는 회사(A회사)의 주식은 의결권이 없다. B회사 역시 A회사의 발행주식의 총수의 10분의 1을 초과(30% 보유)하는 주식을 보유하고 있으므로 A회사가 보유하는 B회사의 주식도 의결권이 없다.

 답 ⑤

상법상 주식회사의 상호주소유에 관한 설명으로 옳지 않은 것은? (다툼이 있으면 판례에 따름)

① 회사, 모회사 및 자회사 또는 자회사가 다른 회사의 발행주식총수의 10분의 1을 초과하는 주식을 가지고 있는 경우 그 다른 회사가 가지고 있는 회사 또는 모회사의 주식은 의결권이 없다.

② 모자회사 관계가 없는 회사 사이의 주식의 상호소유를 규제하는 주된 목적은 상호주를 통해 출자 없는 자가 의결권 행사를 함으로써 주주총회결의와 회사의 지배구조가 왜곡되는 것을 방지하기 위한 것이다.

③ A 주식회사가 다른 회사의 발행주식총수의 10분의 1을 초과하는 주식을 가지고 있는지 여부는 A 주식회사 주주총회에서 주주로서의 권리를 행사할 자를 확정하기 위한 기준일이 아니라 A 주식회사의 주주총회일을 기준으로 판단하여야 한다.

④ 회사가 다른 회사의 발행주식총수의 10분의 1을 초과하여 취득한 때에는 그 다른 회사에 대하여 지체없이 이를 통지하여야 한다.

⑤ 회사가 특정 주주총회에 한정하여 각 주주들로부터 개별안건에 대한 의견을 표시하게 하여 의결권을 위임받아 의결권을 대리행사하는 경우에도, 그 회사가 다른 회사의 발행주식총수의 10분의 1을 초과하여 의결권을 대리행사할 권한을 취득하였다면 그 다른 회사에 대하여 지체없이 이 사실을 통지하여야 한다.

해설

① [○] 회사, 모회사 및 자회사 또는 자회사가 다른 회사의 발행주식의 총수의 10분의 1을 초과하는 주식을 가지고 있는 경우 그 다른 회사가 가지고 있는 회사 또는 모회사의 주식은 의결권이 없다(상법 제369조 제3항).

② [○], ③ [○] 상법 제369조 제3항은 "회사, 모회사 및 자회사 또는 자회사가 다른 회사의 발행주식의 총수의 10분의 1을 초과하는 주식을 가지고 있는 경우 그 다른 회사가 가지고 있는 회사 또는 모회사의 주식은 의결권이 없다"고 규정하고 있다. 이와 같이 <u>모자회사 관계가 없는 회사 사이의 주식의 상호소유를 규제하는 주된 목적은 상호주를 통해 출자 없는 자가 의결권 행사를 함으로써 주주총회결의와 회사의 지배구조가 왜곡되는 것을 방지하기 위한 것이다.</u> 한편, 상법 제354조가 규정하는 기준일 제도는 일정한 날을 정하여 그날에 주주명부에 기재되어 있는 주주를 계쟁 회사의 주주로서의 권리를 행사할 자로 확정하기 위한 것일 뿐, 다른 회사의 주주를 확정하는 기준으로 삼을 수는 없으므로, <u>기준일에는 상법 제369조 제3항이 정한 요건에 해당하지 않더라도, 실제로 의결권이 행사되는 주주총회일에 위 요건을 충족하는 경우에는 상법 제369조 제3항이 정하는 상호소유 주식에 해당하여 의결권이 없다.</u> 이때 회사, 모회사 및 자회사 또는 자회사가 다른 회사 발행주식 총수의 10분의 1을 초과하는 주식을 가지고 있는지 여부는 앞서 본 '주식 상호소유 제한의 목적'을 고려할 때, 실제로 소유하고 있는 주식수를 기준으로 판단하여야 하며 그에 관하여 주주명부상의 명의개서를 하였는지 여부와는 관계가 없다(대판 2009.1.30. 2006다31269).

④ [○] 회사가 다른 회사의 발행주식총수의 10분의 1을 초과하여 취득한 때에는 그 다른 회사에 대하여 지체없이 이를 통지하여야 한다(상법 제342조의3).

⑤ [X] 상법 제342조의3에는 "회사가 다른 회사의 발행주식 총수의 10분의 1을 초과하여 취득한 때에는 그 다른 회사에 대하여 지체 없이 이를 통지하여야 한다"라고 규정되어 있는바, 이는 회사가 다른 회사의 발행주식 총수의 10분의 1 이상을 취득하여 의결권을 행사하는 경우 경영권의 안정을 위협받게 된 그 다른 회사는 역으로 상대방 회사의 발행주식의 10분의 1 이상을 취득함으로써 이른바 상호보유주식의 의결권 제한 규정(상법 제369조 제3항)에 따라 서로 상대 회사에 대하여 의결권을 행사할 수 없도록 방어조치를 취하여 다른 회사의 지배가능성을 배제하고 경영권의 안정을 도모하도록 하기 위한 것으로서, <u>특정 주주총회에 한정하여 각 주주들로부터 개별안건에 대한 의견을 표시하게 하여 의결권을 위임받아 의결권을 대리행사하는 경우에는 회사가 다른 회사의 발행주식 총수의 10분의 1을 초과하여 의결권을 대리행사할 권한을 취득하였다고 하여도 위 규정이 유추적용되지 않는다</u>(대판 2001.5.15. 2001다12973).

답 ⑤

☑ 확인Check! ○ △ ✕

상법상 A 주식회사는 B 주식회사의 모회사이며, B 주식회사는 C 주식회사의 모회사이며, D 주식회사는 A, B, C 주식회사와 모자관계에 있지 않은 경우에 관한 설명으로 옳지 않은 것은?

① B회사는 회사의 권리를 실행함에 있어 그 목적을 달성하기 위하여 필요한 때에는 A회사 주식을 취득할 수 있으나 즉시 처분하여야 한다.

② C회사는 회사의 합병 또는 다른 회사의 영업전부의 양수로 인한 때 A회사 주식을 취득할 수 있다.

③ B회사와 D회사의 합병으로 인하여 B회사가 존속하고 D회사가 소멸하는 경우 B회사는 D회사 주주에게 합병의 대가를 지급하기 위해 A회사 주식을 취득할 수 있다.

④ C회사와 D회사의 합병으로 인하여 C회사가 존속하고 D회사가 소멸하는 경우 C회사는 D회사 주주에게 금전이나 B회사의 주식으로 합병의 대가를 지급할 수 있다.

⑤ D회사 일부가 분할되어 C회사와 합병하여 C회사가 존속하고 D회사 일부가 소멸하는 경우 C회사는 D회사 일부의 주주에게 A회사 주식으로 합병의 대가를 지급할 수 있다.

▌해설▐

① [✕] B회사는 회사의 권리를 실행함에 있어 그 목적을 달성하기 위하여 필요한 때에는 A회사 주식을 취득할 수 있으나 <u>그 주식을 취득한 날로부터 6월 이내에 처분하여야 한다</u>(상법 제342조의2 제1항 제2호, 제2항 참조).

② [○] B회사의 자회사인 C회사는 A회사가 B회사의 모회사이므로 A회사의 자회사로 본다(상법 제342조의2 제3항 참조). 따라서 C회사는 회사의 합병 또는 다른 회사의 영업전부의 양수로 인한 때 A회사 주식을 취득할 수 있다(상법 제342조의2 제1항 제1호 참조).

> **상법 제342조의2(자회사에 의한 모회사주식의 취득)**
> ① 다른 회사의 발행주식의 총수의 100분의 50을 초과하는 주식을 가진 회사(이하 "母會社"라 한다)의 주식은 다음의 경우를 제외하고는 그 다른 회사(이하 "子會社"라 한다)가 이를 취득할 수 없다.
> 　1. 주식의 포괄적 교환, 주식의 포괄적 이전, 회사의 합병 또는 다른 회사의 영업전부의 양수로 인한 때
> 　2. 회사의 권리를 실행함에 있어 그 목적을 달성하기 위하여 필요한 때
> ② 제1항 각 호의 경우 자회사는 그 주식을 취득한 날로부터 6월 이내에 모회사의 주식을 처분하여야 한다.
> ③ 다른 회사의 발행주식의 총수의 100분의 50을 초과하는 주식을 모회사 및 자회사 또는 자회사가 가지고 있는 경우 그 다른 회사는 이 법의 적용에 있어 그 모회사의 자회사로 본다.

③ [○], ④ [○] 상법 제523조 제4호, 제523조의2 제1항

> **상법 제523조(흡수합병의 합병계약서)**
> 합병할 회사의 일방이 합병 후 존속하는 경우에는 합병계약서에 다음의 사항을 적어야 한다.
> 　… (중략) …
> 　4. 존속하는 회사가 합병으로 소멸하는 회사의 주주에게 제3호에도 불구하고 그 대가의 전부 또는 일부로서 금전이나 그 밖의 재산을 제공하는 경우에는 그 내용 및 배정에 관한 사항
> 　… (중략) …

> **상법 제523조의2(합병대가가 모회사주식인 경우의 특칙)**
> ① 제342조의2에도 불구하고 제523조 제4호에 따라 소멸하는 회사의 주주에게 제공하는 재산이 존속하는 회사의 모회사주식을 포함하는 경우에는 존속하는 회사는 그 지급을 위하여 모회사주식을 취득할 수 있다.

⑤ [○] 분할승계회사인 C회사는 분할회사인 D회사 일부의 주주에게 모회사인 A회사 주식으로 합병의 대가를 지급할 수 있다(상법 제530조의6 제1항 제4호, 제4항 참조).

> **상법 제530조의6(분할합병계약서의 기재사항 및 분할합병대가가 모회사주식인 경우의 특칙)**
> ① 분할회사의 일부가 다른 회사와 합병하여 그 다른 회사(이하 "분할합병의 상대방 회사"라 한다)가 존속하는 경우에는 분할합병계약서에 다음 각 호의 사항을 기재하여야 한다.
> … (중략) …
> 4. 분할승계회사가 분할회사의 주주에게 제3호에도 불구하고 그 대가의 전부 또는 일부로서 금전이나 그 밖의 재산을 제공하는 경우에는 그 내용 및 배정에 관한 사항
> … (중략) …
> ④ 제342조의2 제1항에도 불구하고 제1항 제4호에 따라 분할회사의 주주에게 제공하는 재산이 분할승계회사의 모회사 주식을 포함하는 경우에는 분할승계회사는 그 지급을 위하여 모회사 주식을 취득할 수 있다.

답 ①

☑ 확인Check! ○ △ ✕

상법상 자회사에 의한 모회사주식의 취득에 관한 설명으로 옳지 않은 것은?

① 자회사는 회사의 권리를 실행함에 있어서 그 목적을 달성하기 위하여 필요한 때 모회사의 주식을 취득할 수 있다.

② 자회사가 다른 회사와의 합병으로 인하여 모회사의 주식을 취득한 경우 자회사는 그 모회사의 주식을 1년 이내에 처분하여야 한다.

③ 다른 회사의 발행주식 총수의 100분의 50을 초과하는 주식을 가진 회사는 그 다른 회사의 모회사가 된다.

④ 모회사 및 자회사가 다른 회사의 발행주식 총수의 100분 30과 100분의 25를 각각 가지고 있다면 그 다른 회사는 상법의 적용에 있어서 그 모회사의 자회사로 본다.

⑤ 모회사(A)의 자회사(B)가 다른 회사(C)의 발행주식 총수의 100분의 50을 초과하는 주식을 가지고 있는 경우, 그 다른 회사(C)는 상법의 적용에 있어 모회사(A)의 자회사로 본다.

┃해설┃

① [○] 상법 제342조의2 제1항 제2호

② [✕] 자회사가 다른 회사와의 합병으로 인하여 모회사의 주식을 취득한 경우 자회사는 그 모회사의 주식을 <u>6월 이내에 처분하여야 한다</u>(상법 제342조의2 제1항 제1호, 제2항 참조).

③ [○] 상법 제342조의2 제1항

> **상법 제342조의2(자회사에 의한 모회사주식의 취득)**
> ① 다른 회사의 발행주식의 총수의 100분의 50을 초과하는 주식을 가진 회사(이하 "모회사"라 한다)의 주식은 다음의 경우를 제외하고는 그 다른 회사(이하 "자회사"라 한다)가 이를 취득할 수 없다.
>   1. 주식의 포괄적 교환, 주식의 포괄적 이전, 회사의 합병 또는 다른 회사의 영업전부의 양수로 인한 때
>   2. 회사의 권리를 실행함에 있어 그 목적을 달성하기 위하여 필요한 때
> ② 제1항 각 호의 경우 자회사는 그 주식을 취득한 날로부터 <u>6월</u> 이내에 모회사의 주식을 처분하여야 한다.

④ [○], ⑤ [○] 다른 회사의 발행주식의 총수의 100분의 50을 초과하는 주식을 모회사 및 자회사 또는 자회사가 가지고 있는 경우 그 다른 회사는 이 법의 적용에 있어 그 모회사의 자회사로 본다(상법 제342조의2 제3항). 즉, 모회사와 자회사가 가지고 있는 다른 회사의 주식의 합계가 다른 회사 발행주식총수의 100분의 50을 초과하거나, 자회사가 다른 회사 발행주식총수의 100분의 50을 초과하는 주식을 갖고 있는 경우에도 그 다른 회사는 모회사의 자회사로 본다.

답 ②

93 세무사 2024

☑ 확인 Check! ○ △ ✕

상법상 주식의 입질에 관한 설명으로 옳지 않은 것은?

① 회사가 신주발행 후 6월이 지나도 주권을 발행하지 않는 경우 주권이 발행되지 않은 주식에 대한 질권을 설정할 수 있다.

② 전환주식에 대한 약식질권자는 전환으로 인하여 발행되는 신주식에 대해 종전 주식을 목적으로 하는 질권을 행사할 수 있다.

③ 등록질권자는 질권의 목적인 주식에 대한 이익배당을 받아 다른 채권자에 우선하여 자기 채권의 변제에 충당할 수 있다.

④ 질권의 목적인 주식이 분할된 경우 등록질권자는 분할에 의해 새로 발행되는 주식에 대한 주권의 교부를 청구할 수 없다.

⑤ 약식질권자가 계속하여 주권을 점유하지 아니하면 그 질권으로써 제3자에게 대항하지 못한다.

∥해설∥

① [O] 주권발행 전의 주식에 대한 양도도 인정되고, 주권발행 전 주식의 담보제공을 금하는 법률규정도 없으므로 주권발행 전 주식에 대한 질권설정도 가능하다고 할 것이지만, 상법 제338조 제1항은 기명주식을 질권의 목적으로 하는 때에는 주권을 교부하여야 한다고 규정하고 있으나, 이는 주권이 발행된 기명주식의 경우에 해당하는 규정이라고 해석함이 상당하므로, 주권발행 전의 주식 입질에 관하여는 상법 제338조 제1항의 규정이 아니라 권리질권설정의 일반원칙인 민법 제346조로 돌아가 그 권리의 양도방법에 의하여 질권을 설정할 수 있다고 보아야 한다(대결 2000.8.16. 99그1).

② [O], ④ [✕] 주식의 소각, 병합, 분할 또는 전환이 있는 때에는 이로 인하여 종전의 주주가 받을 금전이나 주식에 대하여도 종전의 주식을 목적으로한 질권을 행사할 수 있다(상법 제339조). 약식질, 등록질 모두 물상대위가 인정된다.

③ [O] 주식을 질권의 목적으로 한 경우에 회사가 질권설정자의 청구에 따라 그 성명과 주소를 주주명부에 덧붙여 쓰고 그 성명을 주권(株券)에 적은 경우에는 질권자는 회사로부터 이익배당, 잔여재산의 분배 또는 제339조에 따른 금전의 지급을 받아 다른 채권자에 우선하여 자기채권의 변제에 충당할 수 있다(상법 제340조 제1항).

⑤ [O] 질권자는 계속하여 주권을 점유하지 아니하면 그 질권으로써 제3자에게 대항하지 못한다(상법 제338조 제2항).

답 ④

상법상 주식을 목적으로 하는 질권에 관한 설명으로 옳지 않은 것은?

① 주식을 질권의 목적으로 하는 때에는 주권을 질권자에게 교부하여야 한다.

② 주식의 소각이 있는 때에는 이로 인하여 종전의 주주가 받을 금전에 대하여도 종전의 주식을 목적으로 한 질권을 행사할 수 있다.

③ 준비금의 자본금 전입으로 신주의 주주가 된 때에는 이사는 지체없이 신주를 받은 주주와 주주명부에 기재된 질권자에 대하여 그 주주가 받은 주식의 종류와 수를 통지하여야 한다.

④ 주식에 대해 질권이 설정된 이상 질권자가 주권의 점유를 상실하더라도 그 질권으로써 제3자에게 대항할 수 있다.

⑤ 주식의 등록질의 질권자는 회사로부터 이익배당을 받아 다른 채권자에 우선하여 자기채권의 변제에 충당할 수 있다.

┃해설┃

① [○] 주식을 질권의 목적으로 하는 때에는 주권을 질권자에게 교부하여야 한다(상법 제338조 제1항).

② [○] 주식의 소각, 병합, 분할 또는 전환이 있는 때에는 이로 인하여 종전의 주주가 받을 금전이나 주식에 대하여도 종전의 주식을 목적으로한 질권을 행사할 수 있다(상법 제339조).

③ [○] 상법 제461조 제5항

> **상법 제461조(준비금의 자본금 전입)**
> ① 회사는 이사회의 결의에 의하여 준비금의 전부 또는 일부를 자본금에 전입할 수 있다. 그러나 정관으로 주주총회에서 결정하기로 정한 경우에는 그러하지 아니하다.
> ③ 제1항의 이사회의 결의가 있은 때에는 회사는 일정한 날을 정하여 그날에 주주명부에 기재된 주주가 제2항의 신주의 주주가 된다는 뜻을 그날의 2주간 전에 공고하여야 한다. 그러나 그날이 제354조 제1항의 기간 중인 때에는 그 기간의 초일의 2주간 전에 이를 공고하여야 한다.
> ④ 제1항 단서의 경우에 주주는 주주총회의 결의가 있은 때로부터 제2항의 신주의 주주가 된다.
> ⑤ 제3항 또는 제4항의 규정에 의하여 신주의 주주가 된 때에는 이사는 지체없이 신주를 받은 주주와 주주명부에 기재된 질권자에 대하여 그 주주가 받은 주식의 종류와 수를 통지하여야 한다.

④ [✕] 질권자는 계속하여 주권을 점유하지 아니하면 그 질권으로써 <u>제3자에게 대항하지 못한다</u>(상법 제338조 제2항).

⑤ [○] 주식을 질권(質權)의 목적으로 한 경우에 회사가 질권설정자의 청구에 따라 그 성명과 주소를 주주명부에 덧붙여 쓰고 그 성명을 주권(株券)에 적은 경우에는 질권자는 회사로부터 이익배당, 잔여재산의 분배 또는 제339조에 따른 금전의 지급을 받아 다른 채권자에 우선하여 자기채권의 변제에 충당할 수 있다(상법 제340조 제1항).

답 ④

상법상 주권 발행 후에 이루어진 주식의 입질에 관한 설명으로 틀린 것은?

① 주식을 질권의 목적으로 하는 때에는 주권을 질권자에게 교부하여야 한다.

② 질권자는 계속하여 주권을 점유하지 아니하면 그 질권으로써 제3자에게 대항하지 못한다.

③ 주식의 소각, 병합, 분할 또는 전환이 있는 때에는 이로 인하여 종전의 주주가 받을 금전이나 주식에 대하여도 종전의 주식을 목적으로 한 질권을 행사할 수 있다.

④ 주식의 등록질권자는 회사로부터 이익배당 또는 잔여재산의 분배에 따른 금전의 지급을 받아 다른 채권자에 우선하여 자기채권의 변제에 충당할 수 있다.

⑤ 상법은 주식의 약식질권도 신주인수권에 대하여 그 우선변제적 효력이 미친다고 규정하고 있다.

┃해설┃

① [○] 주식을 질권의 목적으로 하는 때에는 주권을 질권자에게 교부하여야 한다(상법 제338조 제1항).

② [○] 질권자는 계속하여 주권을 점유하지 아니하면 그 질권으로써 제3자에게 대항하지 못한다(상법 제338조 제2항).

③ [○] 주식의 소각, 병합, 분할 또는 전환이 있는 때에는 이로 인하여 종전의 주주가 받을 금전이나 주식에 대하여도 종전의 주식을 목적으로한 질권을 행사할 수 있다(상법 제339조).

④ [○] 주식을 질권(質權)의 목적으로 한 경우에 회사가 질권설정자의 청구에 따라 그 성명과 주소를 주주명부에 덧붙여 쓰고 그 성명을 주권(株券)에 적은 경우에는 질권자는 회사로부터 이익배당, 잔여재산의 분배 또는 제339조에 따른 금전의 지급을 받아 다른 채권자에 우선하여 자기채권의 변제에 충당할 수 있다(상법 제340조 제1항).

⑤ [✕] 주주의 신주인수권에 질권의 효력이 미치는지에 대하여 약식질, 등록질 모두 상법상 규정이 없다. 통설은 신주인수권의 행사에는 주금납입이 필요하므로 주식의 변형물이라고 볼 수 없어 신주인수권에 질권의 효력이 미치지 않는다는 입장이다.

답 ⑤

96 세무사 2024

☑ 확인 Check! ○ △ X

상법상 비상장회사의 주식매수선택권에 관한 설명으로 옳지 않은 것은?

① 주식매수선택권의 행사로 회사가 양도할 자기주식은 회사의 발행주식총수의 100분의 10을 초과할 수 없다.

② 회사는 주주총회의 특별결의에 의하여 주식매수선택권을 부여받은 자와 계약을 체결하여야 한다.

③ 주식매수선택권을 행사할 수 있는 자가 사망한 경우에는 그 상속인이 이를 행사할 수 있다.

④ 주식매수선택권을 부여받은 자는 주식매수선택권에 관한 주주총회 결의일로부터 2년 이상 재임 또는 재직하여야 이를 행사할 수 있다.

⑤ 회사는 이사의 해임 등 회사의 주요 경영사항에 대하여 사실상 영향력을 행사하는 자의 직계존비속에 대하여 주식매수선택권을 부여할 수 있다.

▌해설▐

① [○] 상법 제340조의2 제3항

② [○] 상법 제340조의2 제1항, 제340조의3 제2항 · 제3항

③ [○] 제340조의2 제1항의 주식매수선택권은 이를 양도할 수 없다. 다만, 동조 제2항의 규정에 의하여 주식매수선택권을 행사할 수 있는 자가 사망한 경우에는 그 상속인이 이를 행사할 수 있다(상법 제340조의4 제2항).

④ [○] 제340조의2 제1항의 주식매수선택권은 제340조의3 제2항 각 호의 사항을 정하는 주주총회결의일부터 2년 이상 재임 또는 재직하여야 이를 행사할 수 있다(상법 제340조의4 제1항).

⑤ [X] 상법 제340조의2 제2항 제3호

상법 제340조의2(주식매수선택권)

① 회사는 정관으로 정하는 바에 따라 제434조의 주주총회의 결의로 회사의 설립 · 경영 및 기술혁신 등에 기여하거나 기여할 수 있는 회사의 이사, 집행임원, 감사 또는 피용자에게 미리 정한 가액(이하 "주식매수선택권의 행사가액"이라 한다)으로 신주를 인수하거나 자기의 주식을 매수할 수 있는 권리(이하 "주식매수선택권"이라 한다)를 부여할 수 있다. 다만, 주식매수선택권의 행사가액이 주식의 실질가액보다 낮은 경우에 회사는 그 차액을 금전으로 지급하거나 그 차액에 상당하는 자기의 주식을 양도할 수 있다. 이 경우 주식의 실질가액은 주식매수선택권의 행사일을 기준으로 평가한다.

② 다음 각 호의 어느 하나에 해당하는 자에게는 제1항의 주식매수선택권을 부여할 수 없다.

   1. 의결권 없는 주식을 제외한 발행주식총수의 100분의 10 이상의 주식을 가진 주주

   2. 이사 · 집행임원 · 감사의 선임과 해임 등 회사의 주요 경영사항에 대하여 사실상 영향력을 행사하는 자

   3. 제1호와 제2호에 규정된 자의 배우자와 직계존비속

③ 제1항에 따라 발행할 신주 또는 양도할 자기의 주식은 회사의 발행주식총수의 100분의 10을 초과할 수 없다.

상법 제340조의3(주식매수선택권의 부여)

② 제340조의2 제1항의 주식매수선택권에 관한 주주총회의 결의에 있어서는 다음 각 호의 사항을 정하여야 한다.

   1. 주식매수선택권을 부여받을 자의 성명

   2. 주식매수선택권의 부여방법

   3. 주식매수선택권의 행사가액과 그 조정에 관한 사항

- 4. 주식매수선택권의 행사기간
  5. 주식매수선택권을 부여받을 자 각각에 대하여 주식매수선택권의 행사로 발행하거나 양도할 주식의 종류와 수
③ 회사는 제2항의 주주총회결의에 의하여 주식매수선택권을 부여받은 자와 계약을 체결하고 상당한 기간 내에 그에 관한 계약서를 작성하여야 한다.

탭 ⑤

97 세무사 2023

☑ 확인 Check! ○ △ ✕

상법상 비상장주식회사에서의 주식매수선택권에 관한 설명으로 옳은 것을 모두 고른 것은?

> ㄱ. 의결권 없는 주식을 제외한 발행주식총수의 100분의 10 이상의 주식을 가진 주주에게 주식매수선택권을 부여할 수 있다.
> ㄴ. 주식매수선택권에 따라 발행할 신주 또는 양도할 자기의 주식은 회사의 발행 주식총수의 100분의 10을 초과할 수 없다.
> ㄷ. 주식매수선택권을 부여한 회사의 주주에게는 주식매수선택권을 양도할 수 있다.
> ㄹ. 회사는 주주총회결의에 의하여 주식매수선택권을 부여받은 자와 계약을 체결하고 상당한 기간 내에 그에 관한 계약서를 작성하여야 한다.

① ㄱ, ㄴ   ② ㄱ, ㄹ
③ ㄴ, ㄹ   ④ ㄱ, ㄷ, ㄹ
⑤ ㄴ, ㄷ, ㄹ

┃해설┃

ㄱ. [✕] 상법 제340조의2 제2항 제1호

> **상법 제340조의2(주식매수선택권)**
> ② 다음 각 호의 어느 하나에 해당하는 자에게는 제1항의 주식매수선택권을 부여할 수 없다.
> 1. 의결권 없는 주식을 제외한 발행주식총수의 100분의 10 이상의 주식을 가진 주주
> 2. 이사·집행임원·감사의 선임과 해임 등 회사의 주요 경영사항에 대하여 사실상 영향력을 행사하는 자
> 3. 제1호와 제2호에 규정된 자의 배우자와 직계존비속

ㄴ. [○] 제1항에 따라 발행할 신주 또는 양도할 자기의 주식은 회사의 발행주식총수의 100분의 10을 초과할 수 없다(상법 제340조의2 제3항).

ㄷ. [✕] 제340조의2 제1항의 주식매수선택권은 이를 양도할 수 없다. 다만, 동조 제2항의 규정에 의하여 주식매수선택권을 행사할 수 있는 자가 사망한 경우에는 그 상속인이 이를 행사할 수 있다(상법 제340조의4 제2항).

ㄹ. [○] 회사는 제2항의 주주총회결의에 의하여 주식매수선택권을 부여받은 자와 계약을 체결하고 상당한 기간 내에 그에 관한 계약서를 작성하여야 한다(상법 제340조의3 제3항).

탭 ③

상법상 비상장회사의 주식매수선택권에 관한 설명으로 옳지 않은 것은?

① 회사의 기술혁신에 기여할 수 있는 피용자(被用者)에 대하여 회사는 정관으로 정하는 바에 따라 주주총회 특별결의로 주식매수선택권을 부여할 수 있다.

② 주식매수선택권은 양도할 수 없으나 주식매수선택권을 행사할 수 있는 자가 사망한 경우 그 상속인이 이를 행사할 수 있다.

③ 주식매수선택권의 행사일을 기준으로 평가한 주식의 실질가액이 주식매수선택권의 행사가액보다 높은 경우에 회사는 그 차액을 금전으로 지급하거나 그 차액에 상당하는 자기의 주식을 양도할 수 있다.

④ 이사·집행임원·감사의 선임과 해임 등 회사의 주요 경영사항에 대하여 사실상 영향력을 행사하는 자가 회사의 경영에 기여하거나 기여할 수 있다면 그에게 주식매수선택권을 부여할 수 있다.

⑤ 주식매수선택권의 부여에 따라 발행할 신주 또는 양도할 자기의 주식은 회사의 발행주식총수의 100분의 10을 초과할 수 없다.

┃해설┃

① [○], ③ [○] 상법 제340조의2 제1항

② [○] 제340조의2 제1항의 주식매수선택권은 이를 양도할 수 없다. 다만, 동조 제2항의 규정에 의하여 주식매수선택권을 행사할 수 있는 자가 사망한 경우에는 그 상속인이 이를 행사할 수 있다(상법 제340조의4 제2항).

④ [✕] 상법 제340조의2 제2항 제2호

⑤ [○] 상법 제340조의2 제3항

> **상법 제340조의2(주식매수선택권)**
> ① 회사는 정관으로 정하는 바에 따라 제434조의 주주총회의 결의로 회사의 설립·경영 및 기술혁신 등에 기여하거나 기여할 수 있는 회사의 이사, 집행임원, 감사 또는 피용자(被用者)에게 미리 정한 가액(이하 "주식매수선택권의 행사가액"이라 한다)으로 신주를 인수하거나 자기의 주식을 매수할 수 있는 권리(이하 "주식매수선택권"이라 한다)를 부여할 수 있다. 다만, 주식매수선택권의 행사가액이 주식의 실질가액보다 낮은 경우에 회사는 그 차액을 금전으로 지급하거나 그 차액에 상당하는 자기의 주식을 양도할 수 있다. 이 경우 주식의 실질가액은 주식매수선택권의 행사일을 기준으로 평가한다.
> ② 다음 각 호의 어느 하나에 해당하는 자에게는 제1항의 주식매수선택권을 부여할 수 없다.
> 1. 의결권 없는 주식을 제외한 발행주식총수의 100분의 10 이상의 주식을 가진 주주
> 2. 이사·집행임원·감사의 선임과 해임 등 회사의 주요 경영사항에 대하여 사실상 영향력을 행사하는 자
> 3. 제1호와 제2호에 규정된 자의 배우자와 직계존비속
> ③ 제1항에 따라 발행할 신주 또는 양도할 자기의 주식은 회사의 발행주식총수의 100분의 10을 초과할 수 없다.

답 ④

99 세무사 2021

확인Check! ○ △ ✕

상법상 비상장주식회사인 甲회사의 주식은 A가 95%, A의 배우자 B가 5%를 소유하고 있고, 甲회사에는 A의 자녀인 C와 D 그리고 A의 자매인 E가 이사로 재임하고 있다. 이 경우 甲회사가 주식매수선택권을 부여할 수 없는 자를 모두 묶은 것은?

① A, B, C, D, E

② A, B, C, D

③ A, B, C

④ A, B

⑤ A

▌해설▌

② [O] 의결권 없는 주식을 제외한 발행주식총수의 100분의 10 이상의 주식을 가진 주주 A(상법 제340조의2 제2항 제1호 참조)와 A의 배우자 B, A의 직계비속인 자녀 C와 D에게는 주식매수선택권을 부여할 수 없다(상법 제340조의2 제2항 제3호 참조). 그러나 A의 자매인 이사 E에게는 주식매수선택권을 부여할 수 있다.

> **상법 제340조의2(주식매수선택권)**
> ② 다음 각 호의 어느 하나에 해당하는 자에게는 제1항의 주식매수선택권을 부여할 수 없다.
> 1. 의결권 없는 주식을 제외한 발행주식총수의 100분의 10 이상의 주식을 가진 주주
> 2. 이사·집행임원·감사의 선임과 해임 등 회사의 주요 경영사항에 대하여 사실상 영향력을 행사하는 자
> 3. 제1호와 제2호에 규정된 자의 배우자와 직계존비속

답 ②

100 세무사 2019

확인Check! ○ △ ✕

상법상 비상장회사의 주식매수선택권에 관한 설명으로 옳은 것을 모두 고른 것은?

> ㄱ. 주식매수선택권 부여를 위하여 발행할 신주 또는 양도할 자기주식은 회사의 발행주식총수의 100분의 10을 초과할 수 없다.
> ㄴ. 주식매수선택권은 양도할 수 있으며, 주식매수선택권을 행사할 수 있는 자가 사망한 경우에는 그 상속인이 이를 행사할 수 있다.
> ㄷ. 주식매수선택권을 부여받은 자는 주식매수선택권에 관한 주주총회결의일부터 2년 이상 재임 또는 재직하여야 이를 행사할 수 있다.
> ㄹ. 이사의 선임과 해임 등 회사의 주요 경영사항에 대하여 사실상 영향력을 행사하는 자의 직계비속에게는 주식매수선택권을 부여할 수 없다.

① ㄱ, ㄷ

② ㄱ, ㄹ

③ ㄴ, ㄷ

④ ㄱ, ㄷ, ㄹ

⑤ ㄴ, ㄷ, ㄹ

제3장 │ 주식과 주주 **219**

┃해설┃

ㄱ. [○] 상법 제340조의2 제3항

> **상법 제340조의2(주식매수선택권)**
> ① 회사는 정관으로 정하는 바에 따라 제434조의 주주총회의 결의로 회사의 설립·경영 및 기술혁신 등에 기여하거나 기여할 수 있는 회사의 이사, 집행임원, 감사 또는 피용자(被用者)에게 미리 정한 가액(이하 "주식매수선택권의 행사가액"이라 한다)으로 신주를 인수하거나 자기의 주식을 매수할 수 있는 권리(이하 "주식매수선택권"이라 한다)를 부여할 수 있다. 다만, 주식매수선택권의 행사가액이 주식의 실질가액보다 낮은 경우에 회사는 그 차액을 금전으로 지급하거나 그 차액에 상당하는 자기의 주식을 양도할 수 있다. 이 경우 주식의 실질가액은 주식매수선택권의 행사일을 기준으로 평가한다.
> ③ 제1항에 따라 발행할 신주 또는 양도할 자기의 주식은 회사의 발행주식총수의 100분의 10을 초과할 수 없다.

ㄴ. [✕] 제340조의2 제1항의 주식매수선택권은 이를 <u>양도할 수 없다</u>. 다만, 동조 제2항의 규정에 의하여 주식매수선택권을 행사할 수 있는 자가 사망한 경우에는 그 상속인이 이를 행사할 수 있다(상법 제340조의4 제2항).

ㄷ. [○] 제340조의2 제1항의 주식매수선택권은 제340조의3 제2항 각 호의 사항을 정하는 주주총회결의일부터 2년 이상 재임 또는 재직하여야 이를 행사할 수 있다(상법 제340조의4 제1항).

ㄹ. [○] 상법 제340조의2 제2항 제3호

> **상법 제340조의2(주식매수선택권)**
> ② 다음 각 호의 어느 하나에 해당하는 자에게는 제1항의 주식매수선택권을 부여할 수 없다.
> 1. 의결권 없는 주식을 제외한 발행주식총수의 100분의 10 이상의 주식을 가진 주주
> 2. 이사·집행임원·감사의 선임과 해임 등 회사의 주요 경영사항에 대하여 사실상 영향력을 행사하는 자
> 3. <u>제1호와 제2호에 규정된 자의 배우자와 직계존비속</u>

답 ④

---

101 세무사 2017

☑ 확인 Check! ○ △ ✕

상법상 비상장회사의 주식매수선택권에 관한 설명으로 옳은 것은?

① 주식매수선택권에 관한 사항을 정하는 주주총회결의일부터 1년을 재임 또는 재직한 자도 이를 행사할 수 있다.

② 주식매수선택권은 이를 양도할 수 있다.

③ 주식매수선택권의 행사에 따라 발행할 신주 또는 양도할 자기의 주식은 회사의 발행주식총수의 100분의 10을 초과할 수 있다.

④ 주식매수선택권에 관한 주주총회의 결의에 있어서는 주식매수선택권을 부여받을 자 각각에 대하여 주식매수선택권의 행사로 발행하거나 양도할 주식의 종류와 수를 정하여야 한다.

⑤ 주식매수선택권의 행사가액은 신주를 발행하는 경우에는 주식매수선택권의 부여일을 기준으로 한 주식의 실질가액과 주식의 권면액(券面額) 중 낮은 금액으로 한다.

▌해설▐

① [✕] 제340조의2 제1항의 주식매수선택권은 제340조의3 제2항 각 호의 사항을 정하는 주주총회결의일부터 <u>2년 이상 재임 또는 재직</u>하여야 이를 행사할 수 있다(상법 제340조의4 제1항).

② [✕] 제340조의2 제1항의 주식매수선택권은 이를 <u>양도할 수 없다</u>. 다만, 동조 제2항의 규정에 의하여 주식매수선택권을 행사할 수 있는 자가 사망한 경우에는 그 상속인이 이를 행사할 수 있다(상법 제340조의4 제2항).

③ [✕] 상법 제340조의2 제3항

> **상법 제340조의2(주식매수선택권)**
> ① 회사는 정관으로 정하는 바에 따라 제434조의 주주총회의 결의로 회사의 설립·경영 및 기술혁신 등에 기여하거나 기여할 수 있는 회사의 이사, 집행임원, 감사 또는 피용자(被用者)에게 미리 정한 가액(이하 "주식매수선택권의 행사가액"이라 한다)으로 신주를 인수하거나 자기의 주식을 매수할 수 있는 권리(이하 "주식매수선택권"이라 한다)를 부여할 수 있다. 다만, 주식매수선택권의 행사가액이 주식의 실질가액보다 낮은 경우에 회사는 그 차액을 금전으로 지급하거나 그 차액에 상당하는 자기의 주식을 양도할 수 있다. 이 경우 주식의 실질가액은 주식매수선택권의 행사일을 기준으로 평가한다.
> ③ 제1항에 따라 발행할 신주 또는 양도할 자기의 주식은 회사의 <u>발행주식총수의 100분의 10</u>을 초과할 수 없다.

④ [O] 상법 제340조의3 제2항 제5호

> **상법 제340조의3(주식매수선택권의 부여)**
> ② 제340조의2 제1항의 주식매수선택권에 관한 주주총회의 결의에 있어서는 다음 각 호의 사항을 정하여야 한다.
>   1. 주식매수선택권을 부여받을 자의 성명
>   2. 주식매수선택권의 부여방법
>   3. 주식매수선택권의 행사가액과 그 조정에 관한 사항
>   4. 주식매수선택권의 행사기간
>   5. <u>주식매수선택권을 부여받을 자 각각에 대하여 주식매수선택권의 행사로 발행하거나 양도할 주식의 종류와 수</u>

⑤ [✕] 제340조의2 제4항 제1호

> **상법 제340조의2(주식매수선택권)**
> ④ 제1항의 주식매수선택권의 행사가액은 다음 각 호의 가액 이상이어야 한다.
>   1. 신주를 발행하는 경우에는 주식매수선택권의 부여일을 기준으로 한 주식의 실질가액과 주식의 권면액(券面額) 중 높은 금액. 다만, 무액면주식을 발행한 경우에는 자본으로 계상되는 금액 중 1주에 해당하는 금액을 권면액으로 본다.
>   2. 자기의 주식을 양도하는 경우에는 주식매수선택권의 부여일을 기준으로 한 주식의 실질가액

답 ④

102 세무사 2016

☑ 확인 Check! ○ △ ✕

상법상 비상장회사의 주식매수선택권에 관한 설명으로 옳지 않은 것은?

① 회사는 정관으로 정하는 바에 따라 주주총회의 특별결의로 회사의 기술혁신에 기여한 회사의 피용자에게 주식매수선택권을 부여할 수 있다.

② 주식매수선택권의 행사에 따라 발행할 신주 또는 양도할 자기의 주식은 회사의 발행주식총수의 100분의 10을 초과할 수 없다.

③ 주식매수선택권은 이를 부여받을 자의 성명 등을 정하는 주주총회의 결의일부터 1년 이상 재임 또는 재직하여야 행사할 수 있다.

④ 주식매수선택권은 양도가 불가능하지만, 상속은 가능하다.

⑤ 의결권 없는 주식을 제외한 발행주식총수의 100분의 10 이상의 주식을 가진 주주에게는 주식매수선택권을 부여할 수 없다.

┃해설┃

① [○] 상법 제340조의2 제1항
② [○] 상법 제340조의2 제3항

> **상법 제340조의2(주식매수선택권)**
> ① 회사는 정관으로 정하는 바에 따라 제434조의 주주총회의 결의로 회사의 설립·경영 및 기술혁신 등에 기여하거나 기여할 수 있는 회사의 이사, 집행임원, 감사 또는 피용자에게 미리 정한 가액(이하 "주식매수선택권의 행사가액"이라 한다)으로 신주를 인수하거나 자기의 주식을 매수할 수 있는 권리(이하 "주식매수선택권"이라 한다)를 부여할 수 있다. 다만, 주식매수선택권의 행사가액이 주식의 실질가액보다 낮은 경우에 회사는 그 차액을 금전으로 지급하거나 그 차액에 상당하는 자기의 주식을 양도할 수 있다. 이 경우 주식의 실질가액은 주식매수선택권의 행사일을 기준으로 평가한다.
> ③ 제1항에 따라 발행할 신주 또는 양도할 자기의 주식은 회사의 발행주식총수의 100분의 10을 초과할 수 없다.

③ [✕] 제340조의2 제1항의 주식매수선택권은 제340조의3 제2항 각 호의 사항을 정하는 주주총회결의일부터 <u>2년</u> 이상 재임 또는 재직하여야 이를 행사할 수 있다(상법 제340조의4 제1항).

④ [○] 제340조의2 제1항의 주식매수선택권은 이를 양도할 수 없다. 다만, 동조 제2항의 규정에 의하여 주식매수선택권을 행사할 수 있는 자가 사망한 경우에는 그 상속인이 이를 행사할 수 있다(상법 제340조의4 제2항).

⑤ [○] 상법 제340조의2 제2항 제1호

> **상법 제340조의2(주식매수선택권)**
> ② 다음 각 호의 어느 하나에 해당하는 자에게는 제1항의 주식매수선택권을 부여할 수 없다.
>   1. 의결권 없는 주식을 제외한 발행주식총수의 100분의 10 이상의 주식을 가진 주주
>   2. 이사·집행임원·감사의 선임과 해임 등 회사의 주요 경영사항에 대하여 사실상 영향력을 행사하는 자
>   3. 제1호와 제2호에 규정된 자의 배우자와 직계존비속

답 ③

103 세무사 2015

☑ 확인Check! ○ △ ✕

상법상 비상장회사의 주식매수선택권에 관한 설명으로 옳지 않은 것은?

① 회사가 주식매수선택권을 부여하기 위해서는 정관으로 정하는 바에 따라 주주총회의 특별결의가 필요하다.
② 주식매수선택권의 부여에 따라 발행할 신주 또는 양도할 자기의 주식은 회사의 발행주식총수의 100분의 10을 초과할 수 없다.
③ 주식매수선택권의 행사가액이 주식의 실질가액보다 낮은 경우에는 회사는 그 차액을 금전으로 지급할 수 있다.
④ 주식매수선택권의 행사로 신주를 발행하는 경우, 주식매수선택권을 행사하는 자는 이를 행사한 때에 신주의 주주가 된다.
⑤ 주식매수선택권자는 본인에 대한 주식매수선택권의 부여에 관한 사항을 정하는 주주총회결의일로부터 2년 이상 재임 또는 재직하여야 주식매수선택권을 행사할 수 있다.

해설

① [○] 상법 제340조의2 제1항 본문
② [○] 상법 제340조의2 제3항
③ [○] 상법 제340조의2 제1항 단서

> **상법 제340조의2(주식매수선택권)**
> ① 회사는 정관으로 정하는 바에 따라 제434조의 주주총회의 결의로 회사의 설립·경영 및 기술혁신 등에 기여하거나 기여할 수 있는 회사의 이사, 집행임원, 감사 또는 피용자에게 미리 정한 가액(이하 "주식매수선택권의 행사가액"이라 한다)으로 신주를 인수하거나 자기의 주식을 매수할 수 있는 권리(이하 "주식매수선택권"이라 한다)를 부여할 수 있다. 다만, 주식매수선택권의 행사가액이 주식의 실질가액보다 낮은 경우에 회사는 그 차액을 금전으로 지급하거나 그 차액에 상당하는 자기의 주식을 양도할 수 있다. 이 경우 주식의 실질가액은 주식매수선택권의 행사일을 기준으로 평가한다.
> ③ 제1항에 따라 발행할 신주 또는 양도할 자기의 주식은 회사의 발행주식총수의 100분의 10을 초과할 수 없다.

④ [✕] 주식매수선택권의 행사로 신주를 발행하는 경우, 주식매수선택권을 행사하는 자는 <u>행사가액을 납입한 때에</u> 신주의 주주가 된다(상법 제340조의5, 제516조의10 전단 참조).

> **상법 제340조의5(준용규정)**
> 제350조 제2항, 제351조, 제516조의9 제1항·제3항·제4항 및 <u>제516조의10 전단</u>은 주식매수선택권의 행사로 신주를 발행하는 경우에 이를 준용한다.
>
> **상법 제516조의10(주주가 되는 시기)**
> 제516조의9 제1항에 따라 신주인수권을 행사한 자는 <u>동항의 납입을 한 때에 주주가 된다.</u> 이 경우 제350조 제2항을 준용한다.

⑤ [○] 제340조의2 제1항의 주식매수선택권은 제340조의3 제2항 각 호의 사항을 정하는 주주총회결의일부터 2년 이상 재임 또는 재직하여야 이를 행사할 수 있다(상법 제340조의4 제1항).

답 ④

제3장 | 주식과 주주 **223**

☑ 확인 Check! ○ △ ✕

주식매수선택권에 관한 다음 설명 중 가장 옳지 않은 것은?

① 주식매수선택권 제도는 회사의 설립·경영과 기술혁신 등에 기여하거나 기여할 수 있는 임직원에게 장차 주식매수로 인한 이득을 유인동기로 삼아 직무에 충실하도록 유도하기 위한 일종의 성과보상제도이다.

② 주식매수선택권 부여에 관한 주주총회 결의는 회사의 의사결정절차에 그치는 것이 아니므로, 특정인에 대한 주식매수선택권의 구체적 내용은 주주총회 결의를 통해서 정해진다.

③ 본인의 귀책사유가 아닌 사유로 퇴임 또는 퇴직하게 되더라도 퇴임 또는 퇴직일까지 상법 제340조의4 제1항의 '2년 이상 재임 또는 재직' 요건을 충족하지 못한다면 위 조항에 따른 주식매수선택권을 행사할 수 없다.

④ 회사는 주식매수선택권을 부여받은 자의 권리를 부당하게 제한하지 않고 정관의 기본 취지나 핵심 내용을 해치지 않는 범위에서 주주총회 결의와 개별 계약을 통해서 주식매수선택권을 부여받은 자가 언제까지 선택권을 행사할 수 있는지를 자유롭게 정할 수 있다.

⑤ 회사가 주식매수선택권 부여에 관한 계약을 체결할 때 주식매수선택권의 행사기간 등을 일부 변경하거나 조정한 경우 그것이 주식매수선택권을 부여받은 자, 기존 주주 등 이해관계인들 사이의 균형을 해치지 않고 주주총회 결의에서 정한 본질적인 내용을 훼손하는 것이 아니라면 유효하다고 보아야 한다.

┃해설┃

① [○] 회사는 정관으로 정하는 바에 따라 상법 제434조가 정한 주주총회의 특별결의로 회사의 설립·경영과 기술혁신 등에 기여하거나 기여할 수 있는 회사의 이사, 집행임원, 감사 또는 피용자에게 미리 정한 가액으로 신주를 인수하거나 자기의 주식을 매수할 수 있는 권리(이하 '주식매수선택권'이라 한다)를 부여할 수 있다(상법 제340조의2 제1항). 이러한 주식매수선택권 제도는 회사의 설립·경영과 기술혁신 등에 기여하거나 기여할 수 있는 임직원에게 장차 주식매수로 인한 이득을 유인동기로 삼아 직무에 충실하도록 유도하기 위한 일종의 성과보상제도이다(대판 2018.7.26. 2016다237714).

② [✕] 주식매수선택권 부여에 관한 주주총회 결의는 회사의 의사결정절차에 지나지 않고, <u>특정인에 대한 주식매수선택권의 구체적 내용은 일반적으로 회사가 체결하는 계약을 통해서 정해진다</u>. 주식매수선택권을 부여받은 자는 계약에서 주어진 조건에 따라 계약에서 정한 기간 내에 선택권을 행사할 수 있다(대판 2018.7.26. 2016다237714).

③ [○] 상법 제340조의4 제1항과 구 증권거래법 및 그 내용을 이어받은 상법 제542조의3 제4항이 주식매수선택권 행사요건에서 차별성을 유지하고 있는 점, 위 각 법령에서 '2년 이상 재임 또는 재직' 요건의 문언적인 차이가 뚜렷한 점, 비상장법인, 상장법인, 벤처기업은 주식매수선택권 부여 법인과 부여 대상, 부여 한도 등에서 차이가 있는 점, 주식매수선택권 제도는 임직원의 직무 충실로 야기된 기업가치 상승을 유인동기로 하여 직무에 충실하게 하고자 하는 제도인 점, 상법의 규정은 주주, 회사의 채권자 등 다수의 이해관계인에게 영향을 미치는 단체법적 특성을 가지는 점 등을 고려하면, 상법 제340조의4 제1항에서 정하는 주식매수선택권 행사요건을 판단할 때에는 구 증권거래법 및 그 내용을 이어받은 상법 제542조의3 제4항을 적용할 수 없고, 정관이나 주주총회의 특별결의를 통해서도 상법 제340조의4 제1항의 요건을 완화하는 것은 허용되지 않는다고 해석하여야 한다. 따라서 본인의 귀책사유가 아닌 사유로 퇴임 또는 퇴직하게 되더라도 퇴임 또는 퇴직일까지 상법 제340조의4 제1항의 '2년 이상 재임 또는 재직' 요건을 충족하지 못한다면 위 조항에 따른 주식매수선택권을 행사할 수 없다(대판 2011.3.24. 2010다85027).

④ [O] 상법은 주식매수선택권을 부여하기로 한 주주총회 결의일(상장회사에서 이사회결의로 부여하는 경우에는 이사회 결의일)부터 2년 이상 재임 또는 재직하여야 주식매수선택권을 행사할 수 있다고 정하고 있다(상법 제340조의4 제1항, 제542조의3 제4항, 상법 시행령 제30조 제5항). 이와 같이 상법은 주식매수선택권을 행사할 수 있는 시기만을 제한하고 있을 뿐 언제까지 행사할 수 있는지에 관해서는 정하지 않고 회사의 자율적인 결정에 맡기고 있다. 따라서 회사는 주식매수선택권을 부여받은 자의 권리를 부당하게 제한하지 않고 정관의 기본 취지나 핵심 내용을 해치지 않는 범위에서 주주총회 결의와 개별 계약을 통해서 주식매수선택권을 부여받은 자가 언제까지 선택권을 행사할 수 있는지를 자유롭게 정할 수 있다고 보아야 한다(대판 2018.7.26. 2016다237714).

⑤ [O] 나아가 주식매수선택권을 부여하는 주주총회 결의에서 주식매수선택권의 부여 대상과 부여방법, 행사가액, 행사기간, 주식매수선택권의 행사로 발행하거나 양도할 주식의 종류와 수 등을 정하도록 한 것은 이해관계를 가지는 기존 주주들로 하여금 회사의 의사결정 단계에서 중요 내용을 정하도록 함으로써 주식매수선택권의 행사에 관한 예측가능성을 도모하기 위한 것이다. 그러나 주주총회 결의 시 해당 사항의 세부적인 내용을 빠짐없이 정하도록 예정한 것으로 보기는 어렵다. 이후 회사가 주식매수선택권 부여에 관한 계약을 체결할 때 주식매수선택권의 행사기간 등을 일부 변경하거나 조정한 경우 그것이 주식매수선택권을 부여받은 자, 기존 주주 등 이해관계인들 사이의 균형을 해치지 않고 주주총회 결의에서 정한 본질적인 내용을 훼손하는 것이 아니라면 유효하다고 보아야 한다(대판 2018.7.26. 2016다237714).

답 ②

105 세무사 2024

☑ 확인Check! ○ △ ✕

상법상 주식의 소각 · 분할에 관한 설명으로 옳지 않은 것은?

① 회사가 보유하는 자기주식을 이사회 결의에 의하여 소각하는 경우에는 채권자보호절차를 밟아야 한다.

② 주식은 자본금 감소에 관한 규정에 따라서 소각할 수 있다.

③ 주식분할을 위해서는 주주총회의 특별결의가 필요하다.

④ 액면주식을 발행한 회사가 주식을 분할하려면 정관변경의 절차를 거쳐야 한다.

⑤ 주식분할 후의 액면주식 1주의 금액은 100원 미만으로 하지 못한다.

┃해설┃

① [✕], ② [○] 주식은 자본금 감소에 관한 규정에 따라서만 소각할 수 있다. 다만, 이사회의 결의에 의하여 회사가 보유하는 자기주식을 소각하는 경우에는 그러하지 아니하다(상법 제343조 제1항). 자본금 감소 규정에 의한 소각의 경우에는 채권자에게 중대한 영향을 미치므로 주주총회의 특별결의와 채권자보호절차를 거쳐야 하나, 회사가 보유하는 자기주식을 이사회 결의에 의하여 소각하는 경우에는 자본금이 감소하지 않으므로 채권자보호절차를 거치지 않는다.

③ [○] 회사는 제434조의 규정에 의한 주주총회의 결의로 주식을 분할할 수 있다(상법 제329조의2 제1항).

④ [○] 액면주식을 분할하면 정관의 절대적 기재사항인 액면가가 변하므로 정관변경의 절차를 거쳐야 한다(상법 제289조 제1항 제4호 참조).

> **상법 제289조(정관의 작성, 절대적 기재사항)**
> ① 발기인은 정관을 작성하여 다음의 사항을 적고 각 발기인이 기명날인 또는 서명하여야 한다.
> 1. 목 적
> 2. 상 호
> 3. 회사가 발행할 주식의 총수
> 4. 액면주식을 발행하는 경우 1주의 금액
> 5. 회사의 설립 시에 발행하는 주식의 총수
> 6. 본점의 소재지
> 7. 회사가 공고를 하는 방법
> 8. 발기인의 성명 · 주민등록번호 및 주소

⑤ [○] 제1항의 경우에 분할 후의 액면주식 1주의 금액은 제329조 제3항에 따른 금액(100원) 미만으로 하지 못한다(상법 제329조의2 제2항).

답 ①

주식의 병합과 분할에 관한 설명으로 옳지 않은 것은?

① 주식병합 시 단주가 발생하는 경우 단주에 대해서는 발행한 신주를 경매하여 각 주수에 따라 그 대금을 종전의 주주에게 지급하되, 거래소의 시세있는 주식은 거래소를 통하여 매각하고, 거래소의 시세없는 주식은 법원의 허가를 받아 경매 외의 방법으로 매각할 수 있다.

② 주식병합이 결손의 보전을 위한 자본금 감소의 방법으로 이용되는 경우에는 채권자이의절차를 거쳐야 한다.

③ 주식을 병합할 경우에는 회사는 1월 이상의 기간을 정하여 그 뜻과 그 기간 내에 주권을 회사에 제출할 것을 공고하고 주주명부에 기재된 주주와 질권자에 대하여는 각 별로 그 통지를 하여야 한다.

④ 주식의 병합이나 분할이 있는 때에는 이로 인하여 종전의 주주가 받을 금전이나 주식에 대하여도 종전의 주식을 목적으로 한 질권을 행사할 수 있다.

⑤ 주식분할을 위해서는 주주총회의 특별결의를 요한다.

┃해설┃

① [○] 병합에 적당하지 아니한 수의 주식이 있는 때에는 그 병합에 적당하지 아니한 부분에 대하여 발행한 신주를 경매하여 각 주수에 따라 그 대금을 종전의 주주에게 지급하여야 한다. 그러나 거래소의 시세있는 주식은 거래소를 통하여 매각하고, 거래소의 시세없는 주식은 법원의 허가를 받아 경매외의 방법으로 매각할 수 있다(상법 제443조 제1항).

② [✕] 자본금 감소의 경우에는 제232조(채권자의 이의)를 준용한다. 다만, <u>결손의 보전을 위하여 자본금을 감소하는 경우에는 그러하지 아니하다</u>(상법 제439조 제2항).

③ [○] 주식을 병합할 경우에는 회사는 1월 이상의 기간을 정하여 그 뜻과 그 기간 내에 주권을 회사에 제출할 것을 공고하고 주주명부에 기재된 주주와 질권자에 대하여는 각별로 그 통지를 하여야 한다(상법 제440조).

④ [○] 주식의 소각, 병합, 분할 또는 전환이 있는 때에는 이로 인하여 종전의 주주가 받을 금전이나 주식에 대하여도 종전의 주식을 목적으로한 질권을 행사할 수 있다(상법 제339조).

⑤ [○] 회사는 제434조의 규정에 의한 주주총회의 결의로 주식을 분할할 수 있다(상법 제329조의2 제1항).

답 ②

상법상 액면주식을 발행한 회사의 주식 분할에 관한 설명으로 옳은 것은?

① 주식의 분할이 이루어지면 회사의 자본금이 증가한다.

② 주식의 분할 후의 주식 1주의 금액은 100원 미만으로 할 수 있다.

③ 주식의 분할이 있으면 이로 인하여 종전의 주주가 받을 주식에 대하여는 종전의 주식을 목적으로 한 질권을 행사할 수 없다.

④ 주식의 분할에 적당하지 아니한 수의 주식이 있는 때에 그 분할에 적당하지 아니한 부분에 대하여 발행한 신주는 거래소 시세있는 주식이라 할지라도 반드시 경매가 이루어져야 한다.

⑤ 회사가 종류주식을 발행하는 때에는 정관에 다른 정함이 없는 경우에도 주식의 종류에 따라 주식의 분할로 인한 주식의 배정에 관하여 특수하게 정할 수 있다.

─────────────────────────────────

┃해설┃

① [✕] 주식의 분할이란 자본금을 증가시키지 않으면서 기존의 주식을 나누어 발행주식수를 증가시키는 것을 말한다. 액면주식의 경우 주식의 분할로 인하여 주식 수가 늘어나지만 액면가가 줄어들어 자본금에는 변동이 없게 된다.

② [✕] 분할 후의 액면주식 1주의 금액은 제329조 제3항에 따른 금액(100원) 미만으로 하지 못한다(상법 제329조의2 제2항).

③ [✕] 주식의 소각, 병합, 분할 또는 전환이 있는 때에는 이로 인하여 종전의 주주가 받을 금전이나 주식에 대하여도 종전의 주식을 목적으로 한 질권을 행사할 수 있다(상법 제339조).

④ [✕] 상법 제329조의2 제3항, 제443조 제1항

> **상법 제329조의2(주식의 분할)**
> ③ 제440조부터 제443조까지의 규정은 제1항의 규정에 의한 주식분할의 경우에 이를 준용한다.
>
> **상법 제443조(단주의 처리)**
> ① 병합에 적당하지 아니한 수의 주식이 있는 때에는 그 병합에 적당하지 아니한 부분에 대하여 발행한 신주를 경매하여 각 주수에 따라 그 대금을 종전의 주주에게 지급하여야 한다. 그러나 거래소의 시세 있는 주식은 거래소를 통하여 매각하고, 거래소의 시세 없는 주식은 법원의 허가를 받아 경매외의 방법으로 매각할 수 있다.

⑤ [○] 회사가 종류주식을 발행하는 때에는 정관에 다른 정함이 없는 경우에도 주식의 종류에 따라 신주의 인수, 주식의 병합·분할·소각 또는 회사의 합병·분할로 인한 주식의 배정에 관하여 특수하게 정할 수 있다(상법 제344조 제3항).

 답 ⑤

상법상 주식의 분할과 소각에 관한 설명으로 옳은 것을 모두 고른 것은?

> ㄱ. 회사는 주주총회의 보통결의로 주식을 분할할 수 있다.
>
> ㄴ. 주식은 자본금 감소에 관한 규정에 따라서만 소각할 수 있다. 다만, 이사회의 결의에 의하여 회사가 보유하는 자기주식을 소각하는 경우에는 그러하지 아니하다.
>
> ㄷ. 주당 액면가 1만원인 주식 1만주를 1주당 액면가 5천원인 주식 2만주로 분할하려면 정관변경 절차도 거쳐야 한다.

① ㄱ
② ㄱ, ㄴ
③ ㄱ, ㄷ
④ ㄴ, ㄷ
⑤ ㄱ, ㄴ, ㄷ

┃해설┃

ㄱ. [✕] 회사는 <u>제434조의 규정에 의한 주주총회의 결의</u>로 주식을 분할할 수 있다(상법 제329조의2 제1항).

ㄴ. [○] 주식은 자본금 감소에 관한 규정에 따라서만 소각할 수 있다. 다만, 이사회의 결의에 의하여 회사가 보유하는 자기주식을 소각하는 경우에는 그러하지 아니하다(상법 제343조 제1항).

ㄷ. [○] 액면주식의 분할은 액면분할을 의미하고, 액면가는 정관의 절대적 기재사항이므로(상법 제289조 제1항 제4호 참조) 주식분할 시 정관변경 절차도 거쳐야 한다.

답 ④

109 CPA 2024

확인 Check! ○ △ ✕

액면주식의 주권을 발행한 비상장주식회사의 상법 제329조의2 소정의 주식분할에 관한 설명으로 옳은 것은?

① 주식분할을 하기 위해서는 주주총회의 특별결의를 거쳐야 한다.
② 회사가 공고한 주권제출기간 중에 주주가 주권을 제출하면 그 시점에 주식분할의 효력이 발생한다.
③ 주식분할이 이루어져도 발행주식총수는 증가하지 않는다.
④ 주식분할이 이루어져도 1주의 액면금액은 감소하지 않는다.
⑤ 주식분할이 이루어지면 회사의 자본금이 증가한다.

┃해설┃

① [○] 회사는 제434조의 규정에 의한 주주총회의 결의로 주식을 분할할 수 있다(상법 제329조의2 제1항).
② [✕] 회사가 공고한 주권제출기간 중에 주주가 주권을 제출하면 <u>주권제출기간이 만료한 때</u>에 주식분할의 효력이 발생한다(상법 제329조의2 제3항, 제440조, 제441조 참조).

> **상법 제329조의2(주식의 분할)**
> ③ 제440조부터 제443조까지의 규정은 제1항의 규정에 의한 주식분할의 경우에 이를 준용한다.
>
> **상법 제440조(주식병합의 절차)**
> 주식을 병합할 경우에는 회사는 1월 이상의 기간을 정하여 그 뜻과 그 기간 내에 주권을 회사에 제출할 것을 공고하고 주주명부에 기재된 주주와 질권자에 대하여는 각별로 그 통지를 하여야 한다.
>
> **상법 제441조(동전)**
> 주식의 병합은 <u>전조의 기간이 만료한 때</u>에 그 효력이 생긴다. 그러나 제232조의 규정에 의한 절차가 종료하지 아니한 때에는 그 종료한 때에 효력이 생긴다.

③ [✕] 주식의 분할이란 기존의 주식을 나누어 <u>발행주식수를 증가</u>시키는 것을 말한다.
④ [✕] 액면주식을 분할하면 <u>액면가액이 감소</u>된다.
⑤ [✕] 주식분할은 주식병합과 달리 <u>자본금에는 변동이 없고</u> 발행주식수만 증가하게 된다. 액면주식의 경우에는 발행주식수는 증가하지만 액면가액이 감소하므로 자본금의 변동이 없고, 무액면주식의 경우에는 발행주식수와 무관하게 자본금이 결정되므로 발행주식수가 증가하더라도 자본금의 변동은 없다.

답 ①

상법상 주식에 관한 설명으로 옳은 것만을 <u>모두</u> 고른 것은?

> ㄱ. 주식은 자본금 감소에 관한 규정에 따라서만 소각(消却)할 수 있다. 다만 이사회의 결의에 의하여 회사가 보유하는 자기주식을 소각하는 경우에는 그러하지 아니하다.
> ㄴ. 회사가 다른 회사의 발행주식총수의 10분의 1을 초과하여 취득한 때에는 그 다른 회사에 대하여 6개월 이내에 이를 통지하여야 한다.
> ㄷ. 회사가 보유하는 자기주식을 처분하는 경우에 처분할 주식의 종류와 수에 관하여 정관에 규정이 없는 것은 주주총회가 결정한다.
> ㄹ. 주식양도시 이사회의 승인을 얻도록 규정된 정관에도 불구하고 이사회의 승인 없이 주식을 양도한 경우, 이는 회사에 대하여 효력이 없으므로 그 주식의 양수인은 회사에 대하여 주식양도의 승인을 청구할 수 없다.

① ㄱ

② ㄱ, ㄴ

③ ㄱ, ㄹ

④ ㄴ, ㄷ

⑤ ㄴ, ㄹ

┃해설┃

ㄱ. [○] 주식은 자본금 감소에 관한 규정에 따라서만 소각(消却)할 수 있다. 다만, 이사회의 결의에 의하여 회사가 보유하는 자기주식을 소각하는 경우에는 그러하지 아니하다(상법 제343조 제1항).

ㄴ. [✕] 회사가 다른 회사의 발행주식총수의 10분의 1을 초과하여 취득한 때에는 그 다른 회사에 대하여 <u>지체없이</u> 이를 통지하여야 한다(상법 제342조의3).

ㄷ. [✕] 상법 제342조 제1호

> **상법 제342조(자기주식의 처분)**
> 회사가 보유하는 자기의 주식을 처분하는 경우에 다음 각 호의 사항으로서 정관에 규정이 없는 것은 <u>이사회가 결정한다.</u>
>   1. <u>처분할 주식의 종류와 수</u>
>   2. 처분할 주식의 처분가액과 납입기일
>   3. 주식을 처분할 상대방 및 처분방법

ㄹ. [✕] 주식의 양도에 관하여 이사회의 승인을 얻어야 하는 경우에 주식을 취득한 자는 회사에 대하여 그 주식의 종류와 수를 기재한 서면으로 <u>그 취득의 승인을 청구할 수 있다</u>(상법 제335조의7 제1항).

답 ①

111 세무사 2024

☑ 확인Check! ○ △ ✕

A주식회사는 B주식회사의 발행주식총수의 52%를 보유하고 있으며 A회사와 B회사는 C주식회사 발행주식총수의 65%, 31%를 각각 자기 계산으로 보유하고 있다. A회사가 C회사의 소수주주들에게 상법상 지배주주의 매도청구권을 행사하는 경우에 관한 설명으로 옳지 않은 것은?

① A회사가 적법하게 매도청구권을 행사하기 위해서는 C회사의 주주총회에서 승인결의를 얻어야 한다.
② A회사가 적법하게 매도청구권을 행사한 경우 C회사의 소수주주들은 주권을 A회사에게 교부해야 한다.
③ A회사가 적법하게 매도청구권을 행사한 경우 A회사가 매매가액을 C회사의 소수주주들에게 지급한 때에 주식이 A회사에게 이전된 것으로 본다.
④ A회사가 매도청구권을 행사하기 위해서는 경영상 목적을 달성하기 위하여 필요한 경우이어야 한다.
⑤ A회사가 B회사의 주식 일부를 처분하여 40% 지분만을 갖게 된 경우에도 A회사는 매도청구권을 행사할 수 있다.

┃해설┃

① [○] 지배주주가 매도청구를 할 때에는 미리 주주총회의 승인을 받아야 한다(상법 제360조의24 제3항 참조).
② [○] 지배주주의 매도청구를 받은 소수주주는 매도청구를 받은 날부터 2개월 내에 지배주주에게 그 주식을 매도하여야 한다(상법 제360조의24 제6항 참조).
③ [○] 제360조의24(지배주주의 매도청구권)와 제360조의25(소수주주의 매수청구권)에 따라 주식을 취득하는 지배주주가 매매가액을 소수주주에게 지급한 때에 주식이 이전된 것으로 본다(상법 제360조의26 제1항).
④ [○] 상법 제360조의24 제1항
⑤ [✕] A회사가 지배주주의 매도청구권자가 되기 위해서는 A회사 단독으로 C회사의 발행주식총수의 100분의 95 이상을 단독으로 자기의 계산으로 보유하고 있거나(상법 제360조의24 제1항 참조), 자회사가 보유한 주식을 합산하여 C회사의 발행주식총수의 100분의 95 이상을 보유하고 있어야 한다(상법 제360조의24 제2항 참조). 모회사가 되기 위해서는 다른 회사의 발행주식의 총수의 100분의 50을 초과하는 주식을 가져야 하므로(상법 제342조의2 제1항 참조) A회사가 B회사의 주식 일부를 처분하여 40% 지분만을 갖게 된 경우에는 A회사는 B회사의 모회사가 되지 못한다. 따라서 C회사의 발행주식총수의 65%만을 보유한 A회사는 <u>매도청구권을 행사할 수 없다</u>.

> **상법 제360조의24(지배주주의 매도청구권)**
> ① 회사의 발행주식총수의 100분의 95 이상을 자기의 계산으로 보유하고 있는 주주(이하 이 관에서 "지배주주"라 한다)는 회사의 경영상 목적을 달성하기 위하여 필요한 경우에는 회사의 다른 주주(이하 이 관에서 "소수주주"라 한다)에게 그 보유하는 주식의 매도를 청구할 수 있다.
> ② 제1항의 보유주식의 수를 산정할 때에는 모회사와 자회사가 보유한 주식을 합산한다. 이 경우 회사가 아닌 주주가 발행주식총수의 100분의 50을 초과하는 주식을 가진 회사가 보유하는 주식도 그 주주가 보유하는 주식과 합산한다.
> ③ 제1항의 매도청구를 할 때에는 미리 주주총회의 승인을 받아야 한다.
> ⑥ 제1항의 매도청구를 받은 소수주주는 매도청구를 받은 날부터 2개월 내에 지배주주에게 그 주식을 매도하여야 한다.

🖹 답 ⑤

☑ 확인 Check! ○ △ ✕

상법상 지배주주에 의한 소수주식의 전부 취득에 관한 설명으로 옳지 않은 것은?

① 지배주주가 있는 회사의 소수주주는 정관의 규정이 있는 경우에 한하여 지배주주에게 그 보유주식의 매수를 청구할 수 있다.

② 지배주주의 보유주식 수를 산정할 때에는 모회사와 자회사가 보유한 주식을 합산한다.

③ 지배주주가 소수주주에게 그 보유주식의 매도를 청구할 때에는 미리 주주총회의 승인을 받아야 한다.

④ 지배주주로부터 매도청구를 받은 소수주주는 매도청구를 받은 날부터 2개월 내에 지배주주에게 그 주식을 매도하여야 한다.

⑤ 지배주주가 소수주주에게 그 보유하는 주식의 매도를 청구한 경우, 지배주주가 매매가액을 소수주주에게 지급한 때에 주식이 이전된 것으로 본다.

┃ **해설** ┃

① [✕] 지배주주가 있는 회사의 소수주주는 <u>언제든지</u> 지배주주에게 그 보유주식의 매수를 청구할 수 있다(상법 제360조의 25 제1항).

② [○] 상법 제360조의24 제2항

③ [○] 상법 제360조의24 제3항

④ [○] 상법 제360조의24 제6항

> **상법 제360조의24(지배주주의 매도청구권)**
> ① 회사의 발행주식총수의 100분의 95 이상을 자기의 계산으로 보유하고 있는 주주(이하 이 관에서 "지배주주"라 한다)는 회사의 경영상 목적을 달성하기 위하여 필요한 경우에는 회사의 다른 주주(이하 이 관에서 "소수주주"라 한다)에게 그 보유하는 주식의 매도를 청구할 수 있다.
> ② 제1항의 보유주식의 수를 산정할 때에는 모회사와 자회사가 보유한 주식을 합산한다. 이 경우 회사가 아닌 주주가 발행주식총수의 100분의 50을 초과하는 주식을 가진 회사가 보유하는 주식도 그 주주가 보유하는 주식과 합산한다.
> ③ 제1항의 매도청구를 할 때에는 미리 주주총회의 승인을 받아야 한다.
> ⑥ 제1항의 매도청구를 받은 소수주주는 매도청구를 받은 날부터 2개월 내에 지배주주에게 그 주식을 매도하여야 한다.

⑤ [○] 제360조의24와 제360조의25에 따라 주식을 취득하는 지배주주가 매매가액을 소수주주에게 지급한 때에 주식이 이전된 것으로 본다(상법 제360조의26 제1항).

답 ①

상법상 A 회사의 발행주식총수의 100분의 95 이상을 자기의 계산으로 보유하고 있는 지배주주 甲의 매도청구권에 관한 설명으로 옳지 않은 것은?

① 甲은 A 회사의 경영상 목적을 달성하기 위하여 필요한 경우에는 소수주주에게 그 보유하는 주식의 매도를 청구할 수 있다.

② 甲이 매도청구를 할 때에는 미리 이사회의 승인을 받아야 한다.

③ 甲의 매도청구를 받은 소수주주는 매도청구를 받은 날부터 2개월 내에 甲에게 그 주식을 매도하여야 한다.

④ 법원이 甲의 매도청구에 따라 주식의 매매가액을 결정하는 경우에는 A 회사의 재산상태와 그 밖의 사정을 고려하여 공정한 가액으로 산정하여야 한다.

⑤ 甲의 매도청구권 행사 시 매매가액을 지급받을 소수주주가 수령을 거부하여 甲이 그 가액을 공탁한 경우, 그 주식은 공탁한 날에 甲에게 이전된 것으로 본다.

┃해설┃

① [○] 상법 제360조의24 제1항

② [×] 甲이 매도청구를 할 때에는 미리 <u>주주총회의 승인</u>을 받아야 한다(상법 제360조의24 제3항 참조).

③ [○] 상법 제360조의24 제6항

④ [○] 상법 제360조의24 제9항

> **상법 제360조의24(지배주주의 매도청구권)**
> ① 회사의 발행주식총수의 100분의 95 이상을 자기의 계산으로 보유하고 있는 주주(이하 이 관에서 "지배주주"라 한다)는 회사의 경영상 목적을 달성하기 위하여 필요한 경우에는 회사의 다른 주주(이하 이 관에서 "소수주주"라 한다)에게 그 보유하는 주식의 매도를 청구할 수 있다.
> ③ 제1항의 매도청구를 할 때에는 미리 <u>주주총회의 승인</u>을 받아야 한다.
> ⑥ 제1항의 매도청구를 받은 소수주주는 매도청구를 받은 날부터 2개월 내에 지배주주에게 그 주식을 매도하여야 한다.
> ⑧ 제1항의 매도청구를 받은 날부터 30일 내에 제7항의 매매가액에 대한 협의가 이루어지지 아니한 경우에는 매도청구를 받은 소수주주 또는 매도청구를 한 지배주주는 법원에 매매가액의 결정을 청구할 수 있다.
> ⑨ 법원이 제8항에 따라 주식의 매매가액을 결정하는 경우에는 회사의 재산상태와 그 밖의 사정을 고려하여 공정한 가액으로 산정하여야 한다.

⑤ [○] 상법 제360조의26 제2항

> **상법 제360조의26(주식의 이전 등)**
> ① 제360조의24와 제360조의25에 따라 주식을 취득하는 지배주주가 매매가액을 소수주주에게 지급한 때에 주식이 이전된 것으로 본다.
> ② 제1항의 매매가액을 지급할 소수주주를 알 수 없거나 소수주주가 수령을 거부할 경우에는 지배주주는 그 가액을 공탁할 수 있다. 이 경우 주식은 공탁한 날에 지배주주에게 이전된 것으로 본다.

답 ②

114 세무사 2015

☑ 확인Check! ○ △ ✕

상법상 지배주주의 매도청구권 및 소수주주의 매수청구권에 관한 설명으로 옳지 않은 것은?

① 회사의 발행주식총수의 100분의 95 이상을 자기의 계산으로 보유하는 지배주주는 회사의 경영상 목적을 달성하기 위하여 필요한 경우에는 회사의 다른 주주에게 그 보유하는 주식의 매도를 청구할 수 있다.

② 지배주주의 매도청구를 받은 소수주주는 매도청구를 받은 날부터 2개월 내에 지배주주에게 그 주식을 매도하여야 한다.

③ 지배주주의 매도청구는 주주총회에 출석한 주주가 가지는 의결권의 3분의 2 이상의 수와 발행주식총수의 3분의 1 이상에 의하여 승인되어야 한다.

④ 지배주주가 있는 회사의 소수주주는 언제든지 지배주주에게 그 보유주식의 매수를 청구할 수 있다.

⑤ 매매가액을 지급받을 소수주주가 수령을 거부하여 지배주주가 그 가액을 공탁한 경우 그 공탁한 날에 주식이 지배주주에게 이전된 것으로 본다.

┃해설┃

① [○] 상법 제360조의24 제1항

② [○] 상법 제360조의24 제6항

③ [✕] 지배주주의 매도청구는 미리 주주총회의 승인을 받아야 한다. 승인요건에 대해 별다른 규정이 없으므로 보통결의 요건이 적용되어, 주주총회에 <u>출석한 주주의 의결권의 과반수와 발행주식총수의 4분의 1 이상에 의하여 승인되어야 한다</u>(상법 제360조의24 제3항, 제368조 제1항 참조).

> **상법 제360조의24(지배주주의 매도청구권)**
> ① 회사의 발행주식총수의 100분의 95 이상을 자기의 계산으로 보유하고 있는 주주(이하 이 관에서 "지배주주"라 한다)는 회사의 경영상 목적을 달성하기 위하여 필요한 경우에는 회사의 다른 주주(이하 이 관에서 "소수주주"라 한다)에게 그 보유하는 주식의 매도를 청구할 수 있다.
> ③ 제1항의 매도청구를 할 때에는 미리 주주총회의 승인을 받아야 한다.
>
> > **상법 제368조(총회의 결의방법과 의결권의 행사)**
> > ① 총회의 결의는 이 법 또는 정관에 다른 정함이 있는 경우를 제외하고는 출석한 주주의 의결권의 과반수와 발행주식총수의 4분의 1 이상의 수로써 하여야 한다.
>
> ⑥ 제1항의 매도청구를 받은 소수주주는 매도청구를 받은 날부터 2개월 내에 지배주주에게 그 주식을 매도하여야 한다.

④ [○] 지배주주가 있는 회사의 소수주주는 언제든지 지배주주에게 그 보유주식의 매수를 청구할 수 있다(상법 제360조의25 제1항).

⑤ [○] 상법 제360조의26 제2항

답 ③

A주식회사는 B주식회사의 모회사이고, A회사와 B회사는 주권을 발행한 C주식회사의 발행주식총수의 70%
와 26%를 각각 자기의 계산으로 보유하고 있다. A회사가 경영상 목적을 달성하기 위하여 C회사의 소수주주
를 상대로 상법상 지배주주의 매도청구권을 행사하고자 할 경우, 이에 관한 설명으로 틀린 것은?

① A회사가 C회사의 지배주주인지 여부를 판단할 때 B회사가 보유한 C회사의 주식 26%를 합산한다.
② A회사가 C회사의 소수주주에게 매도청구를 하기 전에 C회사 주주총회의 승인을 얻어야 한다.
③ A회사의 매도청구를 받은 C회사의 소수주주는 매도청구를 받은 날로부터 2개월 내에 A회사에게 그 주식을
　 매도해야 한다.
④ A회사의 매도청구를 받은 날로부터 30일 내에 매매가액의 협의가 이루어지지 아니한 경우 C회사의 소수주
　 주 또는 A회사는 법원에 매매가액 결정을 청구할 수 있다.
⑤ A회사가 C회사의 소수주주에게 매매가액을 지급한 경우 C회사의 소수주주가 가진 주식은 C회사의 주권을
　 A회사에게 교부한 시점에 이전된다.

┃해설┃

① [○] 회사의 발행주식총수의 100분의 95 이상을 자기의 계산으로 보유하고 있는 주주를 지배주주라고 하고 소수주주
　　에 대한 매도청구권이 인정되는데, 보유주식의 수를 산정할 때 모회사(A회사)와 자회사(B회사)가 보유한 주식을
　　합산한다(상법 제360조의24 제1항, 제2항 참조).
② [○] 상법 제360조의24 제1항, 제3항
③ [○] 상법 제360조의24 제1항, 제6항
④ [○] 상법 제360조의24 제1항, 제8항

> **상법 제360조의24(지배주주의 매도청구권)**
> ① 회사의 발행주식총수의 100분의 95 이상을 자기의 계산으로 보유하고 있는 주주(이하 이 관에서 "지배주주"라
> 　 한다)는 회사의 경영상 목적을 달성하기 위하여 필요한 경우에는 회사의 다른 주주(이하 이 관에서 "소수주주"라
> 　 한다)에게 그 보유하는 주식의 매도를 청구할 수 있다.
> ② 제1항의 보유주식의 수를 산정할 때에는 모회사와 자회사가 보유한 주식을 합산한다. 이 경우 회사가 아닌 주주
> 　 가 발행주식총수의 100분의 50을 초과하는 주식을 가진 회사가 보유하는 주식도 그 주주가 보유하는 주식과
> 　 합산한다.
> ③ 제1항의 매도청구를 할 때에는 미리 주주총회의 승인을 받아야 한다.
> ⑥ 제1항의 매도청구를 받은 소수주주는 매도청구를 받은 날부터 2개월 내에 지배주주에게 그 주식을 매도하여야
> 　 한다.
> ⑧ 제1항의 매도청구를 받은 날부터 30일 내에 제7항의 매매가액에 대한 협의가 이루어지지 아니한 경우에는 매도청
> 　 구를 받은 소수주주 또는 매도청구를 한 지배주주는 법원에 매매가액의 결정을 청구할 수 있다.

⑤ [×] 제360조의24(지배주주의 매도청구권)와 제360조의25(소수주주의 매수청구권)에 따라 주식을 취득하는 지배주
　　주가 매매가액을 소수주주에게 지급한 때에 주식이 이전된 것으로 본다(상법 제360조의26 제1항).

　　　답 ⑤

상법상 주권을 발행한 비상장회사의 주식에 관한 설명으로 옳은 것만을 <u>모두</u> 고른 것은? (이견이 있으면 판례에 의함)

> ㄱ. 회사의 발행주식총수의 100분의 95를 자기의 계산으로 보유하고 있는 주주는 회사의 경영상 목적을 달성하기 위하여 필요한 경우 회사의 다른 주주에게 그 보유하는 주식 전부의 매도를 청구할 수 있다.
>
> ㄴ. 주권을 상실한 자는 공시최고의 절차가 진행되었으면 제권판결을 얻지 아니하였어도 회사에 대하여 주권의 재발행을 청구할 수 있다.
>
> ㄷ. 회사는 의결권 없는 주식을 제외한 발행주식총수의 100분의 10의 주식을 가진 주주에게 주식매수선택권을 부여할 수 없다.
>
> ㄹ. 주식의 양도에 있어서는 주권을 교부하여야 하지만, 주식을 질권의 목적으로 하는 때에는 주권을 질권자에게 교부하지 않아도 질권이 성립한다.

① ㄱ, ㄴ   ② ㄱ, ㄷ

③ ㄱ, ㄹ   ④ ㄴ, ㄷ

⑤ ㄷ, ㄹ

┃해설┃

ㄱ. [○] 회사의 발행주식총수의 100분의 95 이상을 자기의 계산으로 보유하고 있는 주주(이하 이 관에서 "지배주주"라 한다)는 회사의 경영상 목적을 달성하기 위하여 필요한 경우에는 회사의 다른 주주(이하 이 관에서 "소수주주"라 한다)에게 그 보유하는 주식의 매도를 청구할 수 있다(상법 제360조의24 제1항).

ㄴ. [✕] 주권을 상실한 자는 제권판결을 얻지 아니하면 회사에 대하여 <u>주권의 재발행을 청구하지 못한다</u>(상법 제360조 제2항).

ㄷ. [○] 상법 제340조의2 제2항 제1호

> **상법 제340조의2(주식매수선택권)**
> ② 다음 각 호의 어느 하나에 해당하는 자에게는 제1항의 주식매수선택권을 부여할 수 없다.
>   1. <u>의결권 없는 주식을 제외한 발행주식총수의 100분의 10 이상의 주식을 가진 주주</u>
>   2. 이사·집행임원·감사의 선임과 해임 등 회사의 주요 경영사항에 대하여 사실상 영향력을 행사하는 자
>   3. 제1호와 제2호에 규정된 자의 배우자와 직계존비속

ㄹ. [✕] 주식을 질권의 목적으로 하는 때에는 <u>주권을 질권자에게 교부하여야 한다</u>(상법 제338조 제1항).

답 ②

상법상 지배주주에 의한 소수주식의 전부 취득에 관한 다음 설명 중 가장 옳지 않은 것은?

① 회사의 발행주식총수의 100분의 90 이상을 자기의 계산으로 보유하고 있는 주주는 회사의 경영상 목적을 달성하기 위하여 필요한 경우에는 회사의 다른 주주에게 그 보유하는 주식의 매도를 청구할 수 있다.

② 지배주주가 소수주주에게 그가 보유하는 주식의 매도청구를 할 때에는 미리 주주총회의 승인을 받아야 한다.

③ 지배주주가 있는 회사의 소수주주는 언제든지 지배주주에게 그 보유주식의 매수를 청구할 수 있다.

④ 지배주주가 소수주주에 대한 매도청구에 따라 소수주주의 주식을 취득하는 경우, 지배주주가 매매가액을 소수주주에게 지급한 때에 주식이 이전된 것으로 본다.

⑤ 자회사의 소수주주가 상법 제360조의25 제1항에 따라 모회사에 주식매수청구를 한 경우, 모회사가 지배주주에 해당하는지는 자회사가 보유한 자기주식을 발행주식 총수 및 모회사의 보유주식에 각각 합산하여 판단하여야 한다.

┃해설┃

① [✕], ② [○] 상법 제360조의24 제1항, 제3항

> **상법 제360조의24(지배주주의 매도청구권)**
> ① 회사의 발행주식총수의 <u>100분의 95</u> 이상을 자기의 계산으로 보유하고 있는 주주(이하 이 관에서 "지배주주"라 한다)는 회사의 경영상 목적을 달성하기 위하여 필요한 경우에는 회사의 다른 주주(이하 이 관에서 "소수주주"라 한다)에게 그 보유하는 주식의 매도를 청구할 수 있다.
> ③ 제1항의 매도청구를 할 때에는 미리 주주총회의 승인을 받아야 한다.

③ [○] 지배주주가 있는 회사의 소수주주는 언제든지 지배주주에게 그 보유주식의 매수를 청구할 수 있다(상법 제360조의 25 제1항).

④ [○] 제360조의24와 제360조의25에 따라 주식을 취득하는 지배주주가 매매가액을 소수주주에게 지급한 때에 주식이 이전된 것으로 본다(상법 제360조의26 제1항).

⑤ [○] 자회사의 소수주주가 상법 제360조의25 제1항에 따라 모회사에게 주식매수청구를 한 경우에 모회사가 지배주주에 해당하는지 여부를 판단함에 있어, 상법 제360조의24 제1항은 회사의 발행주식총수를 기준으로 보유주식의 수의 비율을 산정하도록 규정할 뿐 발행주식총수의 범위에 제한을 두고 있지 않으므로 자회사의 자기주식은 발행주식총수에 포함되어야 한다. 또한 상법 제360조의24 제2항은 보유주식의 수를 산정할 때에는 모회사와 자회사가 보유한 주식을 합산하도록 규정할 뿐 자회사가 보유한 자기주식을 제외하도록 규정하고 있지 않으므로 자회사가 보유하고 있는 자기주식은 모회사의 보유주식에 합산되어야 한다(대결 2017.7.14. 2016마230).

 답 ①

04 | 주식회사의 기관

제1절 | 주식총회

☑ **제1항 주주총회의 의의와 권한**

01 세무사 2022 ☑ 확인Check! ○ △ ✕

상법상 주주총회의 결의사항을 모두 고른 것은?

> ㄱ. 중간배당의 결정
> ㄴ. 정관에서 규정하지 아니한 이사의 보수 결정
> ㄷ. 주식의 포괄적 교환
> ㄹ. 자본금의 감소

① ㄱ, ㄹ   ② ㄴ, ㄷ
③ ㄱ, ㄴ, ㄷ   ④ ㄱ, ㄷ, ㄹ
⑤ ㄴ, ㄷ, ㄹ

┃해설┃

ㄱ. [✕] (이사회 결의사항) 년 1회의 결산기를 정한 회사는 영업년도중 1회에 한하여 <u>이사회의 결의로</u> 일정한 날을 정하여 그날의 주주에 대하여 이익을 배당(이하 이 조에서 "중간배당"이라 한다)할 수 있음을 정관으로 정할 수 있다(상법 제462조의3 제1항).

ㄴ. [○] (주주총회 결의사항) 이사의 보수는 정관에 그 액을 정하지 아니한 때에는 <u>주주총회의 결의로</u> 이를 정한다(상법 제388조).

ㄷ. [○] (주주총회 결의사항) 주식교환을 하고자 하는 회사는 주식교환계약서를 작성하여 <u>주주총회의 승인을 얻어야</u> 한다(상법 제360조의3 제1항).

ㄹ. [○] (주주총회 결의사항) 자본금의 감소에는 <u>제434조(정관변경의 특별결의)에 따른 결의가 있어야</u> 한다(상법 제438조 제1항).

🖐 ⑤

상법상 주주총회의 권한으로 규정된 것이 아닌 것은?

① 정관의 변경
② 지배인의 선임
③ 주식배당
④ 감사의 선임
⑤ 이사의 해임

┃해설┃

① [○] 정관의 변경은 주주총회 특별결의사항이다(상법 제433조 제1항, 제434조 참조).

> **상법 제433조(정관변경의 방법)**
> ① 정관의 변경은 주주총회의 결의에 의하여야 한다.
>
> **상법 제434조(정관변경의 특별결의)**
> 제433조 제1항의 결의는 출석한 주주의 의결권의 3분의 2 이상의 수와 발행주식총수의 3분의 1 이상의 수로써 하여야 한다.

② [×] 중요한 자산의 처분 및 양도, 대규모 재산의 차입, 지배인의 선임 또는 해임과 지점의 설치·이전 또는 폐지 등 회사의 업무집행은 이사회의 결의로 한다(상법 제393조 제1항).

③ [○] 회사는 주주총회의 결의에 의하여 이익의 배당을 새로이 발행하는 주식으로써 할 수 있다. 그러나 주식에 의한 배당은 이익배당총액의 2분의 1에 상당하는 금액을 초과하지 못한다(상법 제462조의2 제1항). 즉, 주식배당은 주주총회 보통결의사항이다.

④ [○] 감사는 주주총회에서 선임한다(상법 제409조 제1항). 즉, 감사의 선임은 주주총회 보통결의사항이다.

⑤ [○] 이사는 언제든지 제434조의 규정에 의한 주주총회의 결의로 이를 해임할 수 있다. 그러나 이사의 임기를 정한 경우에 정당한 이유없이 그 임기만료 전에 이를 해임한 때에는 그 이사는 회사에 대하여 해임으로 인한 손해의 배상을 청구할 수 있다(상법 제385조 제1항). 즉, 이사의 해임은 주주총회 특별결의사항이다.

답 ②

상법상 이사회의 권한 중 정관에 의하여 주주총회의 권한으로 할 수 있는 사항이 아닌 것은?

① 대표이사의 선임

② 주주에 대한 신주의 발행

③ 준비금의 자본전입

④ 주주에 대한 전환사채의 발행

⑤ 감사의 보수결정

┃ 해설 ┃

① [O] 회사는 이사회의 결의로 회사를 대표할 이사를 선정하여야 한다. 그러나 정관으로 주주총회에서 이를 선정할 것을 정할 수 있다(상법 제389조 제1항).

② [O] 상법 제416조

> **상법 제416조(발행사항의 결정)**
> 회사가 그 성립 후에 주식을 발행하는 경우에는 다음의 사항으로서 정관에 규정이 없는 것은 이사회가 결정한다. 다만, 이 법에 다른 규정이 있거나 정관으로 주주총회에서 결정하기로 정한 경우에는 그러하지 아니하다.
> 1. 신주의 종류와 수
> 2. 신주의 발행가액과 납입기일
> 2의2. 무액면주식의 경우에는 신주의 발행가액 중 자본금으로 계상하는 금액
> 3. 신주의 인수방법
> 4. 현물출자를 하는 자의 성명과 그 목적인 재산의 종류, 수량, 가액과 이에 대하여 부여할 주식의 종류와 수
> 5. 주주가 가지는 신주인수권을 양도할 수 있는 것에 관한 사항
> 6. 주주의 청구가 있는 때에만 신주인수권증서를 발행한다는 것과 그 청구기간

③ [O] 회사는 이사회의 결의에 의하여 준비금의 전부 또는 일부를 자본금에 전입할 수 있다. 그러나 정관으로 주주총회에서 결정하기로 정한 경우에는 그러하지 아니하다(상법 제461조 제1항).

④ [O] 상법 제513조 제2항

> **상법 제513조(전환사채의 발행)**
> ① 회사는 전환사채를 발행할 수 있다.
> ② 제1항의 경우에 다음의 사항으로서 정관에 규정이 없는 것은 이사회가 이를 결정한다. 그러나 정관으로 주주총회에서 이를 결정하기로 정한 경우에는 그러하지 아니하다.
> 1. 전환사채의 총액
> 2. 전환의 조건
> 3. 전환으로 인하여 발행할 주식의 내용
> 4. 전환을 청구할 수 있는 기간
> 5. 주주에게 전환사채의 인수권을 준다는 뜻과 인수권의 목적인 전환사채의 액
> 6. 주주외의 자에게 전환사채를 발행하는 것과 이에 대하여 발행할 전환사채의 액

⑤ [×] 감사의 보수결정은 <u>주주총회의 보통결의</u>에 의한다(상법 제415조, 제388조 참조).

> **상법 제415조(준용규정)**
>
> 제382조 제2항, 제382조의4, 제385조, 제386조, 제388조, 제400조, 제401조, 제403조부터 제406조까지, 제406조의2 및 제407조는 감사에 준용한다.
>
> **상법 제388조(이사의 보수)**
>
> 이사의 보수는 정관에 그 액을 정하지 아니한 때에는 주주총회의 결의로 이를 정한다.

더 살펴보기	이사회 권한 사항 정리
상법상 이사회의 권한 사항	• 주주총회 소집(상법 제362조) • 전자투표의 채택(상법 제368조의4) • 주식양도제한에 대한 양도승인(상법 제335조의2) • 이사의 경업, 사업기회유용, 자기거래 승인(상법 제397조, 제397조의2, 제398조) • 사채의 발행(상법 제469조) • 중간배당(상법 제462조의3)
원칙상 이사회의 권한이나 정관으로 주주총회의 권한으로 할 수 있는 사항	• 대표이사의 선임(상법 제389조) • 신주발행(상법 제416조) • 준비금의 자본금전입(상법 제461조) • 전환사채 · 신주인수권부사채의 발행(상법 제513조, 제516조의2)
원칙상 주주총회의 권한이나 정관으로 이사회의 권한으로 할 수 있는 사항	• 재무제표의 승인(상법 제449조의2) • 이익배당(상법 제462조 제2항) • 자기주식취득(상법 제341조 제2항)

답 ⑤

04 세무사 2015 ☑ 확인Check! ○ △ ×

상법상 정관에서 달리 정함이 없으면 주주총회에서 결정하여야 하는 사항은?

① 대표이사의 선임

② 준비금의 자본금 전입

③ 신주를 발행하는 경우 그 발행가액

④ 주주에게 전환사채를 발행하는 경우 전환의 조건

⑤ 자기주식을 취득할 수 있는 경우 그 취득가액의 총액의 한도

┃해설┃

① [×] 회사는 <u>이사회의 결의</u>로 회사를 대표할 이사를 선정하여야 한다. 그러나 <u>정관으로 주주총회에서 이를 선정할 것을 정할 수 있다</u>(상법 제389조 제1항).

② [×] 회사는 <u>이사회의 결의</u>에 의하여 준비금의 전부 또는 일부를 자본금에 전입할 수 있다. 그러나 <u>정관으로 주주총회에서 결정하기로 정한 경우에는 그러하지 아니하다</u>(상법 제461조 제1항).

③ [×] 상법 제416조 제2호

> **상법 제416조(발행사항의 결정)**
> 회사가 그 성립 후에 주식을 발행하는 경우에는 다음의 사항으로서 <u>정관에 규정이 없는 것은 이사회가 결정한다</u>. 다만, <u>이 법에 다른 규정이 있거나 정관으로 주주총회에서 결정하기로 정한 경우에는 그러하지 아니하다</u>.
> 1. 신주의 종류와 수
> 2. <u>신주의 발행가액과 납입기일</u>
> 2의2. 무액면주식의 경우에는 신주의 발행가액 중 자본금으로 계상하는 금액
> 3. 신주의 인수방법
> 4. 현물출자를 하는 자의 성명과 그 목적인 재산의 종류, 수량, 가액과 이에 대하여 부여할 주식의 종류와 수
> 5. 주주가 가지는 신주인수권을 양도할 수 있는 것에 관한 사항
> 6. 주주의 청구가 있는 때에만 신주인수권증서를 발행한다는 것과 그 청구기간

④ [×] 상법 제513조 제2항 제2호

> **상법 제513조(전환사채의 발행)**
> ① 회사는 전환사채를 발행할 수 있다.
> ② 제1항의 경우에 다음의 사항으로서 <u>정관에 규정이 없는 것은 이사회가 이를 결정한다</u>. 그러나 <u>정관으로 주주총회에서 이를 결정하기로 정한 경우에는 그러하지 아니하다</u>.
> 1. 전환사채의 총액
> 2. <u>전환의 조건</u>
> 3. 전환으로 인하여 발행할 주식의 내용
> 4. 전환을 청구할 수 있는 기간
> 5. 주주에게 전환사채의 인수권을 준다는 뜻과 인수권의 목적인 전환사채의 액
> 6. 주주외의 자에게 전환사채를 발행하는 것과 이에 대하여 발행할 전환사채의 액

⑤ [○] 자기주식취득은 원칙상 주주총회 권한이나, 정관으로 이사회의 권한으로 할 수 있다(상법 제341조 제2항 참조).

> **상법 제341조(자기주식의 취득)**
> ② 제1항에 따라 자기주식을 취득하려는 회사는 미리 <u>주주총회의 결의</u>로 다음 각 호의 사항을 결정하여야 한다. 다만, <u>이사회의 결의로 이익배당을 할 수 있다고 정관으로 정하고 있는 경우에는 이사회의 결의로써 주주총회의 결의를 갈음할 수 있다</u>.
> 1. 취득할 수 있는 주식의 종류 및 수
> 2. <u>취득가액의 총액의 한도</u>
> 3. 1년을 초과하지 아니하는 범위에서 자기주식을 취득할 수 있는 기간

답 ⑤

제4장

☑ **제2항 주주총회의 소집**

05   세무사 2023   ☑ 확인 Check! ○ △ ✕

상법상 주주총회의 소집에 관한 설명으로 옳은 것을 모두 고른 것은?

> ㄱ. 6개월 전부터 계속하여 상장회사 발행주식총수의 1천분의 15 이상에 해당하는 주식을 보유한 자는 이사회에 임시주주총회의 소집을 청구할 수 있다.
> ㄴ. 감사는 회의의 목적사항과 소집의 이유를 기재한 서면을 이사회에 제출하여 임시주주총회의 소집을 청구할 수 있다.
> ㄷ. 비상장회사의 발행주식총수의 100분의 3 이상에 해당하는 주식을 가진 주주가 임시주주총회소집의 청구가 있은 후 지체 없이 이사회가 주주총회소집의 절차를 밟지 아니한 때에는 청구한 주주는 즉시 주주총회를 소집할 수 있다.
> ㄹ. 주주총회를 소집할 때에는 주주 과반수의 동의를 받아 전자문서로 통지를 발송할 수 있다.

① ㄱ, ㄴ   ② ㄱ, ㄹ
③ ㄴ, ㄷ   ④ ㄱ, ㄴ, ㄹ
⑤ ㄱ, ㄷ, ㄹ

❙**해설**❙

ㄱ. [○] 6개월 전부터 계속하여 상장회사 발행주식총수의 <u>1천분의 15 이상</u>에 해당하는 주식을 보유한 자는 <u>제366조(소수주주에 의한 소집청구)(제542조에서 준용하는 경우를 포함한다)</u> 및 제467조(회사의 업무, 재산상태의 검사)에 따른 주주의 권리를 행사할 수 있다(상법 제542조의6 제1항).

ㄴ. [○] 감사는 회의의 목적사항과 소집의 이유를 기재한 서면을 이사회에 제출하여 임시총회의 소집을 청구할 수 있다(상법 제412조의3 제1항).

ㄷ. [✕] 상법 제366조 제1항, 제2항

> **상법 제366조(소수주주에 의한 소집청구)**
> ① 발행주식총수의 100분의 3 이상에 해당하는 주식을 가진 주주는 회의의 목적사항과 소집의 이유를 적은 서면 또는 전자문서를 이사회에 제출하여 임시총회의 소집을 청구할 수 있다.
> ② 제1항의 청구가 있은 후 지체 없이 총회소집의 절차를 밟지 아니한 때에는 청구한 주주는 <u>법원의 허가를 받아 총회를 소집할 수 있다</u>. 이 경우 주주총회의 의장은 법원이 이해관계인의 청구나 직권으로 선임할 수 있다.

ㄹ. [✕] 주주총회를 소집할 때에는 주주총회일의 2주 전에 각 주주에게 서면으로 통지를 발송하거나 <u>각 주주의 동의를 받아</u> 전자문서로 통지를 발송하여야 한다. 다만, 그 통지가 주주명부상 주주의 주소에 계속 3년간 도달하지 아니한 경우에는 회사는 해당 주주에게 총회의 소집을 통지하지 아니할 수 있다(상법 제363조 제1항).

🄰 ①

상법상 자본금 총액이 10억원인 비상장주식회사의 주주총회 소집에 관한 설명으로 옳지 않은 것은? (다툼이 있으면 판례에 따름)

① 총회의 소집은 상법에 다른 규정이 있는 경우 외에는 이사회가 이를 결정한다.

② 총회는 정관에 다른 정함이 없으면 본점소재지 또는 이에 인접한 지에 소집하여야 한다.

③ 총회 소집통지가 주주명부상 주주의 주소에 계속 3년간 도달하지 아니한 경우, 회사는 해당 주주에게 총회의 소집을 통지하지 아니할 수 있다.

④ 정기총회는 매년 1회 일정한 시기에 이를 소집하여야 하고, 연 2회 이상의 결산기를 정한 회사는 매기에 총회를 소집하여야 한다.

⑤ 명의개서를 하지 아니한 주식양수인에 대하여 주주총회 소집통지를 하지 않은 경우, 그 주주총회의 결의에는 절차상의 하자가 인정된다.

─────────────────────────────

┃ 해설 ┃

① [○] 총회의 소집은 본법에 다른 규정이 있는 경우 외에는 이사회가 이를 결정한다(상법 제362조).

② [○] 총회는 정관에 다른 정함이 없으면 본점소재지 또는 이에 인접한 지에 소집하여야 한다(상법 제364조).

③ [○] 주주총회를 소집할 때에는 주주총회일의 2주 전에 각 주주에게 서면으로 통지를 발송하거나 각 주주의 동의를 받아 전자문서로 통지를 발송하여야 한다. 다만, 그 통지가 주주명부상 주주의 주소에 계속 3년간 도달하지 아니한 경우에는 회사는 해당 주주에게 총회의 소집을 통지하지 아니할 수 있다(상법 제363조 제1항).

④ [○] 상법 제365조 제1항, 제2항

> **상법 제365조(총회의 소집)**
> ① 정기총회는 매년 1회 일정한 시기에 이를 소집하여야 한다.
> ② 연 2회 이상의 결산기를 정한 회사는 매기에 총회를 소집하여야 한다.

⑤ [✕] 주식을 취득한 자가 회사에 대하여 의결권을 주장할 수 있기 위하여는 주주명부에 주주로서 명의개서를 하여야 하므로, 명의개서를 하지 아니한 주식양수인에 대하여 주주총회소집통지를 하지 않았다고 하여 주주총회결의에 절차상의 하자가 있다고 할 수 없다(대판 2014.4.30. 2013다99942).

답 ⑤

상법상 비상장회사의 주주총회 소집에 관한 설명으로 옳지 않은 것은?

① 주주총회 소집통지서에는 회의의 목적사항을 적어야 한다.

② 주주총회의 소집통지가 주주명부상 주주의 주소에 계속 2년간 도달하지 아니한 경우에는 회사는 해당 주주에게 총회의 소집을 통지하지 아니할 수 있다.

③ 연 2회 이상의 결산기를 정한 회사는 매기에 주주총회를 소집하여야 한다.

④ 자본금 총액이 10억원 미만인 회사가 주주총회를 소집하는 경우에는 주주총회일의 10일 전에 각 주주에게 서면으로 통지를 발송하거나 각 주주의 동의를 받아 전자문서로 통지를 발송할 수 있다.

⑤ 자본금 총액이 10억원 미만인 회사는 주주 전원의 동의가 있을 경우에는 소집절차 없이 주주총회를 개최할 수 있고, 서면에 의한 결의로써 주주총회의 결의를 갈음할 수 있다.

┃해설┃

① [○] 상법 제363조 제2항

② [✕] 주주총회의 소집통지가 주주명부상 주주의 주소에 계속 <u>3년간</u> 도달하지 아니한 경우에는 회사는 해당 주주에게 총회의 소집을 통지하지 아니할 수 있다(상법 제363조 제1항 단서 참조).

③ [○] 연 2회 이상의 결산기를 정한 회사는 매기에 총회를 소집하여야 한다(상법 제365조 제2항).

④ [○] 상법 제363조 제3항

⑤ [○] 상법 제363조 제4항

> **상법 제363조(소집의 통지)**
> ① 주주총회를 소집할 때에는 주주총회일의 2주 전에 각 주주에게 서면으로 통지를 발송하거나 각 주주의 동의를 받아 전자문서로 통지를 발송하여야 한다. 다만, 그 통지가 주주명부상 주주의 주소에 계속 3년간 도달하지 아니한 경우에는 회사는 해당 주주에게 총회의 소집을 통지하지 아니할 수 있다.
> ② 제1항의 통지서에는 회의의 목적사항을 적어야 한다.
> ③ 제1항에도 불구하고 자본금 총액이 10억원 미만인 회사가 주주총회를 소집하는 경우에는 주주총회일의 10일 전에 각 주주에게 서면으로 통지를 발송하거나 각 주주의 동의를 받아 전자문서로 통지를 발송할 수 있다.
> ④ 자본금 총액이 10억원 미만인 회사는 주주 전원의 동의가 있을 경우에는 소집절차 없이 주주총회를 개최할 수 있고, 서면에 의한 결의로써 주주총회의 결의를 갈음할 수 있다. 결의의 목적사항에 대하여 주주 전원이 서면으로 동의를 한 때에는 서면에 의한 결의가 있는 것으로 본다.

답 ②

상법상 주주총회에 관한 설명으로 옳지 않은 것은?

① 주주총회의 소집은 상법에 다른 규정이 있는 경우 외에는 이사회가 이를 결정한다.

② 비상장회사의 경우 발행주식총수의 100분의 3 이상에 해당하는 주식을 가진 주주는 회의의 목적사항과 소집의 이유를 적은 서면 또는 전자문서를 이사회에 제출하여 임시주주총회의 소집을 청구할 수 있다.

③ 감사 또는 감사위원회 위원은 임시주주총회의 소집을 청구할 수 있다.

④ 주주총회는 정관에 다른 정함이 없으면 본점소재지 또는 이에 인접한 지에 소집하여야 한다.

⑤ 주주총회 소집의 통지는 서면 또는 전자문서 외에 구두·전화 등의 방법에 의하더라도 유효하다.

▌해설▌

① [○] 총회의 소집은 본법에 다른 규정이 있는 경우 외에는 이사회가 이를 결정한다(상법 제362조).

② [○] 발행주식총수의 100분의 3 이상에 해당하는 주식을 가진 주주는 회의의 목적사항과 소집의 이유를 적은 서면 또는 전자문서를 이사회에 제출하여 임시총회의 소집을 청구할 수 있다(상법 제366조 제1항).

③ [○] 상법 제412조의3 제1항, 제415조의2 제7항

> **상법 제412조의3(총회의 소집청구)**
> ① 감사는 회의의 목적사항과 소집의 이유를 기재한 서면을 이사회에 제출하여 임시총회의 소집을 청구할 수 있다.
>
> **상법 제415조의2(감사위원회)**
> ⑦ 제296조·제312조·제367조·제387조·제391조의2 제2항·제394조 제1항·제400조·제402조 내지 제407조·제412조 내지 제414조·제447조의3·제447조의4·제450조·제527조의4·제530조의5 제1항 제9호·제530조의6 제1항 제10호 및 제534조의 규정은 감사위원회에 관하여 이를 준용한다. 이 경우 제530조의5 제1항 제9호 및 제530조의6 제1항 제10호중 "감사"는 "감사위원회 위원"으로 본다.

④ [○] 총회는 정관에 다른 정함이 없으면 본점소재지 또는 이에 인접한 지에 소집하여야 한다(상법 제364조).

⑤ [✕] 주주총회를 소집할 때에는 주주총회일의 2주 전에 각 주주에게 서면으로 통지를 발송하거나 각 주주의 동의를 받아 전자문서로 통지를 발송하여야 한다. 다만, 그 통지가 주주명부상 주주의 주소에 계속 3년간 도달하지 아니한 경우에는 회사는 해당 주주에게 총회의 소집을 통지하지 아니할 수 있다(상법 제363조 제1항). 따라서 주주총회 소집의 통지는 서면 또는 전자문서 외에 구두·전화 등의 방법에 의한 경우에는 효력이 없다.

답 ⑤

09 세무사 2015

☑ 확인 Check! ○ △ ✕

상법상 비상장회사의 주주총회 소집에 관한 설명으로 옳지 않은 것은? 기출수정

① 자본금 총액이 10억원 미만인 회사가 주주총회를 소집하는 경우에는 주주총회일의 10일 전에 각 주주에게 서면으로 통지를 발송하거나 각 주주의 동의를 받아 전자문서로 통지를 발송할 수 있다.

② 주주총회 소집통지서에는 회의의 목적사항을 적어야 하지만, 전자문서로 통지를 발송하는 경우에는 예외이다.

③ 의결권 없는 주식을 가진 주주에게는 원칙적으로 주주총회의 소집통지를 하지 않아도 된다.

④ 주주총회 소집통지가 주주명부상 주주의 주소에 계속 3년간 도달하지 아니한 경우에는 회사는 해당 주주에게 총회의 소집을 통지하지 아니할 수 있다.

⑤ 자본금 총액이 10억원 미만인 회사는 주주 전원의 동의가 있을 경우에는 소집절차 없이 주주총회를 개최할 수 있다.

▌해설▌

① [○] 제1항에도 불구하고 자본금 총액이 10억원 미만인 회사가 주주총회를 소집하는 경우에는 주주총회일의 10일 전에 각 주주에게 서면으로 통지를 발송하거나 각 주주의 동의를 받아 전자문서로 통지를 발송할 수 있다(상법 제363조 제3항).

② [✕] 주주총회 소집통지서에는 회의의 목적사항을 적어야 한다. 이는 <u>전자문서로 통지를 발송하는 경우에도 마찬가지이다</u>(상법 제363조 제1항, 제2항 참조).

> **상법 제363조(소집의 통지)**
> ① 주주총회를 소집할 때에는 주주총회일의 2주 전에 각 주주에게 서면으로 통지를 발송하거나 각 주주의 동의를 받아 전자문서로 통지를 발송하여야 한다. 다만, 그 통지가 주주명부상 주주의 주소에 계속 3년간 도달하지 아니한 경우에는 회사는 해당 주주에게 총회의 소집을 통지하지 아니할 수 있다.
> ② <u>제1항의 통지서에는 회의의 목적사항을 적어야 한다.</u>
> ⑦ 제1항부터 제4항까지의 규정은 의결권 없는 주주에게는 적용하지 아니한다. 다만, 제1항의 통지서에 적은 회의의 목적사항에 제360조의5, 제360조의22, 제374조의2, 제522조의3 또는 제530조의11에 따라 반대주주의 주식매수청구권이 인정되는 사항이 포함된 경우에는 그러하지 아니하다.

③ [○] 상법 제363조 제7항 본문

④ [○] 상법 제363조 제1항 단서

⑤ [○] 자본금 총액이 10억원 미만인 회사는 주주 전원의 동의가 있을 경우에는 소집절차 없이 주주총회를 개최할 수 있고, 서면에 의한 결의로써 주주총회의 결의를 갈음할 수 있다. 결의의 목적사항에 대하여 주주 전원이 서면으로 동의를 한 때에는 서면에 의한 결의가 있는 것으로 본다(상법 제363조 제4항).

 답 ②

상법상 주주총회의 소집 등에 관한 설명으로 틀린 것은? (의결권 없는 주주는 제외함)

① 주주총회 소집통지가 주주명부상 주주의 주소에 계속 3년간 도달하지 아니한 경우에는 회사는 해당 주주에게 주주총회의 소집을 통지하지 아니할 수 있다.

② 자본금 총액이 10억원 미만인 회사가 주주총회를 소집하는 경우에는 주주총회일의 10일 전에 각 주주에게 서면으로 통지를 발송하거나 각 주주의 동의를 받아 전자문서로 통지를 발송할 수 있다.

③ 자본금 총액이 10억원 미만인 회사는 주주 전원의 동의가 있을 경우 소집절차 없이 주주총회를 개최할 수 있다.

④ 상장회사의 경우 의결권 있는 발행주식총수의 100분의 1 이하의 주식을 소유하는 주주에 대하여는 정관으로 정하는 바에 따라 주주총회일의 2주 전에 주주총회를 소집하는 뜻과 회의의 목적사항을 둘 이상의 일간신문에 각각 2회 이상 공고함으로써 소집통지를 갈음할 수 있다.

⑤ 자본금 총액이 10억원 미만인 회사는 주주총회 결의의 목적사항에 대하여 주주 과반수가 서면으로 동의를 한 때에는 서면에 의한 결의가 있는 것으로 본다.

▌해설▐

① [O] 주주총회를 소집할 때에는 주주총회일의 2주 전에 각 주주에게 서면으로 통지를 발송하거나 각 주주의 동의를 받아 전자문서로 통지를 발송하여야 한다. 다만, 그 통지가 주주명부상 주주의 주소에 계속 3년간 도달하지 아니한 경우에는 회사는 해당 주주에게 총회의 소집을 통지하지 아니할 수 있다(상법 제363조 제1항).

② [O] 제1항에도 불구하고 자본금 총액이 10억원 미만인 회사가 주주총회를 소집하는 경우에는 주주총회일의 10일 전에 각 주주에게 서면으로 통지를 발송하거나 각 주주의 동의를 받아 전자문서로 통지를 발송할 수 있다(상법 제363조 제3항).

③ [O], ⑤ [✕] 자본금 총액이 10억원 미만인 회사는 주주 전원의 동의가 있을 경우에는 소집절차 없이 주주총회를 개최할 수 있고, 서면에 의한 결의로써 주주총회의 결의를 갈음할 수 있다. 결의의 목적사항에 대하여 <u>주주 전원이</u> 서면으로 동의를 한 때에는 서면에 의한 결의가 있는 것으로 본다(상법 제363조 제4항).

④ [O] 상장회사가 주주총회를 소집하는 경우 대통령령으로 정하는 수(발행주식총수의 100분의 1) 이하의 주식을 소유하는 주주에게는 정관으로 정하는 바에 따라 주주총회일의 2주 전에 주주총회를 소집하는 뜻과 회의의 목적사항을 둘 이상의 일간신문에 각각 2회 이상 공고하거나 대통령령으로 정하는 바에 따라 전자적 방법으로 공고함으로써 제363조 제1항의 소집통지를 갈음할 수 있다(상법 제542조의4 제1항, 상법 시행령 제31조 제1항).

답 ⑤

상법상 비상장 주식회사의 주주총회 소집에 관한 설명으로 틀린 것은? (이견이 있으면 판례에 의함)

① 주주총회의 목적사항에 합병계약서 승인사항이 포함된 경우, 의결권 없는 주주에게는 총회소집을 통지하지 않아도 된다.

② 연 2회 이상의 결산기를 정한 회사는 매기에 정기총회를 소집하여야 한다.

③ 발행주식총수의 100분의 3 이상에 해당하는 주식을 가진 주주는 회의의 목적사항과 소집의 이유를 적은 서면 또는 전자문서를 이사회에 제출하여 임시총회의 소집을 청구할 수 있다.

④ 회사 또는 발행주식총수의 100분의 1 이상에 해당하는 주식을 가진 주주는 총회의 소집절차의 적법성을 조사하기 위하여 총회 전에 법원에 검사인의 선임을 청구할 수 있다.

⑤ 임시주주총회가 법령 및 정관상 요구되는 이사회의 결의 및 소집절차 없이 이루어졌다 하더라도, 주주명부상의 주주 전원이 참석하여 총회를 개최하는데 동의하고 아무런 이의 없이 만장일치로 결의가 이루어졌다면 그 결의는 특별한 사정이 없는 한 유효하다.

▌해설▌

① [✕] 주주총회의 목적사항에 합병계약서 승인사항과 같이 반대주주의 주식매수청구권이 인정되는 사항이 포함된 경우, <u>의결권 없는 주주에게도 총회소집을 통지 하여야 한다</u>(상법 제363조 제1항·제7항, 제522조의3 제1항, 제522조 제1항 참조).

> **상법 제363조(소집의 통지)**
> ① 주주총회를 소집할 때에는 주주총회일의 2주 전에 각 주주에게 서면으로 통지를 발송하거나 각 주주의 동의를 받아 전자문서로 통지를 발송하여야 한다. 다만, 그 통지가 주주명부상 주주의 주소에 계속 3년간 도달하지 아니한 경우에는 회사는 해당 주주에게 총회의 소집을 통지하지 아니할 수 있다.
> ⑦ 제1항부터 제4항까지의 규정은 의결권 없는 주주에게는 적용하지 아니한다. 다만, 제1항의 통지서에 적은 <u>회의의 목적사항</u>에 제360조의5, 제360조의22, 제374조의2, <u>제522조의3</u> 또는 제530조의11에 따라 <u>반대주주의 주식매수청구권</u>이 인정되는 사항이 포함된 경우에는 그러하지 아니하다.
>
> **상법 제522조의3(합병반대주주의 주식매수청구권)**
> ① 제522조 제1항에 따른 결의사항에 관하여 이사회의 결의가 있는 때에 그 결의에 반대하는 주주(의결권이 없거나 제한되는 주주를 포함한다. 이하 이 조에서 같다)는 주주총회 전에 회사에 대하여 서면으로 그 결의에 반대하는 의사를 통지한 경우에는 그 총회의 결의일부터 20일 이내에 주식의 종류와 수를 기재한 서면으로 회사에 대하여 자기가 소유하고 있는 주식의 매수를 청구할 수 있다.
>
> **상법 제522조(합병계약서와 그 승인결의)**
> ① 회사가 합병을 함에는 합병계약서를 작성하여 주주총회의 승인을 얻어야 한다.

② [O] 연 2회 이상의 결산기를 정한 회사는 매기에 총회를 소집하여야 한다(상법 제365조 제2항).

③ [O] 발행주식총수의 100분의 3 이상에 해당하는 주식을 가진 주주는 회의의 목적사항과 소집의 이유를 적은 서면 또는 전자문서를 이사회에 제출하여 임시총회의 소집을 청구할 수 있다(상법 제366조 제1항).

④ [O] 회사 또는 발행주식총수의 100분의 1 이상에 해당하는 주식을 가진 주주는 총회의 소집절차나 결의방법의 적법성을 조사하기 위하여 총회 전에 법원에 검사인의 선임을 청구할 수 있다(상법 제367조 제2항).

⑤ [O] 주식회사의 임시주주총회가 법령 및 정관상 요구되는 이사회의 결의 및 소집절차 없이 이루어졌다 하더라도, 주주명부상의 주주 전원이 참석하여 총회를 개최하는 데 동의하고 아무런 이의 없이 만장일치로 결의가 이루어졌다면 그 결의는 특별한 사정이 없는 한 유효하다(대판 2002.12.24. 2000다69927).

답 ①

12 법무사 2023

☑ 확인 Check! ○ △ X

소수주주에 의한 주주총회 소집에 관한 다음 설명 중 가장 옳지 않은 것은?

① 상법 제366조 제1항에서 정한 소수주주는 회의의 목적사항과 소집 이유를 적은 서면 또는 전자문서를 이사회에 제출하는 방법으로 임시주주총회의 소집을 청구할 수 있는데, 이때 '이사회'는 원칙적으로 대표이사를 의미하고, 예외적으로 대표이사 없이 이사의 수가 1인 또는 2인인 소규모 회사의 경우에는 각 이사를 의미한다.

② 소수주주가 상법 제366조에 따라 임시총회 소집에 관한 법원의 허가를 신청할 때 주주총회의 권한에 속하는 결의사항이 아닌 것을 회의 목적사항으로 할 수는 없다.

③ 상법 제366조 제1항에서 정한 '전자문서'에는 전자우편은 포함되나 휴대전화 문자메시지 · 모바일 메시지는 포함되지 않는다.

④ 법원은 상법 제366조 제2항에 따라 총회의 소집을 구하는 소수주주에게 회의의 목적사항을 정하여 이를 허가할 수 있는데, 법원이 총회의 소집기간을 구체적으로 정하지 않은 경우에 총회소집허가결정일로부터 상당한 기간이 경과하도록 총회가 소집되지 않았다면, 소집허가결정에 따른 소집권한은 특별한 사정이 없는 한 소멸한다.

⑤ 소수주주가 임시총회 소집에 관한 법원의 허가를 신청한 경우, 법원은 직권으로 주주총회의 의장을 선임할 수 있다.

─────────

┃해설┃

① [O] 상법 제366조 제1항에서 정한 소수주주는 회의의 목적사항과 소집 이유를 적은 서면 또는 전자문서를 이사회에 제출하는 방법으로 임시주주총회의 소집을 청구할 수 있다(상법 제366조 제1항). 이때 '이사회'는 원칙적으로 대표이사를 의미하고, 예외적으로 대표이사 없이 이사의 수가 1인 또는 2인인 소규모 회사의 경우에는 각 이사를 의미한다(상법 제383조 제6항)(대결 2022.12.16. 2022그734).

② [O] 소수주주가 상법 제366조에 따라 임시총회 소집에 관한 법원의 허가를 신청할 때 주주총회의 권한에 속하는 결의사항이 아닌 것을 회의 목적사항으로 할 수는 없다. 이때 임시총회소집청구서에 기재된 회의의 목적사항과 소집의 이유가 이사회에 먼저 제출한 청구서와 서로 맞지 않는다면 법원의 허가를 구하는 재판에서 그 청구서에 기재된 소집의 이유에 맞추어 회의의 목적사항을 일부 수정하거나 변경할 수 있고, 법원으로서는 위와 같은 불일치 등에 관하여 석명하거나 지적함으로써 신청인에게 의견을 진술하게 하고 회의 목적사항을 수정 · 변경할 기회를 주어야 한다(대결 2022.9.7. 2022마5372).

③ [X] 상법 제366조 제1항에서 정한 '전자문서'란 정보처리시스템에 의하여 전자적 형태로 작성 · 변환 · 송신 · 수신 · 저장된 정보를 의미하고, 이는 작성 · 변환 · 송신 · 수신 · 저장된 때의 형태 또는 그와 같이 재현될 수 있는 형태로 보존되어 있을 것을 전제로 그 내용을 열람할 수 있는 것이어야 하므로, 이와 같은 성질에 반하지 않는 한 전자우편은 물론 휴대전화 문자메시지 · 모바일 메시지 등까지 포함된다(대결 2022.12.16. 2022그734).

④ [O] 법원은 상법 제366조 제2항에 따라 총회의 소집을 구하는 소수주주에게 회의의 목적사항을 정하여 이를 허가할 수 있다. 이때 법원이 총회의 소집기간을 구체적으로 정하지 않은 경우에도 소집허가를 받은 주주는 소집의 목적에 비추어 상당한 기간 내에 총회를 소집하여야 한다. 총회소집허가결정일로부터 상당한 기간이 경과하도록 총회가 소집되지 않았다면, 소집허가결정에 따른 소집권한은 특별한 사정이 없는 한 소멸한다(대판 2018.3.15. 2016다275679).

⑤ [O] 상법 제366조 제2항

> **상법 제366조(소수주주에 의한 소집청구)**
> ① 발행주식총수의 100분의 3 이상에 해당하는 주식을 가진 주주는 회의의 목적사항과 소집의 이유를 적은 서면 또는 전자문서를 이사회에 제출하여 임시총회의 소집을 청구할 수 있다.
> ② 제1항의 청구가 있은 후 지체 없이 총회소집의 절차를 밟지 아니한 때에는 청구한 주주는 법원의 허가를 받아 총회를 소집할 수 있다. 이 경우 주주총회의 의장은 법원이 이해관계인의 청구나 직권으로 선임할 수 있다.

답 ③

13 법무사 2021 ☑확인Check! ○ △ ✕

상법상 주주총회에 관한 다음 설명 중 가장 옳지 않은 것은?

① 주식회사의 임시주주총회가 법령 및 정관상 요구되는 이사회의 결의 및 소집절차 없이 이루어졌다 하더라도, 주주명부상의 주주 전원이 참석하여 총회를 개최하는 데 동의하고 아무런 이의 없이 만장일치로 결의가 이루어졌다면 그 결의는 특별한 사정이 없는 한 유효하다.

② 회사의 총주식을 한 사람이 소유하게 된 1인 회사의 경우에는 실제 총회를 개최한 사실이 없었다 하더라도 그 1인 주주에 의하여 의결이 있었던 것으로 주주총회의사록이 작성되었다면 특별한 사정이 없는 한 그 내용의 결의가 있었던 것으로 볼 수 있다.

③ 자본금 총액이 10억원 미만인 회사가 주주총회를 소집하는 경우에는 주주총회일의 10일 전에 각 주주에게 서면으로 통지를 발송하거나 각 주주의 동의를 받아 전자문서로 통지를 발송할 수 있고, 주주 전원의 동의가 있을 경우에는 소집절차 없이 주주총회를 개최할 수도 있다.

④ 주주총회의 소집을 철회·취소하는 경우에는 반드시 총회의 소집과 동일한 방식으로 그 철회·취소를 총회 구성원들에게 통지하여야 할 필요는 없고, 주주에게 소집의 철회·취소결정이 있었음이 알려질 수 있는 적절한 조치를 취하면 된다.

⑤ 총회의 소집절차 또는 결의방법이 법령 또는 정관에 위반하거나 현저하게 불공정한 때 또는 그 결의의 내용이 정관에 위반한 때에 주주는 2월 내에 결의취소의 소를 제기할 수 있고, 하자가 일부 주주에게만 있는 경우 다른 주주도 그 하자를 주장하여 소를 제기할 수 있다.

┃해설┃

① [O] 주식회사의 임시주주총회가 법령 및 정관상 요구되는 이사회의 결의 및 소집절차 없이 이루어졌다 하더라도, 주주명부상의 주주 전원이 참석하여 총회를 개최하는 데 동의하고 아무런 이의 없이 만장일치로 결의가 이루어졌다면 그 결의는 특별한 사정이 없는 한 유효하다(대판 2002.12.24. 2000다69927).

② [O] 주식회사에 있어서 회사가 설립된 이후 총주식을 한 사람이 소유하게 된 이른바 1인회사의 경우에는 그 주주가 유일한 주주로서 주주총회에 출석하면 전원 총회로서 성립하고 그 주주의 의사대로 결의가 될 것임이 명백하므로 따로이 총회소집절차가 필요 없고 실제로 총회를 개최한 사실이 없었다 하더라도 그 1인 주주에 의하여 의결이 있었던 것으로 주주총회 의사록이 작성되었다면 특별한 사정이 없는 한 그 내용의 결의가 있었던 것으로 볼 수 있다(대판 1976.4.13. 74다1755).

③ [O] 상법 제363조 제3항·제4항

> **상법 제363조(소집의 통지)**
> ③ 제1항에도 불구하고 자본금 총액이 10억원 미만인 회사가 주주총회를 소집하는 경우에는 주주총회일의 10일 전에 각 주주에게 서면으로 통지를 발송하거나 각 주주의 동의를 받아 전자문서로 통지를 발송할 수 있다.
> ④ 자본금 총액이 10억원 미만인 회사는 주주 전원의 동의가 있을 경우에는 소집절차 없이 주주총회를 개최할 수 있고, 서면에 의한 결의로써 주주총회의 결의를 갈음할 수 있다. 결의의 목적사항에 대하여 주주 전원이 서면으로 동의를 한 때에는 서면에 의한 결의가 있는 것으로 본다.

④ [X] 주주총회 소집의 통지·공고가 행하여진 후 소집을 철회하거나 연기하기 위해서는 소집의 경우에 준하여 이사회의 결의를 거쳐 대표이사가 그 뜻을 <u>그 소집에서와 같은 방법으로 통지·공고하여야 한다</u>(대판 2009.3.26. 2007도8195).

⑤ [O] 주주는 다른 주주에 대한 소집절차의 하자를 이유로 주주총회결의 취소의 소를 제기할 수도 있다(대판 2003.7.11. 2001다45584).

> **상법 제376조(결의취소의 소)**
> ① 총회의 소집절차 또는 결의방법이 법령 또는 정관에 위반하거나 현저하게 불공정한 때 또는 그 결의의 내용이 정관에 위반한 때에는 주주·이사 또는 감사는 결의의 날로부터 2월 내에 결의취소의 소를 제기할 수 있다.

답 ④

상법상 주주제안권에 관한 설명으로 옳지 않은 것은?

① 주주제안권은 소수주주권이다.

② 주주제안은 이사에게 하여야 한다.

③ 주주제안을 할 수 있는 주주는 주주총회일의 6주 전에 서면으로 일정한 사항을 주주총회의 목적사항으로 할 것을 제안할 수 있다.

④ 이사회는 주주제안의 모든 내용을 주주총회의 목적사항으로 하여야 한다.

⑤ 주주제안을 주주총회의 목적사항으로 한 경우, 주주제안을 한 자의 청구가 있는 때에는 주주총회에서 당해 의안을 설명할 기회를 주어야 한다.

▌해설▌

① [○], ② [○], ③ [○] 상법 제363조의2 제1항

④ [✕] 이사회는 <u>주주제안의 내용이 법령 또는 정관을 위반하는 경우와 그 밖에 대통령령으로 정하는 경우에는 주주총회의 목적사항으로 하지 않을 수 있다</u>(상법 제363조의2 제3항 참조).

⑤ [○] 상법 제363조의2 제3항

> **상법 제363조의2(주주제안권)**
> ① 의결권 없는 주식을 제외한 발행주식총수의 100분의 3 이상에 해당하는 주식을 가진 주주는 이사에게 주주총회일(정기주주총회의 경우 직전 연도의 정기주주총회일에 해당하는 그 해의 해당일. 이하 이 조에서 같다)의 6주 전에 서면 또는 전자문서로 일정한 사항을 주주총회의 목적사항으로 할 것을 제안(이하 '株主提案'이라 한다)할 수 있다.
> ③ 이사는 제1항에 의한 주주제안이 있는 경우에는 이를 이사회에 보고하고, 이사회는 <u>주주제안의 내용이 법령 또는 정관을 위반하는 경우와 그 밖에 대통령령으로 정하는 경우를 제외하고는</u> 이를 주주총회의 목적사항으로 하여야 한다. 이 경우 주주제안을 한 자의 청구가 있는 때에는 주주총회에서 당해 의안을 설명할 기회를 주어야 한다.

 답 ④

상법상 주주제안권에 관한 설명으로 옳은 것은?

① 주주제안은 감사에게 하여야 한다.

② 주주제안권은 모든 주주에게 인정된다.

③ 의결권이 없는 주식을 보유한 주주는 이사회에 주주총회일의 2주 전에 서면 또는 전자문서로 일정한 사항을 주주총회의 목적사항으로 할 것을 제안할 수 있다.

④ 주주제안에 따라 이사회에서 이를 주주총회의 목적사항으로 한 경우, 주주제안을 한 자의 청구가 있는 때에는 주주총회에서 당해 의안을 설명할 기회를 주어야 한다.

⑤ 3개월 전부터 계속하여 발행주식총수의 1천분의 1에 해당하는 주식을 보유한 상장회사의 주주는 주주제안을 할 수 있다.

━━

┃**해설**┃

① [✕], ② [✕], ③ [✕] 의결권 없는 주식을 제외한 발행주식총수의 100분의 3 이상에 해당하는 주식을 가진 주주는 이사에게 주주총회일(정기주주총회의 경우 직전 연도의 정기주주총회일에 해당하는 그 해의 해당일. 이하 이 조에서 같다)의 6주 전에 서면 또는 전자문서로 일정한 사항을 주주총회의 목적사항으로 할 것을 제안(이하 '주주제안'이라 한다)할 수 있다(상법 제363조의2 제1항).

④ [○] 이사는 제1항에 의한 주주제안이 있는 경우에는 이를 이사회에 보고하고, 이사회는 주주제안의 내용이 법령 또는 정관을 위반하는 경우와 그 밖에 대통령령으로 정하는 경우를 제외하고는 이를 주주총회의 목적사항으로 하여야 한다. 이 경우 주주제안을 한 자의 청구가 있는 때에는 주주총회에서 당해 의안을 설명할 기회를 주어야 한다(상법 제363조의2 제3항).

⑤ [✕] 6개월 전부터 계속하여 상장회사의 의결권 없는 주식을 제외한 발행주식총수의 1천분의 10(대통령령으로 정하는 상장회사의 경우에는 1천분의 5) 이상에 해당하는 주식을 보유한 자는 제363조의2(제542조에서 준용하는 경우를 포함한다)에 따른 주주의 권리(주주제안권)를 행사할 수 있다(상법 제542조의6 제2항).

답 ④

상법상 비상장주식회사의 주주제안권에 관한 설명으로 옳지 않은 것은?

① 이사는 주주제안이 있는 경우에는 이를 이사회에 보고하여야 한다.

② 주주제안의 내용이 주주 개인의 고충에 관한 사항인 경우 회사는 그 주주제안을 거부할 수 없다.

③ 회사는 적법한 주주제안을 한 자의 청구가 있는 경우 주주총회에서 당해 의안을 설명할 기회를 주어야 한다.

④ 주주는 이사에게 주주총회일의 6주 전에 서면 또는 전자문서로 일정한 사항을 주주총회의 목적사항으로 할 것을 제안할 수 있다.

⑤ 주주총회에서 의결권의 100분의 10 미만의 찬성밖에 얻지 못하여 부결된 내용과 같은 내용의 의안을 부결된 날부터 3년 내에 다시 제안하는 경우 회사는 주주제안을 거부할 수 있다.

┃해설┃

① [○], ③ [○] 상법 제363조의2 제3항

② [×] 주주제안의 내용이 주주 개인의 고충에 관한 사항인 경우 회사는 그 주주제안을 <u>거부할 수 있다</u>(상법 제363조의2 제3항, 상법 시행령 제12조 제2호 참조).

④ [○] 상법 제363조의2 제1항

⑤ [○] 상법 제363조의2 제3항, 상법 시행령 제12조 제1호

상법 제363조의2(주주제안권)

① 의결권 없는 주식을 제외한 발행주식총수의 100분의 3 이상에 해당하는 주식을 가진 주주는 이사에게 주주총회일(정기주주총회의 경우 직전 연도의 정기주주총회일에 해당하는 그 해의 해당일. 이하 이 조에서 같다)의 6주 전에 서면 또는 전자문서로 일정한 사항을 주주총회의 목적사항으로 할 것을 제안(이하 '주주제안'이라 한다)할 수 있다.

③ 이사는 제1항에 의한 주주제안이 있는 경우에는 이를 이사회에 보고하고, 이사회는 <u>주주제안의 내용이 법령 또는 정관을 위반하는 경우</u>와 그 밖에 대통령령으로 정하는 경우를 제외하고는 이를 주주총회의 목적사항으로 하여야 한다. 이 경우 주주제안을 한 자의 청구가 있는 때에는 주주총회에서 당해 의안을 설명할 기회를 주어야 한다.

상법 시행령 제12조(주주제안의 거부)

법 제363조의2 제3항 전단에서 "대통령령으로 정하는 경우"란 주주제안의 내용이 다음 각 호의 어느 하나에 해당하는 경우를 말한다.

1. 주주총회에서 의결권의 100분의 10 미만의 찬성밖에 얻지 못하여 부결된 내용과 같은 내용의 의안을 부결된 날부터 3년 내에 다시 제안하는 경우
2. <u>주주 개인의 고충에 관한 사항인 경우</u>
3. 주주가 권리를 행사하기 위하여 일정 비율을 초과하는 주식을 보유해야 하는 소수주주권에 관한 사항인 경우
4. 임기 중에 있는 임원의 해임에 관한 사항[법 제542조의2 제1항에 따른 상장회사(이하 "상장회사"라 한다)만 해당한다]인 경우
5. 회사가 실현할 수 없는 사항 또는 제안 이유가 명백히 거짓이거나 특정인의 명예를 훼손하는 사항인 경우

답 ②

상법상 비상장회사에서의 주주제안권에 관한 설명으로 옳지 않은 것은?

① 주주제안의 내용이 주주가 권리를 행사하기 위하여 일정 비율을 초과하는 주식을 보유해야 하는 소수주주권에 관한 사항인 경우에 이사회는 이를 주주총회의 목적사항으로 하여야 한다.

② 주주제안권이 있는 주주는 주주총회일(정기주주총회의 경우 직전 연도의 정기주주총회일에 해당하는 그 해의 해당일)의 6주 전에 서면 또는 전자문서로 일정한 사항을 주주총회의 목적사항으로 할 것을 제안할 수 있다.

③ 이사회는 주주가 제안한 일정한 사항을 주주총회의 목적사항으로 한 경우, 주주제안을 한 자의 청구가 있는 때에는 주주총회에서 당해 의안을 설명할 기회를 주어야 한다.

④ 주주제안의 내용이 법령 또는 정관을 위반하는 경우에 이사회는 그 제안내용을 주주총회의 목적사항으로 해서는 아니 된다.

⑤ 의결권 없는 주식을 제외한 발행주식총수의 100분의 3 이상에 해당하는 주식을 가진 주주에게 주주제안권이 인정된다.

┃ 해설 ┃

① [✕] 주주제안의 내용이 주주가 권리를 행사하기 위하여 일정 비율을 초과하는 주식을 보유해야 하는 소수주주권에 관한 사항인 경우에는 <u>이사회는 주주제안을 거부할 수 있다</u>(상법 제363조의2 제3항, 상법 시행령 제12조 제3호 참조).

② [○], ⑤ [○] 상법 제363조의2 제1항

③ [○], ④ [○] 상법 제363조의2 제3항

> **상법 제363조의2(주주제안권)**
> ① 의결권 없는 주식을 제외한 발행주식총수의 100분의 3 이상에 해당하는 주식을 가진 주주는 이사에게 주주총회일(정기주주총회의 경우 직전 연도의 정기주주총회일에 해당하는 그 해의 해당일. 이하 이 조에서 같다)의 6주 전에 서면 또는 전자문서로 일정한 사항을 주주총회의 목적사항으로 할 것을 제안(이하 '주주제안'이라 한다)할 수 있다.
> ③ 이사는 제1항에 의한 주주제안이 있는 경우에는 이를 이사회에 보고하고, 이사회는 주주제안의 내용이 <u>법령 또는 정관을 위반하는 경우</u>와 그 밖에 대통령령으로 정하는 경우를 제외하고는 이를 주주총회의 목적사항으로 하여야 한다. 이 경우 주주제안을 한 자의 청구가 있는 때에는 주주총회에서 당해 의안을 설명할 기회를 주어야 한다.
>
> > **상법 시행령 제12조(주주제안의 거부)**
> > 법 제363조의2 제3항 전단에서 "대통령령으로 정하는 경우"란 주주제안의 내용이 다음 각 호의 어느 하나에 해당하는 경우를 말한다.
> > 　1. 주주총회에서 의결권의 100분의 10 미만의 찬성밖에 얻지 못하여 부결된 내용과 같은 내용의 의안을 부결된 날부터 3년 내에 다시 제안하는 경우
> > 　2. 주주 개인의 고충에 관한 사항인 경우
> > 　3. <u>주주가 권리를 행사하기 위하여 일정 비율을 초과하는 주식을 보유해야 하는 소수주주권에 관한 사항인 경우</u>

답 ①

18 CPA 2023 ☑확인Check! ○ △ ✕

상법상 주주제안권에 관한 설명으로 **틀린** 것은?

① 비상장회사의 경우 주주제안권자는 의결권 없는 주식을 제외한 발행주식총수의 100분의 3 이상에 해당하는 주식을 보유한 주주이다.

② 상장회사의 경우 의결권 없는 주식을 제외한 발행주식총수의 100분의 3 이상에 해당하는 주식을 6개월 미만의 기간동안 보유하고 있는 주주는 주주제안권을 가진다.

③ 주주제안권을 가진 자는 이사에게 주주총회일의 6주 전에 서면 또는 전자문서로 제안 사항을 주주총회의 목적사항으로 할 것과 당해 주주가 제출하는 의안의 요령을 주주총회소집통지에 기재할 것을 청구할 수 있다.

④ 이사회는 주주제안의 내용이 법령에 위반하지 않는 한 이를 주주총회 목적사항으로 하여야 한다.

⑤ 적법하게 주주제안을 한 자의 청구가 있는 때에는 주주총회에서 당해 의안을 설명할 기회를 주어야 한다.

┃해설┃

① [○], ② [○] 비상장회사의 경우 주주제안권자는 의결권 없는 주식을 제외한 발행주식총수의 100분의 3 이상에 해당하는 주식을 보유한 주주이고(상법 제363조의2 제1항 참조), 상장회사의 경우 의결권 없는 주식을 제외한 발행주식총수의 1,000분의 10 이상(자본금이 1,000억원 이상인 회사는 1,000분의 5 이상)에 해당하는 주식을 6개월 전부터 계속 보유한 주주이다(상법 제542조의6 제2항, 상법 시행령 제32조 참조). 하지만 소수주주권에 관한 상장회사의 특례규정은 일반적인 소수주주권의 규정과 선택적으로 적용가능하므로(상법 제542조의6 제10항 참조), 상장회사의 경우에도 의결권 없는 주식을 제외한 발행주식총수의 100분의 3 이상에 해당하는 주식을 보유하고 있는 주주라면 주식보유기간과 상관없이 주주제안을 할 수 있다.

③ [○] 상법 제363조의2 제2항

④ [✕] 이사회는 주주제안의 내용이 법령 또는 정관을 위반하는 경우와 그 밖에 대통령령으로 정하는 경우를 제외하고는 이를 주주총회의 목적사항으로 하여야 한다(상법 제363조의2 제3항 참조).

⑤ [O] 상법 제363조의2 제3항

상법 제363조의2(주주제안권)

① 의결권 없는 주식을 제외한 발행주식총수의 100분의 3 이상에 해당하는 주식을 가진 주주는 이사에게 주주총회일(정기주주총회의 경우 직전 연도의 정기주주총회일에 해당하는 그 해의 해당일. 이하 이 조에서 같다)의 6주 전에 서면 또는 전자문서로 일정한 사항을 주주총회의 목적사항으로 할 것을 제안(이하 '주주제안'이라 한다)할 수 있다.

② 제1항의 주주는 이사에게 주주총회일의 6주 전에 서면 또는 전자문서로 회의의 목적으로 할 사항에 추가하여 당해 주주가 제출하는 의안의 요령을 제363조에서 정하는 통지에 기재할 것을 청구할 수 있다.

③ 이사는 제1항에 의한 주주제안이 있는 경우에는 이를 이사회에 보고하고, 이사회는 주주제안의 내용이 법령 또는 정관을 위반하는 경우와 그 밖에 대통령령으로 정하는 경우를 제외하고는 이를 주주총회의 목적사항으로 하여야 한다. 이 경우 주주제안을 한 자의 청구가 있는 때에는 주주총회에서 당해 의안을 설명할 기회를 주어야 한다.

상법 제542조의6(소수주주권)

② 6개월 전부터 계속하여 상장회사의 의결권 없는 주식을 제외한 발행주식총수의 1천분의 10(대통령령으로 정하는 상장회사의 경우에는 1천분의 5) 이상에 해당하는 주식을 보유한 자는 제363조의2(제542조에서 준용하는 경우를 포함한다)에 따른 주주의 권리를 행사할 수 있다.

⑩ 제1항부터 제7항까지는 제542조의2 제2항에도 불구하고 이 장의 다른 절에 따른 소수주주권의 행사에 영향을 미치지 아니한다.

답 ④

19 세무사 2024

☑ 확인Check! ○ △ ✕

상법상 주주의 의결권행사방법에 관한 설명으로 옳지 않은 것은?

① 주주가 대리인으로 하여금 그 의결권을 행사하게 하는 경우에 그 대리인은 대리권을 증명하는 서면을 주주총회에 제출하여야 한다.

② 회사는 주주총회의 결의로 주주가 총회에 출석하지 아니하고 전자적 방법으로 의결권을 행사할 수 있음을 정할 수 있다.

③ 주주가 주식의 신탁을 인수한 경우에는 회사는 주주의 의결권의 불통일행사를 거부할 수 없다.

④ 주주가 동일한 주식에 관하여 전자적 방법 또는 서면에 의하여 의결권을 행사할 수 있을 때 어느 하나의 방법을 선택하여야 한다.

⑤ 주주가 2개 이상의 의결권을 불통일행사하는 경우에 주주총회일의 3일 전에 주식회사에 대하여 서면 또는 전자문서로 그 뜻과 이유를 통지하여야 한다.

┃해설┃

① [○] 주주는 대리인으로 하여금 그 의결권을 행사하게 할 수 있다. 이 경우에는 그 대리인은 대리권을 증명하는 서면을 총회에 제출하여야 한다(상법 제368조 제2항).

② [✕] 회사는 <u>이사회의 결의</u>로 주주가 총회에 출석하지 아니하고 전자적 방법으로 의결권을 행사할 수 있음을 정할 수 있다(상법 제368조의4 제1항).

③ [○] 주주가 주식의 신탁을 인수하였거나 기타 타인을 위하여 주식을 가지고 있는 경우외에는 회사는 주주의 의결권의 불통일행사를 거부할 수 있다(상법 제368조의2 제2항).

④ [○] 동일한 주식에 관하여 제1항(전자적 방법에 의한 의결권의 행사) 또는 제368조의3(서면에 의한 의결권의 행사) 제1항에 따라 의결권을 행사하는 경우 전자적 방법 또는 서면 중 어느 하나의 방법을 선택하여야 한다(상법 제368조의4 제4항).

⑤ [○] 주주가 2 이상의 의결권을 가지고 있는 때에는 이를 통일하지 아니하고 행사할 수 있다. 이 경우 주주총회일의 3일 전에 회사에 대하여 서면 또는 전자문서로 그 뜻과 이유를 통지하여야 한다(상법 제368조의2 제1항).

답 ②

상법상 주주의 의결권 행사에 관한 설명으로 옳지 않은 것은?

① 회사가 가진 자기주식은 의결권이 없다.

② 회사가 다른 회사의 발행주식의 총수의 10분의 1을 초과하는 주식을 가지고 있는 경우 그 다른 회사가 가지고 있는 회사의 주식은 의결권이 없다.

③ 회사가 가진 의결권 없는 자기주식의 수는 발행주식총수에 산입하지 아니한다.

④ 주주가 주식의 신탁을 인수한 경우일지라도 회사는 주주의 의결권의 불통일행사를 거부할 수 있다.

⑤ 주주총회의 결의에 관하여 특별한 이해관계가 있는 자는 의결권을 행사하지 못한다.

┃해설┃

① [O] 회사가 가진 자기주식은 의결권이 없다(상법 제369조 제2항).

② [O] 회사, 모회사 및 자회사 또는 자회사가 다른 회사의 발행주식의 총수의 10분의 1을 초과하는 주식을 가지고 있는 경우 그 다른 회사가 가지고 있는 회사 또는 모회사의 주식은 의결권이 없다(상법 제369조 제3항).

③ [O] 총회의 결의에 관하여는 제344조의3 제1항(의결권의 배제·제한에 관한 종류주식)과 제369조 제2항(자기주식) 및 제3항(상호주)의 의결권 없는 주식의 수는 발행주식총수에 산입하지 아니한다(상법 제371조 제1항).

④ [X] 주주가 주식의 신탁을 인수하였거나 기타 타인을 위하여 주식을 가지고 있는 경우 외에는 회사는 주주의 의결권의 불통일행사를 거부할 수 있다(상법 제368조의2 제2항).

⑤ [O] 총회의 결의에 관하여 특별한 이해관계가 있는 자는 의결권을 행사하지 못한다(상법 제368조 제3항).

답 ④

제4장

상법상 주주총회에 관한 설명으로 옳은 것은?

① 의결권을 대리행사하는 경우에 그 대리인은 대리권을 증명하는 서면을 주주총회에 제출할 필요가 없다.

② 회사가 전자적 방법으로 의결권을 행사하는 경우에는 출석주주의 의결권의 과반수와 발행주식총수의 4분의 1 이상의 수로써 감사를 선임하여야 한다.

③ 주주총회의 의장은 정관에서 정함이 없는 때에는 이사회에서 선임한다.

④ 회사는 이사회의 결의로 주주가 주주총회에 출석하지 아니하고 전자적 방법으로 의결권을 행사할 수 있음을 정할 수 있다.

⑤ 주주총회는 정당한 사유가 있는 경우에 보통결의로 이사를 해임할 수 있다.

▌해설▌

① [✕] 주주는 대리인으로 하여금 그 의결권을 행사하게 할 수 있다. 이 경우에는 그 대리인은 <u>대리권을 증명하는 서면을 총회에 제출하여야 한다</u>(상법 제368조 제2항).

② [✕] 감사는 주주총회의 보통결의(출석한 주주의 의결권의 과반수와 발행주식총수의 4분의 1 이상의 수)로 선임하지만, 회사가 전자적 방법으로 의결권을 행사할 수 있도록 한 경우에는 **출석한 주주의 의결권의 과반수로써** 감사를 선임할 수 있다(상법 제409조 제1항, 제3항 참조).

> **상법 제409조(선임)**
> ① 감사는 주주총회에서 선임한다.
> ③ 회사가 제368조의4 제1항에 따라 전자적 방법으로 의결권을 행사할 수 있도록 한 경우에는 제368조 제1항에도 불구하고 <u>출석한 주주의 의결권의 과반수로써</u> 제1항에 따른 감사의 선임을 결의할 수 있다.

③ [✕] 총회의 의장은 정관에서 정함이 없는 때에는 <u>총회에서</u> 선임한다(상법 제366조의2 제1항).

④ [O] 회사는 이사회의 결의로 주주가 총회에 출석하지 아니하고 전자적 방법으로 의결권을 행사할 수 있음을 정할 수 있다(상법 제368조의4 제1항).

⑤ [✕] 이사는 언제든지 <u>제434조의 규정에 의한 주주총회의 결의(특별결의)</u>로 이를 해임할 수 있다. 그러나 이사의 임기를 정한 경우에 정당한 이유없이 그 임기만료 전에 이를 해임한 때에는 그 이사는 회사에 대하여 해임으로 인한 손해의 배상을 청구할 수 있다(상법 제385조 제1항).

 ④

상법상 주주총회에서의 주주의 의결권 행사방법에 관한 설명으로 옳은 것은?

① 기명주식을 가진 주주는 주권을 제시하여야 의결권을 행사할 수 있다.

② 의결권의 대리행사의 경우에 주주만이 대리권을 증명하는 서면을 총회에 제출할 수 있다.

③ 주식의 신탁을 인수한 주주가 2 이상의 의결권에 대하여 불통일 행사하고자 하는 경우 회사는 이를 거부할 수 있다.

④ 주주는 이사회의 결의에 따라 총회에 출석하지 아니하고 서면에 의하여 의결권을 행사할 수 있다.

⑤ 회사는 이사회의 결의로 주주가 총회에 출석하지 아니하고 전자적 방법으로 의결권을 행사할 수 있음을 정할 수 있다.

┃해설┃

① [✕] 주주명부에 명의개서를 한 자는 주주로 추정되므로 자신의 실질적 권리를 증명하지 않고도 회사에 대하여 주주로서의 권리를 행사할 수 있다. 이를 명의개서의 추정력이라하는데, 통설은 '주식의 이전은 취득자의 성명과 주소를 주주명부에 기재하지 아니하면 회사에 대항하지 못한다'는 상법 제337조 제2항을 근거로 본다.

② [✕] 주주는 대리인으로 하여금 그 의결권을 행사하게 할 수 있다. 이 경우에는 그 대리인은 대리권을 증명하는 서면을 총회에 제출하여야 한다(상법 제368조 제2항).

③ [✕] 주주가 주식의 신탁을 인수하였거나 기타 타인을 위하여 주식을 가지고 있는 경우 외에는 회사는 주주의 의결권 의 불통일행사를 거부할 수 있다(상법 제368조의2 제2항).

④ [✕] 주주는 정관이 정한 바에 따라 총회에 출석하지 아니하고 서면에 의하여 의결권을 행사할 수 있다(상법 제368조의3 제1항).

⑤ [○] 회사는 이사회의 결의로 주주가 총회에 출석하지 아니하고 전자적 방법으로 의결권을 행사할 수 있음을 정할 수 있다(상법 제368조의4 제1항).

답 ⑤

23 세무사 2020

☑ 확인 Check! ○ △ ✕

상법상 주주의 의결권의 대리에 관한 설명으로 옳은 것을 모두 고른 것은? (다툼이 있으면 판례에 따름)

> ㄱ. 의결권을 대리할 대리인은 대리권을 증명하는 서면을 주주총회에 제출하여야 한다.
> ㄴ. 특별한 사정이 없는 한 대리권을 증명하는 서면은 원본이어야 한다.
> ㄷ. 타인에게 의결권 행사를 위임하거나 대리행사하도록 하는 경우, 의결권의 행사를 구체적이고 개별적인 사항에 국한하여 위임해야 한다고 해석하여야 하므로 포괄적으로 위임할 수는 없다.

① ㄴ
② ㄱ, ㄴ
③ ㄱ, ㄷ
④ ㄴ, ㄷ
⑤ ㄱ, ㄴ, ㄷ

▌해설▐

ㄱ. [○] 주주는 대리인으로 하여금 그 의결권을 행사하게 할 수 있다. 이 경우에는 그 대리인은 대리권을 증명하는 서면을 총회에 제출하여야 한다(상법 제368조 제2항).

ㄴ. [○] 상법 제368조 제3항은 주주의 의결권을 대리행사하고자 하는 자는 대리권을 증명하는 서면을 총회에 제출하도록 규정하고 있는바, 그 규정은 대리권의 존부에 관한 법률관계를 명확히 하여 주주총회 결의의 성립을 원활하게 하기 위한 데 그 목적이 있다고 할 것이므로, 대리권을 증명하는 서면은 위조나 변조 여부를 쉽게 식별할 수 있는 원본이어야 하고 특별한 사정이 없는 한 사본은 그 서면에 해당하지 않는다(대판 1995.2.28. 94다34579).

ㄷ. [✕] 주식회사의 주주는 상법 제368조 제2항에 따라 타인에게 의결권 행사를 위임하거나 대리행사하도록 할 수 있다. 이 경우 의결권의 행사를 <u>구체적이고 개별적인 사항에 국한하여 위임해야 한다고 해석하여야 할 근거는 없고 포괄적으로 위임할 수도 있다</u>(대판 2014.1.23. 2013다56839).

답 ②

24 세무사 2017

세무사 2017

☑ 확인 Check! ○ △ ✕

상법상 비상장주식회사 주주의 의결권 행사방법에 관한 설명으로 옳지 않은 것은?

① 주주는 대리인으로 하여금 그 의결권을 행사하게 할 수 있다.

② 회사는 이사회의 결의로 주주가 총회에 출석하지 아니하고 전자적 방법으로 의결권을 행사할 수 있음을 정할 수 있다.

③ 주주는 동일한 주식에 관하여 상법의 규정에 따라 의결권을 행사하는 경우 전자적 방법과 서면의 방법을 병행해야 한다.

④ 정관으로 서면에 의한 의결권의 행사방법을 채택한 회사는 총회의 소집통지서에 주주가 서면에 의한 의결권을 행사하는데 필요한 서면과 참고자료를 첨부하여야 한다.

⑤ 주주가 2 이상의 의결권을 가지고 있는 경우 이를 통일하지 아니하고 행사하고자 할 때에는 주주총회일의 3일 전에 회사에 대하여 서면 또는 전자문서로 그 뜻과 이유를 통지하여야 한다.

┃해설┃

① [O] 주주는 대리인으로 하여금 그 의결권을 행사하게 할 수 있다. 이 경우에는 그 대리인은 대리권을 증명하는 서면을 총회에 제출하여야 한다(상법 제368조 제2항).

② [O] 회사는 이사회의 결의로 주주가 총회에 출석하지 아니하고 전자적 방법으로 의결권을 행사할 수 있음을 정할 수 있다(상법 제368조의4 제1항). 참고로 서면에 의한 의결권의 행사는 정관에 정함이 있어야 한다.

③ [✕] 동일한 주식에 관하여 제1항(전자적 방법에 의한 의결권의 행사) 또는 제368조의3(서면에 의한 의결권의 행사) 제1항에 따라 의결권을 행사하는 경우 전자적 방법 또는 서면 중 어느 하나의 방법을 선택하여야 한다(상법 제368조의4 제4항).

④ [O] 상법 제368조의3 제2항

> **상법 제368조의3(서면에 의한 의결권의 행사)**
> ① 주주는 정관이 정한 바에 따라 총회에 출석하지 아니하고 서면에 의하여 의결권을 행사할 수 있다.
> ② 회사는 총회의 소집통지서에 주주가 제1항의 규정에 의한 의결권을 행사하는데 필요한 서면과 참고자료를 첨부하여야 한다.

⑤ [O] 주주가 2 이상의 의결권을 가지고 있는 때에는 이를 통일하지 아니하고 행사할 수 있다. 이 경우 주주총회일의 3일 전에 회사에 대하여 서면 또는 전자문서로 그 뜻과 이유를 통지하여야 한다(상법 제368조의2 제1항).

답 ③

25 [CPA] [2024]

☑ 확인 Check! ○ △ ✕

상법상 주주의 의결권 행사에 관한 설명으로 틀린 것은?

① 주주총회의 결의에 관하여 특별한 이해관계가 있는 주주는 의결권을 행사하지 못한다.

② 주주가 타인을 위하여 주식을 가지고 있는 경우에는 회사는 주주의 의결권의 불통일행사를 거부할 수 없다.

③ 동일한 주식에 관하여 서면에 의한 의결권 행사와 전자적 방법에 의한 의결권 행사가 모두 가능한 경우에는 둘 중 어느 하나의 방법을 선택하여야 한다.

④ 전자적 방법에 의한 의결권 행사는 정관에 근거가 있어야 가능하다.

⑤ 서면에 의한 의결권 행사의 경우 회사는 주주총회의 소집통지서에 주주가 의결권을 행사하는데 필요한 서면과 참고자료를 첨부하여야 한다.

┃해설┃

① [○] 총회의 결의에 관하여 특별한 이해관계가 있는 자는 의결권을 행사하지 못한다(상법 제368조 제3항).

② [○] 주주가 주식의 신탁을 인수하였거나 기타 타인을 위하여 주식을 가지고 있는 경우외에는 회사는 주주의 의결권의 불통일행사를 거부할 수 있다(상법 제368조의2 제2항).

③ [○] 동일한 주식에 관하여 제1항(전자적 방법에 의한 의결권 행사) 또는 제368조의3 제1항(서면에 의한 의결권의 행사)에 따라 의결권을 행사하는 경우 전자적 방법 또는 서면 중 어느 하나의 방법을 선택하여야 한다(상법 제368조의4 제4항).

④ [✕] 회사는 <u>이사회의 결의로</u> 주주가 총회에 출석하지 아니하고 전자적 방법으로 의결권을 행사할 수 있음을 정할 수 있다(상법 제368조의4 제1항).

⑤ [○] 상법 제368조의3 제2항

> **상법 제368조의3(서면에 의한 의결권의 행사)**
> ① 주주는 정관이 정한 바에 따라 총회에 출석하지 아니하고 서면에 의하여 의결권을 행사할 수 있다.
> ② 회사는 총회의 소집통지서에 주주가 제1항의 규정에 의한 의결권을 행사하는데 필요한 서면과 참고자료를 첨부하여야 한다.

 답 ④

상법상 전자적 방법에 의한 의결권의 행사(이하 '전자투표'라 한다)를 정한 비상장회사의 경우, 주주의 의결권행사에 관한 설명으로 틀린 것은?

① 회사는 이사회의 결의로 주주가 총회에 출석하지 아니하고 전자투표를 할 수 있음을 정할 수 있다.

② 회사는 주주총회의 소집통지를 할 때에는 주주가 전자투표의 방법으로 의결권을 행사할 수 있다는 내용을 통지하여야 한다.

③ 회사는 전자투표를 정한 경우, 의결권행사에 필요한 양식과 참고자료를 주주에게 전자적 방법으로 제공하여야 한다.

④ 감사를 전자투표로 선임하는 경우, 전자투표된 주식의 의결권 수를 총회에 출석한 주주의 의결권수에 가산하고, 출석주주 의결권의 과반수와 발행주식총수의 4분의 1 이상으로써만 그 선임을 결의하여야 한다.

⑤ 회사는 의결권행사에 관한 전자적 기록을 총회가 끝난 날부터 3개월간 본점에 갖추어 두어 열람하게 하고 총회가 끝난 날부터 5년간 보존하여야 한다.

▌**해설**▐

① [○] 상법 제368조의4 제1항

② [○] 상법 제368조의4 제2항

③ [○] 상법 제368조의4 제3항

> **상법 제368조의4(전자적 방법에 의한 의결권의 행사)**
> ① 회사는 이사회의 결의로 주주가 총회에 출석하지 아니하고 전자적 방법으로 의결권을 행사할 수 있음을 정할 수 있다.
> ② 회사는 제363조에 따라 소집통지를 할 때에는 주주가 제1항에 따른 방법으로 의결권을 행사할 수 있다는 내용을 통지하여야 한다.
> ③ 회사가 제1항에 따라 전자적 방법에 의한 의결권행사를 정한 경우에 주주는 주주 확인절차 등 대통령령으로 정하는 바에 따라 의결권을 행사하여야 한다. 이 경우 회사는 의결권행사에 필요한 양식과 참고자료를 주주에게 전자적 방법으로 제공하여야 한다.

④ [✕] 회사가 제368조의4 제1항에 따라 전자적 방법으로 의결권을 행사할 수 있도록 한 경우에는 <u>제368조 제1항에도 불구하고 출석한 주주의 의결권의 과반수로써 제1항에 따른 감사의 선임을 결의할 수 있다</u>(상법 제409조 제3항). 즉 전자투표로 감사를 선임하는 경우에는 발행주식총수 4분의 1 이상이라는 결의요건을 충족하지 않아도 된다. 이는 감사위원회위원 선임의 경우에도 마찬가지이다(상법 제542조의12 제8항 참조).

⑤ [○] 회사는 의결권행사에 관한 전자적 기록을 총회가 끝난 날부터 3개월간 본점에 갖추어 두어 열람하게 하고 총회가 끝난 날부터 5년간 보존하여야 한다(상법 제368조의4 제5항).

답 ④

상법상 비상장주식회사의 주주총회 운영에 관한 설명으로 틀린 것은?

① 주주가 주식의 신탁을 인수한 경우 회사는 그 주주의 의결권의 불통일행사를 거부할 수 있다.

② 회사가 전자적 방법으로 주주총회에서 의결권을 행사할 수 있도록 한 경우에는 출석한 주주의 의결권의 과반수로써 감사의 선임을 결의할 수 있다.

③ 회사가 종류주식을 발행한 경우에 정관을 변경함으로써 어느 종류주식의 주주에게 손해를 미치게 될 때에는 주주총회의 특별결의 외에 그 종류주식 주주의 총회의 결의가 필요하다.

④ 연 2회의 결산기를 정하고 있는 회사는 각 결산기마다 정기주주총회를 개최하여야 한다.

⑤ 회사가 가진 자기주식의 수는 주주총회의 결의에 관하여는 발행주식총수에 산입하지 않는다.

┃해설┃

① [✕] 주주가 주식의 신탁을 인수하였거나 기타 타인을 위하여 주식을 가지고 있는 경우 외에는 회사는 주주의 의결권의 불통일행사를 거부할 수 있다(상법 제368조의2 제2항).

② [○] 회사가 제368조의4 제1항에 따라 전자적 방법으로 의결권을 행사할 수 있도록 한 경우에는 제368조 제1항에도 불구하고 출석한 주주의 의결권의 과반수로써 제1항에 따른 감사의 선임을 결의할 수 있다(상법 제409조 제3항).

③ [○] 회사가 종류주식을 발행한 경우에 정관을 변경함으로써 어느 종류주식의 주주에게 손해를 미치게 될 때에는 주주총회의 결의 외에 그 종류주식의 주주의 총회의 결의가 있어야 한다(상법 제435조 제1항).

④ [○] 연 2회 이상의 결산기를 정한 회사는 매기에 총회를 소집하여야 한다(상법 제365조 제2항).

⑤ [○] 상법 제371조 제1항, 제369조 제2항

> **상법 제371조(정족수, 의결권수의 계산)**
> ① 총회의 결의에 관하여는 제344조의3 제1항과 제369조 제2항 및 제3항의 의결권 없는 주식의 수는 발행주식총수에 산입하지 아니한다.
>
> **상법 제369조(의결권)**
> ② 회사가 가진 자기주식은 의결권이 없다.

 답 ①

28 세무사 2024 ☑ 확인Check! ○ △ ×

상법상 주주총회의 결의요건에 관한 설명으로 옳은 것은?

① 회사의 영업에 중대한 영향을 미치는 다른 회사의 영업 전부의 양수는 주주총회의 보통결의가 있어야 한다.

② 이사의 임무해태로 인한 회사에 대한 손해배상책임은 주주총회의 특별결의로 면제할 수 있다.

③ 주식회사는 주주총회의 특별결의에 의하여 유한책임회사로 조직을 변경할 수 있다.

④ 분할합병신설회사의 창립총회 결의는 출석한 주식인수인의 의결권의 3분의 2이상이며, 인수된 주식총수의 과반수로 하여야 한다.

⑤ 발기인이 중과실로 회사에 대한 손해배상책임을 지는 경우 주주총회의 보통결의로 면제할 수 있다.

‖ 해설 ‖

① [×] 상법 제374조 제1항 제3호

> **상법 제374조(영업양도, 양수, 임대등)**
> ① 회사가 다음 각 호의 어느 하나에 해당하는 행위를 할 때에는 <u>제434조에 따른 결의가 있어야 한다.</u>
>   1. 영업의 전부 또는 중요한 일부의 양도
>   2. 영업 전부의 임대 또는 경영위임, 타인과 영업의 손익 전부를 같이 하는 계약, 그 밖에 이에 준하는 계약의 체결·변경 또는 해약
>   3. <u>회사의 영업에 중대한 영향을 미치는 다른 회사의 영업 전부 또는 일부의 양수</u>

② [×] 상법 제399조 제1항, 제400조 제1항

> **상법 제399조(회사에 대한 책임)**
> ① 이사가 고의 또는 과실로 법령 또는 정관에 위반한 행위를 하거나 그 임무를 게을리한 경우에는 그 이사는 회사에 대하여 연대하여 손해를 배상할 책임이 있다.
>
> **상법 제400조(회사에 대한 책임의 감면)**
> ① 제399조에 따른 이사의 책임은 <u>주주 전원의 동의로</u> 면제할 수 있다.

③ [×] 주식회사는 총회에서 <u>총주주의 동의로</u> 결의한 경우에는 그 조직을 변경하여 이 장에 따른 유한책임회사로 할 수 있다(상법 제287조의43 제1항).

④ [○] 상법 제527조 제3항, 제309조

> **상법 제527조(신설합병의 창립총회)**
> ① 합병으로 인하여 회사를 설립하는 경우에는 설립위원은 제527조의5의 절차의 종료후, 합병으로 인한 주식의 병합이 있을 때에는 그 효력이 생긴 후, 병합에 적당하지 아니한 주식이 있을 때에는 제443조의 처분을 한 후 지체없이 창립총회를 소집하여야 한다.
> ③ 제308조 제2항, <u>제309조,</u> 제311조, 제312조와 제316조 제2항의 규정은 제1항의 창립총회에 준용한다.

> **상법 제309조(창립총회의 결의)**
> 창립총회의 결의는 출석한 주식인수인의 의결권의 3분의 2 이상이며 인수된 주식의 총수의 과반수에 해당하는 다수로 하여야 한다.

⑤ [×] 상법 제324조, 제400조 제1항

> **상법 제324조(발기인의 책임면제, 주주의 대표소송)**
> 제400조, 제403조부터 제406조까지 및 제406조의2는 발기인에 준용한다.
>
> **상법 제400조(회사에 대한 책임의 감면)**
> ① 제399조에 따른 이사의 책임은 <u>주주 전원의 동의</u>로 면제할 수 있다.

답 ④

29 세무사 2021

확인 Check! ○ △ ✕

상법상 주주총회의 특별결의사항에 해당하지 않는 것은?

① 회사의 계속
② 주식매수선택권
③ 임의해산
④ 재무제표의 승인
⑤ 휴면회사의 계속

┃ 해설 ┃

① [○] (특별결의) 회사가 존립기간의 만료 기타 정관에 정한 사유의 발생 또는 주주총회의 결의에 의하여 해산한 경우에는 <u>제434조의 규정에 의한 결의</u>로 회사를 계속할 수 있다(상법 제519조).

② [○] (특별결의) 회사는 정관으로 정하는 바에 따라 <u>제434조의 주주총회의 결의</u>로 회사의 설립·경영 및 기술혁신 등에 기여하거나 기여할 수 있는 회사의 이사, 집행임원, 감사 또는 피용자에게 미리 정한 가액(이하 "주식매수선택권의 행사가액"이라 한다)으로 신주를 인수하거나 자기의 주식을 매수할 수 있는 권리(이하 "주식매수선택권"이라 한다)를 부여할 수 있다(상법 제340조의2 제1항 본문).

③ [○] (특별결의) 해산의 결의는 <u>제434조의 규정에 의하여야</u> 한다(상법 제518조).

④ [×] (보통결의) 이사는 제447조(재무제표의 작성)의 각 서류를 정기총회에 제출하여 그 승인을 요구하여야 한다(상법 제449조 제1항). 재무제표의 승인은 <u>보통결의사항이다</u>.

⑤ [O] (특별결의) 상법 제520조의2 제3항

> **상법 제520조의2(휴면회사의 해산)**
> ① 법원행정처장이 최후의 등기 후 5년을 경과한 회사는 본점의 소재지를 관할하는 법원에 아직 영업을 폐지하지 아니하였다는 뜻의 신고를 할 것을 관보로써 공고한 경우에, 그 공고한 날에 이미 최후의 등기 후 5년을 경과한 회사로써 공고한 날로부터 2월 이내에 대통령령이 정하는 바에 의하여 신고를 하지 아니한 때에는 그 회사는 그 신고기간이 만료된 때에 해산한 것으로 본다. 그러나 그 기간 내에 등기를 한 회사에 대하여는 그러하지 아니하다.
> ③ 제1항의 규정에 의하여 해산한 것으로 본 회사는 그 후 3년 이내에는 제434조의 결의에 의하여 회사를 계속할 수 있다.

답 ④

---

30 ☑ 확인Check! ○ △ ✕

30 세무사 2019

상법상 비상장회사의 주주총회의 결의 시 특별결의를 요하지 않는 경우는?

① 회사의 신설합병 시 설립위원을 선임하는 경우
② 결손의 보전을 위하여 자본금을 감소하는 경우
③ 주식을 액면미달의 가액으로 발행하는 경우
④ 회사의 영업에 중대한 영향을 미치는 다른 회사의 영업 전부의 양수를 하는 경우
⑤ 주주총회의 결의로 회사를 해산하는 경우

┃해설┃

① [O] 상법 제175조 제2항

> **상법 제175조(동전-설립위원)**
> ① 회사의 합병으로 인하여 신회사를 설립하는 경우에는 정관의 작성 기타 설립에 관한 행위는 각 회사에서 선임한 설립위원이 공동으로 하여야 한다.
> ② 제230조, 제434조와 제585조의 규정은 전항의 선임에 준용한다.

② [✕] 자본금의 감소에는 주주총회 특별결의가 있어야 하지만(상법 제438조 제1항 참조), 결손의 보전을 위한 자본금 감소는 주주총회의 보통결의로 족하다(상법 제438조 제2항 참조).

> **상법 제438조(자본금 감소의 결의)**
> ① 자본금의 감소에는 제434조에 따른 결의가 있어야 한다.
> ② 제1항에도 불구하고 결손의 보전(補塡)을 위한 자본금의 감소는 제368조 제1항의 결의에 의한다.

③ [O] 회사가 성립한 날로부터 2년을 경과한 후에 주식을 발행하는 경우에는 회사는 제434조의 규정에 의한 주주총회의 결의와 법원의 인가를 얻어서 주식을 액면미달의 가액으로 발행할 수 있다(상법 제417조 제1항).

④ [O] 상법 제374조 제1항 제3호

> **상법 제374조(영업양도, 양수, 임대등)**
> ① 회사가 다음 각 호의 어느 하나에 해당하는 행위를 할 때에는 제434조에 따른 결의가 있어야 한다.
> 1. 영업의 전부 또는 중요한 일부의 양도
> 2. 영업 전부의 임대 또는 경영위임, 타인과 영업의 손익 전부를 같이 하는 계약, 그 밖에 이에 준하는 계약의 체결·변경 또는 해약
> 3. 회사의 영업에 중대한 영향을 미치는 다른 회사의 영업 전부 또는 일부의 양수

⑤ [O] 해산의 결의는 제434조의 규정에 의하여야 한다(상법 제518조).

답 ②

31 세무사 2017

☑ 확인Check! ○ △ ✕

상법상 비상장주식회사에서 주주총회의 특별결의가 요구되지 않는 사항은?

① 주식매수선택권의 부여
② 사후설립
③ 정관변경
④ 주식회사의 계속
⑤ 이사가 제출한 서류와 감사의 보고서를 조사하기 위한 총회의 검사인 선임

┃해설┃

① [O] 회사는 정관으로 정하는 바에 따라 <u>제434조의 주주총회의 결의</u>로 회사의 설립·경영 및 기술혁신 등에 기여하거나 기여할 수 있는 회사의 이사, 집행임원, 감사 또는 피용자에게 미리 정한 가액(이하 "주식매수선택권의 행사가액"이라 한다)으로 신주를 인수하거나 자기의 주식을 매수할 수 있는 권리(이하 "주식매수선택권"이라 한다)를 부여할 수 있다. 다만, 주식매수선택권의 행사가액이 주식의 실질가액보다 낮은 경우에 회사는 그 차액을 금전으로 지급하거나 그 차액에 상당하는 자기의 주식을 양도할 수 있다. 이 경우 주식의 실질가액은 주식매수선택권의 행사일을 기준으로 평가한다(상법 제340조의2 제1항).

② [O] 상법 제375조, 제374조 제1항

> **상법 제375조(사후설립)**
> 회사가 그 성립 후 2년 내에 그 성립 전부터 존재하는 재산으로서 영업을 위하여 계속하여 사용하여야 할 것을 자본금의 100분의 5 이상에 해당하는 대가로 취득하는 계약을 하는 경우에는 <u>제374조를 준용한다.</u>

> **상법 제374조(영업양도, 양수, 임대등)**
> ① 회사가 다음 각 호의 어느 하나에 해당하는 행위를 할 때에는 <u>제434조에 따른 결의</u>가 있어야 한다.
>   1. 영업의 전부 또는 중요한 일부의 양도
>   2. 영업 전부의 임대 또는 경영위임, 타인과 영업의 손익 전부를 같이 하는 계약, 그 밖에 이에 준하는 계약의 체결·변경 또는 해약
>   3. 회사의 영업에 중대한 영향을 미치는 다른 회사의 영업 전부 또는 일부의 양수

③ [○] 상법 제433조 제1항, 제434조

> **상법 제433조(정관변경의 방법)**
> ① 정관의 변경은 주주총회의 결의에 의하여야 한다.
>
> **상법 제434조(정관변경의 특별결의)**
> 제433조 제1항의 결의는 출석한 주주의 의결권의 3분의 2 이상의 수와 발행주식총수의 3분의 1 이상의 수로써 하여야 한다.

④ [○] 회사가 존립기간의 만료 기타 정관에 정한 사유의 발생 또는 주주총회의 결의에 의하여 해산한 경우에는 <u>제434조의 규정에 의한 결의로 회사를 계속할 수 있다</u>(상법 제519조).

⑤ [✕] 총회는 이사가 제출한 서류와 감사의 보고서를 조사하게 하기 위하여 검사인(檢査人)을 선임할 수 있다(상법 제367조 제1항). 검사인 선임은 <u>보통결의사항</u>이다.

답 ⑤

32 <small>세무사</small> **2015** ☑ 확인 Check! ○ △ ✕

상법상 주주총회의 특별결의사항에 해당하는 것을 모두 고른 것은?

> ㄱ. 경영위임
> ㄴ. 영업의 중요한 일부의 임대
> ㄷ. 영업의 중요한 일부의 양도
> ㄹ. 타인과 영업의 손익 일부를 같이하는 계약
> ㅁ. 회사의 영업에 중대한 영향을 미치는 다른 회사의 영업 일부의 양수

① ㄱ, ㄴ, ㄹ   ② ㄱ, ㄷ, ㅁ
③ ㄴ, ㄷ, ㄹ   ④ ㄴ, ㄷ, ㅁ
⑤ ㄷ, ㄹ, ㅁ

ㄱ. [O] 상법 제374조 제1항 제2호
ㄴ. [×], ㄹ. [×] 영업 전부의 임대, 타인과 영업의 손익 전부를 같이 하는 계약이 주주총회 특별결의사항이다(상법 제374조 제1항 제2호 참조).
ㄷ. [O] 상법 제374조 제1항 제1호
ㅁ. [O] 상법 제374조 제1항 제3호

> **상법 제374조(영업양도, 양수, 임대등)**
> ① 회사가 다음 각 호의 어느 하나에 해당하는 행위를 할 때에는 제434조에 따른 결의가 있어야 한다.
>   1. 영업의 전부 또는 중요한 일부의 양도
>   2. 영업 전부의 임대 또는 경영위임, 타인과 영업의 손익 전부를 같이 하는 계약, 그 밖에 이에 준하는 계약의 체결·변경 또는 해약
>   3. 회사의 영업에 중대한 영향을 미치는 다른 회사의 영업 전부 또는 일부의 양수

답 ②

---

33 CPA 2023

☑ 확인 Check! ○ △ ×

다음 중 상법상 주주총회 특별결의사항이 <u>아닌</u> 것은?

① 액면주식의 분할
② 사후설립
③ 법정준비금의 감소
④ 회사의 계속
⑤ 감사의 해임

해설

① [O] 회사는 제434조의 규정에 의한 주주총회의 결의로 주식을 분할할 수 있다(상법 제329조의2 제1항).
② [O] 상법 제375조, 제374조 제1항

> **상법 제375조(사후설립)**
> 회사가 그 성립 후 2년 내에 그 성립 전부터 존재하는 재산으로서 영업을 위하여 계속하여 사용하여야 할 것을 자본금의 100분의 5 이상에 해당하는 대가로 취득하는 계약을 하는 경우에는 제374조를 준용한다.
>
> **상법 제374조(영업양도, 양수, 임대등)**
> ① 회사가 다음 각 호의 어느 하나에 해당하는 행위를 할 때에는 제434조에 따른 결의가 있어야 한다.

③ [×] 회사는 적립된 자본준비금 및 이익준비금의 총액이 자본금의 1.5배를 초과하는 경우에 <u>주주총회의 결의에</u> 따라 그 초과한 금액 범위에서 자본준비금과 이익준비금을 감액할 수 있다(상법 제461조의2).

④ [○] 회사가 존립기간의 만료 기타 정관에 정한 사유의 발생 또는 주주총회의 결의에 의하여 해산한 경우에는 <u>제434</u> <u>조의 규정에 의한 결의</u>로 회사를 계속할 수 있다(상법 제519조).

⑤ [○] 상법 제415조, 제385조 제1항

> **상법 제415조(준용규정)**
> 제382조 제2항, 제382조의4, <u>제385조</u>, 제386조, 제388조, 제400조, 제401조, 제403조부터 제406조까지, 제406조의2 및 제407조는 감사에 준용한다.
>
> **상법 제385조(해임)**
> ① 이사는 언제든지 <u>제434조의 규정에 의한 주주총회의 결의</u>로 이를 해임할 수 있다. 그러나 이사의 임기를 정한 경우에 정당한 이유없이 그 임기만료 전에 이를 해임한 때에는 그 이사는 회사에 대하여 해임으로 인한 손해의 배상을 청구할 수 있다.

답 ③

---

34 CPA 2022　　　　　　　　　　☑ 확인Check! ○ △ ×

상법상 주주총회의 결의에 관한 설명으로 틀린 것은? (이견이 있으면 판례에 의함)

① 상법은 주주총회의 보통결의 요건에 관하여 의사정족수를 따로 정하고 있지는 않지만, 보통결의 요건을 정관에서 달리 정할 수 있음을 허용하고 있으므로, 정관에 의하여 의사정족수를 규정하는 것은 가능하다.

② 보통결의사항에 반대하는 주주는 주주총회 전에 회사에 대하여 서면으로 그 결의에 반대하는 의사를 통지한 경우에는 주식매수청구권을 행사할 수 있다.

③ 다른 회사의 영업 일부의 양수가 양수회사의 영업에 중대한 영향을 미치는 경우 그 양수회사의 주주총회 특별결의가 필요하다.

④ 중요한 영업용 재산의 양도가 양도회사 영업의 중단 또는 폐지를 초래하는 경우에는 그 양도회사의 주주총회 특별결의가 필요하다.

⑤ 영업 전부를 임대하는 회사의 발행주식총수의 100분의 90 이상을 그 상대방이 소유하고 있는 경우에는 그 회사의 주주총회의 승인은 이를 이사회의 승인으로 갈음할 수 있다.

┃해설┃

① [O] 상법 제368조 제1항은 주주총회의 보통결의 요건에 관하여 "총회의 결의는 이 법 또는 정관에 다른 정함이 있는 경우를 제외하고는 출석한 주주의 의결권의 과반수와 발행주식총수의 4분의 1 이상의 수로써 하여야 한다"라고 규정하여 주주총회의 성립에 관한 의사정족수를 따로 정하고 있지는 않지만, 보통결의 요건을 정관에서 달리 정할 수 있음을 허용하고 있으므로, 정관에 의하여 의사정족수를 규정하는 것은 가능하다(대판 2017.1.12. 2016다217741).

② [X] 주주총회의 특별결의사항 중 영업양도·양수(상법 제374조의2 제1항), 합병(상법 제522조의3), 분할합병(상법 제530조의11 제2항), 주식의 포괄적 교환(상법 제360조의5), 주식의 포괄적 이전(상법 제360조의22) 등에서 주식매수청구가 인정된다. 그러나 <u>보통결의사항은 반대주주의 주식매수청구권의 대상이 되지 않는다.</u>

더 살펴보기	**주식매수청구권 인정 여부**
인정되는 경우	**부정되는 경우**
• 주식의 포괄적 교환 및 이전(상법 제360조의5, 제360조의22) • 영업양도·양수 등(상법 제374조의2) • 합병(상법 제522조의3) • 간이합병(상법 제527조의2) • 분할합병(상법 제530조의11)	• 정관변경 • 자본금 감소 • 주식분할 • 해 산 • 분 할 • 소규모 (흡수)합병의 존속회사의 주주 • 소규모 분할(흡수)합병의 존속회사의 주주 • 소규모 주식교환의 완전모회사의 주주

③ [O] 상법 제374조 제1항 제3호

> **상법 제374조(영업양도, 양수, 임대등)**
> ① 회사가 다음 각 호의 어느 하나에 해당하는 행위를 할 때에는 <u>제434조에 따른 결의</u>가 있어야 한다.
> 1. 영업의 전부 또는 중요한 일부의 양도
> 2. 영업 전부의 임대 또는 경영위임, 타인과 영업의 손익 전부를 같이 하는 계약, 그 밖에 이에 준하는 계약의 체결·변경 또는 해약
> 3. <u>회사의 영업에 중대한 영향을 미치는 다른 회사의 영업 전부 또는 일부의 양수</u>

④ [O] 주주총회의 특별결의가 있어야 하는 상법 제374조 제1호 소정의 '영업의 전부 또는 중요한 일부의 양도'라 함은 일정한 영업목적을 위하여 조직되고 유기적 일체로 기능하는 재산의 전부 또는 중요한 일부를 총체적으로 양도하는 것을 의미하는 것으로서 이에는 양수회사에 의한 양도회사의 영업적 활동의 전부 또는 중요한 일부의 승계가 수반되어야 하는 것이므로 단순한 영업용재산의 양도는 이에 해당하지 않으나 다만 영업용재산의 처분으로 말미암아 회사영업의 전부 또는 일부를 양도하거나 폐지하는 것과 같은 결과를 가져오는 경우에는 주주총회의 특별결의가 필요하다(대판 1987.6.9. 86다카2428).

⑤ [O] 제374조(영업양도, 양수, 임대등) 제1항 각 호의 어느 하나에 해당하는 행위를 하는 회사의 총주주의 동의가 있거나 그 회사의 발행주식총수의 100분의 90 이상을 해당 행위의 상대방이 소유하고 있는 경우에는 그 회사의 주주총회의 승인은 이를 이사회의 승인으로 갈음할 수 있다(상법 제374조의3 제1항).

답 ②

35 CPA 2021

상법상 주주총회의 결의에 관한 설명으로 틀린 것은?

① 총회의 결의는 상법 또는 정관에 다른 정함이 있는 경우를 제외하고는 출석한 주주의 의결권의 과반수와 발행주식총수의 4분의 1 이상의 수로써 하여야 한다.

② 주주는 대리인으로 하여금 그 의결권을 행사하게 할 수 있으며, 이 경우 그 대리인은 대리권을 증명하는 서면을 총회에 제출하여야 한다.

③ 주주가 2 이상의 의결권을 가지고 있는 때에는 이를 통일하지 아니하고 행사할 수 있고, 이 경우 주주총회일의 3일 전에 회사에 대하여 서면 또는 전자문서로 그 뜻과 이유를 통지하여야 한다.

④ 주주는 정관이 정한 바에 따라 총회에 출석하지 아니하고 서면에 의하여 의결권을 행사할 수 있고, 이 경우 회사는 총회의 소집통지서에 주주가 서면에 의한 의결권을 행사하는데 필요한 서면과 참고자료를 첨부하여야 한다.

⑤ 회사는 정관의 규정이 있는 경우에 한하여 주주가 총회에 출석하지 아니하고 전자적 방법으로 의결권을 행사하도록 할 수 있다.

┃해설┃

① [O] 총회의 결의는 이 법 또는 정관에 다른 정함이 있는 경우를 제외하고는 출석한 주주의 의결권의 과반수와 발행주식총수의 4분의 1 이상의 수로써 하여야 한다(상법 제368조 제1항).

② [O] 주주는 대리인으로 하여금 그 의결권을 행사하게 할 수 있다. 이 경우에는 그 대리인은 대리권을 증명하는 서면을 총회에 제출하여야 한다(상법 제368조 제2항).

③ [O] 주주가 2 이상의 의결권을 가지고 있는 때에는 이를 통일하지 아니하고 행사할 수 있다. 이 경우 주주총회일의 3일 전에 회사에 대하여 서면 또는 전자문서로 그 뜻과 이유를 통지하여야 한다(상법 제368조의2 제1항).

④ [O] 상법 제368조의3 제1항, 제2항

> **상법 제368조의3(서면에 의한 의결권의 행사)**
> ① 주주는 정관이 정한 바에 따라 총회에 출석하지 아니하고 서면에 의하여 의결권을 행사할 수 있다.
> ② 회사는 총회의 소집통지서에 주주가 제1항의 규정에 의한 의결권을 행사하는데 필요한 서면과 참고자료를 첨부하여야 한다.

⑤ [✕] 회사는 <u>이사회의 결의로</u> 주주가 총회에 출석하지 아니하고 전자적 방법으로 의결권을 행사할 수 있음을 정할 수 있다(상법 제368조의4 제1항).

답 ⑤

36 CPA 2020

확인Check! ○ △ ✕

상법상 주주총회의 특별결의사항이 아닌 것은?

① 재무제표의 승인
② 경영위임
③ 회사의 계속
④ 타인과 영업의 손익 전부를 같이하는 계약
⑤ 회사의 영업에 중대한 영향을 미치는 다른 회사의 영업 일부의 양수

┃해설┃

① [✕] 이사는 제447조(재무제표의 작성)의 각 서류를 정기총회에 제출하여 그 <u>승인</u>을 요구하여야 한다(상법 제449조 제1항). 즉 재무제표의 승인은 <u>보통결의사항</u>이다.
② [○], ④ [○] 상법 제374조 제1항 제2호
③ [○] 회사가 존립기간의 만료 기타 정관에 정한 사유의 발생 또는 주주총회의 결의에 의하여 해산한 경우에는 제434조의 규정에 의한 결의로 회사를 계속할 수 있다(상법 제519조).
⑤ [○] 상법 제374조 제1항 제3호

> **상법 제374조(영업양도, 양수, 임대등)**
> ① 회사가 다음 각 호의 어느 하나에 해당하는 행위를 할 때에는 제434조에 따른 결의가 있어야 한다.
>   1. 영업의 전부 또는 중요한 일부의 양도
>   2. 영업 전부의 임대 또는 경영위임, 타인과 영업의 손익 전부를 같이 하는 계약, 그 밖에 이에 준하는 계약의 체결·변경 또는 해약
>   3. 회사의 영업에 중대한 영향을 미치는 다른 회사의 영업 전부 또는 일부의 양수

답 ①

37 CPA 2020

확인Check! ○ △ ✕

상법상 주주총회의 소집 및 결의에 관한 설명으로 틀린 것은? (의결권 없는 주식은 제외함)

① 주주총회는 정관에 다른 정함이 없으면 본점소재지 또는 이에 인접한 지에 소집하여야 한다.
② 주주총회 소집통지서에는 회의의 목적사항을 적어야 한다.
③ 판례에 의하면, 임시주주총회가 법령 및 정관상 요구되는 이사회의 결의 및 소집절차 없이 이루어졌다 하더라도, 주주명부상의 주주 전원이 참석하여 총회를 개최하는 데 동의하고 아무런 이의 없이 만장일치로 결의가 이루어졌다면 그 결의는 특별한 사정이 없는 한 유효하다.
④ 자본금 총액이 10억원 미만인 회사는 주주 전원의 동의가 있을 경우에는 소집절차 없이 주주총회를 개최할 수 있다.
⑤ 자본금 총액이 10억원 미만인 회사의 경우 주주 전원이 동의하지 않더라도 서면에 의한 결의로써 주주총회의 결의를 갈음할 수 있다.

278 세무사 1차 객관식 상법(회사편)

해설

① [○] 총회는 정관에 다른 정함이 없으면 본점소재지 또는 이에 인접한 지에 소집하여야 한다(상법 제364조).

② [○] 상법 제363조 제2항

> **상법 제363조(소집의 통지)**
> ① 주주총회를 소집할 때에는 주주총회일의 2주 전에 각 주주에게 서면으로 통지를 발송하거나 각 주주의 동의를 받아 전자문서로 통지를 발송하여야 한다. 다만, 그 통지가 주주명부상 주주의 주소에 계속 3년간 도달하지 아니한 경우에는 회사는 해당 주주에게 총회의 소집을 통지하지 아니할 수 있다.
> ② 제1항의 통지서에는 회의의 목적사항을 적어야 한다.

③ [○] 주식회사의 임시주주총회가 법령 및 정관상 요구되는 이사회의 결의 및 소집절차 없이 이루어졌다 하더라도, 주주명부상의 주주 전원이 참석하여 총회를 개최하는 데 동의하고 아무런 이의 없이 만장일치로 결의가 이루어졌다면 그 결의는 특별한 사정이 없는 한 유효하다(대판 2002.12.24. 2000다69927).

④ [○], ⑤ [×] 자본금 총액이 10억원 미만인 회사는 <u>주주 전원의 동의가 있을 경우에는</u> 소집절차 없이 주주총회를 개최할 수 있고, <u>서면에 의한 결의로써 주주총회의 결의를 갈음할 수 있다</u>. 결의의 목적사항에 대하여 주주 전원이 서면으로 동의를 한 때에는 서면에 의한 결의가 있는 것으로 본다(상법 제363조 제4항).

답 ⑤

38 법무사 2023   ☑ 확인Check! ○ △ ✕

주식회사의 주주총회에 관한 다음 설명 중 가장 옳지 않은 것은? (다툼이 있는 경우 판례에 따르고 전원합의체 판결의 경우 다수의견에 의함. 이하 같음)

① 주주총회는 상법 또는 정관이 정하는 사항에 한하여 결의할 수 있고, 총회의 소집은 상법에 다른 규정이 있는 경우 외에는 이사회가 결정한다.

② 주주총회 결의사항은 정관이나 주주총회의 결의에 의하더라도 이를 다른 기관이나 제3자에게 위임할 수 있으므로, 정관 또는 주주총회에서 임원의 보수 총액 내지 한도액만을 정하고 개별 이사에 대한 지급액 등 구체적인 사항을 이사회에 위임하는 것은 물론 이사의 보수에 관한 사항을 이사회에 포괄적으로 위임하는 것도 허용된다.

③ 주주총회를 소집할 권한이 없는 자가 이사회의 주주총회 소집결정도 없이 소집한 주주총회에서 이루어진 결의는 특별한 사정이 없는 한 총회 및 결의라고 볼 만한 것이 사실상 존재한다고 하더라도 그 성립과정에 중대한 하자가 있어 법률상 존재하지 않는다고 보아야 한다.

④ 주식회사가 영업의 전부 또는 중요한 일부를 양도한 후 주주총회의 특별결의가 없었다는 이유를 들어 스스로 그 약정의 무효를 주장하더라도 주주 전원이 그와 같은 약정에 동의한 것으로 볼 수 있는 등 특별한 사정이 인정되지 않는다면 위와 같은 무효 주장이 신의성실 원칙에 반한다고 할 수는 없다.

⑤ 1인회사가 아닌 주식회사에서는 특별한 사정이 없는 한, 주주총회의 의결정족수를 충족하는 주식을 가진 주주들이 동의하거나 승인하였다는 사정만으로 주주총회에서 그러한 내용의 결의가 이루어질 것이 명백하다거나 또는 그러한 내용의 주주총회 결의가 있었던 것과 마찬가지라고 볼 수는 없다.

┃해설┃

① [O] 상법 제361조, 제362조

> **상법 제361조(총회의 권한)**
> 주주총회는 본법 또는 정관에 정하는 사항에 한하여 결의할 수 있다.
>
> **상법 제362조(소집의 결정)**
> 총회의 소집은 본법에 다른 규정이 있는 경우 외에는 이사회가 이를 결정한다.

② [×] 상법 제361조는 "주주총회는 본법 또는 정관에 정하는 사항에 한하여 결의할 수 있다"라고 규정하고 있는데, 이러한 주주총회 결의사항은 반드시 주주총회가 정해야 하고 정관이나 주주총회의 결의에 의하더라도 <u>이를 다른 기관이나 제3자에게 위임하지 못한다. 따라서 정관 또는 주주총회에서 임원의 보수 총액 내지 한도액만을 정하고 개별 이사에 대한 지급액 등 구체적인 사항을 이사회에 위임하는 것은 가능하지만, 이사의 보수에 관한 사항을 이사회에 포괄적으로 위임하는 것은 허용되지 아니한다.</u> 그리고 주주총회에서 이사의 보수에 관한 구체적 사항을 이사회에 위임한 경우에도 이를 주주총회에서 직접 정하는 것도 상법이 규정한 권한의 범위에 속하는 것으로서 가능하다(대판 2020.6.4. 2016다241515).

③ [O] 주주총회를 소집할 권한이 없는 자가 이사회의 주주총회 소집결정도 없이 소집한 주주총회에서 이루어진 결의는 특별한 사정이 없는 한 총회 및 결의라고 볼 만한 것이 사실상 존재한다고 하더라도 그 성립과정에 중대한 하자가 있어 법률상 존재하지 않는다고 보아야 한다(대판 2022.11.10. 2021다271282).

④ [O] 상법 제374조 제1항 제1호는 주식회사가 영업의 전부 또는 중요한 일부의 양도행위를 할 때에는 제434조에 따라 출석한 주주의 의결권의 3분의 2 이상의 수와 발행주식총수의 3분의 1 이상의 수로써 결의가 있어야 한다고 규정하고 있는데 이는 주식회사가 주주의 이익에 중대한 영향을 미치는 계약을 체결할 때에는 주주총회의 특별결의 를 얻도록 하여 그 결정에 주주의 의사를 반영하도록 함으로써 주주의 이익을 보호하려는 강행법규이므로, 주식회사가 영업의 전부 또는 중요한 일부를 양도한 후 주주총회의 특별결의가 없었다는 이유를 들어 스스로 그 약정의 무효를 주장하더라도 주주 전원이 그와 같은 약정에 동의한 것으로 볼 수 있는 등 특별한 사정이 인정되지 않는다면 위와 같은 무효 주장이 신의성실 원칙에 반한다고 할 수는 없다(대판 2018.4.26. 2017다288757).

⑤ [O] 주식회사의 총주식을 한 사람이 소유하는 이른바 1인회사의 경우에는 그 주주가 유일한 주주로서 주주총회에 출석하면 전원 총회로서 성립하고 그 주주의 의사대로 결의가 될 것이 명백하다. 이러한 이유로 주주총회 소집절차에 하자가 있거나 주주총회의사록이 작성되지 않았더라도, 1인주주의 의사가 주주총회의 결의내용과 일치한다면 증거에 의하여 그러한 내용의 결의가 있었던 것으로 볼 수 있다. 그러나 이는 주주가 1인인 1인회사에 한하여 가능한 법리이다. 1인회사가 아닌 주식회사에서는 특별한 사정이 없는 한, 주주총회의 의결정족수를 충족하는 주식을 가진 주주들이 동의하거나 승인하였다는 사정만으로 주주총회에서 그러한 내용의 결의가 이루어질 것이 명백하다거나 또는 그러한 내용의 주주총회 결의가 있었던 것과 마찬가지로 볼 수 없다(대판 2020.6.4. 2016다241515).

답 ②

다음 설명 중 가장 옳지 않은 것은?

① 회사가 '영업의 전부 또는 중요한 일부의 양도', '영업 전부의 임대 또는 경영위임, 타인과 영업의 손익 전부를 같이 하는 계약, 그 밖에 이에 준하는 계약의 체결·변경 또는 해약', '회사의 영업에 중대한 영향을 미치는 다른 회사의 영업 전부 또는 일부의 양수'를 할 때에는 주주총회의 특별결의가 있어야 한다.

② 회사의 영업 그 자체가 아닌 영업용재산의 처분이라고 하더라도 그로 인하여 회사의 영업의 전부 또는 중요한 일부를 양도하거나 폐지하는 것과 같은 결과를 가져오는 경우에는 그 처분행위를 함에 있어서 상법 제374조 제1항 제1호 소정의 주주총회의 특별결의를 요하는 것이고, 다만 회사가 위와 같은 회사존속의 기초가 되는 영업재산을 처분할 당시에 이미 영업을 폐지하거나 중단하고 있었던 경우에는 그 처분으로 인하여 비로소 영업의 전부 또는 일부가 폐지되거나 중단되기에 이른 것이라고 할 수 없으므로 주주총회의 특별결의를 요하지 않는 것이고, 위에서 '영업의 중단'이라고 함은 영업의 계속을 포기하고 일체의 영업활동을 중단한 것으로서 영업의 폐지에 준하는 상태를 말하고 단순히 회사의 자금사정 등 경영상태의 악화로 일시 영업활동을 중지한 경우는 여기에 해당하지 않는다.

③ 상법 제374조 제1항 제1호는 주식회사가 영업의 전부 또는 중요한 일부의 양도행위를 할 때에는 제434조에 따라 출석한 주주의 의결권의 3분의 2 이상의 수와 발행주식총수의 3분의 1 이상의 수로써 결의가 있어야 한다고 규정하고 있으나, 거래 상대방이 아닌 주식회사가 영업의 전부 또는 중요한 일부를 양도한 후 주주총회의 특별결의가 없었다는 이유를 들어 스스로 그 약정의 무효를 주장하는 것은 특별한 사정이 없는 한 신의성실 원칙에 반한다.

④ 영업양도에 반대하는 주주의 주식매수청구권은 이른바 형성권으로서 그 행사로 회사의 승낙 여부와 관계없이 주식에 관한 매매계약이 성립하고, 상법 제374조의2 제2항의 '매수 청구 기간이 종료하는 날부터 2개월'은 주식매매대금 지급의무의 이행기를 정한 것이라고 해석된다. 그리고 이러한 법리는 위 2개월 이내에 주식의 매수가액이 확정되지 아니하였다고 하더라도 다르지 아니하다.

⑤ 영업양도에 반대하는 주주의 주식매수청구권 행사에 따른 주식의 매수가액은 주주와 회사 간의 협의에 의하여 결정하고, 매수청구기간이 종료하는 날부터 30일 이내에 그 협의가 이루어지지 아니한 경우에는 회사 또는 주식의 매수를 청구한 주주는 법원에 대하여 매수가액의 결정을 청구할 수 있다.

❚ 해설 ❚

① [○] 상법 제374조 제1항

> **상법 제374조(영업양도, 양수, 임대등)**
> ① 회사가 다음 각 호의 어느 하나에 해당하는 행위를 할 때에는 제434조(정관변경의 특별결의)에 따른 결의가 있어야 한다.
>   1. 영업의 전부 또는 중요한 일부의 양도
>   2. 영업 전부의 임대 또는 경영위임, 타인과 영업의 손익 전부를 같이 하는 계약, 그 밖에 이에 준하는 계약의 체결·변경 또는 해약
>   3. 회사의 영업에 중대한 영향을 미치는 다른 회사의 영업 전부 또는 일부의 양수

② [O] 회사의 영업 그 자체가 아닌 영업용재산의 처분이라고 하더라도 그로 인하여 회사의 영업의 전부 또는 중요한 일부를 양도하거나 폐지하는 것과 같은 결과를 가져오는 경우에는 그 처분행위를 함에 있어서 상법 제374조 제1호 소정의 주주총회의 특별결의를 요하는 것이고, 다만 회사가 위와 같은 회사존속의 기초가 되는 영업재산을 처분할 당시에 이미 영업을 폐지하거나 중단하고 있었던 경우에는 그 처분으로 인하여 비로소 영업의 전부 또는 일부가 폐지되거나 중단되기에 이른 것이라고 할 수 없으므로 주주총회의 특별결의를 요하지 않는 것이고, 위에서 '영업의 중단'이라고 함은 영업의 계속을 포기하고 일체의 영업활동을 중단한 것으로서 영업의 폐지에 준하는 상태를 말하고 단순히 회사의 자금사정 등 경영상태의 악화로 일시 영업활동을 중지한 경우는 여기에 해당하지 않는다(대판 1992.8.18. 91다14369).

③ [×] 상법 제374조 제1항 제1호는 주식회사가 영업의 전부 또는 중요한 일부의 양도행위를 할 때에는 제434조에 따라 출석한 주주의 의결권의 3분의 2 이상의 수와 발행주식총수의 3분의 1 이상의 수로써 결의가 있어야 한다고 규정하고 있는데 이는 주식회사가 주주의 이익에 중대한 영향을 미치는 계약을 체결할 때에는 주주총회의 특별결의를 얻도록 하여 그 결정에 주주의 의사를 반영하도록 함으로써 주주의 이익을 보호하려는 <u>강행법규이므로, 주식회사가 영업의 전부 또는 중요한 일부를 양도한 후 주주총회의 특별결의가 없었다는 이유를 들어 스스로 그 약정의 무효를 주장하더라도 주주 전원이 그와 같은 약정에 동의한 것으로 볼 수 있는 등 특별한 사정이 인정되지 않는다면 위와 같은 무효 주장이 신의성실 원칙에 반한다고 할 수는 없다</u>(대판 2018.4.26. 2017다288757).

④ [O] 영업양도에 반대하는 주주의 주식매수청구권에 관하여 규율하고 있는 상법 제374조의2 제1항 내지 제4항의 규정 취지에 비추어 보면, 영업양도에 반대하는 주주의 주식매수청구권은 이른바 형성권으로서 그 행사로 회사의 승낙 여부와 관계없이 주식에 관한 매매계약이 성립하고, 상법 제374조의2 제2항의 '회사가 주식매수청구를 받은 날로부터 2월'은 주식매매대금 지급의무의 이행기를 정한 것이라고 해석된다. 그리고 이러한 법리는 위 2월 이내에 주식의 매수가액이 확정되지 아니하였다고 하더라도 다르지 아니하다(대판 2011.4.28. 2010다94953).

⑤ [O] 상법 제374조의2 제3항・제4항

> **상법 제374조의2(반대주주의 주식매수청구권)**
> ③ 제2항의 규정에 의한 주식의 매수가액은 주주와 회사 간의 협의에 의하여 결정한다.
> ④ 매수청구기간이 종료하는 날부터 30일 이내에 제3항의 규정에 의한 협의가 이루어지지 아니한 경우에는 회사 또는 주식의 매수를 청구한 주주는 법원에 대하여 매수가액의 결정을 청구할 수 있다.

 ③

☑ 제5항 반대주주의 주식매수청구권

40 세무사 2024
☑ 확인 Check! ○ △ ✕

상법상 반대주주의 주식매수청구권이 규정된 경우를 모두 고른 것은?

ㄱ. 주식의 포괄적 교환
ㄴ. 소규모합병
ㄷ. 간이주식교환
ㄹ. 간이합병
ㅁ. 소규모주식교환

① ㄱ, ㄴ, ㄷ   ② ㄱ, ㄷ, ㄹ
③ ㄴ, ㄷ, ㄹ   ④ ㄴ, ㄹ, ㅁ
⑤ ㄷ, ㄹ, ㅁ

┃ 해설 ┃

ㄱ. [○] 상법 제360조의3 제1항, 제360조의5 제1항

> **상법 제360조의3(주식교환계약서의 작성과 주주총회의 승인 및 주식교환대가가 모회사 주식인 경우의 특칙)**
> ① 주식교환을 하고자 하는 회사는 주식교환계약서를 작성하여 주주총회의 승인을 얻어야 한다.
>
> **상법 제360조의5(반대주주의 주식매수청구권)**
> ① 제360조의3 제1항의 규정에 의한 승인사항에 관하여 이사회의 결의가 있는 때에 그 결의에 반대하는 주주(의결권이 없거나 제한되는 주주를 포함한다. 이하 이 조에서 같다)는 주주총회 전에 회사에 대하여 서면으로 그 결의에 반대하는 의사를 통지한 경우에는 그 총회의 결의일부터 20일 이내에 주식의 종류와 수를 기재한 서면으로 회사에 대하여 자기가 소유하고 있는 주식의 매수를 청구할 수 있다.

ㄴ. [✕] 상법 제527조의3 제1항, 제5항

> **상법 제527조의3(소규모합병)**
> ① 합병 후 존속하는 회사가 합병으로 인하여 발행하는 신주 및 이전하는 자기주식의 총수가 그 회사의 발행주식총수의 100분의 10을 초과하지 아니하는 경우에는 그 존속하는 회사의 주주총회의 승인은 이를 이사회의 승인으로 갈음할 수 있다. 다만, 합병으로 인하여 소멸하는 회사의 주주에게 제공할 금전이나 그 밖의 재산을 정한 경우에 그 금액 및 그 밖의 재산의 가액이 존속하는 회사의 최종 대차대조표상으로 현존하는 순자산액의 100분의 5를 초과하는 경우에는 그러하지 아니하다.
> ⑤ 제1항 본문의 경우에는 제522조의3(합병반대주주의 주식매수청구권)의 규정은 이를 적용하지 아니한다.

ㄷ. [O] 상법 제360조의5 제2항, 제360조의9 제1항·제2항

> **상법 제360조의5(반대주주의 주식매수청구권)**
> ② 제360조의9 제2항의 공고 또는 통지를 한 날부터 2주 내에 회사에 대하여 서면으로 주식교환에 반대하는 의사를 통지한 주주는 그 기간이 경과한 날부터 20일 이내에 주식의 종류와 수를 기재한 서면으로 회사에 대하여 자기가 소유하고 있는 주식의 매수를 청구할 수 있다.
>
> **상법 제360조의9(간이주식교환)**
> ① 완전자회사가 되는 회사의 총주주의 동의가 있거나 그 회사의 발행주식총수의 100분의 90 이상을 완전모회사가 되는 회사가 소유하고 있는 때에는 완전자회사가 되는 회사의 주주총회의 승인은 이를 이사회의 승인으로 갈음할 수 있다.
> ② 제1항의 경우에 완전자회사가 되는 회사는 주식교환계약서를 작성한 날부터 2주 내에 주주총회의 승인을 얻지 아니하고 주식교환을 한다는 뜻을 공고하거나 주주에게 통지하여야 한다. 다만, 총주주의 동의가 있는 때에는 그러하지 아니하다.

ㄹ. [O] 상법 제522조의3 제2항, 제527조의2 제1항·제2항

> **상법 제522조의3(합병반대주주의 주식매수청구권)**
> ② 제527조의2 제2항의 공고 또는 통지를 한 날부터 2주 내에 회사에 대하여 서면으로 합병에 반대하는 의사를 통지한 주주는 그 기간이 경과한 날부터 20일 이내에 주식의 종류와 수를 기재한 서면으로 회사에 대하여 자기가 소유하고 있는 주식의 매수를 청구할 수 있다.
>
> **상법 제527조의2(간이합병)**
> ① 합병할 회사의 일방이 합병 후 존속하는 경우에 합병으로 인하여 소멸하는 회사의 총주주의 동의가 있거나 그 회사의 발행주식총수의 100분의 90이상을 합병 후 존속하는 회사가 소유하고 있는 때에는 합병으로 인하여 소멸하는 회사의 주주총회의 승인은 이를 이사회의 승인으로 갈음할 수 있다.
> ② 제1항의 경우에 합병으로 인하여 소멸하는 회사는 합병계약서를 작성한 날부터 2주 내에 주주총회의 승인을 얻지 아니하고 합병을 한다는 뜻을 공고하거나 주주에게 통지하여야 한다. 다만, 총주주의 동의가 있는 때에는 그러하지 아니하다.

ㅁ. [×] 상법 제360조의10 제1항, 제7항

> **상법 제360조의10(소규모 주식교환)**
> ① 완전모회사가 되는 회사가 주식교환을 위하여 발행하는 신주 및 이전하는 자기주식의 총수가 그 회사의 발행주식총수의 100분의 10을 초과하지 아니하는 경우에는 그 회사에서의 제360조의3 제1항의 규정에 의한 주주총회의 승인은 이를 이사회의 승인으로 갈음할 수 있다. 다만, 완전자회사가 되는 회사의 주주에게 제공할 금전이나 그 밖의 재산을 정한 경우에 그 금액 및 그 밖의 재산의 가액이 제360조의4 제1항 제3호에서 규정한 최종 대차대조표에 의하여 완전모회사가 되는 회사에 현존하는 순자산액의 100분의 5를 초과하는 때에는 그러하지 아니하다.
> ⑦ 제1항 본문의 경우에는 제360조의5의 규정은 이를 적용하지 아니한다.

답 ②

41

상법상 비상장주식회사의 영업 전부의 양도에 반대하는 주주의 주식매수청구권에 관한 설명으로 옳지 않은 것은?

① 회사는 주주총회의 결의에 반대하는 주주가 주식매수를 청구하면 그 결의일로부터 20일 이내에 그 주식을 매수하여야 한다.

② 반대주주가 주식매수청구권을 행사한 경우에 회사는 자기의 주식을 취득할 수 있다.

③ 의결권이 제한되는 주주도 반대주주의 주식매수청구권을 행사할 수 있다.

④ 회사의 총주주가 동의하여 주주총회의 승인을 이사회의 승인으로 갈음하는 경우에도 반대하는 주주는 주식의 매수를 청구할 수 있다.

⑤ 반대주주의 주식매수청구권이 행사된 경우 주식의 매수가액은 원칙적으로 주주와 회사 간의 협의에 의하여 결정한다.

┃ 해설 ┃

① [✕] 제1항의 청구(반대주주의 주식매수청구)를 받으면 해당 회사는 같은 항의 <u>매수 청구 기간이 종료하는 날부터 2개월 이내</u>에 그 주식을 매수하여야 한다(상법 제374조의2 제2항).

② [○] 상법 제341조의2 제4호

> **상법 제341조의2(특정목적에 의한 자기주식의 취득)**
> 회사는 다음 각 호의 어느 하나에 해당하는 경우에는 제341조에도 불구하고 자기의 주식을 취득할 수 있다.
>   1. 회사의 합병 또는 다른 회사의 영업전부의 양수로 인한 경우
>   2. 회사의 권리를 실행함에 있어 그 목적을 달성하기 위하여 필요한 경우
>   3. 단주(端株)의 처리를 위하여 필요한 경우
>   4. 주주가 주식매수청구권을 행사한 경우

③ [○] 제374조에 따른 결의사항에 반대하는 주주(<u>의결권이 없거나 제한되는 주주를 포함한다.</u> 이하 이 조에서 같다)는 주주총회 전에 회사에 대하여 서면으로 그 결의에 반대하는 의사를 통지한 경우에는 그 총회의 결의일부터 20일 이내에 주식의 종류와 수를 기재한 서면으로 회사에 대하여 자기가 소유하고 있는 주식의 매수를 청구할 수 있다(상법 제374조의2 제1항).

④ [✕] 간이영업양도 등의 경우에 반대주주의 주식매수청구권이 인정되기 위해서는 회사가 주주총회의 승인을 받지 아니하고 영업양도, 양수, 임대 등을 한다는 뜻을 공고하거나 주주에게 통지하여야 하는데, 총주주의 동의로 주주총회의 승인을 이사회의 승인으로 갈음한 경우에는 이러한 통지나 공고를 하지 않으므로(상법 제374조의3 제2항 단서 참조) 반대주주는 주식매수청구권을 행사할 수 없다. 또한 개념적으로 총주주가 동의한 경우이므로 반대주주가 있다는 것을 상정하기는 어렵다.

> **상법 제374조의3(간이영업양도, 양수, 임대 등)**
> ① 제374조 제1항 각 호의 어느 하나에 해당하는 행위를 하는 회사의 총주주의 동의가 있거나 그 회사의 발행주식총수의 100분의 90 이상을 해당 행위의 상대방이 소유하고 있는 경우에는 그 회사의 주주총회의 승인은 이를 이사회의 승인으로 갈음할 수 있다.
> ② 제1항의 경우에 회사는 영업양도, 양수, 임대 등의 계약서 작성일부터 2주 이내에 주주총회의 승인을 받지 아니하고 영업양도, 양수, 임대 등을 한다는 뜻을 공고하거나 주주에게 통지하여야 한다. 다만, <u>총주주의 동의가 있는 경우에는 그러하지 아니하다.</u>

③ 제2항의 공고 또는 통지를 한 날부터 2주 이내에 회사에 대하여 서면으로 영업양도, 양수, 임대 등에 반대하는 의사를 통지한 주주는 그 기간이 경과한 날부터 20일 이내에 주식의 종류와 수를 기재한 서면으로 회사에 대하여 자기가 소유하고 있는 주식의 매수를 청구할 수 있다. 이 경우 제374조의2 제2항부터 제5항까지의 규정을 준용한다.

⑤ [O] 제2항의 규정에 의한 주식의 매수가액은 주주와 회사간의 협의에 의하여 결정한다(상법 제374조의2 제3항). 매수청구기간이 종료하는 날부터 30일 이내에 회사와 주주 간의 가격결정에 관한 협의가 이루어지지 아니한 경우에는 회사 또는 매수청구를 하는 주주는 법원에 대하여 매수가격의 결정을 청구할 수 있다(상법 제374조의2 제4항).

답 ① · ④ (복수정답 인정)

42 세무사 2022

☑ 확인 Check! ○ △ ✕

상법상 반대주주의 주식매수청구권이 인정되는 경우를 모두 고른 것은?

ㄱ. 간이영업양도 · 양수에 반대하는 주주
ㄴ. 소규모합병을 반대하는 소멸회사의 주주
ㄷ. 주주총회의 결의에 의하여 해산한 회사에서 회사 계속의 결의에 반대하는 주주
ㄹ. 영업 일부의 임대에 반대하는 주주
ㅁ. 타인과 영업의 손익 전부를 같이 하는 계약의 체결 · 변경 또는 해약에 반대하는 주주

① ㄱ, ㄴ, ㄷ
② ㄱ, ㄴ, ㅁ
③ ㄱ, ㄹ, ㅁ
④ ㄴ, ㄷ, ㄹ
⑤ ㄷ, ㄹ, ㅁ

해설

ㄱ. [O] 상법 제374조의3 제3항

상법 제374조의3(간이영업양도, 양수, 임대 등)
① 제374조 제1항 각 호의 어느 하나에 해당하는 행위를 하는 회사의 총주주의 동의가 있거나 그 회사의 발행주식총수의 100분의 90 이상을 해당 행위의 상대방이 소유하고 있는 경우에는 그 회사의 주주총회의 승인은 이를 이사회의 승인으로 갈음할 수 있다.
② 제1항의 경우에 회사는 영업양도, 양수, 임대 등의 계약서 작성일부터 2주 이내에 주주총회의 승인을 받지 아니하고 영업양도, 양수, 임대 등을 한다는 뜻을 공고하거나 주주에게 통지하여야 한다. 다만, 총주주의 동의가 있는 경우에는 그러하지 아니하다.
③ 제2항의 공고 또는 통지를 한 날부터 2주 이내에 회사에 대하여 서면으로 영업양도, 양수, 임대 등에 반대하는 의사를 통지한 주주는 그 기간이 경과한 날부터 20일 이내에 주식의 종류와 수를 기재한 서면으로 회사에 대하여 자기가 소유하고 있는 주식의 매수를 청구할 수 있다. 이 경우 제374조의2 제2항부터 제5항까지의 규정을 준용한다.

ㄴ. [○] 일반적인 합병의 경우 반대주주에게 주식매수청구권이 인정된다(상법 제522조의3 참조). 하지만 소규모합병의 경우 존속회사의 주주는 합병에 반대하더라도 주식매수청구권을 행사할 수 없다(상법 제527조의3 제5항 참조). 그러나 소멸회사의 반대주주에게는 이를 배제하는 규정이 없으므로 원칙으로 돌아가 주식매수청구권이 인정된다.

> **상법 제527조의3(소규모합병)**
> ① 합병 후 존속하는 회사가 합병으로 인하여 발행하는 신주 및 이전하는 자기주식의 총수가 그 회사의 발행주식총수의 100분의 10을 초과하지 아니하는 경우에는 그 존속하는 회사의 주주총회의 승인은 이를 이사회의 승인으로 갈음할 수 있다. 다만, 합병으로 인하여 소멸하는 회사의 주주에게 제공할 금전이나 그 밖의 재산을 정한 경우에 그 금액 및 그 밖의 재산의 가액이 존속하는 회사의 최종 대차대조표상으로 현존하는 순자산액의 100분의 5를 초과하는 경우에는 그러하지 아니하다.
> ⑤ 제1항 본문의 경우에는 제522조의3의 규정은 이를 적용하지 아니한다.
>
> **상법 제522조의3(합병반대주주의 주식매수청구권)**
> ① 제522조 제1항에 따른 결의사항에 관하여 이사회의 결의가 있는 때에 그 결의에 반대하는 주주(의결권이 없거나 제한되는 주주를 포함한다. 이하 이 조에서 같다)는 주주총회 전에 회사에 대하여 서면으로 그 결의에 반대하는 의사를 통지한 경우에는 그 총회의 결의일부터 20일 이내에 주식의 종류와 수를 기재한 서면으로 회사에 대하여 자기가 소유하고 있는 주식의 매수를 청구할 수 있다.
> ② 제527조의2 제2항의 공고 또는 통지를 한 날부터 2주 내에 회사에 대하여 서면으로 합병에 반대하는 의사를 통지한 주주는 그 기간이 경과한 날부터 20일 이내에 주식의 종류와 수를 기재한 서면으로 회사에 대하여 자기가 소유하고 있는 주식의 매수를 청구할 수 있다.

ㄷ. [×] 회사가 존립기간의 만료 기타 정관에 정한 사유의 발생 또는 주주총회의 결의에 의하여 해산한 경우에는 제434조의 규정에 의한 결의로 회사를 계속할 수 있다(상법 제519조). 그러나 이 경우에 반대주주에게 주식매수청구권을 인정하는 규정이 없다.

ㄹ. [×] 영업 임대의 경우 전부 임대일 때 반대주주에게 주식매수청구권이 인정된다(상법 제374조의2 제1항, 제374조 제1항 제2호 참조).

ㅁ. [○] 상법 제374조의2 제1항, 제374조 제1항 제2호

> **상법 제374조의2(반대주주의 주식매수청구권)**
> ① 제374조에 따른 결의사항에 반대하는 주주(의결권이 없거나 제한되는 주주를 포함한다. 이하 이 조에서 같다)는 주주총회 전에 회사에 대하여 서면으로 그 결의에 반대하는 의사를 통지한 경우에는 그 총회의 결의일부터 20일 이내에 주식의 종류와 수를 기재한 서면으로 회사에 대하여 자기가 소유하고 있는 주식의 매수를 청구할 수 있다.
>
> **상법 제374조(영업양도, 양수, 임대등)**
> ① 회사가 다음 각 호의 어느 하나에 해당하는 행위를 할 때에는 제434조에 따른 결의가 있어야 한다.
>   1. 영업의 전부 또는 중요한 일부의 양도
>   2. 영업 전부의 임대 또는 경영위임, 타인과 영업의 손익 전부를 같이 하는 계약, 그 밖에 이에 준하는 계약의 체결·변경 또는 해약
>   3. 회사의 영업에 중대한 영향을 미치는 다른 회사의 영업 전부 또는 일부의 양수

답 ②

43 세무사 2020

✓ 확인 Check! ○ △ ✕

상법상 주주총회결의에 반대하는 주주의 주식매수청구권이 인정되지 않는 것은?

① 간이합병
② 회사의 해산
③ 영업 전부의 임대
④ 영업의 중요한 일부의 양도
⑤ 회사의 영업에 중대한 영향을 미치는 다른 회사의 영업 전부의 양수

┃**해설**┃

① [○] 상법 제522조의3 제2항, 제527조의2 제2항

> **상법 제522조의3(합병반대주주의 주식매수청구권)**
> ② 제527조의2 제2항의 공고 또는 통지를 한 날부터 2주 내에 회사에 대하여 서면으로 합병에 반대하는 의사를 통지한 주주는 그 기간이 경과한 날부터 20일 이내에 주식의 종류와 수를 기재한 서면으로 회사에 대하여 자기가 소유하고 있는 주식의 매수를 청구할 수 있다.
>
> **상법 제527조의2(간이합병)**
> ① 합병할 회사의 일방이 합병 후 존속하는 경우에 합병으로 인하여 소멸하는 회사의 총주주의 동의가 있거나 그 회사의 발행주식총수의 100분의 90이상을 합병 후 존속하는 회사가 소유하고 있는 때에는 합병으로 인하여 소멸하는 회사의 주주총회의 승인은 이를 이사회의 승인으로 갈음할 수 있다.
> ② 제1항의 경우에 합병으로 인하여 소멸하는 회사는 합병계약서를 작성한 날부터 2주 내에 주주총회의 승인을 얻지 아니하고 합병을 한다는 뜻을 공고하거나 주주에게 통지하여야 한다. 다만, 총주주의 동의가 있는 때에는 그러하지 아니하다.

② [✕] 회사의 해산 결의에 반대하는 주주의 주식매수청구권을 인정하는 규정이 없다.
③ [○] 상법 제374조의2 제1항, 제374조 제1항 제2호
④ [○] 상법 제374조의2 제1항, 제374조 제1항 제1호
⑤ [○] 상법 제374조의2 제1항, 제374조 제1항 제3호

> **상법 제374조의2(반대주주의 주식매수청구권)**
> ① 제374조에 따른 결의사항에 반대하는 주주(의결권이 없거나 제한되는 주주를 포함한다. 이하 이 조에서 같다)는 주주총회 전에 회사에 대하여 서면으로 그 결의에 반대하는 의사를 통지한 경우에는 그 총회의 결의일부터 20일 이내에 주식의 종류와 수를 기재한 서면으로 회사에 대하여 자기가 소유하고 있는 주식의 매수를 청구할 수 있다.
>
> **상법 제374조(영업양도, 양수, 임대등)**
> ① 회사가 다음 각 호의 어느 하나에 해당하는 행위를 할 때에는 제434조에 따른 결의가 있어야 한다.
>   1. 영업의 전부 또는 중요한 일부의 양도
>   2. 영업 전부의 임대 또는 경영위임, 타인과 영업의 손익 전부를 같이 하는 계약, 그 밖에 이에 준하는 계약의 체결·변경 또는 해약
>   3. 회사의 영업에 중대한 영향을 미치는 다른 회사의 영업 전부 또는 일부의 양수

더 살펴보기	주식매수청구권 인정 여부	
인정되는 경우		**부정되는 경우**
• 주식의 포괄적 교환 및 이전(상법 제360조의5, 제360조의22) • 영업양도·양수 등(상법 제374조의2) • 합병(상법 제522조의3) • 간이합병(상법 제527조의2) • 분할합병(상법 제530조의11)		• 정관변경 • 자본금 감소 • 주식분할 • 해 산 • 분 할 • 소규모 (흡수)합병의 존속회사의 주주 • 소규모 분할(흡수)합병의 존속회사의 주주 • 소규모 주식교환의 완전모회사의 주주

답 ②

44 세무사 2018

☑ 확인Check! ○ △ ✕

상법상 반대주주의 주식매수청구권이 인정되는 것은?

① 회사 계속의 결의
② 간이영업양도 결의
③ 자본금 감소의 결의
④ 정관변경 결의
⑤ 이사해임 결의

┃해설┃

① [✕], ③ [✕], ④ [✕], ⑤ [✕] 특별결의사항이더라도 이사해임, 정관변경, 자본금 감소, 분할, 해산, 회사의 계속 등의 경우에는 주식매수청구가 인정되지 않는다.

② [○] 상법 제374조의3 제3항

> **상법 제374조의3(간이영업양도, 양수, 임대 등)**
> ① 제374조 제1항 각 호의 어느 하나에 해당하는 행위를 하는 회사의 총주주의 동의가 있거나 그 회사의 발행주식총수의 100분의 90 이상을 해당 행위의 상대방이 소유하고 있는 경우에는 그 회사의 주주총회의 승인은 이를 이사회의 승인으로 갈음할 수 있다.
> ② 제1항의 경우에 회사는 영업양도, 양수, 임대 등의 계약서 작성일부터 2주 이내에 주주총회의 승인을 받지 아니하고 영업양도, 양수, 임대 등을 한다는 뜻을 공고하거나 주주에게 통지하여야 한다. 다만, 총주주의 동의가 있는 경우에는 그러하지 아니하다.
> ③ 제2항의 공고 또는 통지를 한 날부터 2주 이내에 회사에 대하여 서면으로 영업양도, 양수, 임대 등에 반대하는 의사를 통지한 주주는 그 기간이 경과한 날부터 20일 이내에 주식의 종류와 수를 기재한 서면으로 회사에 대하여 자기가 소유하고 있는 주식의 매수를 청구할 수 있다. 이 경우 제374조의2 제2항부터 제5항까지의 규정을 준용한다.

답 ②

상법상 반대주주의 주식매수청구권이 인정되지 않는 주주총회의 결의사항은?

① 영업의 전부의 양도

② 이사의 해임

③ 경영 전부의 위임

④ 타인과 영업의 손익 전부를 같이 하는 계약

⑤ 회사의 영업에 중대한 영향을 미치는 다른 회사의 영업 일부의 양수

┃해설┃

① [○] 상법 제374조의2 제1항, 제374조 제1항 제1호

② [✕] 이사의 해임 결의에 반대하는 주주의 주식매수청구권을 인정하는 규정이 없다.

③ [○], ④ [○] 상법 제374조의2 제1항, 제374조 제1항 제2호

⑤ [○] 상법 제374조의2 제1항, 제374조 제1항 제3호

> **상법 제374조의2(반대주주의 주식매수청구권)**
> ① 제374조에 따른 결의사항에 반대하는 주주(의결권이 없거나 제한되는 주주를 포함한다. 이하 이 조에서 같다)는 주주총회 전에 회사에 대하여 서면으로 그 결의에 반대하는 의사를 통지한 경우에는 그 총회의 결의일부터 20일 이내에 주식의 종류와 수를 기재한 서면으로 회사에 대하여 자기가 소유하고 있는 주식의 매수를 청구할 수 있다.
>
> **상법 제374조(영업양도, 양수, 임대등)**
> ① 회사가 다음 각 호의 어느 하나에 해당하는 행위를 할 때에는 제434조에 따른 결의가 있어야 한다.
> 1. 영업의 전부 또는 중요한 일부의 양도
> 2. 영업 전부의 임대 또는 경영위임, 타인과 영업의 손익 전부를 같이 하는 계약, 그 밖에 이에 준하는 계약의 체결·변경 또는 해약
> 3. 회사의 영업에 중대한 영향을 미치는 다른 회사의 영업 전부 또는 일부의 양수

답 ②

상법상 주식회사의 영업양도에 관한 설명으로 옳은 것은?

① 영업의 전부를 양도하려는 회사가 해당 영업을 양수하려는 회사의 발행주식총수의 100분의 90 이상을 소유하고 있는 경우 이사회의 승인으로 영업을 양도할 수 있다.

② 영업양도에 반대하는 주주가 주식매수를 청구한 날로부터 20일 이내에 청구를 받은 회사는 그 주식을 매수하여야 한다.

③ 영업을 양도하려는 회사의 총주주의 동의가 있는 경우, 그 회사의 주주총회의 승인은 이를 이사회의 승인으로 갈음할 수 있으며 이 경우 주주총회의 승인 없이 영업양도를 한다는 뜻을 공고하거나 주주에게 통지하여야 한다.

④ 주주총회의 승인을 받지 아니하고 영업양도를 한다는 뜻의 공고가 있은 날부터 20일 이내에 회사에 대하여 서면으로 영업양도에 반대하는 의사를 통지한 주주는 주식의 매수를 청구할 수 있다.

⑤ 영업의 전부 또는 중요한 일부의 양도에 반대하는 무의결권 주식의 주주도 주식매수청구권을 행사할 수 있다.

┃해설┃

① [✕] 영업의 전부를 양도하려는 회사의 발행주식총수의 100분의 90 이상을 양수하려는 회사가 소유하고 있는 경우에는 영업의 전부를 양도하려는 회사의 주주총회의 승인은 이를 이사회의 승인으로 갈음할 수 있다(상법 제374조 제1항 제1호, 제374조의3 제1항 참조).

② [✕] 영업양도에 반대하는 주주의 매수청구기간(주주총회 결의일로부터 20일)이 종료하는 날부터 2개월 이내에 청구를 받은 회사는 그 주식을 매수하여야 한다(상법 제374조의2 제1항, 제2항 참조).

③ [✕] 영업을 양도하려는 회사의 총주주의 동의가 있는 경우, 그 회사의 주주총회의 승인은 이를 이사회의 승인으로 갈음할 수 있다. 그러나 이 경우 주주총회의 승인 없이 영업양도를 한다는 뜻을 공고하거나 주주에게 통지할 필요는 없다(상법 제374조의3 제1항, 제2항 참조).

④ [✕] 주주총회의 승인을 받지 아니하고 영업양도를 한다는 뜻의 공고가 있은 날부터 2주 이내에 회사에 대하여 서면으로 영업양도에 반대하는 의사를 통지한 주주는 그 기간이 경과한 날부터 20일 이내에 주식의 종류와 수를 기재한 서면으로 회사에 대하여 자기가 소유하고 있는 주식의 매수를 청구할 수 있다(상법 제374조의3 제3항 참조).

> **상법 제374조(영업양도, 양수, 임대등)**
> ① 회사가 다음 각 호의 어느 하나에 해당하는 행위를 할 때에는 제434조에 따른 결의가 있어야 한다.
>   1. 영업의 전부 또는 중요한 일부의 양도
>   2. 영업 전부의 임대 또는 경영위임, 타인과 영업의 손익 전부를 같이 하는 계약, 그 밖에 이에 준하는 계약의 체결·변경 또는 해약
>   3. 회사의 영업에 중대한 영향을 미치는 다른 회사의 영업 전부 또는 일부의 양수
>
> **상법 제374조의3(간이영업양도, 양수, 임대 등)**
> ① 제374조 제1항 각 호의 어느 하나에 해당하는 행위를 하는 회사의 총주주의 동의가 있거나 그 회사의 발행주식총수의 100분의 90 이상을 해당 행위의 상대방이 소유하고 있는 경우에는 그 회사의 주주총회의 승인은 이를 이사회의 승인으로 갈음할 수 있다.

⑤ [O] 상법 제374조의2 제1항

 ⑤

---

47 CPA 2023

☑ 확인Check! ○ △ X

상법상 비상장주식회사의 영업전부의 양도에 반대하는 주주의 주식매수청구권에 관한 설명으로 **틀린** 것은? (이견이 있으면 판례에 의함)

① 의결권 없는 종류주식을 보유한 주주도 주식매수청구권을 행사할 수 있다.

② 주식매수청구권은 그 행사로 회사와 주식에 관한 매매계약이 성립한다.

③ 주식매수청구를 받으면 해당 회사는 청구를 받은 날부터 2개월 이내에 그 주식을 매수하여야 한다.

④ 매수가액에 관하여 매수청구기간이 종료하는 날부터 30일 이내에 회사와 주주간 협의가 이루어지지 않는 경우, 회사 또는 주식매수를 청구한 주주는 법원에 대하여 매수가액의 결정을 청구할 수 있다.

⑤ 반대하는 주주로부터 회사가 매수한 주식의 처분에 대해서 정관에 규정이 없는 것은 이사회가 결정한다.

해설

① [O] 상법 제374조의2 제1항

② [O] 영업양도에 반대하는 주주의 주식매수청구권에 관하여 규율하고 있는 상법 제374조의2 제1항 내지 제4항의 규정 취지에 비추어 보면, 영업양도에 반대하는 주주의 주식매수청구권은 이른바 형성권으로서 그 행사로 회사의 승낙 여부와 관계없이 주식에 관한 매매계약이 성립한다(대판 2011.4.28. 2010다94953).

③ [X] 주식매수청구를 받으면 해당 회사는 매수청구기간이 종료하는 날부터 2개월 이내에 그 주식을 매수하여야 한다(상법 제374조의2 제2항 참조).

④ [○] 상법 제374조의2 제3항, 제4항

> **상법 제374조의2(반대주주의 주식매수청구권)**
> ① 제374조에 따른 결의사항에 반대하는 주주(의결권이 없거나 제한되는 주주를 포함한다. 이하 이 조에서 같다)는 주주총회 전에 회사에 대하여 서면으로 그 결의에 반대하는 의사를 통지한 경우에는 그 총회의 결의일부터 20일 이내에 주식의 종류와 수를 기재한 서면으로 회사에 대하여 자기가 소유하고 있는 주식의 매수를 청구할 수 있다.
> ② 제1항의 청구를 받으면 해당 회사는 같은 항의 매수 청구 기간(이하 이 조에서 "매수청구기간"이라 한다)이 종료하는 날부터 2개월 이내에 그 주식을 매수하여야 한다.
> ③ 제2항의 규정에 의한 주식의 매수가액은 주주와 회사간의 협의에 의하여 결정한다.
> ④ 매수청구기간이 종료하는 날부터 30일 이내에 제3항의 규정에 의한 협의가 이루어지지 아니한 경우에는 회사 또는 주식의 매수를 청구한 주주는 법원에 대하여 매수가액의 결정을 청구할 수 있다.

⑤ [○] 상법 제342조

> **상법 제342조(자기주식의 처분)**
> 회사가 보유하는 자기의 주식을 처분하는 경우에 다음 각 호의 사항으로서 정관에 규정이 없는 것은 이사회가 결정한다.
>   1. 처분할 주식의 종류와 수
>   2. 처분할 주식의 처분가액과 납입기일
>   3. 주식을 처분할 상대방 및 처분방법

답 ③

48 세무사 2024   ☑ 확인Check! ○ △ ✕

상법상 주주총회결의의 하자에 관한 설명으로 옳은 것은?

① 결의취소의 소에서 원고가 승소한 경우 그 판결은 소급효가 있다.
② 결의내용이 정관에 위반한 때 주주는 결의의 날로부터 2주 내에 결의취소의 소를 제기할 수 있다.
③ 주주총회의 소집절차 또는 결의방법에 결의가 존재한다고 볼 수 없을 정도의 중대한 하자가 있는 경우에는 결의무효확인 소의 대상이다.
④ 결의내용이 법령에 위반한 경우에는 결의부존재확인 소의 대상이다.
⑤ 이사인 주주가 결의취소의 소를 제기한 때에는 법원은 회사의 청구에 의하여 상당한 담보를 제공할 것을 명할 수 있다.

━━━

┃해설┃

① [○] 결의취소의 소에서 원고가 승소한 경우 상법 제190조 본문을 준용하므로 대세효가 있고, 상법 제190조 단서는 준용하지 아니하므로 소급효가 있다(상법 제376조 제2항, 제190조 본문 참조).
② [✕] 결의내용이 정관에 위반한 때 주주는 결의의 날로부터 2월 내에 결의취소의 소를 제기할 수 있다(상법 제376조 제1항 참조).

> **상법 제376조(결의취소의 소)**
> ① 총회의 소집절차 또는 결의방법이 법령 또는 정관에 위반하거나 현저하게 불공정한 때 또는 그 결의의 내용이 정관에 위반한 때에는 주주ㆍ이사 또는 감사는 결의의 날로부터 2월 내에 결의취소의 소를 제기할 수 있다.
> ② 제186조 내지 제188조, 제190조 본문과 제191조의 규정은 제1항의 소에 준용한다.
>
> **상법 제190조(판결의 효력)**
> 설립무효의 판결 또는 설립취소의 판결은 제3자에 대하여도 그 효력이 있다. 그러나 판결확정 전에 생긴 회사와 사원 및 제3자 간의 권리의무에 영향을 미치지 아니한다.

③ [✕], ④ [✕] 제186조 내지 제188조, 제190조 본문, 제191조, 제377조와 제378조의 규정은 총회의 <u>결의의 내용이 법령에 위반한 것을 이유로 하여 결의무효의 확인을 청구하는 소와 총회의 소집절차 또는 결의방법에 총회결의가 존재한다고 볼 수 없을 정도의 중대한 하자가 있는 것을 이유로 하여 결의부존재의 확인을 청구하는 소</u>에 이를 준용한다(상법 제380조).
⑤ [✕] 주주가 결의취소의 소를 제기한 때에는 법원은 회사의 청구에 의하여 상당한 담보를 제공할 것을 명할 수 있다. 그러나 <u>그 주주가 이사 또는 감사인 때에는 그러하지 아니하다</u>(상법 제377조 제1항).

답 ①

상법상 주식회사의 채권자가 제기할 수 없는 소는?

① 위법배당금반환청구의 소
② 합병무효의 소
③ 분할합병 무효의 소
④ 자본금 감소 무효의 소
⑤ 주주총회 결의취소의 소

▌해설▐

① **[제소권 ○]** 제1항(배당가능이익)을 위반하여 이익을 배당한 경우에 회사채권자는 배당한 이익을 회사에 반환할 것을 청구할 수 있다(상법 제462조 제3항).

② **[제소권 ○]** 합병무효는 각 회사의 주주·이사·감사·청산인·파산관재인 또는 합병을 승인하지 아니한 채권자에 한하여 소만으로 이를 주장할 수 있다(상법 제529조 제1항).

③ **[제소권 ○]** 분할 또는 분할합병의 절차에 하자가 있는 경우에는 합병무효의 소에 관한 규정을 준용한다(상법 제530조의 11 제1항, 제529조 참조). 따라서 주주·이사·감사·청산인·파산관재인 또는 분할합병을 승인하지 아니한 채권자는 분할합병 무효의 소를 제기할 수 있다.

④ **[제소권 ○]** 자본금 감소의 무효는 주주·이사·감사·청산인·파산관재인 또는 자본금의 감소를 승인하지 아니한 채권자만이 자본금 감소로 인한 변경등기가 된 날부터 6개월 내에 소만으로 주장할 수 있다(상법 제445조).

⑤ **[제소권 ✕]** 총회의 소집절차 또는 결의방법이 법령 또는 정관에 위반하거나 현저하게 불공정한 때 또는 그 결의의 내용이 정관에 위반한 때에는 <u>주주·이사 또는 감사</u>는 결의의 날로부터 2월 내에 결의취소의 소를 제기할 수 있다(상법 제376조 제1항).

답 ⑤

50 세무사 2022

☑ 확인 Check! ○ △ ✕

상법상 주주총회 결의취소의 소에 관한 설명으로 옳지 않은 것은?

① 총회의 결의방법이 법령에 위반한 때에는 감사는 결의의 날로부터 2월 내에 결의취소의 소를 제기할 수 있다.

② 총회 결의취소의 소는 주주 또는 이사도 제기할 수 있다.

③ 총회의 결의내용이 법령에 위반한 때에는 감사는 결의의 날로부터 2월 내에 결의취소의 소를 제기할 수 있다.

④ 주주가 결의취소의 소를 제기한 때에는 법원은 회사의 청구에 의하여 상당한 담보를 제공할 것을 명할 수 있다.

⑤ 결의취소의 소가 제기된 경우에 결의의 내용, 회사의 현황과 제반사정을 참작하여 그 취소가 부적당하다고 인정한 때에는 법원은 그 청구를 기각할 수 있다.

··

┃해설┃

① [○], ② [○] 총회의 소집절차 또는 결의방법이 법령 또는 정관에 위반하거나 현저하게 불공정한 때 또는 그 결의의 내용이 정관에 위반한 때에는 주주·이사 또는 감사는 결의의 날로부터 2월 내에 결의취소의 소를 제기할 수 있다(상법 제376조 제1항).

③ [✕] 제186조 내지 제188조, 제190조 본문, 제191조, 제377조와 제378조의 규정은 <u>총회의 결의의 내용이 법령에 위반한 것을 이유로 하여 결의무효의 확인을 청구하는 소</u>와 총회의 소집절차 또는 결의방법에 총회결의가 존재한다고 볼 수 없을 정도의 중대한 하자가 있는 것을 이유로 하여 결의부존재의 확인을 청구하는 소에 이를 준용한다(상법 제380조). 즉, 총회의 결의의 내용이 법령에 위반하는 때에는 결의무효확인의 소를 제기할 수 있다.

④ [○] 주주가 결의취소의 소를 제기한 때에는 법원은 회사의 청구에 의하여 상당한 담보를 제공할 것을 명할 수 있다. 그러나 그 주주가 이사 또는 감사인 때에는 그러하지 아니하다(상법 제377조 제1항).

⑤ [○] 결의취소의 소가 제기된 경우에 결의의 내용, 회사의 현황과 제반사정을 참작하여 그 취소가 부적당하다고 인정한 때에는 법원은 그 청구를 기각할 수 있다(상법 제379조).

답 ③

상법상 주주총회의 부당결의 취소의 소에 관한 설명으로 옳지 않은 것은?

① 총회의 결의에 관하여 특별한 이해관계가 있는 자로서 의결권을 행사하지 못한 주주는 결의가 현저하게 부당하고 의결권을 행사하였더라면 이를 저지할 수 있었을 때에는 결의의 취소의 소를 제기할 수 있다.

② 부당결의 취소의 소는 결의의 날부터 2월 내에 제기할 수 있다.

③ 부당결의 취소의 소가 제기된 경우에 법원은 결의의 내용, 회사의 현황과 제반사정을 참작하여 그 취소가 부적당하다고 인정한 때에는 그 청구를 기각할 수 있다.

④ 원고 승소의 판결이 확정된 경우, 판결의 대세적 효력 및 소급효가 인정된다.

⑤ 원고 패소의 판결이 확정된 경우, 악의 또는 중대한 과실이 있는 원고는 회사에 대하여 손해배상책임을 진다.

▌해설▐

① [○], ② [○] 상법 제381조 제1항

③ [×] 주주총회결의 하자의 소 중 재량기각은 결의취소의 소에서만 인정되고, 결의무효·부존재확인의 소, 부당결의 취소·변경의 소에서는 인정되지 않는다.

④ [○] 상법 제190조 본문을 준용하므로 대세효가 있고, 상법 제190조 단서는 준용하지 아니하므로 소급효가 있다(상법 제381조 제2항, 제190조 참조). 모든 주주총회결의의 하자에 대한 소에서 원고승소판결시 동일하다.

⑤ [○] 패소한 원고에게 악의 또는 중과실이 있는 경우에는 회사에 대하여 연대하여 손해를 배상할 책임을 진다(상법 제381조 제2항, 제191조 참조). 마찬가지로 모든 주주총회결의의 하자에 대한 소에서 동일하다.

> **상법 제381조(부당결의의 취소, 변경의 소)**
> ① 주주가 제368조 제3항의 규정에 의하여 의결권을 행사할 수 없었던 경우에 결의가 현저하게 부당하고 그 주주가 의결권을 행사하였더라면 이를 저지할 수 있었을 때에는 그 주주는 그 결의의 날로부터 2월 내에 결의의 취소의 소 또는 변경의 소를 제기할 수 있다.
>
> > **상법 제368조(총회의 결의방법과 의결권의 행사)**
> > ③ 총회의 결의에 관하여 특별한 이해관계가 있는 자는 의결권을 행사하지 못한다.
>
> ② 제186조 내지 제188조, 제190조 본문, 제191조, 제377조와 제378조의 규정은 제1항의 소에 준용한다.
>
> > **상법 제190조(판결의 효력)**
> > 설립무효의 판결 또는 설립취소의 판결은 제3자에 대하여도 그 효력이 있다. 그러나 판결확정 전에 생긴 회사와 사원 및 제3자 간의 권리의무에 영향을 미치지 아니한다.
>
> > **상법 제191조(패소원고의 책임)**
> > 설립무효의 소 또는 설립취소의 소를 제기한 자가 패소한 경우에 악의 또는 중대한 과실이 있는 때에는 회사에 대하여 연대하여 손해를 배상할 책임이 있다.

답 ③

상법상 주주총회결의의 하자에 관한 설명으로 옳지 않은 것은? 기출수정

① 주주가 결의취소의 소를 제기한 경우에 법원은 그 취소가 부적당하다고 인정되는 때에는 그 청구를 기각할 수 있다.

② 주주가 결의취소의 소를 제기한 때에는 법원은 직권으로 상당한 담보를 제공할 것을 명할 수 있다.

③ 주주총회결의 취소의 소의 경우에 원고가 승소한 판결의 효력은 제3자에 대하여도 그 효력이 있다.

④ 주주총회에서 결의한 사항이 등기된 경우에 결의취소의 판결이 확정된 때에는 본점의 소재지에서 등기하여야 한다.

⑤ 주주총회결의 취소의 소와 부존재의 소가 제기된 때에는 법원은 이를 병합심리하여야 한다.

❚해설❚

① [○] 결의취소의 소가 제기된 경우에 결의의 내용, 회사의 현황과 제반사정을 참작하여 그 취소가 부적당하다고 인정한 때에는 법원은 그 청구를 기각할 수 있다(상법 제379조).

② [×] 주주가 결의취소의 소를 제기한 때에는 법원은 <u>회사의 청구에 의하여</u> 상당한 담보를 제공할 것을 명할 수 있다. 그러나 그 주주가 이사 또는 감사인 때에는 그러하지 아니하다(상법 제377조 제1항).

③ [○] 모든 주주총회결의의 하자에 대한 소는 상법 제190조 본문을 준용하므로 원고승소판결에 대세효가 있고, 상법 제190조 단서는 준용하지 아니하므로 소급효가 있다(상법 제376조 제2항, 제380조, 제381조 제2항, 제190조 본문 참조).

> **상법 제376조(결의취소의 소)**
> ② 제186조 내지 제188조, <u>제190조 본문</u>과 제191조의 규정은 제1항의 소에 준용한다.
>
> **상법 제190조(판결의 효력)**
> 설립무효의 판결 또는 설립취소의 판결은 제3자에 대하여도 그 효력이 있다. 그러나 판결확정 전에 생긴 회사와 사원 및 제3자 간의 권리의무에 영향을 미치지 아니한다.

④ [○] 결의한 사항이 등기된 경우에 결의취소의 판결이 확정된 때에는 본점의 소재지에서 등기하여야 한다(상법 제378조).

⑤ [○] 상법 제380조, 제188조

> **상법 제380조(결의무효 및 부존재확인의 소)**
> 제186조 내지 <u>제188조</u>, 제190조 본문, 제191조, 제377조와 제378조의 규정은 총회의 결의의 내용이 법령에 위반한 것을 이유로 하여 결의무효의 확인을 청구하는 소와 총회의 소집절차 또는 결의방법에 총회결의가 존재한다고 볼 수 없을 정도의 중대한 하자가 있는 것을 이유로 하여 결의부존재의 확인을 청구하는 소에 이를 준용한다.
>
> **상법 제188조(소의 병합심리)**
> 수개의 설립무효의 소 또는 설립취소의 소가 제기된 때에는 법원은 이를 병합심리하여야 한다.

답 ②

상법상 주주총회 결의하자의 소에 관한 설명으로 옳지 않은 것은? (다툼이 있으면 판례에 따름)

① 주주총회의 소집절차 또는 결의방법이 법령 또는 정관에 위반하거나 현저하게 불공정한 때 또는 그 결의의 내용이 정관에 위반한 때에는 주주·이사 또는 감사는 결의의 날로부터 2월 내에 결의취소의 소를 제기할 수 있다.

② 주주총회 결의취소의 소가 제기된 경우에 결의의 내용, 회사의 현황과 제반사정을 참작하여 그 취소가 부적당하다고 인정한 때에는 법원은 그 청구를 기각할 수 있다.

③ 주주총회의 소집절차 또는 결의방법에 총회결의가 존재한다고 볼 수 없을 정도의 중대한 하자가 있는 경우 결의부존재확인의 소를 제기할 수 있다.

④ 상법상 주주총회 결의부존재확인의 소에서 주주총회결의 자체가 있었다는 점에 관해서는 제소한 주주가 증명책임을 부담한다.

⑤ 주주총회를 소집할 권한이 없는 자가 이사회의 주주총회 소집결정도 없이 주주총회를 소집한 경우에는 특별한 사정이 없는 한 주주총회 결의부존재확인의 소의 원인이 된다.

❚ 해설 ❚

① [O] 총회의 소집절차 또는 결의방법이 법령 또는 정관에 위반하거나 현저하게 불공정한 때 또는 그 결의의 내용이 정관에 위반한 때에는 주주·이사 또는 감사는 결의의 날로부터 2월 내에 결의취소의 소를 제기할 수 있다(상법 제376조 제1항).

② [O] 결의취소의 소가 제기된 경우에 결의의 내용, 회사의 현황과 제반사정을 참작하여 그 취소가 부적당하다고 인정한 때에는 법원은 그 청구를 기각할 수 있다(상법 제379조).

③ [O] 제186조 내지 제188조, 제190조 본문, 제191조, 제377조와 제378조의 규정은 총회의 결의의 내용이 법령에 위반한 것을 이유로 하여 결의무효의 확인을 청구하는 소와 총회의 소집절차 또는 결의방법에 총회결의가 존재한다고 볼 수 없을 정도의 중대한 하자가 있는 것을 이유로 하여 결의부존재의 확인을 청구하는 소에 이를 준용한다(상법 제380조).

④ [✕] 주주가 회사를 상대로 제기한 분할합병무효의 소에서 당사자 사이에 분할합병계약을 승인한 주주총회결의 자체가 있었는지 및 그 결의에 이를 부존재로 볼만한 중대한 하자가 있는지 등 주주총회결의의 존부에 관하여 다툼이 있는 경우 <u>주주총회결의 자체가 있었다는 점에 관해서는 회사가 증명책임을 부담하고 그 결의에 이를 부존재로 볼만한 중대한 하자가 있다는 점에 관해서는 주주가 증명책임을 부담하는 것이 타당하다</u>(대판 2010.7.22. 2008다37193).

⑤ [O] 주주총회를 소집할 권한이 없는 자가 이사회의 주주총회 소집결정도 없이 소집한 주주총회에서 이루어진 결의는, 1인 회사의 1인 주주에 의한 총회 또는 주주 전원이 참석하여 총회를 개최하는 데 동의하고 아무런 이의 없이 결의가 이루어졌다는 등의 특별한 사정이 없는 이상, 총회 및 결의라고 볼만한 것이 사실상 존재한다고 하더라도 그 성립 과정에 중대한 하자가 있어 법률상 존재하지 않는다고 보아야 한다(대판 2010.6.24. 2010다13541).

답 ④

상법상 판결의 효력이 소급하는 것은?

① 주식회사의 주주총회 결의취소판결
② 주식회사의 설립무효판결
③ 합명회사의 설립무효판결
④ 주식회사의 합병무효판결
⑤ 주식회사의 신주발행무효판결

▌해설▌

① [○], ③ [✕] 상법 제190조는 그 단서에서 합명회사의 설립무효·취소판결의 소급효를 제한하고 장래효를 규정하고 있다. 반면에 주식회사의 주주총회 결의취소판결은 소급효를 제한하는 상법 제190조 단서를 제외하고 본문만 준용하고 있으므로 소급효가 인정된다(상법 제376조 제2항 참조). 참고로 회사법상 판결에서 소급효가 인정되는 경우는 주주총회 결의의 하자에 대한 원고승소판결과 감자무효판결의 경우이다.

> **상법 제190조(판결의 효력)**
> (합명회사)설립무효의 판결 또는 설립취소의 판결은 제3자에 대하여도 그 효력이 있다. 그러나 판결확정 전에 생긴 회사와 사원 및 제3자 간의 권리의무에 영향을 미치지 아니한다.
>
> **상법 제376조(결의취소의 소)**
> ② 제186조 내지 제188조, 제190조 본문과 제191조의 규정은 제1항의 소에 준용한다.

② [✕] 주식회사의 설립무효판결은 상법 제190조 단서가 준용되므로 장래효를 가진다(상법 제328조 제2항, 제190조 참조).

> **상법 제328조(설립무효의 소)**
> ① (주식회사)회사설립의 무효는 주주·이사 또는 감사에 한하여 회사성립의 날로부터 2년 내에 소만으로 이를 주장할 수 있다.
> ② 제186조 내지 제193조의 규정은 제1항의 소에 준용한다.

④ [✕] 주식회사의 합병무효판결은 상법 제190조 단서가 준용되므로 장래효를 가진다(상법 제530조 제2항, 제240조, 제190조 참조).

> **상법 제530조(준용규정)**
> ② 제234조, 제235조, 제237조 내지 제240조, 제329조의2, 제374조 제2항, 제374조의2 제2항 내지 제5항 및 제439조 제3항의 규정은 주식회사의 합병에 관하여 이를 준용한다.
>
> **상법 제240조(준용규정)**
> 제186조 내지 제191조의 규정은 합병무효의 소에 준용한다.

⑤ [✕] 신주발행무효의 판결이 확정된 때에는 신주는 장래에 대하여 그 효력을 잃는다(상법 제431조 제1항).

답 ①

상법상 주주총회결의의 하자에 관한 설명으로 옳지 않은 것은? 기출수정

① 총회에서 결의한 사항이 등기된 경우 결의부존재의 확인의 판결이 확정된 때에는 본점의 소재지에서 등기하여야 한다.

② 총회의 소집절차 또는 결의방법이 현저하게 불공정한 때에는 주주·이사 또는 감사는 결의의 날로부터 2월 내에 결의취소의 소를 제기할 수 있다.

③ 결의취소의 소에서 원고가 승소한 경우 판결의 효력에 소급효가 있다.

④ 이사인 주주가 결의취소의 소를 제기한 때에는 법원은 회사의 청구에 의하여 상당한 담보를 제공할 것을 명할 수 있다.

⑤ 주주총회의 결의의 내용이 법령에 위반한 것은 결의무효확인의 소의 원인이 된다.

▌해설▐

① [○] 상법 제380조, 제378조

> **상법 제380조(결의무효 및 부존재확인의 소)**
> 제186조 내지 제188조, 제190조 본문, 제191조, 제377조와 제378조의 규정은 총회의 결의의 내용이 법령에 위반한 것을 이유로 하여 결의무효의 확인을 청구하는 소와 총회의 소집절차 또는 결의방법에 총회결의가 존재한다고 볼 수 없을 정도의 중대한 하자가 있는 것을 이유로 하여 결의부존재의 확인을 청구하는 소에 이를 준용한다.
>
> **상법 제378조(결의취소의 등기)**
> 결의한 사항이 등기된 경우에 결의취소의 판결이 확정된 때에는 본점의 소재지에서 등기하여야 한다.

② [○] 상법 제376조 제1항

③ [○] 주식회사의 주주총회 결의취소판결은 소급효를 제한하는 상법 제190조 단서를 제외하고 본문만 준용하고 있으므로 소급효가 인정된다(상법 제376조 제2항 참조).

> **상법 제376조(결의취소의 소)**
> ① 총회의 소집절차 또는 결의방법이 법령 또는 정관에 위반하거나 현저하게 불공정한 때 또는 그 결의의 내용이 정관에 위반한 때에는 주주·이사 또는 감사는 결의의 날로부터 2월 내에 결의취소의 소를 제기할 수 있다.
> ② 제186조 내지 제188조, 제190조 본문과 제191조의 규정은 제1항의 소에 준용한다.
>
> **상법 제190조(판결의 효력)**
> 설립무효의 판결 또는 설립취소의 판결은 제3자에 대하여도 그 효력이 있다. 그러나 판결확정 전에 생긴 회사와 사원 및 제3자 간의 권리의무에 영향을 미치지 아니한다.

④ [✕] 주주가 결의취소의 소를 제기한 때에는 법원은 회사의 청구에 의하여 상당한 담보를 제공할 것을 명할 수 있다. 그러나 그 주주가 이사 또는 감사인 때에는 그러하지 아니하다(상법 제377조 제1항).

⑤ [○] 제186조 내지 제188조, 제190조 본문, 제191조, 제377조와 제378조의 규정은 총회의 결의의 내용이 법령에 위반한 것을 이유로 하여 결의무효의 확인을 청구하는 소와 총회의 소집절차 또는 결의방법에 총회결의가 존재한다고 볼 수 없을 정도의 중대한 하자가 있는 것을 이유로 하여 결의부존재의 확인을 청구하는 소에 이를 준용한다(상법 제380조).

답 ④

56 세무사 2016

확인 Check! ○ △ ×

상법상 주주총회결의취소의 소의 대상이 아닌 것은?

① 주주총회 결의내용이 법령에 위반한 경우
② 주주총회 결의내용이 정관에 위반한 경우
③ 주주총회 결의방법이 정관에 위반한 경우
④ 주주총회 결의방법이 현저하게 불공정한 경우
⑤ 주주총회 소집절차가 법령에 위반한 경우

| 해설 |

① [×] 주주총회 결의내용이 법령에 위반한 경우는 <u>주주총회결의무효확인의 소의 대상이다</u>(상법 제380조 참조).

> **상법 제380조(결의무효 및 부존재확인의 소)**
> 제186조 내지 제188조, 제190조 본문, 제191조, 제377조와 제378조의 규정은 <u>총회의 결의의 내용이 법령에 위반한</u> 것을 이유로 하여 결의무효의 확인을 청구하는 소와 총회의 소집절차 또는 결의방법에 총회결의가 존재한다고 볼 수 없을 정도의 중대한 하자가 있는 것을 이유로 하여 결의부존재의 확인을 청구하는 소에 이를 준용한다.

② [○], ③ [○], ④ [○], ⑤ [○] 총회의 소집절차 또는 결의방법이 법령 또는 정관에 위반하거나 현저하게 불공정한 때 또는 그 결의의 내용이 정관에 위반한 때에는 주주·이사 또는 감사는 결의의 날로부터 2월 내에 결의취소의 소를 제기할 수 있다(상법 제376조 제1항).

답 ①

57 세무사 2015

확인 Check! ○ △ ×

상법상 주주총회 결의취소의 소에 관한 설명으로 옳지 않은 것은? `기출수정`

① 총회의 소집절차가 정관에 위반한 때에는 결의취소의 소의 대상이 된다.
② 결의취소의 소의 제소권자는 주주·이사 또는 감사이다.
③ 결의취소의 소를 제기한 자가 이사 또는 감사인 경우 법원은 회사의 청구에 의하여 상당한 담보를 제공할 것을 명할 수 있다.
④ 결의한 사항이 등기된 경우에 결의취소의 판결이 확정된 때에는 본점의 소재지에서 등기하여야 한다.
⑤ 결의취소의 판결은 제3자에 대하여도 그 효력이 있다.

❚해설❚

① [○], ② [○] 상법 제376조 제1항

③ [×] 주주가 결의취소의 소를 제기한 때에는 법원은 회사의 청구에 의하여 상당한 담보를 제공할 것을 명할 수 있다. 그러나 <u>그 주주가 이사 또는 감사인 때에는 그러하지 아니하다</u>(상법 제377조 제1항).

④ [○] 결의한 사항이 등기된 경우에 결의취소의 판결이 확정된 때에는 본점의 소재지에서 등기하여야 한다(상법 제378조).

⑤ [○] 상법 제376조 제2항, 제190조 본문

상법 제376조(결의취소의 소)

① 총회의 소집절차 또는 결의방법이 법령 또는 정관에 위반하거나 현저하게 불공정한 때 또는 그 결의의 내용이 정관에 위반한 때에는 주주·이사 또는 감사는 결의의 날로부터 2월 내에 결의취소의 소를 제기할 수 있다.

② 제186조 내지 제188조, <u>제190조 본문</u>과 제191조의 규정은 제1항의 소에 준용한다.

상법 제190조(판결의 효력)

설립무효의 판결 또는 설립취소의 판결은 제3자에 대하여도 그 효력이 있다. 그러나 판결확정 전에 생긴 회사와 사원 및 제3자 간의 권리의무에 영향을 미치지 아니한다.

답 ③

---

58 CPA 2024

☑ 확인 Check! ○ △ ×

상법상 주주총회결의의 하자를 다투는 소송에 관한 설명으로 **틀린** 것은? (이견이 있으면 판례에 의함)

① 주주총회의 결의의 내용이 법령에 위반한 때에는 결의취소의 소의 원인이 된다.

② 주주총회에서 여러 개의 안건이 상정되어 각기 결의가 행하여진 경우 결의취소의 소의 제소기간의 준수 여부는 각 안건에 대한 결의마다 별도로 판단되어야 한다.

③ 부당결의 취소·변경의 소는 결의일로부터 2월 내에 제기해야 한다.

④ 주주가 결의부존재확인의 소를 제기한 때에는 법원은 회사의 청구에 의하여 상당한 담보를 제공할 것을 명할 수 있으나, 그 주주가 이사 또는 감사인 때에는 그러하지 아니하다.

⑤ 감사가 제기한 결의취소의 소의 피고는 회사이고, 이 소에 관하여 대표이사가 회사를 대표한다.

┃해설┃

① [×] 제186조 내지 제188조, 제190조 본문, 제191조, 제377조와 제378조의 규정은 총회의 결의의 내용이 법령에 위반한 것을 이유로 하여 결의무효의 확인을 청구하는 소와 총회의 소집절차 또는 결의방법에 총회결의가 존재한다고 볼 수 없을 정도의 중대한 하자가 있는 것을 이유로 하여 결의부존재의 확인을 청구하는 소에 이를 준용한다(상법 제380조). 참고로 결의취소의 소의 원인은 총회의 소집절차 또는 결의방법이 법령 또는 정관에 위반하거나 현저하게 불공정한 때 또는 그 결의의 내용이 정관에 위반한 때이다(상법 제376조 제1항 참조).

② [○] 주주총회결의 취소의 소는 상법 제376조 제1항에 따라 그 결의의 날로부터 2개월 내에 제기하여야 하고, 이 기간이 지난 후에 제기된 소는 부적법하다. 그리고 주주총회에서 여러 개의 안건이 상정되어 각기 결의가 행하여진 경우 위 제소기간의 준수 여부는 각 안건에 대한 결의마다 별도로 판단되어야 한다(대판 2010.3.11. 2007다51505).

③ [○] 주주가 제368조 제3항의 규정에 의하여 의결권을 행사할 수 없었던 경우에 결의가 현저하게 부당하고 그 주주가 의결권을 행사하였더라면 이를 저지할 수 있었을 때에는 그 주주는 그 결의의 날로부터 2월 내에 결의의 취소의 소 또는 변경의 소를 제기할 수 있다(상법 제381조 제1항).

④ [○] 상법 제380조, 제377조 제1항

> **상법 제380조(결의무효 및 부존재확인의 소)**
> 제186조 내지 제188조, 제190조 본문, 제191조, 제377조와 제378조의 규정은 총회의 결의의 내용이 법령에 위반한 것을 이유로 하여 결의무효의 확인을 청구하는 소와 총회의 소집절차 또는 결의방법에 총회결의가 존재한다고 볼 수 없을 정도의 중대한 하자가 있는 것을 이유로 하여 결의부존재의 확인을 청구하는 소에 이를 준용한다.
>
> **상법 제377조(제소주주의 담보제공의무)**
> ① 주주가 결의취소의 소를 제기한 때에는 법원은 회사의 청구에 의하여 상당한 담보를 제공할 것을 명할 수 있다. 그러나 그 주주가 이사 또는 감사인 때에는 그러하지 아니하다.

⑤ [○] 주주총회결의 취소와 결의무효확인판결은 대세적 효력이 있으므로 그와 같은 소송의 피고가 될 수 있는 자는 그 성질상 회사로 한정된다(대판[전합] 1982.9.14. 80다2425). 대표이사는 회사의 영업에 관하여 재판상 행위를 할 권한이 있으므로 감사가 제기한 주주총회결의취소의 소에 관하여 회사를 대표한다(상법 제376조 제1항, 제389조 제3항, 제209조 제1항 참조).

> **상법 제376조(결의취소의 소)**
> ① 총회의 소집절차 또는 결의방법이 법령 또는 정관에 위반하거나 현저하게 불공정한 때 또는 그 결의의 내용이 정관에 위반한 때에는 주주·이사 또는 감사는 결의의 날로부터 2월 내에 결의취소의 소를 제기할 수 있다.
>
> **상법 제389조(대표이사)**
> ③ 제208조 제2항, 제209조, 제210조와 제386조의 규정은 대표이사에 준용한다.
>
> **상법 제209조(대표사원의 권한)**
> ① 회사를 대표하는 사원은 회사의 영업에 관하여 재판상 또는 재판외의 모든 행위를 할 권한이 있다.

답 ①

59 | CPA | 2023

상법상 주주총회 결의의 하자를 다투는 소송에 관한 설명으로 틀린 것은? `기출수정`

① 총회에서 결의한 사항이 등기된 경우에 결의부존재 확인판결이 확정된 때에는 본점의 소재지에서 등기하여야 한다.

② 주주총회 결의내용이 법령에 위반한 때에는 결의무효 확인의 소를 제기할 수 있다.

③ 주주총회 결의방법이 법령에 위반한 때에는 주주·이사 또는 감사는 결의의 날로부터 2월 내에 결의취소의 소를 제기할 수 있다.

④ 이사인 주주가 부당결의취소의 소를 제기한 때에는 법원은 회사의 청구에 의하여 제소주주로 하여금 상당한 담보를 제공할 것을 명할 수 있다.

⑤ 결의취소의 소에 대한 취소판결은 대세적 효력이 있으며 소급하여 효력을 가진다.

▌해설▌

① [○] 상법 제380조, 제378조

② [○] 상법 제380조

> **상법 제380조(결의무효 및 부존재확인의 소)**
> 제186조 내지 제188조, 제190조 본문, 제191조, 제377조와 제378조의 규정은 총회의 결의의 내용이 법령에 위반한 것을 이유로 하여 결의무효의 확인을 청구하는 소와 총회의 소집절차 또는 결의방법에 총회결의가 존재한다고 볼 수 없을 정도의 중대한 하자가 있는 것을 이유로 하여 결의부존재의 확인을 청구하는 소에 이를 준용한다.
>
> **상법 제378조(결의취소의 등기)**
> 결의한 사항이 등기된 경우에 결의취소의 판결이 확정된 때에는 본점의 소재지에서 등기하여야 한다.

③ [○] 상법 제376조 제1항

④ [✕] 주주가 결의취소의 소를 제기한 때에는 법원은 회사의 청구에 의하여 상당한 담보를 제공할 것을 명할 수 있다. 그러나 그 주주가 이사 또는 감사인 때에는 그러하지 아니하다(상법 제377조 제1항).

⑤ [○] 결의취소의 소에서 원고가 승소한 경우 상법 제190조 본문을 준용하므로 대세효가 있지만, 상법 제190조 단서는 준용하지 아니하므로 장래효가 아닌 소급효가 있다(상법 제376조 제2항, 제190조 본문 참조). 이는 다른 주주총회결의의 하자에 대한 소에서도 마찬가지이다.

> **상법 제376조(결의취소의 소)**
> ① 총회의 소집절차 또는 결의방법이 법령 또는 정관에 위반하거나 현저하게 불공정한 때 또는 그 결의의 내용이 정관에 위반한 때에는 주주·이사 또는 감사는 결의의 날로부터 2월 내에 결의취소의 소를 제기할 수 있다.
> ② 제186조 내지 제188조, 제190조 본문과 제191조의 규정은 제1항의 소에 준용한다.
>
> **상법 제190조(판결의 효력)**
> 설립무효의 판결 또는 설립취소의 판결은 제3자에 대하여도 그 효력이 있다. 그러나 판결확정 전에 생긴 회사와 사원 및 제3자 간의 권리의무에 영향을 미치지 아니한다.

답 ④

상법상 주주총회의 결의하자를 다투는 소에 관한 설명으로 틀린 것은?

① 결의취소의 소는 본점소재지의 지방법원의 관할에 전속한다.

② 주주가 아닌 감사가 결의취소의 소를 제기한 경우, 법원은 회사의 청구에 의하여 상당한 담보를 제공할 것을 명할 수 있다.

③ 총회의 결의내용이 법령에 위반한 경우에 결의무효확인의 소를 제기할 수 있다.

④ 총회의 소집절차에 총회결의가 존재한다고 볼 수 없을 정도의 중대한 하자가 있는 경우에 결의부존재확인의 소를 제기할 수 있다.

⑤ 부당결의의 변경의 판결은 제3자에 대하여도 그 효력이 있다.

▌해설▐

① [○] 상법 제376조 제2항, 제186조

> **상법 제376조(결의취소의 소)**
> ① 총회의 소집절차 또는 결의방법이 법령 또는 정관에 위반하거나 현저하게 불공정한 때 또는 그 결의의 내용이 정관에 위반한 때에는 주주·이사 또는 감사는 결의의 날로부터 2월 내에 결의취소의 소를 제기할 수 있다.
> ② 제186조 내지 제188조, 제190조 본문과 제191조의 규정은 제1항의 소에 준용한다.
>
> **상법 제186조(전속관할)**
> 전2조의 소는 본점소재지의 지방법원의 관할에 전속한다.

② [✕] 주주가 결의취소의 소를 제기한 때에는 법원은 회사의 청구에 의하여 상당한 담보를 제공할 것을 명할 수 있다. 그러나 <u>그 주주가 이사 또는 감사인 때에는 그러하지 아니하다</u>(상법 제377조 제1항).

③ [○], ④ [○] 제186조 내지 제188조, 제190조 본문, 제191조, 제377조와 제378조의 규정은 총회의 결의의 내용이 법령에 위반한 것을 이유로 하여 결의무효의 확인을 청구하는 소와 총회의 소집절차 또는 결의방법에 총회결의가 존재한다고 볼 수 없을 정도의 중대한 하자가 있는 것을 이유로 하여 결의부존재의 확인을 청구하는 소에 이를 준용한다(상법 제380조).

⑤ [○] 상법 제381조 제2항, 제190조 본문

> **상법 제381조(부당결의의 취소, 변경의 소)**
> ① 주주가 제368조 제3항의 규정에 의하여 의결권을 행사할 수 없었던 경우에 결의가 현저하게 부당하고 그 주주가 의결권을 행사하였더라면 이를 저지할 수 있었을 때에는 그 주주는 그 결의의 날로부터 2월 내에 결의의 취소의 소 또는 변경의 소를 제기할 수 있다.
> ② 제186조 내지 제188조, <u>제190조 본문</u>, 제191조, 제377조와 제378조의 규정은 제1항의 소에 준용한다.
>
> **상법 제190조(판결의 효력)**
> 설립무효의 판결 또는 설립취소의 판결은 제3자에 대하여도 그 효력이 있다. 그러나 판결확정 전에 생긴 회사와 사원 및 제3자 간의 권리의무에 영향을 미치지 아니한다.

🗹 ②

상법상 주주총회 결의의 하자를 다투는 소에 관한 설명으로 틀린 것은? 기출수정

① 주주총회의 소집절차 또는 결의방법이 법령에 위반하거나 현저하게 불공정한 때에는 결의의 날로부터 2월 내에 결의취소의 소를 제기할 수 있다.

② 결의취소의 소와 결의부존재확인의 소에는 모두 법원의 재량에 의한 청구 기각이 인정되지 않는다.

③ 결의취소의 소의 제소권자는 주주·이사 또는 감사이다.

④ 결의한 사항이 등기된 경우에 결의취소의 판결이 확정된 때에는 본점의 소재지에서 등기하여야 한다.

⑤ 결의취소 판결 및 결의무효확인 판결은 모두 대세적 효력과 소급효가 있다.

▌해설▌

① [O], ③ [O] 총회의 소집절차 또는 결의방법이 법령 또는 정관에 위반하거나 현저하게 불공정한 때 또는 그 결의의 내용이 정관에 위반한 때에는 주주·이사 또는 감사는 결의의 날로부터 2월 내에 결의취소의 소를 제기할 수 있다(상법 제376조 제1항).

② [✕] 결의취소의 소가 제기된 경우에 결의의 내용, 회사의 현황과 제반사정을 참작하여 그 취소가 부적당하다고 인정한 때에는 법원은 그 청구를 기각할 수 있다(상법 제379조). 주주총회결의 하자의 소 중 재량기각은 결의취소의 소에서만 인정되고, 결의무효·부존재확인의 소, 부당결의취소·변경의 소에서는 인정되지 않는다.

④ [O] 결의한 사항이 등기된 경우에 결의취소의 판결이 확정된 때에는 본점의 소재지에서 등기하여야 한다(상법 제378조).

⑤ [O] 모든 주주총회결의의 하자에 대한 소는 상법 제190조 본문을 준용하므로 원고승소판결에 대세효가 있고, 소급효를 제한하는 상법 제190조 단서는 준용하지 아니하므로 소급효가 있다(상법 제376조 제2항, 제380조, 제381조 제2항, 제190조 본문 참조).

> **상법 제376조(결의취소의 소)**
> ② 제186조 내지 제188조, 제190조 본문과 제191조의 규정은 제1항의 소에 준용한다.
>
> **상법 제380조(결의무효 및 부존재확인의 소)**
> 제186조 내지 제188조, 제190조 본문, 제191조, 제377조와 제378조의 규정은 총회의 결의의 내용이 법령에 위반한 것을 이유로 하여 결의무효의 확인을 청구하는 소와 총회의 소집절차 또는 결의방법에 총회결의가 존재한다고 볼 수 없을 정도의 중대한 하자가 있는 것을 이유로 하여 결의부존재의 확인을 청구하는 소에 이를 준용한다.
>
> **상법 제381조(부당결의의 취소, 변경의 소)**
> ② 제186조 내지 제188조, 제190조 본문, 제191조, 제377조와 제378조의 규정은 제1항의 소에 준용한다.
>
> **상법 제190조(판결의 효력)**
> 설립무효의 판결 또는 설립취소의 판결은 제3자에 대하여도 그 효력이 있다. 그러나 판결확정 전에 생긴 회사와 사원 및 제3자 간의 권리의무에 영향을 미치지 아니한다.

답 ②

주주총회 소집절차의 하자에 관한 다음 설명 중 가장 옳지 않은 것은?

① 대표이사 아닌 이사가 이사회의 소집 결의에 따라서 주주총회를 소집한 것이라면 위 주주총회에 있어서 소집절차상 하자는 주주총회결의 취소사유에 불과하고 그것만으로 바로 주주총회결의가 무효이거나 부존재가 된다고 볼 수 없다.

② 정당한 소집권자에 의하여 소집된 주주총회에서 정족수가 넘는 주주의 출석으로 출석주주 전원의 찬성에 의하여 이루어진 결의라면, 설사 일부 주주에게 소집통지를 하지 아니하였거나 법정기간을 준수하지 아니한 서면통지에 의하여 주주총회가 소집되었다 하더라도 그와 같은 주주총회 소집절차상의 하자는 주주총회결의의 부존재 또는 무효사유가 아니라 취소사유에 불과하다.

③ 주주총회의 개회시각이 부득이한 사정으로 당초 소집통지된 시각보다 지연되는 경우에도 사회통념에 비추어 볼 때 정각에 출석한 주주들의 입장에서 변경된 개회시각까지 기다려 참석하는 것이 곤란하지 않을 정도라면 주주총회결의의 부존재 또는 무효사유가 아니라 단순한 취소사유에 불과하다.

④ 주주는 자신이 아닌 다른 주주에 대한 소집절차의 하자를 이유로 주주총회결의 취소의 소를 제기할 수 있다.

⑤ 주주총회에서 총회소집 당시 미리 주주에게 통지하지 아니한 회의의 목적사항 이외의 사항에 관한 결의에 가담한 주주가 주주총회 소집절차 또는 결의방법의 하자를 이유로 그 결의의 취소를 구한다고 하여 곧바로 신의성실의 원칙 및 금반언의 원칙에 반한다고 볼 수 없다.

┃해설┃

① [○] 대표이사 아닌 이사가 이사회의 소집 결의에 따라서 주주총회를 소집한 것이라면 위 주주총회에 있어서 소집절차상 하자는 주주총회결의의 취소사유에 불과하고 그것만으로 바로 주주총회결의가 무효이거나 부존재가 된다고 볼 수 없다(대판 1993.9.10. 93도698).

② [○] 정당한 소집권자에 의하여 소집된 주주총회에서 정족수가 넘는 주주의 출석으로 출석주주 전원의 찬성에 의하여 이루어진 결의라면, 설사 일부 주주에게 소집통지를 하지 아니하였거나 법정기간을 준수하지 아니한 서면통지에 의하여 주주총회가 소집되었다 하더라도 그와 같은 주주총회소집절차상의 하자는 주주총회결의의 부존재 또는 무효사유가 아니라 단순한 취소사유에 불과하다(대판 1993.10.12. 92다21692).

③ [✕] 주주총회의 개회시각이 부득이한 사정으로 당초 소집통지된 시각보다 지연되는 경우에도 사회통념에 비추어 볼 때 <u>정각에 출석한 주주들의 입장에서 변경된 개회시각까지 기다려 참석하는 것이 곤란하지 않을 정도라면 절차상의 하자가 되지 아니할 것이나,</u> 그 정도를 넘어 개회시각을 사실상 부정확하게 만들고 소집통지된 시각에 출석한 주주들의 참석을 기대하기 어려워 그들의 참석권을 침해하기에 이르렀다면 주주총회의 소집절차가 현저히 불공정하다고 하지 않을 수 없고, 또한 소집통지 및 공고가 적법하게 이루어진 이후에 당초의 소집장소에서 개회를 하여 소집장소를 변경하기로 하는 결의조차 할 수 없는 부득이한 사정이 발생한 경우, 소집권자가 대체 장소를 정한 다음 당초의 소집장소에 출석한 주주들로 하여금 변경된 장소에 모일 수 있도록 상당한 방법으로 알리고 이동에 필요한 조치를 다한 때에 한하여 적법하게 소집장소가 변경되었다고 볼 수 있다(대판 2003.7.11. 2001다45584).

④ [○] 주주는 다른 주주에 대한 소집절차의 하자를 이유로 주주총회결의 취소의 소를 제기할 수도 있다(대판 2003.7.11. 2001다45584).

⑤ [O] 상법 제363조 제1항, 제2항의 규정에 의하면 주주총회를 소집함에 있어서는 회의의 목적사항을 기재하여 서면으로 그 통지를 발송하게 되어 있으므로 주주총회에 있어서는 원칙적으로 주주총회 소집을 함에 있어서 회의의 목적 사항으로 한 것 이외에는 결의할 수 없으며, 이에 위배된 결의는, 특별한 사정이 없는 한, 상법 제376조 소정의 총회의 소집절차 또는 결의방법이 법령에 위반하는 것으로 보아야 하고, 다만 회사 정관에 주주전원의 동의가 있으면 미리 주주에게 통지하지 아니한 목적 사항에 관하여도 결의할 수 있다고 되어 있는 때는 예외이나, 그 경우의 주주 전원이란 재적주주 전원을 의미한다고 보아야 할 것이며, 미리 주주에게 통지하지 아니한 사항에 관한 결의에 가담한 주주가 그 결의의 취소를 구함이 곧 신의성실의 원칙 및 금반언의 원칙에 반한다고 볼 수 없다(대판 1979.3.27. 79다19).

답 ③

63 법무사 2024

☑ 확인 Check! ○ △ ✕

주주총회 등에 관한 다음 설명 중 옳지 않은 것을 모두 고른 것은?

> ㄱ. 이사 선임의 주주총회 결의에 대한 취소판결이 확정된 경우 그 판결은 장래에 대하여 형성적 효력이 있으므로, 그 결의에 의하여 선임된 이사들로 구성된 이사회에서 선정된 대표이사가 취소판결 확정 전에 한 행위는 유효하다.
> ㄴ. 대표이사의 직무집행정지 및 직무대행자선임 가처분이 이루어진 이후 새로운 대표이사가 선임되었다면 새로이 선임된 대표이사는 그 선임결의의 적법 여부에 관계없이 대표이사로서의 권한을 가진다.
> ㄷ. 회사 설립무효의 판결 또는 주주총회결의 취소의 판결은 제3자에 대하여도 효력이 미친다.
> ㄹ. 동일한 결의에 관하여 주주총회결의부존재확인의 소가 결의의 날로부터 2월 내에 제기되어 있다면, 동일한 하자를 원인으로 하여 결의의 날로부터 2월이 경과한 후 주주총회결의취소소송으로 소를 변경하거나 추가한 경우에도 제소기간을 준수한 것이다.

① ㄱ
② ㄱ, ㄴ
③ ㄴ, ㄷ
④ ㄷ, ㄹ
⑤ ㄱ, ㄴ, ㄹ

| 해설 |

ㄱ. [✕] 이사 선임의 주주총회결의에 대한 취소판결이 확정된 경우 그 결의에 의하여 이사로 선임된 이사들에 의하여 구성된 이사회에서 선정된 대표이사는 소급하여 그 자격을 상실하고, 그 대표이사가 이사 선임의 주주총회결의에 대한 취소판결이 확정되기 전에 한 행위는 대표권이 없는 자가 한 행위로서 무효가 된다(대판 2004.2.27. 2002다19797).

ㄴ. [✕] 대표이사의 직무집행정지 및 직무대행자선임의 가처분이 이루어진 이상, 그 후 대표이사가 해임되고 새로운 대표이사가 선임되었다 하더라도 가처분결정이 취소되지 아니하는 한 직무대행자의 권한은 유효하게 존속하는 반면 새로이 선임된 대표이사는 그 선임결의의 적법 여부에 관계없이 대표이사로서의 권한을 가지지 못한다(대판 1992.5.12. 92다5638).

ㄷ. [O] 회사 설립무효의 판결은 상법 제190조를 준용하므로 대세효와 장래효가 있다(상법 제328조 제1항·제2항, 제190조 참조). 반면에 주주총회결의 취소의 판결은 상법 제190조 본문을 준용하므로 대세효가 있지만, 상법 제190조 단서는 준용하지 아니하므로 장래효가 아닌 소급효가 있다(상법 제376조 제1항·제2항, 제190조 참조).

ㄹ. [O] 주주총회결의 취소의 소는 상법 제376조에 따라 결의의 날로부터 2월 내에 제기하여야 할 것이나, 동일한 결의에 관하여 부존재확인의 소가 상법 제376조 소정의 제소기간 내에 제기되어 있다면, 동일한 하자를 원인으로 하여 결의의 날로부터 2월이 경과한 후 취소소송으로 소를 변경하거나 추가한 경우에도 부존재확인의 소 제기 시에 제기된 것과 동일하게 취급하여 제소기간을 준수한 것으로 보아야 한다(대판 2003.7.11. 2001다45584).

답 ②

64 법무사 2022

☑ 확인Check! ○ △ ✕

다음 설명 중 가장 옳지 않은 것은?

① 주주총회결의의 효력이 그 회사 아닌 제3자 사이의 소송에 있어 선결문제로 된 경우에는 당사자는 언제든지 당해 소송에서 주주총회결의가 처음부터 무효 또는 부존재하다고 다투어 주장할 수 있는 것이고, 반드시 먼저 회사를 상대로 제소하여야만 하는 것은 아니다.

② 주식회사와 전혀 관계없는 사람이 주주총회의사록을 위조한 경우와 같이 주식회사 내부의 의사결정 자체가 아예 존재하지 않는 경우에 이를 확인하는 판결은 상법 제380조 소정의 주주총회결의부존재확인판결에 해당한다고 보아서는 안 된다.

③ 주주총회결의의 부존재·무효를 확인하거나 결의를 취소하는 판결이 확정되면 당사자 이외의 제3자에게도 그 효력이 미쳐 제3자도 이를 다툴 수 없게 되므로, 주주총회결의의 하자를 다투는 소에 있어서 청구의 인낙이나 그 결의의 부존재·무효를 확인하는 내용의 화해·조정은 할 수 없고, 가사 이러한 내용의 청구인 낙 또는 화해·조정이 이루어졌다 하여도 그 인낙조서나 화해·조정조서는 효력이 없다.

④ 이사 선임의 주주총회결의에 대한 취소판결이 확정된 경우 그 결의에 의하여 이사로 선임된 이사들에 의하여 구성된 이사회에서 선정된 대표이사는 소급하여 그 자격을 상실하고, 그 대표이사가 이사 선임의 주주총회결의에 대한 취소판결이 확정되기 전에 한 행위는 대표권이 없는 자가 한 행위로서 무효가 된다.

⑤ 주주총회결의의 부존재 또는 무효 확인을 구하는 소를 여러 사람이 공동으로 제기한 경우 필수적 공동소송이 아니라 통상공동소송에 해당한다.

▌해설▐

① [○] 주주총회결의의 효력이 그 회사 아닌 제3자 사이의 소송에 있어 선결문제로 된 경우에는 당사자는 언제든지 당해 소송에서 주주총회결의가 처음부터 무효 또는 부존재하다고 다투어 주장할 수 있는 것이고, 반드시 먼저 회사를 상대로 제소하여야만 하는 것은 아니며, 이와 같이 제3자 간의 법률관계에 있어서는 상법 제380조, 제190조는 적용되지 아니한다(대판 1992.9.22. 91다5365).

② [○] 상법 제380조가 규정하고 있는 주주총회결의부존재확인판결은, "주주총회의 결의"라는 주식회사 내부의 의사결정이 일단 존재하기는 하지만 그와 같은 의사결정을 위한 주주총회의 소집절차 또는 결의방법에 중대한 하자가 있기 때문에 그 결의를 법률상 유효한 주주총회의 결의라고 볼 수 없음을 확인하는 판결을 의미하는 것으로 해석함이 상당하고, 주식회사와 전혀 관계없는 사람이 주주총회의사록을 위조한 경우와 같이 주식회사 내부의 의사결정 자체가 아예 존재하지 않는 경우에 이를 확인하는 판결도 상법 제380조 소정의 주주총회결의부존재확인판결에 해당한다고 보아 상법 제190조를 준용하여서는 안 된다(대판 1994.3.25. 93다36097).

③ [○] 주주총회결의의 부존재·무효를 확인하거나 결의를 취소하는 판결이 확정되면 당사자 이외의 제3자에게도 그 효력이 미쳐 제3자도 이를 다툴 수 없게 되므로, 주주총회결의의 하자를 다투는 소에 있어서 청구의 인낙이나 그 결의의 부존재·무효를 확인하는 내용의 화해·조정은 할 수 없고, 가사 이러한 내용의 청구인낙 또는 화해·조정이 이루어졌다 하여도 그 인낙조서나 화해·조정조서는 효력이 없다(대판 2004.9.24. 2004다28047).

④ [○] 이사 선임의 주주총회결의에 대한 취소판결이 확정된 경우 그 결의에 의하여 이사로 선임된 이사들에 의하여 구성된 이사회에서 선정된 대표이사는 소급하여 그 자격을 상실하고, 그 대표이사가 이사 선임의 주주총회결의에 대한 취소판결이 확정되기 전에 한 행위는 대표권이 없는 자가 한 행위로서 무효가 된다(대판 2004.2.27. 2002다19797).

⑤ [×] 주주총회결의의 부존재 또는 무효 확인을 구하는 소의 경우, 상법 제380조에 의해 준용되는 상법 제190조 본문에 따라 청구를 인용하는 판결은 제3자에 대하여도 효력이 있다. 이러한 소를 여러 사람이 공동으로 제기한 경우 당사자 1인이 받은 승소판결의 효력이 다른 공동소송인에게 미치므로 공동소송인 사이에 소송법상 합일확정의 필요성이 인정되고, 상법상 회사관계소송에 관한 전속관할이나 병합심리 규정(상법 제186조, 제188조)도 당사자 간 합일 확정을 전제로 하는 점 및 당사자의 의사와 소송경제 등을 함께 고려하면, 이는 민사소송법 제67조가 적용되는 필수적 공동소송에 해당한다(대판[전합] 2021.7.22. 2020다284977).

답 ⑤

☑️ **제7항 종류주주총회**

65 세무사 2020

☑️ 확인Check! ○ △ ✕

상법상 종류주주총회에 관한 설명으로 옳은 것을 모두 고른 것은?

> ㄱ. 의결권 없는 종류주식을 가진 주주는 그 종류주식의 주주총회에서 의결권이 있다.
> ㄴ. 종류주주총회의 결의는 출석한 주주의 의결권의 3분의 2 이상의 수와 그 종류의 발행주식총수의 2분의 1 이상의 수로써 하여야 한다.
> ㄷ. 회사의 주식교환으로 인하여 어느 종류의 주주에게 손해를 미치게 될 경우에는 그 종류주식의 주주의 총회의 결의가 있어야 한다.

① ㄱ
② ㄱ, ㄴ
③ ㄱ, ㄷ
④ ㄴ, ㄷ
⑤ ㄱ, ㄴ, ㄷ

❚해설❚

ㄱ. [○] 주주총회에 관한 규정은 의결권 없는 종류의 주식에 관한 것을 제외하고 제1항의 총회(종류주주총회)에 준용한다(상법 제435조 제3항). 따라서 의결권 없는 종류주식을 가진 주주는 그 종류주식의 주주총회에서 의결권이 있다.
ㄴ. [✕] 제1항(종류주주총회)의 결의는 출석한 주주의 의결권의 3분의 2 이상의 수와 그 종류의 발행주식총수의 <u>3분의 1 이상</u>의 수로써 하여야 한다(상법 제435조 제2항).
ㄷ. [○] 제344조 제3항에 따라 주식의 종류에 따라 특수하게 정하는 경우와 회사의 분할 또는 분할합병, 주식교환, 주식이전 및 회사의 합병으로 인하여 어느 종류의 주주에게 손해를 미치게 될 경우에는 제435조(종류주주총회)를 준용한다(상법 제436조).

답 ③

66 세무사 2019

☑️ 확인Check! ○ △ ✕

상법상 종류주식 및 종류주주총회에 관한 설명으로 옳지 않은 것은? (다툼이 있으면 판례에 따름)

① 회사가 종류주식을 발행하기 위해서는 정관에 종류주식의 내용과 수를 정하여야 한다.
② 어느 종류주식의 주주의 지위가 정관의 변경에 따라 유리한 면이 있으면서 불이익한 면을 수반하는 경우, 이는 종류주주총회의 결의가 필요한 사유인 '어느 종류의 주주에게 손해를 미치게 될 때'에 해당하지 않는다.
③ 어느 종류주식의 주주에게 손해를 미치는 내용으로 정관을 변경함에 있어서 그 정관 변경에 관한 주주총회의 결의 후, 위 종류주식의 총회의 결의가 아직 이루어지지 않았다고 하더라도 그러한 사정만으로 주주총회결의의 효력에 하자가 있다고 할 수는 없다.
④ 회사가 종류주식을 발행하는 때에는 정관에 다른 정함이 없는 경우에도 주식의 종류에 따라 신주의 인수에 관하여 특수하게 정할 수 있다.
⑤ 종류주주총회의 결의는 출석한 주주의 의결권의 3분의 2 이상의 수와 그 종류의 발행주식총수의 3분의 1 이상의 수로써 하여야 한다.

① [O] 상법 제344조 제2항

> **상법 제344조(종류주식)**
> ① 회사는 이익의 배당, 잔여재산의 분배, 주주총회에서의 의결권의 행사, 상환 및 전환 등에 관하여 내용이 다른 종류의 주식(이하 "종류주식"이라 한다)을 발행할 수 있다.
> ② 제1항의 경우에는 정관으로 각 종류주식의 내용과 수를 정하여야 한다.

② [×] 여기서의 '어느 종류의 주주에게 손해를 미치게 될 때'라 함에는, 어느 종류의 주주에게 직접적으로 불이익을 가져오는 경우는 물론이고, 외견상 형식적으로는 평등한 것이라고 하더라도 실질적으로는 불이익한 결과를 가져오는 경우도 포함되며, 나아가 <u>어느 종류의 주주의 지위가 정관의 변경에 따라 유리한 면이 있으면서 불이익한 면을 수반하는 경우도 이에 해당된다</u>(대판 2006.1.27. 2004다44575).

③ [O] 상법 제435조 제1항은 "회사가 수종의 주식을 발행한 경우에 정관을 변경함으로써 어느 종류의 주주에게 손해를 미치게 될 때에는 주주총회의 결의 외에 그 종류의 주주의 총회의 결의가 있어야 한다"고 규정하고 있는바, 위 규정의 취지는 주식회사가 보통주 이외의 수종의 주식을 발행하고 있는 경우에 보통주를 가진 다수의 주주들이 일방적으로 어느 종류의 주식을 가진 소수주주들에게 손해를 미치는 내용으로 정관을 변경할 수 있게 할 경우에 그 종류의 주식을 가진 소수주주들이 부당한 불이익을 받게 되는 결과를 방지하기 위한 것이므로, 어느 종류 주주에게 손해를 미치는 내용으로 정관을 변경함에 있어서 그 정관변경에 관한 주주총회의 결의 외에 추가로 요구되는 종류주주총회의 결의는 정관변경이라는 법률효과가 발생하기 위한 하나의 특별요건이라고 할 것이므로, 그와 같은 내용의 정관변경에 관하여 종류주주총회의 결의가 아직 이루어지지 않았다면 그러한 정관변경의 효력이 아직 발생하지 않는 데에 그칠 뿐이고, 그러한 정관변경을 결의한 주주총회결의 자체의 효력에는 아무런 하자가 없다(대판 2006.1.27. 2004다44575).

④ [O] 회사가 종류주식을 발행하는 때에는 정관에 다른 정함이 없는 경우에도 주식의 종류에 따라 신주의 인수, 주식의 병합·분할·소각 또는 회사의 합병·분할로 인한 주식의 배정에 관하여 특수하게 정할 수 있다(상법 제344조 제3항).

⑤ [O] 상법 제435조 제2항

> **상법 제435조(종류주주총회)**
> ① 회사가 종류주식을 발행한 경우에 정관을 변경함으로써 어느 종류주식의 주주에게 손해를 미치게 될 때에는 주주총회의 결의 외에 그 종류주식의 주주의 총회의 결의가 있어야 한다.
> ② 제1항의 결의는 출석한 주주의 의결권의 3분의 2 이상의 수와 그 종류의 발행주식총수의 3분의 1 이상의 수로써 하여야 한다.

답 ②

☑ 제1항 이 사

67 세무사 2018　　　　　　　　　　　　　　　　　　☑ 확인Check! ○ △ ✕

상법상 주식회사 이사의 선임에 관한 설명으로 옳지 않은 것은? (다툼이 있으면 판례에 따름)

① 발기설립의 경우 발기인은 의결권의 과반수로 이사를 선임한다.

② 주주총회에서 특정인을 이사로 선임하는 결의를 하였더라도 이사의 지위는 별도로 대표이사와 피선임자 사이에 임용계약이 체결되어야만 비로소 인정된다.

③ 집중투표의 방법으로 이사를 선임하는 경우에는 투표의 최다수를 얻은 자부터 순차적으로 이사에 선임되는 것으로 한다.

④ 회사는 정관에 집중투표를 허용하지 않는다는 규정을 둠으로써 집중투표의 적용을 배제할 수 있다.

⑤ 회사가 설립된 후에는 주주총회에서 이사를 선임한다.

❘해설❘

① [○] 전조의 규정에 의한 납입과 현물출자의 이행이 완료된 때에는 발기인은 지체없이 의결권의 과반수로 이사와 감사를 선임하여야 한다(상법 제296조 제1항).

② [✕] 주주총회에서 이사나 감사를 선임하는 경우 선임결의와 피선임자의 승낙만 있으면, <u>피선임자는 대표이사와 별도의 임용계약을 체결하였는지와 관계없이 이사나 감사의 지위를 취득한다</u>(대판[전합] 2017.3.23. 2016다251215).

③ [○] 상법 제382조의2 제4항

④ [○] 상법 제382조의2 제1항

⑤ [○] 이사는 주주총회에서 선임한다(상법 제382조 제1항).

답 ②

상법상 비상장주식회사에서의 집중투표에 관한 설명으로 옳지 않은 것은? (단, 정관에는 집중투표 배제조항이 없음)

① 집중투표에 의한 이사 선임의 청구는 의결권 없는 주식을 제외한 발행주식총수의 100분의 3 이상에 해당하는 주식을 가진 주주가 할 수 있다.

② 집중투표에 의한 이사 선임의 청구는 주주총회일의 7일 전까지 서면 또는 전자문서로 하여야 한다.

③ 집중투표의 청구 서면은 결산기가 종료될 때까지 본점에 비치하고 주주로 하여금 영업시간 내에 열람할 수 있게 하여야 한다.

④ 집중투표의 경우, 각 주주는 1주마다 선임할 이사의 수와 동일한 수의 의결권을 가지며, 그 의결권으로 이사 후보자 1인 또는 수인에게 집중하여 투표할 수 있다.

⑤ 집중투표를 한 경우, 투표의 최다수를 얻은 자부터 순차적으로 이사에 선임되는 것으로 한다.

───────────────────────────────────

┃ 해설 ┃

① [○] 상법 제382조의2 제1항
② [○] 상법 제382조의2 제2항
③ [✕] 상법 제382조의2 제6항
④ [○] 상법 제382조의2 제3항
⑤ [○] 상법 제382조의2 제4항

> **상법 제382조의2(집중투표)**
> ① 2인 이상의 이사의 선임을 목적으로 하는 총회의 소집이 있는 때에는 의결권 없는 주식을 제외한 발행주식총수의 100분의 3 이상에 해당하는 주식을 가진 주주는 정관에서 달리 정하는 경우를 제외하고는 회사에 대하여 집중투표의 방법으로 이사를 선임할 것을 청구할 수 있다.
> ② 제1항의 청구는 주주총회일의 7일 전까지 서면 또는 전자문서로 하여야 한다.
> ③ 제1항의 청구가 있는 경우에 이사의 선임결의에 관하여 각 주주는 1주마다 선임할 이사의 수와 동일한 수의 의결권을 가지며, 그 의결권은 이사 후보자 1인 또는 수인에게 집중하여 투표하는 방법으로 행사할 수 있다.
> ④ 제3항의 규정에 의한 투표의 방법으로 이사를 선임하는 경우에는 투표의 최다수를 얻은 자부터 순차적으로 이사에 선임되는 것으로 한다.
> ⑥ 제2항의 서면은 총회가 종결될 때까지 이를 본점에 비치하고 주주로 하여금 영업시간 내에 열람할 수 있게 하여야 한다.

답 ③

상법상 주식회사의 이사에 관한 설명으로 옳지 않은 것은?

① 회사와 이사의 관계는 민법의 위임에 관한 규정을 준용한다.

② 정관으로 이사가 가질 주식의 수를 정한 경우에 다른 규정이 없는 때에는 이사는 그 수의 주권을 법원에 공탁하여야 한다.

③ 자본금 총액이 10억원 이상인 회사의 이사는 3인 이상이어야 한다.

④ 이사의 임기는 2년으로 정할 수 있다.

⑤ 정관에 정한 이사의 원수를 결한 경우에는 임기의 만료로 인하여 퇴임한 이사는 새로 선임된 이사가 취임할 때까지 이사의 권리의무가 있다.

┃해설┃

① [○] 회사와 이사의 관계는 「민법」의 위임에 관한 규정을 준용한다(상법 제382조 제2항).

② [✕] 정관으로 이사가 가질 주식의 수를 정한 경우에 다른 규정이 없는 때에는 이사는 그 수의 주권을 <u>감사에게</u> 공탁하여야 한다(상법 제387조).

③ [○] 이사는 3명 이상이어야 한다. 다만, 자본금 총액이 10억원 미만인 회사는 1명 또는 2명으로 할 수 있다(상법 제383조 제1항).

④ [○] 이사의 임기는 3년을 초과하지 못한다(상법 제383조 제2항). 따라서 이사의 임기를 2년으로 정할 수 있다.

⑤ [○] 법률 또는 정관에 정한 이사의 원수를 결한 경우에는 임기의 만료 또는 사임으로 인하여 퇴임한 이사는 새로 선임된 이사가 취임할 때까지 이사의 권리의무가 있다(상법 제386조 제1항).

답 ②

상법상 자본금 총액이 10억원인 주식회사의 이사에 관한 설명으로 옳지 않은 것은?

① 이사는 3명 이상이어야 한다.

② 이사의 임기는 3년을 초과하지 못하지만, 정관으로 그 임기 중의 최종의 결산기에 관한 정기주주총회의 종결에 이르기까지 연장할 수 있다.

③ 회사는 언제든지 주주총회의 특별결의로 이사를 해임할 수 있다.

④ 이사의 임기를 정한 경우에 정당한 이유 없이 그 임기만료 전에 이를 해임한 때에는 그 이사는 회사에 대하여 해임으로 인한 손해의 배상을 청구할 수 있다.

⑤ 정관으로 이사가 가질 주식의 수를 정한 경우에 다른 규정이 없는 때에는 이사는 그 수의 주권을 이사회에 공탁하여야 한다.

해설

① [○] 이사는 3명 이상이어야 한다. 다만, 자본금 총액이 10억원 미만인 회사는 1명 또는 2명으로 할 수 있다(상법 제383조 제1항).

② [○] 상법 제383조 제2항, 제3항

> **상법 제383조(원수, 임기)**
> ② 이사의 임기는 3년을 초과하지 못한다.
> ③ 제2항의 임기는 정관으로 그 임기 중의 최종의 결산기에 관한 정기주주총회의 종결에 이르기까지 연장할 수 있다.

③ [○], ④ [○] 이사는 언제든지 제434조의 규정에 의한 주주총회의 결의로 이를 해임할 수 있다. 그러나 이사의 임기를 정한 경우에 정당한 이유없이 그 임기만료 전에 이를 해임한 때에는 그 이사는 회사에 대하여 해임으로 인한 손해의 배상을 청구할 수 있다(상법 제385조 제1항).

⑤ [×] 정관으로 이사가 가질 주식의 수를 정한 경우에 다른 규정이 없는 때에는 이사는 그 수의 주권을 감사에게 공탁하여야 한다(상법 제387조).

답 ⑤

71 세무사 2020 ☑ 확인Check! ○ △ ✕

상법상 주식회사의 이사의 원수와 임기에 관한 설명으로 옳지 않은 것은?

① 이사의 임기는 3년을 초과하지 못한다. 다만, 정관으로 그 임기 중의 최종의 결산기에 관한 정기주주총회의 종결에 이르기까지 연장할 수 있다.

② 자본금 총액이 10억원 미만인 회사는 이사를 1명으로 할 수 있고, 이 경우 주주총회가 준비금의 자본금 전입을 결정한다.

③ 법률 또는 정관에 정한 이사의 원수를 결한 경우, 일시 이사의 직무를 행할 자의 선임을 법원에 청구할 수 있는 자는 이사에 한한다.

④ 법률 또는 정관에 정한 이사의 원수를 결한 경우, 임기의 만료 또는 사임으로 인하여 퇴임한 이사는 새로 선임된 이사가 취임할 때까지 이사의 권리의무가 있다.

⑤ 최근 사업연도 말 현재의 자산총액이 2조원 이상인 상장회사의 사외이사는 3명 이상으로 하되, 이사 총수의 과반수가 되도록 하여야 한다.

① [○] 상법 제383조 제2항, 제3항

> **상법 제383조(원수, 임기)**
> ② 이사의 임기는 3년을 초과하지 못한다.
> ③ 제2항의 임기는 정관으로 그 임기 중의 최종의 결산기에 관한 정기주주총회의 종결에 이르기까지 연장할 수 있다.

② [○] 상법 제383조 제1항 단서·제4항, 제461조 제1항

> **상법 제383조(원수, 임기)**
> ① 이사는 3명 이상이어야 한다. 다만, 자본금 총액이 10억원 미만인 회사는 1명 또는 2명으로 할 수 있다.
> ④ 제1항 단서의 경우에는 제302조 제2항 제5호의2, 제317조 제2항 제3호의2, 제335조 제1항 단서 및 제2항, 제335조의2 제1항·제3항, 제335조의3 제1항·제2항, 제335조의7 제1항, 제340조의3 제1항 제5호, 제356조 제6호의2, 제397조 제1항·제2항, 제397조의2 제1항, 제398조, 제416조 본문, 제451조 제2항, 제461조 제1항 본문 및 제3항, 제462조의3 제1항, 제464조의2 제1항, 제469조, 제513조 제2항 본문 및 제516조의2 제2항 본문(준용되는 경우를 포함한다) 중 "이사회"는 각각 "주주총회"로 보며, 제360조의5 제1항 및 제522조의3 제1항 중 "이사회의 결의가 있는 때"는 "제363조 제1항에 따른 주주총회의 소집통지가 있는 때"로 본다.
>
> **상법 제461조(준비금의 자본금 전입)**
> ① 회사는 이사회의 결의에 의하여 준비금의 전부 또는 일부를 자본금에 전입할 수 있다. 그러나 정관으로 주주총회에서 결정하기로 정한 경우에는 그러하지 아니하다.

③ [✕] 상법 제386조 제2항
④ [○] 상법 제386조 제1항

> **상법 제386조(결원의 경우)**
> ① 법률 또는 정관에 정한 이사의 원수를 결한 경우에는 임기의 만료 또는 사임으로 인하여 퇴임한 이사는 새로 선임된 이사가 취임할 때까지 이사의 권리의무가 있다.
> ② 제1항의 경우에 필요하다고 인정할 때에는 법원은 이사, 감사 기타의 이해관계인의 청구에 의하여 일시 이사의 직무를 행할 자를 선임할 수 있다. 이 경우에는 본점의 소재지에서 그 등기를 하여야 한다.

⑤ [○] 상장회사는 자산 규모 등을 고려하여 대통령령으로 정하는 경우를 제외하고는 이사 총수의 4분의 1 이상을 사외이사로 하여야 한다. 다만, 자산 규모 등을 고려하여 대통령령으로 정하는 상장회사(최근 사업연도 말 현재의 자산총액이 2조원 이상인 상장회사)의 사외이사는 3명 이상으로 하되, 이사 총수의 과반수가 되도록 하여야 한다(상법 제542조의8 제1항, 상법 시행령 제34조 제2항).

답 ③

상법상 주식회사 이사의 직무집행정지 및 직무대행자 선임의 가처분에 관한 설명으로 옳은 것은? 기출수정

① 이사선임결의의 무효나 취소의 소가 제기된 경우, 법원은 직권에 의하여 가처분으로써 이사의 직무집행을 정지할 수 있다.

② 직무집행정지의 가처분이 있는 때에는 본점의 소재지에서 그 등기를 하여야 한다.

③ 법원은 본안소송이 제기되기 전에는 급박한 사정이 있는 때라도 직무집행정지 가처분을 할 수 없다.

④ 가처분으로 선임된 직무대행자는 법원의 허가를 얻은 경우 외에는 회사의 상무에 속하지 아니한 행위를 하지 못한다.

⑤ 가처분으로 선임된 직무대행자가 그 권한을 위반한 경우에도 회사는 선의의 제3자에 대하여 책임을 지지 않는다.

▌해설▐

① [✕] 상법 제407조 제1항 본문

② [○] 상법 제407조 제3항

③ [✕] 상법 제407조 제1항 단서

> **상법 제407조(직무집행정지, 직무대행자선임)**
> ① 이사선임결의의 무효나 취소 또는 이사해임의 소가 제기된 경우에는 법원은 당사자의 신청에 의하여 가처분으로써 이사의 직무집행을 정지할 수 있고 또는 직무대행자를 선임할 수 있다. 급박한 사정이 있는 때에는 본안소송의 제기 전에도 그 처분을 할 수 있다.
> ③ 제1항과 제2항의 처분이 있는 때에는 본점의 소재지에서 그 등기를 하여야 한다.

④ [✕] 가처분명령에 다른 정함이 있는 경우와 법원의 허가가 있는 경우에는 회사의 상무에 속하지 아니한 행위를 할 수 있다(상법 제408조 제1항 참조).

⑤ [✕] 상법 제408조 제2항

> **상법 제408조(직무대행자의 권한)**
> ① 전조의 직무대행자는 가처분명령에 다른 정함이 있는 경우 외에는 회사의 상무에 속하지 아니한 행위를 하지 못한다. 그러나 법원의 허가를 얻은 경우에는 그러하지 아니하다.
> ② 직무대행자가 전항의 규정에 위반한 행위를 한 경우에도 회사는 선의의 제3자에 대하여 책임을 진다.

답 ②

73 세무사 2017

☑ 확인Check! ○ △ ✕

상법상 주식회사의 이사의 직무대행자에 관한 설명으로 옳지 않은 것은? (다툼이 있으면 판례에 따름)

① 법원에 의한 직무대행자의 선임은 등기사항이 아니다.

② 이사의 직무대행자는 가처분명령에 다른 정함이 있는 경우외에는 회사의 상무에 속하지 아니한 행위를 하지 못한다. 그러나 법원의 허가를 얻은 경우에는 그러하지 아니하다.

③ 직무대행자가 정기주주총회를 소집함에 있어서 그 안건에 이사회의 구성 자체를 변경하는 행위 등 회사의 경영 및 지배에 영향을 미칠 수 있는 것이 포함되어 있다면 그 안건의 범위에서 정기총회의 소집은 상무에 속하지 않는다.

④ 법원은 당사자의 신청에 의하여 직무집행정지의 가처분을 변경 또는 취소할 수 있다.

⑤ 이사선임결의의 무효나 취소 또는 이사해임의 소가 제기된 경우에는 법원은 당사자의 신청에 의하여 가처분으로써 이사의 직무집행을 정지할 수 있고 또는 직무대행자를 선임할 수 있다.

┃해설┃

① [✕] 상법 제407조 제3항

> **상법 제407조(직무집행정지, 직무대행자선임)**
> ① 이사선임결의의 무효나 취소 또는 이사해임의 소가 제기된 경우에는 법원은 당사자의 신청에 의하여 가처분으로써 이사의 직무집행을 정지할 수 있고 또는 직무대행자를 선임할 수 있다. 급박한 사정이 있는 때에는 본안소송의 제기 전에도 그 처분을 할 수 있다.
> ② 법원은 당사자의 신청에 의하여 전항의 가처분을 변경 또는 취소할 수 있다.
> ③ 제1항과 제2항의 처분이 있는 때에는 본점의 소재지에서 그 <u>등기를 하여야 한다.</u>

② [○] 전조(직무집행정지, 직무대행자선임)의 직무대행자는 가처분명령에 다른 정함이 있는 경우 외에는 회사의 상무에 속하지 아니한 행위를 하지 못한다. 그러나 법원의 허가를 얻은 경우에는 그러하지 아니하다(상법 제408조 제1항).

③ [○] 상법 제408조 제1항이 규정하는 회사의 '상무'라 함은 일반적으로 회사에서 일상 행해져야 하는 사무, 회사가 영업을 계속함에 있어서 통상 행하는 영업범위 내의 사무 또는 회사경영에 중요한 영향을 주지 않는 통상의 업무 등을 의미하고, 어느 행위가 구체적으로 이 상무에 속하는가 하는 것은 당해 회사의 기구, 업무의 종류·성질, 기타 제반 사정을 고려하여 객관적으로 판단되어야 할 것인바, 직무대행자가 정기주주총회를 소집함에 있어서도 그 안건에 이사회의 구성 자체를 변경하는 행위나 상법 제374조의 특별결의사항에 해당하는 행위 등 회사의 경영 및 지배에 영향을 미칠 수 있는 것이 포함되어 있다면 그 안건의 범위에서 정기총회의 소집이 상무에 속하지 않는다고 할 것이고, 직무대행자가 정기주주총회를 소집하는 행위가 상무에 속하지 아니함에도 법원의 허가 없이 이를 소집하여 결의한 때에는 소집절차상의 하자로 결의취소사유에 해당한다(대판 2007.6.28. 2006다62362).

④ [○] 상법 제407조 제2항

⑤ [○] 상법 제407조 제1항

 답 ①

상법상 주식회사의 이사에 관한 설명으로 옳지 않은 것은? (다툼이 있으면 판례에 따름)

① 이사의 보수는 정관에 그 액을 정하지 아니한 때에는 주주총회의 보통결의로 이를 정한다.
② 주주총회의 결의로 이사의 보수를 정한 경우 보수에 관한 권리를 주장하는 이사는 이사의 보수에 관해 주주총회의 결의가 있었음에 관하여 증명책임을 진다.
③ 정관이나 주주총회의 결의로 이사의 보수를 정한 경우에 이사로서의 실질적인 직무를 수행하지 않는 명목상 이사라 하더라도 특별한 사정이 없는 한 그 이사는 회사에 대하여 보수에 관한 권리를 주장할 수 있다.
④ 이사의 퇴직시에 지급하는 퇴직위로금은 재직 중 직무집행의 대가가 아니므로 상법상 이사의 보수에 포함되지 않는다.
⑤ 이사의 임기를 정한 경우에 정당한 이유없이 그 임기만료 전에 이를 해임한 때에는 그 이사는 회사에 대하여 해임으로 인한 손해의 배상을 청구할 수 있다.

∥ 해설 ∥

① [○] 이사의 보수는 정관에 그 액을 정하지 아니한 때에는 주주총회의 결의로 이를 정한다(상법 제388조).
② [○] 상법 제388조는 "이사의 보수는 정관에 그 액을 정하지 아니한 때에는 주주총회의 결의로 이를 정한다"고 규정하고 있고, 상법 제415조는 위 규정을 감사에 준용하고 있다. 위 규정은 강행규정으로서 정관에서 이사·감사의 보수에 관하여 주주총회의 결의로 정한다고 되어 있는 경우에 그 금액·지급시기·지급방법 등에 관한 주주총회의 결의가 있었음을 인정할 증거가 없다면 이사·감사는 보수를 청구할 수 없으며, 이사·감사는 그 주주총회의 결의가 있었음에 관하여 증명책임을 진다(대판 2015.9.10. 2015다213308).
③ [○] 법적으로는 주식회사 이사·감사의 지위를 갖지만 회사와의 명시적 또는 묵시적 약정에 따라 이사·감사로서의 실질적인 직무를 수행하지 않는 이른바 명목상 이사·감사도 법인인 회사의 기관으로서 회사가 사회적 실체로서 성립하고 활동하는 데 필요한 기초를 제공함과 아울러 상법이 정한 권한과 의무를 갖고 의무 위반에 따른 책임을 부담하는 것은 일반적인 이사·감사와 다를 바 없으므로, 과다한 보수에 대한 사법적 통제의 문제는 별론으로 하더라도, 오로지 보수의 지급이라는 형식으로 회사의 자금을 개인에게 지급하기 위한 방편으로 이사·감사로 선임한 것이라는 등의 특별한 사정이 없는 한, 회사에 대하여 상법 제388조, 제415조에 따라 정관의 규정 또는 주주총회의 결의에 의하여 결정된 보수의 청구권을 갖는다(대판 2015.7.23. 2014다236311).
④ [✕] 상법 제388조, 제415조에 의하면, 주식회사의 이사와 감사의 보수는 정관에 그 액을 정하지 아니한 때에는 주주총회의 결의로 이를 정한다고 되어 있고, <u>이사 또는 감사에 대한 퇴직위로금은 그 직에서 퇴임한 자에 대하여 그 재직 중 직무집행의 대가로써 지급되는 보수의 일종으로서 상법 제388조에 규정된 보수에 포함된다</u>(대판 1999.2.24. 97다38930).
⑤ [○] 이사는 언제든지 제434조의 규정에 의한 주주총회의 결의로 이를 해임할 수 있다. 그러나 이사의 임기를 정한 경우에 정당한 이유없이 그 임기만료 전에 이를 해임한 때에는 그 이사는 회사에 대하여 해임으로 인한 손해의 배상을 청구할 수 있다(상법 제385조 제1항).

답 ④

상법상 비상장주식회사의 이사에 관한 설명으로 틀린 것은?

① 이사의 선임은 상법 또는 정관에 다른 정함이 있는 경우를 제외하고는 주주총회에 출석한 주주의 의결권의 과반수와 발행주식총수의 4분의 1 이상의 수로써 결의하여야 한다.

② 이사의 임기는 3년을 초과하지 못하지만, 정관으로 그 임기 중의 최종의 결산기에 관한 정기주주총회의 종결에 이르기까지 연장할 수 있다.

③ 이사가 그 직무에 관하여 부정행위가 있음에도 불구하고 주주총회에서 이사의 해임을 부결한 때에는 회사채 권자는 주주총회의 결의가 있은 날부터 1월 내에 그 이사의 해임을 법원에 청구할 수 있다.

④ 이사해임의 소가 제기된 경우에는 법원은 당사자의 신청에 의하여 가처분으로써 이사의 직무집행을 정지할 수 있다.

⑤ 법률 또는 정관에 정한 이사의 원수를 결한 경우에 필요하다고 인정할 때에는 법원은 이사, 감사 기타의 이해관계인의 청구에 의하여 일시 이사의 직무를 행할 자를 선임할 수 있다.

▌해설▌

① [○] 이사의 선임은 주주총회의 보통결의사항이다(상법 제382조 제1항, 제368조 제1항 참조).

> **상법 제382조(이사의 선임, 회사와의 관계 및 사외이사)**
> ① 이사는 주주총회에서 선임한다.
>
> **상법 제368조(총회의 결의방법과 의결권의 행사)**
> ① 회의 결의는 이 법 또는 정관에 다른 정함이 있는 경우를 제외하고는 출석한 주주의 의결권의 과반수와 발행주식 총수의 4분의 1 이상의 수로써 하여야 한다.

② [○] 상법 제383조 제2항, 제3항

> **상법 제383조(원수, 임기)**
> ② 이사의 임기는 3년을 초과하지 못한다.
> ③ 제2항의 임기는 정관으로 그 임기 중의 최종의 결산기에 관한 정기주주총회의 종결에 이르기까지 연장할 수 있다.

③ [✕] 이사가 그 직무에 관하여 부정행위 또는 법령이나 정관에 위반한 중대한 사실이 있음에도 불구하고 주주총회에서 그 해임을 부결한 때에는 <u>발행주식의 총수의 100분의 3 이상에 해당하는 주식</u>을 가진 주주는 총회의 결의가 있은 날부터 1월 내에 그 이사의 해임을 법원에 청구할 수 있다(상법 제385조 제2항).

④ [○] 이사선임결의의 무효나 취소 또는 이사해임의 소가 제기된 경우에는 법원은 당사자의 신청에 의하여 가처분으로써 이사의 직무집행을 정지할 수 있고 또는 직무대행자를 선임할 수 있다. 급박한 사정이 있는 때에는 본안소송의 제기 전에도 그 처분을 할 수 있다(상법 제407조 제1항).

⑤ [O] 상법 제386조 제1항, 제2항

> **상법 제386조(결원의 경우)**
> ① 법률 또는 정관에 정한 이사의 원수를 결한 경우에는 임기의 만료 또는 사임으로 인하여 퇴임한 이사는 새로 선임된 이사가 취임할 때까지 이사의 권리의무가 있다.
> ② 제1항의 경우에 필요하다고 인정할 때에는 법원은 이사, 감사 기타의 이해관계인의 청구에 의하여 일시 이사의 직무를 행할 자를 선임할 수 있다. 이 경우에는 본점의 소재지에서 그 등기를 하여야 한다.

답 ③

76 CPA 2023 ☑ 확인 Check! ○ △ ✕

상법상 비상장주식회사의 이사 선임에 관한 설명으로 틀린 것은? (정관에 이사선임에 관한 다른 정함이 없음)

① 회사가 발기설립의 방식으로 설립되는 경우에는 발기인이 그 의결권의 과반수로 이사를 선임한다.

② 회사가 모집설립의 방식으로 설립되는 경우에는 창립총회에서 출석한 주식인수인의 의결권의 3분의 2 이상 이며 인수된 주식총수의 과반수로 이사를 선임한다.

③ 회사가 설립된 이후에는 원칙적으로 주주총회에서 출석주주 의결권의 과반수와 발행주식총수 4분의 1 이상 의 찬성으로 이사를 선임한다.

④ 2인 이상의 이사의 선임을 목적으로 하는 총회의 소집이 있는 때에는 의결권 없는 주식을 제외한 발행주식총 수의 100분의3 이상에 해당하는 주식을 가진 주주는 회사에 대하여 집중투표의 방법으로 이사를 선임할 것을 청구할 수 있다.

⑤ 집중투표의 방법으로 이사를 선임하는 경우에는 그 선임결의에 관하여 각 주주는 1주마다 이사 후보자의 수와 동일한 수의 의결권을 가지며, 그 의결권은 이사 후보자 1인 또는 수인에게 집중하여 투표하는 방법으로 행사할 수 있다.

█ 해설 █

① [○], ② [○] 회사설립 시 이사·감사의 선임은 발기설립의 경우에는 발기인이 의결권의 과반수로 선임하고(상법 제296조 제1항 참조), 모집설립의 경우에는 창립총회에서 출석한 주식인수인의 의결권의 3분의 2 이상이며 인수된 주식의 총수의 과반수로 선임한다(상법 제309조, 제312조 참조).

> **상법 제296조(발기설립의 경우의 임원선임)**
> ① 전조의 규정에 의한 납입과 현물출자의 이행이 완료된 때에는 발기인은 지체없이 의결권의 과반수로 이사와 감사를 선임하여야 한다.
>
> **상법 제309조(창립총회의 결의)**
> 창립총회의 결의는 출석한 주식인수인의 의결권의 3분의 2 이상이며 인수된 주식의 총수의 과반수에 해당하는 다수로 하여야 한다.
>
> **상법 제312조(임원의 선임)**
> 창립총회에서는 이사와 감사를 선임하여야 한다.

③ [○] 상법 제382조 제1항, 제368조 제1항

> **상법 제382조(이사의 선임, 회사와의 관계 및 사외이사)**
> ① 이사는 주주총회에서 선임한다.
>
> **상법 제368조(총회의 결의방법과 의결권의 행사)**
> ① 총회의 결의는 이 법 또는 정관에 다른 정함이 있는 경우를 제외하고는 출석한 주주의 의결권의 과반수와 발행주식총수의 4분의 1 이상의 수로써 하여야 한다.

④ [○] 2인 이상의 이사의 선임을 목적으로 하는 총회의 소집이 있는 때에는 의결권 없는 주식을 제외한 발행주식총수의 100분의 3 이상에 해당하는 주식을 가진 주주는 정관에서 달리 정하는 경우를 제외하고는 회사에 대하여 집중투표의 방법으로 이사를 선임할 것을 청구할 수 있다(상법 제382조의2 제1항).

⑤ [✕] 제1항의 청구(집중투표의 청구)가 있는 경우에 이사의 선임결의에 관하여 각 주주는 1주마다 <u>선임할 이사의 수</u>와 동일한 수의 의결권을 가지며, 그 의결권은 이사 후보자 1인 또는 수인에게 집중하여 투표하는 방법으로 행사할 수 있다(상법 제382조의2 제3항).

답 ⑤

상법상 자본금 10억원인 비상장주식회사 이사에 관한 설명으로 틀린 것은?

① 이사는 이사회의 승인이 없으면 자기 또는 제3자의 계산으로 회사의 영업부류에 속한 거래를 하거나 동종영업을 목적으로 하는 다른 회사의 무한책임사원이 되지 못한다.

② 이사의 임기가 임기 중의 최종 결산기에 관한 정기주주총회가 종결하기 전에 만료할 때에는 이사회 결의에 의하여 정기주주총회의 종결에 이르기까지 임기를 연장할 수 있다.

③ 이사는 재임 중은 물론 퇴임 후에도 직무상 알게 된 회사의 영업상 비밀을 누설하여서는 아니 된다.

④ 회사는 임기 중에 있는 이사를 언제든지 주주총회 특별결의에 의해 해임할 수 있다.

⑤ 이사가 고의 또는 중대한 과실로 그 임무를 게을리한 때에는 그 이사는 제3자에 대하여 연대하여 손해를 배상할 책임이 있다.

▌해설▐

① [O] 이사는 이사회의 승인이 없으면 자기 또는 제3자의 계산으로 회사의 영업부류에 속한 거래를 하거나 동종영업을 목적으로 하는 다른 회사의 무한책임사원이나 이사가 되지 못한다(상법 제397조 제1항).

② [✕] 상법 제383조 제3항

> **상법 제383조(원수, 임기)**
> ② 이사의 임기는 3년을 초과하지 못한다.
> ③ 제2항의 임기는 <u>정관으로</u> 그 임기 중의 최종의 결산기에 관한 정기주주총회의 종결에 이르기까지 연장할 수 있다.

③ [O] 이사는 재임 중 뿐만 아니라 퇴임 후에도 직무상 알게 된 회사의 영업상 비밀을 누설하여서는 아니 된다(상법 제382조의4).

④ [O] 이사는 언제든지 제434조의 규정에 의한 주주총회의 결의로 이를 해임할 수 있다. 그러나 이사의 임기를 정한 경우에 정당한 이유없이 그 임기만료 전에 이를 해임한 때에는 그 이사는 회사에 대하여 해임으로 인한 손해의 배상을 청구할 수 있다(상법 제385조 제1항).

⑤ [O] 이사가 고의 또는 중대한 과실로 그 임무를 게을리한 때에는 그 이사는 제3자에 대하여 연대하여 손해를 배상할 책임이 있다(상법 제401조 제1항).

답 ②

상법상 주식회사의 사외이사에 관한 설명으로 옳은 것만을 <u>모두</u> 고른 것은?

> ㄱ. 최근 2년 이내에 회사의 상무에 종사한 이사는 그 회사의 사외이사가 될 수 있다.
> ㄴ. 모회사의 이사는 자회사의 사외이사가 될 수 없다.
> ㄷ. 회사의 최대주주가 자연인인 경우 그 배우자는 그 회사의 사외이사가 될 수 있다.
> ㄹ. 금고 이상의 형을 선고받고 그 집행이 끝난 후 2년이 지난 자는 상장회사의 사외이사가 될 수 있다.
> ㅁ. 누구의 명의로 하든지 자기의 계산으로 의결권 없는 주식을 제외한 발행주식총수의 100분의 10 이상의 상장회사 주식을 소유한 주주는 그 회사의 사외이사가 될 수 없다.

① ㄴ, ㄹ
② ㄴ, ㅁ
③ ㄱ, ㄹ, ㅁ
④ ㄴ, ㄷ, ㅁ
⑤ ㄴ, ㄹ, ㅁ

┃해설┃

ㄱ. [✕] 상법 제382조 제3항 제1호
ㄴ. [○] 상법 제382조 제3항 제5호
ㄷ. [✕] 상법 제382조 제3항 제2호
ㄹ. [○] 상법 제542조의8 제2항 제3호
ㅁ. [○] 상법 제542조의8 제2항 제6호

> **상법 제382조(이사의 선임, 회사와의 관계 및 사외이사)**
> ③ 사외이사(社外理事)는 해당 회사의 상무(常務)에 종사하지 아니하는 이사로서 다음 각 호의 어느 하나에 해당하지 아니하는 자를 말한다. 사외이사가 다음 각 호의 어느 하나에 해당하는 경우에는 그 직을 상실한다.
>   1. 회사의 상무에 종사하는 이사·집행임원 및 피용자 또는 최근 2년 이내에 회사의 상무에 종사한 이사·감사·집행임원 및 피용자
>   2. 최대주주가 자연인인 경우 본인과 그 배우자 및 직계존속·비속
>   3. 최대주주가 법인인 경우 그 법인의 이사·감사·집행임원 및 피용자
>   4. 이사·감사·집행임원의 배우자 및 직계존속·비속
>   5. 회사의 모회사 또는 자회사의 이사·감사·집행임원 및 피용자
>   6. 회사와 거래관계 등 중요한 이해관계에 있는 법인의 이사·감사·집행임원 및 피용자
>   7. 회사의 이사·집행임원 및 피용자가 이사·집행임원으로 있는 다른 회사의 이사·감사·집행임원 및 피용자
>
> **상법 제542조의8(사외이사의 선임)**
> ② 상장회사의 사외이사는 제382조 제3항 각 호 뿐만 아니라 다음 각 호의 어느 하나에 해당되지 아니하여야 하며, 이에 해당하게 된 경우에는 그 직을 상실한다.
>   1. 미성년자, 피성년후견인 또는 피한정후견인
>   2. 파산선고를 받고 복권되지 아니한 자
>   3. 금고 이상의 형을 선고받고 그 집행이 끝나거나 집행이 면제된 후 2년이 지나지 아니한 자
>   4. 대통령령으로 별도로 정하는 법률을 위반하여 해임되거나 면직된 후 2년이 지나지 아니한 자

5. 상장회사의 주주로서 의결권 없는 주식을 제외한 발행주식총수를 기준으로 본인 및 그와 대통령령으로 정하는 특수한 관계에 있는 자(이하 "특수관계인"이라 한다)가 소유하는 주식의 수가 가장 많은 경우 그 본인(이하 "최대주주"라 한다) 및 그의 특수관계인
6. 누구의 명의로 하든지 자기의 계산으로 의결권 없는 주식을 제외한 발행주식총수의 100분의 10 이상의 주식을 소유하거나 이사·집행임원·감사의 선임과 해임 등 상장회사의 주요 경영사항에 대하여 사실상의 영향력을 행사하는 주주(이하 "주요주주"라 한다) 및 그의 배우자와 직계존속·비속
7. 그 밖에 사외이사로서의 직무를 충실하게 수행하기 곤란하거나 상장회사의 경영에 영향을 미칠 수 있는 자로서 대통령령으로 정하는 자

답 ⑤

79 CPA 2021 ☑ 확인Check! ○ △ ✕

상법상 주식회사의 이사에 관한 설명으로 틀린 것은? (이견이 있으면 판례에 의함)

① 이사와 회사의 관계는 민법의 위임에 관한 규정을 준용한다.
② 정관으로 이사가 가질 주식의 수를 정한 경우에 다른 규정이 없는 때에는 이사는 그 수의 주권을 감사에게 공탁하여야 한다.
③ 주주총회에서 이사를 선임하는 경우, 주주총회 선임결의와 별도로 대표이사와 피선임자 사이에 임용계약이 체결되어야 이사의 지위를 취득한다.
④ 이사는 언제든지 주주총회의 특별결의로 이를 해임할 수 있다.
⑤ 2인 이상의 이사의 선임을 목적으로 하는 총회의 소집이 있는 때에는 의결권 없는 주식을 제외한 발행주식총수의 100분의 3 이상에 해당하는 주식을 가진 주주는 정관에서 달리 정하는 경우를 제외하고는 집중투표의 방법으로 이사를 선임할 것을 청구할 수 있다.

┃해설┃
① [○] 회사와 이사의 관계는 「민법」의 위임에 관한 규정을 준용한다(상법 제382조 제2항).
② [○] 정관으로 이사가 가질 주식의 수를 정한 경우에 다른 규정이 없는 때에는 이사는 그 수의 주권을 감사에게 공탁하여야 한다(상법 제387조).
③ [✕] 주주총회에서 이사나 감사를 선임하는 경우 선임결의와 피선임자의 승낙만 있으면, 피선임자는 대표이사와 별도의 임용계약을 체결하였는지와 관계없이 이사나 감사의 지위를 취득한다(대판[전합] 2017.3.23. 2016다251215).
④ [○] 이사는 언제든지 제434조의 규정에 의한 주주총회의 결의로 이를 해임할 수 있다. 그러나 이사의 임기를 정한 경우에 정당한 이유없이 그 임기만료 전에 이를 해임한 때에는 그 이사는 회사에 대하여 해임으로 인한 손해의 배상을 청구할 수 있다(상법 제385조 제1항).
⑤ [○] 2인 이상의 이사의 선임을 목적으로 하는 총회의 소집이 있는 때에는 의결권 없는 주식을 제외한 발행주식총수의 100분의 3 이상에 해당하는 주식을 가진 주주는 정관에서 달리 정하는 경우를 제외하고는 회사에 대하여 집중투표의 방법으로 이사를 선임할 것을 청구할 수 있다(상법 제382조의2 제1항).

답 ③

상법상 비상장 주식회사의 이사에 관한 설명으로 틀린 것은?

① 이사의 선임은 주주총회의 보통결의에 의하고, 그 해임은 주주총회의 특별결의에 의한다.

② 판례에 의하면, 이사가 그 의사에 반하여 해임될 경우 일정한 해직보상금을 지급받기로 약정한 때에는 이는 보수에 포함되지 않으므로, 정관에 그 액을 정하는 규정이나 주주총회의 결의가 없어도 이사는 회사에 대하여 이를 청구할 수 있다.

③ 이사의 임기를 정한 경우에 정당한 이유없이 그 임기만료 전에 이를 해임한 때에는, 그 이사는 회사에 대하여 해임으로 인한 손해배상을 청구할 수 있다.

④ 정관으로 이사가 가질 주식의 수를 정한 경우에, 다른 규정이 없는 때에는 이사는 그 수의 주권을 감사에게 공탁해야 한다.

⑤ 정관에 정한 이사의 원수를 결한 경우, 필요하다고 인정할 때에는 법원은 이사, 감사 기타의 이해관계인의 청구에 의하여 일시 이사의 직무를 행할 자를 선임할 수 있다.

┃ 해설 ┃

① [○] 상법 제382조 제1항, 제385조 제1항

> **상법 제382조(이사의 선임, 회사와의 관계 및 사외이사)**
> ① 이사는 주주총회에서 선임한다.
>
> **상법 제385조(해임)**
> ① 이사는 언제든지 제434조의 규정에 의한 주주총회의 결의로 이를 해임할 수 있다. 그러나 이사의 임기를 정한 경우에 정당한 이유없이 그 임기만료 전에 이를 해임한 때에는 그 이사는 회사에 대하여 해임으로 인한 손해의 배상을 청구할 수 있다.

② [✕] 주식회사와 이사 사이에 체결된 고용계약에서 이사가 그 의사에 반하여 이사직에서 해임될 경우 퇴직위로금과는 별도로 일정한 금액의 해직보상금을 지급받기로 약정한 경우, 그 해직보상금은 형식상으로는 보수에 해당하지 않는다 하여도 보수와 함께 같은 고용계약의 내용에 포함되어 그 고용계약과 관련하여 지급되는 것일 뿐 아니라, 의사에 반하여 해임된 이사에 대하여 정당한 이유의 유무와 관계없이 지급하도록 되어 있어 이사에게 유리하도록 회사에 추가적인 의무를 부과하는 것인바, 보수에 해당하지 않는다는 이유로 주주총회 결의를 요하지 않는다고 한다면, 이사들이 고용계약을 체결하는 과정에서 개인적인 이득을 취할 목적으로 과다한 해직보상금을 약정하는 것을 막을 수 없게 되어, 이사들의 고용계약과 관련하여 그 사익 도모의 폐해를 방지하여 회사와 주주의 이익을 보호하고자 하는 상법 제388조의 입법 취지가 잠탈되고, 나아가 해직보상금액이 특히 거액일 경우 회사의 자유로운 이사해임권 행사를 저해하는 기능을 하게 되어 이사선임기관인 주주총회의 권한을 사실상 제한함으로써 회사법이 규정하는 주주총회의 기능이 심히 왜곡되는 부당한 결과가 초래되므로, 이사의 보수에 관한 상법 제388조를 준용 내지 유추적용하여 이사는 해직보상금에 관하여도 <u>정관에서 그 액을 정하지 않는 한 주주총회 결의가 있어야만 회사에 대하여 이를 청구할 수 있다</u>(대판 2006.11.23. 2004다49570).

③ [○] 제385조 제1항

④ [○] 정관으로 이사가 가질 주식의 수를 정한 경우에 다른 규정이 없는 때에는 이사는 그 수의 주권을 감사에게 공탁하여야 한다(상법 제387조).

⑤ [O] 상법 제386조 제1항, 제2항

> **상법 제386조(결원의 경우)**
> ① 법률 또는 정관에 정한 이사의 원수를 결한 경우에는 임기의 만료 또는 사임으로 인하여 퇴임한 이사는 새로 선임된 이사가 취임할 때까지 이사의 권리의무가 있다.
> ② 제1항의 경우에 필요하다고 인정할 때에는 법원은 이사, 감사 기타의 이해관계인의 청구에 의하여 일시 이사의 직무를 행할 자를 선임할 수 있다. 이 경우에는 본점의 소재지에서 그 등기를 하여야 한다.

답 ②

81 CPA 2021

☑ 확인 Check! ○ △ ✕

상법상 주식회사 이사의 보수에 관한 설명으로 틀린 것은? (이견이 있으면 판례에 의함)

① 이사에 대한 퇴직위로금은 그 직에서 퇴임한 자에 대하여 그 재직 중 직무집행의 대가로 지급되는 보수의 일종이다.

② 법적으로는 이사의 지위를 갖지만 회사와의 약정에 따라 이사로서의 실질적인 직무를 수행하지 않는 이른바 명목상 이사도 특별한 사정이 없으면 정관의 규정 또는 주주총회의 결의에 의하여 결정된 보수의 청구권을 갖는다.

③ 이사의 직무와 그 보수 사이에는 합리적 비례관계가 유지되어야 하며, 회사의 채무 상황이나 영업실적에 비추어 합리적인 수준을 벗어나서 현저히 균형성을 잃을 정도로 과다하여서는 아니 된다.

④ 주주총회의 결의로 이사의 퇴직위로금액이 결정된 경우라도, 퇴임한 특정이사에 대하여 새로운 주주총회에서 그 퇴직위로금을 박탈하는 결의를 하면 그 박탈하는 결의는 효력이 있다.

⑤ 이사의 임기를 정한 경우에 회사가 정당한 이유 없이 임기만료 전에 이사를 해임한 때에는 그 이사는 회사에 대하여 해임으로 인한 손해의 배상을 청구할 수 있으며, 정당한 이유의 존부에 대한 입증책임은 손해배상을 청구하는 이사가 부담한다.

┃해설┃

① [O] 상법 제388조, 제415조에 의하면, 주식회사의 이사와 감사의 보수는 정관에 그 액을 정하지 아니한 때에는 주주총회의 결의로 이를 정한다고 되어 있고, 이사 또는 감사에 대한 퇴직위로금은 그 직에서 퇴임한 자에 대하여 그 재직 중 직무집행의 대가로써 지급되는 보수의 일종으로서 상법 제388조에 규정된 보수에 포함된다(대판 1999.2.24. 97다38930).

② [O] 법적으로는 주식회사 이사·감사의 지위를 갖지만 회사와의 명시적 또는 묵시적 약정에 따라 이사·감사로서의 실질적인 직무를 수행하지 않는 이른바 명목상 이사·감사도 법인인 회사의 기관으로서 회사가 사회적 실체로서 성립하고 활동하는 데 필요한 기초를 제공함과 아울러 상법이 정한 권한과 의무를 갖고 의무 위반에 따른 책임을 부담하는 것은 일반적인 이사·감사와 다를 바 없으므로, 과다한 보수에 대한 사법적 통제의 문제는 별론으로 하더라도, 오로지 보수의 지급이라는 형식으로 회사의 자금을 개인에게 지급하기 위한 방편으로 이사·감사로 선임한 것이라는 등의 특별한 사정이 없는 한, 회사에 대하여 상법 제388조, 제415조에 따라 정관의 규정 또는 주주총회의 결의에 의하여 결정된 보수의 청구권을 갖는다(대판 2015.7.23. 2014다236311).

③ [○] 상법이 정관 또는 주주총회의 결의로 이사의 보수를 정하도록 한 것은 이사들의 고용계약과 관련하여 사익 도모의 폐해를 방지함으로써 회사와 주주 및 회사채권자의 이익을 보호하기 위한 것이므로, 비록 보수와 직무의 상관관계가 상법에 명시되어 있지 않더라도 이사가 회사에 대하여 제공하는 직무와 지급받는 보수 사이에는 합리적 비례관계가 유지되어야 하며, 회사의 채무 상황이나 영업실적에 비추어 합리적인 수준을 벗어나서 현저히 균형성을 잃을 정도로 과다하여서는 아니 된다(대판 2016.1.28. 2014다11888).

④ [×] 이사의 퇴직위로금은 상법 제388조에 규정된 보수에 포함된다 할 것이므로 위 법조에 근거하여 정관이나 주주총회결의로 그 액이 결정되었다면 주주총회에서 퇴임한 특정이사에 대하여 <u>그 퇴직위로금을 박탈하거나 이를 감액하는 결의를 하였다 하여도 그 효력이 없다</u>(대판 1977.11.22. 77다1742).

⑤ [○] 주식회사 이사의 임기를 정한 경우에 주식회사가 정당한 이유 없이 임기만료 전에 이사를 해임한 때에는 그 이사는 회사에 대하여 해임으로 인한 손해의 배상을 청구할 수 있는데(상법 제385조 제1항 후문), 이러한 경우 '정당한 이유'의 존부에 관한 입증책임은 손해배상을 청구하는 이사가 부담한다(대판 2006.11.23. 2004다49570).

답 ④

82 법무사 2024   ☑ 확인Check! ○ △ ✕

주식회사의 이사의 보수에 관한 다음 설명 중 가장 옳지 않은 것은?

① 주주총회에서 선임된 이사가 회사와의 명시적 또는 묵시적 약정에 따라 업무를 다른 이사 등에게 포괄적으로 위임하고 이사로서의 실질적인 업무를 수행하지 않는 경우에는 회사를 상대로 주주총회 결의에서 정한 보수를 청구할 수 없다.

② 회사에 대한 경영권 상실 등으로 퇴직을 앞둔 이사가 회사에서 최대한 많은 보수를 받기 위하여 그에 동조하는 다른 이사와 함께 이사의 직무내용, 회사의 재무상황이나 영업실적 등에 비추어 지나치게 과다하여 합리적 수준을 현저히 벗어나는 보수 지급 기준을 마련하고 지위를 이용하여 주주총회에 영향력을 행사함으로써 소수주주의 반대에 불구하고 이에 관한 주주총회 결의가 성립되도록 하였다면, 이는 회사를 위하여 직무를 충실하게 수행하여야 하는 상법 제382조의3에서 정한 의무를 위반하여 회사재산의 부당한 유출을 야기함으로써 회사와 주주의 이익을 침해하는 것으로서 회사에 대한 배임행위에 해당하므로, 주주총회 결의를 거쳤다 하더라도 그러한 위법행위가 유효하다 할 수는 없다.

③ 정관 등에서 이사의 퇴직금에 관하여 주주총회의 결의로 정한다고 규정하면서 퇴직금의 액수에 관하여만 정하고 있다면, 퇴직금 중간정산에 관한 주주총회의 결의가 있었음을 인정할 증거가 없는 한 이사는 퇴직금 중간정산금 청구권을 행사할 수 없다.

④ 회사가 정관에서 이사의 퇴직금 지급에 관하여 주주총회의 결의를 거친 임원퇴직금 지급규정에 의한다고 규정하면서 그와 함께 퇴직하는 이사에 대한 퇴직금액의 하한을 구체적으로 정하고 있다면, 주주총회에서 이사의 퇴직금 지급에 관한 규정을 만들지 않거나 퇴직금에 관한 결의를 하지 않았다 하더라도 회사로서는 그와 같은 주주총회 결의 등이 없었음을 이유로 퇴직한 이사에 대하여 정관에 구체적으로 정한 하한의 범위 안에서의 퇴직금의 지급을 거절할 수는 없다.

⑤ 주식회사와 이사 사이에 체결된 고용계약에서 이사가 그 의사에 반하여 이사직에서 해임될 경우 퇴직위로금 과는 별도로 일정한 금액의 해직보상금을 지급받기로 약정한 경우, 이사의 보수에 관한 상법 제388조를 준용 내지 유추적용하여 이사는 해직보상금에 관하여도 정관에서 그 액을 정하지 않는 한 주주총회 결의가 있어야만 회사에 대하여 이를 청구할 수 있다.

① [✕] 주식회사의 주주총회에서 이사·감사로 선임된 사람이 주식회사와 계약을 맺고 이사·감사로 취임한 경우에, 상법 제388조, 제415조에 따라 정관 또는 주주총회 결의에서 정한 금액·지급시기·지급방법에 의하여 보수를 받을 수 있다. 이에 비추어 보면, 주주총회에서 선임된 이사·감사가 회사와의 명시적 또는 묵시적 약정에 따라 업무를 다른 이사 등에게 포괄적으로 위임하고 이사·감사로서의 실질적인 업무를 수행하지 않는 경우라 하더라도 이사·감사로서 상법 제399조, 제401조, 제414조 등에서 정한 법적 책임을 지므로, 이사·감사를 선임하거나 보수를 정한 주주총회 결의의 효력이 무효이거나 또는 소극적인 직무 수행이 주주총회에서 이사·감사를 선임하면서 예정하였던 직무 내용과 달라 주주총회에서 한 선임 결의 및 보수지급 결의에 위배되는 배임적인 행위에 해당하는 등의 특별한 사정이 없다면, <u>소극적인 직무 수행 사유만을 가지고 이사·감사로서의 자격을 부정하거나 주주총회 결의에서 정한 보수청구권의 효력을 부정하기는 어렵다</u>(대판 2015.9.10. 2015다213308).

② [〇] 상법이 정관 또는 주주총회의 결의로 이사의 보수를 정하도록 한 것은 이사들의 고용계약과 관련하여 사익 도모의 폐해를 방지함으로써 회사와 주주 및 회사채권자의 이익을 보호하기 위한 것이므로, 비록 보수와 직무의 상관관계가 상법에 명시되어 있지 않더라도 이사가 회사에 대하여 제공하는 직무와 지급받는 보수 사이에는 합리적 비례관계가 유지되어야 하며, 회사의 채무 상황이나 영업실적에 비추어 합리적인 수준을 벗어나서 현저히 균형성을 잃을 정도로 과다하여서는 아니 된다. 따라서 회사에 대한 경영권 상실 등으로 퇴직을 앞둔 이사가 회사에서 최대한 많은 보수를 받기 위하여 그에 동조하는 다른 이사와 함께 이사의 직무내용, 회사의 재무상황이나 영업실적 등에 비추어 지나치게 과다하여 합리적 수준을 현저히 벗어나는 보수 지급 기준을 마련하고 지위를 이용하여 주주총회에 영향력을 행사함으로써 소수주주의 반대에 불구하고 이에 관한 주주총회결의가 성립되도록 하였다면, 이는 회사를 위하여 직무를 충실하게 수행하여야 하는 상법 제382조의3에서 정한 의무를 위반하여 회사재산의 부당한 유출을 야기함으로써 회사와 주주의 이익을 침해하는 것으로서 회사에 대한 배임행위에 해당하므로, 주주총회결의를 거쳤다 하더라도 그러한 위법행위가 유효하다 할 수는 없다(대판 2016.1.28. 2014다11888).

③ [〇] 이사의 퇴직금은 상법 제388조에 규정된 보수에 포함되고, 퇴직금을 미리 정산하여 지급받는 형식을 취하는 퇴직금 중간정산금도 퇴직금과 성격이 동일하다. 다만 이사에 대한 퇴직금은 성격상 퇴직한 이사에 대해 재직 중 직무집행의 대가로 지급되는 보수의 일종이므로, 이사가 재직하는 한 이사에 대한 퇴직금 지급의무가 발생할 여지가 없고 이사가 퇴직하는 때에 비로소 지급의무가 생긴다. 그런데 퇴직금 중간정산금은 지급시기가 일반적으로 정해져 있는 정기적 보수 또는 퇴직금과 달리 권리자인 이사의 신청을 전제로 이사의 퇴직 전에 지급의무가 발생하게 되므로, 이사가 중간정산의 형태로 퇴직금을 지급받을 수 있는지 여부는 퇴직금의 지급시기와 지급방법에 관한 매우 중요한 요소이다. 따라서 정관 등에서 이사의 퇴직금에 관하여 주주총회의 결의로 정한다고 규정하면서 퇴직금의 액수에 관하여만 정하고 있다면, 퇴직금 중간정산에 관한 주주총회의 결의가 있었음을 인정할 증거가 없는 한 이사는 퇴직금 중간정산금 청구권을 행사할 수 없다(대판 2019.7.4. 2017다17436).

④ [〇] 회사가 정관에서 이사의 퇴직금 지급에 관하여 주주총회의 결의를 거친 임원퇴직금 지급규정에 의한다고 규정하면서 그와 함께 퇴직하는 이사에 대한 퇴직금액의 하한을 구체적으로 정하고 있다면, 주주총회에서는 정관에서 정한 퇴직금액을 하한으로 하여 임원퇴직금 지급에 관한 규정을 만들 수 있을 뿐, 퇴직금 청구권을 아예 박탈하는 결의를 하거나 그러한 내용의 규정을 만들 수는 없다고 보아야 한다. 따라서 주주총회에서 이사의 퇴직금 지급에 관한 규정을 만들지 않거나 퇴직금에 관한 결의를 하지 않았다 하더라도 회사로서는 그와 같은 주주총회 결의 등이 없었음을 이유로 퇴직한 이사에 대하여 정관에 구체적으로 정한 하한의 범위 안에서의 퇴직금의 지급을 거절할 수는 없다(대판 2022.7.28. 2022다223273).

⑤ [〇] 주식회사와 이사 사이에 체결된 고용계약에서 이사가 그 의사에 반하여 이사직에서 해임될 경우 퇴직위로금과는 별도로 일정한 금액의 해직보상금을 지급받기로 약정한 경우, 그 해직보상금은 형식상으로는 보수에 해당하지 않는다 하여도 보수와 함께 같은 고용계약의 내용에 포함되어 그 고용계약과 관련하여 지급되는 것일 뿐 아니라, 의사에 반하여 해임된 이사에 대하여 정당한 이유의 유무와 관계없이 지급하도록 되어 있어 이사에게 유리하도록 회사에 추가적인 의무를 부과하는 것인바, 보수에 해당하지 않는다는 이유로 주주총회 결의를 요하지 않는다고 한다면, 이사들이 고용계약을 체결하는 과정에서 개인적인 이득을 취할 목적으로 과다한 해직보상금을 약정하는

것을 막을 수 없게 되어, 이사들의 고용계약과 관련하여 그 사익 도모의 폐해를 방지하여 회사와 주주의 이익을 보호하고자 하는 상법 제388조의 입법 취지가 잠탈되고, 나아가 해직보상금액이 특히 거액일 경우 회사의 자유로운 이사해임권 행사를 저해하는 기능을 하게 되어 이사선임기관인 주주총회의 권한을 사실상 제한함으로써 회사법이 규정하는 주주총회의 기능이 심히 왜곡되는 부당한 결과가 초래되므로, 이사의 보수에 관한 상법 제388조를 준용 내지 유추적용하여 이사는 해직보상금에 관하여도 정관에서 그 액을 정하지 않는 한 주주총회 결의가 있어야만 회사에 대하여 이를 청구할 수 있다(대판 2006.11.23. 2004다49570).

답 ①

83 법무사 2023

확인 Check! ○ △ ✕

주식회사 이사에 대한 직무집행정지가처분 및 그 직무대행자에 관한 다음 설명 중 가장 옳지 않은 것은?

기출수정

① 이사직무집행정지가처분을 신청하기 위해서 이사의 지위를 다투는 본안소송이 반드시 제기되어 있어야 하는 것은 아니다.

② 이사직무집행정지가처분에 있어서 피신청인이 될 수 있는 자는 그 성질상 당해 이사이고, 회사에게는 피신청인의 적격이 없다.

③ 이사직무집행정지가처분이 있는 때에는 본점의 소재지에서 그 등기를 하여야 한다.

④ 직무대행자가 이사회 구성을 변경하는 행위를 안건으로 하는 임시주주총회를 소집하기 위해서는 법원의 허가가 필요하지만, 이사회 구성을 변경하는 행위를 안건으로 하는 정기주주총회의 소집은 직무대행자가 법원의 허가 없이 할 수 있다.

⑤ 대표이사의 직무집행정지 및 직무대행자선임의 가처분이 이루어졌고, 그 후 대표이사가 해임되고 새로운 대표이사가 선임되었어도 그 가처분결정이 취소되지 아니하는 한 새로이 선임된 대표이사는 대표이사로서의 권한을 가지지 못한다.

┃해설┃

① [○], ③ [○] 상법 제407조 제1항, 제3항

> **상법 제407조(직무집행정지, 직무대행자선임)**
> ① 이사선임결의의 무효나 취소 또는 이사해임의 소가 제기된 경우에는 법원은 당사자의 신청에 의하여 가처분으로써 이사의 직무집행을 정지할 수 있고 또는 직무대행자를 선임할 수 있다. 급박한 사정이 있는 때에는 본안소송의 제기 전에도 그 처분을 할 수 있다.
> ③ 제1항과 제2항의 처분이 있는 때에는 본점의 소재지에서 그 등기를 하여야 한다.

② [○] 이사직무집행정지가처분에 있어서 피신청인이 될 수 있는 자는 그 성질상 당해 이사이고, 회사에게는 피신청인의 적격이 없다(대판 1982.2.9. 80다2424).

④ [✕] 상법 제408조 제1항이 규정하는 회사의 '상무'라 함은 일반적으로 회사에서 일상 행해져야 하는 사무, 회사가 영업을 계속함에 있어서 통상 행하는 영업범위 내의 사무 또는 회사경영에 중요한 영향을 주지 않는 통상의 업무 등을 의미하고, 어느 행위가 구체적으로 이 상무에 속하는가 하는 것은 당해 회사의 기구, 업무의 종류·성질, 기타 제반 사정을 고려하여 객관적으로 판단되어야 할 것인바, 직무대행자가 정기주주총회를 소집함에 있어서도

332 세무사 1차 객관식 상법(회사편)

그 안건에 이사회의 구성 자체를 변경하는 행위나 상법 제374조의 특별결의사항에 해당하는 행위 등 회사의 경영 및 지배에 영향을 미칠 수 있는 것이 포함되어 있다면 그 안건의 범위에서 정기총회의 소집이 상무에 속하지 않는다고 할 것이고, 직무대행자가 정기주주총회를 소집하는 행위가 상무에 속하지 아니함에도 법원의 허가 없이 이를 소집하여 결의한 때에는 소집절차상의 하자로 결의취소사유에 해당한다(대판 2007.6.28. 2006다62362).

⑤ [O] 대표이사의 직무집행정지 및 직무대행자선임의 가처분이 이루어진 이상, 그 후 대표이사가 해임되고 새로운 대표이사가 선임되었다 하더라도 가처분결정이 취소되지 아니하는 한 직무대행자의 권한은 유효하게 존속하는 반면 새로이 선임된 대표이사는 그 선임결의의 적법 여부에 관계없이 대표이사로서의 권한을 가지지 못한다(대판 1992.5.12. 92다5638).

답 ④

---

84 법무사 2022

☑ 확인 Check! ○ △ ✕

상법상 주식회사 이사의 선임에 관한 다음 설명 중 가장 옳은 것은?

① 이사는 주주총회에서 특별결의로 선임된다.

② 2인 이상의 이사의 선임을 목적으로 하는 총회의 소집이 있는 때에는 발행주식총수의 100분의 3 이상에 해당하는 주식을 가진 주주는 회사에 대하여 집중투표의 방법으로 이사를 선임할 것을 청구할 수 있다. 이때 100분의 3에는 의결권 없는 주식도 포함한다.

③ 2인 이상의 이사 선임에 관한 집중투표를 배제하는 정관 규정은 효력이 없다.

④ 이사선임결의와 피선임자의 승낙만 있으면 대표이사와 별도의 임용계약을 체결하였는지와 관계없이 이사의 지위를 취득한다.

⑤ 이사의 임기는 3년을 초과하지 못하므로, 임기를 정하지 않은 경우에는 그 임기를 3년으로 본다.

┃ **해설** ┃

① [✕] 이사는 주주총회에서 선임한다(상법 제382조 제1항). 이사의 선임은 주주총회의 보통결의사항이나 해임은 특별결의 사항이다.

② [✕], ③ [✕] 2인 이상의 이사의 선임을 목적으로 하는 총회의 소집이 있는 때에는 의결권 없는 주식을 제외한 발행주식총수의 100분의 3 이상에 해당하는 주식을 가진 주주는 정관에서 달리 정하는 경우를 제외하고는 회사에 대하여 집중투표의 방법으로 이사를 선임할 것을 청구할 수 있다(상법 제382조의2 제1항).

④ [O] 주주총회에서 이사나 감사를 선임하는 경우 선임결의와 피선임자의 승낙만 있으면, 피선임자는 대표이사와 별도의 임용계약을 체결하였는지와 관계없이 이사나 감사의 지위를 취득한다(대판[전합] 2017.3.23. 2016다251215).

⑤ [✕] 상법 제385조 제1항에 의하면 "이사는 언제든지 주주총회의 특별결의로 해임할 수 있으나, 이사의 임기를 정한 경우에 정당한 이유 없이 그 임기만료 전에 이를 해임한 때에는 그 이사는 회사에 대하여 해임으로 인한 손해의 배상을 청구할 수 있다"고 규정하고 있는바, 이때 이사의 임기를 정한 경우라 함은 정관 또는 주주총회의 결의로 임기를 정하고 있는 경우를 말하고, 이사의 임기를 정하지 않은 때에는 이사의 임기의 최장기인 3년을 경과하지 않는 동안에 해임되더라도 그로 인한 손해의 배상을 청구할 수 없다고 할 것이고, 회사의 정관에서 상법 제383조 제2항과 동일하게 "이사의 임기는 3년을 초과하지 못한다"고 규정한 것이 이사의 임기를 3년으로 정하는 취지라고 해석할 수는 없다(대판 2001.6.15. 2001다23928). 즉, 판례는 회사가 이사의 임기를 정하지 않은 경우에 이사의 임기가 3년이 된다는 의미는 아니라고 한다.

답 ④

다음 설명 중 가장 옳지 않은 것은?

① 상법 제388조는 "이사의 보수는 정관에 그 액을 정하지 아니한 때에는 주주총회의 결의로 이를 정한다"라고 규정하고 있고, 위 규정의 보수에는 연봉, 수당, 상여금 등 명칭을 불문하고 이사의 직무수행에 대한 보상으로 지급되는 모든 대가가 포함된다. 다만 주주총회에서 이사의 보수에 관한 구체적 사항을 이사회에 위임한 경우에는 주주총회에서 이를 직접 정할 수 없다.

② 주식회사의 총주식을 한 사람이 소유하는 이른바 1인회사의 경우, 주주총회 소집절차에 하자가 있거나 주주총회의사록이 작성되지 않았더라도, 1인 주주의 의사가 주주총회의 결의내용과 일치한다면 증거에 의하여 그러한 내용의 결의가 있었던 것으로 볼 수 있다.

③ 회사는 이사회의 결의로 회사를 대표할 이사를 선정하여야 한다. 그러나 정관으로 주주총회에서 이를 선정할 것을 정할 수 있다.

④ 이사회는 각 이사가 소집한다. 그러나 이사회의 결의로 소집할 이사를 정한 때에는 그러하지 아니하다.

⑤ 이사회의 결의는 이사 과반수의 출석과 출석이사의 과반수로 하여야 한다. 그러나 정관으로 그 비율을 높게 정할 수 있다.

┃해설┃

① [✕] [1] 상법 제388조는 "이사의 보수는 정관에 그 액을 정하지 아니한 때에는 주주총회의 결의로 이를 정한다"라고 규정하고 있고, 위 규정의 보수에는 연봉, 수당, 상여금 등 명칭을 불문하고 이사의 직무수행에 대한 보상으로 지급되는 모든 대가가 포함된다. 이는 이사가 자신의 보수와 관련하여 개인적 이익을 도모하는 폐해를 방지하여 회사와 주주 및 회사채권자의 이익을 보호하기 위한 강행규정이다. [2] 상법 제361조는 "주주총회는 본법 또는 정관에 정하는 사항에 한하여 결의할 수 있다"라고 규정하고 있는데, 이러한 주주총회 결의사항은 반드시 주주총회가 정해야 하고 정관이나 주주총회의 결의에 의하더라도 이를 다른 기관이나 제3자에게 위임하지 못한다. 따라서 정관 또는 주주총회에서 임원의 보수 총액 내지 한도액만을 정하고 개별 이사에 대한 지급액 등 구체적인 사항을 이사회에 위임하는 것은 가능하지만, 이사의 보수에 관한 사항을 이사회에 포괄적으로 위임하는 것은 허용되지 아니한다. 그리고 주주총회에서 이사의 보수에 관한 구체적 사항을 이사회에 위임한 경우에도 이를 주주총회에서 직접 정하는 것도 상법이 규정한 권한의 범위에 속하는 것으로서 가능하다(대판 2020.6.4. 2016다241515).

② [○] 주식회사의 총주식을 한 사람이 소유하는 이른바 1인회사의 경우에는 그 주주가 유일한 주주로서 주주총회에 출석하면 전원 총회로서 성립하고 그 주주의 의사대로 결의가 될 것이 명백하다. 이러한 이유로 주주총회 소집절차에 하자가 있거나 주주총회의사록이 작성되지 않았더라도, 1인 주주의 의사가 주주총회의 결의내용과 일치한다면 증거에 의하여 그러한 내용의 결의가 있었던 것으로 볼 수 있다(대판 2020.6.4. 2016다241515).

③ [○] 회사는 이사회의 결의로 회사를 대표할 이사를 선정하여야 한다. 그러나 정관으로 주주총회에서 이를 선정할 것을 정할 수 있다(상법 제389조 제1항).

④ [○] 이사회는 각 이사가 소집한다. 그러나 이사회의 결의로 소집할 이사를 정한 때에는 그러하지 아니하다(상법 제390조 제1항).

⑤ [○] 이사회의 결의는 이사 과반수의 출석과 출석이사의 과반수로 하여야 한다. 그러나 정관으로 그 비율을 높게 정할 수 있다(상법 제391조 제1항).

답 ①

86 세무사 2020

상법상 이사회의 권한사항을 정관으로 주주총회에서 정할 수 있도록 명문으로 허용하는 경우가 아닌 것은?

① 대표이사의 선임
② 정관에 규정이 없는 전환사채의 총액에 관한 결정
③ 정관에 규정이 없는 신주의 종류와 수에 관한 결정
④ 준비금의 자본금 전입
⑤ 이사가 자기 또는 제3자의 계산으로 회사와 거래를 하는 것에 대한 승인

❚ 해설 ❚

① [○] 회사는 이사회의 결의로 회사를 대표할 이사를 선정하여야 한다. 그러나 정관으로 주주총회에서 이를 선정할 것을 정할 수 있다(상법 제389조 제1항).

② [○] 상법 제513조 제2항 제1호

> **상법 제513조(전환사채의 발행)**
> ① 회사는 전환사채를 발행할 수 있다.
> ② 제1항의 경우에 다음의 사항으로서 정관에 규정이 없는 것은 이사회가 이를 결정한다. 그러나 정관으로 주주총회에서 이를 결정하기로 정한 경우에는 그러하지 아니하다.
>   1. 전환사채의 총액
>   2. 전환의 조건
>   3. 전환으로 인하여 발행할 주식의 내용
>   4. 전환을 청구할 수 있는 기간
>   5. 주주에게 전환사채의 인수권을 준다는 뜻과 인수권의 목적인 전환사채의 액
>   6. 주주외의 자에게 전환사채를 발행하는 것과 이에 대하여 발행할 전환사채의 액

③ [○] 상법 제416조 제1호

> **상법 제416조(발행사항의 결정)**
> 회사가 그 성립 후에 주식을 발행하는 경우에는 다음의 사항으로서 정관에 규정이 없는 것은 이사회가 결정한다. 다만, 이 법에 다른 규정이 있거나 정관으로 주주총회에서 결정하기로 정한 경우에는 그러하지 아니하다.
>   1. 신주의 종류와 수
>   2. 신주의 발행가액과 납입기일
>   2의2. 무액면주식의 경우에는 신주의 발행가액 중 자본금으로 계상하는 금액
>   3. 신주의 인수방법
>   4. 현물출자를 하는 자의 성명과 그 목적인 재산의 종류, 수량, 가액과 이에 대하여 부여할 주식의 종류와 수
>   5. 주주가 가지는 신주인수권을 양도할 수 있는 것에 관한 사항
>   6. 주주의 청구가 있는 때에만 신주인수권증서를 발행한다는 것과 그 청구기간

④ [O] 회사는 이사회의 결의에 의하여 준비금의 전부 또는 일부를 자본금에 전입할 수 있다. 그러나 정관으로 주주총회에서 결정하기로 정한 경우에는 그러하지 아니하다(상법 제461조 제1항).

⑤ [×] 이사의 자기거래의 승인은 상법에 이사회 권한 사항으로 규정되어 있지만 <u>정관으로 주주총회가 정하도록 할 수 있다는 유보조항을 명시적으로 두고 있지는 않다</u>(상법 제398조 참조). 참고로 판례는 이사와 회사 사이의 이익상반거래에 대한 승인은 주주 전원의 동의가 있다거나 그 승인이 정관에 주주총회의 권한사항으로 정해져 있다는 등의 특별한 사정이 없는 한 이사회의 전결사항이라고 하였다(대판 2007.5.10. 2005다4284).

> **상법 제398조(이사 등과 회사 간의 거래)**
> 다음 각 호의 어느 하나에 해당하는 자가 자기 또는 제3자의 계산으로 회사와 거래를 하기 위하여는 미리 이사회에서 해당 거래에 관한 중요사실을 밝히고 이사회의 승인을 받아야 한다. 이 경우 이사회의 승인은 이사 3분의 2 이상의 수로써 하여야 하고, 그 거래의 내용과 절차는 공정하여야 한다.
> 1. 이사 또는 제542조의8 제2항 제6호에 따른 주요주주
> 2. 제1호의 자의 배우자 및 직계존비속
> 3. 제1호의 자의 배우자의 직계존비속
> 4. 제1호부터 제3호까지의 자가 단독 또는 공동으로 의결권 있는 발행주식 총수의 100분의 50 이상을 가진 회사 및 그 자회사
> 5. 제1호부터 제3호까지의 자가 제4호의 회사와 합하여 의결권 있는 발행주식총수의 100분의 50 이상을 가진 회사

답 ⑤

---

87 세무사 2020

☑ 확인Check! ○ △ ×

상법상 주식회사 이사회의 결의만으로 가능한 사항은?

① 정관의 변경
② 자본금 감소
③ 회사의 해산
④ 지점의 설치·이전 또는 폐지
⑤ 감사의 회사에 대한 책임의 면제

┃해설┃

① [×] 정관의 변경은 <u>주주총회의 특별결의에 의하여야 한다</u>(상법 제433조 제1항, 제434조 참조).

> **상법 제433조(정관변경의 방법)**
> ① 정관의 변경은 주주총회의 결의에 의하여야 한다.
>
> **상법 제434조(정관변경의 특별결의)**
> 제433조 제1항의 결의는 출석한 주주의 의결권의 3분의 2 이상의 수와 발행주식총수의 3분의 1 이상의 수로써 하여야 한다.

② [×] 자본금의 감소는 원칙적으로 <u>주주총회의 특별결의</u>에 의하여야 하지만, 결손 보전 목적의 자본금 감소는 <u>주주총회의 보통결의</u>에 의하여야 한다(상법 제438조 제1항, 제2항 참조).

> **상법 제438조(자본금 감소의 결의)**
> ① 자본금의 감소에는 제434조에 따른 결의가 있어야 한다.
> ② 제1항에도 불구하고 결손의 보전(補塡)을 위한 자본금의 감소는 제368조 제1항의 결의에 의한다.

③ [×] 주식회사의 해산은 <u>주주총회의 특별결의</u>에 의하여 한다(상법 제517조 제2호, 제518조 참조).

> **상법 제517조(해산사유)**
> 주식회사는 다음의 사유로 인하여 해산한다.
> 1. 제227조 제1호, 제4호 내지 제6호에 정한 사유
> 1의2. 제530조의2의 규정에 의한 회사의 분할 또는 분할합병
> 2. 주주총회의 결의
>
> **상법 제518조(해산의 결의)**
> 해산의 결의는 제434조의 규정에 의하여야 한다.

④ [○] 중요한 자산의 처분 및 양도, 대규모 재산의 차입, 지배인의 선임 또는 해임과 <u>지점의 설치·이전 또는 폐지</u> 등 회사의 업무집행은 이사회의 결의로 한다(상법 제393조 제1항).

⑤ [×] 감사의 회사에 대한 책임의 면제는 <u>주주 전원의 동의</u>가 있어야 한다(상법 제415조, 제400조 참조).

> **상법 제415조(준용규정)**
> 제382조 제2항, 제382조의4, 제385조, 제386조, 제388조, <u>제400조</u>, 제401조, 제403조부터 제406조까지, 제406조의2 및 제407조는 <u>감사에 준용한다.</u>
>
> **상법 제400조(회사에 대한 책임의 감면)**
> ① 제399조에 따른 이사의 책임은 <u>주주 전원의 동의</u>로 면제할 수 있다.
>
> **상법 제399조(회사에 대한 책임)**
> ① 이사가 고의 또는 과실로 법령 또는 정관에 위반한 행위를 하거나 그 임무를 게을리한 경우에는 그 이사는 회사에 대하여 연대하여 손해를 배상할 책임이 있다.

답 ④

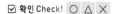 ☑ 확인 Check! ○ △ ✕

자본금 총액이 15억원으로 비상장인 甲 주식회사에서 상법상 미리 이사 3분의 2 이상의 수에 의한 이사회 승인이 요구되는 경우는?

① 甲 주식회사 이사의 배우자가 자기 또는 제3자의 계산으로 甲 주식회사와 거래를 하는 경우
② 甲 주식회사 이사가 자기 또는 제3자의 계산으로 회사의 영업부류에 속한 거래를 하는 경우
③ 甲 주식회사가 본점의 지배인을 선임하는 경우
④ 甲 주식회사가 영업 전부를 임대하는 경우
⑤ 甲 주식회사가 이사회 내 위원회를 설치하는 경우

해설

① [O] 이사와 주요주주, 그 특수관계인과 회사와의 자기거래는 이사 3분의 2 이상의 수에 의한 이사회의 사전승인이 있어야 한다. 이사의 배우자는 특수관계인으로서 자기거래의 적용대상이다(상법 제398조 제2호 참조). 이 밖에도 회사기회이용의 승인(상법 제397조의2 제1항 참조), 감사위원의 해임(상법 제415조의2 제3항)의 경우에도 이사 3분의 2 이상의 수에 의한 이사회 승인이 요구된다.

> **상법 제398조(이사 등과 회사 간의 거래)**
> 다음 각 호의 어느 하나에 해당하는 자가 자기 또는 제3자의 계산으로 회사와 거래를 하기 위하여는 미리 이사회에서 해당 거래에 관한 중요사실을 밝히고 이사회의 승인을 받아야 한다. 이 경우 이사회의 승인은 이사 3분의 2 이상의 수로써 하여야 하고, 그 거래의 내용과 절차는 공정하여야 한다.
> 1. 이사 또는 제542조의8 제2항 제6호에 따른 주요주주
> 2. 제1호의 자의 배우자 및 직계존비속
> 3. 제1호의 자의 배우자의 직계존비속
> 4. 제1호부터 제3호까지의 자가 단독 또는 공동으로 의결권 있는 발행주식 총수의 100분의 50 이상을 가진 회사 및 그 자회사
> 5. 제1호부터 제3호까지의 자가 제4호의 회사와 합하여 의결권 있는 발행주식총수의 100분의 50 이상을 가진 회사

② [✕] 이사는 이사회의 승인이 없으면 자기 또는 제3자의 계산으로 회사의 영업부류에 속한 거래를 하거나 동종영업을 목적으로 하는 다른 회사의 무한책임사원이나 이사가 되지 못한다(상법 제397조 제1항). 일반적인 이사회의 결의는 이사과반수의 출석과 출석이사의 과반수로 한다(상법 제391조 제1항 참조).

③ [✕] 중요한 자산의 처분 및 양도, 대규모 재산의 차입, 지배인의 선임 또는 해임과 지점의 설치·이전 또는 폐지 등 회사의 업무집행은 이사회의 결의로 한다(상법 제393조 제1항).

④ [✕] 영업 전부의 임대는 주주총회 특별결의사항이다(상법 제374조 제1항 제2호 참조).

> **상법 제374조(영업양도, 양수, 임대등)**
> ① 회사가 다음 각 호의 어느 하나에 해당하는 행위를 할 때에는 제434조에 따른 결의가 있어야 한다.
> 1. 영업의 전부 또는 중요한 일부의 양도
> 2. 영업 전부의 임대 또는 경영위임, 타인과 영업의 손익 전부를 같이 하는 계약, 그 밖에 이에 준하는 계약의 체결·변경 또는 해약
> 3. 회사의 영업에 중대한 영향을 미치는 다른 회사의 영업 전부 또는 일부의 양수

⑤ [✕] 이사회는 정관이 정한 바에 따라 위원회를 설치할 수 있다(상법 제393조의2 제1항).

 답 ①

상법상 이사회의 소집에 관한 설명으로 옳은 것은?

① 이사회의 결의로 이사회를 소집할 수 있는 이사를 정한 경우에도 대표이사는 소집권자에게 이사회 소집을 요구하지 않고 이사회를 소집할 수 있다.

② 이사회 소집권이 없는 이사가 이사회 소집권 있는 이사에게 이사회 소집을 청구하였음에도 정당한 이유없이 이사회 소집을 거절하는 경우에는 그 이사는 법원에 이사회 소집권자의 재지정을 청구할 수 있다.

③ 집행임원 설치회사의 집행임원이 이사에게 적법하게 이사회 소집을 청구하였음에도 이사가 지체없이 이사회 소집절차를 밟지 않으면 집행임원은 법원의 허가없이 이사회를 소집할 수 있다.

④ 이사회를 소집함에는 회일을 정하고 그 1주간 전에 각 이사 및 감사에 대하여 통지를 발송하여야 하며, 그 기간은 정관으로 단축할 수 있다.

⑤ 감사는 적법하게 이사에게 이사회 소집을 청구했음에도 이사가 지체없이 이사회 소집을 하지 않는 경우에는 감사는 법원의 허가를 얻어 이사회를 소집할 수 있다.

┃해설┃

① [✕] 이사회는 각 이사가 소집한다. 그러나 <u>이사회의 결의로 소집할 이사를 정한 때에는 그러하지 아니하다</u>(상법 제390조 제1항).

② [✕] 제1항 단서의 규정에 의하여 소집권자로 지정되지 않은 다른 이사는 소집권자인 이사에게 이사회 소집을 요구할 수 있다. 소집권자인 이사가 정당한 이유없이 이사회 소집을 거절하는 경우에는 <u>다른 이사가 이사회를 소집할 수 있다</u>(상법 제390조 제2항).

③ [✕] 상법 제408조의7 제1항, 제2항

> **상법 제408조의7(집행임원의 이사회 소집 청구)**
> ① 집행임원은 필요하면 회의의 목적사항과 소집이유를 적은 서면을 이사(소집권자가 있는 경우에는 소집권자를 말한다. 이하 이 조에서 같다)에게 제출하여 이사회 소집을 청구할 수 있다.
> ② 제1항의 청구를 한 후 이사가 지체 없이 이사회 소집의 절차를 밟지 아니하면 소집을 청구한 집행임원은 <u>법원의 허가를 받아</u> 이사회를 소집할 수 있다. 이 경우 이사회 의장은 법원이 이해관계자의 청구에 의하여 또는 직권으로 선임할 수 있다.

④ [○] 이사회를 소집함에는 회일을 정하고 그 1주간 전에 각 이사 및 감사에 대하여 통지를 발송하여야 한다. 그러나 그 기간은 정관으로 단축할 수 있다(상법 제390조 제3항).

⑤ [✕] 감사는 적법하게 이사에게 이사회 소집을 청구했음에도 이사가 지체없이 이사회 소집을 하지 않는 경우에는 <u>청구한 감사가 이사회를 소집할 수 있다</u>(상법 제412조의4 제1항, 제2항 참조).

> **상법 제412조의4(감사의 이사회 소집 청구)**
> ① 감사는 필요하면 회의의 목적사항과 소집이유를 서면에 적어 이사(소집권자가 있는 경우에는 소집권자를 말한다. 이하 이 조에서 같다)에게 제출하여 이사회 소집을 청구할 수 있다.
> ② 제1항의 청구를 하였는데도 이사가 지체 없이 이사회를 소집하지 아니하면 그 청구한 감사가 이사회를 소집할 수 있다.

답 ④

90 세무사 2023

확인 Check! ○ △ ×

상법상 주식회사의 이사 또는 이사회에 관한 설명으로 옳은 것은?

① 자본금 총액이 10억원 미만인 회사의 이사는 3명 이상이어야 한다.

② 이사의 보수는 정관에 그 액을 정하지 아니한 때에는 이사회의 결의로 정한다.

③ 지배인의 선임 또는 해임은 이사회의 결의로 한다.

④ 이사회의 결의는 재임이사 3분의 2 이상의 출석과 출석이사의 과반수로 하여야 한다.

⑤ 주식의 포괄적 교환을 하고자 하는 회사는 주식교환계약서를 작성하면 주주총회의 승인을 얻을 필요는 없다.

────────────────────────────

❙해설❙

① [×] 이사는 3명 이상이어야 한다. 다만, <u>자본금 총액이 10억원 미만인 회사는 1명 또는 2명으로 할 수 있다</u>(상법 제383조 제1항).

② [×] 이사의 보수는 정관에 그 액을 정하지 아니한 때에는 <u>주주총회의 결의로 이를 정한다</u>(상법 제388조).

③ [O] 중요한 자산의 처분 및 양도, 대규모 재산의 차입, 지배인의 선임 또는 해임과 지점의 설치·이전 또는 폐지 등 회사의 업무집행은 이사회의 결의로 한다(상법 제393조 제1항).

④ [×] 이사회의 결의는 <u>이사과반수의 출석과 출석이사의 과반수</u>로 하여야 한다. 그러나 정관으로 그 비율을 높게 정할 수 있다(상법 제391조 제1항).

⑤ [×] 주식교환을 하고자 하는 회사는 주식교환계약서를 작성하여 <u>주주총회의 승인을 얻어야 한다</u>(상법 제360조의3 제1항). 이 경우 주주총회의 승인은 특별결의에 의한 승인이다(상법 제360조의3 제2항 참조).

답 ③

91 세무사 2022

확인 Check! ○ △ ×

상법상 주식회사의 이사회에 관한 설명으로 옳지 않은 것은?

① 이사회의 소집은 각 이사가 하지만, 이사회의 결의로 소집할 이사를 별도로 정할 수 있다.

② 이사회를 소집함에는 회일을 정하고 그 1주간 전에 각 이사 및 감사에 대하여 통지를 발송하여야 한다. 그러나 그 기간은 이사회 결의로 단축할 수 있다.

③ 이사회의 결의는 이사과반수의 출석과 출석이사의 과반수로 하여야 한다. 그러나 정관으로 그 비율을 높게 정할 수 있다.

④ 감사는 이사가 정관에 위반한 행위를 할 염려가 있다고 인정한 때에는 이사회에 이를 보고하여야 한다.

⑤ 지점의 설치·이전 또는 폐지 등 회사의 업무집행은 이사회의 결의로 한다.

┃해설┃

① [O] 이사회는 각 이사가 소집한다. 그러나 이사회의 결의로 소집할 이사를 정한 때에는 그러하지 아니하다(상법 제390조 제1항).

② [X] 이사회를 소집함에는 회일을 정하고 그 1주간 전에 각 이사 및 감사에 대하여 통지를 발송하여야 한다. 그러나 그 기간은 정관으로 단축할 수 있다(상법 제390조 제3항).

③ [O] 이사회의 결의는 이사과반수의 출석과 출석이사의 과반수로 하여야 한다. 그러나 정관으로 그 비율을 높게 정할 수 있다(상법 제391조 제1항).

④ [O] 감사는 이사가 법령 또는 정관에 위반한 행위를 하거나 그 행위를 할 염려가 있다고 인정한 때에는 이사회에 이를 보고하여야 한다(상법 제391조의2 제2항).

⑤ [O] 중요한 자산의 처분 및 양도, 대규모 재산의 차입, 지배인의 선임 또는 해임과 지점의 설치·이전 또는 폐지 등 회사의 업무집행은 이사회의 결의로 한다(상법 제393조 제1항).

답 ②

---

92 세무사 2021

☑ 확인 Check! ○ △ ✕

상법상 주식회사 이사회의 결의에 관한 설명으로 옳은 것은? (다툼이 있으면 판례에 따름)

① 이사회의 결의는 이사 과반수의 출석과 출석이사의 과반수로 하며, 그 비율은 정관으로 완화할 수 있다.

② 이사는 이사회의 승인을 얻은 경우에 한하여 타인에게 이사회의 출석과 의결권을 위임할 수 있다.

③ 이사회의 결의무효확인의 소가 인용되어 그 판결이 확정된 경우 대세적 효력이 인정된다.

④ 정관에서 달리 정하는 경우를 제외하고 이사회는 이사의 전부가 직접 회의에 출석하지 아니하고 모든 이사가 음성을 동시에 송수신하는 원격통신수단에 의하여 결의에 참가하는 것을 허용할 수 있다.

⑤ 이사회의 결의에 관하여 특별한 이해관계가 있는 이사라도 이사회의 승인이 있으면 의결권을 행사할 수 있다.

┃해설┃

① [X] 이사회의 결의는 이사과반수의 출석과 출석이사의 과반수로 하여야 한다. 그러나 정관으로 그 비율을 높게 정할 수 있다(상법 제391조 제1항).

② [X] 이사회는 주주총회의 경우와는 달리 원칙적으로 이사자신이 직접 출석하여 결의에 참가하여야 하며 대리인에 의한 출석은 인정되지 않고 따라서 이사가 타인에게 출석과 의결권을 위임할 수도 없는 것이니 이에 위배된 이사회의 결의는 무효이며 그 무효임을 주장하는 방법에는 아무런 제한이 없다(대판 1982.7.13. 80다2441).

③ [X] 이사회의 결의에 하자가 있는 경우에 관하여 상법은 아무런 규정을 두고 있지 아니하나 그 결의에 무효사유가 있는 경우에는 이해관계인은 언제든지 또 어떤 방법에 의하든지 그 무효를 주장할 수 있다고 할 것이지만 이와 같은 무효주장의 방법으로서 이사회결의무효확인소송이 제기되어 승소확정판결을 받은 경우, 그 판결의 효력에 관하여는 주주총회결의무효확인소송 등과는 달리 상법 제190조가 준용될 근거가 없으므로 대세적 효력은 없다(대판 1988.4.25. 87누399).

④ [O] 정관에서 달리 정하는 경우를 제외하고 이사회는 이사의 전부 또는 일부가 직접 회의에 출석하지 아니하고 모든 이사가 음성을 동시에 송수신하는 원격통신수단에 의하여 결의에 참가하는 것을 허용할 수 있다. 이 경우 당해 이사는 이사회에 직접 출석한 것으로 본다(상법 제391조 제2항).

⑤ [×] 상법 제391조 제3항, 제368조 제3항

> **상법 제391조(이사회의 결의방법)**
> ① 이사회의 결의는 이사과반수의 출석과 출석이사의 과반수로 하여야 한다. 그러나 정관으로 그 비율을 높게 정할 수 있다.
> ③ 제368조 제3항 및 제371조 제2항의 규정은 제1항의 경우에 이를 준용한다.
>
> **상법 제368조(총회의 결의방법과 의결권의 행사)**
> ③ 총회의 결의에 관하여 <u>특별한 이해관계가 있는 자는 의결권을 행사하지 못한다.</u>

답 ④

---

93 세무사 2019 ☑확인Check! ○ △ ✕

상법상 주식회사의 이사회에 관한 설명으로 옳은 것은?

① 대표이사 외의 이사는 이사회를 소집할 수 없다.
② 회사는 주주총회의 결의로 회사를 대표할 이사를 선정하여야 한다.
③ 감사는 이사가 법령 또는 정관에 위반한 행위를 하거나 그 행위를 할 염려가 있다고 인정한 때에는 이사회에 이를 보고하여야 한다.
④ 이사회의사록에는 의사의 안건, 경과요령, 그 결과, 반대하는 자와 그 반대이유를 기재하고, 출석하지 않은 이사를 포함한 이사 전원이 기명날인 또는 서명하여야 한다.
⑤ 주주가 영업시간 외에 이사회의사록의 열람을 청구한 경우 회사는 이에 응하여야 한다.

┃해설┃

① [×] 이사회는 <u>각 이사가</u> 소집한다. 그러나 이사회의 결의로 소집할 이사를 정한 때에는 그러하지 아니하다(상법 제390조 제1항).

② [×] 회사는 <u>이사회의 결의로</u> 회사를 대표할 이사를 선정하여야 한다. 그러나 정관으로 주주총회에서 이를 선정할 것을 정할 수 있다(상법 제389조 제1항).

③ [O] 감사는 이사가 법령 또는 정관에 위반한 행위를 하거나 그 행위를 할 염려가 있다고 인정한 때에는 이사회에 이를 보고하여야 한다(상법 제391조의2 제2항).

④ [×] 의사록에는 의사의 안건, 경과요령, 그 결과, 반대하는 자와 그 반대이유를 기재하고 <u>출석한 이사 및 감사가</u> 기명날인 또는 서명하여야 한다(상법 제391조의3 제2항).

⑤ [×] 주주는 <u>영업시간 내에</u> 이사회의사록의 열람 또는 등사를 청구할 수 있다(상법 제391조의3 제3항).

답 ③

☑ 확인Check! ○ △ ✕

상법상 자본금 총액이 10억원 이상인 비상장주식회사의 이사회에 관한 설명으로 옳지 않은 것은?

① 이사는 대표이사로 하여금 다른 이사 또는 피용자의 업무에 관하여 이사회에 보고할 것을 요구할 수 있다.

② 이사회의 결의는 상법상 다른 규정이 없으면 이사과반수의 출석과 출석이사의 과반수로 하여야 한다. 그러나 정관으로 그 비율을 높게 정할 수 있다.

③ 정관에서 달리 정하는 경우를 제외하고 이사회는 이사의 전부 또는 일부가 직접회의에 출석하지 아니하고 모든 이사가 음성을 동시에 송수신하는 원격통신수단에 의하여 결의에 참가하는 것을 허용할 수 있다.

④ 이사는 3월에 1회 이상 업무의 집행상황을 이사회에 보고하여야 한다.

⑤ 이사회의 결의로 감사를 이사회의 소집권자로 정하여야 한다.

┃해설┃

① [○] 이사는 대표이사로 하여금 다른 이사 또는 피용자의 업무에 관하여 이사회에 보고할 것을 요구할 수 있다(상법 제393조 제3항).

② [○] 이사회의 결의는 이사과반수의 출석과 출석이사의 과반수로 하여야 한다. 그러나 정관으로 그 비율을 높게 정할 수 있다(상법 제391조 제1항).

③ [○] 정관에서 달리 정하는 경우를 제외하고 이사회는 이사의 전부 또는 일부가 직접 회의에 출석하지 아니하고 모든 이사가 음성을 동시에 송수신하는 원격통신수단에 의하여 결의에 참가하는 것을 허용할 수 있다. 이 경우 당해 이사는 이사회에 직접 출석한 것으로 본다(상법 제391조 제2항).

④ [○] 이사는 3월에 1회 이상 업무의 집행상황을 이사회에 보고하여야 한다(상법 제393조 제4항).

⑤ [✕] 이사회는 각 이사가 소집한다. 그러나 이사회의 결의로 소집할 이사를 정한 때에는 그러하지 아니하다(상법 제390조 제1항).

답 ⑤

제4장

95 세무사 2016

상법상 주식회사의 이사회에 관한 설명으로 옳지 않은 것은?

① 이사회 소집권자인 이사가 정당한 이유없이 이사회 소집을 거절하는 경우에는 다른 이사가 이사회를 소집할 수 있다.

② 이사회의 결의는 이사과반수의 출석과 출석이사의 과반수로 하여야 하는 것이 원칙이나, 정관으로 그 비율을 높게 정할 수 있다.

③ 감사는 이사가 법령 또는 정관에 위반한 행위를 하거나 그 행위를 할 염려가 있다고 인정한 때에는 이사회에 이를 보고하여야 한다.

④ 이사회의사록의 열람 또는 등사를 청구하려는 주주는 발행주식의 총수의 100분의 1 이상에 해당하는 주식을 보유하여야 한다.

⑤ 이사는 3월에 1회 이상 업무의 집행상황을 이사회에 보고하여야 한다.

┃ 해설 ┃

① [○] 상법 제390조 제2항

> **상법 제390조(이사회의 소집)**
> ① 이사회는 각 이사가 소집한다. 그러나 이사회의 결의로 소집할 이사를 정한 때에는 그러하지 아니하다.
> ② 제1항 단서의 규정에 의하여 소집권자로 지정되지 않은 다른 이사는 소집권자인 이사에게 이사회 소집을 요구할 수 있다. 소집권자인 이사가 정당한 이유없이 이사회 소집을 거절하는 경우에는 다른 이사가 이사회를 소집할 수 있다.

② [○] 이사회의 결의는 이사과반수의 출석과 출석이사의 과반수로 하여야 한다. 그러나 정관으로 그 비율을 높게 정할 수 있다(상법 제391조 제1항).

③ [○] 감사는 이사가 법령 또는 정관에 위반한 행위를 하거나 그 행위를 할 염려가 있다고 인정한 때에는 이사회에 이를 보고하여야 한다(상법 제391조의2 제2항).

④ [✕] <u>주주는</u> 영업시간 내에 이사회의사록의 열람 또는 등사를 청구할 수 있다(상법 제391조의3 제3항). 주주의 이사회의사록 열람·등사권은 1주의 주식만 가지면 행사할 수 있는 <u>단독주주권</u>이다.

⑤ [○] 이사는 3월에 1회 이상 업무의 집행상황을 이사회에 보고하여야 한다(상법 제393조 제4항).

답 ④

상법상 비상장회사의 이사에 관한 설명으로 옳지 않은 것은?

① 자본금 총액이 15억원인 회사의 이사는 3명 이상이어야 한다.

② 이사의 보수는 정관에 그 액을 정하지 않은 때에는 주주총회의 결의로 이를 정한다.

③ 이사회의 결의는 상법에 달리 규정이 없는 한, 이사과반수의 출석과 출석이사의 과반수로 하여야 하지만 이 결의요건은 정관으로 그 비율을 낮게 정할 수 있다.

④ 이사회의 결의에 관하여 특별한 이해관계가 있는 자는 이사회에서 의결권을 행사하지 못한다.

⑤ 이사가 중대한 과실로 그 임무를 게을리한 때에는 그 이사는 제3자에 대하여 연대하여 손해를 배상할 책임이 있다.

┃해설┃

① [○] 이사는 3명 이상이어야 한다. 다만, 자본금 총액이 10억원 미만인 회사는 1명 또는 2명으로 할 수 있다(상법 제383조 제1항).

② [○] 이사의 보수는 정관에 그 액을 정하지 아니한 때에는 주주총회의 결의로 이를 정한다(상법 제388조).

③ [✕] 이사회의 결의는 상법에 달리 규정이 없는 한, 이사과반수의 출석과 출석이사의 과반수로 하여야 하지만 이 결의요건은 정관으로 그 비율을 <u>높게 정할 수 있다</u>(상법 제391조 제1항 참조).

④ [○] 상법 제391조 제3항, 제368조 제3항

> **상법 제391조(이사회의 결의방법)**
> ① 이사회의 결의는 이사과반수의 출석과 출석이사의 과반수로 하여야 한다. 그러나 정관으로 그 비율을 높게 정할 수 있다.
> ③ 제368조 제3항 및 제371조 제2항의 규정은 제1항의 경우에 이를 준용한다.
>
> **상법 제368조(총회의 결의방법과 의결권의 행사)**
> ③ 총회의 결의에 관하여 특별한 이해관계가 있는 자는 의결권을 행사하지 못한다.

⑤ [○] 이사가 고의 또는 중대한 과실로 그 임무를 게을리한 때에는 그 이사는 제3자에 대하여 연대하여 손해를 배상할 책임이 있다(상법 제401조 제1항).

답 ③

☑ 확인Check! ○ △ ✕

A 주식회사는 자본금 총액이 8억원인 비상장주식회사로서 이사가 1인이다. 상법상 이사회의 결의사항 중 A 주식회사의 이사가 담당하는 기능이 아닌 것은?

① 회사가 보유하는 자기주식의 소각
② 상법에 다른 규정이 없는 경우의 주주총회의 소집
③ 주주제안이 있는 경우 이를 주주총회의 목적사항으로 하는 것
④ 지점의 설치·이전 또는 폐지
⑤ 회사가 정관으로 주식의 양도에 관하여 이사회의 승인을 받도록 하는 경우 그 양도에 관한 승인

┃해설┃

> 자본금 10억원 미만의 소규모회사로서 이사가 1명 또는 2명인 경우 이사회가 구성되지 않고, 이사회 결의사항 중 일부는 주주총회 결의로 하고(상법 제383조 제4항 참조), 일부는 이사(대표이사)가 결정한다(상법 제383조 제6항 참조). 대체로 이사의 권한남용이 우려되는 것은 주주총회가 결정하고, 일반적인 집행권한은 이사가 결정하도록 규정하고 있다.

① [○] 상법 제383조 제6항, 제343조 제1항 단서
② [○] 상법 제383조 제6항, 제362조
③ [○] 상법 제383조 제6항, 제363조의2 제3항
④ [○] 상법 제383조 제6항, 제393조 제1항
⑤ [✕] 상법 제383조 제4항, 제335조 제1항 단서

> **상법 제383조(원수, 임기)**
> ① 이사는 3명 이상이어야 한다. 다만, 자본금 총액이 10억원 미만인 회사는 1명 또는 2명으로 할 수 있다.
> ④ 제1항 단서의 경우에는 제302조 제2항 제5호의2, 제317조 제2항 제3호의2, 제335조 제1항 단서 및 제2항, 제335조의2 제1항·제3항, 제335조의3 제1항·제2항, 제335조의7 제1항, 제340조의3 제1항 제5호, 제356조 제6호의2, 제397조 제1항·제2항, 제397조의2 제1항, 제398조, 제416조 본문, 제451조 제2항, 제461조 제1항 본문 및 제3항, 제462조의3 제1항, 제464조의2 제1항, 제469조, 제513조 제2항 본문 및 제516조의2 제2항 본문(준용되는 경우를 포함한다) 중 "이사회"는 각각 "주주총회"로 보며, 제360조의5 제1항 및 제522조의3 제1항 중 "이사회의 결의가 있는 때"는 "제363조 제1항에 따른 주주총회의 소집통지가 있는 때"로 본다.
>
> **상법 제335조(주식의 양도성)**
> ① 주식은 타인에게 양도할 수 있다. 다만, 회사는 정관으로 정하는 바에 따라 그 발행하는 주식의 양도에 관하여 이사회의 승인을 받도록 할 수 있다.

⑥ 제1항 단서의 경우에는 각 이사(정관에 따라 대표이사를 정한 경우에는 그 대표이사를 말한다)가 회사를 대표하며 제343조 제1항 단서, 제346조 제3항, 제362조, 제363조의2 제3항, 제366조 제1항, 제368조의4 제1항, 제393조 제1항, 제412조의3 제1항 및 제462조의3 제1항에 따른 이사회의 기능을 담당한다.

> **상법 제343조(주식의 소각)**
> ① 주식은 자본금 감소에 관한 규정에 따라서만 소각(消却)할 수 있다. 다만, 이사회의 결의에 의하여 회사가 보유하는 자기주식을 소각하는 경우에는 그러하지 아니하다.
>
> **상법 제362조(소집의 결정)**
> 총회의 소집은 본법에 다른 규정이 있는 경우 외에는 이사회가 이를 결정한다.
>
> **상법 제363조의2(주주제안권)**
> ③ 이사는 제1항에 의한 주주제안이 있는 경우에는 이를 이사회에 보고하고, 이사회는 주주제안의 내용이 법령 또는 정관을 위반하는 경우와 그 밖에 대통령령으로 정하는 경우를 제외하고는 이를 주주총회의 목적사항으로 하여야 한다. 이 경우 주주제안을 한 자의 청구가 있는 때에는 주주총회에서 당해 의안을 설명할 기회를 주어야 한다.
>
> **상법 제393조(이사회의 권한)**
> ① 중요한 자산의 처분 및 양도, 대규모 재산의 차입, 지배인의 선임 또는 해임과 지점의 설치·이전 또는 폐지 등 회사의 업무집행은 이사회의 결의로 한다.

답 ⑤

98 CPA 2021

☑ 확인Check! ○ △ ✕

상법상 주식회사의 이사회에 관한 설명으로 틀린 것은? (이견이 있으면 판례에 의함)

① 이사회는 이사의 직무의 집행을 감독한다.

② 이사회 소집통지를 할 때에는 특별한 사정이 없는 한 주주총회 소집통지의 경우와 달리 회의의 목적사항을 함께 통지할 필요는 없다.

③ 이사회 의사록에는 의사의 안건, 경과요령, 그 결과, 반대하는 자와 그 반대이유를 기재하고, 출석한 이사 및 감사가 기명날인 또는 서명하여야 한다.

④ 이사회의 결의는 원칙적으로 이사과반수의 출석과 출석이사의 과반수로 하여야 하지만, 정관으로 그 비율을 높게 정할 수 있다.

⑤ 이사 자신이 직접 출석하여 이사회의 결의에 참가할 수 없는 경우, 그 이사가 대리인에게 출석을 위임하면 대리인에 의한 출석이 인정된다.

┃해설┃

① [O] 이사회는 이사의 직무의 집행을 감독한다(상법 제393조 제2항).

② [O] 이사회 소집통지를 할 때에는, 회사의 정관에 이사들에게 회의의 목적사항을 함께 통지하도록 정하고 있거나 회의의 목적사항을 함께 통지하지 아니하면 이사회에서의 심의·의결에 현저한 지장을 초래하는 등의 특별한 사정이 없는 한, 주주총회 소집통지의 경우와 달리 회의의 목적사항을 함께 통지할 필요는 없다(대판 2011.6.24. 2009다35033).

③ [O] 의사록에는 의사의 안건, 경과요령, 그 결과, 반대하는 자와 그 반대이유를 기재하고 출석한 이사 및 감사가 기명날인 또는 서명하여야 한다(상법 제391조의3 제2항).

④ [O] 이사회의 결의는 이사과반수의 출석과 출석이사의 과반수로 하여야 한다. 그러나 정관으로 그 비율을 높게 정할 수 있다(상법 제391조 제1항).

⑤ [✕] 이사회는 주주총회의 경우와는 달리 원칙적으로 이사자신이 직접 출석하여 결의에 참가하여야 하며 <u>대리인에 의한 출석은 인정되지 않고 따라서 이사가 타인에게 출석과 의결권을 위임할 수도 없는 것이니</u> 이에 위배된 이사회의 결의는 무효이며 그 무효임을 주장하는 방법에는 아무런 제한이 없다(대판 1982.7.13. 80다2441).

답 ⑤

99 　법무사　2024　　☑ 확인 Check! ○ △ ✕

주식회사의 이사회 결의 등에 관한 다음 설명 중 옳지 않은 것을 모두 고른 것은?

> ㄱ. 이사 등이 자기 또는 제3자의 계산으로 회사와 거래를 하면서 사전에 상법 제398조에서 정한 이사회 승인을 받지 않은 경우 특별한 사정이 없는 한 그 거래는 무효라고 보아야 하지만, 사후에 그 거래행위에 대하여 이사회 승인을 받은 경우에는 무효인 거래행위가 유효로 된다.
>
> ㄴ. 주식회사의 대표이사가 이사회의 결의를 거쳐야 할 대외적 거래행위에 관하여 이를 거치지 아니한 경우라도, 그 거래 상대방이 그와 같은 이사회 결의가 없었음을 알았거나 알 수 있었을 경우가 아니라면 그 거래행위는 유효하다.
>
> ㄷ. 주식회사의 정관이나 이사회 규정 등에서 이사회 결의를 거치도록 대표이사의 대표권을 제한한 경우, 거래행위의 상대방인 제3자가 상법 제209조 제2항에 따라 보호받기 위하여는 선의 이외에 무과실까지 필요한 것은 아니지만 그 제3자에게 중대한 과실이 있는 경우에는 그 거래행위가 무효이다.
>
> ㄹ. 주식회사의 대표이사가 회사를 대표하여 파산신청을 할 경우 원칙적으로 이사회 결의가 필요하지 않다.
>
> ㅁ. 이사의 자기거래 행위에 대한 이사회의 승인은 이사 3분의 2 이상의 수로써 하여야 한다.

① ㄱ

② ㄱ, ㄴ

③ ㄴ, ㄹ

④ ㄱ, ㄹ

⑤ ㄱ, ㄹ, ㅁ

▌해설 ▌

ㄱ. [×] 상법 제398조의 문언 내용을 그 입법 취지와 개정 연혁 등에 비추어 보면, 이사 등이 자기 또는 제3자의 계산으로 회사와 유효하게 거래를 하기 위하여는 미리 상법 제398조에서 정한 이사회 승인을 받아야 하므로 사전에 상법 제398조에서 정한 이사회 승인을 받지 않았다면 특별한 사정이 없는 한 그 거래는 무효라고 보아야 하고, 사후에 그 거래행위에 대하여 이사회 승인을 받았다고 하더라도 특별한 사정이 없는 한 무효인 거래행위가 유효로 되는 것은 아니다(대판 2023.6.29. 2021다291712).

ㄴ. [×], ㄷ. [○] 회사 정관이나 이사회 규정 등에서 이사회 결의를 거치도록 대표이사의 대표권을 제한한 경우(이하 '내부적 제한'이라 한다)에도 선의의 제3자는 상법 제209조 제2항에 따라 보호된다. 거래행위의 상대방인 제3자가 상법 제209조 제2항에 따라 보호받기 위하여 선의 이외에 무과실까지 필요하지는 않지만, 중대한 과실이 있는 경우에는 제3자의 신뢰를 보호할 만한 가치가 없다고 보아 거래행위가 무효라고 해석함이 타당하다. … 대표이사의 대표권을 제한하는 상법 제393조 제1항은 그 규정의 존재를 모르거나 제대로 이해하지 못한 사람에게도 일률적으로 적용된다. 법률의 부지나 법적 평가에 관한 착오를 이유로 그 적용을 피할 수는 없으므로, 이 조항에 따른 제한은 내부적 제한과 달리 볼 수도 있다. 그러나 주식회사의 대표이사가 이 조항에 정한 '중요한 자산의 처분 및 양도, 대규모 재산의 차입 등의 행위'에 관하여 이사회의 결의를 거치지 않고 거래행위를 한 경우에도 거래행위의 효력에 관해서는 위에서 본 내부적 제한의 경우와 마찬가지로 보아야 한다(대판[전합] 2021.2.18. 2015다45451).

ㄹ. [×] 주식회사 이사회의 역할, 파산이 주식회사에 미치는 영향, 회생절차 개시신청과의 균형, 파산신청권자에 대한 규정의 문언과 취지 등에 비추어 보면, 주식회사의 대표이사가 회사를 대표하여 파산신청을 할 경우 대표이사의 업무권한인 일상 업무에 속하지 않는 중요한 업무에 해당하여 이사회 결의가 필요하다고 보아야 하고, 이사에게 별도의 파산신청권이 인정된다고 해서 달리 볼 수 없다(대결 2021.8.26. 2020마5520).

ㅁ. [○] 상법 제398조

> **상법 제398조(이사 등과 회사 간의 거래)**
> 다음 각 호의 어느 하나에 해당하는 자가 자기 또는 제3자의 계산으로 회사와 거래를 하기 위하여는 미리 이사회에서 해당 거래에 관한 중요사실을 밝히고 이사회의 승인을 받아야 한다. 이 경우 이사회의 승인은 이사 3분의 2 이상의 수로써 하여야 하고, 그 거래의 내용과 절차는 공정하여야 한다.
> 1. 이사 또는 제542조의8 제2항 제6호에 따른 주요주주
> 2. 제1호의 자의 배우자 및 직계존비속
> 3. 제1호의 자의 배우자의 직계존비속
> 4. 제1호부터 제3호까지의 자가 단독 또는 공동으로 의결권 있는 발행주식 총수의 100분의 50 이상을 가진 회사 및 그 자회사
> 5. 제1호부터 제3호까지의 자가 제4호의 회사와 합하여 의결권 있는 발행주식총수의 100분의 50 이상을 가진 회사

답 정답 없음

100 세무사 2023

상법상 주식회사의 이사회가 이사회 내 위원회에 자신의 권한을 위임할 수 있는 사항은?

① 주주총회의 승인을 요하는 사항의 제안

② 대표이사의 선임 및 해임

③ 위원회의 설치와 그 위원의 선임 및 해임

④ 정관에서 이사회의 권한으로 정하는 사항

⑤ 지점의 설치·이전 또는 폐지

❚ 해설 ❚

⑤ [○] 지점의 설치·이전 또는 폐지는 주식회사의 이사회가 위원회에 위임할 수 있는 사항이다(상법 제393조의2 제2항 참조).

상법 제393조의2(이사회 내 위원회)

② 이사회는 <u>다음 각 호의 사항을</u> 제외하고는 그 권한을 위원회에 위임할 수 있다.

    1. 주주총회의 승인을 요하는 사항의 제안

    2. 대표이사의 선임 및 해임

    3. 위원회의 설치와 그 위원의 선임 및 해임

    4. 정관에서 정하는 사항

답 ⑤

101 세무사 2021 확인 Check! ○ △ ✕

상법상 비상장주식회사의 이사회 내 위원회에 관한 설명으로 옳지 않은 것은?

① 이사회는 대표이사의 선임에 관한 권한을 위원회에 위임할 수 있다.
② 감사위원회가 아닌 위원회는 2인 이상의 이사로 구성한다.
③ 위원회는 결의된 사항을 각 이사에게 통지하여야 한다.
④ 이사회는 감사위원회가 아닌 위원회가 결의한 사항에 대하여 다시 결의할 수 있다.
⑤ 이사회는 정관이 정한 바에 따라 위원회를 설치할 수 있다.

┃해설┃

① [✕] 상법 제393조의2 제2항 제2호

> **상법 제393조의2(이사회 내 위원회)**
> ② 이사회는 다음 각 호의 사항을 제외하고는 그 권한을 위원회에 위임할 수 있다.
> 　1. 주주총회의 승인을 요하는 사항의 제안
> 　2. 대표이사의 선임 및 해임
> 　3. 위원회의 설치와 그 위원의 선임 및 해임
> 　4. 정관에서 정하는 사항

② [○] 상법 제393조의2 제3항, 제415조의2 제2항

> **상법 제393조의2(이사회 내 위원회)**
> ③ 위원회는 2인 이상의 이사로 구성한다.
>
> **상법 제415조의2(감사위원회)**
> ② 감사위원회는 제393조의2 제3항에도 불구하고 3명 이상의 이사로 구성한다. 다만, 사외이사가 위원의 3분의 2 이상이어야 한다.

③ [○] 상법 제393조의2 제4항
④ [○] 상법 제393조의2 제4항, 제415조의2 제6항

> **상법 제393조의2(이사회 내 위원회)**
> ④ 위원회는 결의된 사항을 각 이사에게 통지하여야 한다. 이 경우 이를 통지받은 각 이사는 이사회의 소집을 요구할 수 있으며, 이사회는 위원회가 결의한 사항에 대하여 다시 결의할 수 있다.
>
> **상법 제415조의2(감사위원회)**
> ⑥ 감사위원회에 대하여는 제393조의2 제4항 후단을 적용하지 아니한다.

⑤ [○] 이사회는 정관이 정한 바에 따라 위원회를 설치할 수 있다(상법 제393조의2 제1항).

답 ①

제4장

제4장 | 주식회사의 기관 **351**

☑ 확인Check! ○ △ ✕

상법상 주식회사의 이사회의 권한 중 이사회 내 위원회에 위임할 수 있는 것은?

① 지배인의 선임

② 위원회 위원의 선임

③ 위원회의 설치

④ 대표이사의 선임

⑤ 주주총회의 승인을 요하는 사항의 제안

┃해설┃

① [○] 지배인의 선임은 주식회사의 이사회가 위원회에 위임할 수 있는 사항이다(상법 제393조의2 제2항 참조).

> **상법 제393조의2(이사회 내 위원회)**
> ② 이사회는 다음 각 호의 사항을 제외하고는 그 권한을 위원회에 위임할 수 있다.
>   1. 주주총회의 승인을 요하는 사항의 제안
>   2. 대표이사의 선임 및 해임
>   3. 위원회의 설치와 그 위원의 선임 및 해임
>   4. 정관에서 정하는 사항

 답 ①

상법상 비상장회사의 이사회 내 위원회에 관한 설명으로 옳지 않은 것은?

① 감사위원회를 제외한 위원회는 2인 이상의 이사로 구성한다.

② 감사위원회의 위원의 해임에 관한 이사회의 결의는 이사 총수의 3분의 2 이상의 결의로 하여야 한다.

③ 감사위원회의 위원은 사외이사가 위원의 3분의 2 이상이어야 한다.

④ 이사회는 위원회가 결의한 사항에 대하여 다시 결의할 수 없다.

⑤ 이사회는 정관이 정한 바에 따라 위원회를 설치할 수 있다.

┃해설┃

① [○], ③ [○] 상법 제393조의2 제3항, 제415조의2 제2항

> **상법 제393조의2(이사회 내 위원회)**
> ③ 위원회는 2인 이상의 이사로 구성한다.
>
> **상법 제415조의2(감사위원회)**
> ② 감사위원회는 제393조의2 제3항에도 불구하고 3명 이상의 이사로 구성한다. 다만, 사외이사가 위원의 3분의 2 이상이어야 한다.

② [○] 감사위원회의 위원의 해임에 관한 이사회의 결의는 이사 총수의 3분의 2 이상의 결의로 하여야 한다(상법 제415조의2 제3항).

④ [✕] 위원회는 결의된 사항을 각 이사에게 통지하여야 한다. 이 경우 이를 통지받은 각 이사는 이사회의 소집을 요구할 수 있으며, 이사회는 위원회가 결의한 사항에 대하여 <u>다시 결의할 수 있다</u>(상법 제393조의2 제4항).

⑤ [○] 이사회는 정관이 정한 바에 따라 위원회를 설치할 수 있다(상법 제393조의2 제1항).

답 ④

제4장

상법상 주식회사의 이사회 내 위원회에 관한 설명으로 옳지 않은 것은?

① 최근 사업연도 말 현재의 자산총액이 2조원 이상인 상장회사는 사외이사 후보추천위원회를 설치하여야 한다.

② 비상장회사의 감사위원회는 3명 이상의 이사로 구성하고, 그중 3분의 2 이상은 사외이사로 하여야 한다.

③ 최근 사업연도 말 현재의 자산총액이 2조원 이상인 상장회사의 경우 감사위원회 위원을 선임하거나 해임하는 권한은 주주총회에 있다.

④ 이사회는 위원회에 대표이사의 선임 및 해임에 관한 권한을 위임할 수 없다.

⑤ 감사위원회의 결의에 대하여 이사회는 다시 결의할 수 있고, 이사회가 다시 결의하는 경우 그 감사위원회의 결의는 그 효력을 잃게 된다.

┃해설┃

① [○] 제1항 단서의 상장회사(최근 사업연도 말 현재의 자산총액이 2조원 이상인 상장회사)는 사외이사 후보를 추천하기 위하여 제393조의2의 위원회(이하 이 조에서 "사외이사 후보추천위원회"라 한다)를 설치하여야 한다. 이 경우 사외이사 후보추천위원회는 사외이사가 총위원의 과반수가 되도록 구성하여야 한다(상법 제542조의8 제4항, 상법 시행령 제34조 제2항).

② [○] 감사위원회는 제393조의2 제3항에도 불구하고 3명 이상의 이사로 구성한다. 다만, 사외이사가 위원의 3분의 2 이상이어야 한다(상법 제415조의2 제2항).

③ [○] 제542조의11 제1항의 상장회사(최근 사업연도 말 현재의 자산총액이 2조원 이상인 상장회사)의 경우 제393조의2에도 불구하고 감사위원회위원을 선임하거나 해임하는 권한은 주주총회에 있다(상법 제542조의12 제1항, 상법 시행령 제37조 제1항).

④ [○] 상법 제393조의2 제2항 제2호

> **상법 제393조의2(이사회 내 위원회)**
> ② 이사회는 다음 각 호의 사항을 제외하고는 그 권한을 위원회에 위임할 수 있다.
>   1. 주주총회의 승인을 요하는 사항의 제안
>   2. 대표이사의 선임 및 해임
>   3. 위원회의 설치와 그 위원의 선임 및 해임
>   4. 정관에서 정하는 사항

⑤ [✕] 감사위원회의 결의에 대하여 이사회는 다시 결의할 수 없다(상법 제415조의2 제6항 참조).

> **상법 제415조의2(감사위원회)**
> ⑥ 감사위원회에 대하여는 제393조의2 제4항 후단을 적용하지 아니한다.

> **상법 제393조의2(이사회 내 위원회)**
> ④ 위원회는 결의된 사항을 각 이사에게 통지하여야 한다. 이 경우 이를 통지받은 각 이사는 이사회의 소집을 요구할 수 있으며, 이사회는 위원회가 결의한 사항에 대하여 다시 결의할 수 있다.

답 ⑤

☑ **제3항 대표이사**

105 세무사 2024

☑ 확인Check! ○ △ ✕

상법상 주식회사의 대표이사에 관한 설명으로 옳지 않은 것은?

① 회사는 정관으로 주주총회에서 대표이사를 선정할 것으로 정할 수 있다.
② 정관에 정한 이사의 원수를 결한 경우에 임기의 만료로 퇴임한 이사는 새로 선임된 이사가 취임할 때까지 이사의 권리의무가 있다.
③ 회사가 공동대표이사를 둔 경우에는 제3자의 회사에 대한 의사표시는 공동대표이사 전원에 대하여 이를 하여야만 그 효력이 생긴다.
④ 대표이사가 그 업무집행으로 인하여 타인에게 손해를 가한 때에는 회사는 그 대표이사와 연대하여 손해배상 책임을 부담한다.
⑤ 회사와 대표이사 간의 소송의 경우에는 감사가 회사를 대표한다.

▌**해설**▐

① [○] 회사는 이사회의 결의로 회사를 대표할 이사를 선정하여야 한다. 그러나 정관으로 주주총회에서 이를 선정할 것을 정할 수 있다(상법 제389조 제1항).
② [○] 상법 제389조 제3항, 제386조 제1항
③ [✕] 회사가 공동대표이사를 둔 경우에는 제3자의 회사에 대한 의사표시는 공동대표이사 1인에 대하여 이를 함으로써 그 효력이 생긴다(상법 제389조 제3항, 제208조 제2항 참조).
④ [○] 상법 제389조 제3항, 제210조

> **상법 제389조(대표이사)**
> ③ 제208조 제2항, 제209조, 제210조와 제386조의 규정은 대표이사에 준용한다.
>
> **상법 제208조(공동대표)**
> ② 전항의 경우에도 제3자의 회사에 대한 의사표시는 공동대표의 권한 있는 사원 1인에 대하여 이를 함으로써 그 효력이 생긴다.
>
> **상법 제210조(손해배상책임)**
> 회사를 대표하는 사원이 그 업무집행으로 인하여 타인에게 손해를 가한 때에는 회사는 그 사원과 연대하여 배상할 책임이 있다.
>
> **상법 제386조(결원의 경우)**
> ① 법률 또는 정관에 정한 이사의 원수를 결한 경우에는 임기의 만료 또는 사임으로 인하여 퇴임한 이사는 새로 선임된 이사가 취임할 때까지 이사의 권리의무가 있다.

⑤ [○] 회사가 이사에 대하여 또는 이사가 회사에 대하여 소를 제기하는 경우에 감사는 그 소에 관하여 회사를 대표한다. 회사가 제403조(주주의 대표소송) 제1항 또는 제406조의2(다중대표소송) 제1항의 청구를 받은 경우에도 또한 같다(상법 제394조 제1항).

답 ③

106

세무사 2022   ☑ 확인Check! ○ △ ✕

상법상 주식회사의 대표이사에 관한 설명으로 옳은 것은?

① 대표이사의 선임은 정관으로 정한 경우 이사회의 결의에 의한다.

② 법률 또는 정관에서 정한 대표이사의 원수를 결한 경우 필요하다고 인정할 때에는 법원은 감사의 청구에 의하여 일시 대표이사의 직무를 행할 자를 선임할 수 있다.

③ 대표이사가 정당한 이유없이 이사로서의 임기가 만료되기 전에 주주총회의 결의로 이사직에서 해임된 때에는 그 자는 회사에 대하여 해임으로 인한 손해의 배상을 청구할 수 없다.

④ 대표이사는 회사의 영업에 관하여 재판상 행위를 제외한 모든 행위를 할 권한이 있다.

⑤ 회사가 이사에 대하여 소를 제기하는 경우에 대표이사는 그 소에 관하여 회사를 대표한다.

┃해설┃

① [✕] 회사는 <u>이사회의 결의로</u> 회사를 대표할 이사를 선정하여야 한다. 그러나 <u>정관으로 주주총회에서</u> 이를 선정할 것을 정할 수 있다(상법 제389조 제1항).

② [○] 상법 제389조 제3항, 제386조 제2항

③ [✕] 이사는 언제든지 제434조의 규정에 의한 주주총회의 결의로 이를 해임할 수 있다. 그러나 이사의 임기를 정한 경우에 정당한 이유없이 그 임기만료 전에 이를 해임한 때에는 그 이사는 회사에 대하여 해임으로 인한 <u>손해의 배상을 청구할 수 있다</u>(상법 제385조 제1항). 즉, 대표이사도 이사에 해당하므로 이사의 직에서 해임된 경우에는 손해배상 청구가 가능하다. 참고로 판례는 이 규정을 이사회가 대표이사를 해임한 경우에 유추 적용할 것은 아니고, 원고가 대표이사 지위의 해임으로 무보수, 비상근의 이사로 되었다고 하여 달리 볼 것도 아니다라는 입장이다(대판 2004.12.10. 2004다25123 참조).

④ [✕] 상법 제389조 제3항, 제209조 제1항

> **상법 제389조(대표이사)**
> ③ 제208조 제2항, 제209조, 제210조와 제386조의 규정은 대표이사에 준용한다.
>
> **상법 제386조(결원의 경우)**
> ① 법률 또는 정관에 정한 이사의 원수를 결한 경우에는 임기의 만료 또는 사임으로 인하여 퇴임한 이사는 새로 선임된 이사가 취임할 때까지 이사의 권리의무가 있다.
> ② 제1항의 경우에 필요하다고 인정할 때에는 법원은 이사, 감사 기타의 이해관계인의 청구에 의하여 일시 이사의 직무를 행할 자를 선임할 수 있다. 이 경우에는 본점의 소재지에서 그 등기를 하여야 한다.
>
> **상법 제209조(대표사원의 권한)**
> ① 회사를 대표하는 사원은 회사의 영업에 관하여 <u>재판상 또는 재판외의 모든 행위</u>를 할 권한이 있다.

⑤ [✕] 회사가 이사에 대하여 또는 이사가 회사에 대하여 소를 제기하는 경우에 <u>감사는</u> 그 소에 관하여 회사를 대표한다. 회사가 제403조 제1항 또는 제406조의2 제1항의 청구를 받은 경우에도 또한 같다(상법 제394조 제1항).

답 ②

상법상 주식회사의 대표이사에 관한 설명으로 옳지 않은 것은?

① 대표이사가 그 업무집행으로 인하여 타인에게 손해를 가한 때에는 회사는 그 대표이사와 연대하여 배상할 책임이 있다.

② 감사가 설치된 회사에서 이사가 회사에 대하여 소를 제기하는 경우에 감사는 그 소에 관하여 회사를 대표한다.

③ 대표이사는 회사의 영업에 관하여 재판상 또는 재판외의 모든 행위를 할 권한이 있다.

④ 회사를 대표할 권한이 있는 것으로 인정될 만한 명칭을 사용한 이사의 행위에 대하여는 그 이사가 회사를 대표할 권한이 없는 경우에도 회사는 선의의 제3자에 대하여 그 책임을 진다.

⑤ 공동대표이사가 있는 경우 제3자의 회사에 대한 의사표시는 공동대표이사 전원에 대하여 하여야 그 효력이 생긴다.

┃ **해설** ┃

① [○] 상법 제389조 제3항, 제210조

② [○] 회사가 이사에 대하여 또는 이사가 회사에 대하여 소를 제기하는 경우에 감사는 그 소에 관하여 회사를 대표한다. 회사가 제403조 제1항 또는 제406조의2 제1항의 청구를 받은 경우에도 또한 같다(상법 제394조 제1항).

③ [○] 상법 제389조 제3항, 제209조 제1항

④ [○] 사장, 부사장, 전무, 상무 기타 회사를 대표할 권한이 있는 것으로 인정될 만한 명칭을 사용한 이사의 행위에 대하여는 그 이사가 회사를 대표할 권한이 없는 경우에도 회사는 선의의 제3자에 대하여 그 책임을 진다(상법 제395조).

⑤ [✕] 공동대표이사가 있는 경우 제3자의 회사에 대한 의사표시는 <u>공동대표이사 1인에 대하여 하여도 그 효력이 생긴다</u>(상법 제389조 제3항, 제208조 제2항 참조).

> **상법 제389조(대표이사)**
> ③ 제208조 제2항, 제209조, 제210조와 제386조의 규정은 대표이사에 준용한다.
>
> **상법 제208조(공동대표)**
> ② 전항의 경우에도 제3자의 회사에 대한 의사표시는 <u>공동대표의 권한 있는 사원 1인에 대하여 이를 함으로써 그 효력이 생긴다.</u>
>
> **상법 제209조(대표사원의 권한)**
> ① 회사를 대표하는 사원은 회사의 영업에 관하여 재판상 또는 재판외의 모든 행위를 할 권한이 있다.
>
> **상법 제210조(손해배상책임)**
> 회사를 대표하는 사원이 그 업무집행으로 인하여 타인에게 손해를 가한 때에는 회사는 그 사원과 연대하여 배상할 책임이 있다.

답 ⑤

108 세무사 2017

☑ 확인 Check! ○ △ ✕

상법상 자본금 총액이 10억원 이상인 비상장주식회사의 대표이사에 관한 설명으로 옳지 않은 것은?

① 회사는 정관으로 주주총회에서 대표이사를 선정할 것을 정할 수 있으며, 대표이사를 선정하는 경우에 수인의 대표이사가 공동으로 회사를 대표할 것을 정할 수 있다.

② 사장, 부사장, 전무, 상무 기타 회사를 대표할 권한이 있는 것으로 인정될 만한 명칭을 사용한 이사의 행위에 대하여는 그 이사가 회사를 대표할 권한이 없는 경우에도 회사는 선의의 제3자에 대하여 그 책임을 진다.

③ 공동대표이사를 둔 경우 상대방이 공동대표이사 전원에 대하여 의사표시를 하여야 회사에 대하여 그 효력이 생긴다.

④ 감사가 설치된 주식회사에서 회사와 대표이사간의 소송의 경우에 감사가 회사를 대표한다.

⑤ 대표이사가 그 업무집행으로 인하여 타인에게 손해를 가한 때에는 회사는 그 대표이사와 연대하여 손해배상 책임을 부담한다.

┃해설┃

① [○] 상법 제389조 제1항 단서, 제2항

> **상법 제389조(대표이사)**
> ① 회사는 이사회의 결의로 회사를 대표할 이사를 선정하여야 한다. 그러나 정관으로 주주총회에서 이를 선정할 것을 정할 수 있다.
> ② 전항의 경우에는 수인의 대표이사가 공동으로 회사를 대표할 것을 정할 수 있다.

② [○] 사장, 부사장, 전무, 상무 기타 회사를 대표할 권한이 있는 것으로 인정될 만한 명칭을 사용한 이사의 행위에 대하여는 그 이사가 회사를 대표할 권한이 없는 경우에도 회사는 선의의 제3자에 대하여 그 책임을 진다(상법 제395조).

③ [✕] 공동대표이사를 둔 경우 상대방이 <u>공동대표이사 중 1인에 대하여 의사표시를 해도</u> 회사에 대하여 그 효력이 생긴다(상법 제389조 제3항, 제208조 제2항 참조).

④ [○] 회사가 이사에 대하여 또는 이사가 회사에 대하여 소를 제기하는 경우에 감사는 그 소에 관하여 회사를 대표한다. 회사가 제403조(주주의 대표소송) 제1항 또는 제406조의2(다중대표소송) 제1항의 청구를 받은 경우에도 또한 같다 (상법 제394조 제1항).

⑤ [○] 상법 제389조 제3항, 제210조

> **상법 제389조(대표이사)**
> ③ 제208조 제2항, 제209조, 제210조와 제386조의 규정은 대표이사에 준용한다.
>
> **상법 제208조(공동대표)**
> ① 회사는 정관 또는 총사원의 동의로 수인의 사원이 공동으로 회사를 대표할 것을 정할 수 있다.
> ② 전항의 경우에도 제3자의 회사에 대한 의사표시는 공동대표의 권한있는 사원 1인에 대하여 이를 함으로써 그 효력이 생긴다.
>
> **상법 제210조(손해배상책임)**
> 회사를 대표하는 사원이 그 업무집행으로 인하여 타인에게 손해를 가한 때에는 회사는 그 사원과 연대하여 배상할 책임이 있다.

답 ③

☑ 확인 Check! ○ △ ✕

상법상 주식회사의 대표이사에 관한 설명으로 옳지 않은 것은?

① 공동대표이사를 선임한 경우 제3자의 회사에 대한 의사표시는 공동대표이사의 1인에 대하여 이를 함으로써 그 효력이 생긴다.

② 대표이사는 이사 중에서 선정하므로 대표이사의 자격을 상실하여도 이사의 자격이 당연히 상실되는 것은 아니다.

③ 대표이사는 회사의 영업에 관하여 재판상 또는 재판외의 모든 행위를 할 권한이 있다.

④ 대표이사는 이사가 회사에 대하여 소를 제기하는 경우에 그 소에 관하여 회사를 대표한다.

⑤ 대표이사가 그 업무집행으로 인하여 타인에게 손해를 가한 때에는 회사는 그 대표이사와 연대하여 배상할 책임이 있다.

┃해설┃

① [○] 상법 제389조 제3항, 제208조 제2항

② [○] 회사는 이사회의 결의로 회사를 대표할 이사를 선정하여야 한다. 그러나 정관으로 주주총회에서 이를 선정할 것을 정할 수 있다(상법 제389조 제1항). 즉 대표이사는 이사의 자격을 전제로 하므로 이사의 자격을 상실하면 대표이사의 자격도 잃게 되나, 반대로 대표이사의 자격을 상실하여도 이사의 자격을 당연히 상실하는 것은 아니다.

③ [○] 상법 제389조 제3항, 제209조 제1항

④ [✕] 회사가 이사에 대하여 또는 이사가 회사에 대하여 소를 제기하는 경우에 <u>감사</u>는 그 소에 관하여 회사를 대표한다. 회사가 제403조 제1항 또는 제406조의2 제1항의 청구를 받은 경우에도 또한 같다(상법 제394조 제1항).

⑤ [○] 상법 제389조 제3항, 제210조

상법 제389조(대표이사)
③ 제208조 제2항, 제209조, 제210조와 제386조의 규정은 대표이사에 준용한다.

상법 제208조(공동대표)
① 회사는 정관 또는 총사원의 동의로 수인의 사원이 공동으로 회사를 대표할 것을 정할 수 있다.
② 전항의 경우에도 제3자의 회사에 대한 의사표시는 공동대표의 권한있는 사원 1인에 대하여 이를 함으로써 그 효력이 생긴다.

상법 제209조(대표사원의 권한)
① 회사를 대표하는 사원은 회사의 영업에 관하여 재판상 또는 재판외의 모든 행위를 할 권한이 있다.

상법 제210조(손해배상책임)
회사를 대표하는 사원이 그 업무집행으로 인하여 타인에게 손해를 가한 때에는 회사는 그 사원과 연대하여 배상할 책임이 있다.

답 ④

제4장

상법상 주식회사의 대표이사에 관한 설명으로 옳은 것은? (다툼이 있으면 판례에 따름) 기출수정

① 대표이사는 이사회에서만 선임된다.

② 회사를 대표할 이사의 성명과 주소는 설립등기사항이 아니다.

③ 이사가 회사에 대하여 소를 제기하는 경우 그 소에 관하여 대표이사가 회사를 대표한다.

④ 대표이사는 이사의 자격을 전제로 하므로 대표이사의 자격을 상실하면 이사의 자격도 상실한다.

⑤ 회사 정관이나 이사회 규정 등에서 이사회 결의를 거치도록 대표이사의 대표권을 제한한 경우, 거래행위의 상대방이 이를 알지 못함에 중대한 과실이 있는 경우에는 그 거래행위는 무효이다.

┃해설┃

① [×] 회사는 이사회의 결의로 회사를 대표할 이사를 선정하여야 한다. 그러나 정관으로 주주총회에서 이를 선정할 것을 정할 수 있다(상법 제389조 제1항).

② [×] 상법 제317조 제2항 제9호

> **상법 제317조(설립의 등기)**
> ② 제1항의 설립등기에 있어서는 다음의 사항을 등기하여야 한다.
> … (중략) …
> 9. 회사를 대표할 이사 또는 집행임원의 성명·주민등록번호 및 주소
> … (하략) …

③ [×] 회사가 이사에 대하여 또는 이사가 회사에 대하여 소를 제기하는 경우에 감사는 그 소에 관하여 회사를 대표한다. 회사가 제403조(주주의 대표소송) 제1항 또는 제406조의2(다중대표소송) 제1항의 청구를 받은 경우에도 또한 같다(상법 제394조 제1항).

④ [×] 대표이사는 이사의 자격을 전제로 하므로 이사의 자격을 상실하면 대표이사의 자격도 잃게 되나, 반대로 대표이사의 자격을 상실하여도 이사의 자격을 당연히 상실하는 것은 아니다.

⑤ [O] 일정한 대외적 거래행위에 관하여 이사회 결의를 거치도록 대표이사의 권한을 제한한 경우에도 이사회 결의는 회사의 내부적 의사결정절차에 불과하고, 특별한 사정이 없는 한 거래 상대방으로서는 회사의 대표자가 거래에 필요한 회사의 내부절차를 마쳤을 것으로 신뢰하였다고 보는 것이 경험칙에 부합한다. 따라서 회사 정관이나 이사회 규정 등에서 이사회 결의를 거치도록 대표이사의 대표권을 제한한 경우(이하 '내부적 제한'이라 한다)에도 선의의 제3자는 상법 제209조 제2항에 따라 보호된다. 거래행위의 상대방인 제3자가 상법 제209조 제2항에 따라 보호받기 위하여 선의 이외에 무과실까지 필요하지는 않지만, 중대한 과실이 있는 경우에는 제3자의 신뢰를 보호할 만한 가치가 없다고 보아 거래행위가 무효라고 해석함이 타당하다(대판[전합] 2021.2.18. 2015다45451).

답 ⑤

상법상 자본금 10억원인 비상장주식회사의 이사회와 대표이사에 관한 설명으로 틀린 것은?

① 감사위원회를 설치한 경우 감사위원회 위원은 이사회의 구성원이 아니다.

② 대규모 재산의 차입은 이사회의 결의로 한다.

③ 대표이사는 회사의 영업에 관하여 재판상 또는 재판외의 모든 행위를 할 권한이 있으며, 이 권한에 대한 제한은 선의의 제3자에게 대항하지 못한다.

④ 이사는 3월에 1회 이상 업무의 집행상황을 이사회에 보고하여야 한다.

⑤ 정관으로 주주총회에서 대표이사를 선정할 것을 정할 수 있다.

▌해설▌

① [✕] 감사위원회는 제393조의2 제3항에도 불구하고 <u>3명 이상의 이사로 구성한다.</u> 다만, 사외이사가 위원의 3분의 2 이상이어야 한다(상법 제415조의2 제2항). 감사위원회는 이사회 내의 위원회의 하나로서 <u>감사위원은 원칙적으로 이사회가 이사 중에서 선임하고 해임한다.</u> 따라서 감사위원은 이사이므로 당연히 <u>이사회의 구성원이다.</u>

② [○] 중요한 자산의 처분 및 양도, 대규모 재산의 차입, 지배인의 선임 또는 해임과 지점의 설치·이전 또는 폐지 등 회사의 업무집행은 이사회의 결의로 한다(상법 제393조 제1항).

③ [○] 상법 제389조 제3항, 제209조 제1항·제2항

> **상법 제389조(대표이사)**
> ③ 제208조 제2항, 제209조, 제210조와 제386조의 규정은 대표이사에 준용한다.
>
> **상법 제209조(대표사원의 권한)**
> ① 회사를 대표하는 사원은 회사의 영업에 관하여 재판상 또는 재판외의 모든 행위를 할 권한이 있다.
> ② 전항의 권한에 대한 제한은 선의의 제3자에게 대항하지 못한다.

④ [○] 이사는 3월에 1회 이상 업무의 집행상황을 이사회에 보고하여야 한다(상법 제393조 제4항).

⑤ [○] 회사는 이사회의 결의로 회사를 대표할 이사를 선정하여야 한다. 그러나 정관으로 주주총회에서 이를 선정할 것을 정할 수 있다(상법 제389조 제1항).

답 ①

상법상 자본금이 10억원인 주식회사 대표이사의 권한에 관한 설명으로 틀린 것은?

① 대표이사는 회사의 영업에 관하여 재판상 또는 재판외의 모든 행위를 할 권한이 있다.

② 대표이사의 대표권에 대한 제한은 선의의 제3자에게 대항하지 못한다.

③ 대표이사가 지배인의 선임 또는 해임을 하기 위하여는 이사회의 결의를 얻어야 한다.

④ 감사위원회의 위원이 회사에 대하여 소를 제기하는 경우에는 감사위원회 또는 이사는 법원에 회사를 대표할 자를 선임하여 줄 것을 신청하여야 한다.

⑤ 판례에 의하면, 대표이사가 중요한 자산의 처분에 관하여 이사회의 결의를 거치지 않고 거래한 경우, 그 거래상대방이 이사회 결의 부존재 사실을 경과실로 인식하지 못한 때에는 그 거래행위는 무효이다.

┃해설┃

① [○] 상법 제389조 제3항, 제209조 제1항

② [○] 상법 제389조 제3항, 제209조 제2항

> **상법 제389조(대표이사)**
> ③ 제208조 제2항, 제209조, 제210조와 제386조의 규정은 대표이사에 준용한다.
>
> **상법 제209조(대표사원의 권한)**
> ① 회사를 대표하는 사원은 회사의 영업에 관하여 재판상 또는 재판외의 모든 행위를 할 권한이 있다.
> ② 전항의 권한에 대한 제한은 선의의 제3자에게 대항하지 못한다.

③ [○] 중요한 자산의 처분 및 양도, 대규모 재산의 차입, 지배인의 선임 또는 해임과 지점의 설치·이전 또는 폐지 등 회사의 업무집행은 이사회의 결의로 한다(상법 제393조 제1항).

④ [○] 제415조의2의 규정에 의한 감사위원회의 위원이 소의 당사자인 경우에는 감사위원회 또는 이사는 법원에 회사를 대표할 자를 선임하여 줄 것을 신청하여야 한다(상법 제394조 제2항).

⑤ [✕] 회사 정관이나 이사회 규정 등에서 이사회 결의를 거치도록 대표이사의 대표권을 제한한 경우(이하 '내부적 제한'이라 한다)에도 선의의 제3자는 상법 제209조 제2항에 따라 보호된다. 거래행위의 상대방인 제3자가 상법 제209조 제2항에 따라 보호받기 위하여 선의 이외에 무과실까지 필요하지는 않지만, 중대한 과실이 있는 경우에는 제3자의 신뢰를 보호할 만한 가치가 없다고 보아 거래행위가 무효라고 해석함이 타당하다. … (중략) … 대표이사의 대표권을 제한하는 상법 제393조 제1항은 그 규정의 존재를 모르거나 제대로 이해하지 못한 사람에게도 일률적으로 적용된다. 법률의 부지나 법적 평가에 관한 착오를 이유로 그 적용을 피할 수는 없으므로, 이 조항에 따른 제한은 내부적 제한과 달리 볼 수도 있다. 그러나 주식회사의 대표이사가 이 조항에 정한 '중요한 자산의 처분 및 양도, 대규모 재산의 차입 등의 행위'에 관하여 이사회의 결의를 거치지 않고 거래행위를 한 경우에도 거래행위의 효력에 관해서는 위 다.에서 본 내부적 제한의 경우와 마찬가지로 보아야 한다(대판[전합] 2021.2.18. 2015다45451).

답 ⑤

상법상 주식회사의 대표이사 및 이사회에 관한 설명으로 틀린 것은?

① 회사는 이사회의 결의로 대표이사를 선정해야 하는 것이 원칙이나, 정관으로 주주총회에서 이를 선정할 것을 정할 수 있다.

② 수인의 대표이사가 있더라도 공동대표이사가 아니라면 각 대표이사는 회사를 대표한다.

③ 이사회의 결의는 이사 과반수의 출석과 출석이사의 과반수로 하여야 하지만, 정관으로 그 비율을 낮게 하거나 높게 정할 수 있다.

④ 주주는 그 보유주식 수와 관계없이 영업시간 내에 이사회의사록의 열람 또는 등사를 청구할 수 있다.

⑤ 이사회의 결의에 의한 행위로 인하여 이사가 회사에 대하여 손해배상책임을 지는 경우, 그 이사회 결의에 참가한 이사로서 이의를 한 기재가 의사록에 없는 자는 그 결의에 찬성한 것으로 추정한다.

▌해설▌

① [O] 상법 제389조 제1항

② [O] 대표이사가 수인이더라도 단독대표가 원칙이나, 공동으로만 회사를 대표할 것을 정할 수도 있다(상법 제389조 제2항 참조).

> **상법 제389조(대표이사)**
> ① 회사는 이사회의 결의로 회사를 대표할 이사를 선정하여야 한다. 그러나 정관으로 주주총회에서 이를 선정할 것을 정할 수 있다.
> ② 전항의 경우에는 수인의 대표이사가 공동으로 회사를 대표할 것을 정할 수 있다.

③ [✕] 이사회의 결의는 이사 과반수의 출석과 출석이사의 과반수로 하여야 한다. 그러나 정관으로 그 비율을 높게 정할 수 있다(상법 제391조 제1항).

④ [O] 주주는 영업시간 내에 이사회의사록의 열람 또는 등사를 청구할 수 있다(상법 제391조의3 제3항). 이사회의사록 열람·등사청구권은 단독주주권이다.

⑤ [O] 상법 제399조 제1항, 제2항, 제3항

> **상법 제399조(회사에 대한 책임)**
> ① 이사가 고의 또는 과실로 법령 또는 정관에 위반한 행위를 하거나 그 임무를 게을리한 경우에는 그 이사는 회사에 대하여 연대하여 손해를 배상할 책임이 있다.
> ② 전항의 행위가 이사회의 결의에 의한 것인 때에는 그 결의에 찬성한 이사도 전항의 책임이 있다.
> ③ 전항의 결의에 참가한 이사로서 이의를 한 기재가 의사록에 없는 자는 그 결의에 찬성한 것으로 추정한다.

답 ③

☑ 확인 Check! ○ △ X

표현대표이사에 관한 다음 설명 중 가장 옳지 않은 것은?

① 회사가 표현대표를 허용하였다고 하기 위하여는 진정한 대표이사가 표현대표를 허용하거나, 이사 전원이 아닐지라도 적어도 이사회결의의 성립을 위하여 회사의 정관에서 정한 이사의 수, 그와 같은 정관의 규정이 없다면 최소한 이사 정원의 과반수 이사가 적극적 또는 묵시적으로 표현대표를 허용한 경우이어야 한다.

② 거래의 상대방인 제3자가 회사의 대표이사가 아닌 이사에게 그 거래행위를 함에 있어 회사를 대표할 권한이 있다고 믿었다 할지라도 그와 같이 믿음에 있어서 중대한 과실이 있는 경우에는 회사는 그 제3자에 대하여는 상법 제395조에 의한 책임을 지지 아니한다.

③ 회사를 대표할 권한이 없는 표현대표이사가 다른 대표이사의 명칭을 사용하여 어음행위를 한 경우, 회사가 책임을 지는 선의의 제3자는 표현대표이사로부터 직접 어음을 취득한 상대방에 한하고, 그로부터 어음을 다시 배서양도받은 제3취득자는 포함되지 않는다.

④ 상법 제395조는 표현대표이사가 자기의 명칭을 사용하여 법률행위를 한 경우뿐만 아니라 자기의 명칭을 사용하지 아니하고 다른 대표이사의 명칭을 사용하여 행위를 한 경우에도 유추적용된다.

⑤ 상법 제395조는 회사가 이사의 자격이 없는 자에게 표현대표이사의 명칭을 사용하게 허용한 경우는 물론, 이사의 자격도 없는 사람이 임의로 표현대표이사의 명칭을 사용하고 있는 것을 회사가 알면서도 아무런 조치를 취하지 아니한 채 그대로 방치하여 소극적으로 묵인한 경우에도 유추적용된다.

┃해설┃

① [O] 상법 제395조에 의하여 회사가 표현대표이사의 행위에 대하여 책임을 지기 위하여는 표현대표이사의 행위에 대하여 그를 믿었던 제3자가 선의이었어야 하고 또한 회사가 적극적 또는 묵시적으로 표현대표를 허용한 경우에 한한다고 할 것이며, 이 경우 회사가 표현대표를 허용하였다고 하기 위하여는 진정한 대표이사가 이를 허용하거나, 이사 전원이 아닐지라도 적어도 이사회의 결의의 성립을 위하여 회사의 정관에서 정한 이사의 수, 그와 같은 정관의 규정이 없다면 최소한 이사 정원의 과반수의 이사가 적극적 또는 묵시적으로 표현대표를 허용한 경우이어야 할 것이므로, 대표이사로 선임등기된 자가 부적법한 대표이사로서 사실상의 대표이사에 불과한 경우에 있어서는 먼저 위 대표이사의 선임에 있어 회사에 귀책사유가 있는지를 살피고 이에 따라 회사에게 표현대표이사로 인한 책임이 있는지 여부를 가려야 할 것이다(대판 1992.9.22. 91다5365).

② [O] 상법 제395조가 규정하는 표현대표이사의 행위로 인한 주식회사의 책임이 성립하기 위하여 제3자의 선의 이외에 무과실까지도 필요로 하는 것은 아니지만, 그 규정의 취지는 회사의 대표이사가 아닌 이사가 외관상 회사의 대표권이 있는 것으로 인정될 만한 명칭을 사용하여 거래행위를 하고, 이러한 외관이 생겨난 데에 관하여 회사에 귀책사유가 있는 경우에 그 외관을 믿은 선의의 제3자를 보호함으로써 상거래의 신뢰와 안전을 도모하려는 데에 있다 할 것인바, 그와 같은 제3자의 신뢰는 보호할 만한 가치가 있는 정당한 것이어야 할 것이므로, 설령 제3자가 회사의 대표이사가 아닌 이사에게 그 거래행위를 함에 있어 회사를 대표할 권한이 있다고 믿었다 할지라도 그와 같이 믿음에 있어서 중대한 과실이 있는 경우에는 회사는 그 제3자에 대하여는 책임을 지지 아니하고, 여기서 제3자의 중대한 과실이라 함은 제3자가 조금만 주의를 기울였더라면 표현대표이사의 행위가 대표권에 기한 것이 아니라는 사정을 알 수 있었음에도 만연히 이를 대표권에 기한 행위라고 믿음으로써 거래통념상 요구되는 주의의무에 현저히 위반하는 것으로서, 공평의 관점에서 제3자를 구태여 보호할 필요가 없다고 봄이 상당하다고 인정되는 상태를 말한다(대판 2003.9.26. 2002다65073).

③ [×] 회사를 대표할 권한이 없는 표현대표이사가 다른 대표이사의 명칭을 사용하여 어음행위를 한 경우, 회사가 책임을 지는 선의의 제3자의 범위에는 표현대표이사로부터 직접 어음을 취득한 상대방뿐만 아니라, 그로부터 어음을 다시 배서양도받은 제3취득자도 포함된다(대판 2003.9.26. 2002다65073).

④ [○] 상법 제395조는 표현대표이사가 자기의 명칭을 사용하여 법률행위를 한 경우는 물론이고 자기의 명칭을 사용하지 아니하고 다른 대표이사의 명칭을 사용하여 행위를 한 경우에도 유추적용되고, 이와 같은 대표권 대행의 경우 제3자의 선의나 중과실은 표현대표이사의 대표권 존부에 대한 것이 아니라 대표이사를 대행하여 법률행위를 할 권한이 있느냐에 대한 것이다(대판 2003.7.22. 2002다40432).

⑤ [○] 상법 제395조가 회사를 대표할 권한이 있는 것으로 인정될 만한 명칭을 사용한 이사의 행위에 대한 회사의 책임을 규정한 것이어서, 표현대표이사가 이사의 자격을 갖출 것을 요건으로 하고 있으나, 이 규정은 표시에 의한 금반언의 법리나 외관이론에 따라 대표이사로서의 외관을 신뢰한 제3자를 보호하기 위하여 그와 같은 외관의 존재에 대하여 귀책사유가 있는 회사로 하여금 선의의 제3자에 대하여 그들의 행위에 관한 책임을 지도록 하려는 것이므로, 회사가 이사의 자격이 없는 자에게 표현대표이사의 명칭을 사용하게 허용한 경우는 물론, 이사의 자격이 없는 사람이 임의로 표현대표이사의 명칭을 사용하고 있는 것을 회사가 알면서도 아무런 조치를 취하지 아니한 채 그대로 방치하여 소극적으로 묵인한 경우에도 위 규정이 유추적용되는 것으로 해석함이 상당하다(대판 1998.3.27. 97다34709).

답 ③

제4장

☑ **제4항 이사의 의무**

115 세무사 2024 ☑ 확인Check! ○ △ ✕

상법상 이사의 회사의 기회 및 자산의 유용금지 규정에 관한 설명으로 옳지 않은 것은?

① 자본금 총액 10억원 미만의 회사로서 이사가 1명 또는 2명인 경우에 이사는 주주총회의 승인을 얻어 회사의 사업기회를 이용할 수 있다.

② 집행임원 설치회사의 집행임원은 이사회의 승인 없이 회사의 사업기회를 자기 또는 제3자의 이익을 위하여 이용하여서는 아니 된다.

③ 회사의 사업기회를 이용하고자 하는 이사는 그 승인여부를 결정하는 이사회의 결의에서 의결권을 행사하지 못한다.

④ 회사의 사업기회 이용에 관한 이사회의 승인은 이사 3분의 2 이상의 수로써 하여야 한다.

⑤ 이사회의 승인 없이 회사의 사업기회를 유용하여 회사에 손해를 발생시킨 이사는 이를 배상할 책임이 있으며 이로 인하여 이사 또는 제3자가 얻은 이익은 손해로 간주한다.

▌해설▐

① [○] 상법 제383조 제1항 단서·제4항, 제397조의2 제1항

② [○] 상법 제408조의9, 제397조의2 제1항

③ [○] 상법 제391조 제1항, 제3항, 제368조 제3항

> **상법 제391조(이사회의 결의방법)**
> ① 이사회의 결의는 이사과반수의 출석과 출석이사의 과반수로 하여야 한다. 그러나 정관으로 그 비율을 높게 정할 수 있다.
> ③ 제368조 제3항 및 제371조 제2항의 규정은 제1항의 경우에 이를 준용한다.
>
> **상법 제368조(총회의 결의방법과 의결권의 행사)**
> ③ 총회의 결의에 관하여 특별한 이해관계가 있는 자는 의결권을 행사하지 못한다.

④ [○] 상법 제397조의2 제1항

⑤ [✕] 이사회의 승인 없이 회사의 사업기회를 유용하여 회사에 손해를 발생시킨 이사는 이를 배상할 책임이 있으며 이로 인하여 이사 또는 제3자가 얻은 이익은 손해로 <u>추정한다</u>(상법 제397조의2 제2항 참조).

> **상법 제383조(원수, 임기)**
> ① 이사는 3명 이상이어야 한다. 다만, 자본금 총액이 10억원 미만인 회사는 1명 또는 2명으로 할 수 있다.
> ④ 제1항 단서의 경우에는 제302조 제2항 제5호의2, 제317조 제2항 제3호의2, 제335조 제1항 단서 및 제2항, 제335조의2 제1항·제3항, 제335조의3 제1항·제2항, 제335조의7 제1항, 제340조의3 제1항 제5호, 제356조 제6호의2, 제397조 제1항·제2항, <u>제397조의2 제1항</u>, 제398조, 제416조 본문, 제451조 제2항, 제461조 제1항 본문 및 제3항, 제462조의3 제1항, 제464조의2 제1항, 제469조, 제513조 제2항 본문 및 제516조의2 제2항 본문(준용되는 경우를 포함한다) 중 "이사회"는 각각 "주주총회"로 보며, 제360조의5 제1항 및 제522조의3 제1항 중 "이사회의 결의가 있는 때"는 "제363조 제1항에 따른 주주총회의 소집통지가 있는 때"로 본다.

366 세무사 1차 객관식 상법(회사편)

답 ⑤

116 세무사 2023

☑ 확인Check! ○ △ ✕

상법상 주식회사에서 이사와 회사의 이익충돌방지에 관한 설명으로 옳지 않은 것은?

① 이사는 이사회의 승인이 없으면 동종영업을 목적으로 하는 다른 회사의 무한책임사원이나 이사가 되지 못한다.
② 이사가 경업금지규정에 위반하여 거래를 한 경우에 회사는 이사회의 결의로 그 이사의 거래가 자기의 계산으로 한 것인 때에는 이를 회사의 계산으로 한 것으로 볼 수 있다.
③ 이사는 이사회의 승인 없이 현재 또는 장래에 회사의 이익이 될 수 있는 것으로서 직무를 수행하는 과정에서 알게 되거나 회사의 정보를 이용한 회사의 사업기회를 제3자의 이익을 위하여 이용하여서는 아니 된다.
④ 이사의 배우자가 자기 또는 제3자의 계산으로 회사와 거래를 하기 위하여는 미리 이사회에 해당 거래에 관한 중요사실을 밝혀야 한다.
⑤ 회사의 기회 및 자산의 유용에 관한 이사회의 승인은 이사 과반수 이상의 수로써 하여야 한다.

┃해설┃

① [○] 상법 제397조 제1항
② [○] 상법 제397조 제2항

③ [O], ⑤ [×] 상법 제397조의2 제1항

> **상법 제397조의2(회사의 기회 및 자산의 유용 금지)**
> ① 이사는 이사회의 승인 없이 현재 또는 장래에 회사의 이익이 될 수 있는 다음 각 호의 어느 하나에 해당하는 회사의 사업기회를 자기 또는 제3자의 이익을 위하여 이용하여서는 아니 된다. 이 경우 이사회의 승인은 <u>이사 3분의 2 이상의 수로써 하여야 한다.</u>
> 1. <u>직무를 수행하는 과정에서 알게 되거나 회사의 정보를 이용한 사업기회</u>
> 2. 회사가 수행하고 있거나 수행할 사업과 밀접한 관계가 있는 사업기회

④ [O] 상법 제398조 제2호

> **상법 제398조(이사 등과 회사 간의 거래)**
> 다음 각 호의 어느 하나에 해당하는 자가 자기 또는 제3자의 계산으로 회사와 거래를 하기 위하여는 미리 이사회에서 해당 거래에 관한 중요사실을 밝히고 이사회의 승인을 받아야 한다. 이 경우 이사회의 승인은 이사 3분의 2 이상의 수로써 하여야 하고, 그 거래의 내용과 절차는 공정하여야 한다.
> 1. 이사 또는 제542조의8 제2항 제6호에 따른 주요주주
> 2. 제1호의 자의 배우자 및 직계존비속
> 3. 제1호의 자의 배우자의 직계존비속
> 4. 제1호부터 제3호까지의 자가 단독 또는 공동으로 의결권 있는 발행주식 총수의 100분의 50 이상을 가진 회사 및 그 자회사
> 5. 제1호부터 제3호까지의 자가 제4호의 회사와 합하여 의결권 있는 발행주식총수의 100분의 50 이상을 가진 회사

답 ⑤

117 세무사 2022
☑ 확인Check! ○ △ ×

상법상 주식회사 이사의 의무에 관한 설명으로 옳지 않은 것은?

① 이사는 선량한 관리자의 주의의무를 부담한다.
② 이사는 법령과 정관의 규정에 따라 회사를 위하여 그 직무를 충실하게 수행하여야 한다.
③ 이사는 퇴임 후에도 직무상 알게 된 회사의 영업상 비밀을 누설하여서는 아니 된다.
④ 이사는 이사회의 승인이 없어도 동종영업을 목적으로 하는 다른 회사의 이사가 될 수 있다.
⑤ 이사는 회사의 정관, 주주총회의 의사록을 본점과 지점에 비치하여야 한다.

┃해설┃

① [O] 상법 제382조 제2항, 민법 제681조

> **상법 제382조(이사의 선임, 회사와의 관계 및 사외이사)**
> ② 회사와 이사의 관계는 「민법」의 위임에 관한 규정을 준용한다.
>
> **민법 제681조(수임인의 선관의무)**
> 수임인은 위임의 본지에 따라 선량한 관리자의 주의로써 위임사무를 처리하여야 한다.

② [O] 이사는 법령과 정관의 규정에 따라 회사를 위하여 그 직무를 충실하게 수행하여야 한다(상법 제382조의3).

③ [O] 이사는 재임 중 뿐만 아니라 퇴임 후에도 직무상 알게 된 회사의 영업상 비밀을 누설하여서는 아니 된다(상법 제382조의4).

④ [×] 이사는 <u>이사회의 승인</u>이 없으면 자기 또는 제3자의 계산으로 회사의 영업부류에 속한 거래를 하거나 <u>동종영업</u>을 목적으로 하는 다른 회사의 무한책임사원이나 이사가 되지 못한다(상법 제397조 제1항).

⑤ [O] 이사는 회사의 정관, 주주총회의 의사록을 본점과 지점에, 주주명부, 사채원부를 본점에 비치하여야 한다. 이 경우 명의개서대리인을 둔 때에는 주주명부나 사채원부 또는 그 복본을 명의개서대리인의 영업소에 비치할 수 있다(상법 제396조 제1항).

📄 ④

---

118 세무사 2021

☑ 확인Check! O △ ×

상법상 자본금 총액이 10억원인 A주식회사의 이사 甲이 이사회의 승인 없이 제3자인 丙의 계산으로 A회사의 영업부류에 속한 거래를 乙과 한 경우, 이에 관한 설명으로 옳은 것을 모두 고른 것은?

> ㄱ. 乙의 선의·악의를 불문하고 甲과 乙사이의 거래행위 자체는 유효하다.
> ㄴ. A회사는 경업금지의무 위반을 이유로 甲을 해임할 수 있다.
> ㄷ. A회사는 甲에 대하여 그 거래로 인한 손해의 배상을 청구할 수 있다.
> ㄹ. A회사는 丙의 계산으로 한 甲의 거래행위를 A회사의 계산으로 한 것으로 볼 수 있다.

① ㄱ, ㄴ, ㄷ
② ㄱ, ㄴ, ㄹ
③ ㄱ, ㄷ, ㄹ
④ ㄴ, ㄷ, ㄹ
⑤ ㄱ, ㄴ, ㄷ, ㄹ

❚ 해설 ❚

ㄱ. [O] 이사회의 승인을 받지 않고 이사가 경업을 하였더라도 해당 거래 자체는 유효하다.

ㄴ. [O], ㄷ. [O] 이사는 법령을 위반한 것이므로 해임의 정당한 사유가 되고(상법 제385조 참조), 회사에 대하여 그 위반으로 인해 발생할 손해를 배상할 책임이 있다(상법 제399조 참조).

> **상법 제385조(해임)**
> ① 이사는 언제든지 제434조의 규정에 의한 주주총회의 결의로 이를 해임할 수 있다. 그러나 이사의 임기를 정한 경우에 정당한 이유없이 그 임기만료 전에 이를 해임한 때에는 그 이사는 회사에 대하여 해임으로 인한 손해의 배상을 청구할 수 있다.
>
> **상법 제399조(회사에 대한 책임)**
> ① 이사가 고의 또는 과실로 법령 또는 정관에 위반한 행위를 하거나 그 임무를 게을리한 경우에는 그 이사는 회사에 대하여 연대하여 손해를 배상할 책임이 있다.

ㄹ. [×] 이사가 제3자의 계산으로 경업을 한 경우에는 그 이사에게 <u>이득의 양도를 청구할 수 있다</u>(상법 제397조 제2항 참조).

> **상법 제397조(경업금지)**
> ① 이사는 이사회의 승인이 없으면 자기 또는 제3자의 계산으로 회사의 영업부류에 속한 거래를 하거나 동종영업을 목적으로 하는 다른 회사의 무한책임사원이나 이사가 되지 못한다.
> ② 이사가 제1항의 규정에 위반하여 거래를 한 경우에 회사는 이사회의 결의로 그 이사의 거래가 자기의 계산으로 한 것인 때에는 이를 회사의 계산으로 한 것으로 볼 수 있고 <u>제3자의 계산으로 한 것인 때에는 그 이사에 대하여 이로 인한 이득의 양도를 청구할 수 있다.</u>

답 ①

119 세무사 2017

☑ 확인Check! ○ △ ×

상법상 자본금 총액이 10억원 이상인 주식회사의 회사의 기회 및 자산의 유용 금지에 관한 설명으로 옳은 것은?

① 집행임원은 회사의 기회 및 자산의 유용 금지의무를 부담하지 않는다.
② 정관에 이사의 회사에 대한 손해배상책임의 감면을 정하고 있는 경우에도, 이사가 회사의 기회를 유용하여 회사에 대하여 손해배상책임을 부담하는 경우에는 책임감면에 관한 정관규정이 적용되지 않는다.
③ 회사의 기회 및 자산의 유용 금지의 대상이 되는 사업기회를 이용하고자 하는 이사는 이사회의 승인결의에 있어서 의결권을 행사할 수 있다.
④ 회사의 기회 및 자산의 유용 금지의 대상이 되는 사업기회에 대한 이사회의 승인은 이사 전원의 동의가 있어야만 한다.
⑤ 회사의 기회 및 자산의 유용 금지 규정을 위반하여 회사에 손해를 발생시킨 이사는 회사에 대하여 손해를 배상하여야 하는데, 그 위반 행위로 인하여 제3자가 얻은 이익은 회사의 손해로 추정되지 않는다.

┃해설┃

① [×] <u>집행임원</u>에 대해서는 제382조의3, 제382조의4, 제396조, 제397조, <u>제397조의2(회사의 기회 및 자산의 유용 금지)</u>, 제398조, 제400조, 제401조의2, 제402조부터 제406조까지, 제406조의2, 제407조, 제408조, 제412조 및 제412조의2를 <u>준용한다</u>(상법 제408조의9).
② [○] 회사는 정관으로 정하는 바에 따라 제399조에 따른 이사의 책임을 이사가 그 행위를 한 날 이전 최근 1년간의 보수액(상여금과 주식매수선택권의 행사로 인한 이익 등을 포함한다)의 6배(사외이사의 경우는 3배)를 초과하는 금액에 대하여 면제할 수 있다. 다만, <u>이사가 고의 또는 중대한 과실로 손해를 발생시킨 경우와 제397조(경업금지), 제397조의2(회사의 기회 및 자산의 유용 금지) 및 제398조(이사 등과 회사 간의 거래)에 해당하는 경우에는 그러하지 아니하다</u>(상법 제400조 제2항).

③ [×] 회사의 기회 및 자산의 유용 금지의 대상이 되는 사업기회를 이용하고자 하는 이사는 특별이해관계인으로서 이사회의 승인결의에 있어서 <u>의결권을 행사할 수 없다</u>(상법 제391조 제3항, 제368조 제3항 참조).

> **상법 제391조(이사회의 결의방법)**
> ① 이사회의 결의는 이사과반수의 출석과 출석이사의 과반수로 하여야 한다. 그러나 정관으로 그 비율을 높게 정할 수 있다.
> ③ 제368조 제3항 및 제371조 제2항의 규정은 제1항의 경우에 이를 준용한다.
>
> **상법 제368조(총회의 결의방법과 의결권의 행사)**
> ③ 총회의 결의에 관하여 특별한 이해관계가 있는 자는 의결권을 행사하지 못한다.

④ [×] 상법 제397조의2 제1항
⑤ [×] 상법 제397조의2 제2항

> **상법 제397조의2(회사의 기회 및 자산의 유용 금지)**
> ① 이사는 이사회의 승인 없이 현재 또는 장래에 회사의 이익이 될 수 있는 다음 각 호의 어느 하나에 해당하는 회사의 사업기회를 자기 또는 제3자의 이익을 위하여 이용하여서는 아니 된다. 이 경우 이사회의 승인은 <u>이사 3분의 2 이상의 수로써</u> 하여야 한다.
> 1. 직무를 수행하는 과정에서 알게 되거나 회사의 정보를 이용한 사업기회
> 2. 회사가 수행하고 있거나 수행할 사업과 밀접한 관계가 있는 사업기회
> ② 제1항을 위반하여 회사에 손해를 발생시킨 이사 및 승인한 이사는 연대하여 손해를 배상할 책임이 있으며 이로 인하여 <u>이사 또는 제3자가 얻은 이익은 손해로 추정한다</u>.

답 ②

---

120 세무사 2016

☑ 확인 Check! ○ △ ✕

상법상 주식회사의 이사의 의무에 관한 설명으로 옳지 않은 것은?

① 이사는 이사회의 승인 없이 현재 또는 장래에 회사의 이익이 될 수 있는 것으로서 회사의 직무를 수행하는 과정에서 알게 된 사업기회를 자기 또는 제3자의 이익을 위하여 이용하여서는 아니 된다.

② 이사는 이사회의 승인이 없으면 자기 또는 제3자의 계산으로 회사의 영업부류에 속한 거래를 할 수 없으며 이 경우 이사회의 승인은 이사 3분의 2 이상의 수로써 하여야 한다.

③ 이사는 재임 중 뿐만 아니라 퇴임 후에도 직무상 알게 된 회사의 영업상 비밀을 누설하여서는 아니 된다.

④ 이사가 자기 또는 제3자의 계산으로 회사와 거래를 하기 위하여는 미리 이사회에서 해당 거래에 관한 중요사실을 밝히고 이사회의 승인을 받아야 한다.

⑤ 회사의 기회 및 자산의 유용 금지를 위반하여 회사에 손해를 발생시킨 이사 및 승인한 이사는 연대하여 손해를 배상할 책임이 있으며 이로 인하여 이사 또는 제3자가 얻은 이익은 손해로 추정한다.

┃해설┃

① [○] 상법 제397조의2 제1항 제1호

> **상법 제397조의2(회사의 기회 및 자산의 유용 금지)**
> ① 이사는 이사회의 승인 없이 현재 또는 장래에 회사의 이익이 될 수 있는 다음 각 호의 어느 하나에 해당하는 회사의 사업기회를 자기 또는 제3자의 이익을 위하여 이용하여서는 아니 된다. 이 경우 이사회의 승인은 이사 3분의 2 이상의 수로써 하여야 한다.
> 1. 직무를 수행하는 과정에서 알게 되거나 회사의 정보를 이용한 사업기회
> 2. 회사가 수행하고 있거나 수행할 사업과 밀접한 관계가 있는 사업기회

② [×] 회사기회이용 승인, 자기거래 승인, 감사위원 해임의 결의에 대하여는 이사 3분의 2 이상을 요구하지만(상법 제397조의2 제1항, 제398조, 제415조의2 제3항 참조), 경업 또는 겸직에 대하여는 통상의 이사회결의방법인 이사과반수의 출석과 출석이사의 과반수에 의한다(상법 제391조 제1항, 제397조 제1항 참조).

> **상법 제391조(이사회의 결의방법)**
> ① 이사회의 결의는 이사과반수의 출석과 출석이사의 과반수로 하여야 한다. 그러나 정관으로 그 비율을 높게 정할 수 있다.
>
> **상법 제397조(경업금지)**
> ① 이사는 이사회의 승인이 없으면 자기 또는 제3자의 계산으로 회사의 영업부류에 속한 거래를 하거나 동종영업을 목적으로 하는 다른 회사의 무한책임사원이나 이사가 되지 못한다.

③ [○] 이사는 재임 중 뿐만 아니라 퇴임 후에도 직무상 알게 된 회사의 영업상 비밀을 누설하여서는 아니 된다(상법 제382조의4).

④ [○] 상법 제398조 제1호

> **상법 제398조(이사 등과 회사 간의 거래)**
> 다음 각 호의 어느 하나에 해당하는 자가 자기 또는 제3자의 계산으로 회사와 거래를 하기 위하여는 미리 이사회에서 해당 거래에 관한 중요사실을 밝히고 이사회의 승인을 받아야 한다. 이 경우 이사회의 승인은 이사 3분의 2 이상의 수로써 하여야 하고, 그 거래의 내용과 절차는 공정하여야 한다.
> 1. 이사 또는 제542조의8 제2항 제6호에 따른 주요주주
> 2. 제1호의 자의 배우자 및 직계존비속
> 3. 제1호의 자의 배우자의 직계존비속
> 4. 제1호부터 제3호까지의 자가 단독 또는 공동으로 의결권 있는 발행주식 총수의 100분의 50 이상을 가진 회사 및 그 자회사
> 5. 제1호부터 제3호까지의 자가 제4호의 회사와 합하여 의결권 있는 발행주식총수의 100분의 50 이상을 가진 회사

⑤ [○] 제1항(회사의 기회 및 자산의 유용 금지)을 위반하여 회사에 손해를 발생시킨 이사 및 승인한 이사는 연대하여 손해를 배상할 책임이 있으며 이로 인하여 이사 또는 제3자가 얻은 이익은 손해로 추정한다(상법 제397조의2 제2항).

답 ②

상법상 비상장주식회사인 A회사의 이사 甲등이 자기 또는 제3자의 계산으로 A회사와 거래를 한 경우, A회사의 이사회 승인이 필요하지 **않은** 것은? (주주 전원의 동의 등 특별한 사정이 없는 것을 전제로 하고, 이견이 있으면 판례에 의함)

① 甲이 A회사에 대하여 이자 약정이나 담보 약정 없이 금전을 대여하는 경우

② 甲의 직계비속 乙이 소유하는 부동산을 乙이 A회사에 매도하는 경우

③ 甲의 배우자의 직계존속 丙이 소유하는 부동산을 丙이 A회사에 매도하는 경우

④ 甲의 제3자 丁에 대한 채무에 대하여 A회사가 보증하는 경우

⑤ 甲이 B회사의 의결권 있는 발행주식총수의 100분의 50 이상을 가지는 때에, B회사가 A회사와 거래하는 경우

┃ **해설** ┃

① [✕] 상법 제398조에서 이사와 회사 사이의 거래에 관하여 이사회의 승인을 얻도록 규정하고 있는 취지는, 이사가 그 지위를 이용하여 회사와 거래를 함으로써 자기 또는 제3자의 이익을 도모하고 회사 나아가 주주에게 불측의 손해를 입히는 것을 방지하고자 함에 있으므로, 회사와 이사 사이에 이해가 충돌될 염려가 있는 이사의 회사에 대한 금전대여행위는 상법 제398조 소정의 이사의 자기거래행위에 해당하여 이사회의 승인을 거쳐야 하고, 다만 <u>이사가 회사에 대하여 담보 약정이나 이자 약정 없이 금전을 대여하는 행위와 같이 성질상 회사와 이사 사이의 이해충돌로 인하여 회사에 불이익이 생길 염려가 없는 경우에는 이사회의 승인을 거칠 필요가 없다</u>(대판 2010.1.14. 2009다55808).

② [○] 상법 제398조 제2호

③ [○] 상법 제398조 제3호

④ [○] 이사 등이 회사와 직접 거래를 하는 직접거래뿐만 아니라 채무보증과 같이 형식적으로는 회사와 제3자 사이의 거래이나 실질적으로는 이사 등에게 이익이 귀속하는 간접거래도 자기거래에 포함된다. 따라서 이사 甲의 제3자 丁에 대한 채무에 대하여 A회사가 보증하는 경우 A회사의 이사회 승인이 필요하다.

⑤ [○] 상법 제398조 제4호

> **상법 제398조(이사 등과 회사 간의 거래)**
> 다음 각 호의 어느 하나에 해당하는 자가 자기 또는 제3자의 계산으로 회사와 거래를 하기 위하여는 미리 이사회에서 해당 거래에 관한 중요사실을 밝히고 이사회의 승인을 받아야 한다. 이 경우 이사회의 승인은 이사 3분의 2 이상의 수로써 하여야 하고, 그 거래의 내용과 절차는 공정하여야 한다.
> 1. 이사 또는 제542조의8 제2항 제6호에 따른 주요주주
> 2. 제1호의 자의 배우자 및 직계존비속
> 3. 제1호의 자의 배우자의 직계존비속
> 4. 제1호부터 제3호까지의 자가 단독 또는 공동으로 의결권 있는 발행주식 총수의 100분의 50 이상을 가진 회사 및 그 자회사
> 5. 제1호부터 제3호까지의 자가 제4호의 회사와 합하여 의결권 있는 발행주식총수의 100분의 50 이상을 가진 회사

 답 ①

상법상 주식회사 이사의 의무에 관한 설명으로 틀린 것은? (이견이 있으면 판례에 의함)

① 이사는 이사회의 승인이 없으면 이익충돌의 여지가 있는 동종영업을 목적으로 하는 다른 회사의 무한책임사원이나 이사가 되지 못한다.

② 이사는 이사회의 승인 없이 현재 회사의 이익이 될 수 있으며 회사가 수행하는 사업과 밀접한 관계가 있는 회사의 사업기회를 자기 또는 제3자의 이익을 위하여 이용하여서는 아니 된다.

③ 이사와 회사 사이의 거래인 경우에는 양자 사이의 이해가 상반되지 않고 회사에 불이익을 초래할 우려가 없는 때에도 미리 이사회에서 해당 거래에 관한 중요사실을 밝히고 이사회의 승인을 받아야 한다.

④ 이사는 재임 중 뿐만 아니라 퇴임 후에도 직무상 알게 된 회사의 영업상 비밀을 누설하여서는 아니 된다.

⑤ 이사는 법령과 정관의 규정에 따라 회사를 위하여 그 직무를 충실하게 수행하여야 한다.

┃해설┃

① [O] 이사는 이사회의 승인이 없으면 자기 또는 제3자의 계산으로 회사의 영업부류에 속한 거래를 하거나 동종영업을 목적으로 하는 다른 회사의 무한책임사원이나 이사가 되지 못한다(상법 제397조 제1항).

② [O] 상법 제397조의2 제1항 제2호

> **상법 제397조의2(회사의 기회 및 자산의 유용 금지)**
> ① 이사는 이사회의 승인 없이 현재 또는 장래에 회사의 이익이 될 수 있는 다음 각 호의 어느 하나에 해당하는 회사의 사업기회를 자기 또는 제3자의 이익을 위하여 이용하여서는 아니 된다. 이 경우 이사회의 승인은 이사 3분의 2 이상의 수로써 하여야 한다.
> 1. 직무를 수행하는 과정에서 알게 되거나 회사의 정보를 이용한 사업기회
> 2. 회사가 수행하고 있거나 수행할 사업과 밀접한 관계가 있는 사업기회

③ [✕] 상법 제398조 전문이 이사와 회사 사이의 거래에 관하여 이사회의 승인을 얻도록 규정하고 있는 취지는, 이사가 그 지위를 이용하여 회사와 직접 거래를 하거나 이사 자신의 이익을 위하여 회사와 제3자 간에 거래를 함으로써 이사 자신의 이익을 도모하고 회사 및 주주에게 손해를 입히는 것을 방지하고자 하는 것이므로, <u>이사와 회사 사이의 거래라고 하더라도 양자 사이의 이해가 상반되지 않고 회사에 불이익을 초래할 우려가 없는 때에는 이사회의 승인을 얻을 필요가 없다</u>(대판 2010.3.11. 2007다71271).

④ [O] 이사는 재임 중 뿐만 아니라 퇴임 후에도 직무상 알게 된 회사의 영업상 비밀을 누설하여서는 아니 된다(상법 제382조의4).

⑤ [O] 이사는 법령과 정관의 규정에 따라 회사를 위하여 그 직무를 충실하게 수행하여야 한다(상법 제382조의3).

답 ③

상법 제398조(이사 등과 회사 간의 거래)에 관한 다음 설명 중 가장 옳지 않은 것은?

① 상법 제398조는 이사 등이 회사와의 거래에 관하여 이사회 승인을 받기 위하여는 이사회에서 해당 거래에 관한 중요사실을 밝히도록 정하고 있으므로, 만일 이러한 사항들을 밝히지 아니한 채 그 거래가 이익상반거래로서 공정한 것인지에 관한 심의가 이루어진 것이 아니라 통상의 거래로서 이를 허용하는 이사회의 결의가 이루어진 것에 불과한 경우 등에는 상법 제398조가 정하는 이사회 승인이 있다고 할 수 없다.

② 甲이 타인의 명의로 乙 회사가 발행한 주식 총수의 10%(의결권 없는 주식 제외)를 소유한 실질주주인 경우에 甲의 시아버지인 丙이 乙 회사와 거래를 하고자 할 때에는 미리 이사회에서 해당 거래에 관한 중요사실을 밝히고 이사회의 승인을 받을 필요가 없다.

③ 자본금 총액이 10억원 미만으로 이사가 1명 또는 2명인 회사의 이사가 자기 또는 제3자의 계산으로 회사와 거래를 하기 전에 주주총회에서 해당 거래에 관한 중요사실을 밝히고 주주총회의 승인을 받지 않았다면, 특별한 사정이 없는 한 그 거래는 무효라고 보아야 한다.

④ 이사 등이 자기 또는 제3자의 계산으로 회사와 유효하게 거래를 하기 위하여는 미리 상법 제398조에서 정한 이사회 승인을 받아야 하므로 사전에 상법 제398조에서 정한 이사회 승인을 받지 않았다면 특별한 사정이 없는 한 그 거래는 무효라고 보아야 하고, 사후에 그 거래행위에 대하여 이사회 승인을 받았다고 하더라도 특별한 사정이 없는 한 무효인 거래행위가 유효로 되는 것은 아니다.

⑤ 이사가 회사에 대하여 담보 약정을 하는 경우에는 이사회의 승인을 거칠 필요가 없다.

┃해설┃

① [O] 상법 제398조는 이사 등이 회사와의 거래에 관하여 이사회 승인을 받기 위하여는 이사회에서 해당 거래에 관한 중요사실을 밝히도록 정하고 있으므로, 만일 이러한 사항들을 밝히지 아니한 채 그 거래가 이익상반거래로서 공정한 것인지에 관한 심의가 이루어진 것이 아니라 통상의 거래로서 이를 허용하는 이사회의 결의가 이루어진 것에 불과한 경우 등에는 상법 제398조가 정하는 이사회 승인이 있다고 할 수 없다(대판 2023.6.29. 2021다291712).

② [✕] 乙 회사의 의결권 없는 주식을 제외한 발행주식총수의 100분의 10을 소유한 甲은 주요주주에 해당하고 시아버지는 배우자의 직계존속에 해당하므로 상법 제398조 제3호에 의하여 시아버지 丙이 회사와 거래를 하는 경우에도 이사회의 승인이 필요하다.

> **상법 제398조(이사 등과 회사 간의 거래)**
> 다음 각 호의 어느 하나에 해당하는 자가 자기 또는 제3자의 계산으로 회사와 거래를 하기 위하여는 미리 이사회에서 해당 거래에 관한 중요사실을 밝히고 이사회의 승인을 받아야 한다. 이 경우 이사회의 승인은 이사 3분의 2 이상의 수로써 하여야 하고, 그 거래의 내용과 절차는 공정하여야 한다.
>   1. 이사 또는 제542조의8 제2항 제6호에 따른 주요주주
>
> > **상법 제542조의8(사외이사의 선임)**
> > ② 상장회사의 사외이사는 제382조 제3항 각 호뿐만 아니라 다음 각 호의 어느 하나에 해당되지 아니하 여야 하며, 이에 해당하게 된 경우에는 그 직을 상실한다.

2. 제1호의 자의 배우자 및 직계존비속
3. 제1호의 자의 배우자의 직계존비속
4. 제1호부터 제3호까지의 자가 단독 또는 공동으로 의결권 있는 발행주식 총수의 100분의 50 이상을 가진 회사 및 그 자회사
5. 제1호부터 제3호까지의 자가 제4호의 회사와 합하여 의결권 있는 발행주식총수의 100분의 50 이상을 가진 회사

③ [O] 상법 제398조는 이사 등이 그 지위를 이용하여 회사와 거래를 함으로써 자기 또는 제3자의 이익을 도모하고 회사와 주주에게 예기치 못한 손해를 끼치는 것을 방지하기 위한 것으로, 이사와 지배주주 등의 사익추구에 대한 통제력을 강화하고자 적용대상을 이사 외의 주요주주 등에게까지 확대하고 이사회 승인을 위한 결의요건도 가중하여 정하였다. 다만 상법 제383조에서 2인 이하의 이사만을 둔 소규모회사의 경우 이사회의 승인을 주주총회의 승인으로 대신하도록 하였다. 이 규정을 해석·적용하는 과정에서 이사 등의 자기거래를 제한하려는 입법 취지가 몰각되지 않도록 해야 한다. 일반적으로 주식회사에서 주주총회의 의결정족수를 충족하는 주식을 가진 주주들이 동의하거나 승인하였다는 사정만으로 주주총회에서 그러한 내용의 주주총회 결의가 있는 것과 마찬가지라고 볼 수 없다. 따라서 자본금 총액이 10억원 미만으로 이사가 1명 또는 2명인 회사의 이사가 자기 또는 제3자의 계산으로 회사와 거래를 하기 전에 주주총회에서 해당 거래에 관한 중요사실을 밝히고 주주총회의 승인을 받지 않았다면, 특별한 사정이 없는 한 그 거래는 무효라고 보아야 한다(대판 2020.7.9. 2019다205398).

④ [O] 상법 제398조의 문언 내용을 그 입법 취지와 개정 연혁 등에 비추어 보면, 이사 등이 자기 또는 제3자의 계산으로 회사와 유효하게 거래를 하기 위하여는 미리 상법 제398조에서 정한 이사회 승인을 받아야 하므로 사전에 상법 제398조에서 정한 이사회 승인을 받지 않았다면 특별한 사정이 없는 한 그 거래는 무효라고 보아야 하고, 사후에 그 거래행위에 대하여 이사회 승인을 받았다고 하더라도 특별한 사정이 없는 한 무효인 거래행위가 유효로 되는 것은 아니다(대판 2023.6.29. 2021다291712).

⑤ [O] 상법 제398조에서 이사와 회사 사이의 거래에 관하여 이사회의 승인을 얻도록 규정하고 있는 취지는, 이사가 그 지위를 이용하여 회사와 거래를 함으로써 자기 또는 제3자의 이익을 도모하고 회사 나아가 주주에게 불측의 손해를 입히는 것을 방지하고자 함에 있으므로, 회사와 이사 사이에 이해가 충돌될 염려가 있는 이사의 회사에 대한 금전대여행위는 상법 제398조 소정의 이사의 자기거래행위에 해당하여 이사회의 승인을 거쳐야 하고, 다만 이사가 회사에 대하여 담보 약정이나 이자 약정 없이 금전을 대여하는 행위와 같이 성질상 회사와 이사 사이의 이해충돌로 인하여 회사에 불이익이 생길 염려가 없는 경우에는 이사회의 승인을 거칠 필요가 없다(대판 2010.1.14. 2009다55808).

답 ②

이사의 경업금지, 이사와 회사 간의 거래, 이사의 회사에 대한 책임에 관한 다음 설명 중 가장 옳지 않은 것은?

① 이사는 경업 대상 회사의 이사, 대표이사가 되는 경우뿐만 아니라 그 회사의 지배주주가 되어 그 회사의 의사결정과 업무집행에 관여할 수 있게 되는 경우에도 자신이 속한 회사 이사회의 승인을 얻어야 한다.

② 이사의 배우자의 직계존비속이 자기 또는 제3자의 계산으로 회사와 거래를 하기 위하여는 미리 이사회에서 해당 거래에 관한 중요사실을 밝히고 이사회의 승인을 받아야 한다. 이 경우 이사회의 승인은 이사 3분의 2 이상의 수로써 하여야 한다.

③ 이사가 고의 또는 과실로 법령 또는 정관에 위반한 행위를 하거나 그 임무를 게을리한 경우에 그 행위가 이사회의 결의에 의한 것인 때에는 그 결의에 찬성한 이사도 상법 제399조 제1항의 책임이 있다.

④ 위 ③의 이사회 결의에 참가한 이사로서 이의를 한 기재가 의사록에 없는 자는 상법 제399조 제3항에 따라 그 결의에 찬성한 것으로 추정한다.

⑤ 이사가 위 ③의 이사회에 출석하여 결의에 기권하였다고 의사록에 기재된 경우에는 그 결의에 이의하였다고 볼 수 없으므로 상법 제399조 제3항에 따라 그 결의에 찬성한 것으로 추정한다.

┃해설┃

① [O] 이사는 경업 대상 회사의 이사, 대표이사가 되는 경우뿐만 아니라 그 회사의 지배주주가 되어 그 회사의 의사결정과 업무집행에 관여할 수 있게 되는 경우에도 자신이 속한 회사 이사회의 승인을 얻어야 하는 것으로 볼 것이다(대판 2013.9.12. 2011다57869).

② [O] 상법 제398조 제3호

> **상법 제398조(이사 등과 회사 간의 거래)**
> 다음 각 호의 어느 하나에 해당하는 자가 자기 또는 제3자의 계산으로 회사와 거래를 하기 위하여는 미리 이사회에서 해당 거래에 관한 중요사실을 밝히고 이사회의 승인을 받아야 한다. 이 경우 이사회의 승인은 이사 3분의 2 이상의 수로써 하여야 하고, 그 거래의 내용과 절차는 공정하여야 한다.
> 1. 이사 또는 제542조의8 제2항 제6호에 따른 주요주주
> 2. 제1호의 자의 배우자 및 직계존비속
> 3. 제1호의 자의 배우자의 직계존비속
> 4. 제1호부터 제3호까지의 자가 단독 또는 공동으로 의결권 있는 발행주식 총수의 100분의 50 이상을 가진 회사 및 그 자회사
> 5. 제1호부터 제3호까지의 자가 제4호의 회사와 합하여 의결권 있는 발행주식총수의 100분의 50 이상을 가진 회사

③ [O], ④ [O] 상법 제399조 제2항, 제3항

> **상법 제399조(회사에 대한 책임)**
> ① 이사가 고의 또는 과실로 법령 또는 정관에 위반한 행위를 하거나 그 임무를 게을리한 경우에는 그 이사는 회사에 대하여 연대하여 손해를 배상할 책임이 있다.
> ② 전항의 행위가 이사회의 결의에 의한 것인 때에는 그 결의에 찬성한 이사도 전항의 책임이 있다.
> ③ 전항의 결의에 참가한 이사로서 이의를 한 기재가 의사록에 없는 자는 그 결의에 찬성한 것으로 추정한다.

⑤ [×] 상법 제399조 제3항은 같은 조 제2항을 전제로 하면서, 이사의 책임을 추궁하는 자로서는 어떤 이사가 이사회 결의에 찬성하였는지를 알기 어려워 증명이 곤란한 경우가 있음을 고려하여 증명책임을 이사에게 전가하는 규정이다. 그렇다면 이사가 이사회에 출석하여 결의에 기권하였다고 의사록에 기재된 경우에 그 이사는 "이의를 한 기재가 의사록에 없는 자"라고 볼 수 없으므로, 상법 제399조 제3항에 따라 이사회 결의에 찬성한 것으로 추정할 수 없고, 따라서 같은 조 제2항의 책임을 부담하지 않는다고 보아야 한다(대판 2019.5.16. 2016다260455).

답 ⑤

125 법무사 2021 ☑확인 Check! ○ △ ✕

주식회사의 이사 등과 회사 간의 거래에 관한 다음 설명 중 옳지 않은 것을 모두 고른 것은?

⊙ 이사회의 승인을 받지 못한 이사와 회사 사이의 이익상반거래에 대하여는, 사전에 주주 전원의 동의가 있다거나 그 승인이 정관에 주주총회의 권한사항으로 정해져 있다는 등의 특별한 사정이 없는 한, 주주총회에서 사후적으로 추인 결의를 하였다 하여 그 거래가 유효하게 될 수는 없다.

ⓛ 이사와 회사 사이의 거래가 상법 제398조를 위반하였음을 이유로 무효임을 주장할 수 있는 자는 회사에 한정되고 특별한 사정이 없는 한 거래의 상대방인 당해 이사나 제3자는 그 무효를 주장할 이익이 없다.

ⓒ 회사에 대하여 개인적인 채권을 가지고 있는 대표이사가 회사를 위하여 보관하고 있는 회사 소유의 금전으로 자신의 채권 변제에 충당하는 행위는 회사와 이사의 이해가 충돌하는 자기거래행위에 해당하므로 이사회의 승인을 필요로 한다.

ⓔ 甲, 乙 두 회사의 대표이사를 겸하고 있던 자에 의하여 甲 회사와 乙 회사 사이에 토지 및 건물에 대한 매매계약이 체결되고 乙 회사 명의로 소유권이전등기가 경료된 경우, 그 매매계약은 원칙적으로 이사회의 승인을 요하는 이사의 자기거래에 해당한다.

ⓜ 이사가 자기 또는 제3자의 계산으로 회사와 거래를 하기 위해서는 상법 제398조에 따라 미리 이사회의 승인을 받아야 하고, 이 경우 이사회 승인은 상법 제397조에 따른 경업금지의 해제에 대한 이사회 승인과 동일하게 이사 과반수의 출석과 출석이사의 과반수로 하여야 한다.

① ⊙, ⓛ   ② ⊙, ⓔ
③ ⓛ, ⓜ   ④ ⓒ, ⓔ
⑤ ⓒ, ⓜ

㉠ [O] 이사와 회사 사이의 이익상반거래에 대한 승인은 주주 전원의 동의가 있다거나 그 승인이 정관에 주주총회의 권한사항으로 정해져 있다는 등의 특별한 사정이 없는 한 이사회의 전결사항이라 할 것이므로, 이사회의 승인을 받지 못한 이익상반거래에 대하여 아무런 승인 권한이 없는 주주총회에서 사후적으로 추인 결의를 하였다 하여 그 거래가 유효하게 될 수는 없다(대판 2007.5.10. 2005다4284).

㉡ [O] 상법 제398조가 이사와 회사 사이의 거래에 관하여 이사회의 승인을 얻도록 한 것은, 이사가 그 지위를 이용하여 회사와 직접 거래를 하거나 이사 자신의 이익을 위하여 회사와 제3자 사이의 거래를 함으로써 이사 자신의 이익을 도모하고 회사 및 주주에게 손해를 입히는 것을 방지하고자 하는 것이므로, 그 규정 취지에 비추어 이사와 회사 사이의 거래가 상법 제398조를 위반하였음을 이유로 무효임을 주장할 수 있는 자는 회사에 한정되고 특별한 사정이 없는 한 거래의 상대방이나 제3자는 그 무효를 주장할 이익이 없다고 보아야 하므로, 거래의 상대방인 당해 이사 스스로가 위 규정 위반을 내세워 그 거래의 무효를 주장하는 것은 허용되지 않는다 할 것이다(대판 2012.12.27. 2011다 67651).

㉢ [×] 회사에 대하여 개인적인 채권을 가지고 있는 대표이사가 회사를 위하여 보관하고 있는 회사 소유의 금전으로 자신의 채권의 변제에 충당하는 행위는 회사와 이사의 이해가 충돌하는 자기거래행위에 해당하지 않는다고 할 것이므로, 대표이사가 이사회의 승인 등의 절차 없이 그와 같이 자신의 회사에 대한 채권을 변제하였더라도 이는 대표이사의 권한 내에서 한 회사채무의 이행행위로서 유효하다(대판 1999.2.23. 98도2296).

㉣ [O] 갑, 을 두 회사의 대표이사를 겸하고 있던 자에 의하여 갑 회사와 을 회사 사이에 토지 및 건물에 대한 매매계약이 체결되고 을 회사 명의로 소유권이전등기가 경료된 경우, 그 매매계약은 이른바 '이사의 자기거래'에 해당하고, 달리 특별한 사정이 없는 한 이는 갑 회사와 그 이사와의 사이에 이해충돌의 염려 내지 갑 회사에 불이익을 생기게 할 염려가 있는 거래에 해당하는데, 그 거래에 대하여 갑 회사 이사회의 승인이 없었으므로 그 매매계약의 효력은 을 회사에 대한 관계에 있어서 무효이다(대판 1996.5.28. 95다12101).

㉤ [×] 이사 등과 회사 간의 거래에 대한 이사회의 승인에는 이사 3분의 2 이상의 수가 요구되나, 상법 제397조에 따른 경업금지의 해제에 대한 이사회의 승인에는 가중된 결의요건이 요구되지 아니한다.

> **상법 제398조(이사 등과 회사 간의 거래)**
> 다음 각 호의 어느 하나에 해당하는 자가 자기 또는 제3자의 계산으로 회사와 거래를 하기 위하여는 미리 이사회에서 해당 거래에 관한 중요사실을 밝히고 이사회의 승인을 받아야 한다. 이 경우 이사회의 승인은 이사 3분의 2 이상의 수로써 하여야 하고, 그 거래의 내용과 절차는 공정하여야 한다.
> 1. 이사 또는 제542조의8 제2항 제6호에 따른 주요주주

답 ⑤

☑ **제5항 이사의 책임**

126 세무사 2022

☑ 확인 Check! ○ △ ✕

상법상 주식회사의 이사의 책임에 관한 설명으로 옳지 않은 것은?

① 이사가 과실로 정관에 위반한 행위를 한 경우에는 그 이사는 회사에 대하여 연대하여 손해를 배상할 책임이 있다.

② 회사에 대한 손해배상책임을 부담하는 이사의 행위가 이사회의 결의에 의한 것인 때에는 그 결의에 찬성한 이사도 회사에 대하여 연대하여 손해를 배상할 책임이 있다.

③ 이사의 이름으로 직접 업무를 집행한 자가 과실로 법령에 위반한 행위를 한 경우에는 그 자는 회사에 대하여 연대하여 손해를 배상할 책임이 있다.

④ 이사가 경과실로 그 임무를 게을리한 때에는 그 이사는 제3자에 대하여 연대하여 손해를 배상할 책임이 있다.

⑤ 이사가 아니면서 명예회장의 명칭을 사용하여 회사의 업무를 집행한 자가 과실로 정관에 위반한 행위를 한 경우에는 그 자는 회사에 대하여 연대하여 손해를 배상할 책임이 있다.

┃해설┃

① [○] 상법 제399조 제1항

② [○] 상법 제399조 제2항

> **상법 제399조(회사에 대한 책임)**
> ① 이사가 고의 또는 과실로 법령 또는 정관에 위반한 행위를 하거나 그 임무를 게을리한 경우에는 그 이사는 회사에 대하여 연대하여 손해를 배상할 책임이 있다.
> ② 전항의 행위가 이사회의 결의에 의한 것인 때에는 그 결의에 찬성한 이사도 전항의 책임이 있다.

③ [○] 상법 제401조의2 제1항 제2호, 제399조 제1항

④ [✕] 이사가 <u>고의 또는 중대한 과실</u>로 그 임무를 게을리한 때에는 그 이사는 제3자에 대하여 연대하여 손해를 배상할 책임이 있다(상법 제401조 제1항).

⑤ [○] 상법 제401조의2 제1항 제3호, 제399조 제1항

> **상법 제401조의2(업무집행지시자 등의 책임)**
> ① 다음 각 호의 어느 하나에 해당하는 자가 그 지시하거나 집행한 업무에 관하여 제399조(회사에 대한 책임), 제401조(제3자에 대한 책임), 제403조(주주의 대표소송) 및 제406조의2(다중대표소송)를 적용하는 경우에는 그 자를 "이사"로 본다.
> 1. 회사에 대한 자신의 영향력을 이용하여 이사에게 업무집행을 지시한 자
> 2. <u>이사의 이름으로 직접 업무를 집행한 자</u>
> 3. 이사가 아니면서 <u>명예회장·회장·사장·부사장·전무·상무·이사 기타 회사의 업무를 집행할 권한이 있는 것으로 인정될 만한 명칭</u>을 사용하여 회사의 업무를 집행한 자

답 ④

상법상 비상장회사의 이사의 책임에 관한 설명으로 옳지 않은 것은?

① 이사가 고의로 법령에 위반한 행위를 하여 회사에 대하여 손해배상책임을 부담하는 경우에 주주 전원의 동의로 이사의 책임을 면제할 수 있다.

② 회사는 이사가 경업금지의무를 위반한 경우에는 이사의 회사에 대한 손해배상책임을 감면할 수 없다.

③ 정기주주총회에서 재무제표를 승인한 후 2년 내에 다른 결의가 없으면 회사는 이사의 부정행위에 따른 책임을 해제한 것으로 본다.

④ 이사회의 결의에 참가한 이사로서 이의를 한 기재가 의사록에 없는 자는 그 결의에 찬성한 것으로 추정한다.

⑤ 이사가 아니면서 전무나 상무의 명칭을 사용하여 회사의 업무를 집행한 자는 그 지시하거나 집행한 업무에 관한 책임에 있어서 이를 이사로 본다.

┃ 해설 ┃

① [○] 상법 제399조 제1항, 제400조 제1항

> **상법 제399조(회사에 대한 책임)**
> ① 이사가 고의 또는 과실로 법령 또는 정관에 위반한 행위를 하거나 그 임무를 게을리한 경우에는 그 이사는 회사에 대하여 연대하여 손해를 배상할 책임이 있다.
>
> **상법 제400조(회사에 대한 책임의 감면)**
> ① 제399조에 따른 이사의 책임은 주주 전원의 동의로 면제할 수 있다.

② [○] 회사는 정관으로 정하는 바에 따라 제399조에 따른 이사의 책임을 이사가 그 행위를 한 날 이전 최근 1년간의 보수액(상여금과 주식매수선택권의 행사로 인한 이익 등을 포함한다)의 6배(사외이사의 경우는 3배)를 초과하는 금액에 대하여 면제할 수 있다. 다만, 이사가 고의 또는 중대한 과실로 손해를 발생시킨 경우와 제397조(경업금지), 제397조의2(회사의 기회 및 자산의 유용 금지) 및 제398조(이사 등과 회사 간의 거래)에 해당하는 경우에는 그러하지 아니하다(상법 제400조 제2항).

③ [✕] 정기총회에서 전조 제1항의 승인(재무제표 등의 승인)을 한 후 2년 내에 다른 결의가 없으면 회사는 이사와 감사의 책임을 해제한 것으로 본다. 그러나 이사 또는 감사의 부정행위에 대하여는 그러하지 아니하다(상법 제450조).

④ [○] 전항의 결의(이사회의 결의)에 참가한 이사로서 이의를 한 기재가 의사록에 없는 자는 그 결의에 찬성한 것으로 추정한다(상법 제399조 제3항).

⑤ [○] 상법 제401조의2 제1항 제3호

> **상법 제401조의2(업무집행지시자 등의 책임)**
> ① 다음 각 호의 어느 하나에 해당하는 자가 그 지시하거나 집행한 업무에 관하여 제399조, 제401조, 제403조 및 제406조의2를 적용하는 경우에는 그 자를 "이사"로 본다.
> 1. 회사에 대한 자신의 영향력을 이용하여 이사에게 업무집행을 지시한 자
> 2. 이사의 이름으로 직접 업무를 집행한 자
> 3. 이사가 아니면서 명예회장·회장·사장·부사장·전무·상무·이사 기타 회사의 업무를 집행할 권한이 있는 것으로 인정될 만한 명칭을 사용하여 회사의 업무를 집행한 자

답 ③

상법상 비상장회사의 이사의 책임에 관한 설명으로 옳은 것은?

① 이사가 회사에 대하여 손해배상책임을 부담하는 경우 주주 전원의 동의로 그 책임을 면제할 수 없다.

② 정기주주총회에서 재무제표를 승인한 후 1년 내에 다른 결의가 없으면 그 즉시 회사는 이사의 책임을 해제한 것으로 본다.

③ 회사는 이사가 고의 또는 중대한 과실로 손해를 발생시킨 경우 정관에 책임감면규정이 있으면 이를 적용하여 이사의 회사에 대한 손해배상책임을 최근 1년간의 보수액의 6배를 초과하는 금액에 대하여 면제할 수 있다.

④ 회사에 대한 자신의 영향력을 이용하여 이사에게 업무집행을 지시한 자는 그 지시하거나 집행한 업무에 관하여 회사 및 제3자에 대한 손해배상책임의 적용에 있어서 이사로 본다.

⑤ 이사가 이사회의 결의에 의하여 고의 또는 과실로 법령에 위반한 행위를 하여 회사에 손해를 배상할 책임을 지는 경우 그 이사회 결의에 참가하지 않은 이사도 그 결의에 찬성한 것으로 추정한다.

▌해설▐

① [✕] 제399조(회사에 대한 책임)에 따른 이사의 책임은 <u>주주 전원의 동의로 면제할 수 있다</u>(상법 제400조 제1항).

② [✕] 정기총회에서 진조(재무제표 등의 승인·공고) 제1항의 승인을 한 후 <u>2년</u> 내에 다른 결의가 없으면 회사는 이사와 감사의 책임을 해제한 것으로 본다. 그러나 이사 또는 감사의 부정행위에 대하여는 그러하지 아니하다(상법 제450조).

③ [✕] 회사는 정관으로 정하는 바에 따라 제399조에 따른 이사의 책임을 이사가 그 행위를 한 날 이전 최근 1년간의 보수액(상여금과 주식매수선택권의 행사로 인한 이익 등을 포함한다)의 6배(사외이사의 경우는 3배)를 초과하는 금액에 대하여 면제할 수 있다. 다만, <u>이사가 고의 또는 중대한 과실로 손해를 발생시킨 경우와 제397조(경업금지), 제397조의2(회사의 기회 및 자산의 유용 금지) 및 제398조(이사 등과 회사 간의 거래)에 해당하는 경우에는 그러하지 아니하다</u>(상법 제400조 제2항).

④ [○] 상법 제401조의2 제1항 제1호, 제399조, 제401조

> **상법 제401조의2(업무집행지시자 등의 책임)**
> ① 다음 각 호의 어느 하나에 해당하는 자가 그 지시하거나 집행한 업무에 관하여 <u>제399조(회사에 대한 책임), 제401조(제3자에 대한 책임)</u>, 제403조 및 제406조의2를 적용하는 경우에는 그 자를 "이사"로 본다.
> 　1. <u>회사에 대한 자신의 영향력을 이용하여 이사에게 업무집행을 지시한 자</u>
> 　2. 이사의 이름으로 직접 업무를 집행한 자
> 　3. 이사가 아니면서 명예회장·회장·사장·부사장·전무·상무·이사 기타 회사의 업무를 집행할 권한이 있는 것으로 인정될 만한 명칭을 사용하여 회사의 업무를 집행한 자

⑤ [✕] 결의에 참가하지 않은 이사는 결의 찬성의 추정을 받지 않는다(상법 제399조 제3항 참조).

> **상법 제399조(회사에 대한 책임)**
> ① 이사가 고의 또는 과실로 법령 또는 정관에 위반한 행위를 하거나 그 임무를 게을리한 경우에는 그 이사는 회사에 대하여 연대하여 손해를 배상할 책임이 있다.
> ② 전항의 행위가 이사회의 결의에 의한 것인 때에는 그 결의에 찬성한 이사도 전항의 책임이 있다.
> ③ <u>전항의 결의에 참가한 이사로서 이의를 한 기재가 의사록에 없는 자는 그 결의에 찬성한 것으로 추정한다.</u>

🔲 답 ④

이사가 상법 제399조의 회사에 대한 책임을 부담하는 경우 그 감면에 관한 설명으로 옳은 것을 모두 고른 것은?

> ㄱ. 주주 전원의 동의로 이사의 책임을 면제할 수 있다.
> ㄴ. 회사는 정관으로 정하는 바에 따라 이사의 책임을 사내이사가 그 행위를 한 날 이전 최근 1년간의 보수액의 6배를 초과하는 금액에 대하여 면제할 수 있다.
> ㄷ. 회사는 정관으로 정하는 바에 따라 이사의 책임을 사외이사가 그 행위를 한 날 이전 최근 1년간의 보수액의 3배를 초과하는 금액에 대하여 면제할 수 있다.
> ㄹ. 이사가 고의 또는 중대한 과실로 손해를 발생시킨 경우에는 손해배상액의 제한이 허용되지 아니한다.

① ㄱ, ㄴ　　　　　　　　　　　　　② ㄴ, ㄷ
③ ㄱ, ㄴ, ㄹ　　　　　　　　　　　④ ㄱ, ㄷ, ㄹ
⑤ ㄱ, ㄴ, ㄷ, ㄹ

▍해설▍

ㄱ. [O] 제399조에 따른 이사의 책임은 주주 전원의 동의로 면제할 수 있다(상법 제400조 제1항).

ㄴ. [O], ㄷ. [O], ㄹ. [O] 회사는 정관으로 정하는 바에 따라 제399조에 따른 이사의 책임을 이사가 그 행위를 한 날 이전 최근 1년간의 보수액(상여금과 주식매수선택권의 행사로 인한 이익 등을 포함한다)의 6배(사외이사의 경우는 3배)를 초과하는 금액에 대하여 면제할 수 있다. 다만, 이사가 고의 또는 중대한 과실로 손해를 발생시킨 경우와 제397조(경업금지), 제397조의2(회사의 기회 및 자산의 유용 금지) 및 제398조(이사 등과 회사 간의 거래)에 해당하는 경우에는 그러하지 아니하다(상법 제400조 제2항).

 ⑤

상법상 주식회사의 이사에 관한 설명으로 옳은 것은?

① 이사는 이사회의 승인이 없더라도 제3자의 계산으로 회사의 영업부류에 속한 거래를 할 수 있다.

② 이사의 배우자가 제3자의 계산으로 회사와 거래를 하려는 경우에는 이사회의 승인을 받지 않아도 된다.

③ 이사회의 결의에 참가한 이사로서 이의를 한 기재가 의사록에 없는 자는 그 결의에 찬성한 것으로 의제한다.

④ 이사가 고의 또는 과실로 정관에 위반한 행위에 대하여 그 이사는 회사에 대하여 연대하여 손해를 배상할 책임이 있다.

⑤ 이사의 제3자에 대한 책임은 주주 전원의 동의로 면제할 수 있다.

┃해설┃

① [✕] 이사는 <u>이사회의 승인이 없으면</u> 자기 또는 제3자의 계산으로 회사의 영업부류에 속한 거래를 하거나 동종영업을 목적으로 하는 다른 회사의 무한책임사원이나 이사가 되지 <u>못한다</u>(상법 제397조 제1항).

② [✕] 이사의 배우자가 제3자의 계산으로 회사와 거래를 하려는 경우에는 <u>이사회의 승인을 받아야 한다</u>(상법 제398조 제2호 참조).

> **상법 제398조(이사 등과 회사 간의 거래)**
> 다음 각 호의 어느 하나에 해당하는 자가 자기 또는 제3자의 계산으로 회사와 거래를 하기 위하여는 미리 이사회에서 해당 거래에 관한 중요사실을 밝히고 <u>이사회의 승인을 받아야 한다</u>. 이 경우 이사회의 승인은 이사 3분의 2 이상의 수로써 하여야 하고, 그 거래의 내용과 절차는 공정하여야 한다.
> 1. 이사 또는 제542조의8 제2항 제6호에 따른 주요주주
> 2. <u>제1호의 자의 배우자</u> 및 직계존비속
> 3. 제1호의 자의 배우자의 직계존비속
> 4. 제1호부터 제3호까지의 자가 단독 또는 공동으로 의결권 있는 발행주식 총수의 100분의 50 이상을 가진 회사 및 그 자회사
> 5. 제1호부터 제3호까지의 자가 제4호의 회사와 합하여 의결권 있는 발행주식총수의 100분의 50 이상을 가진 회사

③ [✕] 이사회의 결의에 참가한 이사로서 이의를 한 기재가 의사록에 없는 자는 그 결의에 찬성한 것으로 <u>추정한다</u>(상법 제399조 제3항 참조).

④ [○] 상법 제399조 제1항

> **상법 제399조(회사에 대한 책임)**
> ① 이사가 고의 또는 과실로 법령 또는 정관에 위반한 행위를 하거나 그 임무를 게을리한 경우에는 그 이사는 회사에 대하여 연대하여 손해를 배상할 책임이 있다.
> ② 전항의 행위가 이사회의 결의에 의한 것인 때에는 그 결의에 찬성한 이사도 전항의 책임이 있다.
> ③ 전항의 결의에 참가한 이사로서 이의를 한 기재가 의사록에 없는 자는 그 결의에 찬성한 것으로 <u>추정한다</u>.

⑤ [✕] 이사의 회사에 대한 책임은 주주 전원의 동의로 면제할 수 있다(상법 제400조 제1항 참조). 그러나 <u>이사의 제3자에 대한 손해배상책임은 주주 전원의 동의로 면제할 수 없다</u>. 제3자에 대한 책임을 주주가 면제하거나 감경할 수는 없기 때문이다.

답 ④

상법상 주식회사 이사의 회사에 대한 손해배상책임에 관한 설명으로 옳은 것은? (이견이 있으면 판례에 의함)

① 이사가 경과실로 그 임무를 게을리한 경우 이사는 회사에 대하여 손해배상책임을 부담하지 않는다.

② 이사의 회사에 대한 손해배상책임은 주주 전원의 동의가 있더라도 면제할 수 없다.

③ 회사의 손해를 발생시킨 이사의 행위가 이사회의 결의에 의한 경우, 그 결의에 반대한 것으로 의사록에 기재된 이사도 회사에 대하여 손해배상책임을 부담한다.

④ 이사회 결의에 참가한 이사로서 이의를 한 기재가 의사록에 없는 이사에게 손해배상책임을 부과하기 위하여 는 그 이사가 결의에 찬성한 사실을 회사가 증명하여야 한다.

⑤ 이사가 이사회에 출석하여 결의에 기권하였다고 의사록에 기재된 경우에는 그 이사가 이의를 한 기재가 의사록에 없는 자라고 볼 수 없으므로, 이사회의 결의에 찬성한 것으로 추정할 수 없다.

▌해설▐

① [✕] 이사가 경과실로 그 임무를 게을리한 경우에도 이사는 회사에 대하여 손해배상책임을 부담한다(상법 제399조 제1항 참조).

② [✕] 이사의 회사에 대한 손해배상책임은 주주 전원의 동의로 면제할 수 있다(상법 제400조 제1항 참조).

③ [✕] 회사의 손해를 발생시킨 이사의 행위가 이사회의 결의에 의한 경우, 그 결의에 반대한 것으로 의사록에 기재된 이사는 회사에 대하여 손해배상책임을 부담하지 않는다(상법 제399조 제2항 참조).

> **상법 제399조(회사에 대한 책임)**
> ① 이사가 고의 또는 과실로 법령 또는 정관에 위반한 행위를 하거나 그 임무를 게을리한 경우에는 그 이사는 회사에 대하여 연대하여 손해를 배상할 책임이 있다.
> ② 전항의 행위가 이사회의 결의에 의한 것인 때에는 그 결의에 찬성한 이사도 전항의 책임이 있다.
> ③ 전항의 결의에 참가한 이사로서 이의를 한 기재가 의사록에 없는 자는 그 결의에 찬성한 것으로 추정한다.
>
> **상법 제400조(회사에 대한 책임의 감면)**
> ① 제399조에 따른 이사의 책임은 주주 전원의 동의로 면제할 수 있다.

④ [✕], ⑤ [○] 상법 제399조 제2항은 같은 조 제1항이 규정한 이사의 임무 위반행위가 이사회 결의에 의한 것일 때 결의에 찬성한 이사에 대하여도 손해배상책임을 지우고 있고, 상법 제399조 제3항은 같은 조 제2항을 전제로 하면서, 이사의 책임을 추궁하는 자로서는 어떤 이사가 이사회 결의에 찬성하였는지를 알기 어려워 증명이 곤란한 경우가 있음을 고려하여 증명책임을 이사에게 전가하는 규정이다. 그렇다면 이사가 이사회에 출석하여 결의에 기권하였다고 의사록에 기재된 경우에 그 이사는 "이의를 한 기재가 의사록에 없는 자"라고 볼 수 없으므로, 상법 제399조 제3항에 따라 이사회 결의에 찬성한 것으로 추정할 수 없고, 따라서 같은 조 제2항의 책임을 부담하지 않는다고 보아야 한다(대판 2019.5.16. 2016다260455).

답 ⑤

132 CPA 2022 ☑ 확인Check! ○ △ ✕

상법상 주식회사의 이사의 책임에 관한 설명으로 옳지 않은 것은?

① 이사가 과실로 정관에 위반한 행위를 한 경우에는 그 이사는 회사에 대하여 연대하여 손해를 배상할 책임이 있다.

② 회사에 대한 손해배상책임을 부담하는 이사의 행위가 이사회의 결의에 의한 것인 때에는 그 결의에 찬성한 이사도 회사에 대하여 연대하여 손해를 배상할 책임이 있다.

③ 이사의 이름으로 직접 업무를 집행한 자가 과실로 법령에 위반한 행위를 한 경우에는 그 자는 회사에 대하여 연대하여 손해를 배상할 책임이 있다.

④ 이사가 경과실로 그 임무를 게을리한 때에는 그 이사는 제3자에 대하여 연대하여 손해를 배상할 책임이 있다.

⑤ 이사가 아니면서 명예회장의 명칭을 사용하여 회사의 업무를 집행한 자가 과실로 정관에 위반한 행위를 한 경우에는 그 자는 회사에 대하여 연대하여 손해를 배상할 책임이 있다.

┃해설┃

① [○] 상법 제399조 제1항
② [○] 상법 제399조 제2항

> **상법 제399조(회사에 대한 책임)**
> ① 이사가 고의 또는 과실로 법령 또는 정관에 위반한 행위를 하거나 그 임무를 게을리한 경우에는 그 이사는 회사에 대하여 연대하여 손해를 배상할 책임이 있다.
> ② 전항의 행위가 이사회의 결의에 의한 것인 때에는 그 결의에 찬성한 이사도 전항의 책임이 있다.

③ [○] 상법 제401조의2 제1항 제2호, 제399조 제1항
④ [✕] 이사가 <u>고의 또는 중대한 과실</u>로 그 임무를 게을리한 때에는 그 이사는 제3자에 대하여 연대하여 손해를 배상할 책임이 있다(상법 제401조 제1항).
⑤ [○] 상법 제401조의2 제1항 제3호, 제399조 제1항

> **상법 제401조의2(업무집행지시자 등의 책임)**
> ① 다음 각 호의 어느 하나에 해당하는 자가 그 지시하거나 집행한 업무에 관하여 제399조(회사에 대한 책임), 제401조(제3자에 대한 책임), 제403조(주주의 대표소송) 및 제406조의2(다중대표소송)를 적용하는 경우에는 그 자를 "이사"로 본다.
> 1. 회사에 대한 자신의 영향력을 이용하여 이사에게 업무집행을 지시한 자
> 2. <u>이사의 이름으로 직접 업무를 집행한 자</u>
> 3. <u>이사가 아니면서 명예회장·회장·사장·부사장·전무·상무·이사 기타 회사의 업무를 집행할 권한이 있</u>는 것으로 인정될 만한 <u>명칭을 사용하여 회사의 업무를 집행한 자</u>

답 ④

133

상법상 비상장 주식회사의 이사의 책임에 관한 설명으로 **틀린** 것은? (이견이 있으면 판례에 의함)

① 이사가 고의 또는 과실로 그 임무를 게을리한 경우에 지는 회사에 대한 손해배상책임은 주주 전원의 동의로 면제할 수 있다.

② 회사에 대한 영향력을 이용하여 이사에게 업무집행을 지시함으로써 회사에게 책임을 지는 자는 그 지시받은 업무집행행위로 인하여 회사에게 손해배상책임을 지는 이사와 연대하여 그 책임을 진다.

③ 대표이사가 회사재산을 횡령하여 회사가 손해를 입고 결과적으로 주주의 경제적 이익이 침해되는 간접적인 손해는 이사의 제3자에 대한 책임에서의 손해의 개념에 포함된다.

④ 발행주식총수의 100분의 1 이상에 해당하는 주식을 가진 주주는 회사에 대하여 이사의 책임을 추궁하는 소의 제기를 청구할 수 있다.

⑤ 이사가 법령 또는 정관에 위반한 행위를 하여 이로 인하여 회사에 회복할 수 없는 손해가 생길 염려가 있는 경우에는 감사는 회사를 위하여 이사에 대하여 그 행위를 유지할 것을 청구할 수 있다.

▌해설▌

① [○] 상법 제399조 제1항, 제400조 제1항

> **상법 제399조(회사에 대한 책임)**
> ① 이사가 고의 또는 과실로 법령 또는 정관에 위반한 행위를 하거나 그 임무를 게을리한 경우에는 그 이사는 회사에 대하여 연대하여 손해를 배상할 책임이 있다.
>
> **상법 제400조(회사에 대한 책임의 감면)**
> ① 제399조에 따른 이사의 책임은 주주 전원의 동의로 면제할 수 있다.

② [○] 상법 제401조의2 제1항 제1호, 제2항

> **상법 제401조의2(업무집행지시자 등의 책임)**
> ① 다음 각 호의 어느 하나에 해당하는 자가 그 지시하거나 집행한 업무에 관하여 제399조, 제401조, 제403조 및 제406조의2를 적용하는 경우에는 그 자를 "이사"로 본다.
>   1. 회사에 대한 자신의 영향력을 이용하여 이사에게 업무집행을 지시한 자
>   2. 이사의 이름으로 직접 업무를 집행한 자
>   3. 이사가 아니면서 명예회장·회장·사장·부사장·전무·상무·이사 기타 회사의 업무를 집행할 권한이 있는 것으로 인정될 만한 명칭을 사용하여 회사의 업무를 집행한 자
> ② 제1항의 경우에 회사 또는 제3자에 대하여 손해를 배상할 책임이 있는 이사는 제1항에 규정된 자와 연대하여 그 책임을 진다.

③ [✕] 주식회사의 주주가 이사의 악의 또는 중대한 과실로 인한 임무해태행위로 직접 손해를 입은 경우에는 이사에 대하여 상법 제401조에 의하여 손해배상을 청구할 수 있으나, 이사가 회사재산을 횡령하여 회사재산이 감소함으로써 회사가 손해를 입고 결과적으로 주주의 경제적 이익이 침해되는 손해와 같은 <u>간접적인 손해는 상법 제401조 제1항에서 말하는 손해의 개념에 포함되지 아니하므로</u> 이에 대하여는 위 법조항에 의한 손해배상을 청구할 수 없다(대판 2003.10.24. 2003다29661).

④ [○] 발행주식의 총수의 100분의 1 이상에 해당하는 주식을 가진 주주는 회사에 대하여 이사의 책임을 추궁할 소의 제기를 청구할 수 있다(상법 제403조 제1항).

⑤ [○] 이사가 법령 또는 정관에 위반한 행위를 하여 이로 인하여 회사에 회복할 수 없는 손해가 생길 염려가 있는 경우에는 감사 또는 발행주식의 총수의 100분의 1 이상에 해당하는 주식을 가진 주주는 회사를 위하여 이사에 대하여 그 행위를 유지할 것을 청구할 수 있다(상법 제402조).

답 ③

134 CPA 2020
확인Check! ○ △ ✕

상법상 주식회사의 이사에 관한 설명으로 틀린 것은? 기출수정

① 회사와 이사의 관계는 민법의 위임에 관한 규정이 준용되므로, 이사는 회사에 대하여 선량한 관리자로서의 주의의무를 부담한다.

② 이사는 법령과 정관의 규정에 따라 회사를 위하여 그 직무를 충실하게 수행하여야 한다.

③ 자본금 총액이 10억원 미만인 회사는 이사를 1명 또는 2명으로 할 수 있다.

④ 판례에 의하면, 이사가 회사에 손해를 발생시킨 경우 회사는 이사의 책임을 그 이사의 최근 1년간의 보수액의 6배 이하의 금액에 대하여 감경할 수 있을 뿐이고, 법원이 재량으로 더 이상 감경할 수는 없다.

⑤ 이사의 임기는 3년을 초과하지 못하지만, 상법상 비상장주식회사 이사의 연임횟수를 제한하는 규정은 없다.

┃해설┃

① [○] 상법 제382조 제2항, 민법 제681조

> **상법 제382조(이사의 선임, 회사와의 관계 및 사외이사)**
> ② 회사와 이사의 관계는 「민법」의 위임에 관한 규정을 준용한다.
>
> **민법 제681조(수임인의 선관의무)**
> 수임인은 위임의 본지에 따라 선량한 관리자의 주의로써 위임사무를 처리하여야 한다.

② [○] 이사는 법령과 정관의 규정에 따라 회사를 위하여 그 직무를 충실하게 수행하여야 한다(상법 제382조의3).

③ [○] 이사는 3명 이상이어야 한다. 다만, 자본금 총액이 10억원 미만인 회사는 1명 또는 2명으로 할 수 있다(상법 제383조 제1항).

④ [✕] 이사가 법령 또는 정관에 위반한 행위를 하거나 그 임무를 해태함으로써 회사에 대하여 손해를 배상할 책임이 있는 경우에 그 손해배상의 범위를 정함에 있어서는, 당해 사업의 내용과 성격, 당해 이사의 임무위반의 경위 및 임무위반행위의 태양, 회사의 손해 발생 및 확대에 관여된 객관적인 사정이나 그 정도, 평소 이사의 회사에 대한 공헌도, 임무위반행위로 인한 당해 이사의 이득 유무, 회사의 조직체계의 흠결 유무나 위험관리체제의 구축 여부 등 제반 사정을 참작하여 손해분담의 공평이라는 손해배상제도의 이념에 비추어 그 손해배상액을 제한할 수 있다(대판 2004.12.10. 2002다60467).

⑤ [○] 이사의 임기는 3년을 초과하지 못한다(상법 제383조 제2항). 이사는 임기 만료 후 연임할 수 있으며 상법상 비상장주식회사 이사의 연임 횟수를 제한하는 규정은 없다.

답 ④

☑ 확인 Check! ○ △ ✕

주식회사에서 이사의 책임 등에 관한 다음 설명 중 가장 옳지 않은 것은?

① 상법 제399조 제1항에 따라 주식회사의 이사가 회사에 대한 임무를 게을리하여 발생한 손해배상책임은 위임관계로 인한 채무불이행책임이다.

② 주식회사의 이사가 회사에 대하여 상법 제399조 제1항에 따라 손해배상채무를 부담하는 경우 특별한 사정이 없는 한 임무해태로 인하여 손해가 발생한 시점부터 지체책임을 진다.

③ 이사가 임무를 수행하면서 법령을 위반하는 행위를 한 때는 원칙적으로 경영판단의 원칙이 적용되지 않는다.

④ 상법 제401조에 의한 이사의 제3자에 대한 손해배상책임의 소멸시효기간은 10년이다.

⑤ 이사의 고의 또는 과실에 의한 법령 또는 정관에 위반한 행위 또는 임무 해태가 이사회의 결의에 의한 것인 때에는 그 결의에 찬성한 이사도 연대하여 회사에 대하여 손해를 배상할 책임을 진다.

∥ 해설 ∥

① [○], ② [✕] 채무이행의 기한이 없는 경우 채무자는 이행청구를 받은 때부터 지체책임이 있다(민법 제387조 제2항). 채무불이행으로 인한 손해배상채무는 특별한 사정이 없는 한 이행기한의 정함이 없는 채무이므로 채무자는 채권자로부터 이행청구를 받은 때부터 지체책임을 진다. 상법 제399조 제1항에 따라 주식회사의 이사가 회사에 대한 임무를 게을리하여 발생한 손해배상책임은 위임관계로 인한 채무불이행책임이다. 따라서 주식회사의 이사가 회사에 대하여 위 조항에 따라 손해배상채무를 부담하는 경우 특별한 사정이 없는 한 <u>이행청구를 받은 때부터 지체책임을 진다</u>(대판 2021.5.7. 2018다275888).

③ [○] 상법 제399조는 이사가 법령에 위반한 행위를 한 경우에 회사에 대하여 손해배상책임을 지도록 규정하고 있는데, 이사가 임무를 수행함에 있어서 위와 같이 법령에 위반한 행위를 한 때에는 그 행위 자체가 회사에 대하여 채무불이행에 해당하므로, 그로 인하여 회사에 손해가 발생한 이상 특별한 사정이 없는 한 손해배상책임을 면할 수 없다. 한편, 이사가 임무를 수행함에 있어서 선량한 관리자의 주의의무를 위반하여 임무위반으로 인한 손해배상책임이 문제되는 경우에도, 통상의 합리적인 금융기관의 임원이 그 당시의 상황에서 적합한 절차에 따라 회사의 최대이익을 위하여 신의성실에 따라 직무를 수행하였고 그 의사결정과정 및 내용이 현저하게 불합리하지 않다면, 그 임원의 행위는 경영판단이 허용되는 재량범위 내에 있다고 할 것이나, 위와 같이 이사가 법령에 위반한 행위에 대하여는 원칙적으로 경영판단의 원칙이 적용되지 않는다(대판 2007.7.26. 2006다33609).

④ [○] 상법 제401조에 기한 이사의 제3자에 대한 손해배상책임이 제3자를 보호하기 위하여 상법이 인정하는 특수한 책임이라는 점을 감안할 때, 일반 불법행위책임의 단기소멸시효를 규정한 민법 제766조 제1항은 적용될 여지가 없고, 일반 채권으로서 민법 제162조 제1항에 따라 그 소멸시효기간은 10년이다(대판 2006.12.22. 2004다63354).

⑤ [○] 상법 제399조 제1항, 제2항

> **상법 제399조(회사에 대한 책임)**
> ① 이사가 고의 또는 과실로 법령 또는 정관에 위반한 행위를 하거나 그 임무를 게을리한 경우에는 그 이사는 회사에 대하여 연대하여 손해를 배상할 책임이 있다.
> ② 전항의 행위가 이사회의 결의에 의한 것인 때에는 그 결의에 찬성한 이사도 전항의 책임이 있다.

답 ②

상법상 주식회사 이사의 회사에 대한 책임에 관한 다음 설명 중 가장 옳지 않은 것은?

① 이사가 고의 또는 과실로 법령 또는 정관에 위반한 행위를 하거나 그 임무를 게을리한 경우에는 회사에 대하여 손해배상책임을 진다.

② 법령 또는 정관 위반 행위가 이사회의 결의에 의한 경우 결의에 찬성한 이사도 손해배상책임을 지고, 나아가 이사회에 참석하지 아니한 경우에도 이사회 불출석 자체가 임무해태에 해당한다면 손해배상책임을 질 수 있다.

③ 이사회 결의에 참여한 이사로서 이의를 한 기재가 의사록에 없는 자는 그 결의에 찬성한 것으로 추정되므로, 당해 결의에 기권하였다고 의사록에 기재되었다면 찬성한 것으로 추정되어 그 이사는 손해배상책임을 진다.

④ 업무집행을 담당하지 않는 비상근이사·사외이사도 업무담당이사의 업무집행이 위법하다고 의심할 만한 사유가 있었음에도 불구하고 감시의무를 위반하여 방치한 때에는 손해배상책임을 진다.

⑤ 회사의 이사에 대한 책임은 총주주의 동의로 면제할 수 있는데, 다수의 주주가 면책에 동의한다 하더라도 총주주에 이르지 못하는 이상 면책되지 않는다.

┃해설┃

① [O] 이사가 고의 또는 과실로 법령 또는 정관에 위반한 행위를 하거나 그 임무를 게을리한 경우에는 그 이사는 회사에 대하여 연대하여 손해를 배상할 책임이 있다(상법 제399조 제1항).

② [O], ④ [O] 주식회사의 이사는 이사회의 일원으로서 이사회에 상정된 의안에 대하여 찬부의 의사표시를 하는 데 그치지 않고, 담당업무는 물론 다른 업무담당 이사의 업무집행을 전반적으로 감시할 의무가 있고 <u>이러한 의무는 비상근이사라고 하여 면할 수 있는 것은 아니므로 주식회사의 이사가 이사회에 참석하지도 않고 사후적으로 이사회의 결의를 추인하는 등으로 실질적으로 이사의 임무를 전혀 수행하지 않은 이상 그 자체로서 임무해태가 된다고</u> 할 것이다. 원심이 이러한 취지에서 피고 8, 9에 대하여 임무해태에 따른 손해배상책임을 면할 수 없다고 판단한 것은 수긍할 수 있고 이사책임에 관한 법리오해의 위법이 없다(대판 2008.12.11. 2005다51471).

> **상법 제399조(회사에 대한 책임)**
> ② 전항의 행위가 이사회의 결의에 의한 것인 때에는 그 결의에 찬성한 이사도 전항의 책임이 있다.

③ [✕] 상법 제399조 제2항은 같은 조 제1항이 규정한 이사의 임무 위반행위가 이사회 결의에 의한 것일 때 결의에 찬성한 이사에 대하여도 손해배상책임을 지우고 있고, 상법 제399조 제3항은 같은 조 제2항을 전제로 하면서, 이사의 책임을 추궁하는 자로서는 어떤 이사가 이사회 결의에 찬성하였는지를 알기 어려워 증명이 곤란한 경우가 있음을 고려하여 증명책임을 이사에게 전가하는 규정이다. 그렇다면 <u>이사가 이사회에 출석하여 결의에 기권하였다고 의사록에 기재된 경우에 그 이사는 "이의를 한 기재가 의사록에 없는 자"라고 볼 수 없으므로, 상법 제399조 제3항에 따라 이사회 결의에 찬성한 것으로 추정할 수 없고, 따라서 같은 조 제2항의 책임을 부담하지 않는다고 보아야 한다</u>(대판 2019.5.16. 2016다260455).

⑤ [O] 이사의 회사에 대한 손해배상책임은 상법 제400조에 따라 총주주의 동의로만 면제할 수 있을 뿐인데, 피고들의 주장 자체에 의하더라도 총주주에 미달하는 주주 또는 면제할 권한 없는 파산자의 대표이사에 의하여 이루어졌을 뿐임이 명백하다고 하여 피고들의 위 주장을 배척하였는바, 위와 같은 원심의 판단도 옳고, 거기에 상고이유의 주장과 같은 이사에 대한 책임면제에 관한 법리오해의 위법이 있다고 할 수 없다(대판 2004.12.10. 2002다60467).

 ③

☑️ **제6항 집행임원**

137 세무사 2024

☑ 확인 Check! ○ △ ✕

상법상 비상장주식회사인 집행임원 설치회사에 관한 설명으로 옳지 않은 것은?

① 집행임원이 회사에 손해배상책임이 있는 경우에 다른 집행임원도 그 책임이 있으면 다른 집행임원과 연대하여 배상할 책임이 있다.

② 회사는 이사회의 회의를 주관하기 위해서 이사회 의장을 두어야 한다.

③ 회사의 이사회는 집행임원과 회사 간의 소송에서 회사를 대표한다.

④ 2명 이상의 집행임원이 선임된 경우에는 이사회 결의로 회사를 대표할 대표집행임원을 선임하여야 한다.

⑤ 회사에 대한 자신의 영향력을 이용하여 집행임원에게 업무를 지시한 자가 정관에 위배된 행위를 한 경우에는 회사에 대하여 손해배상책임을 부담한다.

▌**해설** ▌

① [○] 집행임원이 집행임원 설치회사 또는 제3자에게 손해를 배상할 책임이 있는 경우에 다른 집행임원·이사 또는 감사도 그 책임이 있으면 다른 집행임원·이사 또는 감사와 연대하여 배상할 책임이 있다(상법 제408조의8 제3항).

② [○] 집행임원 설치회사는 이사회의 회의를 주관하기 위하여 이사회 의장을 두어야 한다. 이 경우 이사회 의장은 정관의 규정이 없으면 이사회 결의로 선임한다(상법 제408조의2 제4항).

③ [✕] <u>이사회에서 선임한 자</u>가 집행임원과 회사 간의 소송에서 회사를 대표한다(상법 제408조의2 제3항 제3호 참조).

> **상법 제408조의2(집행임원 설치회사, 집행임원과 회사의 관계)**
> ③ 집행임원 설치회사의 이사회는 다음의 권한을 갖는다.
> 1. 집행임원과 대표집행임원의 선임·해임
> 2. 집행임원의 업무집행 감독
> 3. <u>집행임원과 집행임원 설치회사의 소송에서 집행임원 설치회사를 대표할 자의 선임</u>
> 4. 집행임원에게 업무집행에 관한 의사결정의 위임(이 법에서 이사회 권한사항으로 정한 경우는 제외한다)
> 5. 집행임원이 여러 명인 경우 집행임원의 직무 분담 및 지휘·명령관계, 그 밖에 집행임원의 상호관계에 관한 사항의 결정
> 6. 정관에 규정이 없거나 주주총회의 승인이 없는 경우 집행임원의 보수 결정

더 살펴보기 회사와의 소송에서 회사를 대표할 자

상대방	이 사	감사위원인 이사	퇴임한 이사	집행임원
회사를 대표할 자	감 사 (감사위원)	감사위원회 또는 이사의 신청에 의해 법원이 선임한 자	대표이사	이사회가 선임한 자

제4장

④ [○] 2명 이상의 집행임원이 선임된 경우에는 이사회 결의로 집행임원 설치회사를 대표할 대표집행임원을 선임하여야 한다. 다만, 집행임원이 1명인 경우에는 그 집행임원이 대표집행임원이 된다(상법 제408조의5 제1항).
⑤ [○] 상법 제408조의8 제1항, 제408조의9, 제401조의2 제1항 제1호

> **상법 제408조의8(집행임원의 책임)**
> ① 집행임원이 고의 또는 과실로 법령이나 정관을 위반한 행위를 하거나 그 임무를 게을리한 경우에는 그 집행임원은 집행임원 설치회사에 손해를 배상할 책임이 있다.
>
> **상법 제408조의9(준용규정)**
> 집행임원에 대해서는 제382조의3, 제382조의4, 제396조, 제397조, 제397조의2, 제398조, 제400조, 제401조의2, 제402조부터 제406조까지, 제406조의2, 제407조, 제408조, 제412조 및 제412조의2를 준용한다.
>
> **상법 제401조의2(업무집행지시자 등의 책임)**
> ① 다음 각 호의 어느 하나에 해당하는 자가 그 지시하거나 집행한 업무에 관하여 제399조, 제401조, 제403조 및 제406조의2를 적용하는 경우에는 그 자를 "이사"로 본다.
> 1. 회사에 대한 자신의 영향력을 이용하여 이사에게 업무집행을 지시한 자
> 2. 이사의 이름으로 직접 업무를 집행한 자
> 3. 이사가 아니면서 명예회장·회장·사장·부사장·전무·상무·이사 기타 회사의 업무를 집행할 권한이 있는 것으로 인정될 만한 명칭을 사용하여 회사의 업무를 집행한 자

답 ③

138 세무사 2023

☑ 확인 Check! ○ △ ✕

상법상 주식회사의 직무대행자 및 집행임원에 관한 설명으로 옳지 않은 것은?

① 이사해임의 소가 제기된 경우 법원은 당사자의 신청에 의하여 가처분으로써 직무대행자를 선임할 수 있고, 급박한 사정이 있는 때에는 본안소송의 제기 전에도 그 처분을 할 수 있다.
② 직무대행자가 법원의 허가 없이 상무에 속하지 아니한 행위를 하더라도 회사는 선의의 제3자에게 책임을 지지 아니한다.
③ 집행임원의 임기는 정관에 다른 규정이 있으면 2년을 초과할 수 있다.
④ 집행임원은 3개월에 1회 이상 업무의 집행상황을 이사회에 보고하여야 한다.
⑤ 이사는 대표집행임원으로 하여금 피용자의 업무에 관하여 이사회에 보고할 것을 요구할 수 있다.

∥ 해설 ∥

① [O] 이사선임결의의 무효나 취소 또는 이사해임의 소가 제기된 경우에는 법원은 당사자의 신청에 의하여 가처분으로써 이사의 직무집행을 정지할 수 있고 또는 직무대행자를 선임할 수 있다. 급박한 사정이 있는 때에는 본안소송의 제기 전에도 그 처분을 할 수 있다(상법 제407조 제1항).

② [×] 상법 제408조 제1항, 제2항

> **상법 제408조(직무대행자의 권한)**
> ① 전조의 직무대행자는 가처분명령에 다른 정함이 있는 경우 외에는 회사의 상무에 속하지 아니한 행위를 하지 못한다. 그러나 법원의 허가를 얻은 경우에는 그러하지 아니하다.
> ② 직무대행자가 전항의 규정에 위반한 행위를 한 경우에도 <u>회사는 선의의 제3자에 대하여 책임을 진다.</u>

③ [O] 집행임원의 임기는 정관에 다른 규정이 없으면 2년을 초과하지 못한다(상법 제408조의3 제1항).

④ [O] 집행임원은 3개월에 1회 이상 업무의 집행상황을 이사회에 보고하여야 한다(상법 제408조의6 제1항).

⑤ [O] 이사는 대표집행임원으로 하여금 다른 집행임원 또는 피용자의 업무에 관하여 이사회에 보고할 것을 요구할 수 있다(상법 제408조의6 제3항).

답 ②

---

139 세무사 2022

☑ 확인 Check! ○ △ ✕

상법상 집행임원 설치회사에 관한 설명으로 옳지 않은 것은?

① 대표집행임원은 집행임원들로 구성된 집행임원회의 결의에 의하여 선임한다.

② 집행임원과 집행임원 설치회사 간의 소송에서 집행임원 설치회사를 대표할 자는 이사회에서 선임한다.

③ 집행임원의 임기는 정관에 그 임기 중의 최종 결산기에 관한 정기주주총회가 종결한 후 가장 먼저 소집하는 이사회의 종결 시까지로 정할 수 있다.

④ 집행임원이 고의 또는 과실로 임무를 게을리하여 집행임원 설치회사에 손해가 발생하였다면 집행임원 설치회사의 소수주주는 대표소송에 의하여 집행임원의 손해배상책임을 추궁할 수 있다.

⑤ 집행임원 설치회사는 대표이사를 둘 수 없다.

┃해설┃

① [✕] 2명 이상의 집행임원이 선임된 경우에는 <u>이사회 결의로</u> 집행임원 설치회사를 대표할 대표집행임원을 선임하여야 한다. 다만, 집행임원이 1명인 경우에는 그 집행임원이 대표집행임원이 된다(상법 제408조의5 제1항).

② [○] 상법 제408조의2 제3항 제3호

> **상법 제408조의2(집행임원 설치회사, 집행임원과 회사의 관계)**
> ③ 집행임원 설치회사의 이사회는 다음의 권한을 갖는다.
>   1. 집행임원과 대표집행임원의 선임·해임
>   2. 집행임원의 업무집행 감독
>   3. <u>집행임원과 집행임원 설치회사의 소송에서 집행임원 설치회사를 대표할 자의 선임</u>
>   4. 집행임원에게 업무집행에 관한 의사결정의 위임(이 법에서 이사회 권한사항으로 정한 경우는 제외한다)
>   5. 집행임원이 여러 명인 경우 집행임원의 직무 분담 및 지휘·명령관계, 그 밖에 집행임원의 상호관계에 관한 사항의 결정
>   6. 정관에 규정이 없거나 주주총회의 승인이 없는 경우 집행임원의 보수 결정

③ [○] 상법 제408조의3 제2항

> **상법 제408조의3(집행임원의 임기)**
> ① 집행임원의 임기는 정관에 다른 규정이 없으면 2년을 초과하지 못한다.
> ② 제1항의 임기는 정관에 그 임기 중의 최종 결산기에 관한 정기주주총회가 종결한 후 가장 먼저 소집하는 이사회의 종결 시까지로 정할 수 있다.

④ [○] 상법 제408조의8 제1항, 제408조의9, 제403조

> **상법 제408조의8(집행임원의 책임)**
> ① 집행임원이 고의 또는 과실로 법령이나 정관을 위반한 행위를 하거나 그 임무를 게을리한 경우에는 그 집행임원은 집행임원 설치회사에 손해를 배상할 책임이 있다.
>
> **상법 제408조의9(준용규정)**
> 집행임원에 대해서는 제382조의3, 제382조의4, 제396조, 제397조, 제397조의2, 제398조, 제400조, 제401조의2, 제402조부터 제406조까지, 제406조의2, 제407조, 제408조, 제412조 및 제412조의2를 준용한다.
>
> **상법 제403조(주주의 대표소송)**
> ① 발행주식의 총수의 100분의 1 이상에 해당하는 주식을 가진 주주는 회사에 대하여 이사의 책임을 추궁할 소의 제기를 청구할 수 있다.

⑤ [○] 회사는 집행임원을 둘 수 있다. 이 경우 집행임원을 둔 회사(이하 "집행임원 설치회사"라 한다)는 대표이사를 두지 못한다(상법 제408조의2 제1항).

답 ①

140 세무사 2019

✅ 확인Check! ○ △ ✕

상법상 비상장회사의 집행임원에 관한 설명으로 옳지 않은 것은?

① 집행임원의 임기는 정관에 다른 규정이 없으면 2년을 초과하지 못한다.

② 집행임원은 필요하면 회의의 목적사항과 소집이유를 적은 서면을 이사에게 제출하여 이사회 소집을 청구할 수 있다.

③ 집행임원을 둔 회사는 이사회의 회의를 주관하기 위하여 이사회 의장을 두어야 한다.

④ 2명 이상의 집행임원이 선임된 경우에는 주주총회의 결의로 회사를 대표할 대표집행임원을 선임하여야 한다.

⑤ 이사는 대표집행임원으로 하여금 다른 집행임원의 업무에 관하여 이사회에 보고할 것을 요구할 수 있다.

┃해설┃

① [○] 집행임원의 임기는 정관에 다른 규정이 없으면 2년을 초과하지 못한다(상법 제408조의3 제1항).

② [○] 집행임원은 필요하면 회의의 목적사항과 소집이유를 적은 서면을 이사(소집권자가 있는 경우에는 소집권자를 말한다. 이하 이 조에서 같다)에게 제출하여 이사회 소집을 청구할 수 있다(상법 제408조의7 제1항).

③ [○] 집행임원 설치회사는 이사회의 회의를 주관하기 위하여 이사회 의장을 두어야 한다. 이 경우 이사회 의장은 정관의 규정이 없으면 이사회 결의로 선임한다(상법 제408조의2 제4항).

④ [✕] 2명 이상의 집행임원이 선임된 경우에는 <u>이사회 결의로</u> 집행임원 설치회사를 대표할 대표집행임원을 선임하여야 한다. 다만, 집행임원이 1명인 경우에는 그 집행임원이 대표집행임원이 된다(상법 제408조의5 제1항).

⑤ [○] 이사는 대표집행임원으로 하여금 다른 집행임원 또는 피용자의 업무에 관하여 이사회에 보고할 것을 요구할 수 있다(상법 제408조의6 제3항).

답 ④

제4장

---

141 세무사 2018

✅ 확인Check! ○ △ ✕

상법상 집행임원제도에 관한 설명으로 옳지 않은 것은?

① 집행임원을 둔 회사는 대표이사를 두지 못한다.

② 집행임원의 청구에도 불구하고 소정 기간 내에 이사회를 소집하지 않을 경우, 집행임원은 별도의 절차 없이 이사회를 소집할 수 있다.

③ 집행임원은 이사회의 요구가 있으면 언제든지 이사회에 출석하여 요구한 사항을 보고하여야 한다.

④ 사장, 부사장, 전무, 상무 기타 회사를 대표할 권한이 있는 것으로 인정될 만한 명칭을 사용한 집행임원의 행위에 대하여는 그 집행임원이 회사를 대표할 권한이 없는 경우에도 회사는 선의의 제3자에 대하여 그 책임을 진다.

⑤ 집행임원이 고의 또는 과실로 그 임무를 게을리한 경우에는 그 집행임원은 집행임원 설치회사에 손해를 배상할 책임이 있으며, 이러한 책임은 주주 전원의 동의로 면제할 수 있다.

제4장 | 주식회사의 기관 **395**

┃해설┃

① [O] 회사는 집행임원을 둘 수 있다. 이 경우 집행임원을 둔 회사(이하 "집행임원 설치회사"라 한다)는 대표이사를 두지 못한다(상법 제408조의2 제1항).

② [×] 집행임원의 청구에도 불구하고 소정 기간 내에 이사회를 소집하지 않을 경우, 소집을 청구한 집행임원은 <u>법원의 허가를 받아</u> 이사회를 소집할 수 있다(상법 제408조의7 제2항 참조).

> **상법 제408조의7(집행임원의 이사회 소집 청구)**
> ① 집행임원은 필요하면 회의의 목적사항과 소집이유를 적은 서면을 이사(소집권자가 있는 경우에는 소집권자를 말한다. 이하 이 조에서 같다)에게 제출하여 이사회 소집을 청구할 수 있다.
> ② 제1항의 청구를 한 후 이사가 지체 없이 이사회 소집의 절차를 밟지 아니하면 소집을 청구한 집행임원은 <u>법원의 허가를 받아</u> 이사회를 소집할 수 있다. 이 경우 이사회 의장은 법원이 이해관계자의 청구에 의하여 또는 직권으로 선임할 수 있다.

③ [O] 집행임원은 제1항의 경우 외에도 이사회의 요구가 있으면 언제든지 이사회에 출석하여 요구한 사항을 보고하여야 한다(상법 제408조의6 제2항).

④ [O] 상법 제408조의5 제3항, 제395조

> **상법 제408조의5(대표집행임원)**
> ③ 집행임원 설치회사에 대하여는 제395조를 준용한다.
>
> **상법 제395조(표현대표이사의 행위와 회사의 책임)**
> 사장, 부사장, 전무, 상무 기타 회사를 대표할 권한이 있는 것으로 인정될 만한 명칭을 사용한 이사의 행위에 대하여는 그 이사가 회사를 대표할 권한이 없는 경우에도 회사는 선의의 제3자에 대하여 그 책임을 진다.

⑤ [O] 상법 제408조의8 제1항, 제408조의9, 제400조

> **상법 제408조의8(집행임원의 책임)**
> ① 집행임원이 고의 또는 과실로 법령이나 정관을 위반한 행위를 하거나 그 임무를 게을리한 경우에는 그 집행임원은 집행임원 설치회사에 손해를 배상할 책임이 있다.
>
> **상법 제408조의9(준용규정)**
> 집행임원에 대해서는 제382조의3, 제382조의4, 제396조, 제397조, 제397조의2, 제398조, 제400조, 제401조의2, 제402조부터 제406조까지, 제406조의2, 제407조, 제408조, 제412조 및 제412조의2를 준용한다.
>
> **상법 제400조(회사에 대한 책임의 감면)**
> ① 제399조에 따른 이사의 책임은 주주 전원의 동의로 면제할 수 있다.

답 ②

상법상 집행임원을 둔 회사(이하 "집행임원 설치회사"라 함)에 관한 설명으로 옳지 않은 것은?

① 집행임원 설치회사는 대표이사를 두지 못한다.

② 집행임원 설치회사의 이사회는 집행임원의 선임·해임권한이 있다.

③ 집행임원의 임기는 정관에 다른 규정이 없으면 2년을 초과하지 못한다.

④ 집행임원 설치회사의 이사회 의장은 정관의 규정이 없으면 이사회 결의로 선임한다.

⑤ 집행임원이 이사회 소집청구를 한 후 이사가 지체없이 이사회 소집 절차를 밟지 아니하면 집행임원은 즉시 이사회를 소집할 수 있다.

┃해설┃

① [O] 회사는 집행임원을 둘 수 있다. 이 경우 집행임원을 둔 회사(이하 "집행임원 설치회사"라 한다)는 대표이사를 두지 못한다(상법 제408조의2 제1항).

② [O] 상법 제408조의2 제3항 제1호

> **상법 제408조의2(집행임원 설치회사, 집행임원과 회사의 관계)**
> ③ 집행임원 설치회사의 이사회는 다음의 권한을 갖는다.
> 1. 집행임원과 대표집행임원의 선임·해임
> 2. 집행임원의 업무집행 감독
> 3. 집행임원과 집행임원 설치회사의 소송에서 집행임원 설치회사를 대표할 자의 선임
> 4. 집행임원에게 업무집행에 관한 의사결정의 위임(이 법에서 이사회 권한사항으로 정한 경우는 제외한다)
> 5. 집행임원이 여러 명인 경우 집행임원의 직무 분담 및 지휘·명령관계, 그 밖에 집행임원의 상호관계에 관한 사항의 결정
> 6. 정관에 규정이 없거나 주주총회의 승인이 없는 경우 집행임원의 보수 결정

③ [O] 집행임원의 임기는 정관에 다른 규정이 없으면 2년을 초과하지 못한다(상법 제408조의3 제1항).

④ [O] 집행임원 설치회사는 이사회의 회의를 주관하기 위하여 이사회 의장을 두어야 한다. 이 경우 이사회 의장은 정관의 규정이 없으면 이사회 결의로 선임한다(상법 제408조의2 제4항).

⑤ [✕] 이 경우에는 법원의 허가를 받아 이사회를 소집할 수 있다(상법 제408조의7 제2항 참조).

> **상법 제408조의7(집행임원의 이사회 소집 청구)**
> ① 집행임원은 필요하면 회의의 목적사항과 소집이유를 적은 서면을 이사(소집권자가 있는 경우에는 소집권자를 말한다. 이하 이 조에서 같다)에게 제출하여 이사회 소집을 청구할 수 있다.
> ② 제1항의 청구를 한 후 이사가 지체 없이 이사회 소집의 절차를 밟지 아니하면 소집을 청구한 집행임원은 법원의 허가를 받아 이사회를 소집할 수 있다. 이 경우 이사회 의장은 법원이 이해관계자의 청구에 의하여 또는 직권으로 선임할 수 있다.

 ⑤

143 CPA 2023

확인 Check! ○ △ ✕

상법상 비상장주식회사의 집행임원에 관한 설명으로 틀린 것은?

① 집행임원 설치회사의 경우 대표집행임원과 집행임원의 성명과 주민등록번호는 설립등기사항이다.

② 회사는 회사의 설립·경영 및 기술혁신 등에 기여하거나 기여할 수 있는 집행임원에게 상법상 절차에 따라 주식매수선택권을 부여할 수 있다.

③ 사외이사가 재직 중인 회사의 집행임원이 된 경우에는 그 직을 상실한다.

④ 집행임원 설치회사는 대표이사를 둘 수 있다.

⑤ 회사와 집행임원의 관계는「민법」중 위임에 관한 규정을 준용한다.

┃해설┃

① [○] 상법 제317조 제2항 제8호, 제9호

> **상법 제317조(설립의 등기)**
> ② 제1항의 설립등기에 있어서는 다음의 사항을 등기하여야 한다.
> … (중략) …
> 8. 사내이사, 사외이사, 그 밖에 상무에 종사하지 아니하는 이사, 감사 및 집행임원의 성명과 주민등록번호
> 9. 회사를 대표할 이사 또는 집행임원의 성명·주민등록번호 및 주소
> … (하략) …

② [○] 회사는 정관으로 정하는 바에 따라 제434조의 주주총회의 결의로 회사의 설립·경영 및 기술혁신 등에 기여하거나 기여할 수 있는 회사의 이사, <u>집행임원</u>, 감사 또는 피용자에게 미리 정한 가액(이하 "주식매수선택권의 행사가액"이라 한다)으로 신주를 인수하거나 자기의 주식을 매수할 수 있는 권리(이하 "주식매수선택권"이라 한다)를 부여할 수 있다. 다만, 주식매수선택권의 행사가액이 주식의 실질가액보다 낮은 경우에 회사는 그 차액을 금전으로 지급하거나 그 차액에 상당하는 자기의 주식을 양도할 수 있다. 이 경우 주식의 실질가액은 주식매수선택권의 행사일을 기준으로 평가한다(상법 제340조의2 제1항).

③ [○] 상법 제382조 제3항 제1호

> **상법 제382조(이사의 선임, 회사와의 관계 및 사외이사)**
> ③ 사외이사는 해당 회사의 상무(常務)에 종사하지 아니하는 이사로서 다음 각 호의 어느 하나에 해당하지 아니하는 자를 말한다. 사외이사가 다음 각 호의 어느 하나에 해당하는 경우에는 그 직을 상실한다.
> 1. 회사의 상무에 종사하는 이사·<u>집행임원</u> 및 피용자 또는 최근 2년 이내에 회사의 상무에 종사한 이사·감사·집행임원 및 피용자
> … (생략) …

④ [✕] 회사는 집행임원을 둘 수 있다. 이 경우 집행임원을 둔 회사(이하 "집행임원 설치회사"라 한다)는 <u>대표이사를 두지 못한다</u>(상법 제408조의2 제1항).

⑤ [○] 집행임원 설치회사와 집행임원의 관계는「민법」중 위임에 관한 규정을 준용한다(상법 제408조의2 제2항).

답 ④

☑ 제7항 이사의 업무집행에 대한 주주의 감독

144 세무사 2024
☑ 확인Check! ○ △ ✕

상법상 비상장회사 이사의 책임을 추궁하는 주주의 대표소송에 관한 설명으로 옳은 것은?

① 대표소송을 제기한 주주는 법원의 허가없이 소의 취하, 청구의 포기·인락·화해를 할 수 있다.

② 회사는 법원의 허가를 받아 대표소송에 참가할 수 있다.

③ 주주가 주주대표소송의 제기를 회사에 대하여 청구한 때 회사가 그 청구를 받은 날로부터 2주 내에 소를 제기하지 않으면 주주는 즉시 회사를 위하여 소를 제기할 수 있다.

④ 대표소송을 제기한 주주가 패소한 때에는 악의가 없는 경우에 회사에 대하여 손해를 배상할 책임이 없다.

⑤ 대표소송을 제기한 주주가 승소한 경우 그 주주는 회사에 대하여 소송비용만을 청구할 수 있다.

┃해설┃

① [✕] 대표소송을 제기한 주주는 법원의 허가없이 소의 취하, 청구의 포기·인락·화해를 <u>할 수 없다</u>(상법 제403조 제6항 참조).

② [✕] 회사는 전조(주주의 대표소송) 제3항과 제4항의 소송에 참가할 수 있다(상법 제404조 제1항).

③ [✕] 주주가 주주대표소송의 제기를 회사에 대하여 청구한 때 회사가 그 청구를 받은 날로부터 <u>30일 내에</u> 소를 제기하지 않으면 주주는 즉시 회사를 위하여 소를 제기할 수 있다(상법 제403조 제3항 참조).

> **상법 제403조(주주의 대표소송)**
> ① 발행주식의 총수의 100분의 1 이상에 해당하는 주식을 가진 주주는 회사에 대하여 이사의 책임을 추궁할 소의 제기를 청구할 수 있다.
> ② 제1항의 청구는 그 이유를 기재한 서면으로 하여야 한다.
> ③ 회사가 전항의 청구를 받은 날로부터 <u>30일 내에</u> 소를 제기하지 아니한 때에는 제1항의 주주는 즉시 회사를 위하여 소를 제기할 수 있다.
> ⑥ 회사가 제1항의 청구에 따라 소를 제기하거나 주주가 제3항과 제4항의 소를 제기한 경우 당사자는 법원의 허가를 얻지 아니하고는 <u>소의 취하, 청구의 포기·인락·화해를 할 수 없다.</u>

④ [○] 제403조(주주의 대표소송) 제3항과 제4항의 규정에 의하여 소를 제기한 주주가 패소한 때에는 악의인 경우 외에는 회사에 대하여 손해를 배상할 책임이 없다(상법 제405조 제2항).

⑤ [✕] 제403조(주주의 대표소송) 제3항과 제4항의 규정에 의하여 소를 제기한 주주가 승소한 때에는 그 주주는 회사에 대하여 <u>소송비용 및 그 밖에 소송으로 인하여 지출한 비용중 상당한 금액의 지급을 청구할 수 있다.</u> 이 경우 소송비용을 지급한 회사는 이사 또는 감사에 대하여 구상권이 있다(상법 제405조 제1항).

답 ④

상법상 비상장회사의 대표소송에 관한 설명으로 옳은 것은? (단, 다중대표소송은 고려하지 않음)

① 회사는 주주가 적법하게 제기한 대표소송에 참가할 수 없다.

② 발행주식의 총수의 100분의 1 이상에 해당하는 주식을 가진 주주가 회사에 대하여 이사의 책임을 추궁할 소의 제기를 청구한 후 즉시 회사가 소를 제기하지 않으면 주주는 대표소송을 제기할 수 있다.

③ 대표소송을 제기한 주주의 보유주식이 제소 후에 감소하여 발행주식총수의 1000분의 1을 보유하게 된 경우에도 제소의 효력에는 영향이 없다.

④ 대표소송을 제기한 주주는 법원의 허가 없이도 소의 취하를 할 수 있다.

⑤ 대표소송을 제기한 주주가 패소한 때에는 과실이 있다면 회사에 대하여 손해를 배상할 책임이 있다.

┃해설┃

① [✕] 회사는 전조 제3항과 제4항의 소송(대표소송)에 <u>참가할 수 있다</u>(상법 제404조 제1항).

② [✕] 상법 제403조 제3항

③ [O] 상법 제403조 제5항

④ [✕] 상법 제103조 제6항

> **상법 제403조(주주의 대표소송)**
> ① 발행주식의 총수의 100분의 1 이상에 해당하는 주식을 가진 주주는 회사에 대하여 이사의 책임을 추궁할 소의 제기를 청구할 수 있다.
> ② 제1항의 청구는 그 이유를 기재한 서면으로 하여야 한다.
> ③ 회사가 전항의 청구를 받은 날로부터 <u>30일</u> 내에 소를 제기하지 아니한 때에는 제1항의 주주는 즉시 회사를 위하여 소를 제기할 수 있다.
> ⑤ 제3항과 제4항의 소를 제기한 주주의 보유주식이 제소 후 발행주식총수의 100분의 1 미만으로 감소한 경우(발행주식을 보유하지 아니하게 된 경우를 제외한다)에도 제소의 효력에는 영향이 없다.
> ⑥ 회사가 제1항의 청구에 따라 소를 제기하거나 주주가 제3항과 제4항의 소를 제기한 경우 당사자는 <u>법원의 허가를 얻지 아니하고는</u> 소의 취하, 청구의 포기·인락·화해를 할 수 없다.

⑤ [✕] 제403조 제3항과 제4항의 규정에 의하여 소를 제기한 주주가 패소한 때에는 <u>악의인 경우 외에는</u> 회사에 대하여 손해를 배상할 책임이 없다(상법 제405조 제2항).

 답 ③

상법상 비상장회사의 주주의 대표소송에 관한 설명으로 옳은 것은?

① 대표소송을 제기한 주주의 보유주식이 소송제기 후 발행주식총수의 100분의 1 미만으로 감소한 경우에 그 제소는 무효로 된다.

② 대표소송을 제기한 주주는 소를 제기한 후 상당한 기간 내에 회사에 대하여 그 소송의 고지를 하여야 하며, 그 회사는 소송에 참가하여야 한다.

③ 회사는 대표소송을 제기한 주주의 악의를 소명하여 주주에게 상당한 담보를 제공하게 할 것을 법원에 청구할 수 있다.

④ 대표소송을 제기한 주주가 패소한 경우, 과실이 있는 때에는 악의가 없더라도 회사에 대하여 손해배상책임을 부담한다.

⑤ 대표소송을 제기한 주주가 승소한 때에는 회사는 그 주주에게 소송비용 및 그 밖에 소송으로 인하여 지출한 비용의 전액을 지급하여야 한다.

┃ 해설 ┃

① [✕] 제3항과 제4항의 소(주주의 대표소송)를 제기한 주주의 보유주식이 제소 후 발행주식총수의 100분의 1 미만으로 감소한 경우(발행주식을 보유하지 아니하게 된 경우를 제외한다)에도 제소의 효력에는 영향이 없다(상법 제403조 제5항).

② [✕] 대표소송을 제기한 주주는 소를 제기한 후 지체 없이 회사에 대하여 그 소송의 고지를 하여야 하며, 그 회사는 소송에 참가할 수 있다(상법 제404조 제1항, 제2항 참조).

> **상법 제404조(대표소송과 소송참가, 소송고지)**
> ① 회사는 전조 제3항과 제4항의 소송에 참가할 수 있다.
> ② 전조 제3항과 제4항의 소를 제기한 주주는 소를 제기한 후 지체없이 회사에 대하여 그 소송의 고지를 하여야 한다.

③ [○] 상법 제403조 제7항, 제176조 제3항・제4항

> **상법 제403조(주주의 대표소송)**
> ⑦ 제176조 제3항, 제4항과 제186조의 규정은 본조의 소에 준용한다.
>
> **상법 제176조(회사의 해산명령)**
> ③ 이해관계인이 제1항의 청구를 한 때에는 법원은 회사의 청구에 의하여 상당한 담보를 제공할 것을 명할 수 있다.
> ④ 회사가 전항의 청구를 함에는 이해관계인의 청구가 악의임을 소명하여야 한다.

④ [✕] 제403조(주주의 대표소송) 제3항과 제4항의 규정에 의하여 소를 제기한 주주가 패소한 때에는 악의인 경우 외에는 회사에 대하여 손해를 배상할 책임이 없다(상법 제405조 제2항).

⑤ [✕] 제403조(주주의 대표소송) 제3항과 제4항의 규정에 의하여 소를 제기한 주주가 승소한 때에는 그 주주는 회사에 대하여 소송비용 및 그 밖에 소송으로 인하여 지출한 비용중 상당한 금액의 지급을 청구할 수 있다. 이 경우 소송비용을 지급한 회사는 이사 또는 감사에 대하여 구상권이 있다(상법 제405조 제1항).

답 ③

☑ 확인Check! ○ △ ✕

상법상 발행주식총수의 100분의 4에 해당하는 비상장주식회사의 주식을 보유한 甲의 대표소송에 관한 설명으로 옳지 않은 것은? (다툼이 있으면 판례에 따름)

① 집행임원이 과실로 임무를 게을리하여 재직 중인 주식회사에 대해 부담하는 손해배상책임에 관하여 甲은 대표소송을 제기할 수 있다.

② 甲이 乙의 명의를 빌려 주식을 인수하여 그 대금을 납입하였고, 乙의 명의로 주주명부에 명의개서가 되어 있다면 甲은 주주대표소송을 제기할 수 없다.

③ 주주대표소송을 제기한 甲이 그 후 주식을 전부 처분하여 발행주식을 하나도 보유하지 아니하게 된 경우라도 제소의 효력에는 영향이 없다.

④ 甲의 대표소송 제소청구에 응하여 회사가 이사의 책임을 추궁하는 소를 제기한 경우 회사는 법원의 허가를 얻지 아니하고는 소를 취하할 수 없다.

⑤ 대표소송을 제기한 甲이 승소한 때에는 甲은 회사에 대하여 소송비용 및 그 밖에 소송으로 인하여 지출한 비용중 상당한 금액의 지급을 청구할 수 있다.

▌해설▌

① [○] 상법 제408조의8 제1항, 제408조의9, 제403조

> **상법 제408조의8(집행임원의 책임)**
> ① 집행임원이 고의 또는 과실로 법령이나 정관을 위반한 행위를 하거나 그 임무를 게을리한 경우에는 그 집행임원은 집행임원 설치회사에 손해를 배상할 책임이 있다.
>
> **상법 제408조의9(준용규정)**
> 집행임원에 대해서는 제382조의3, 제382조의4, 제396조, 제397조, 제397조의2, 제398조, 제400조, 제401조의2, 제402조부터 제406조까지, 제406조의2, 제407조, 제408조, 제412조 및 제412조의2를 준용한다.
>
> **상법 제403조(주주의 대표소송)**
> … (생략) …

② [○] 주식을 양수하였으나 아직 주주명부에 명의개서를 하지 아니하여 주주명부에는 양도인이 주주로 기재되어 있는 경우뿐만 아니라, 주식을 인수하거나 양수하려는 자가 타인의 명의를 빌려 회사의 주식을 인수하거나 양수하고 타인의 명의로 주주명부에의 기재까지 마치는 경우에도, 회사에 대한 관계에서는 주주명부상 주주만이 주주로서 의결권 등 주주권을 적법하게 행사할 수 있다(대판[전합] 2017.3.23. 2015다248342).

③ [✕] 주주대표소송을 제기한 甲이 그 후 주식을 전부 처분하여 발행주식을 하나도 보유하지 아니하게 된 경우에는 <u>원고적격을 상실한다</u>(상법 제403조 제5항 참조).

④ [○] 상법 제403조 제6항

> **상법 제403조(주주의 대표소송)**
> ① 발행주식의 총수의 100분의 1 이상에 해당하는 주식을 가진 주주는 회사에 대하여 이사의 책임을 추궁할 소의 제기를 청구할 수 있다.
> ③ 회사가 전항의 청구를 받은 날로부터 30일 내에 소를 제기하지 아니한 때에는 제1항의 주주는 즉시 회사를 위하여 소를 제기할 수 있다.

④ 제3항의 기간의 경과로 인하여 회사에 회복할 수 없는 손해가 생길 염려가 있는 경우에는 전항의 규정에 불구하고 제1항의 주주는 즉시 소를 제기할 수 있다.
⑤ 제3항과 제4항의 소를 제기한 주주의 보유주식이 제소 후 발행주식총수의 100분의 1 미만으로 감소한 경우(발행주식을 보유하지 아니하게 된 경우를 제외한다)에도 제소의 효력에는 영향이 없다.
⑥ 회사가 제1항의 청구에 따라 소를 제기하거나 주주가 제3항과 제4항의 소를 제기한 경우 당사자는 법원의 허가를 얻지 아니하고는 소의 취하, 청구의 포기·인락·화해를 할 수 없다.

⑤ [O] 제403조 제3항과 제4항의 규정에 의하여 소를 제기한 주주가 승소한 때에는 그 주주는 회사에 대하여 소송비용 및 그 밖에 소송으로 인하여 지출한 비용중 상당한 금액의 지급을 청구할 수 있다. 이 경우 소송비용을 지급한 회사는 이사 또는 감사에 대하여 구상권이 있다(상법 제405조 제1항).

답 ③

148 세무사 2018

☑ 확인Check! ○ △ ✕

상법상 비상장주식회사에서 주주의 대표소송에 관한 설명으로 옳지 않은 것은?

① 주주가 대표소송을 제기한 때에는 지체없이 회사에 대하여 그 소송의 고지를 하여야 한다.
② 주주의 대표소송이 제기된 경우에 원고와 피고의 공모로 인하여 소송의 목적인 회사의 권리를 사해할 목적으로써 판결을 하게 한 때에는 회사는 확정한 종국판결에 대하여 재심의 소를 제기할 수 있다.
③ 대표소송에서 소를 제기한 주주가 패소한 때에는 선의인 경우에도 회사에 대해 손해배상책임을 진다.
④ 회사는 소송고지의 유무에 불구하고 주주의 대표소송에 참가할 수 있다.
⑤ 회사의 발행주식의 총수의 100분의 1 이상에 해당하는 주식을 가진 주주는 회사에 대하여 이사의 책임을 추궁할 소의 제기를 청구할 수 있다.

해설

① [O] 전조(주주의 대표소송) 제3항과 제4항의 소를 제기한 주주는 소를 제기한 후 지체없이 회사에 대하여 그 소송의 고지를 하여야 한다(상법 제404조 제2항).
② [O] 제403조(주주의 대표소송)의 소가 제기된 경우에 원고와 피고의 공모로 인하여 소송의 목적인 회사의 권리를 사해할 목적으로써 판결을 하게 한 때에는 회사 또는 주주는 확정한 종국판결에 대하여 재심의 소를 제기할 수 있다(상법 제406조 제1항).
③ [✕] 제403조(주주의 대표소송) 제3항과 제4항의 규정에 의하여 소를 제기한 주주가 패소한 때에는 <u>악의인 경우 외에는 회사에 대하여 손해를 배상할 책임이 없다</u>(상법 제405조 제2항).
④ [O] 회사는 전조(주주의 대표소송) 제3항과 제4항의 소송에 참가할 수 있다(상법 제404조 제1항).
⑤ [O] 발행주식의 총수의 100분의 1 이상에 해당하는 주식을 가진 주주는 회사에 대하여 이사의 책임을 추궁할 소의 제기를 청구할 수 있다(상법 제403조 제1항).

답 ③

상법상 비상장회사의 주주대표소송에 관한 설명으로 옳은 것을 모두 고른 것은?

> ㄱ. 대표소송은 회사의 본점소재지의 지방법원의 관할에 전속한다.
> ㄴ. 발행주식의 총수의 100분의 1 이상에 해당하는 주식을 가진 주주는 회사에 대하여 이사의 책임을 추궁할 소의 제기를 청구할 수 있다.
> ㄷ. 대표소송을 제기한 주주가 제소 후 발행주식을 전혀 보유하지 아니하게 된 경우에 제소의 효력에는 영향이 없다.
> ㄹ. 회사는 주주의 대표소송에 참가할 수 없다.

① ㄱ, ㄴ   ② ㄱ, ㄷ
③ ㄴ, ㄹ   ④ ㄱ, ㄴ, ㄷ
⑤ ㄱ, ㄷ, ㄹ

┃해설┃

ㄱ. [○] 상법 제403조 제7항, 제186조
ㄴ. [○] 상법 제403조 제1항
ㄷ. [✕] 대표소송을 제기한 주주가 제소 후 발행주식을 전혀 보유하지 아니하게 된 경우에는 <u>원고적격을 상실한다</u>(상법 제403조 제5항 참조).
ㄹ. [✕] 상법 제404조 제1항

> **상법 제403조(주주의 대표소송)**
> ① 발행주식의 총수의 100분의 1 이상에 해당하는 주식을 가진 주주는 회사에 대하여 이사의 책임을 추궁할 소의 제기를 청구할 수 있다.
> ③ 회사가 전항의 청구를 받은 날로부터 30일 내에 소를 제기하지 아니한 때에는 제1항의 주주는 즉시 회사를 위하여 소를 제기할 수 있다.
> ④ 제3항의 기간의 경과로 인하여 회사에 회복할 수 없는 손해가 생길 염려가 있는 경우에는 전항의 규정에 불구하고 제1항의 주주는 즉시 소를 제기할 수 있다.
> ⑤ 제3항과 제4항의 소를 제기한 주주의 보유주식이 제소 후 발행주식총수의 100분의 1 미만으로 감소한 경우(발행주식을 보유하지 아니하게 된 경우를 제외한다)에도 제소의 효력에는 영향이 없다.
> ⑦ 제176조 제3항, 제4항과 <u>제186조</u>의 규정은 본조의 소에 준용한다.
>
> > **상법 제186조(전속관할)**
> > 전2조의 소는 본점소재지의 지방법원의 관할에 전속한다.
>
> **상법 제404조(대표소송과 소송참가, 소송고지)**
> ① 회사는 전조 제3항과 제4항의 소송에 <u>참가할 수 있다.</u>

답 ①

150 세무사 2015

☑ 확인Check! ○ △ ✕

상법상 비상장회사의 대표소송에 관한 설명으로 옳지 않은 것은?

① 대표소송은 회사의 본점소재지의 지방법원의 관할에 전속한다.

② 발행주식 총수의 100분의 1 이상에 해당하는 주식을 가지는 주주는 회사에 대하여 이사의 책임을 추궁할 소의 제기를 청구할 수 있다.

③ 대표소송을 제기한 주주는 소를 제기한 후 지체없이 회사에 대하여 그 소송의 고지를 하여야 한다.

④ 주주가 대표소송을 제기한 경우 회사의 동의만 있으면 청구의 포기를 할 수 있다.

⑤ 대표소송을 제기한 주주가 패소한 때에는 악의인 경우 외에는 회사에 대하여 손해를 배상할 책임이 없다.

‖ 해설 ‖

① [○] 상법 제403조 제7항, 제186조

> **상법 제403조(주주의 대표소송)**
> ⑦ 제176조 제3항, 제4항과 제186조의 규정은 본조의 소에 준용한다.
>
> **상법 제186조(전속관할)**
> 전2조의 소는 본점소재지의 지방법원의 관할에 전속한다.

② [○] 발행주식의 총수의 100분의 1 이상에 해당하는 주식을 가진 주주는 회사에 대하여 이사의 책임을 추궁할 소의 제기를 청구할 수 있다(상법 제403조 제1항).

③ [○] 전조(주주의 대표소송) 제3항과 제4항의 소를 제기한 주주는 소를 제기한 후 지체없이 회사에 대하여 그 소송의 고지를 하여야 한다(상법 제404조 제2항).

④ [✕] 회사가 제1항의 청구에 따라 소를 제기하거나 주주가 제3항과 제4항의 소를 제기한 경우 당사자는 <u>법원의 허가를 얻지 아니하고는</u> 소의 취하, <u>청구의 포기·인락·화해를 할 수 없다</u>(상법 제403조 제6항).

⑤ [○] 제403조(주주의 대표소송) 제3항과 제4항의 규정에 의하여 소를 제기한 주주가 패소한 때에는 악의인 경우 외에는 회사에 대하여 손해를 배상할 책임이 없다(상법 제405조 제2항).

답 ④

제4장

☑ 확인 Check! ○ △ ✕

상법상 주식회사의 다중대표소송에 관한 설명으로 옳지 않은 것은?

① 6개월 전부터 계속하여 상장회사인 모회사 발행주식총수의 1만분의 50 이상에 해당하는 주식을 가진 주주는 자회사에 대하여 자회사 이사의 책임을 추궁할 소의 제기를 청구할 수 있다.

② 비상장주식회사인 모회사 발행주식총수의 100분의 1 이상에 해당하는 주식을 가진 주주는 자회사가 자회사 이사의 책임을 추궁할 소의 제기를 청구 받은 날부터 30일 내에 소를 제기하지 아니한 때에는 즉시 자회사를 위하여 다중대표소송을 제기할 수 있다.

③ 다중대표소송을 제기한 비상장회사인 모회사 주주의 보유주식이 제소 후 모회사 발행 주식총수의 100분의 1 미만으로 감소한 경우에도 제소의 효력에는 영향이 없다.

④ 다중대표소송을 제기하는 주주는 제소 후 지체없이 자회사에게 그 소송의 고지를 하여야 한다.

⑤ 모회사의 주주가 다중대표소송을 제기하는 경우 자회사는 다중대표소송에 참가할 수 없다.

┃해설┃

① [O] 6개월 전부터 계속하여 상장회사 발행주식총수의 1만분의 50 이상에 해당하는 주식을 보유한 자는 제406조의2(다중대표소송)(제324조, 제408조의9, 제415조 및 제542조에서 준용하는 경우를 포함한다)에 따른 주주의 권리를 행사할 수 있다(상법 제542조의6 제7항).

② [O] 상법 제406조의2 제1항, 제2항

③ [O] 상법 제406조의2 제3항, 제403조 제5항

④ [O] 상법 제406조의2 제3항, 제404조 제2항

⑤ [✕] 다중대표소송이 제기된 경우 자회사는 다중대표소송에 참가할 수 있다(상법 제406조의2 제3항, 제404조 제1항 참조).

> **상법 제406조의2(다중대표소송)**
> ① 모회사 발행주식총수의 100분의 1 이상에 해당하는 주식을 가진 주주는 자회사에 대하여 자회사 이사의 책임을 추궁할 소의 제기를 청구할 수 있다.
> ② 제1항의 주주는 자회사가 제1항의 청구를 받은 날부터 30일 내에 소를 제기하지 아니한 때에는 즉시 자회사를 위하여 소를 제기할 수 있다.
> ③ 제1항 및 제2항의 소에 관하여는 제176조 제3항·제4항, 제403조 제2항, 같은 조 제4항부터 제6항까지 및 제404조부터 제406조까지의 규정을 준용한다.
>
> **상법 제403조(주주의 대표소송)**
> ⑤ 제3항과 제4항의 소를 제기한 주주의 보유주식이 제소 후 발행주식총수의 100분의 1 미만으로 감소한 경우(발행주식을 보유하지 아니하게 된 경우를 제외한다)에도 제소의 효력에는 영향이 없다.
>
> **상법 제404조(대표소송과 소송참가, 소송고지)**
> ① 회사는 전조 제3항과 제4항의 소송에 참가할 수 있다.
> ② 전조 제3항과 제4항의 소를 제기한 주주는 소를 제기한 후 지체없이 회사에 대하여 그 소송의 고지를 하여야 한다.

답 ⑤

상법상 비상장주식회사(이하 '모회사'라 한다) 주주의 다중대표소송에 관한 설명으로 옳지 않은 것은?

① 모회사 발행주식총수의 100분의 1 이상에 해당하는 주식을 가진 주주는 자회사에 대하여 자회사 이사의 책임을 추궁할 소의 제기를 청구할 수 있다.

② 다중대표소송이 제기된 경우, 소송의 당사자는 법원의 허가를 얻지 아니하고는 소의 취하, 청구의 포기·인락·화해를 할 수 없다.

③ 다중대표소송을 제기한 주주가 패소한 때에는 악의인 경우 외에는 회사에 대하여 손해를 배상할 책임이 없다.

④ 모회사 주주가 자회사 이사의 책임을 추궁할 소의 제기를 청구한 후, 모회사가 보유한 자회사 주식이 그 발행주식총수의 100분의 50 이하로 감소하더라도 전혀 보유하지 않게 된 경우가 아닌 한 제소의 효력에는 영향이 없다.

⑤ 모회사 주주와 자회사 이사의 공모로 인하여 소송의 목적인 자회사의 권리를 사해할 목적으로써 판결을 하게 한 때에도 자회사는 확정한 종국판결에 대하여 재심의 소를 제기할 수 없다.

┃해설┃

① [○] 상법 제406조의2 제1항
② [○] 상법 제406조의2 제3항, 제403조 제6항
③ [○] 상법 제406조의2 제3항, 제405조 제2항
④ [○] 상법 제406조의2 제4항
⑤ [✕] 상법 제406조의2 제3항, 제406조 제1항

> **상법 제406조의2(다중대표소송)**
> ① 모회사 발행주식총수의 100분의 1 이상에 해당하는 주식을 가진 주주는 자회사에 대하여 자회사 이사의 책임을 추궁할 소의 제기를 청구할 수 있다.
> ② 제1항의 주주는 자회사가 제1항의 청구를 받은 날부터 30일 내에 소를 제기하지 아니한 때에는 즉시 자회사를 위하여 소를 제기할 수 있다.
> ③ 제1항 및 제2항의 소에 관하여는 제176조 제3항·제4항, 제403조 제2항, 같은 조 제4항부터 제6항까지 및 제404조부터 제406조까지의 규정을 준용한다.
>
> > **상법 제403조(주주의 대표소송)**
> > ⑥ 회사가 제1항의 청구에 따라 소를 제기하거나 주주가 제3항과 제4항의 소를 제기한 경우 당사자는 법원의 허가를 얻지 아니하고는 소의 취하, 청구의 포기·인락·화해를 할 수 없다.
> >
> > **상법 제405조(제소주주의 권리의무)**
> > ② 제403조 제3항과 제4항의 규정에 의하여 소를 제기한 주주가 패소한 때에는 악의인 경우 외에는 회사에 대하여 손해를 배상할 책임이 없다.

④ 제1항의 청구를 한 후 모회사가 보유한 자회사의 주식이 자회사 발행주식총수의 100분의 50 이하로 감소한 경우(발행주식을 보유하지 아니하게 된 경우를 제외한다)에도 제1항 및 제2항에 따른 제소의 효력에는 영향이 없다.

답 ⑤

153 CPA 2024

☑ 확인Check! ○ △ ✕

상법상 비상장주식회사에서의 대표소송에 관한 설명으로 틀린 것은?

① 발행주식총수의 100분의 1 이상에 해당하는 주식을 가진 주주는 회사에 대하여 이사의 책임을 추궁할 소의 제기를 청구할 수 있다.
② 업무집행지시자의 회사에 대한 손해배상책임을 추궁하기 위한 대표소송은 허용되지 않는다.
③ 대표소송을 제기한 주주가 승소한 때에는 그 주주는 회사에 대하여 소송비용 및 그 밖에 소송으로 인하여 지출한 비용 중 상당한 금액의 지급을 청구할 수 있다.
④ 대표소송을 제기한 주주가 패소한 때에는 악의인 경우 외에는 회사에 대하여 손해를 배상할 책임이 없다.
⑤ 대표소송은 회사의 본점 소재지 지방법원의 관할에 전속한다.

┃해설┃

① [○] 발행주식의 총수의 100분의 1 이상에 해당하는 주식을 가진 주주는 회사에 대하여 이사의 책임을 추궁할 소의 제기를 청구할 수 있다(상법 제403조 제1항).
② [✕] 상법 제401조의2 제1항

상법 제401조의2(업무집행지시자 등의 책임)

① 다음 각 호의 어느 하나에 해당하는 자가 그 지시하거나 집행한 업무에 관하여 제399조, 제401조, <u>제403조(주주의 대표소송)</u> 및 제406조의2를 적용하는 경우에는 <u>그 자를 "이사"로 본다.</u>
  1. 회사에 대한 자신의 영향력을 이용하여 이사에게 업무집행을 지시한 자
  2. 이사의 이름으로 직접 업무를 집행한 자
  3. 이사가 아니면서 명예회장·회장·사장·부사장·전무·상무·이사 기타 회사의 업무를 집행할 권한이 있는 것으로 인정될 만한 명칭을 사용하여 회사의 업무를 집행한 자

③ [O] 제403조(주주의 대표소송) 제3항과 제4항의 규정에 의하여 소를 제기한 주주가 승소한 때에는 그 주주는 회사에 대하여 소송비용 및 그 밖에 소송으로 인하여 지출한 비용중 상당한 금액의 지급을 청구할 수 있다. 이 경우 소송비용을 지급한 회사는 이사 또는 감사에 대하여 구상권이 있다(상법 제405조 제1항).

④ [O] 제403조(주주의 대표소송) 제3항과 제4항의 규정에 의하여 소를 제기한 주주가 패소한 때에는 악의인 경우 외에는 회사에 대하여 손해를 배상할 책임이 없다(상법 제405조 제2항).

⑤ [O] 상법 제403조 제7항, 제186조

> **상법 제403조(주주의 대표소송)**
> ⑦ 제176조 제3항, 제4항과 제186조의 규정은 본조의 소에 준용한다.
>
> **상법 제186조(전속관할)**
> 전2조의 소는 본점소재지의 지방법원의 관할에 전속한다.

답 ②

---

154 CPA 2022

확인Check! ○ △ ×

상법상 비상장주식회사에서의 대표소송에 관한 설명으로 틀린 것은? (이견이 있으면 판례에 의함)

① 발행주식총수의 100분의 1 이상에 해당하는 주식을 가진 주주는 회사에 대하여 이사의 책임을 추궁할 소의 제기를 청구할 수 있다.
② 회사는 대표소송을 제기한 주주의 악의를 소명하여 그 주주에게 상당한 담보를 제공하게 할 것을 법원에 청구할 수 있다.
③ 회사가 대표소송에 참가하는 경우 그 참가의 법적 성질은 공동소송참가에 해당한다.
④ 청산인의 회사에 대한 손해배상책임을 추궁하기 위한 대표소송은 허용되지 않는다.
⑤ 모회사 발행주식총수의 100분의 1 이상에 해당하는 주식을 가진 주주는 자회사에 대하여 자회사 이사의 책임을 추궁할 소의 제기를 청구할 수 있다.

┃해설┃

① [O] 상법 제403조 제1항
② [O] 상법 제403조 제7항, 제176조 제3항·제4항

> **상법 제403조(주주의 대표소송)**
> ① 발행주식의 총수의 100분의 1 이상에 해당하는 주식을 가진 주주는 회사에 대하여 이사의 책임을 추궁할 소의 제기를 청구할 수 있다.
> ⑦ 제176조 제3항, 제4항과 제186조의 규정은 본조의 소에 준용한다.
>
> **상법 제176조(회사의 해산명령)**
> ③ 이해관계인이 제1항의 청구를 한 때에는 법원은 회사의 청구에 의하여 상당한 담보를 제공할 것을 명할 수 있다.
> ④ 회사가 전항의 청구를 함에는 이해관계인의 청구가 악의임을 소명하여야 한다.

③ [O] 주주의 대표소송에 있어서 원고 주주가 원고로서 제대로 소송수행을 하지 못하거나 혹은 상대방이 된 이사와 결탁함으로써 회사의 권리보호에 미흡하여 회사의 이익이 침해될 염려가 있는 경우 그 판결의 효력을 받는 권리귀속 주체인 회사가 이를 막거나 자신의 권리를 보호하기 위하여 소송수행권한을 가진 정당한 당사자로서 그 소송에 참가할 필요가 있으며, 회사가 대표소송에 당사자로서 참가하는 경우 소송경제가 도모될 뿐만 아니라 판결의 모순·저촉을 유발할 가능성도 없다는 사정과, 상법 제404조 제1항에서 특별히 참가에 관한 규정을 두어 주주의 대표소송의 특성을 살려 회사의 권익을 보호하려한 입법 취지를 함께 고려할 때, <u>상법 제404조 제1항에서 규정하고 있는 회사의 참가는 공동소송참가를 의미하는 것으로 해석함이 타당하고</u>, 나아가 이러한 해석이 중복제소를 금지하고 있는 민사소송법 제234조에 반하는 것도 아니다(대판 2002.3.15. 2000다9086).

④ [X] 대표소송은 회사 내부자인 발기인, 업무집행관여자, 이사, 집행임원, 감사, <u>청산인</u> 등의 경우(상법 제324조, 제401조의2 제1항, 제403조 제1항, 제408조의9, 제415조, 제415조의2 제7항, <u>제542조 제2항</u> 참조) 뿐만 아니라, 회사 외부자인 불공정한 가액으로 신주를 인수한 자, 주주권의 행사와 관련하여 이익을 공여 받은 자(상법 제424조의2, 제467조의2 참조)의 책임을 추궁하기 위해서도 제기할 수 있다.

> **상법 제542조(준용규정)**
> ② 제362조, 제363조의2, 제366조, 제367조, 제373조, 제376조, 제377조, 제382조 제2항, 제386조, 제388조 내지 제394조, 제396조, <u>제398조부터 제406조까지</u>, 제406조의2, 제407조, 제408조, 제411조 내지 제413조, 제414조 제3항, 제449조 제3항, 제450조와 제466조는 <u>청산인에 준용한다</u>.
>
> **상법 제403조(주주의 대표소송)**
> ① 발행주식의 총수의 100분의 1 이상에 해당하는 주식을 가진 주주는 회사에 대하여 이사의 책임을 추궁할 소의 제기를 청구할 수 있다.

⑤ [O] 모회사 발행주식총수의 100분의 1 이상에 해당하는 주식을 가진 주주는 자회사에 대하여 자회사 이사의 책임을 추궁할 소의 제기를 청구할 수 있다(상법 제406조의2 제1항).

답 ④

---

155 CPA 2020 ☑확인Check! ○ △ ✕

상법상 비상장 주식회사의 주주의 대표소송에 관한 설명으로 틀린 것은? 기출수정

① 대표소송을 제기한 주주는 소를 제기한 후 지체없이 회사에 대하여 그 소송의 고지를 하여야 한다.
② 대표소송을 제기한 주주는 제소시 뿐만 아니라 사실심 변론종결시까지 발행주식총수의 100분의 1 이상의 주식을 계속 보유하여야 원고적격이 유지된다.
③ 상법상 다중대표소송은 허용된다.
④ 주주가 대표소송을 제기한 경우, 당사자는 법원의 허가를 얻지 않으면 소의 취하, 청구의 포기·인락, 화해를 할 수 없다.
⑤ 대표소송을 제기한 주주가 패소한 때에는 악의인 경우 외에는 회사에 대하여 손해를 배상할 책임이 없다.

해설

① [O] 전조(주주의 대표소송) 제3항과 제4항의 소를 제기한 주주는 소를 제기한 후 지체없이 회사에 대하여 그 소송의 고지를 하여야 한다(상법 제404조 제2항).

② [×] 제3항과 제4항의 소(주주의 대표소송)를 제기한 주주의 보유주식이 <u>제소 후 발행주식총수의 100분의 1 미만으로 감소한 경우(발행주식을 보유하지 아니하게 된 경우를 제외한다)</u>에도 제소의 효력에는 영향이 없다(상법 제403조 제5항).

③ [O] 모회사 발행주식총수의 100분의 1 이상에 해당하는 주식을 가진 주주는 자회사에 대하여 자회사 이사의 책임을 추궁할 소의 제기를 청구할 수 있다(상법 제406조의2 제1항).

④ [O] 회사가 제1항의 청구에 따라 소를 제기하거나 주주가 제3항과 제4항의 소(주주의 대표소송)를 제기한 경우 당사자는 법원의 허가를 얻지 아니하고는 소의 취하, 청구의 포기·인락·화해를 할 수 없다(상법 제403조 제6항).

⑤ [O] 제403조(주주의 대표소송) 제3항과 제4항의 규정에 의하여 소를 제기한 주주가 패소한 때에는 악의인 경우 외에는 회사에 대하여 손해를 배상할 책임이 없다(상법 제405조 제2항).

답 ②

---

156 법무사 2022

☑ 확인 Check! ○ △ ✕

다음 설명 중 가장 옳지 않은 것은?

① 6개월 전부터 계속하여 상장회사인 모회사 발행주식총수의 1만분의 50 이상에 해당하는 주식을 보유한 주주는 자회사에 대하여 자회사 이사의 책임을 추궁할 소의 제기를 청구할 수 있다.

② 주주의 제소청구서에 책임추궁 대상 이사의 성명이 기재되어 있지 않거나 책임발생 원인사실이 다소 개략적으로 기재되어 있더라도, 회사가 그 서면에 기재된 내용, 이사회의사록 등 회사 보유 자료 등을 종합하여 책임추궁 대상 이사, 책임발생 원인사실을 구체적으로 특정할 수 있다면, 그 서면은 상법 제403조 제2항에서 정한 요건을 충족하였다고 보아야 한다.

③ 주주가 대표소송에서 주장한 이사의 손해배상책임이 제소청구서에 적시된 것과 차이가 있더라도 제소청구서의 책임발생 원인사실을 기초로 하면서 법적 평가만을 달리한 것에 불과하다면 그 대표소송은 적법하다.

④ 모회사 발행주식총수의 100분의 1 이상에 해당하는 주식을 가진 주주는 다중대표소송의 제기를 위해 이유를 붙인 서면으로 자회사에 대해 회계의 장부와 서류의 열람 또는 등사를 청구할 수 있다.

⑤ 다중대표소송이 제기된 경우에 원고와 피고의 공모로 인하여 소송의 목적인 회사의 권리를 사해할 목적으로써 판결을 하게 한 때에는 회사 또는 주주는 확정한 종국판결에 대하여 재심의 소를 제기할 수 있다.

해설

① [O] 상법 제542조의6 제7항, 제406조의2 제1항

> **상법 제542조의6(소수주주권)**
> ⑦ 6개월 전부터 계속하여 상장회사 발행주식총수의 1만분의 50 이상에 해당하는 주식을 보유한 자는 제406조의2(제324조, 제408조의9, 제415조 및 제542조에서 준용하는 경우를 포함한다)에 따른 주주의 권리를 행사할 수 있다.

> **상법 제406조의2(다중대표소송)**
> ① 모회사 발행주식총수의 100분의 1 이상에 해당하는 주식을 가진 주주는 자회사에 대하여 자회사 이사의 책임을 추궁할 소의 제기를 청구할 수 있다.

② [O] 제소청구서에 기재되어야 하는 '이유'에는 권리귀속주체인 회사가 제소 여부를 판단할 수 있도록 책임추궁 대상 이사, 책임발생 원인사실에 관한 내용이 포함되어야 한다. 다만 주주가 언제나 회사의 업무 등에 대해 정확한 지식과 적절한 정보를 가지고 있다고 할 수는 없으므로, 제소청구서에 책임추궁 대상 이사의 성명이 기재되어 있지 않거나 책임발생 원인사실이 다소 개략적으로 기재되어 있더라도, 회사가 제소청구서에 기재된 내용, 이사회의 사록 등 회사 보유 자료 등을 종합하여 책임추궁 대상 이사, 책임발생 원인사실을 구체적으로 특정할 수 있다면, 그 제소청구서는 상법 제403조 제2항에서 정한 요건을 충족하였다고 보아야 한다(대판 2021.7.15. 2018다298744).

③ [O] 주주가 아예 상법 제403조 제2항에 따른 서면(이하 '제소청구서'라 한다)을 제출하지 않은 채 대표소송을 제기하거나 제소청구서를 제출하였더라도 대표소송에서 제소청구서에 기재된 책임발생 원인사실과 전혀 무관한 사실관계를 기초로 청구를 하였다면 그 대표소송은 상법 제403조 제4항의 사유가 있다는 등의 특별한 사정이 없는 한 부적법하다. 반면 주주가 대표소송에서 주장한 이사의 손해배상책임이 제소청구서에 적시된 것과 차이가 있더라도 제소청구서의 책임발생 원인사실을 기초로 하면서 법적 평가만을 달리한 것에 불과하다면 그 대표소송은 적법하다. 따라서 주주는 적법하게 제기된 대표소송 계속 중에 제소청구서의 책임발생 원인사실을 기초로 하면서 법적 평가만을 달리한 청구를 추가할 수도 있다(대판 2021.7.15. 2018다298744).

④ [X] 우리 상법은 다중대표소송은 규정하고 있으나 모회사 주주의 자회사에 대한 회계장부열람권, 즉 다중회계장부 열람권에 대해서는 규정하고 있지 않다. 발행주식의 총수의 100분의 3 이상에 해당하는 주식을 가진 주주는 이유를 붙인 서면으로 회계의 장부와 서류의 열람 또는 등사를 청구할 수 있으나(상법 제466조 제1항), 이 경우의 열람청구의 주체는 당해 회사의 주주를 의미한다. 판례는 상법 제466조 제1항에서 정하고 있는 소수주주의 열람·등사청구의 대상이 되는 '회계의 장부 및 서류'에는 소수주주가 열람·등사를 구하는 이유와 실질적으로 관련이 있는 회계장부와 그 근거자료가 되는 회계서류를 가리키는 것으로서, 그것이 회계서류인 경우에는 그 작성명의인이 반드시 열람·등사제공의무를 부담하는 회사로 국한되어야 하거나, 원본에 국한되는 것은 아니며, 열람·등사제공의무를 부담하는 회사의 출자 또는 투자로 성립한 자회사의 회계장부라 할지라도 그것이 모자관계에 있는 모회사에 보관되어 있고, 또한 모회사의 회계상황을 파악하기 위한 근거자료로서 실질적으로 필요한 경우에는 모회사의 회계서류로서 모회사 소수주주의 열람·등사청구의 대상이 될 수 있다(대판 2001.10.26. 99다58051)고 하였으나 이는 다중회계장부열람권이 아닌 모회사가 회계장부를 보관하고 있다면 모회사의 회계서류로서 모회사 주주의 열람청구권을 인정한 것이다.

⑤ [O] 상법 제406조의2 제3항, 제406조 제1항

> **상법 제406조의2(다중대표소송)**
> ① 모회사 발행주식총수의 100분의 1 이상에 해당하는 주식을 가진 주주는 자회사에 대하여 자회사 이사의 책임을 추궁할 소의 제기를 청구할 수 있다.
> ③ 제1항 및 제2항의 소에 관하여는 제176조 제3항·제4항, 제403조 제2항, 같은 조 제4항부터 제6항까지 및 제404조부터 제406조까지의 규정을 준용한다.
>
> **상법 제406조(대표소송과 재심의 소)**
> ① 제403조의 소가 제기된 경우에 원고와 피고의 공모로 인하여 소송의 목적인 회사의 권리를 사해할 목적으로써 판결을 하게 한 때에는 회사 또는 주주는 확정한 종국판결에 대하여 재심의 소를 제기할 수 있다.

답 ④

상법상 주주의 대표소송에 관한 다음 설명 중 가장 옳은 것은?

① 주주의 대표소송은 주주가 타인인 회사의 이익을 위해서 스스로 원고가 되어 소송을 수행하는 것으로 주주가 승소한 경우 그 손해배상액은 주주에게 귀속된다.

② 주주 대표소송을 제기한 주주의 보유주식이 제소 후 발행주식 총수의 100분의 1 미만으로 감소하거나 발행주식을 보유하지 않게 된 경우에도 소가 부적법하게 되는 것은 아니다.

③ 모회사 발행주식 총수의 100분의 1 이상에 해당하는 주식을 가진 주주는 자회사에 대하여 자회사 이사의 책임을 추궁할 소의 제기를 청구할 수 있다.

④ 주주가 대표소송을 제기한 경우에는 법원의 허가 없이 소의 취하·청구의 포기·화해를 할 수 없지만 회사가 주주의 청구에 따라 이사의 책임을 추궁하는 소를 제기한 경우에는 법원의 허가 없이 할 수 있다.

⑤ 주주가 대표소송에서 패소한 경우 자신의 청구가 근거 없다는 것을 알면서 또는 과실로 알지 못하고 제소하였다면 손해배상책임을 진다.

∥해설∥

① [✕] 대표소송의 경우, 실질적으로는 주주가 회사 대표기관의 지위에서 제기하는 소이나, 형식적으로는 주주가 타인인 회사의 이익을 위하여 <u>스스로 원고가 되어</u> 제기하는 소로, 제3자의 소송담당에 해당한다. 따라서 주주인 원고가 받은 판결의 효력은 회사에 미쳐 주주가 승소한 경우, 그 손해배상액은 주주가 아닌 <u>회사에 귀속된다</u>.

② [✕], ④ [✕] 상법 제403조 제5항·제6항

> **상법 제403조(주주의 대표소송)**
> ① 발행주식의 총수의 100분의 1 이상에 해당하는 주식을 가진 주주는 회사에 대하여 이사의 책임을 추궁할 소의 제기를 청구할 수 있다.
> ② 제1항의 청구는 그 이유를 기재한 서면으로 하여야 한다.
> ③ 회사가 전항의 청구를 받은 날로부터 30일 내에 소를 제기하지 아니한 때에는 제1항의 주주는 즉시 회사를 위하여 소를 제기할 수 있다.
> ④ 제3항의 기간의 경과로 인하여 회사에 회복할 수 없는 손해가 생길 염려가 있는 경우에는 전항의 규정에 불구하고 제1항의 주주는 즉시 소를 제기할 수 있다.
> ⑤ 제3항과 제4항의 소를 제기한 주주의 보유주식이 제소 후 발행주식 총수의 100분의 1 미만으로 감소한 경우(<u>발행주식을 보유하지 아니하게 된 경우를 제외한다</u>)에도 제소의 효력에는 영향이 없다.
> ⑥ <u>회사가 제1항의 청구에 따라 소를 제기하거나 주주가 제3항과 제4항의 소를 제기한 경우 당사자는 법원의 허가를</u> 얻지 아니하고는 소의 취하, 청구의 포기·인락·화해를 할 수 없다.

③ [○] 모회사 발행주식 총수의 100분의 1 이상에 해당하는 주식을 가진 주주는 자회사에 대하여 자회사 이사의 책임을 추궁할 소의 제기를 청구할 수 있다(상법 제406조의2 제1항).

⑤ [✕] 제403조 제3항과 제4항의 규정에 의하여 소를 제기한 주주가 패소한 때에는 <u>악의인 경우 외에는 회사에 대하여 손해를 배상할 책임이 없다</u>(상법 제405조 제2항).

답 ③

158 세무사 2023

☑ 확인Check! ○ △ ✕

상법상 비상장주식회사의 감사에 관한 설명으로 옳지 않은 것은?

① 자본금의 총액이 10억원 미만인 회사의 경우에는 감사를 선임하지 아니할 수 있다.

② 감사는 자회사의 이사의 직무를 겸하지 못한다.

③ 감사는 이사가 주주총회에 제출할 의안 및 서류를 조사하여 현저하게 부당한 사항이 있는지의 여부에 관하여 주주총회에 그 의견을 진술하여야 한다.

④ 감사가 고의로 회사에 손해를 발생시킨 경우에도 회사는 정관으로 정하는 바에 따라 감사가 그 행위를 한 날 이전 최근 1년간의 보수액의 6배를 초과하는 손해배상책임 금액에 대하여 면제할 수 있다.

⑤ 감사의 임기는 취임 후 3년 내의 최종의 결산기에 관한 정기총회의 종결시까지로 한다.

┃해설┃

① [○] 제1항, 제296조 제1항 및 제312조에도 불구하고 자본금의 총액이 10억원 미만인 회사의 경우에는 감사를 선임하지 아니할 수 있다(상법 제409조 제4항).

② [○] 감사는 회사 및 자회사의 이사 또는 지배인 기타의 사용인의 직무를 겸하지 못한다(상법 제411조).

③ [○] 감사는 이사가 주주총회에 제출할 의안 및 서류를 조사하여 법령 또는 정관에 위반하거나 현저하게 부당한 사항이 있는지의 여부에 관하여 주주총회에 그 의견을 진술하여야 한다(상법 제413조).

④ [✕] 감사가 고의 또는 중대한 과실로 손해를 발생시킨 경우에는 정관에 의한 책임 제한을 할 수 없다(상법 제415조, 제400조 제2항 참조).

> **상법 제415조(준용규정)**
> 제382조 제2항, 제382조의4, 제385조, 제386조, 제388조, 제400조, 제401조, 제403조부터 제406조까지, 제406조의2 및 제407조는 감사에 준용한다.
>
> **상법 제400조(회사에 대한 책임의 감면)**
> ② 회사는 정관으로 정하는 바에 따라 제399조에 따른 이사의 책임을 이사가 그 행위를 한 날 이전 최근 1년간의 보수액(상여금과 주식매수선택권의 행사로 인한 이익 등을 포함한다)의 6배(사외이사의 경우는 3배)를 초과하는 금액에 대하여 면제할 수 있다. 다만, 이사가 고의 또는 중대한 과실로 손해를 발생시킨 경우와 제397조 제397조의2 및 제398조에 해당하는 경우에는 그러하지 아니하다.

⑤ [○] 감사의 임기는 취임 후 3년 내의 최종의 결산기에 관한 정기총회의 종결시까지로 한다(상법 제410조).

답 ④

159 세무사 2021

☑ 확인Check! ○ △ ✕

상법상 주식회사의 감사에 관한 설명으로 옳지 않은 것은?

① 자본금의 총액이 10억원 미만인 회사의 경우에는 감사를 선임하지 아니할 수 있다.

② 정기총회에서 재무제표와 그 부속명세서에 대해 승인한 후 2년 내에 다른 결의가 없으면, 회사는 감사의 부정행위에 따른 책임을 해제한 것으로 본다.

③ 모회사의 감사는 그 직무를 수행하기 위하여 필요한 때에는 자회사에 대하여 영업의 보고를 요구할 수 있다.

④ 감사는 회사 및 자회사의 이사 또는 지배인 기타의 사용인의 직무를 겸하지 못한다.

⑤ 감사는 언제든지 이사에 대하여 영업에 관한 보고를 요구하거나 회사의 업무와 재산상태를 조사할 수 있다.

❚ 해설 ❚

① [○] 제1항, 제296조 제1항 및 제312조에도 불구하고 자본금의 총액이 10억원 미만인 회사의 경우에는 감사를 선임하지 아니할 수 있다(상법 제409조 제4항).

② [✕] 정기총회에서 전조 제1항의 승인(재무제표 등의 승인)을 한 후 2년 내에 다른 결의가 없으면 회사는 이사와 감사의 책임을 해제한 것으로 본다. 그러나 이사 또는 감사의 부정행위에 대하여는 그러하지 아니하다(상법 제450조).

③ [○] 모회사의 감사는 그 직무를 수행하기 위하여 필요한 때에는 자회사에 대하여 영업의 보고를 요구할 수 있다(상법 제412조의5 제1항).

④ [○] 감사는 회사 및 자회사의 이사 또는 지배인 기타의 사용인의 직무를 겸하지 못한다(상법 제411조). 그러나 감사가 모자회사의 감사를 겸직하거나, 모회사의 이사가 자회사의 감사를 겸직할 수는 있다.

⑤ [○] 감사는 언제든지 이사에 대하여 영업에 관한 보고를 요구하거나 회사의 업무와 재산상태를 조사할 수 있다(상법 제412조 제2항).

 답 ②

제4장

甲 주식회사는 2015년 5월 1일에 성립된 회사로 乙 주식회사의 상법상 모회사이다. A는 甲 주식회사의 주주이고, B는 甲 주식회사의 이사이며, C는 甲 주식회사의 감사이다. 다음 설명으로 옳지 않은 것은? (甲 주식회사, 乙 주식회사, 丙 주식회사는 모두 비상장주식회사이며 각 회사의 자본금 총액은 20억원이다)

① 2015년 7월 1일에 주권이 발행되지 않은 상태에서 A가 제3자인 D에게 甲 주식회사의 주식을 양도했다면 이 양도는 甲 주식회사에 대하여 효력이 없다.

② B는 재임 중뿐만 아니라 퇴임 후에도 직무상 알게 된 甲 주식회사의 영업상 비밀을 누설하여서는 안 된다.

③ B는 甲 주식회사 이사회의 승인이 없으면 甲 주식회사의 영업과 동종인 영업을 목적으로 하는 다른 회사의 이사가 되지 못한다.

④ C는 甲 주식회사의 지배인의 직무를 겸할 수 없으나 乙 주식회사의 지배인의 직무는 겸할 수 있다.

⑤ 乙 주식회사가 丙 주식회사를 흡수합병하면서 합병계약서에 따라 소멸회사인 丙 주식회사의 주주에게 제공하는 재산이 甲 주식회사의 주식을 포함하는 경우라면 乙 주식회사는 그 지급을 위하여 甲 주식회사의 주식을 취득할 수 있다.

┃해설┃

① [O] 주권발행 전에 한 주식의 양도는 회사에 대하여 효력이 없다. 그러나 회사성립 후 또는 신주의 납입기일 후 6월이 경과한 때에는 그러하지 아니하다(상법 제335조 제3항). 따라서 甲 주식회사의 회사성립일인 2015년 5월 1일로부터 6월이 경과하지 아니한 2015년 7월 1일에 한 A의 주권발행 전 주식양도는 甲 주식회사에 대하여 효력이 없다.

② [O] 이사는 재임 중 뿐만 아니라 퇴임 후에도 직무상 알게 된 회사의 영업상 비밀을 누설하여서는 아니 된다(상법 제382조의4).

③ [O] 이사는 이사회의 승인이 없으면 자기 또는 제3자의 계산으로 회사의 영업부류에 속한 거래를 하거나 동종영업을 목적으로 하는 다른 회사의 무한책임사원이나 이사가 되지 못한다(상법 제397조 제1항).

④ [✕] 감사는 회사 및 자회사의 이사 또는 지배인 기타의 사용인의 직무를 겸하지 못한다(상법 제411조).

⑤ [O] 제342조의2(자회사에 의한 모회사주식의 취득금지)에도 불구하고 제523조(흡수합병의 합병계약서) 제4호에 따라 소멸하는 회사의 주주에게 제공하는 재산이 존속하는 회사의 모회사주식을 포함하는 경우에는 존속하는 회사는 그 지급을 위하여 모회사주식을 취득할 수 있다(상법 제523조의2 제1항).

 답 ④

161 세무사 2016

상법상 주식회사의 감사에 관한 설명으로 옳지 않은 것은?

① 감사는 주주총회에서 선임한다.

② 감사는 언제든지 이사에 대하여 영업에 관한 보고를 요구하거나 회사의 업무와 재산상태를 조사할 수 있다.

③ 감사는 주주총회에서 감사의 해임에 관하여 의견을 진술할 수 있다.

④ 감사는 자회사의 감사를 겸하지 못한다.

⑤ 감사는 회사의 비용으로 전문가의 도움을 구할 수 있다.

┃해설┃

① [O] 감사는 주주총회에서 선임한다(상법 제409조 제1항).

② [O] 감사는 언제든지 이사에 대하여 영업에 관한 보고를 요구하거나 회사의 업무와 재산상태를 조사할 수 있다(상법 제412조 제2항).

③ [O] 감사는 주주총회에서 감사의 해임에 관하여 의견을 진술할 수 있다(상법 제409조의2).

④ [✕] 감사는 회사 및 자회사의 <u>이사 또는 지배인 기타의 사용인</u>의 직무를 겸하지 못한다(상법 제411조). 그러나 감사가 모자회사의 감사를 겸직하거나, 모회사의 이사가 자회사의 감사를 겸직할 수는 있다.

⑤ [O] 감사는 회사의 비용으로 전문가의 도움을 구할 수 있다(상법 제412조 제3항).

답 ④

상법상 주주 전원의 동의가 필요한 사항에 해당하는 것은?

① 회사의 사후 설립
② 회사의 분할
③ 회사의 해산
④ 회사의 계속
⑤ 회사에 대한 감사의 책임의 면제

⎮해설⎮

① [✕] 회사의 사후 설립에는 <u>주주총회의 특별결의</u>가 있어야 한다(상법 제375조, 제374조 제1항 참조).

> **상법 제375조(사후설립)**
> 회사가 그 성립 후 2년 내에 그 성립 전부터 존재하는 재산으로서 영업을 위하여 계속하여 사용하여야 할 것을 자본금의 100분의 5 이상에 해당하는 대가로 취득하는 계약을 하는 경우에는 <u>제374조를 준용</u>한다.
>
> **상법 제374조(영업양도, 양수, 임대등)**
> ① 회사가 다음 각 호의 어느 하나에 해당하는 행위를 할 때에는 <u>제434조에 따른 결의</u>가 있어야 한다.
>   1. 영업의 전부 또는 중요한 일부의 양도
>   2. 영업 전부의 임대 또는 경영위임, 타인과 영업의 손익 전부를 같이 하는 계약, 그 밖에 이에 준하는 계약의 체결·변경 또는 해약
>   3. 회사의 영업에 중대한 영향을 미치는 다른 회사의 영업 전부 또는 일부의 양수

② [✕] 회사의 분할 승인결의는 <u>주주총회의 특별결의</u>가 있어야 한다(상법 제530조의3 제1항, 제2항 참조).

> **상법 제530조의3(분할계획서·분할합병계약서의 승인)**
> ① 회사가 분할 또는 분할합병을 하는 때에는 분할계획서 또는 분할합병계약서를 작성하여 주주총회의 승인을 얻어야 한다.
> ② 제1항의 승인결의는 <u>제434조의 규정</u>에 의하여야 한다.

③ [✕] 해산의 결의는 <u>제434조의 규정</u>에 의하여야 한다(상법 제518조).
④ [✕] 회사가 존립기간의 만료 기타 정관에 정한 사유의 발생 또는 주주총회의 결의에 의하여 해산한 경우에는 <u>제434조의 규정</u>에 의한 결의로 회사를 계속할 수 있다(상법 제519조).
⑤ [○] 상법 제415조, 제400조 제1항

> **상법 제415조(준용규정)**
> 제382조 제2항, 제382조의4, 제385조, 제386조, 제388조, <u>제400조</u>, 제401조, 제403조부터 제406조까지, 제406조의2 및 제407조는 <u>감사에 준용</u>한다.
>
> **상법 제400조(회사에 대한 책임의 감면)**
> ① 제399조에 따른 이사의 책임은 <u>주주 전원의 동의</u>로 면제할 수 있다.

탭 ⑤

상법상 비상장주식회사의 감사와 감사위원회에 관한 설명으로 옳지 않은 것은?

① 자본금 총액이 10억원 미만인 회사의 경우에는 감사를 선임하지 아니할 수 있다.

② 감사는 자회사의 이사 또는 지배인 기타 사용인의 직무를 겸하지 못한다.

③ 회사는 정관이 정하는 바에 따라 감사위원회를 설치한 경우에는 감사를 둘 수 없다.

④ 감사위원회의 위원의 해임에 관한 이사회의 결의는 이사 총수의 3분의 2 이상의 결의로 하여야 한다.

⑤ 감사위원회의 결의사항을 통지받은 각 이사는 이사회의 소집을 요구할 수 있으며, 이사회는 감사위원회가 결의한 사항에 대하여 다시 결의할 수 있다.

▌해설▐

① [○] 제1항, 제296조 제1항 및 제312조에도 불구하고 자본금의 총액이 10억원 미만인 회사의 경우에는 감사를 선임하지 아니할 수 있다(상법 제409조 제4항).

② [○] 감사는 회사 및 자회사의 이사 또는 지배인 기타의 사용인의 직무를 겸하지 못한다(상법 제411조). 그러나 감사가 모자회사의 감사를 겸직하거나, 모회사의 이사가 자회사의 감사를 겸직할 수는 있다.

③ [○] 회사는 정관이 정한 바에 따라 감사에 갈음하여 제393조의2의 규정에 의한 위원회로서 감사위원회를 설치할 수 있다. 감사위원회를 설치한 경우에는 감사를 둘 수 없다(상법 제415조의2 제1항).

④ [○] 감사위원회의 위원의 해임에 관한 이사회의 결의는 이사 총수의 3분의 2 이상의 결의로 하여야 한다(상법 제415조의 2 제3항).

⑤ [×] 이사회는 감사위원회가 결의한 사항에 대하여 다시 결의할 수 없다(상법 제415조의2 제6항 참조). 감사위원회의 독립성을 보장하기 위함이다.

> **상법 제415조의2(감사위원회)**
> ⑥ 감사위원회에 대하여는 제393조의2 제4항 후단을 적용하지 아니한다.
>
> **상법 제393조의2(이사회 내 위원회)**
> ④ 위원회는 결의된 사항을 각 이사에게 통지하여야 한다. 이 경우 이를 통지받은 각 이사는 이사회의 소집을 요구할 수 있으며, 이사회는 위원회가 결의한 사항에 대하여 다시 결의할 수 있다.

 답 ⑤

164 세무사 2015

☑ 확인Check! ○ △ ✕

상법상 주식회사의 감사 등에 관한 설명으로 옳지 않은 것은?

① 자본금의 총액이 30억원인 비상장회사의 경우, 모집설립시 창립총회에서 이사와 감사를 선임하여야 한다.

② 자본금의 총액이 10억원 미만인 비상장회사로서 감사를 선임하지 아니한 경우 주주총회가 이사의 직무집행을 감사한다.

③ 감사위원회가 그 결의로 감사위원회를 대표할 자를 선정하는 경우 수인의 위원이 공동으로 대표할 것을 정할 수 있다.

④ 최근 사업연도 말 현재의 자산총액이 3조원인 상장회사가 주주총회에서 상근감사를 선임한 경우에는 감사위원회를 설치할 수 없다.

⑤ 상장회사가 감사의 선임에 관한 사항을 목적으로 하는 주주총회를 소집통지하는 경우에는 감사 후보자의 성명, 약력, 추천인, 그 밖에 대통령령으로 정하는 후보자에 관한 사항을 통지하여야 한다.

해설

① [O] 창립총회에서는 이사와 감사를 선임하여야 한다(상법 제312조). 즉 모집설립시 이사와 감사의 선임은 창립총회에서 한다. 참고로 발기설립의 경우에는 발기인의 의결권의 과반수로 이사와 감사를 선임한다(상법 제296조 제1항 참조).

② [O] 상법 제409조 제4항·제6항, 제412조 참조

> **상법 제409조(선임)**
> ④ 제1항, 제296조 제1항 및 제312조에도 불구하고 자본금의 총액이 10억원 미만인 회사의 경우에는 감사를 선임하지 아니할 수 있다.
> ⑥ 제4항에 따라 감사를 선임하지 아니한 경우에는 제412조, 제412조의2 및 제412조의5 제1항·제2항 중 "감사"는 각각 "주주총회"로 본다.
>
> **상법 제412조(감사의 직무와 보고요구, 조사의 권한)**
> ① 감사는 이사의 직무의 집행을 감사한다.

③ [O] 감사위원회는 그 결의로 위원회를 대표할 자를 선정하여야 한다. 이 경우 수인의 위원이 공동으로 위원회를 대표할 것을 정할 수 있다(상법 제415조의2 제4항).

④ [✕] 최근 사업연도 말 현재의 자산총액이 2조원 이상인 상장회사는 감사위원회를 설치하여야 하고, 감사위원회를 설치한 경우에는 감사를 둘 수 없다(상법 제415조의2 제1항, 제542조의11 제1항, 상법 시행령 제37조 제1항 참조).

> **상법 제415조의2(감사위원회)**
> ① 회사는 정관이 정한 바에 따라 감사에 갈음하여 제393조의2의 규정에 의한 위원회로서 감사위원회를 설치할 수 있다. 감사위원회를 설치한 경우에는 감사를 둘 수 없다.

420 세무사 1차 객관식 상법(회사편)

⑤ [O] 상장회사가 이사·감사의 선임에 관한 사항을 목적으로 하는 주주총회를 소집통지 또는 공고하는 경우에는 이사·감사 후보자의 성명, 약력, 추천인, 그 밖에 대통령령으로 정하는 후보자에 관한 사항을 통지하거나 공고하여야 한다(상법 제542조의4 제2항).

답 ④

165 세무사 2023

☑ 확인 Check! ○ △ ×

상법상 비상장주식회사의 감사위원회에 관한 설명으로 옳지 않은 것은?

① 감사위원회는 3명 이상의 이사로 구성하되, 사외이사가 위원의 3분의 2 이상이어야 한다.
② 이사회는 감사위원회가 결의한 사항에 대하여 다시 결의할 수 있다.
③ 감사위원회는 이사가 정관에 위반한 행위를 할 염려가 있다고 인정한 때에는 이사회에 보고하여야 한다.
④ 감사위원회의 위원의 해임에 관한 이사회의 결의는 이사 총수의 3분의 2 이상의 결의로 하여야 한다.
⑤ 감사위원회는 그 결의로 위원회를 대표할 자를 선정하여야 한다.

┃해설┃

① [O] 감사위원회는 제393조의2 제3항에도 불구하고 3명 이상의 이사로 구성한다. 다만, 사외이사가 위원의 3분의 2 이상이어야 한다(상법 제415조의2 제2항).

② [×] 감사위원회는 이사회로부터 독립하여 업무를 수행하므로 일반적인 이사회 내 위원회와 달리 감사위원회가 결의한 사항에 대하여는 이사회가 다시 결의할 수 없다(상법 제415조의2 제6항, 제393조의2 제4항 후단 참조).

> **상법 제415조의2(감사위원회)**
> ⑥ 감사위원회에 대하여는 제393조의2 제4항 후단을 적용하지 아니한다.
>
> **상법 제393조의2(이사회 내 위원회)**
> ④ 위원회는 결의된 사항을 각 이사에게 통지하여야 한다. 이 경우 이를 통지받은 각 이사는 이사회의 소집을 요구할 수 있으며, 이사회는 위원회가 결의한 사항에 대하여 다시 결의할 수 있다.

③ [O] 상법 제415조의2 제7항, 제391조의2 제2항

> **상법 제415조의2(감사위원회)**
> ⑦ 제296조·제312조·제367조·제387조·제391조의2 제2항·제394조 제1항·제400조·제402조 내지 제407
> 조·제412조 내지 제414조·제447조의3·제447조의4·제450조·제527조의4·제530조의5 제1항 제9호·제
> 530조의6 제1항 제10호 및 제534조의 규정은 감사위원회에 관하여 이를 준용한다. 이 경우 제530조의5 제1항
> 제9호 및 제530조의6 제1항 제10호중 "감사"는 "감사위원회 위원"으로 본다.
>
> **상법 제391조의2(감사의 이사회출석·의견진술권)**
> ② 감사는 이사가 법령 또는 정관에 위반한 행위를 하거나 그 행위를 할 염려가 있다고 인정한 때에는 이사회에
> 이를 보고하여야 한다.

④ [O] 감사위원회의 위원의 해임에 관한 이사회의 결의는 이사 총수의 3분의 2 이상의 결의로 하여야 한다(상법 제415조의
2 제3항).

⑤ [O] 감사위원회는 그 결의로 위원회를 대표할 자를 선정하여야 한다. 이 경우 수인의 위원이 공동으로 위원회를
대표할 것을 정할 수 있다(상법 제415조의2 제4항).

답 ②

166 세무사 2022 　　　　　　　　　　　　　　　　　　　　　　　　☑ 확인 Check! ○ △ ✕

**상법상 최근 사업연도 말 현재의 자산총액이 2조원 이상인 상장회사의 감사위원회에 관한 설명으로 옳지
않은 것은?**

① 감사위원회 위원을 선임하거나 해임할 권한은 주주총회에 있으나 상법은 정관 규정을 통해 이사회 권한으로
할 수 있도록 허용하고 있다.

② 감사위원회 위원 중 적어도 1명은 주주총회 결의로 다른 이사와 분리하여 감사위원회 위원이 되는 이사로
선임하여야 한다.

③ 주주총회에서 사외이사인 감사위원회 위원을 선임하는 결의를 하는 경우, 정관에서 달리 정하지 않으면
의결권 없는 주식을 제외한 발행주식 총수의 100분의 3을 초과하는 주식을 소유한 주주는 그 초과하는
주식에 관하여 의결권을 행사하지 못한다.

④ 감사위원회는 이사에게 감사보고서를 정기주주총회일의 1주 전까지 제출할 수 있다.

⑤ 전자적 방법으로 의결권을 행사할 수 있도록 한 경우에는 주주총회는 출석한 주주의 의결권의 과반수로써
감사위원회 위원의 선임을 결의할 수 있다.

┃ 해설 ┃

① [×] 감사위원회 위원의 선임·해임은 주주총회의 권한이다. 이를 <u>정관 규정을 통해 이사회 권한으로 하는 상법 규정은 없다</u>(상법 제542조의12 제1항 참조).

② [○] 상법 제542조의12 제2항

③ [○] 상법 제542조의12 제4항

④ [○] 상법 제542조의12 제6항

⑤ [○] 상법 제542조의12 제8항

상법 제542조의11(감사위원회)

① 자산 규모 등을 고려하여 대통령령으로 정하는 상장회사(자산총액이 2조원 이상인 상장회사)는 감사위원회를 설치하여야 한다.

상법 제542조의12(감사위원회의 구성 등)

① 제542조의11 제1항의 상장회사의 경우 제393조의2에도 불구하고 감사위원회위원을 선임하거나 해임하는 권한은 <u>주주총회</u>에 있다.

② 제542조의11 제1항의 상장회사는 주주총회에서 이사를 선임한 후 선임된 이사 중에서 감사위원회위원을 선임하여야 한다. 다만, 감사위원회위원 중 1명(정관에서 2명 이상으로 정할 수 있으며, 정관으로 정한 경우에는 그에 따른 인원으로 한다)은 주주총회 결의로 다른 이사들과 분리하여 감사위원회위원이 되는 이사로 선임하여야 한다.

④ 제1항에 따른 감사위원회위원을 선임 또는 해임할 때에는 상장회사의 의결권 없는 주식을 제외한 발행주식총수의 100분의 3(정관에서 더 낮은 주식 보유비율을 정할 수 있으며, 정관에서 더 낮은 주식 보유비율을 정한 경우에는 그 비율로 한다)을 초과하는 수의 주식을 가진 주주(최대주주인 경우에는 사외이사가 아닌 감사위원회위원을 선임 또는 해임할 때에 그의 특수관계인, 그 밖에 대통령령으로 정하는 자가 소유하는 주식을 합산한다)는 그 초과하는 주식에 관하여 의결권을 행사하지 못한다.

⑥ 상장회사의 감사 또는 감사위원회는 제447조의4 제1항에도 불구하고 이사에게 감사보고서를 주주총회일의 1주 전까지 제출할 수 있다.

⑧ 회사가 제368조의4 제1항에 따라 전자적 방법으로 의결권을 행사할 수 있도록 한 경우에는 제368조 제1항에도 불구하고 출석한 주주의 의결권의 과반수로써 제1항에 따른 감사위원회위원의 선임을 결의할 수 있다.

답 ①

167 세무사 2021

☑ 확인 Check! ○ △ ✕

상법상 비상장주식회사의 감사위원회에 관한 설명으로 옳지 않은 것은?

① 감사위원회를 설치한 회사는 감사를 둘 수 없다.

② 감사위원회에는 사외이사가 위원의 3분의 2 이상이어야 한다.

③ 감사위원회는 이사회의 결의로 그 위원회를 대표할 자를 선정하여야 한다.

④ 감사위원회의 위원의 해임에 관한 이사회의 결의는 이사 총수의 3분의 2 이상의 결의로 하여야 한다.

⑤ 감사위원회는 회사의 비용으로 전문가의 조력을 구할 수 있다.

▌해설▐

① [○] 회사는 정관이 정한 바에 따라 감사에 갈음하여 제393조의2의 규정에 의한 위원회로서 감사위원회를 설치할 수 있다. 감사위원회를 설치한 경우에는 감사를 둘 수 없다(상법 제415조의2 제1항).

② [○] 감사위원회는 제393조의2 제3항에도 불구하고 3명 이상의 이사로 구성한다. 다만, 사외이사가 위원의 3분의 2 이상이어야 한다(상법 제415조의2 제2항).

③ [✕] 감사위원회는 <u>그 결의로</u> 위원회를 대표할 자를 선정하여야 한다. 이 경우 수인의 위원이 공동으로 위원회를 대표할 것을 정할 수 있다(상법 제415조의2 제4항).

④ [○] 감사위원회의 위원의 해임에 관한 이사회의 결의는 이사 총수의 3분의 2 이상의 결의로 하여야 한다(상법 제415조의 2 제3항).

⑤ [○] 상법 제415조의2 제7항, 제412조 제3항

> **상법 제415조의2(감사위원회)**
> ⑦ 제296조・제312조・제367조・제387조・제391조의2 제2항・제394조 제1항・제400조・제402조 내지 제407조・제412조 내지 제414조・제447조의3・제447조의4・제450조・제527조의4・제530조의5 제1항 제9호・제530조의6 제1항 제10호 및 제534조의 규정은 감사위원회에 관하여 이를 준용한다. 이 경우 제530조의5 제1항 제9호 및 제530조의6 제1항 제10호중 "감사"는 "감사위원회 위원"으로 본다.
>
> **상법 제412조(감사의 직무와 보고요구, 조사의 권한)**
> ③ 감사는 회사의 비용으로 전문가의 도움을 구할 수 있다.

 답 ③

424 세무사 1차 객관식 상법(회사편)

상법상 주식회사의 감사 또는 감사위원회에 관한 설명으로 틀린 것은?

① 감사의 선임은 주주총회의 보통결의에 의하지만 해임은 주주총회의 특별결의에 의한다.

② 비상장주식회사의 감사위원회 위원의 선임 및 해임에 관한 이사회의 결의는 이사 총수의 3분의 2 이상의 결의로 하여야 한다.

③ 최근 사업연도 말 현재의 자산총액이 2조원 이상인 상장회사의 경우 감사위원회 위원을 선임하거나 해임하는 권한은 주주총회에 있다.

④ 이사회는 감사위원회가 결의한 사항에 대하여 다시 결의할 수 없다.

⑤ 최근 사업연도 말 현재의 자산총액이 1천억원 이상이고 2조원 미만인 상장회사가 감사를 두는 경우에는 상근감사를 1명 이상 두어야 한다.

┃해설┃

① [○] 상법 제409조 제1항, 제415조, 제385조 제1항

> **상법 제409조(선임)**
> ① 감사는 주주총회에서 선임한다.
>
> **상법 제415조(준용규정)**
> 제382조 제2항, 제382조의4, 제385조, 제386조, 제388조, 제400조, 제401조, 제403조부터 제406조까지, 제406조의2 및 제407조는 감사에 준용한다.
>
> **상법 제385조(해임)**
> ① 이사는 언제든지 제434조의 규정에 의한 주주총회의 결의로 이를 해임할 수 있다. 그러나 이사의 임기를 정한 경우에 정당한 이유없이 그 임기만료 전에 이를 해임한 때에는 그 이사는 회사에 대하여 해임으로 인한 손해의 배상을 청구할 수 있다.

② [✕] 비상장주식회사의 감사위원의 선임과 해임은 이사회에서 한다(상법 제415조의2 제1항, 제393조의2 제1항·제2항 제3호 참조). 감사위원의 <u>선임에 관한 이사회 결의는 이사 과반수의 출석과 과반수의 찬성으로 하지만</u>(상법 제391조 제1항 참조), 해임에 관한 이사회의 결의는 이사 총수의 3분의 2 이상으로 하여야 한다(상법 제415조의2 제3항 참조).

> **상법 제391조(이사회의 결의방법)**
> ① 이사회의 결의는 이사과반수의 출석과 출석이사의 과반수로 하여야 한다. 그러나 정관으로 그 비율을 높게 정할 수 있다.
>
> **상법 제393조의2(이사회 내 위원회)**
> ① 이사회는 정관이 정한 바에 따라 위원회를 설치할 수 있다.
> ② 이사회는 다음 각 호의 사항을 제외하고는 그 권한을 위원회에 위임할 수 있다.
> 1. 주주총회의 승인을 요하는 사항의 제안
> 2. 대표이사의 선임 및 해임
> 3. 위원회의 설치와 그 위원의 선임 및 해임
> 4. 정관에서 정하는 사항

> **상법 제415조의2(감사위원회)**
> ① 회사는 정관이 정한 바에 따라 감사에 갈음하여 제393조의2의 규정에 의한 위원회로서 감사위원회를 설치할 수 있다. 감사위원회를 설치한 경우에는 감사를 둘 수 없다.
> ③ 감사위원회의 위원의 해임에 관한 이사회의 결의는 이사 총수의 3분의 2 이상의 결의로 하여야 한다.

③ [○] 제542조의11 제1항의 상장회사(최근 사업연도 말 현재의 자산총액이 2조원 이상인 상장회사)의 경우 제393조의2에도 불구하고 감사위원회위원을 선임하거나 해임하는 권한은 주주총회에 있다(상법 제542조의12 제1항, 제542조의11 제1항, 상법 시행령 제37조 제1항).

④ [○] 상법 제415조의2 제6항, 제393조의2 제4항 후단

> **상법 제415조의2(감사위원회)**
> ⑥ 감사위원회에 대하여는 제393조의2 제4항 후단을 적용하지 아니한다.
>
> **상법 제393조의2(이사회 내 위원회)**
> ④ 위원회는 결의된 사항을 각 이사에게 통지하여야 한다. 이 경우 이를 통지받은 각 이사는 이사회의 소집을 요구할 수 있으며, 이사회는 위원회가 결의한 사항에 대하여 다시 결의할 수 있다.

⑤ [○] 대통령령으로 정하는 상장회사(최근 사업연도 말 현재의 자산총액이 1천억원 이상인 상장회사)는 주주총회 결의에 의하여 회사에 상근하면서 감사업무를 수행하는 감사(이하 "상근감사"라고 한다)를 1명 이상 두어야 한다. 다만, 이 절 및 다른 법률에 따라 감사위원회를 설치한 경우(감사위원회 설치 의무가 없는 상장회사가 이 절의 요건을 갖춘 감사위원회를 설치한 경우를 포함한다)에는 그러하지 아니하다(상법 제542조의10 제1항, 상법 시행령 제36조 제1항).

답 ②

169 CPA 2023 ☑ 확인Check! ○ △ X

상법상 비상장주식회사의 감사 또는 감사위원회에 관한 설명으로 옳은 것은? (이견이 있으면 판례에 의함)

① 감사를 여러 명 선임한 경우 이들은 회의체를 구성하므로 다수결에 의한 결의를 거쳐야 감사업무를 수행할 수 있다.

② 감사 후보자의 승낙을 얻어 그 후보자에 대해 주주총회에서 감사 선임결의가 이루어지면 대표이사와의 임용계약 체결여부와 상관없이 감사 후보자는 감사의 지위를 취득한다.

③ 자회사의 감사는 모회사의 사내이사를 겸직할 수 없다.

④ 이사회는 감사위원회가 결의한 사항에 대하여 다시 결의할 수 있다.

⑤ 회사가 감사위원회 위원에게 소를 제기하는 경우 감사위원회는 법원에 회사를 대표할 자를 선임해 줄 것을 신청할 수 없다.

┃해설┃

① [×] 회사가 이사에 대하여 소를 제기하는 경우에 감사는 그 소에 관하여 회사를 대표하고, 이 경우 감사는 그 제소여부의 결정, 소의 제기 및 그 취하를 포함한 소송종결에 이르기까지의 모든 소송절차에 관한 권한을 가지는데, <u>감사가 2인 이상이 있는 경우 각자가 단독으로 회사를 대표하여 그 권한을 행사할 수 있다</u>(대판 2003.3.14. 2003다4112). 즉, 감사는 여러 명이 있더라도 이사회와 같은 협의체를 구성하는 것은 아니고 각자가 독립하여 개별적으로 그 권한을 행사한다.

② [O] 주주총회에서 이사나 감사를 선임하는 경우 선임결의와 피선임자의 승낙만 있으면, 피선임자는 대표이사와 별도의 임용계약을 체결하였는지와 관계없이 이사나 감사의 지위를 취득한다(대판[전합] 2017.3.23. 2016다251215).

③ [×] <u>감사는</u> 회사 및 <u>자회사의 이사</u> 또는 지배인 기타의 사용인의 직무를 <u>겸하지 못한다</u>(상법 제411조). 이는 자기감사의 문제가 발생하기 때문이다. 따라서 모자회사의 감사 겸직이나, <u>자회사 감사가 모회사 이사를 겸직하는 것은 자기감사의 문제가 발생하지 않으므로</u> 허용된다.

④ [×] 이사회는 감사위원회가 결의한 사항에 대하여 다시 결의할 수 <u>없다</u>(상법 제415조의2 제6항, 제393조의2 제4항 참조).

> **상법 제415조의2(감사위원회)**
> ⑥ 감사위원회에 대하여는 <u>제393조의2 제4항 후단을 적용하지 아니한다.</u>
>
> **상법 제393조의2(이사회 내 위원회)**
> ④ 위원회는 결의된 사항을 각 이사에게 통지하여야 한다. 이 경우 이를 통지받은 각 이사는 이사회의 소집을 요구할 수 있으며, 이사회는 위원회가 결의한 사항에 대하여 다시 결의할 수 있다.

⑤ [×] 제415조의2의 규정에 의한 감사위원회의 위원이 소의 당사자인 경우에는 감사위원회 또는 이사는 법원에 회사를 대표할 자를 선임하여 줄 것을 <u>신청하여야 한다</u>(상법 제394조 제2항).

답 ②

170 CPA 2022

☑ 확인 Check! ○ △ ✕

상법상 주식회사 감사의 권한과 의무에 관한 설명으로 틀린 것은?

① 감사는 이사회의 소집청구권을 갖는다.

② 감사록에는 감사의 실시요령과 그 결과를 기재해야 하고, 감사를 실시하지 않은 감사도 기명날인 또는 서명하여야 한다.

③ 감사는 언제든지 이사에 대하여 영업에 관한 보고를 요구하거나 회사의 업무와 재산상태를 조사할 수 있다.

④ 모회사의 감사는 그 직무를 수행하기 위하여 필요한 때에는 자회사에 대하여 영업의 보고를 요구할 수 있다.

⑤ 감사는 이사가 주주총회에 제출할 의안 및 서류를 조사하여 법령 또는 정관에 위반하거나 현저하게 부당한 사항이 있는지의 여부에 관하여 주주총회에 그 의견을 진술하여야 한다.

┃해설┃

① [○] 감사는 회의의 목적사항과 소집의 이유를 기재한 서면을 이사회에 제출하여 임시총회의 소집을 청구할 수 있다(상법 제412조의3 제1항).

② [×] 감사록에는 감사의 실시요령과 그 결과를 기재하고 <u>감사를 실시한 감사가</u> 기명날인 또는 서명하여야 한다(상법 제413조의2 제2항).

③ [○] 감사는 언제든지 이사에 대하여 영업에 관한 보고를 요구하거나 회사의 업무와 재산상태를 조사할 수 있다(상법 제412조 제2항).

④ [○] 모회사의 감사는 그 직무를 수행하기 위하여 필요한 때에는 자회사에 대하여 영업의 보고를 요구할 수 있다(상법 제412조의5 제1항).

⑤ [○] 감사는 이사가 주주총회에 제출할 의안 및 서류를 조사하여 법령 또는 정관에 위반하거나 현저하게 부당한 사항이 있는지의 여부에 관하여 주주총회에 그 의견을 진술하여야 한다(상법 제413조).

답 ②

171 CPA 2020

☑ 확인 Check! ○ △ ×

상법상 주식회사의 감사에 관한 설명으로 틀린 것은?

① 감사는 신주발행무효의 소를 그 제소기간 내에 제기할 수 있고, 이사에 대한 위법행위 유지청구권을 행사할 수도 있다.

② 감사는 회의의 목적사항과 소집의 이유를 기재한 서면을 이사회에 제출하여 임시총회의 소집을 청구할 수 있다.

③ 판례에 의하면, 해임된 이사에 대하여 회사가 소를 제기하는 경우에 감사는 그 소에 관하여 회사를 대표한다.

④ 회사가 임기를 정하지 않은 감사를 정당한 이유없이 해임하더라도, 그 해임된 감사는 회사에 대하여 해임으로 인한 손해배상을 청구할 수 없다.

⑤ 감사는 회사 및 자회사의 이사 또는 지배인 기타의 사용인의 직무를 겸하지 못한다.

┃해설┃

① [○] 상법 제402조, 제429조

> **상법 제402조(유지청구권)**
> 이사가 법령 또는 정관에 위반한 행위를 하여 이로 인하여 회사에 회복할 수 없는 손해가 생길 염려가 있는 경우에는 감사 또는 발행주식의 총수의 100분의 1 이상에 해당하는 주식을 가진 주주는 회사를 위하여 이사에 대하여 그 행위를 유지할 것을 청구할 수 있다.
>
> **상법 제429조(신주발행무효의 소)**
> 신주발행의 무효는 주주·이사 또는 감사에 한하여 신주를 발행한 날로부터 6월 내에 소만으로 이를 주장할 수 있다.

② [O] 감사는 회의의 목적사항과 소집의 이유를 기재한 서면을 이사회에 제출하여 임시총회의 소집을 청구할 수 있다(상법 제412조의3 제1항).

③ [X] 상법 제394조 제1항에서는 이사와 회사 사이의 소에 있어서 양자 간에 이해의 충돌이 있기 쉬우므로 그 충돌을 방지하고 공정한 소송수행을 확보하기 위하여 비교적 객관적 지위에 있는 감사로 하여금 그 소에 관하여 회사를 대표하도록 규정하고 있는바, 소송의 목적이 되는 권리관계가 이사의 재직 중에 일어난 사유로 인한 것이라 할지라도 회사가 그 사람을 이사의 자격으로 제소하는 것이 아니고 <u>이사가 이미 이사의 자리를 떠난 경우에 회사가 그 사람을 상대로 제소하는 경우에는 특별한 사정이 없는 한 위 상법 제394조 제1항은 적용되지 않는다. 전 이사들을 상대로 하는 주주대표소송에 회사가 참가하는 경우, 상법 제394조 제1항의 적용이 배제되어 회사를 대표하는 자는 감사가 아닌 대표이사이다</u>(대판 2002.3.15. 2000다90).

④ [O] 감사의 해임으로 인한 손해배상청구는 임기를 정한 경우에 정당한 이유 없이 해임한 경우에 인정된다(상법 제415조, 제385조 제1항 참조).

> **상법 제415조(준용규정)**
>
> 제382조 제2항, 제382조의4, <u>제385조</u>, 제386조, 제388조, 제400조, 제401조, 제403조부터 제406조까지, 제406조의2 및 제407조는 감사에 준용한다.
>
> **상법 제385조(해임)**
>
> ① 이사는 언제든지 제434조의 규정에 의한 주주총회의 결의로 이를 해임할 수 있다. 그러나 이사의 <u>임기를 정한 경우에</u> 정당한 이유없이 그 임기만료 전에 이를 해임한 때에는 그 이사는 회사에 대하여 해임으로 인한 손해의 배상을 청구할 수 있다.

⑤ [O] 감사는 회사 및 자회사의 이사 또는 지배인 기타의 사용인의 직무를 겸하지 못한다(상법 제411조).

답 ③

주식회사의 감사에 관한 다음 설명 중 가장 옳지 않은 것은?

① 감사는 주주총회에서 선임하는데, 의결권 없는 주식을 제외한 발행주식의 총수의 100분의 3을 초과하는 수의 주식을 가진 주주는 그 초과하는 주식에 관하여 감사 선임에서의 의결권을 행사하지 못하는 것이 원칙이다.

② 주주총회에서 감사 선임결의가 있고, 선임된 사람의 동의가 있었다고 하여 바로 피선임자가 감사의 지위를 취득하게 되는 것은 아니고, 주주총회의 선임결의에 따라 회사의 대표기관이 임용계약의 청약을 하고 피선임자가 이에 승낙을 함으로써 비로소 피선임자가 감사의 지위에 취임하여 그 직무를 수행할 수 있게 된다.

③ 주식회사의 감사는 회사의 필요적 상설기관으로서 회계감사를 비롯하여 이사의 업무집행 전반을 감시할 권한을 갖는 등 상법 기타 법령이나 정관에서 정한 권한과 의무가 있다. 감사는 이러한 권한과 의무를 선량한 관리자의 주의의무를 다하여 이행하여야 하고, 이에 위반하여 그 임무를 해태한 때에는 그로 인하여 회사가 입은 손해를 배상할 책임이 있다.

④ 감사의 소극적인 직무수행 사유만을 가지고 감사로서의 자격을 부정하거나 주주총회 결의에서 정한 보수청구권의 효력을 부정하기는 어렵다. 다만 보수가 합리적인 수준을 벗어나서 현저히 균형성을 잃을 정도로 과다하거나, 오로지 보수의 지급이라는 형식으로 회사의 자금을 개인에게 지급하기 위한 방편으로 감사로 선임하였다는 등의 특별한 사정이 있는 경우에는 보수청구권의 일부 또는 전부에 대한 행사가 제한되고 회사는 합리적이라고 인정되는 범위를 초과하여 지급된 보수의 반환을 구할 수 있다.

⑤ 감사는 필요하면 회의의 목적사항과 소집이유를 서면에 적어 이사 또는 소집권자에게 제출하여 이사회 소집을 청구할 수 있다. 이때 이사가 지체 없이 이사회를 소집하지 아니하면 그 청구한 감사가 이사회를 소집할 수 있다.

┃ 해설 ┃

① [○] 상법 제409조 제1항, 제2항

> **상법 제409조(선임)**
> ① 감사는 주주총회에서 선임한다.
> ② 의결권 없는 주식을 제외한 발행주식의 총수의 100분의 3(정관에서 더 낮은 주식 보유비율을 정할 수 있으며, 정관에서 더 낮은 주식 보유비율을 정한 경우에는 그 비율로 한다)을 초과하는 수의 주식을 가진 주주는 그 초과하는 주식에 관하여 제1항의 감사의 선임에 있어서는 의결권을 행사하지 못한다.

② [✕] 주주총회에서 이사나 감사를 선임하는 경우, 선임결의와 피선임자의 승낙만 있으면, 피선임자는 대표이사와 별도의 임용계약을 체결하였는지와 관계없이 이사나 감사의 지위를 취득한다(대판[전합] 2017.3.23. 2016다251215).

③ [○] 주식회사의 감사는 회사의 필요적 상설기관으로서 회계감사를 비롯하여 이사의 업무집행 전반을 감시할 권한을 갖는 등 상법 기타 법령이나 정관에서 정한 권한과 의무가 있다. 감사는 이러한 권한과 의무를 선량한 관리자의 주의의무를 다하여 이행하여야 하고, 이에 위반하여 그 임무를 해태한 때에는 그로 인하여 회사가 입은 손해를 배상할 책임이 있다(대판 2019.11.28. 2017다244115).

④ [O] 소극적인 직무수행 사유만을 가지고 이사·감사로서의 자격을 부정하거나 주주총회 결의에서 정한 보수청구권의 효력을 부정하기는 어렵다. 다만 이사·감사의 소극적인 직무수행에 대하여 보수청구권이 인정된다 하더라도, 이사·감사의 보수는 직무수행에 대한 보상으로 지급되는 대가로서 이사·감사가 회사에 대하여 제공하는 반대급부와 지급받는 보수 사이에는 합리적 비례관계가 유지되어야 하므로 보수가 합리적인 수준을 벗어나서 현저히 균형성을 잃을 정도로 과다하거나, 오로지 보수의 지급이라는 형식으로 회사의 자금을 개인에게 지급하기 위한 방편으로 이사·감사로 선임하였다는 등의 특별한 사정이 있는 경우에는 보수청구권의 일부 또는 전부에 대한 행사가 제한되고 회사는 합리적이라고 인정되는 범위를 초과하여 지급된 보수의 반환을 구할 수 있다(대판 2015.9.10. 2015다213308).

⑤ [O] 상법 제412조의4 제1항, 제2항

> **상법 제412조의4(감사의 이사회 소집 청구)**
> ① 감사는 필요하면 회의의 목적사항과 소집이유를 서면에 적어 이사(소집권자가 있는 경우에는 소집권자를 말한다. 이하 이 조에서 같다)에게 제출하여 이사회 소집을 청구할 수 있다.
> ② 제1항의 청구를 하였는데도 이사가 지체 없이 이사회를 소집하지 아니하면 그 청구한 감사가 이사회를 소집할 수 있다.

답 ②

173 법무사 2021

☑ 확인Check! ○ △ ✕

상법상 주식회사의 감사 및 감사위원회에 관한 다음 설명 중 가장 옳지 않은 것은?

① 자본금의 총액이 10억원 미만인 회사의 경우에는 감사를 선임하지 않을 수 있다.

② 감사는 주주총회에서 감사의 해임에 관하여 의견을 진술할 수 있다.

③ 회사는 정관이 정한 바에 따라 감사에 갈음하여 제393조의2의 규정에 의한 위원회로서 감사위원회를 설치할 수 있고, 감사위원회를 설치한 경우에도 감사를 함께 둘 수 있다.

④ 감사위원회의 위원의 해임에 관한 이사회의 결의는 이사 총수의 3분의 2 이상의 결의로 하여야 한다.

⑤ 감사위원회는 그 결의로 위원회를 대표할 자를 선정하여야 하고, 이 경우 수인의 위원이 공동으로 위원회를 대표할 것을 정할 수 있다.

┃해설┃

① [O] 제1항, 제296조 제1항 및 제312조에도 불구하고 자본금의 총액이 10억원 미만인 회사의 경우에는 감사를 선임하지 아니할 수 있다(상법 제409조 제4항).

② [O] 감사는 주주총회에서 감사의 해임에 관하여 의견을 진술할 수 있다(상법 제409조의2).

③ [✕] 회사는 정관이 정한 바에 따라 감사에 갈음하여 제393조의2의 규정에 의한 위원회로서 감사위원회를 설치할 수 있다. <u>감사위원회를 설치한 경우에는 감사를 둘 수 없다</u>(상법 제415조의2 제1항).

④ [O] 감사위원회의 위원의 해임에 관한 이사회의 결의는 이사 총수의 3분의 2 이상의 결의로 하여야 한다(상법 제415조의2 제3항).

⑤ [O] 감사위원회는 그 결의로 위원회를 대표할 자를 선정하여야 한다. 이 경우 수인의 위원이 공동으로 위원회를 대표할 것을 정할 수 있다(상법 제415조의2 제4항).

답 ③

174 세무사 2024　　　　☑ 확인 Check! ○ △ ✕

상법상 자본금 1천억원 미만의 상장회사의 소수주주권 행사를 위한 주식보유비율 중 옳지 않은 것은? 기출수정

① 주주제안권-의결권 없는 주식을 제외한 발행주식총수의 1천분의 20 이상
② 이사의 위법행위 유지청구권-발행주식총수의 10만분의 50 이상
③ 이사해임청구권-발행주식총수의 1만분의 50 이상
④ 회계장부열람권-발행주식총수의 1만분의 10 이상
⑤ 회사의 업무, 재산상태 검사인 선임 청구권-발행주식총수의 1천분의 15 이상

┃해설┃

> 한국산업인력공단의 최종정답에서는 각 답항 지문에 '~이상' 이라는 문구가 누락되어 전항 정답으로 처리되었으나 (사견), 교재에서는 이를 바로잡고 정답을 ①번으로 하였습니다.

① [✕] 6개월 전부터 계속하여 상장회사의 의결권 없는 주식을 제외한 <u>발행주식총수의 1천분의 10</u>(대통령령으로 정하는 상장회사-자본금이 1천억원 이상인 상장회사-의 경우에는 1천분의 5) <u>이상</u>에 해당하는 주식을 보유한 자는 제363조의2(주주제안권)(제542조에서 준용하는 경우를 포함한다)에 따른 주주의 권리를 행사할 수 있다(상법 제542조의6 제2항, 상법 시행령 제32조).

② [○] 6개월 전부터 계속하여 상장회사 발행주식총수의 10만분의 50(대통령령으로 정하는 상장회사-자본금이 1천억원 이상인 상장회사-의 경우에는 10만분의 25) 이상에 해당하는 주식을 보유한 자는 제402조(유지청구권)(제408조의9 및 제542조에서 준용하는 경우를 포함한다)에 따른 주주의 권리를 행사할 수 있다(상법 제542조의6 제5항, 상법 시행령 제32조).

③ [○] 6개월 전부터 계속하여 상장회사 발행주식총수의 1만분의 50(대통령령으로 정하는 상장회사-자본금이 1천억원 이상인 상장회사-의 경우에는 1만분의 25) 이상에 해당하는 주식을 보유한 자는 제385조(해임)(제415조에서 준용하는 경우를 포함한다) 및 제539(청산인의 해임)조에 따른 주주의 권리를 행사할 수 있다(상법 제542조의6 제3항, 상법 시행령 제32조).

④ [○] 6개월 전부터 계속하여 상장회사 발행주식총수의 1만분의 10(대통령령으로 정하는 상장회사-자본금이 1천억원 이상인 상장회사-의 경우에는 1만분의 5) 이상에 해당하는 주식을 보유한 자는 제466조(주주의 회계장부열람권)(제542조에서 준용하는 경우를 포함한다)에 따른 주주의 권리를 행사할 수 있다(상법 제542조의6 제4항, 상법 시행령 제32조).

⑤ [○] 6개월 전부터 계속하여 상장회사 발행주식총수의 1천분의 15 이상에 해당하는 주식을 보유한 자는 제366조(소수주주에 의한 소집청구)(제542조에서 준용하는 경우를 포함한다) 및 제467조(회사의 업무, 재산상태의 검사)에 따른 주주의 권리를 행사할 수 있다(상법 제542조의6 제1항).

답 ①

상법상 최근 사업연도 말 현재의 자산총액이 2조원 이상인 상장회사에 관한 설명으로 옳지 않은 것은?

① 사외이사는 3명 이상으로 하되, 이사 총수의 4분의 1 이상이 되도록 하여야 한다.
② 회사는 사외이사 후보추천위원회와 감사위원회를 설치하여야 한다.
③ 사외이사 후보추천위원회는 사외이사가 총위원의 과반수가 되도록 구성하여야 한다.
④ 감사위원회 위원을 선임하거나 해임하는 권한은 주주총회에 있다.
⑤ 감사위원회 위원은 이사이므로 경업금지의무와 회사기회유용금지의무를 부담한다.

┃해설┃

① [✕] 상장회사는 자산 규모 등을 고려하여 대통령령으로 정하는 경우를 제외하고는 이사 총수의 4분의 1 이상을 사외이사로 하여야 한다. 다만, 자산 규모 등을 고려하여 대통령령으로 정하는 상장회사(최근 사업연도 말 현재의 자산총액이 2조원 이상인 상장회사)의 사외이사는 3명 이상으로 하되, <u>이사 총수의 과반수</u>가 되도록 하여야 한다(상법 제542조의8 제1항, 상법 시행령 제34조 제2항).

② [○], ③ [○] 위원회의 설치는 임의적이나, 자산총액 2조원 이상의 대규모 상장회사는 사외이사추천위원회(상법 제542조의8 제4항 본문, 상법 시행령 제34조 제2항)와 감사위원회(상법 제542조의11 제1항, 상법 시행령 제37조 제1항)를 설치하여야 한다. 사외이사 후보추천위원회는 사외이사가 총위원의 과반수가 되도록 구성하여야 한다(상법 제542조의8 제4항 단서).

> **상법 제542조의8(사외이사의 선임)**
> ④ 제1항 단서의 상장회사는 사외이사 후보를 추천하기 위하여 제393조의2의 위원회(이하 이 조에서 "사외이사 후보추천위원회"라 한다)를 설치하여야 한다. 이 경우 사외이사 후보추천위원회는 사외이사가 총위원의 과반수가 되도록 구성하여야 한다.
>
> > **상법 시행령 제34조(상장회사의 사외이사 등)**
> > ② 법 제542조의8 제1항 단서에서 "대통령령으로 정하는 상장회사"란 최근 사업연도 말 현재의 자산총액이 2조원 이상인 상장회사를 말한다.
>
> **상법 제542조의11(감사위원회)**
> ① 자산 규모 등을 고려하여 대통령령으로 정하는 상장회사는 감사위원회를 설치하여야 한다.
>
> > **상법 시행령 제37조(감사위원회)**
> > ① 법 제542조의11 제1항에서 "대통령령으로 정하는 상장회사"란 최근 사업연도 말 현재의 자산총액이 2조원 이상인 상장회사를 말한다. 다만, 다음 각 호의 어느 하나에 해당하는 상장회사는 제외한다.

④ [○] 제542조의11 제1항의 상장회사(최근 사업연도 말 현재의 자산총액이 2조원 이상인 상장회사)의 경우 제393조의2에도 불구하고 감사위원회위원을 선임하거나 해임하는 권한은 주주총회에 있다(상법 제542조의12 제1항, 제542조의11 제1항, 상법 시행령 제37조 제1항).

⑤ [O] 감사위원회 위원은 이사이므로(상법 제415조의2 제2항 참조) 경업금지의무, 회사기회유용금지의무, 자기거래금지의무를 부담한다.

> **상법 제415조의2(감사위원회)**
> ② 감사위원회는 제393조의2 제3항에도 불구하고 3명 이상의 이사로 구성한다. 다만, 사외이사가 위원의 3분의 2 이상이어야 한다.

답 ①

176 세무사 2019

☑ 확인Check! ○ △ ✕

상법상 준법지원인에 관한 설명으로 옳지 않은 것은?

① 준법지원인은 준법통제기준의 준수여부를 점검하여 그 결과를 이사회에 보고하여야 한다.
② 준법지원인은 선량한 관리자의 주의로 그 직무를 수행하여야 하며, 재임 중뿐만 아니라 퇴임 후에도 직무상 알게 된 회사의 비밀을 누설하여서는 아니 된다.
③ 다른 법률에 따라 내부통제기준 및 준법감시인을 두어야 하는 상장회사는 상법상의 준법지원인을 두지 않아도 된다.
④ 준법지원인은 비상근으로도 할 수 있으며, 회사 내의 다른 업무 중 자신의 업무수행에 영향을 줄 수 있는 영업 관련 업무를 담당하여서는 아니 된다.
⑤ 최근 사업연도말의 자산총액이 5천억원 이상인 상장회사가 준법지원인을 임면하려면 이사회 결의를 거쳐야 한다.

┃해설┃

① [O] 준법지원인은 준법통제기준의 준수여부를 점검하여 그 결과를 이사회에 보고하여야 한다(상법 제542조의13 제3항).
② [O] 상법 제542조의13 제7항, 제8항
③ [O] 상법 제542조의13 제2항, 상법 시행령 제39조
④ [✕] 준법지원인은 <u>상근</u>으로 하며, 회사 내의 다른 업무 중 자신의 업무수행에 영향을 줄 수 있는 영업 관련 업무를 담당하여서는 아니 된다(상법 제542조의13 제6항, 상법 시행령 제42조 참조).
⑤ [O] 상법 제542조의13 제4항

> **상법 제542조의13(준법통제기준 및 준법지원인)**
> ① 자산 규모 등을 고려하여 대통령령으로 정하는 상장회사는 법령을 준수하고 회사경영을 적정하게 하기 위하여 임직원이 그 직무를 수행할 때 따라야 할 준법통제에 관한 기준 및 절차(이하 "준법통제기준"이라 한다)를 마련하여야 한다.
>
> > **상법 시행령 제39조(준법통제기준 및 준법지원인 제도의 적용범위)**
> > 법 제542조의13 제1항에서 "대통령령으로 정하는 상장회사"란 최근 사업연도 말 현재의 자산총액이 5천억원 이상인 회사를 말한다. 다만, <u>다른 법률에 따라 내부통제기준 및 준법감시인을 두어야 하는 상장회사는 제외한다</u>.

② 제1항의 상장회사는 준법통제기준의 준수에 관한 업무를 담당하는 사람(이하 "준법지원인"이라 한다)을 1명 이상 두어야 한다.
④ 제1항의 상장회사는 준법지원인을 임면하려면 이사회 결의를 거쳐야 한다.
⑥ 준법지원인의 임기는 3년으로 하고, 준법지원인은 상근으로 한다.

> **상법 시행령 제42조(준법지원인의 영업 업무 제한)**
> 준법지원인은 자신의 업무수행에 영향을 줄 수 있는 영업 관련 업무를 담당해서는 아니 된다.

⑦ 준법지원인은 선량한 관리자의 주의로 그 직무를 수행하여야 한다.
⑧ 준법지원인은 재임 중뿐만 아니라 퇴임 후에도 직무상 알게 된 회사의 영업상 비밀을 누설하여서는 아니 된다.

탑 ④

177 세무사 2017

☑ 확인 Check! ○ △ ✕

준법지원인에 관한 설명으로 옳지 않은 것은?

① 최근 사업연도 말 현재의 자산총액이 5천억원 이상인 상장회사는 다른 법률에 따라 내부통제기준 및 준법감시인을 두어야 하는 상장회사가 아니면 준법지원인을 두어야 한다.
② 준법지원인은 이사회 결의에 의하여 선임된다.
③ 준법지원인의 임기는 3년이며, 다만 다른 법률의 규정이 준법지원인의 임기를 3년보다 단기로 정하고 있는 경우에는 다른 법률이 우선하여 적용된다.
④ 준법지원인은 재임 중뿐만 아니라 퇴임 후에도 직무상 알게 된 회사의 영업상 비밀을 누설하여서는 아니 된다.
⑤ 준법지원인은 상근으로 하여야 하고, 그 직무를 독립적으로 수행할 수 있도록 하여야 한다.

┃해설┃
① [○] 상법 제542조의13 제1항·제2항, 상법 시행령 제39조
② [○] 상법 제542조의13 제4항
③ [✕] 준법지원인의 임기는 3년이며, 다만 다른 법률의 규정이 준법지원인의 임기를 3년보다 단기로 정하고 있는 경우에는 <u>3년으로 한다</u>(상법 제542조의13 제6항, 제11항 단서 참조).

④ [○] 상법 제542조의13 제8항
⑤ [○] 상법 제542조의13 제6항, 제9항

상법 제542조의13(준법통제기준 및 준법지원인)

① 자산 규모 등을 고려하여 대통령령으로 정하는 상장회사는 법령을 준수하고 회사경영을 적정하게 하기 위하여 임직원이 그 직무를 수행할 때 따라야 할 준법통제에 관한 기준 및 절차(이하 "준법통제기준"이라 한다)를 마련하여야 한다.

> **상법 시행령 제39조(준법통제기준 및 준법지원인 제도의 적용범위)**
> 법 제542조의13 제1항에서 "대통령령으로 정하는 상장회사"란 최근 사업연도 말 현재의 자산총액이 5천억원 이상인 회사를 말한다. 다만, 다른 법률에 따라 내부통제기준 및 준법감시인을 두어야 하는 상장회사는 제외한다.

② 제1항의 상장회사는 준법통제기준의 준수에 관한 업무를 담당하는 사람(이하 "준법지원인"이라 한다)을 1명 이상 두어야 한다.
④ 제1항의 상장회사는 준법지원인을 임면하려면 이사회 결의를 거쳐야 한다.
⑥ <u>준법지원인의 임기는 3년으로 하고, 준법지원인은 상근으로 한다.</u>
⑧ 준법지원인은 재임 중뿐만 아니라 퇴임 후에도 직무상 알게 된 회사의 영업상 비밀을 누설하여서는 아니 된다.
⑨ 제1항의 상장회사는 준법지원인이 그 직무를 독립적으로 수행할 수 있도록 하여야 하고, 제1항의 상장회사의 임직원은 준법지원인이 그 직무를 수행할 때 자료나 정보의 제출을 요구하는 경우 이에 성실하게 응하여야 한다.
⑪ 준법지원인에 관하여 다른 법률에 특별한 규정이 있는 경우를 제외하고는 이 법에서 정하는 바에 따른다. 다만, <u>다른 법률의 규정이 준법지원인의 임기를 제6항보다 단기로 정하고 있는 경우에는 제6항을 다른 법률에 우선하여 적용한다.</u>

답 ③

178 　CPA　2024　　☑ 확인 Check! ○ △ ✕

상법상 상장주식회사에 대한 특례에 관한 설명으로 옳은 것은?

① 상장회사는 발행주식총수의 100분의 30의 범위에서 주식매수선택권을 부여할 수 있으나 관계 회사의 이사, 집행임원, 감사 또는 피용자에게는 주식매수선택권을 부여할 수 없다.
② 최근 사업연도 말 현재의 자산총액이 5천억원 이상인 상장회사는 준법통제에 관한 기준 및 절차를 마련하여야 하나, 다른 법률에 따라 내부통제기준 및 준법감시인을 두어야 하는 상장회사는 제외한다.
③ 상장회사가 이사·감사의 선임에 관한 사항을 목적으로 하는 주주총회를 소집할 경우 이사·감사 후보자의 약력이나 추천인 등 후보자에 관한 사항을 통지할 의무가 없다.
④ 상장회사는 정관에서 소수주주권에 관한 상장회사 특례보다 단기의 주식 보유기간을 정하거나 높은 주식 보유비율을 정할 수 있다.
⑤ 상장회사가 주요주주를 상대방으로 하거나 그를 위하여 신용공여를 할 경우 이사 3분의 2 이상의 수로써 이사회의 승인을 거치면 유효하다.

┃해설┃

① [✕] 상장회사는 발행주식총수의 <u>100분의 20의 범위에서</u> 주식매수선택권을 부여할 수 있으며, 관계 회사의 이사, 집행임원, 감사 또는 피용자에게도 주식매수선택권을 <u>부여할 수 있다</u>(상법 제542조의3 제1항, 제2항 참조).

> **상법 제542조의3(주식매수선택권)**
> ① 상장회사는 제340조의2 제1항 본문에 규정된 자 외에도 대통령령으로 정하는 <u>관계 회사의 이사, 집행임원, 감사 또는 피용자</u>에게 주식매수선택권을 부여할 수 있다. 다만, 제542조의8 제2항 제5호의 최대주주 등 대통령령으로 정하는 자에게는 주식매수선택권을 부여할 수 없다.
> ② 상장회사는 제340조의2 제3항에도 불구하고 발행주식총수의 <u>100분의 20의 범위에서</u> 대통령령으로 정하는 한도까지 주식매수선택권을 부여할 수 있다.

② [○] 상법 제542조의13 제1항, 상법 시행령 제39조

> **상법 제542조의13(준법통제기준 및 준법지원인)**
> ① 자산 규모 등을 고려하여 대통령령으로 정하는 상장회사는 법령을 준수하고 회사경영을 적정하게 하기 위하여 임직원이 그 직무를 수행할 때 따라야 할 준법통제에 관한 기준 및 절차(이하 "준법통제기준"이라 한다)를 마련하여야 한다.
>
> **상법 시행령 제39조(준법통제기준 및 준법지원인 제도의 적용범위)**
> 법 제542조의13 제1항에서 "대통령령으로 정하는 상장회사"란 최근 사업연도 말 현재의 자산총액이 5천억원 이상인 회사를 말한다. 다만, 다른 법률에 따라 내부통제기준 및 준법감시인을 두어야 하는 상장회사는 제외한다.

③ [✕] 상장회사가 이사·감사의 선임에 관한 사항을 목적으로 하는 주주총회를 소집통지 또는 공고하는 경우에는 이사·감사 후보자의 성명, 약력, 추천인, 그 밖에 대통령령으로 정하는 후보자에 관한 사항을 <u>통지하거나 공고하여야 한다</u>(상법 제542조의4 제2항).

④ [✕] 상장회사는 정관에서 제1항부터 제6항까지 규정된 것(소수주주권에 관한 상장회사에 대한 특례)보다 단기의 주식 보유기간을 정하거나 <u>낮은 주식 보유비율을 정할 수 있다</u>(상법 제542조의6 제8항).

⑤ [✕] 상법 제542조의9 제1항 제1호

> **상법 제542조의9(주요주주 등 이해관계자와의 거래)**
> ① 상장회사는 다음 각 호의 어느 하나에 해당하는 자를 상대방으로 하거나 그를 위하여 <u>신용공여</u>(금전 등 경제적 가치가 있는 재산의 대여, 채무이행의 보증, 자금 지원적 성격의 증권 매입, 그 밖에 거래상의 신용위험이 따르는 직접적·간접적 거래로서 대통령령으로 정하는 거래를 말한다. 이하 이 조에서 같다)를 하여서는 아니 된다.
> 1. <u>주요주주 및 그의 특수관계인</u>
> 2. 이사(제401조의2 제1항 각 호의 어느 하나에 해당하는 자를 포함한다. 이하 이 조에서 같다) 및 집행임원
> 3. 감 사

답 ②

CHAPTER 05 | 기업재무 등

제1절 | 신주발행

01 세무사 2024   ☑ 확인Check! ○ △ ✕

상법상 주주의 신주인수권에 관한 설명으로 옳지 않은 것은?

① 주주는 회사가 신주를 발행하는 경우에 다른 사람에 우선하여 신주를 인수할 수 있다.

② 회사는 신기술의 도입 등 회사의 경영상의 목적을 달성하기 위하여 필요한 경우에 한하여 정관이 정하는 바에 따라 제3자에게 신주를 배정할 수 있다.

③ 주주의 신주인수권은 정관이나 이사회 결의에 의해서 발생한다.

④ 정관 또는 이사회 결의 등으로 신주인수권을 양도할 수 있음을 정한 경우, 주주는 신주인수권을 양도할 수 있다.

⑤ 회사는 정관으로 정하는 바에 따라 전자등록기관의 전자등록부에 신주인수권을 등록할 수 있다.

┃해설┃

① [○] 회사가 신주를 발행하는 경우에 다른 사람에 우선하여 신주를 인수할 수 있는 권리를 추상적 신주인수권이라 한다. 상법상 추상적 신주인수권은 원칙적으로 주주에게 부여하고 있다(상법 제418조 제1항 참조).

② [○] 상법 제418조 제2항

> **상법 제418조(신주인수권의 내용 및 배정일의 지정·공고)**
> ① 주주는 그가 가진 주식 수에 따라서 신주의 배정을 받을 권리가 있다.
> ② 회사는 제1항의 규정에 불구하고 정관에 정하는 바에 따라 주주 외의 자에게 신주를 배정할 수 있다. 다만, 이 경우에는 신기술의 도입, 재무구조의 개선 등 회사의 경영상 목적을 달성하기 위하여 필요한 경우에 한한다.

③ [✕] 주주의 추상적 신주인수권은 주주의 자격에 기하여 법률상 당연히 인정되는 것이지(상법 제418조 제1항 참조) 정관이나 이사회 결의에 의해서 발생하는 것이 아니다.

④ [○] 정관 또는 이사회결의로 신주인수권을 양도할 수 있음을 정한 경우에 주주는 회사에 대한 관계에서 유효하게 신주인수권을 양도할 수 있다. 신주발행을 주주총회에서 결정하는 경우에는 주주총회의 결의가 있어야 한다(상법 제416조 제5호 참조). 신주인수권을 양도할 수 있음을 정한 경우 회사는 신주인수권증서를 발행해야 하고(상법 제420조의2 제1항 참조), 신주인수권의 양도는 신주인수권증서의 교부에 의하여서만 할 수 있다(상법 제420조의3 제1항 참조).

438 세무사 1차 객관식 상법(회사편)

⑤ [O] 회사는 신주인수권증서를 발행하는 대신 정관으로 정하는 바에 따라 전자등록기관의 전자등록부에 신주인수권을 등록할 수 있다. 이 경우 제356조의2(주식의 전자등록) 제2항부터 제4항까지의 규정을 준용한다(상법 제420조의4).

답 ③

---

02 세무사 2023   ☑ 확인Check! ○ △ ✕

상법상 비상장주식회사에서 액면미달의 주식발행에 관한 설명으로 옳은 것은?

① 회사가 성립한 날로부터 5년을 경과한 후가 아니면 액면미달의 주식발행은 허용되지 않는다.
② 액면미달의 주식발행은 주주총회의 보통결의로 한다.
③ 액면미달로 주식을 발행하는 경우 주식의 발행에 따른 변경등기에는 미상각액을 등기하지 않아도 된다.
④ 회사는 액면미달 발행의 주주총회 결의가 있은 날부터 2주 내에 회사채권자에 대하여 이에 대하여 이의가 있으면 일정한 기간 내에 이를 제출할 것을 공고하고 알고 있는 채권자에 대하여는 따로따로 이를 최고하여야 한다.
⑤ 액면미달로 주식을 발행하는 경우 법원의 인가를 얻은 날로부터 1월 내에 발행하여야 하지만, 법원은 이 기간을 연장하여 인가할 수 있다.

┃해설┃

① [✕], ② [✕], ⑤ [O] 상법 제417조 제1항, 제4항

③ [×] 제417조에 따른 주식을 발행한 경우에 주식의 발행에 따른 변경등기에는 <u>미상각액을 등기하여야 한다</u>(상법 제426조).

④ [×] 액면미달발행이더라도 회사의 순자산은 늘어났고 신주의 주주는 기존의 채권자보다 후순위이기 때문에, <u>액면미달 발행의 경우에 채권자보호절차를 요하지 않는다</u>.

답 ⑤

03 세무사 2021 ☑ 확인 Check! ○ △ ✕

상법상 주주의 신주인수권에 관한 설명으로 옳지 않은 것은?

① 회사는 정관의 규정이 없더라도 경영상 목적을 달성하기 위하여 필요한 경우에는 주주 외의 자에게 신주를 배정할 수 있다.

② 주주는 그가 가진 주식 수에 따라서 신주의 배정을 받을 권리가 있다.

③ 신주의 인수인은 회사의 동의가 있으면 신주인수가액의 납입채무와 회사에 대한 채권을 상계할 수 있다.

④ 신주인수권증서가 발행된 경우, 신주인수권의 양도는 신주인수권증서의 교부에 의하여서만 이를 행한다.

⑤ 신주인수권증서의 점유자는 이를 적법한 소지인으로 추정한다.

┃해설┃

① [×] 회사는 제1항의 규정에 불구하고 <u>정관에 정하는 바에 따라</u> 주주 외의 자에게 신주를 배정할 수 있다. 다만, 이 경우에는 신기술의 도입, 재무구조의 개선 등 회사의 경영상 목적을 달성하기 위하여 필요한 경우에 한한다(상법 제418조 제2항).

② [○] 주주는 그가 가진 주식 수에 따라서 신주의 배정을 받을 권리가 있다(상법 제418조 제1항).

③ [○] 상법 제421조 제2항

> **상법 제421조(주식에 대한 납입)**
> ① 이사는 신주의 인수인으로 하여금 그 배정한 주수(株數)에 따라 납입기일에 그 인수한 주식에 대한 인수가액의 전액을 납입시켜야 한다.
> ② 신주의 인수인은 회사의 동의 없이 제1항의 납입채무와 주식회사에 대한 채권을 상계할 수 없다.

④ [○] 신주인수권의 양도는 신주인수권증서의 교부에 의하여서만 이를 행한다(상법 제420조의3 제1항).

⑤ [○] 상법 제420조의3 제2항, 제336조 제2항

> **상법 제420조의3(신주인수권의 양도)**
> ② 제336조 제2항 및 수표법 제21조의 규정은 신주인수권증서에 관하여 이를 준용한다.
>
> **상법 제336조(주식의 양도방법)**
> ② 주권의 점유자는 이를 적법한 소지인으로 추정한다.

답 ①

상법상 주주의 신주인수권에 관한 설명으로 옳지 않은 것은?

① 신주인수권증서의 점유자는 이를 적법한 소지인으로 추정한다.
② 신주인수권증서를 상실한 자는 주식청약서에 의하여 주식의 청약을 할 수 있다.
③ 신주인수권증서가 발행된 경우 신주인수권의 양도는 신주인수권증서의 교부에 의하여서만 이를 행한다.
④ 주주에게 배당할 이익으로 주식을 소각할 것을 정한 때에는 그 규정을 신주인수권증서에 기재하여야 한다.
⑤ 신주인수권증서에 의한 청약은 주식청약서에 의한 주식의 청약이 있는 때에는 그 효력을 잃는다.

▌해설▐

① [○] 상법 제420조의3 제2항, 제336조 제2항

> **상법 제420조의3(신주인수권의 양도)**
> ② 제336조 제2항 및 수표법 제21조의 규정은 신주인수권증서에 관하여 이를 준용한다.
>
> **상법 제336조(주식의 양도방법)**
> ② 주권의 점유자는 이를 적법한 소지인으로 추정한다.

② [○], ⑤ [✕] 신주인수권증서를 상실한 자는 주식청약서에 의하여 주식의 청약을 할 수 있다. 그러나 그 청약은 신주인수권증서에 의한 청약이 있는 때에는 그 효력을 잃는다(상법 제420조의5 제2항).
③ [○] 신주인수권의 양도는 신주인수권증서의 교부에 의하여서만 이를 행한다(상법 제420조의3 제1항).
④ [○] 상법 제420조의2 제2항 제2호, 제420조 제2호, 제302조 제2항 제7호

> **상법 제420조의2(신주인수권증서의 발행)**
> ② 신주인수권증서에는 다음 사항과 번호를 기재하고 이사가 기명날인 또는 서명하여야 한다.
>   1. 신주인수권증서라는 뜻의 표시
>   2. 제420조에 규정한 사항
>
> > **상법 제420조(주식청약서)**
> > 이사는 주식청약서를 작성하여 다음의 사항을 적어야 한다.
> >   1. 제289조 제1항 제2호 내지 제4호에 게기한 사항
> >   2. 제302조 제2항 제7호(주주에게 배당할 이익으로 주식을 소각할 것을 정한 때에는 그 규정)·제9호 및 제10호에 게기한 사항
> >   3. 제416조 제1호 내지 제4호에 게기한 사항
> >   4. 제417조에 따른 주식을 발행한 경우에는 그 발행조건과 미상각액(未償却額)
> >   5. 주주에 대한 신주인수권의 제한에 관한 사항 또는 특정한 제3자에게 이를 부여할 것을 정한 때에는 그 사항
> >   6. 주식발행의 결의연월일
>
>   3. 신주인수권의 목적인 주식의 종류와 수
>   4. 일정기일까지 주식의 청약을 하지 아니할 때에는 그 권리를 잃는다는 뜻

답 ⑤

상법상 신주인수권에 관한 설명으로 옳지 않은 것은?

① 주주가 가지는 신주인수권을 양도할 수 있는 것에 관한 사항은 정관에 다른 규정이 없는 한, 원칙적으로 이사회가 결정한다.

② 신주배정일에 확정된 구체적 신주인수권의 경우 주식과 분리하여 신주인수권증서에 의하여 양도할 수 없다.

③ 신주인수권증서를 상실한 자는 주식청약서에 의하여 주식의 청약을 할 수 있다.

④ 회사는 신주인수권증서를 발행하는 대신 정관으로 정하는 바에 따라 전자등록기관의 전자등록부에 신주인수권을 등록할 수 있다.

⑤ 회사는 신주인수권을 가진 자에 대하여 그 인수권을 가지는 주식의 종류 및 수와 일정한 기일까지 주식인수의 청약을 하지 아니하면 그 권리를 잃는다는 뜻을 통지하여야 한다.

┃해설┃

① [O] 상법 제416조 제5호

> **상법 제416조(발행사항의 결정)**
> 회사가 그 성립 후에 주식을 발행하는 경우에는 다음의 사항으로서 정관에 규정이 없는 것은 이사회가 결정한다. 다만, 이 법에 다른 규정이 있거나 정관으로 주주총회에서 결정하기로 정한 경우에는 그러하지 아니하다.
> … (중략) …
> 5. 주주가 가지는 신주인수권을 양도할 수 있는 것에 관한 사항
> 6. 주주의 청구가 있는 때에만 신주인수권증서를 발행한다는 것과 그 청구기간

② [✕] 구체적 신주인수권이란 이사회가 신주발행과 관련하여 구체적으로 주주 배정 또는 제3자 배정을 결정함으로써 주주 또는 제3자가 취득하는 신주인수의 청약을 할 수 있는 권리를 말한다. 주주의 구체적 신주인수권은 회사에 대한 채권적 권리로서 주식과 분리하여 양도할 수 있는데, 양도는 신주인수권증서의 교부에 의하여서만 할 수 있다(상법 제420조의3 제1항 참조).

> **상법 제420조의3(신주인수권의 양도)**
> ① 신주인수권의 양도는 신주인수권증서의 교부에 의하여서만 이를 행한다.

③ [O] 신주인수권증서를 상실한 자는 주식청약서에 의하여 주식의 청약을 할 수 있다. 그러나 그 청약은 신주인수권증서에 의한 청약이 있는 때에는 그 효력을 잃는다(상법 제420조의5 제2항).

④ [O] 회사는 신주인수권증서를 발행하는 대신 정관으로 정하는 바에 따라 전자등록기관의 전자등록부에 신주인수권을 등록할 수 있다. 이 경우 제356조의2(주식의 전자등록) 제2항부터 제4항까지의 규정을 준용한다(상법 제420조의4).

⑤ [O] 회사는 신주의 인수권을 가진 자에 대하여 그 인수권을 가지는 주식의 종류 및 수와 일정한 기일까지 주식인수의 청약을 하지 아니하면 그 권리를 잃는다는 뜻을 통지하여야 한다. 이 경우 제416조 제5호(주주가 가지는 신주인수권을 양도할 수 있는 것에 관한 사항) 및 제6호(주주의 청구가 있는 때에만 신주인수권증서를 발행한다는 것과 그 청구기간)에 규정한 사항의 정함이 있는 때에는 그 내용도 통지하여야 한다(상법 제419조 제1항).

 답 ②

06 CPA 2023

비상장주식회사의 이사회가 신주 발행과 관련하여 주주가 가지는 신주인수권을 양도할 수 있는 것에 관한 사항을 적법하게 정한 경우 상법상 그 법률관계에 관한 설명으로 틀린 것은?

① 이사회는 주주의 청구가 있는 때에만 신주인수권증서를 발행할 수 있다는 것과 그 청구기간을 정할 수 있다.

② 신주인수권증서의 점유자는 적법한 소지인으로 추정된다.

③ 신주인수권증서의 소지인이 신주인수권을 양도하는 경우 신주인수권증서의 교부에 의하여서만 이를 행한다.

④ 신주인수권증서를 점유하는 소지인은 신주인수권증서가 아닌 주식청약서에 의하여 주식의 청약을 할 수 있다.

⑤ 신주인수권증서의 소지인이 신주인수권증서에 기재된 기일까지 주식인수의 청약을 하지 않으면 신주인수권을 상실한다.

┃ 해설 ┃

① [○] 상법 제416조 제6호

> **상법 제416조(발행사항의 결정)**
> 회사가 그 성립 후에 주식을 발행하는 경우에는 다음의 사항으로서 정관에 규정이 없는 것은 이사회가 결정한다. 다만, 이 법에 다른 규정이 있거나 정관으로 주주총회에서 결정하기로 정한 경우에는 그러하지 아니하다.
> 1. 신주의 종류와 수
> 2. 신주의 발행가액과 납입기일
> 2의2. 무액면주식의 경우에는 신주의 발행가액 중 자본금으로 계상하는 금액
> 3. 신주의 인수방법
> 4. 현물출자를 하는 자의 성명과 그 목적인 재산의 종류, 수량, 가액과 이에 대하여 부여할 주식의 종류와 수
> 5. 주주가 가지는 신주인수권을 양도할 수 있는 것에 관한 사항
> 6. 주주의 청구가 있는 때에만 신주인수권증서를 발행한다는 것과 그 청구기간

② [○] 상법 제420조의3 제2항, 제336조 제2항

> **상법 제420조의3(신주인수권의 양도)**
> ② 제336조 제2항 및 수표법 제21조의 규정은 신주인수권증서에 관하여 이를 준용한다.
>
> **상법 제336조(주식의 양도방법)**
> ② 주권의 점유자는 이를 적법한 소지인으로 추정한다.

③ [○] 신주인수권의 양도는 신주인수권증서의 교부에 의하여서만 이를 행한다(상법 제420조의3 제1항).

④ [×] 신주인수권증서를 상실한 경우에는 주식청약서에 의하여 주식을 청약할 수 있으나, 신주인수권증서를 점유하는 소지인은 <u>신주인수권증서로 주식의 청약을 하여야 한다</u>(상법 제420조의5 제1항, 제2항 참조).

> **상법 제420조의5(신주인수권증서에 의한 청약)**
> ① <u>신주인수권증서를 발행한 경우에는 신주인수권증서에 의하여 주식의 청약을 한다.</u> 이 경우에는 제302조 제1항의 규정을 준용한다.
> ② <u>신주인수권증서를 상실한 자는 주식청약서에 의하여 주식의 청약을 할 수 있다.</u> 그러나 그 청약은 신주인수권증서에 의한 청약이 있는 때에는 그 효력을 잃는다.

⑤ [○] 상법 제419조 제1항·제3항, 제420조의2 제2항 제4호

> **상법 제419조(신주인수권자에 대한 최고)**
> ① 회사는 신주의 인수권을 가진 자에 대하여 그 인수권을 가지는 주식의 종류 및 수와 일정한 기일까지 주식인수의 청약을 하지 아니하면 그 권리를 잃는다는 뜻을 통지하여야 한다. 이 경우 제416조 제5호 및 제6호에 규정한 사항의 정함이 있는 때에는 그 내용도 통지하여야 한다.
> ③ 제1항의 통지에도 불구하고 그 기일까지 주식인수의 청약을 하지 아니한 때에는 신주의 인수권을 가진 자는 그 권리를 잃는다.
>
> **상법 제420조의2(신주인수권증서의 발행)**
> ② 신주인수권증서에는 다음 사항과 번호를 기재하고 이사가 기명날인 또는 서명하여야 한다.
> 1. 신주인수권증서라는 뜻의 표시
> 2. 제420조에 규정한 사항
> 3. 신주인수권의 목적인 주식의 종류와 수
> 4. <u>일정기일까지 주식의 청약을 하지 아니할 때에는 그 권리를 잃는다는 뜻</u>

답 ④

상법상 신주인수에 관한 설명으로 틀린 것은?

① 신주의 인수인은 회사의 동의없이 자신의 주금납입채무와 그 회사에 대한 채권을 상계할 수 없다.

② 이사는 신주의 인수인으로 하여금 그 배정한 주수에 따라 납입기일에 그 인수한 주식에 대한 인수가액의 전액을 납입시켜야 한다.

③ 신주인수권증서를 상실한 자는 신주인수권증서를 재발급 받지 아니하면 주식청약서에 의한 주식의 청약을 할 수 없다.

④ 신주의 발행으로 인한 변경등기를 한 날로부터 1년을 경과한 후에는 신주를 인수한 자는 주식청약서의 요건의 흠결을 이유로 하여 그 인수의 무효를 주장할 수 없다.

⑤ 신주의 발행으로 인한 변경등기가 있은 후에 아직 인수하지 아니한 주식이 있거나 주식인수의 청약이 취소된 때에는 이사가 이를 공동으로 인수한 것으로 본다.

┃ 해설 ┃

① [○] 상법 제421조 제2항

② [○] 상법 제421조 제1항

> **상법 제421조(주식에 대한 납입)**
> ① 이사는 신주의 인수인으로 하여금 그 배정한 주수(株數)에 따라 납입기일에 그 인수한 주식에 대한 인수가액의 전액을 납입시켜야 한다.
> ② 신주의 인수인은 회사의 동의 없이 제1항의 납입채무와 주식회사에 대한 채권을 상계할 수 없다.

③ [✕] 신주인수권증서를 상실한 자는 <u>주식청약서에 의하여 주식의 청약을</u> 할 수 있다. 그러나 그 청약은 신주인수권증서에 의한 청약이 있는 때에는 그 효력을 잃는다(상법 제420조의5 제2항).

④ [○] 신주의 발행으로 인한 변경등기를 한 날로부터 1년을 경과한 후에는 신주를 인수한 자는 주식청약서 또는 신주인수권증서의 요건의 흠결을 이유로 하여 그 인수의 무효를 주장하거나 사기, 강박 또는 착오를 이유로 하여 그 인수를 취소하지 못한다. 그 주식에 대하여 주주의 권리를 행사한 때에도 같다(상법 제427조).

⑤ [○] 신주의 발행으로 인한 변경등기가 있은 후에 아직 인수하지 아니한 주식이 있거나 주식인수의 청약이 취소된 때에는 이사가 이를 공동으로 인수한 것으로 본다(상법 제428조 제1항).

답 ③

상법상 비상장주식회사에서 신주발행에 의한 보통의 자본금 증가에 관한 설명으로 옳지 않은 것은?

① 회사는 신주인수권증서를 발행하는 대신 정관으로 정하는 바에 따라 전자등록기관의 전자등록부에 신주인수권을 등록할 수 있다.

② 신주인수권증서를 발행한 경우 신주인수권의 양도는 신주인수권증서의 교부에 의하여서만 이를 행한다.

③ 신주의 인수인은 납입 또는 현물출자의 이행을 한 때에는 납입기일의 다음 날로부터 주주의 권리의무가 있다.

④ 신주의 발행으로 인한 변경등기가 있은 후에 주식인수의 청약이 취소된 때에는 이사와 감사가 이를 공동으로 인수한 것으로 본다.

⑤ 신주발행의 무효는 주주·이사 또는 감사에 한하여 신주를 발행한 날로부터 6월 내에 소만으로 이를 주장할 수 있다.

┃해설┃

① [O] 회사는 신주인수권증서를 발행하는 대신 정관으로 정하는 바에 따라 전자등록기관의 전자등록부에 신주인수권을 등록할 수 있다. 이 경우 제356조의2 제2항부터 제4항까지의 규정을 준용한다(상법 제420조의4).

② [O] 신주인수권의 양도는 신주인수권증서의 교부에 의하여서만 이를 행한다(상법 제420조의3 제1항).

③ [O] 신주의 인수인은 납입 또는 현물출자의 이행을 한 때에는 납입기일의 다음 날로부터 주주의 권리의무가 있다(상법 제423조 제1항).

④ [✕] 신주의 발행으로 인한 변경등기가 있은 후에 아직 인수하지 아니한 주식이 있거나 주식인수의 청약이 취소된 때에는 <u>이사가</u> 이를 공동으로 인수한 것으로 본다(상법 제428조 제1항).

⑤ [O] 신주발행의 무효는 주주·이사 또는 감사에 한하여 신주를 발행한 날로부터 6월 내에 소만으로 이를 주장할 수 있다(상법 제429조).

답 ④

상법상 비상장주식회사의 주주배정방식 신주발행에 관한 설명으로 옳지 않은 것은?

① 회사가 성립한 날로부터 2년을 경과한 후에 주식을 발행하는 경우에는 회사는 주주총회 특별결의와 법원의 인가를 얻어서 주식을 액면미달 가액으로 발행할 수 있다.

② 회사가 액면미달 가액으로 주식을 발행한 경우에는 이사는 주식청약서를 작성할 때 그 발행조건과 미상각액을 적어야 한다.

③ 회사가 신주인수권증서를 발행하는 대신 정관으로 정하는 바에 따라 전자등록기관의 전자등록부에 신주인수권을 등록한 경우 신주인수권을 등록한 자는 등록된 신주인수권을 적법하게 보유한 것으로 추정한다.

④ 신주인수인이 납입기일에 납입을 하지 않은 경우 회사가 일정한 기일을 정해 납입을 최고하였음에도 신주인수인이 그 기일 내에 납입을 하지 않으면 그 권리를 잃는다.

⑤ 신주의 발행으로 인한 변경등기가 있은 후에 아직 인수하지 아니한 주식이 있거나 주식인수의 청약이 취소된 때에는 이사가 이를 공동으로 인수한 것으로 본다.

┃ 해설 ┃

① [O] 회사가 성립한 날로부터 2년을 경과한 후에 주식을 발행하는 경우에는 회사는 제434조의 규정에 의한 주주총회의 결의와 법원의 인가를 얻어서 주식을 액면미달의 가액으로 발행할 수 있다(상법 제417조 제1항).

② [O] 상법 제420조 제4호

> **상법 제420조(주식청약서)**
> 이사는 주식청약서를 작성하여 다음의 사항을 적어야 한다.
> … (중략) …
> 　4. 제417조에 따른 주식을 발행한 경우에는 그 발행조건과 미상각액(未償却額)
> 　5. 주주에 대한 신주인수권의 제한에 관한 사항 또는 특정한 제3자에게 이를 부여할 것을 정한 때에는 그 사항
> 　6. 주식발행의 결의연월일

③ [O] 상법 제420조의4, 제356조의2 제3항

> **상법 제420조의4(신주인수권의 전자등록)**
> 회사는 신주인수권증서를 발행하는 대신 정관으로 정하는 바에 따라 전자등록기관의 전자등록부에 신주인수권을 등록할 수 있다. 이 경우 제356조의2 제2항부터 제4항까지의 규정을 준용한다.
>
> **상법 제356조의2(주식의 전자등록)**
> ③ 전자등록부에 주식을 등록한 자는 그 등록된 주식에 대한 권리를 적법하게 보유한 것으로 추정하며, 이러한 전자등록부를 선의(善意)로, 그리고 중대한 과실 없이 신뢰하고 제2항의 등록에 따라 권리를 취득한 자는 그 권리를 적법하게 취득한다.

④ [✕] 신주의 인수인이 납입기일에 납입 또는 현물출자의 이행을 하지 아니한 때에는 그 권리를 잃는다(상법 제423조 제2항). 회사설립과 달리 신주발행에서는 납입이 이루어지지 않는 경우 따로 실권절차를 두지 않고 바로 실권시킨다.

⑤ [O] 신주의 발행으로 인한 변경등기가 있은 후에 아직 인수하지 아니한 주식이 있거나 주식인수의 청약이 취소된 때에는 이사가 이를 공동으로 인수한 것으로 본다(상법 제428조 제1항).

🄰 ④

상법상 주식회사의 신주발행에 관한 설명으로 옳지 않은 것은?

① 신주의 인수인은 납입 또는 현물출자의 이행을 한 때에는 납입기일의 다음 날부터 주주의 권리의무가 있다.

② 신주인수권 증서가 발행되는 경우 신주인수인은 신주인수권 증서에 기재한 납입장소에서 납입하여야 한다.

③ 신주에 대하여 이미 주주의 권리를 행사한 주주는 신주의 발행으로 인한 변경등기를 한 날부터 1년 내에 한하여 사기, 강박 또는 착오를 이유로 그 인수를 취소할 수 있다.

④ 회사가 정관으로 정하는 바에 따라 전자등록기관의 전자등록부에 신주인수권을 등록한 경우 신주인수권의 양도는 전자등록부에 등록하여야 효력이 발생한다.

⑤ 신주발행의 무효는 주주·이사 또는 감사에 한하여 신주를 발행한 날부터 6개월 내에 소만으로 이를 주장할 수 있다.

▌해설▌

① [O] 신주의 인수인은 납입 또는 현물출자의 이행을 한 때에는 납입기일의 다음 날로부터 주주의 권리의무가 있다(상법 제423조 제1항).

② [O] 상법 제425조 제2항, 제305조 제2항

> **상법 제425조(준용규정)**
> ② 제305조 제2항의 규정은 신주인수권증서를 발행하는 경우에 이를 준용한다.
>
> **상법 제305조(주식에 대한 납입)**
> ② 전항의 납입은 주식청약서에 기재한 납입장소에서 하여야 한다.

③ [✕] 신주의 발행으로 인한 변경등기를 한 날로부터 1년을 경과한 후에는 신주를 인수한 자는 주식청약서 또는 신주인수권증서의 요건의 흠결을 이유로 하여 그 인수의 무효를 주장하거나 사기, 강박 또는 착오를 이유로 하여 그 인수를 취소하지 못한다. <u>그 주식에 대하여 주주의 권리를 행사한 때에도 같다</u>(상법 제427조).

④ [O] 상법 제420조의4, 제356조의2 제2항

> **상법 제420조의4(신주인수권의 전자등록)**
> 회사는 신주인수권증서를 발행하는 대신 정관으로 정하는 바에 따라 전자등록기관의 전자등록부에 신주인수권을 등록할 수 있다. 이 경우 제356조의2 제2항부터 제4항까지의 규정을 준용한다.
>
> **상법 제356조의2(주식의 전자등록)**
> ② 전자등록부에 등록된 주식의 양도나 입질은 전자등록부에 등록하여야 효력이 발생한다.

⑤ [O] 신주발행의 무효는 주주·이사 또는 감사에 한하여 신주를 발행한 날로부터 6월 내에 소만으로 이를 주장할 수 있다(상법 제429조).

 답 ③

상법상 신주발행에 관한 설명으로 옳지 않은 것은?

① 회사가 현저하게 불공정한 방법에 의하여 주식을 발행함으로써 주주가 불이익을 받을 염려가 있는 경우에는 그 주주는 회사에 대하여 그 발행을 유지할 것을 청구할 수 있다.

② 이사와 통모하여 현저하게 불공정한 발행가액으로 주식을 인수한 자가 있는 경우, 주주는 그로 하여금 회사에 대하여 공정한 발행가액과의 차액에 상당한 금액을 지급하도록 대표소송을 제기할 수 있다.

③ 신주의 발행으로 인한 변경등기가 있은 후에 주식인수의 청약이 취소된 때에는 기존의 주주가 이를 공동으로 인수한 것으로 본다.

④ 회사가 신주를 액면미달의 가액으로 발행한 경우에 주식의 발행에 따른 변경등기에는 미상각액을 등기하여야 한다.

⑤ 신주발행무효의 판결이 확정된 때에는 회사는 신주의 주주에 대하여 그 납입한 금액을 반환하여야 한다.

┃해설┃

① [O] 회사가 법령 또는 정관에 위반하거나 현저하게 불공정한 방법에 의하여 주식을 발행함으로써 주주가 불이익을 받을 염려가 있는 경우에는 그 주주는 회사에 대하여 그 발행을 유지할 것을 청구할 수 있다(상법 제424조).

② [O] 상법 제424조의2 제2항, 제403조 제1항·제3항

③ [✕] 신주의 발행으로 인한 변경등기가 있은 후에 아직 인수하지 아니한 주식이 있거나 주식인수의 청약이 취소된 때에는 <u>이사가</u> 이를 공동으로 인수한 것으로 본다(상법 제428조 제1항).

④ [O] 제417조(액면미달의 발행)에 따른 주식을 발행한 경우에 주식의 발행에 따른 변경등기에는 미상각액을 등기하여야 한다(상법 제426조).

⑤ [O] 신주발행무효의 판결이 확정된 때에는 회사는 신주의 주주에 대하여 그 납입한 금액을 반환하여야 한다(상법 제432조 제1항).

답 ③

상법상 자본금 총액이 15억원인 비상장주식회사에 관한 설명으로 옳지 않은 것은? (단, 정관에 상법과 달리 정하는 규정은 없다)

① 정관의 변경은 주주총회의 특별결의에 의하여야 한다.

② 회사는 해산된 후에도 청산의 목적범위 내에서 존속하는 것으로 본다.

③ 신주의 인수인은 납입 또는 현물출자의 이행을 한 때에는 납입기일의 다음 날로부터 주주의 권리의무가 있다.

④ 의결권없는 주식을 제외한 발행주식의 총수의 100분의 3을 초과하는 수의 주식을 가진 주주는 그 초과하는 주식에 관하여 감사의 선임에 있어서는 의결권을 행사하지 못한다.

⑤ 신주인수권증서를 상실한 자가 주식청약서에 의하여 주식의 청약을 한 경우 그 청약은 신주인수권증서에 의한 청약이 있는 때에도 그 효력을 잃지 않는다.

┃해설┃

① [○] 제433조(정관변경의 방법) 제1항의 결의는 출석한 주주의 의결권의 3분의 2 이상의 수와 발행주식총수의 3분의 1 이상의 수로써 하여야 한다(상법 제434조).

② [○] 상법 제542조 제1항, 제245조

> **상법 제542조(준용규정)**
> ① 제245조, 제252조 내지 제255조, 제259조, 제260조와 제264조의 규정은 주식회사에 준용한다.
>
> **상법 제245조(청산 중의 회사)**
> 회사는 해산된 후에도 청산의 목적범위 내에서 존속하는 것으로 본다.

③ [○] 신주의 인수인은 납입 또는 현물출자의 이행을 한 때에는 납입기일의 다음 날로부터 주주의 권리의무가 있다(상법 제423조 제1항).

④ [○] 의결권없는 주식을 제외한 발행주식의 총수의 100분의 3(정관에서 더 낮은 주식 보유비율을 정할 수 있으며, 정관에서 더 낮은 주식 보유비율을 정한 경우에는 그 비율로 한다)을 초과하는 수의 주식을 가진 주주는 그 초과하는 주식에 관하여 제1항의 감사의 선임에 있어서는 의결권을 행사하지 못한다(상법 제409조 제2항).

⑤ [✕] 신주인수권증서를 상실한 자는 주식청약서에 의하여 주식의 청약을 할 수 있다. 그러나 <u>그 청약은 신주인수권증서에 의한 청약이 있는 때에는 그 효력을 잃는다</u>(상법 제420조의5 제2항).

답 ⑤

상법상 신주발행에 관한 설명으로 옳지 않은 것은?

① 금전으로 출자하는 주주에게 신주를 발행하는 경우 주주는 그가 가진 주식 수에 따라서 신주의 배정을 받을 권리가 있다.

② 회사가 성립한 날로부터 2년을 경과한 후에 주식을 발행하는 경우에는 주주총회의 특별결의와 법원의 인가를 얻어서 주식을 액면미달의 가액으로 발행할 수 있다. 이 경우 법원의 인가를 얻은 날로부터 1월 내에 발행하여야 하며, 법원은 이 기간을 연장하여 인가할 수 있다.

③ 회사는 신주인수권증서를 발행하는 대신 정관으로 정하는 바에 따라 전자등록기관의 전자등록부에 신주인수권을 등록할 수 있다.

④ 회사가 법령 또는 정관에 위반하거나 현저하게 불공정한 방법에 의하여 주식을 발행함으로써 주주가 불이익을 받을 염려가 있는 경우에는 그 주주는 회사에 대하여 그 발행을 유지할 것을 청구할 수 있다.

⑤ 이사와 통모하여 현저하게 불공정한 발행가액으로 주식을 인수한 자는 회사채권자에 대하여 공정한 발행가액과의 차액에 상당한 금액을 지급할 의무가 있다.

┃ 해설 ┃

① [○] 주주는 그가 가진 주식 수에 따라서 신주의 배정을 받을 권리가 있다(상법 제418조 제1항).

② [○] 상법 제417조 제1항, 제4항

> **상법 제417조(액면미달의 발행)**
> ① 회사가 성립한 날로부터 2년을 경과한 후에 주식을 발행하는 경우에는 회사는 제434조의 규정에 의한 주주총회의 결의와 법원의 인가를 얻어서 주식을 액면미달의 가액으로 발행할 수 있다.
> ④ 제1항의 주식은 법원의 인가를 얻은 날로부터 1월 내에 발행하여야 한다. 법원은 이 기간을 연장하여 인가할 수 있다.

③ [○] 회사는 신주인수권증서를 발행하는 대신 정관으로 정하는 바에 따라 전자등록기관의 전자등록부에 신주인수권을 등록할 수 있다. 이 경우 제356조의2(주식의 전자등록) 제2항부터 제4항까지의 규정을 준용한다(상법 제420조의4).

④ [○] 회사가 법령 또는 정관에 위반하거나 현저하게 불공정한 방법에 의하여 주식을 발행함으로써 주주가 불이익을 받을 염려가 있는 경우에는 그 주주는 회사에 대하여 그 발행을 유지할 것을 청구할 수 있다(상법 제424조).

⑤ [✕] 이사와 통모하여 현저하게 불공정한 발행가액으로 주식을 인수한 자는 <u>회사에 대하여</u> 공정한 발행가액과의 차액에 상당한 금액을 지급할 의무가 있다(상법 제424조의2 제1항).

답 ⑤

상법상 신주발행에 관한 설명으로 옳지 않은 것은?

① 주식의 액면미달발행을 위한 주주총회의 결의에서는 주식의 최저발행가액을 정하여야 한다.

② 신주인수권증서가 발행된 경우 신주인수권의 양도는 신주인수권증서의 교부에 의하여서만 이를 행한다.

③ 이사와 통모하여 현저하게 불공정한 발행가액으로 주식을 인수한 자는 회사에 대하여 공정한 발행가액과의 차액에 상당한 금액을 지급할 의무가 있다.

④ 신주의 인수인은 회사의 동의가 있으면 인수한 주식에 대한 인수가액의 납입채무와 그 주식회사에 대한 채권을 상계할 수 있다.

⑤ 신주의 인수인이 납입 또는 현물출자의 이행을 한 때에는 신주발행의 변경등기일로부터 주주의 권리의무가 발생한다.

┃해설┃

① [○] 상법 제417조 제2항

> **상법 제417조(액면미달의 발행)**
> ① 회사가 성립한 날로부터 2년을 경과한 후에 주식을 발행하는 경우에는 회사는 제434조의 규정에 의한 주주총회의 결의와 법원의 인가를 얻어서 주식을 액면미달의 가액으로 발행할 수 있다.
> ② 전항의 주주총회의 결의에서는 주식의 최저발행가액을 정하여야 한다.

② [○] 신주인수권의 양도는 신주인수권증서의 교부에 의하여서만 이를 행한다(상법 제420조의3 제1항).

③ [○] 이사와 통모하여 현저하게 불공정한 발행가액으로 주식을 인수한 자는 회사에 대하여 공정한 발행가액과의 차액에 상당한 금액을 지급할 의무가 있다(상법 제424조의2 제1항).

④ [○] 상법 제421조 제2항 반대해석

> **상법 제421조(주식에 대한 납입)**
> ① 이사는 신주의 인수인으로 하여금 그 배정한 주수(株數)에 따라 납입기일에 그 인수한 주식에 대한 인수가액의 전액을 납입시켜야 한다.
> ② 신주의 인수인은 회사의 동의 없이 제1항의 납입채무와 주식회사에 대한 채권을 상계할 수 없다.

⑤ [✕] 신주의 인수인은 납입 또는 현물출자의 이행을 한 때에는 <u>납입기일의 다음 날로부터</u> 주주의 권리의무가 있다(상법 제423조 제1항).

 답 ⑤

상법상 신주의 발행에 관한 설명으로 옳지 않은 것은?

① 주식청약서에는 주주에 대한 신주인수권의 제한에 관한 사항을 적어야 한다.

② 회사는 정관에 정하는 바에 따라 신기술의 도입, 재무구조의 개선 등 회사의 경영상 목적을 달성하기 위하여 필요한 경우에 주주 외의 자에게 신주를 배정할 수 있다.

③ 신주의 인수인은 회사의 동의 없이 인수한 주식에 대한 납입채무와 주식회사에 대한 채권을 상계할 수 있다.

④ 이사는 신주의 인수인으로 하여금 그 배정한 주수(株數)에 따라 납입기일에 그 인수한 주식에 대한 인수가액의 전액을 납입시켜야 한다.

⑤ 회사는 신주의 인수권을 가진 자에 대하여 그 인수권을 가지는 주식의 종류 및 수와 일정한 기일까지 주식인수의 청약을 하지 아니하면 그 권리를 잃는다는 뜻을 통지하여야 한다.

┃해설┃

① [○] 상법 제420조 제5호

> **상법 제420조(주식청약서)**
> 이사는 주식청약서를 작성하여 다음의 사항을 적어야 한다.
> 1. 제289조 제1항 제2호 내지 제4호에 게기한 사항(상호, 회사가 발행할 주식의 총수, 액면주식을 발행하는 경우 1주의 금액)
> 2. 제302조 제2항 제7호·제9호 및 제10호에 게기한 사항(주주에게 배당할 이익으로 주식을 소각할 것을 정한 때에는 그 규정, 납입을 맡을 은행 기타 금융기관과 납입장소, 명의개서대리인을 둔 때에는 그 성명·주소 및 영업소)
> 3. 제416조 제1호 내지 제4호에 게기한 사항(신주의 종류와 수, 신주의 발행가액과 납입기일, 무액면주식의 경우에는 신주의 발행가액 중 자본금으로 계상하는 금액, 신주의 인수방법, 현물출자를 하는 자의 성명과 그 목적인 재산의 종류, 수량, 가액과 이에 대하여 부여할 주식의 종류와 수)
> 4. 제417조에 따른 주식을 발행한 경우에는 그 발행조건과 미상각액(未償却額)
> 5. 주주에 대한 신주인수권의 제한에 관한 사항 또는 특정한 제3자에게 이를 부여할 것을 정한 때에는 그 사항
> 6. 주식발행의 결의연월일

② [○] 상법 제418조 제2항

> **상법 제418조(신주인수권의 내용 및 배정일의 지정·공고)**
> ① 주주는 그가 가진 주식 수에 따라서 신주의 배정을 받을 권리가 있다.
> ② 회사는 제1항의 규정에 불구하고 정관에 정하는 바에 따라 주주 외의 자에게 신주를 배정할 수 있다. 다만, 이 경우에는 신기술의 도입, 재무구조의 개선 등 회사의 경영상 목적을 달성하기 위하여 필요한 경우에 한한다.

③ [×] 상법 제421조 제2항
④ [○] 상법 제421조 제1항

> **상법 제421조(주식에 대한 납입)**
> ① 이사는 신주의 인수인으로 하여금 그 배정한 주수(株數)에 따라 납입기일에 그 인수한 주식에 대한 인수가액의 전액을 납입시켜야 한다.
> ② 신주의 인수인은 <u>회사의 동의 없이</u> 제1항의 납입채무와 주식회사에 대한 채권을 상계할 수 없다.

⑤ [○] 회사는 신주의 인수권을 가진 자에 대하여 그 인수권을 가지는 주식의 종류 및 수와 일정한 기일까지 주식인수의 청약을 하지 아니하면 그 권리를 잃는다는 뜻을 통지하여야 한다. 이 경우 제416조 제5호 및 제6호에 규정한 사항의 정함이 있는 때에는 그 내용도 통지하여야 한다(상법 제419조 제1항).

답 ③

16 세무사 2015

☑ 확인 Check! ○ △ ×

상법상 신주의 발행에 관한 설명으로 옳은 것은?

① 액면미달의 발행을 하는 경우 주식의 최저발행가액은 이사회에서 결정한다.
② 신주인수인은 납입기일부터 주주의 권리의무가 있다.
③ 주주 외의 자에게 신주를 배정하는 경우 회사는 그 자에게 신주의 인수방법을 그 납입기일의 1주 전까지 통지하여야 한다.
④ 이사는 인수담보책임을 이행하더라도 그 이사의 회사에 대한 손해배상책임에는 영향을 미치지 아니한다.
⑤ 신주의 발행으로 인한 변경등기를 한 날로부터 1년을 경과한 후에도 신주를 인수한 자는 강박을 이유로 하여 그 인수를 취소할 수 있다.

┃해설┃
① [×] 액면미달의 발행을 하는 경우 주식의 최저발행가액은 <u>주주총회 결의에서</u> 결정한다(상법 제417조 제2항 참조).

> **상법 제417조(액면미달의 발행)**
> ① 회사가 성립한 날로부터 2년을 경과한 후에 주식을 발행하는 경우에는 회사는 제434조의 규정에 의한 주주총회의 결의와 법원의 인가를 얻어서 주식을 액면미달의 가액으로 발행할 수 있다.
> ② 전항의 <u>주주총회의 결의</u>에서는 주식의 최저발행가액을 정하여야 한다.

② [✕] 신주의 인수인은 납입 또는 현물출자의 이행을 한 때에는 <u>납입기일의 다음 날로부터</u> 주주의 권리의무가 있다(상법 제423조 제1항).

③ [✕] 주주 외의 자에게 신주를 배정하는 경우 회사는 그 자에게 신주의 인수방법을 그 납입기일의 <u>2주 전까지</u> 통지하여야 한다(상법 제418조 제4항, 제416조 제3호 참조).

> **상법 제418조(신주인수권의 내용 및 배정일의 지정·공고)**
> ④ 제2항에 따라 주주 외의 자에게 신주를 배정하는 경우 회사는 제416조 제1호, 제2호, 제2호의2, 제3호 및 제4호에서 정하는 사항을 그 납입기일의 <u>2주 전까지</u> 주주에게 통지하거나 공고하여야 한다.
>
> **상법 제416조(발행사항의 결정)**
> 회사가 그 성립 후에 주식을 발행하는 경우에는 다음의 사항으로서 정관에 규정이 없는 것은 이사회가 결정한다. 다만, 이 법에 다른 규정이 있거나 정관으로 주주총회에서 결정하기로 정한 경우에는 그러하지 아니하다.
>   1. 신주의 종류와 수
>   2. 신주의 발행가액과 납입기일
>   2의2. 무액면주식의 경우에는 신주의 발행가액 중 자본금으로 계상하는 금액
>   3. <u>신주의 인수방법</u>
>   4. 현물출자를 하는 자의 성명과 그 목적인 재산의 종류, 수량, 가액과 이에 대하여 부여할 주식의 종류와 수
>   5. 주주가 가지는 신주인수권을 양도할 수 있는 것에 관한 사항
>   6. 주주의 청구가 있는 때에만 신주인수권증서를 발행한다는 것과 그 청구기간

④ [O] 상법 제428조 제1항, 제2항

> **상법 제428조(이사의 인수담보책임)**
> ① 신주의 발행으로 인한 변경등기가 있은 후에 아직 인수하지 아니한 주식이 있거나 주식인수의 청약이 취소된 때에는 이사가 이를 공동으로 인수한 것으로 본다.
> ② 전항의 규정은 이사에 대한 손해배상의 청구에 영향을 미치지 아니한다.

⑤ [✕] 신주의 발행으로 인한 변경등기를 한 날로부터 1년을 경과한 후에는 신주를 인수한 자는 주식청약서 또는 신주인수권증서의 요건의 흠결을 이유로 하여 그 인수의 무효를 주장하거나 <u>사기, 강박 또는 착오를 이유로 하여 그 인수를 취소하지 못한다.</u> 그 주식에 대하여 주주의 권리를 행사한 때에도 같다(상법 제427조).

답 ④

17 세무사 2015

상법상 주식에 관한 설명으로 옳지 않은 것은?

① 주식은 원칙적으로 자본금 감소에 관한 규정에 따라서만 소각할 수 있다.

② 회사가 다른 회사의 발행주식총수의 10분의 1을 초과하여 취득한 때에는 그 다른 회사에 지체없이 이를 통지하여야 한다.

③ 회사가 종류주식을 발행하는 때에는 정관에 다른 정함이 없는 경우에도 주식의 종류에 따라 신주의 인수에 관하여 특수하게 정할 수 있다.

④ 신주의 인수인은 회사의 동의 없이도 인수가액에 대한 납입채무와 그 주식회사에 대한 채권을 상계할 수 있다.

⑤ 주주가 전환주식의 전환을 청구한 경우, 그 주식의 전환은 그 청구를 한 때에 그 효력이 발생한다.

┃해설┃

① [O] 주식은 자본금 감소에 관한 규정에 따라서만 소각할 수 있다. 다만, 이사회의 결의에 의하여 회사가 보유하는 자기주식을 소각하는 경우에는 그러하지 아니하다(상법 제343조 제1항).

② [O] 회사가 다른 회사의 발행주식총수의 10분의 1을 초과하여 취득한 때에는 그 다른 회사에 대하여 지체없이 이를 통지하여야 한다(상법 제342조의3).

③ [O] 회사가 종류주식을 발행하는 때에는 정관에 다른 정함이 없는 경우에도 주식의 종류에 따라 신주의 인수, 주식의 병합·분할·소각 또는 회사의 합병·분할로 인한 주식의 배정에 관하여 특수하게 정할 수 있다(상법 제344조 제3항).

④ [✕] 상법 제421조 제2항

> **상법 제421조(주식에 대한 납입)**
> ① 이사는 신주의 인수인으로 하여금 그 배정한 주수(株數)에 따라 납입기일에 그 인수한 주식에 대한 인수가액의 전액을 납입시켜야 한다.
> ② 신주의 인수인은 회사의 <u>동의 없이</u> 제1항의 납입채무와 주식회사에 대한 채권을 <u>상계할 수 없다</u>.

⑤ [O] 주식의 전환은 주주가 전환을 청구한 경우에는 그 청구한 때에, 회사가 전환을 한 경우에는 제346조 제3항 제2호의 기간이 끝난 때에 그 효력이 발생한다(상법 제350조 제1항).

 ④

상법상 주식의 액면미달 발행에 관한 설명으로 옳은 것은 모두 몇 개인가?

ㄱ. 성립 후 회사가 액면미달의 가액으로 주식을 발행할 경우 주주총회의 특별결의로 최저발행가액을 정하여야
한다.
ㄴ. 성립 후 회사가 액면미달의 가액으로 주식을 발행한 경우 이사는 그 발행조건과 미상각액(未償却額)을 주식청
약서에 기재하여야 한다.
ㄷ. 성립 후 회사가 액면미달의 가액으로 주식을 발행한 경우 주식의 발행에 따른 변경등기에는 미상각액을 등기하
여야 한다.
ㄹ. 성립 후 회사가 액면미달의 가액으로 주식을 발행할 경우 채권자보호절차를 거쳐야 한다.

---

① 0개   ② 1개
③ 2개   ④ 3개
⑤ 4개

┃해설┃

ㄱ. [○] 상법 제417조 제1항, 제2항

> **상법 제417조(액면미달의 발행)**
> ① 회사가 성립한 날로부터 2년을 경과한 후에 주식을 발행하는 경우에는 회사는 제434조의 규정에 의한 주주총회의
> 결의와 법원의 인가를 얻어서 주식을 액면미달의 가액으로 발행할 수 있다.
> ② 전항의 주주총회의 결의에서는 주식의 최저발행가액을 정하여야 한다.

ㄴ. [○] 상법 제420조 제4호

> **상법 제420조(주식청약서)**
> 이사는 주식청약서를 작성하여 다음의 사항을 적어야 한다.
> 1. 제289조 제1항 제2호 내지 제4호에 게기한 사항
> 2. 제302조 제2항 제7호·제9호 및 제10호에 게기한 사항
> 3. 제416조 제1호 내지 제4호에 게기한 사항
> 4. 제417조에 따른 주식을 발행한 경우에는 그 발행조건과 미상각액(未償却額)
> 5. 주주에 대한 신주인수권의 제한에 관한 사항 또는 특정한 제3자에게 이를 부여할 것을 정한 때에는 그 사항
> 6. 주식발행의 결의연월일

ㄷ. [○] 제417조(액면미달의 발행)에 따른 주식을 발행한 경우에 주식의 발행에 따른 변경등기에는 미상각액을 등기하
여야 한다(상법 제426조).
ㄹ. [✕] 액면미달발행이더라도 회사의 순자산은 늘어나고 신주의 주주는 기존의 채권자보다 후순위이기 때문에, 액면
미달 발행의 경우에 채권자보호절차를 요하지 않는다.

답 ④

상법상 회사성립 후 신주 발행에 관한 설명으로 틀린 것은?

① 신주의 발행으로 인한 변경등기가 있은 후에 아직 인수하지 아니한 주식이 있거나 주식인수의 청약이 취소된 때에는 이사가 이를 공동으로 인수한 것으로 본다.

② 회사는 신주인수권증서를 발행하는 대신 정관으로 정하는 바에 따라 전자등록기관의 전자등록부에 신주인수권을 등록할 수 있다.

③ 신주의 인수인은 납입기일에 납입 또는 현물출자의 이행을 하지 아니한 때에는 그 권리를 잃는다.

④ 신주의 인수인은 납입 또는 현물출자의 이행을 한 때에는 납입기일의 다음 날로부터 주주의 권리의무가 있다.

⑤ 현물출자의 목적인 재산의 가액이 자본금의 5분의 1을 초과하지 않을 경우에는 그 재산의 가액이 5천만원을 초과하더라도 법원이 선임한 검사인의 조사 및 공인된 감정인의 감정이 필요하지 않다.

───────────────────────────────

┃해설┃

① [O] 신주의 발행으로 인한 변경등기가 있은 후에 아직 인수하지 아니한 주식이 있거나 주식인수의 청약이 취소된 때에는 이사가 이를 공동으로 인수한 것으로 본다(상법 제428조 제1항).

② [O] 회사는 신주인수권증서를 발행하는 대신 정관으로 정하는 바에 따라 전자등록기관의 전자등록부에 신주인수권을 등록할 수 있다. 이 경우 제356조의2(주식의 전자등록) 제2항부터 제4항까지의 규정을 준용한다(상법 제420조의4).

③ [O] 신주의 인수인이 납입기일에 납입 또는 현물출자의 이행을 하지 아니한 때에는 그 권리를 잃는다(상법 제423조 제2항).

④ [O] 신주의 인수인은 납입 또는 현물출자의 이행을 한 때에는 납입기일의 다음 날로부터 주주의 권리의무가 있다(상법 제423조 제1항).

⑤ [✕] 현물출자의 목적인 재산의 가액이 <u>자본금의 5분의 1을 초과하지 않고 그 재산의 가액이 5천만원을 초과하지 아니하는</u> 경우 법원이 선임한 검사인의 조사 및 공인된 감정인의 감정이 필요하지 않다(상법 제422조 제1항·제2항, 상법 시행령 제14조 제1항 참조).

> **상법 제422조(현물출자의 검사)**
> ① 현물출자를 하는 자가 있는 경우에는 이사는 제416조 제4호의 사항을 조사하게 하기 위하여 검사인의 선임을 법원에 청구하여야 한다. 이 경우 공인된 감정인의 감정으로 검사인의 조사에 갈음할 수 있다.
> ② 다음 각 호의 어느 하나에 해당할 경우에는 제1항을 적용하지 아니한다.
>   1. 제416조 제4호의 현물출자의 목적인 재산의 가액이 자본금의 5분의 1을 초과하지 아니하고 대통령령으로 정한 금액을 초과하지 아니하는 경우
>
> > **상법 시행령 제14조(현물출자 검사의 면제)**
> > ① 법 제422조 제2항 제1호에서 "대통령령으로 정한 금액"이란 5천만원을 말한다.
>
>   2. 제416조 제4호의 현물출자의 목적인 재산이 거래소의 시세 있는 유가증권인 경우 제416조 본문에 따라 결정된 가격이 대통령령으로 정한 방법으로 산정된 시세를 초과하지 아니하는 경우
>   3. 변제기가 돌아온 회사에 대한 금전채권을 출자의 목적으로 하는 경우로서 그 가액이 회사장부에 적혀 있는 가액을 초과하지 아니하는 경우
>   4. 그 밖에 제1호부터 제3호까지의 규정에 준하는 경우로서 대통령령으로 정하는 경우

답 ⑤

상법상 신주발행에 관한 설명으로 <u>틀린</u> 것은? (이견이 있으면 판례에 의함)

① 현물출자자에 대하여 발행하는 신주에 대하여는 일반주주의 신주인수권이 미치지 않는다.

② 신주의 인수인이 현물출자의 이행을 한 때에는 그 이행을 한 날로부터 주주의 권리의무가 있다.

③ 회사는 신주의 인수권을 가진 자에 대하여 그 인수권을 가지는 주식의 종류 및 수와 일정한 기일까지 주식인수의 청약을 하지 아니하면 그 권리를 잃는다는 뜻을 통지하여야 한다.

④ 신주의 인수인은 회사의 동의 없이 신주에 대한 인수가액의 납입채무와 회사에 대한 채권을 상계할 수 없다.

⑤ 회사는 신기술의 도입, 재무구조의 개선 등 회사의 경영상 목적을 달성하기 위하여 필요한 경우에 한하여 정관에 정하는 바에 따라 주주 외에 자에게 신주를 배정할 수 있다.

❚해설❚

① [O] 주주의 신주인수권은 주주가 종래 가지고 있던 주식의 수에 비례하여 우선적으로 인수의 배정을 받을 수 있는 권리로서 주주의 자격에 기하여 법률상 당연히 인정되는 것이지만 현물출자자에 대하여 발행하는 신주에 대하여는 일반주주의 신주인수권이 미치지 않는다(대판 1989.3.14. 88누889).

② [✕] 신주의 인수인은 납입 또는 현물출자의 이행을 한 때에는 <u>납입기일의 다음 날로부터</u> 주주의 권리의무가 있다(상법 제423조 제1항).

③ [O] 회사는 신주의 인수권을 가진 자에 대하여 그 인수권을 가지는 주식의 종류 및 수와 일정한 기일까지 주식인수의 청약을 하지 아니하면 그 권리를 잃는다는 뜻을 통지하여야 한다. 이 경우 제416조 제5호 및 제6호에 규정한 사항의 정함이 있는 때에는 그 내용도 통지하여야 한다(상법 제419조 제1항).

④ [O] 상법 제421조 제1항, 제2항

> **상법 제421조(주식에 대한 납입)**
> ① 이사는 신주의 인수인으로 하여금 그 배정한 주수(株數)에 따라 납입기일에 그 인수한 주식에 대한 인수가액의 전액을 납입시켜야 한다.
> ② 신주의 인수인은 회사의 동의 없이 제1항의 납입채무와 주식회사에 대한 채권을 상계할 수 없다.

⑤ [O] 상법 제418조 제2항

> **상법 제418조(신주인수권의 내용 및 배정일의 지정·공고)**
> ① 주주는 그가 가진 주식 수에 따라서 신주의 배정을 받을 권리가 있다.
> ② 회사는 제1항의 규정에 불구하고 정관에 정하는 바에 따라 주주 외의 자에게 신주를 배정할 수 있다. 다만, 이 경우에는 신기술의 도입, 재무구조의 개선 등 회사의 경영상 목적을 달성하기 위하여 필요한 경우에 한한다.

답 ②

비상장 주식회사의 신주발행에 관한 다음 설명 중 가장 옳지 않은 것은?

① 발행할 신주의 종류와 수에 관하여 정관에 규정이 없는 경우 이사회에서 이를 결정한다.

② 신주의 인수인이 납입기일에 납입 또는 현물출자를 이행하지 아니한 때에는 그 권리를 잃는다.

③ 신주의 인수인이 납입 또는 현물출자의 이행을 한 경우 주권을 교부받은 날부터 주주의 권리의무가 있다.

④ 신주인수권증서를 상실한 자는 주식청약서에 의하여 주식의 청약을 할 수 있지만 그 청약은 신주인수권증서에 의한 청약이 있는 때에는 그 효력을 잃는다.

⑤ 신주인수권증서가 발행되지 아니한 경우 신주인수권 양도의 제3자에 대한 대항요건으로는 지명채권의 양도와 마찬가지로 확정일자 있는 증서에 의한 양도통지 또는 회사의 승낙이라고 보는 것이 상당하다.

┃해설┃

① [○] 상법 제416조 제1호

> **상법 제416조(발행사항의 결정)**
> 회사가 그 성립 후에 주식을 발행하는 경우에는 다음의 사항으로서 정관에 규정이 없는 것은 이사회가 결정한다. 다만, 이 법에 다른 규정이 있거나 정관으로 주주총회에서 결정하기로 정한 경우에는 그러하지 아니하다.
> 1. 신주의 종류와 수
> 2. 신주의 발행가액과 납입기일
> 2의2. 무액면주식의 경우에는 신주의 발행가액 중 자본금으로 계상하는 금액
> 3. 신주의 인수방법
> 4. 현물출자를 하는 자의 성명과 그 목적인 재산의 종류, 수량, 가액과 이에 대하여 부여할 주식의 종류와 수
> 5. 주주가 가지는 신주인수권을 양도할 수 있는 것에 관한 사항
> 6. 주주의 청구가 있는 때에만 신주인수권증서를 발행한다는 것과 그 청구기간

② [○] 신주의 인수인이 납입기일에 납입 또는 현물출자의 이행을 하지 아니한 때에는 그 권리를 잃는다(상법 제423조 제2항). 회사설립과 달리 신주발행에서는 납입이 이루어지지 않는 경우 따로 실권절차를 두지 않고 바로 실권시킨다.

③ [✕] 신주의 인수인은 납입 또는 현물출자의 이행을 한 때에는 <u>납입기일의 다음 날로부터</u> 주주의 권리의무가 있다(상법 제423조 제1항).

④ [○] 신주인수권증서를 상실한 자는 주식청약서에 의하여 주식의 청약을 할 수 있다. 그러나 그 청약은 신주인수권증서에 의한 청약이 있는 때에는 그 효력을 잃는다(상법 제420조의5 제2항).

⑤ [○] 주권발행 전의 주식의 양도는 지명채권 양도의 일반원칙에 따르고, 신주인수권증서가 발행되지 아니한 신주인수권의 양도 또한 주권발행 전의 주식양도에 준하여 지명채권 양도의 일반원칙에 따른다고 보아야 하므로, 주권발행 전의 주식양도나 신주인수권증서가 발행되지 아니한 신주인수권 양도의 제3자에 대한 대항요건으로는 지명채권의 양도와 마찬가지로 확정일자 있는 증서에 의한 양도통지 또는 회사의 승낙이라고 보는 것이 상당하고, 주주명부상의 명의개서는 주식 또는 신주인수권의 양수인들 상호 간의 대항요건이 아니라 적법한 양수인이 회사에 대한 관계에서 주주의 권리를 행사하기 위한 대항요건에 지나지 아니한다(대판 1995.5.23. 94다36421).

 ③

상법상 신주의 위법·불공정 발행에 관한 설명으로 옳지 않은 것은?

① 회사가 법령에 위반하여 주식을 발행함으로써 주주가 불이익을 받을 염려가 있는 경우에는 그 주주는 회사에 대하여 그 발행을 유지할 것을 청구할 수 있다.

② 이사와 통모하여 현저하게 불공정한 발행가액으로 주식을 인수한 자는 회사에 대하여 공정한 발행가액과의 차액에 상당한 금액을 지급할 의무가 있다.

③ 신주발행으로 인한 변경등기를 한 날로부터 1년을 경과한 후에는 신주를 인수한 자는 주식청약서 요건의 흠결을 이유로 그 인수의 무효를 주장하지 못한다.

④ 신주발행으로 인한 변경등기가 있은 후에 아직 인수하지 아니한 주식은 회사가 인수한 것으로 본다.

⑤ 신주발행무효의 판결이 확정된 때에는 회사는 신주의 주주에 대하여 그 납입한 금액을 반환하여야 한다.

❙해설❙

① [○] 회사가 법령 또는 정관에 위반하거나 현저하게 불공정한 방법에 의하여 주식을 발행함으로써 주주가 불이익을 받을 염려가 있는 경우에는 그 주주는 회사에 대하여 그 발행을 유지할 것을 청구할 수 있다(상법 제424조).

② [○] 이사와 통모하여 현저하게 불공정한 발행가액으로 주식을 인수한 자는 회사에 대하여 공정한 발행가액과의 차액에 상당한 금액을 지급할 의무가 있다(상법 제424조의2 제1항).

③ [○] 신주의 발행으로 인한 변경등기를 한 날로부터 1년을 경과한 후에는 신주를 인수한 자는 주식청약서 또는 신주인수권증서의 요건의 흠결을 이유로 하여 그 인수의 무효를 주장하거나 사기, 강박 또는 착오를 이유로 하여 그 인수를 취소하지 못한다. 그 주식에 대하여 주주의 권리를 행사한 때에도 같다(상법 제427조).

④ [✕] 신주의 발행으로 인한 변경등기가 있은 후에 아직 인수하지 아니한 주식이 있거나 주식인수의 청약이 취소된 때에는 <u>이사가</u> 이를 공동으로 인수한 것으로 본다(상법 제428조 제1항).

⑤ [○] 신주발행무효의 판결이 확정된 때에는 회사는 신주의 주주에 대하여 그 납입한 금액을 반환하여야 한다(상법 제432조 제1항).

답 ④

23 세무사 2021

☑ 확인 Check! ○ △ ✕

상법상 주식회사의 신주발행에 관한 설명으로 옳지 않은 것은?

① 이사와 통모하여 현저하게 불공정한 발행가액으로 주식을 인수한 자는 회사에 대하여 공정한 발행가액과의 차액에 상당한 금액을 지급할 의무가 있다.

② 신주의 발행으로 인한 변경등기를 한 날부터 1년을 경과한 후에는 신주를 인수한 자는 신주인수권증서의 요건의 흠결을 이유로 하여 그 인수의 무효를 주장하지 못한다.

③ 신주발행의 무효는 주주·이사 또는 감사에 한하여 신주를 발행한 날부터 6월 내에 소만으로 이를 주장할 수 있다.

④ 신주발행무효의 판결이 확정된 때에는 신주는 소급하여 그 효력을 잃는다.

⑤ 신주발행무효의 판결이 확정된 때에는 회사는 신주의 주주에 대하여 그 납입한 금액을 반환하여야 한다.

▌**해설**▌

① [O] 이사와 통모하여 현저하게 불공정한 발행가액으로 주식을 인수한 자는 회사에 대하여 공정한 발행가액과의 차액에 상당한 금액을 지급할 의무가 있다(상법 제424조의2 제1항).

② [O] 신주의 발행으로 인한 변경등기를 한 날로부터 1년을 경과한 후에는 신주를 인수한 자는 주식청약서 또는 신주인수권증서의 요건의 흠결을 이유로 하여 그 인수의 무효를 주장하거나 사기, 강박 또는 착오를 이유로 하여 그 인수를 취소하지 못한다. 그 주식에 대하여 주주의 권리를 행사한 때에도 같다(상법 제427조).

③ [O] 신주발행의 무효는 주주·이사 또는 감사에 한하여 신주를 발행한 날로부터 6월 내에 소만으로 이를 주장할 수 있다(상법 제429조).

④ [✕] 신주발행무효의 판결이 확정된 때에는 신주는 <u>장래에 대하여 그 효력을 잃는다</u>(상법 제431조 제1항).

⑤ [O] 신주발행무효의 판결이 확정된 때에는 회사는 신주의 주주에 대하여 그 납입한 금액을 반환하여야 한다(상법 제432조 제1항).

답 ④

상법상 회사와 관련된 소송에 관한 설명으로 옳은 것을 모두 고른 것은?

> ㄱ. 주주총회결의 취소의 소는 결의의 날부터 2개월 내에 제기할 수 있다.
>
> ㄴ. 신주발행의 무효는 신주를 발행한 날부터 6개월 내에 소만으로 이를 주장할 수 있다.
>
> ㄷ. 감자무효의 소에서 원고가 승소한 판결은 제3자에 대하여 그 효력이 없다.
>
> ㄹ. 주식이전의 무효는 각 회사의 주주·감사 또는 청산인에 한하여 소만으로 이를 주장할 수 있다.

① ㄱ, ㄴ   ② ㄱ, ㄷ

③ ㄱ, ㄹ   ④ ㄴ, ㄷ

⑤ ㄴ, ㄹ

▌해설▐

ㄱ. [○] 총회의 소집절차 또는 결의방법이 법령 또는 정관에 위반하거나 현저하게 불공정한 때 또는 그 결의의 내용이 정관에 위반한 때에는 주주·이사 또는 감사는 결의의 날로부터 2월 내에 결의취소의 소를 제기할 수 있다(상법 제376조 제1항).

ㄴ. [○] 신주발행의 무효는 주주·이사 또는 감사에 한하여 신주를 발행한 날로부터 6월 내에 소만으로 이를 주장할 수 있다(상법 제429조).

ㄷ. [✕] 상법 제446조, 제190조 본문

> **상법 제446조(준용규정)**
> 제186조 내지 제189조·제190조 본문·제191조·제192조 및 제377조의 규정은 제445조의 소(감자무효의 소)에 관하여 이를 준용한다.
>
> **상법 제190조(판결의 효력)**
> 설립무효의 판결 또는 설립취소의 판결은 제3자에 대하여도 그 효력이 있다. 그러나 판결확정 전에 생긴 회사와 사원 및 제3자 간의 권리의무에 영향을 미치지 아니한다.

ㄹ. [✕] 주식이전의 무효는 각 회사의 주주·이사·감사·감사위원회의 위원 또는 청산인에 한하여 주식이전의 날부터 6월 내에 소만으로 이를 주장할 수 있다(상법 제360조의23 제1항).

답 ①

25 CPA 2021

☑ 확인 Check! ○ △ ✕

상법상 신주발행에 관한 설명으로 틀린 것은? (이견이 있으면 판례에 의함)

① 회사가 현저하게 불공정한 방법에 의하여 주식을 발행함으로써 주주가 불이익을 받을 염려가 있는 경우에, 그 주주는 회사에 대하여 그 발행을 유지할 것을 청구할 수 있다.

② 이사와 통모하여 현저하게 불공정한 발행가액으로 주식을 인수한 자에 대해서 공정한 발행가액과의 차액에 상당한 금액의 지급을 청구하는 주주의 대표소송이 허용된다.

③ 신주의 인수인이 납입기일에 납입하지 아니한 때에는 그 권리를 잃는다.

④ 신주발행무효의 판결이 확정되면 신주는 소급하여 그 효력을 잃는다.

⑤ 회사가 정관이나 이사회 결의로 신주인수권의 양도에 관한 사항을 결정하지 아니하였다 하여도 회사가 신주인수권의 양도를 승낙한 경우에는 그 양도는 회사에 대하여도 효력이 있다.

┃해설┃

① [○] 회사가 법령 또는 정관에 위반하거나 현저하게 불공정한 방법에 의하여 주식을 발행함으로써 주주가 불이익을 받을 염려가 있는 경우에는 그 주주는 회사에 대하여 그 발행을 유지할 것을 청구할 수 있다(상법 제424조).

② [○] 상법 제424조의2 제2항, 제403조 제1항

> **상법 제424조의2(불공정한 가액으로 주식을 인수한 자의 책임)**
> ① 이사와 통모하여 현저하게 불공정한 발행가액으로 주식을 인수한 자는 회사에 대하여 공정한 발행가액과의 차액에 상당한 금액을 지급할 의무가 있다.
> ② 제403조 내지 제406조의 규정은 제1항의 지급을 청구하는 소에 관하여 이를 준용한다.
>
> **상법 제403조(주주의 대표소송)**
> ① 발행주식의 총수의 100분의 1 이상에 해당하는 주식을 가진 주주는 회사에 대하여 이사의 책임을 추궁할 소의 제기를 청구할 수 있다.

③ [○] 신주의 인수인이 납입기일에 납입 또는 현물출자의 이행을 하지 아니한 때에는 그 권리를 잃는다(상법 제423조 제2항). 회사설립과 달리 신주발행에서는 납입이 이루어지지 않는 경우 따로 실권절차를 두지 않고 바로 실권시킨다.

④ [✕] 신주발행무효의 판결이 확정된 때에는 신주는 <u>장래에 대하여</u> 그 효력을 잃는다(상법 제431조 제1항).

⑤ [○] 상법 제416조 제5호에 의하면, 회사의 정관 또는 이사회의 결의로 주주가 가지는 신주인수권을 양도할 수 있는 것에 관한 사항을 결정하도록 되어있는바, 신주인수권의 양도성을 제한할 필요성은 주로 회사 측의 신주발행사무의 편의를 위한 것에서 비롯된 것으로 볼 수 있고, 또 상법이 주권발행 전 주식의 양도는 회사에 대하여 효력이 없다고 엄격하게 규정한 것과는 달리 신주인수권의 양도에 대하여는 정관이나 이사회의 결의를 통하여 자유롭게 결정할수 있도록 한 점에 비추어 보면, 회사가 정관이나 이사회의 결의로 신주인수권의 양도에 관한 사항을 결정하지 아니하였다 하여 신주인수권의 양도가 전혀 허용되지 아니하는 것은 아니고, 회사가 그와 같은 양도를 승낙한 경우에는 회사에 대하여도 그 효력이 있다(대판 1995.5.23. 94다36421).

답 ④

상법상 신주발행에 관한 설명으로 옳은 것은?

① 신주발행 유지청구의 상대방은 현저하게 불공정한 방법으로 주식을 발행하는 회사의 이사이다.

② 신주인수권증서를 상실한 자는 신주인수권증서를 재발급 받아야만 주식의 청약을 할 수 있다.

③ 회사가 성립한 날로부터 1년을 경과한 후에 주식을 발행하는 경우, 회사는 이사회의 결의와 법원의 허가를 얻어서 주식을 액면미달의 가액으로 발행할 수 있다.

④ 판례에 의하면, 회사가 정관이나 이사회의 결의로 신주인수권을 양도할 수 있음을 정하지 않았다면 신주인수권의 양도는 회사의 승낙이 있더라도 회사에 대하여 효력이 없다.

⑤ 신주의 인수인이 납입기일에 납입 또는 현물출자의 이행을 하지 아니한 때에는 그 권리를 잃는다.

▌해설▐

① [✕] 회사가 법령 또는 정관에 위반하거나 현저하게 불공정한 방법에 의하여 주식을 발행함으로써 주주가 불이익을 받을 염려가 있는 경우에는 그 주주는 <u>회사에 대하여</u> 그 발행을 유지할 것을 청구할 수 있다(상법 제424조).

② [✕] 신주인수권증서를 상실한 자는 <u>주식청약서에 의하여 주식의 청약을 할 수 있다.</u> 그러나 그 청약은 신주인수권증서에 의한 청약이 있는 때에는 그 효력을 잃는다(상법 제420조의5 제2항).

③ [✕] 회사가 성립한 날로부터 <u>2년</u>을 경과한 후에 주식을 발행하는 경우에는 회사는 <u>제434조의 규정에 의한 주주총회의 결의와 법원의 인가</u>를 얻어서 주식을 액면미달의 가액으로 발행할 수 있다(상법 제417조 제1항).

④ [✕] 상법 제416조 제5호에 의하면, 회사의 정관 또는 이사회의 결의로 주주가 가지는 신주인수권을 양도할 수 있는 것에 관한 사항을 결정하도록 되어 있는바, 신주인수권의 양도성을 제한할 필요성은 주로 회사 측의 신주발행사무의 편의를 위한 것에서 비롯된 것으로 볼 수 있고, 또 상법이 주권발행 전 주식의 양도는 회사에 대하여 효력이 없다고 엄격하게 규정한 것과는 달리 신주인수권의 양도에 대하여는 정관이나 이사회의 결의를 통하여 자유롭게 결정할수 있도록 한 점에 비추어 보면, <u>회사가 정관이나 이사회의 결의로 신주인수권의 양도에 관한 사항을 결정하지 아니하였다 하여 신주인수권의 양도가 전혀 허용되지 아니하는 것은 아니고, 회사가 그와 같은 양도를 승낙한 경우에는 회사에 대하여도 그 효력이 있다</u>(대판 1995.5.23. 94다36421).

⑤ [○] 신주의 인수인이 납입기일에 납입 또는 현물출자의 이행을 하지 아니한 때에는 그 권리를 잃는다(상법 제423조 제2항). 회사설립과 달리 신주발행에서는 납입이 이루어지지 않은 경우 따로 실권절차를 두지 않고 바로 실권시킨다.

답 ⑤

주식회사의 신주발행에 관한 다음 설명 중 가장 옳지 않은 것은?

① 신주발행무효의 소에서 신주를 발행한 날부터 6월의 출소기간이 경과한 후에는 새로운 무효사유를 추가하여 주장할 수 없다.

② 주식회사가 회사의 경영권 분쟁이 현실화된 상황에서 대주주나 경영진 등의 경영권이나 지배권 방어라는 목적을 달성하기 위하여 제3자에게 신주를 배정하는 것은 상법 제418조 제2항을 위반하여 주주의 신주인수권을 침해하는 것이고, 그로 인하여 회사의 지배구조에 심대한 변화가 초래되고 기존 주주들의 회사에 대한 지배권이 현저하게 약화되는 중대한 결과가 발생하는 경우에는 그러한 신주발행은 무효이다.

③ 신주 등의 발행에서 주주배정방식과 제3자배정방식을 구별하는 기준은 회사가 신주 등을 발행하면서 주주들에게 그들의 지분비율에 따라 신주 등을 우선적으로 인수할 기회를 부여하였는지 여부에 따라 객관적으로 결정되어야 하고, 신주 등의 인수권을 부여받은 주주들이 실제로 인수권을 행사함으로써 신주 등을 배정받았는지 여부에 좌우되는 것은 아니다.

④ 회사가 주주배정방식에 의하여 신주를 발행하려는데 주주가 인수를 포기하거나 청약을 하지 아니함으로써 그 인수권을 잃은 때에는 회사가 이사회 결의로 인수가 없는 부분을 제3자에게 처분할 수 있으나, 이 경우에도 실권된 신주를 제3자에게 발행하는 것에 관하여 정관에 반드시 근거 규정 자체는 있어야 한다.

⑤ 주식회사가 액면미달의 가액으로 주식을 발행하기 위해서는 설립등기를 마친 날로부터 2년이 경과한 후여야 하고, 반드시 주식의 최저발행가액을 정한 주주총회의 특별결의와 법원의 인가가 있어야 한다.

┃해설┃

① [○] 상법 제429조는 신주발행의 무효는 주주·이사 또는 감사에 한하여 신주를 발행한 날부터 6월 내에 소만으로 주장할 수 있다고 규정하고 있는데, 이는 신주발행에 수반되는 복잡한 법률관계를 조기에 확정하고자 하는 것으로서, 새로운 무효사유를 출소기간 경과 후에도 주장할 수 있도록 하면 법률관계가 불안정하게 되어 위 규정의 취지가 몰각된다는 점에 비추어, 위 규정은 무효사유의 주장시기도 제한하고 있는 것이라고 해석함이 타당하므로, 신주발행 무효의 소에서 신주를 발행한 날부터 6월의 출소기간이 경과한 후에는 새로운 무효사유를 추가하여 주장할 수 없다(대판 2012.11.15. 2010다49380).

② [○] 상법 제418조 제1항, 제2항은 회사가 신주를 발행하는 경우 원칙적으로 기존 주주에게 배정하되 정관에 정한 경우에만 제3자에게 신주배정을 할 수 있게 하면서 그 사유도 신기술의 도입이나 재무구조의 개선 등 경영상 목적을 달성하기 위하여 필요한 경우에 한정함으로써 기존 주주의 신주인수권을 보호하고 있다. 따라서 주식회사가 신주를 발행할 때 회사의 경영상 목적을 달성하기 위하여 필요한 범위 안에서 정관이 정한 사유가 없는데도, 회사의 경영권 분쟁이 현실화된 상황에서 대주주나 경영진 등의 경영권이나 지배권 방어라는 목적을 달성하기 위하여 제3자에게 신주를 배정하는 것은 상법 제418조 제2항을 위반하여 주주의 신주인수권을 침해하는 것이고, 그로 인하여 회사의 지배구조에 심대한 변화가 초래되고 기존 주주들의 회사에 대한 지배권이 현저하게 약화되는 중대한 결과가 발생하는 경우에는 그러한 신주발행은 무효이다. 이러한 법리는 신주인수권부사채를 제3자에게 발행하는 경우에도 마찬가지로 적용된다(대판 2022.10.27. 2021다201054).

③ [○] 신주 등의 발행에서 주주배정방식과 제3자배정방식을 구별하는 기준은 회사가 신주 등을 발행하면서 주주들에게 그들의 지분비율에 따라 신주 등을 우선적으로 인수할 기회를 부여하였는지 여부에 따라 객관적으로 결정되어야 하고, 신주 등의 인수권을 부여받은 주주들이 실제로 인수권을 행사함으로써 신주 등을 배정받았는지 여부에 좌우되는 것은 **아니다**(대판 2012.11.15. 2010다49380).

④ [×] 회사가 주주배정방식에 의하여 신주를 발행하려는데 주주가 인수를 포기하거나 청약을 하지 아니함으로써 그 인수권을 잃은 때에는 회사는 이사회 결의로 인수가 없는 부분에 대하여 자유로이 이를 제3자에게 처분할 수 있고, 이 경우 실권된 신주를 제3자에게 발행하는 것에 관하여 정관에 반드시 근거 규정이 있어야 하는 것은 아니다(대판 2012.11.15. 2010다49380).

⑤ [O] 상법 제417조 제1항, 제2항

> **상법 제417조(액면미달의 발행)**
> ① 회사가 성립한 날로부터 2년을 경과한 후에 주식을 발행하는 경우에는 회사는 제434조의 규정에 의한 주주총회의 결의와 법원의 인가를 얻어서 주식을 액면미달의 가액으로 발행할 수 있다.
> ② 전항의 주주총회의 결의에서는 주식의 최저발행가액을 정하여야 한다.

답 ④

28 세무사 2023

☑ 확인Check! ○ △ ✕

상법상 주식회사의 자본금 감소에 관한 설명으로 옳은 것은?

> 甲주식회사는 결손을 보전하기 위하여 임시주주총회에서 자본금 감소를 의결했다. 명의개서 정지, 주주총회 소집결의, 주주총회 승인결의가 있었고 이 과정에서 일부주주의 반대가 있었다.

① 위 사례의 경우에 자본금을 감소하려면 주주총회의 특별결의를 거쳐야 한다.
② 위 사례의 경우에 자본금 감소에 반대한 주주의 주식매수청구권이 인정된다.
③ 위 사례의 경우에 출자의 환급이 없기 때문에 채권자 보호절차를 요하지 않는다.
④ 위 사례의 자본금 감소의 경우에는 회사재산이 감소한다.
⑤ 위 사례의 자본금 감소의 효력은 변경등기함으로써 발생한다.

┃해설┃

① [✕] 자본금의 감소에는 주주총회 특별결의가 있어야 하지만(상법 제438조 제1항 참조), 결손의 보전을 위한 자본금의 감소는 회사재산에 실질적 변함이 없으므로 <u>주주총회 보통결의</u>에 의한다(상법 제438조 제2항 참조).

> **상법 제438조(자본금 감소의 결의)**
> ① 자본금의 감소에는 제434조에 따른 결의가 있어야 한다.
> ② 제1항에도 불구하고 <u>결손의 보전을 위한 자본금의 감소는 제368조 제1항의 결의에 의한다.</u>

② [✕] 특별결의사항이더라도 정관변경, <u>자본금 감소</u>, 분할, 해산 등의 경우에는 <u>반대주주에게 주식매수청구권이 인정되지 않는다.</u>

③ [○] 자본금 감소의 경우에는 실제 순자산이 감소하여 채권자의 이해관계에 중대한 영향을 미치므로 채권자보호절차가 요구된다(상법 제439조 제2항 본문 참조). 그러나 결손의 보전을 위한 자본금의 감소는 회사의 순자산에 영향이 없으므로 채권자보호절차를 거칠 필요가 없다(상법 제439조 제2항 단서 참조).

> **상법 제439조(자본금 감소의 방법, 절차)**
> ② 자본금 감소의 경우에는 제232조를 준용한다. 다만, <u>결손의 보전을 위하여 자본금을 감소하는 경우에는 그러하지 아니하다.</u>
>
> **상법 제232조(채권자의 이의)**
> ① 회사는 합병의 결의가 있은 날부터 2주 내에 회사채권자에 대하여 합병에 이의가 있으면 일정한 기간 내에 이를 제출할 것을 공고하고 알고 있는 채권자에 대하여는 따로따로 이를 최고하여야 한다. 이 경우 그 기간은 1월 이상이어야 한다.

④ [✕] 결손보전 목적의 자본금 감소는 결손을 보전하기 위하여 보전되는 결손액과 같은 금액의 자본금을 무상으로 감소시키는 것을 말한다. 자본금은 감소하지만 <u>회사재산의 감소는 없다.</u>

⑤ [×] 채권자보호 절차가 필요 없는 결손보전 목적의 자본금 감소는 <u>주권제출기간이 만료한 때 효력이 발생한다</u><small>(상법 제343조 제2항, 제440조, 제441조 참조)</small>. 자본금이 감소되면 등기사항에 변경이 생기므로 변경등기를 해야 하지만, 변경등기는 자본금감소의 효력발생과는 관계가 없다.

> **상법 제343조(주식의 소각)**
> ② 자본금감소에 관한 규정에 따라 주식을 소각하는 경우에는 제440조 및 제441조를 준용한다.
>
> **상법 제440조(주식병합의 절차)**
> 주식을 병합할 경우에는 회사는 1월 이상의 기간을 정하여 그 뜻과 그 기간 내에 주권을 회사에 제출할 것을 공고하고 주주명부에 기재된 주주와 질권자에 대하여는 각별로 그 통지를 하여야 한다.
>
> **상법 제441조(동전)**
> 주식의 병합은 전조의 기간이 만료한 때에 그 효력이 생긴다. 그러나 제232조의 규정에 의한 절차가 종료하지 아니한 때에는 그 종료한 때에 효력이 생긴다.

답 ③

29 세무사 2022   ☑ 확인 Check! ○ △ ×

상법상 주식회사의 자본금감소 무효의 소에 관한 설명으로 옳지 않은 것은?

① 자본금 감소를 승인하지 않은 회사채권자는 자본금감소 무효의 소를 제기할 수 있다.
② 자본금감소 무효의 소는 회사를 피고로 하여 제기해야 한다.
③ 주식병합절차에 따라 자본금을 감소하는 경우 주권제출기간이 만료하기 전에 자본금감소 무효의 소를 제기할 수 없다.
④ 자본금감소 무효판결이 확정된 경우 자본금감소 무효의 소를 제기한 자가 아니라도 자본금감소의 무효를 주장할 수 있다.
⑤ 자본금감소 무효판결이 확정된 경우 그 판결의 효력은 소급하지 않는다.

┃해설┃
① [○] 자본금 감소의 무효는 주주·이사·감사·청산인·파산관재인 또는 자본금의 감소를 승인하지 아니한 채권자만이 자본금 감소로 인한 변경등기가 된 날부터 6개월 내에 소만으로 주장할 수 있다<small>(상법 제445조)</small>.
② [○] 피고에 관하여 상법상 규정은 없으나 판결이 대세효를 갖는다는 점을 고려하여 회사만 피고가 될 수 있다는 것이 통설적 입장이다.
③ [○] 자본금감소 무효의 소는 자본금 감소로 인한 변경등기가 된 날부터 6개월 내에만 제기할 수 있다<small>(상법 제445조 참조)</small>. 그런데 주식병합절차에 따른 자본금 감소로 인한 변경등기는 등기된 자본금의 액과 발행주식총수의 변경이 있는 경우에 하는 것이고<small>(상법 제317조 제2항 제2호·제3호, 제317조 제4항, 제183조 참조)</small>, 주식병합은 주권제출기간이 만료한 때에 효력이 생기지만, 만일 채권자보호절차가 종료되지 아니한 때에는 그 절차가 종료된 때 효력이 생긴다<small>(상법 제440조, 제441조 참조)</small>. 결국 주권제출기간이 만료하기 전에는 자본금감소로 인한 변경등기가 없으므로 자본금감소 무효의 소를 제기할 수 없게 된다.

④ [○] 자본금감소 무효판결은 대세효가 있다(상법 제446조, 제190조 본문).

⑤ [×] 상법 제446조가 소급효를 제한하는 제190조 단서를 제외하고 본문만 준용하고 있으므로 회사법상 일반적인 소와 달리 자본금감소 무효판결은 <u>소급효가 있다</u>.

> **상법 제446조(준용규정)**
> 제186조 내지 제189조·<u>제190조 본문</u>·제191조·제192조 및 제377조의 규정은 제445조의 소에 관하여 이를 준용한다.
>
> **상법 제190조(판결의 효력)**
> 설립무효의 판결 또는 설립취소의 판결은 <u>제3자에 대하여도 그 효력이 있다</u>. 그러나 판결확정 전에 생긴 회사와 사원 및 제3자 간의 권리의무에 영향을 미치지 아니한다.

 ⑤

---

30 세무사 2021 ☑ 확인 Check! ○ △ ×

상법상 주식회사의 자본금 감소에 관한 설명으로 옳은 것은?

① 결손의 보전을 위하여 자본금을 감소하는 경우에는 주주총회의 특별결의가 필요하다.

② 자본금의 감소를 승인한 채권자는 자본금 감소로 인한 변경등기가 된 날부터 6개월 내에 소만으로 자본금 감소의 무효를 주장할 수 있다.

③ 자본금 감소 무효의 판결은 대세적 효력이 있으며, 소급효가 인정된다.

④ 사채권자는 사채권자집회의 결의가 없어도 이의를 제기할 수 있다.

⑤ 결손의 보전을 위하여 자본금을 감소하는 경우에는 채권자 보호절차를 거쳐야 한다.

┃해설┃

① [×] 상법 제438조 제2항

> **상법 제438조(자본금 감소의 결의)**
> ① 자본금의 감소에는 제434조에 따른 결의가 있어야 한다.
> ② 제1항에도 불구하고 결손의 보전(補塡)을 위한 자본금의 감소는 <u>제368조 제1항의 결의</u>에 의한다.

② [×] 자본금 감소의 무효는 주주·이사·감사·청산인·파산관재인 또는 <u>자본금의 감소를 승인하지 아니한 채권자만이</u> 자본금 감소로 인한 변경등기가 된 날부터 6개월 내에 소(訴)만으로 주장할 수 있다(상법 제445조).

③ [O] 상법 제446조가 소급효를 제한하는 제190조 단서를 제외하고 본문만 준용하고 있으므로 감자무효판결에는 대세효가 있으며, 회사법상 일반적인 소와 달리 소급효도 인정된다(상법 제446조, 제190조 참조).

> **상법 제446조(준용규정)**
> 제186조 내지 제189조·제190조 본문·제191조·제192조 및 제377조의 규정은 제445조의 소에 관하여 이를 준용한다.
>
> **상법 제190조(판결의 효력)**
> 설립무효의 판결 또는 설립취소의 판결은 제3자에 대하여도 그 효력이 있다. 그러나 판결확정 전에 생긴 회사와 사원 및 제3자 간의 권리의무에 영향을 미치지 아니한다.

④ [×] 사채권자가 이의를 제기하려면 사채권자집회의 결의가 있어야 한다. 이 경우에는 법원은 이해관계인의 청구에 의하여 사채권자를 위하여 이의제기 기간을 연장할 수 있다(상법 제439조 제3항).

⑤ [×] 자본금 감소의 경우에는 제232조(채권자이의절차)를 준용한다. 다만, 결손의 보전을 위하여 자본금을 감소하는 경우에는 그러하지 아니하다(상법 제439조 제2항).

답 ③

---

31 세무사 2020

☑ 확인Check! ○ △ ×

상법상 주식회사의 자본금 감소에 관한 설명으로 옳지 않은 것은?

① 회사가 자본금을 감소하는 경우 주주총회의 특별결의로 그 감소의 방법을 정하여야 한다.
② 주식병합을 통한 자본금 감소의 효력은 본점소재지에서 자본금 변경등기를 한 때에 발생한다.
③ 회사가 결손의 보전을 위하여 자본금을 감소하는 경우에는 채권자이의절차를 거치지 않아도 된다.
④ 회사의 자본금 감소에 대하여 사채권자가 이의를 제기하려면 사채권자집회의 결의가 있어야 한다.
⑤ 자본금 감소의 무효는 주주·이사·감사·청산인·파산관재인 또는 자본금의 감소를 승인하지 아니한 채권자만이 자본금 감소로 인한 변경등기가 된 날부터 6개월 내에 소만으로 주장할 수 있다.

해설

① [O] 자본금의 감소는 원칙적으로 주주총회의 특별결의에 의하여야 하고, 결손 보전 목적의 자본금 감소는 주주총회의 보통결의에 의하여야 한다. 각 결의에서는 그 감소의 방법을 정하여야 한다(상법 제438조 제1항, 제2항 참조).

> **상법 제438조(자본금 감소의 결의)**
> ① 자본금의 감소에는 제434조에 따른 결의가 있어야 한다.
> ② 제1항에도 불구하고 결손의 보전(補塡)을 위한 자본금의 감소는 제368조 제1항의 결의에 의한다.
>
> **상법 제439조(자본금 감소의 방법, 절차)**
> ① 자본금 감소의 결의에서는 그 감소의 방법을 정하여야 한다.

② [×] 주식병합을 통한 자본금 감소의 효력은 주권제출기간 만료 시에 발생한다. 다만 채권자보호절차가 종료하지 아니한 때에는 그 종료한 때에 생긴다(상법 제441조 참조).

> **상법 제440조(주식병합의 절차)**
> 주식을 병합할 경우에는 회사는 1월 이상의 기간을 정하여 그 뜻과 그 기간 내에 주권을 회사에 제출할 것을 공고하고 주주명부에 기재된 주주와 질권자에 대하여는 각별로 그 통지를 하여야 한다.
>
> **상법 제441조(동전)**
> 주식의 병합은 전조의 기간이 만료한 때에 그 효력이 생긴다. 그러나 제232조(채권자의 이의)의 규정에 의한 절차가 종료하지 아니한 때에는 그 종료한 때에 효력이 생긴다.

③ [○] 자본금 감소의 경우에는 제232조(채권자의 이의)를 준용한다. 다만, 결손의 보전을 위하여 자본금을 감소하는 경우에는 그러하지 아니하다(상법 제439조 제2항).

④ [○] 사채권자가 이의를 제기하려면 사채권자집회의 결의가 있어야 한다. 이 경우에는 법원은 이해관계인의 청구에 의하여 사채권자를 위하여 이의제기 기간을 연장할 수 있다(상법 제439조 제3항).

⑤ [○] 자본금 감소의 무효는 주주·이사·감사·청산인·파산관재인 또는 자본금의 감소를 승인하지 아니한 채권자만이 자본금 감소로 인한 변경등기가 된 날부터 6개월 내에 소만으로 주장할 수 있다(상법 제445조).

답 ②

32 세무사 2018

☑ 확인 Check! ○ △ ✕

상법상 (   )안에 들어갈 기간으로 옳은 것은?

> 주식회사의 감자무효의 소의 제소기간은 자본금 감소로 인한 변경등기가 된 날부터 (   ) 내이다.

① 6개월
② 1년
③ 2년
④ 3년
⑤ 5년

┃해설┃

자본금 감소의 무효는 주주·이사·감사·청산인·파산관재인 또는 자본금의 감소를 승인하지 아니한 채권자만이 자본금 감소로 인한 변경등기가 된 날부터 6개월 내에 소(訴)만으로 주장할 수 있다(상법 제445조).

답 ①

상법상 비상장주식회사의 자본금 감소에 관한 설명으로 옳지 않은 것은?

① 이사회의 결의에 의하여 회사가 보유하는 자기주식을 소각하는 경우에도 자본금 감소에 관한 규정에 따라서 만 소각할 수 있다.

② 주식을 병합할 경우에는 회사는 1월 이상의 기간을 정하여 그 뜻과 그 기간 내에 주권을 회사에 제출할 것을 공고하고 주주명부에 기재된 주주와 질권자에 대하여는 각별로 그 통지를 하여야 한다.

③ 주식의 병합은 주권제출 기간이 만료한 때에 그 효력이 생기지만 상법상 채권자의 이의절차가 종료하지 아니한 때에는 그 종료한 때 효력이 생긴다.

④ 자본금 감소에 대하여 사채권자가 이의를 제기하려면 사채권자집회의 결의가 있어야 한다.

⑤ 자본금 감소의 무효는 주주 · 이사 · 감사 · 청산인 · 파산관재인 또는 자본금의 감소를 승인하지 아니한 채 권자만이 자본금 감소로 인한 변경등기가 된 날부터 6개월 내에 소(訴)만으로 주장할 수 있다.

▌해설▐

① [✕] 주식은 자본금 감소에 관한 규정에 따라서만 소각(消却)할 수 있다. 다만, <u>이사회의 결의에 의하여 회사가 보유하는 자기주식을 소각하는 경우에는 그러하지 아니하다</u>(상법 제343조 제1항).

② [○] 주식을 병합할 경우에는 회사는 1월 이상의 기간을 정하여 그 뜻과 그 기간 내에 주권을 회사에 제출할 것을 공고하고 주주명부에 기재된 주주와 질권자에 대하여는 각별로 그 통지를 하여야 한다(상법 제440조).

③ [○] 주식의 병합은 전조(주식병합의 절차)의 기간이 만료한 때에 그 효력이 생긴다. 그러나 제232조(채권자의 이의)의 규정에 의한 절차가 종료하지 아니한 때에는 그 종료한 때에 효력이 생긴다(상법 제441조).

④ [○] (자본금 감소에 대하여) 사채권자가 이의를 제기하려면 사채권자집회의 결의가 있어야 한다. 이 경우에는 법원은 이해관계인의 청구에 의하여 사채권자를 위하여 이의제기 기간을 연장할 수 있다(상법 제439조 제3항).

⑤ [○] 자본금 감소의 무효는 주주 · 이사 · 감사 · 청산인 · 파산관재인 또는 자본금의 감소를 승인하지 아니한 채권자만이 자본금 감소로 인한 변경등기가 된 날부터 6개월 내에 소(訴)만으로 주장할 수 있다(상법 제445조).

답 ①

☑ 확인Check! ○ △ ✕

상법상 주식회사 자본금의 감소에 관한 설명으로 옳지 않은 것은?

① 결손의 보전(補塡)을 위한 자본금의 감소는 주주총회의 특별결의에 의하여야 한다.

② 결손의 보전을 위하여 자본금을 감소하는 경우에는 채권자의 이의제기 절차를 요하지 않는다.

③ 사채권자가 이의를 제기하려면 사채권자집회의 결의가 있어야 한다.

④ 주식을 병합할 경우에는 회사는 1월 이상의 기간을 정하여 그 뜻과 그 기간 내에 주권을 회사에 제출할 것을 공고하고 주주명부에 기재된 주주와 질권자에 대하여는 각별로 그 통지를 하여야 한다.

⑤ 자본금 감소의 무효는 주주·이사·감사·청산인·파산관재인 또는 자본금의 감소를 승인하지 아니한 채권자만이 자본금 감소로 인한 변경등기가 된 날부터 6개월 내에 소(訴)만으로 주장할 수 있다.

┃해설┃

① [✕] 통상의 자본금 감소는 주주총회의 특별결의가 있어야 하나, 결손보전목적 자본금 감소는 <u>주주총회 보통결의</u>에 의한다(상법 제438조 제1항, 제2항 참조).

> **상법 제438조(자본금 감소의 결의)**
> ① 자본금의 감소에는 제434조에 따른 결의가 있어야 한다.
> ② 제1항에도 불구하고 결손의 보전(補塡)을 위한 자본금의 감소는 <u>제368조 제1항의 결의</u>에 의한다.

② [○] 자본금 감소의 경우에는 제232조(채권자의 이의)를 준용한다. 다만, 결손의 보전을 위하여 자본금을 감소하는 경우에는 그러하지 아니하다(상법 제439조 제2항).

③ [○] (자본금 감소에 대하여) 사채권자가 이의를 제기하려면 사채권자집회의 결의가 있어야 한다. 이 경우에는 법원은 이해관계인의 청구에 의하여 사채권자를 위하여 이의제기 기간을 연장할 수 있다(상법 제439조 제3항).

④ [○] 주식을 병합할 경우에는 회사는 1월 이상의 기간을 정하여 그 뜻과 그 기간 내에 주권을 회사에 제출할 것을 공고하고 주주명부에 기재된 주주와 질권자에 대하여는 각별로 그 통지를 하여야 한다(상법 제440조).

⑤ [○] 자본금 감소의 무효는 주주·이사·감사·청산인·파산관재인 또는 자본금의 감소를 승인하지 아니한 채권자만이 자본금 감소로 인한 변경등기가 된 날부터 6개월 내에 소(訴)만으로 주장할 수 있다(상법 제445조).

답 ①

35 ☑ 확인Check! ○ △ ✕

상법상 주식회사와 관련된 무효판결의 소급효가 인정되는 것은?

① 감자무효의 소
② 합병무효의 소
③ 분할무효의 소
④ 설립무효의 소
⑤ 주식이전무효의 소

해설

① [O] 감자무효의 소는 소급효를 제한하는 제190조 단서를 제외하고 본문만 준용하고 있으므로 회사법상 일반적인 소와 달리 <u>소급효가 인정된다</u>(상법 제446조, 제190조 본문 참조). 이밖에도 주주총회결의 하자를 다투는 소에서도 원고승소 판결에 소급효가 인정된다.

> **상법 제445조(감자무효의 소)**
> 자본금 감소의 무효는 주주·이사·감사·청산인·파산관재인 또는 자본금의 감소를 승인하지 아니한 채권자만이 자본금 감소로 인한 변경등기가 된 날부터 6개월 내에 소(訴)만으로 주장할 수 있다.
>
> **상법 제446조(준용규정)**
> 제186조 내지 제189조·<u>제190조 본문</u>·제191조·제192조 및 제377조의 규정은 제445조의 소에 관하여 이를 준용한다.
>
> **상법 제190조(판결의 효력)**
> (합명회사에서) 설립무효의 판결 또는 설립취소의 판결은 제3자에 대하여도 그 효력이 있다. 그러나 <u>판결확정 전에 생긴 회사와 사원 및 제3자 간의 권리의무에 영향을 미치지 아니한다.</u>

② [✕] 주식회사의 합병무효의 소는 상법 제190조 단서가 준용되므로 <u>장래효</u>를 가진다(상법 제530조 제2항, 제240조, 제190조 참조).

> **상법 제530조(준용규정)**
> ② 제234조, 제235조, 제237조 내지 <u>제240조</u>, 제329조의2, 제374조 제2항, 제374조의2 제2항 내지 제5항 및 제439조 제3항의 규정은 주식회사의 합병에 관하여 이를 준용한다.
>
> **상법 제240조(준용규정)**
> 제186조 내지 제191조의 규정은 합병무효의 소에 준용한다.

③ [✕] 분할무효의 소는 상법 제190조 단서가 준용되므로 <u>장래효</u>를 가진다(상법 제530조의11 제1항, 제240조, 제190조 참조).

> **상법 제530조의11(준용규정)**
> ① 분할 또는 분할합병의 경우에는 제234조, 제237조부터 <u>제240조까지</u>, 제329조의2, 제440조부터 제443조까지, 제526조, 제527조, 제527조의6, 제528조 및 제529조를 준용한다. 다만, 제527조의 설립위원은 대표이사로 한다.

④ [×] 주식회사의 설립무효의 소는 상법 제190조 단서가 준용되므로 <u>장래효를</u> 가진다(상법 제328조 제2항, 제190조 참조).

상법 제328조(설립무효의 소)
① (주식회사에서) 회사설립의 무효는 주주·이사 또는 감사에 한하여 회사성립의 날로부터 2년 내에 소만으로 이를 주장할 수 있다.
② <u>제186조 내지 제193조의 규정은 제1항의 소에 준용한다.</u>

⑤ [×] 주식이전무효의 소는 상법 제190조 단서가 준용되므로 <u>장래효를</u> 가진다(상법 제360조의23 제4항, 제190조 참조).

상법 제360조의23(주식이전무효의 소)
① 주식이전의 무효는 각 회사의 주주·이사·감사·감사위원회의 위원 또는 청산인에 한하여 주식이전의 날부터 6월 내에 소만으로 이를 주장할 수 있다.
④ <u>제187조 내지 제193조</u> 및 제377조의 규정은 제1항의 소에, 제339조 및 제340조 제3항의 규정은 제3항의 경우에 각각 이를 준용한다.

답 ①

36 세무사 2015

☑ 확인 Check! ○ △ ×

상법상 자본금 감소제도에 관한 설명으로 옳지 않은 것은?

① 결손의 보전을 위해 자본금을 감소하고자 할 경우에는 주주총회의 특별결의를 거쳐야 한다.
② 결손의 보전을 위한 자본금 감소의 경우에는 채권자에게 이의를 제출할 기회를 주지 않아도 된다.
③ 주식병합 절차에 따라 결손의 보전을 위해 자본금을 감소하는 경우 주권제출기간이 만료한 때에 주식병합의 효력이 생긴다.
④ 자본금 감소의 무효를 주장하려면 소에 의해서만 이를 다툴 수 있다.
⑤ 청산인은 자본금 감소의 무효의 소를 제기할 수 있다.

┃ 해설 ┃

① [×] 결손의 보전을 위해 자본금을 감소하고자 할 경우에는 <u>주주총회의 보통결의를</u> 거쳐야 한다(상법 제438조 제2항 참조).

상법 제438조(자본금 감소의 결의)
① 자본금의 감소에는 제434조에 따른 결의가 있어야 한다.
② 제1항에도 불구하고 결손의 보전을 위한 자본금의 감소는 <u>제368조 제1항의 결의</u>에 의한다.

② [O] 자본금 감소의 경우에는 제232조(채권자이의절차)를 준용한다. 다만, 결손의 보전을 위하여 자본금을 감소하는 경우에는 그러하지 아니하다(상법 제439조 제2항).

③ [O] 자본금을 감소시키는 방법으로 주식의 병합을 이용하는 경우 주권제출기간이 만료한 때에 자본금 감소의 효력이 발생하지만, 채권자보호절차가 종료하지 아니한 때에는 그 종료한 때에 효력이 생긴다. 그러나 채권자보호 절차가 필요 없는 결손보전 목적의 자본금 감소는 주권제출기간이 만료한 때 효력이 발생한다(상법 제441조, 제440조 참조).

> **상법 제440조(주식병합의 절차)**
> 주식을 병합할 경우에는 회사는 1월 이상의 기간을 정하여 그 뜻과 그 기간 내에 주권을 회사에 제출할 것을 공고하고 주주명부에 기재된 주주와 질권자에 대하여는 각별로 그 통지를 하여야 한다.
>
> **상법 제441조(동전)**
> 주식의 병합은 전조의 기간이 만료한 때에 그 효력이 생긴다. 그러나 제232조의 규정에 의한 절차가 종료하지 아니한 때에는 그 종료한 때에 효력이 생긴다.

④ [O], ⑤ [O] 자본금 감소의 무효는 주주·이사·감사·청산인·파산관재인 또는 자본금의 감소를 승인하지 아니한 채권자만이 자본금 감소로 인한 변경등기가 된 날부터 6개월 내에 소(訴)만으로 주장할 수 있다(상법 제445조).

답 ①

37 CPA 2022 ☑ 확인Check! ○ △ ✕

상법상 주식회사의 자본금감소에 관한 설명으로 틀린 것은? (이견이 있으면 판례에 의함)

① 자본금의 감소에는 원칙적으로 주주총회의 특별결의가 있어야 한다.

② 결손의 보전을 위하여 자본금을 감소하는 경우 채권자보호절차가 필요하지 않다.

③ 주주총회의 자본금감소 결의에 취소 또는 무효의 하자가 있더라도 그 하자가 극히 중대하여 자본금감소가 존재하지 아니하는 정도에 이르는 등의 특별한 사정이 없는 한, 자본금감소의 효력이 발생한 후에는 자본금 감소의 무효는 감자무효의 소에 의해서만 다툴 수 있다.

④ 감자무효의 판결은 대세적 효력과 불소급효가 있다.

⑤ 감자무효의 소는 청산인, 파산관재인 또는 자본금의 감소를 승인하지 아니한 채권자도 제기할 수 있으며, 자본금감소로 인한 변경등기가 된 날부터 6개월 내에 소만으로 주장할 수 있다.

┃해설┃

① [O] 자본금의 감소에는 제434조에 따른 결의가 있어야 한다(상법 제438조 제1항).

② [O] 자본금 감소의 경우에는 제232조(채권자의 이의)를 준용한다. 다만, 결손의 보전을 위하여 자본금을 감소하는 경우에는 그러하지 아니하다(상법 제439조 제2항).

③ [O] 상법 제445조는 자본감소의 무효는 주주 등이 자본감소로 인한 변경등기가 있은 날로부터 6월 내에 소만으로 주장할 수 있다고 규정하고 있으므로, 설령 주주총회의 자본감소 결의에 취소 또는 무효의 하자가 있다고 하더라도 그 하자가 극히 중대하여 자본감소가 존재하지 아니하는 정도에 이르는 등의 특별한 사정이 없는 한 자본감소의 효력이 발생한 후에는 자본감소 무효의 소에 의해서만 다툴 수 있다(대판 2010.2.11. 2009다83599).

④ [✕] 상법 제446조가 소급효를 제한하는 제190조 단서를 제외하고 본문만 준용하고 있으므로 감자무효판결에는 대세효가 있고, 회사법상 일반적인 소와 달리 소급효도 인정된다.

> **상법 제446조(준용규정)**
> 제186조 내지 제189조·제190조 본문·191조·제192조 및 제377조의 규정은 제445조의 소(감자무효의 소)에 관하여 이를 준용한다.
>
> **상법 제190조(판결의 효력)**
> 설립무효의 판결 또는 설립취소의 판결은 제3자에 대하여도 그 효력이 있다. 그러나 판결확정 전에 생긴 회사와 사원 및 제3자 간의 권리의무에 영향을 미치지 아니한다.

⑤ [○] 자본금 감소의 무효는 주주·이사·감사·청산인·파산관재인 또는 자본금의 감소를 승인하지 아니한 채권자만이 자본금 감소로 인한 변경등기가 된 날부터 6개월 내에 소(訴)만으로 주장할 수 있다(상법 제445조).

답 ④

38 법무사 2024

☑ 확인 Check! ○ △ ✕

자본금 감소에 관한 다음 설명 중 가장 옳지 않은 것은?

① 주식병합을 통한 자본금 감소에 이의가 있는 주주·이사·감사·청산인·파산관재인 또는 자본금의 감소를 승인하지 않은 채권자는 자본금감소로 인한 변경등기가 된 날부터 6개월 내에 감자무효의 소를 제기할 수 있다.

② 주주총회의 자본금 감소 결의에 취소 또는 무효의 하자가 있다고 하더라도 그 하자가 극히 중대하여 자본감소가 존재하지 아니하는 정도에 이르는 등의 특별한 사정이 없는 한 자본감소의 효력이 발생한 후에는 감자무효의 소에 의해서만 다툴 수 있다.

③ 상법은 자본금 감소의 무효와 관련하여 개별적인 무효사유를 열거하고 있지 않으므로, 자본금 감소의 방법 또는 기타 절차가 주주평등의 원칙에 반하는 경우, 기타 법령·정관에 위반하거나 민법상 일반원칙인 신의성실의 원칙에 반하여 현저히 불공정한 경우에 무효소송을 제기할 수 있다.

④ 만일 주주의 주식수에 따라 다른 비율로 주식병합을 하여 차등감자가 이루어진다면 이는 주주평등의 원칙에 반하여 자본금 감소 무효의 원인이 될 수 있다. 또한 주식병합을 통한 자본금 감소가 현저하게 불공정하게 이루어져 권리남용금지의 원칙이나 신의성실의 원칙에 반하는 경우에도 자본금 감소 무효의 원인이 될 수 있다.

⑤ 자본금 감소를 위한 주식소각 절차에 하자가 있다면, 주주 등은 자본금 감소로 인한 변경등기가 된 날부터 6개월 내에 소로써만 무효를 주장할 수 있으므로, 이사가 주식소각 과정에서 법령을 위반하여 회사에 손해를 끼친 사실이 인정될 때에는 감자무효의 판결이 확정되어야 상법 제399조 제1항에 따라 회사에 대하여 손해배상책임을 부담한다.

┃해설┃

① [O], ③ [O], ④ [O] 주식병합을 통한 자본금 감소에 이의가 있는 주주·이사·감사·청산인·파산관재인 또는 자본금의 감소를 승인하지 않은 채권자는 자본금 감소로 인한 변경등기가 된 날부터 6개월 내에 자본금 감소 무효의 소를 제기할 수 있다(상법 제445조). 상법은 자본금 감소의 무효와 관련하여 개별적인 무효사유를 열거하고 있지 않으므로, 자본금 감소의 방법 또는 기타 절차가 주주평등의 원칙에 반하는 경우, 기타 법령·정관에 위반하거나 민법상 일반원칙인 신의성실의 원칙에 반하여 현저히 불공정한 경우에 무효소송을 제기할 수 있다. 즉 주주평등의 원칙은 그가 가진 주식의 수에 따른 평등한 취급을 의미하는데, 만일 주주의 주식수에 따라 다른 비율로 주식병합을 하여 차등감자가 이루어진다면 이는 주주평등의 원칙에 반하여 자본금 감소 무효의 원인이 될 수 있다. 또한 주식병합을 통한 자본금 감소가 현저하게 불공정하게 이루어져 권리남용금지의 원칙이나 신의성실의 원칙에 반하는 경우에도 자본금 감소 무효의 원인이 될 수 있다(대판 2020.11.26. 2018다283315).

② [O] 상법 제445조는 자본감소의 무효는 주주 등이 자본감소로 인한 변경등기가 있은 날로부터 6월 내에 소만으로 주장할 수 있다고 규정하고 있으므로, 설령 주주총회의 자본감소 결의에 취소 또는 무효의 하자가 있다고 하더라도 그 하자가 극히 중대하여 자본감소가 존재하지 아니하는 정도에 이르는 등의 특별한 사정이 없는 한 자본감소의 효력이 발생한 후에는 자본감소 무효의 소에 의해서만 다툴 수 있다(대판 2010.2.11. 2009다83599).

⑤ [X] 이사가 고의 또는 과실로 법령 또는 정관에 위반한 행위를 하거나 그 임무를 게을리한 경우에는 그 이사는 회사에 대하여 연대하여 손해를 배상할 책임이 있다(상법 제399조 제1항). 이사가 임무를 수행함에 있어서 법령을 위반한 행위를 한 때에는 그 행위 자체가 회사에 대하여 채무불이행에 해당하므로, 그로 인하여 회사에 손해가 발생한 이상 특별한 사정이 없는 한 손해배상책임을 면할 수 없다. 자본금 감소를 위한 주식소각 절차에 하자가 있다면, 주주 등은 자본금 감소로 인한 변경등기가 된 날부터 6개월 내에 소로써만 무효를 주장할 수 있다(상법 제445조). 그러나 이사가 주식소각 과정에서 법령을 위반하여 회사에 손해를 끼친 사실이 인정될 때에는 <u>감자무효의 판결이 확정되었는지 여부와 관계없이</u> 상법 제399조 제1항에 따라 회사에 대하여 손해배상책임을 부담한다(대판 2021.7.15. 2018다298744).

답 ⑤

39 세무사 2022

☑ 확인Check! ○ △ ✕

상법상 비상장주식회사의 사채에 관한 설명으로 옳지 않은 것은?

① 이사는 사채청약서를 작성할 때 회사의 자본금과 준비금 총액을 기재해야 한다.

② 기명사채의 이전은 취득자의 성명과 주소를 사채원부에 기재하고 그 성명을 채권에 기재하지 아니하면 회사 기타의 제3자에게 대항하지 못한다.

③ 특정인이 계약에 의하여 사채 총액을 인수하는 경우 이사는 사채청약서를 작성하여야 한다.

④ 이권 있는 무기명식의 사채를 상환하는 경우에 이권이 흠결된 때에는 그 이권에 상당한 금액을 상환액으로부터 공제한다.

⑤ 사채의 상환청구권은 10년간 행사하지 아니하면 소멸시효가 완성한다.

┃해설┃

① [○] 상법 제474조 제2항 제2호

> **상법 제474조(공모발행, 사채청약서)**
> ② 사채청약서는 이사가 작성하고 다음의 사항을 적어야 한다.
>   1. 회사의 상호
>   2. <u>자본금과 준비금의 총액</u>
>   3. 최종의 대차대조표에 의하여 회사에 현존하는 순재산액
>   4. 사채의 총액
>   5. 각 사채의 금액
>   6. 사채발행의 가액 또는 그 최저가액
>   7. 사채의 이율
>   8. 사채의 상환과 이자지급의 방법과 기한
>   9. 사채를 수회에 분납할 것을 정한 때에는 그 분납금액과 시기
>   10. 채권을 기명식 또는 무기명식에 한한 때에는 그 뜻
>   10의2. 채권을 발행하는 대신 전자등록기관의 전자등록부에 사채권자의 권리를 등록하는 때에는 그 뜻
>   11. 전에 모집한 사채가 있는 때에는 그 상환하지 아니한 금액
>   12. 삭제〈2011.4.14.〉
>   13. 사채모집의 위탁을 받은 회사가 있는 때에는 그 상호와 주소
>   13의2. 사채관리회사가 있는 때에는 그 상호와 주소
>   13의3. 사채관리회사가 사채권자집회결의에 의하지 아니하고 제484조 제4항 제2호의 행위를 할 수 있도록 정한 때에는 그 뜻
>   14. 제13호의 위탁을 받은 회사가 그 모집액이 총액에 달하지 못한 경우에 그 잔액을 인수할 것을 약정한 때에는 그 뜻
>   15. 명의개서대리인을 둔 때에는 그 성명·주소 및 영업소

② [○] 기명사채의 이전은 취득자의 성명과 주소를 사채원부에 기재하고 그 성명을 채권에 기재하지 아니하면 회사 기타의 제3자에게 대항하지 못한다(상법 제479조 제1항).

③ [×] 상법상 사채발행의 방법은 사채청약서의 작성을 요하는 공모발행(상법 제474조 참조)과 발행의 상대방이 특정되므로 사채청약서의 작성이 필요하지 않은 총액인수(상법 제475조 참조)로 나뉜다.

> **상법 제474조(공모발행, 사채청약서)**
> ① 사채의 모집에 응하고자 하는 자는 사채청약서 2통에 그 인수할 사채의 수와 주소를 기재하고 기명날인 또는 서명하여야 한다.
>
> **상법 제475조(총액인수의 방법)**
> 전조의 규정은 계약에 의하여 사채의 총액을 인수하는 경우에는 이를 적용하지 아니한다. 사채모집의 위탁을 받은 회사가 사채의 일부를 인수하는 경우에는 그 일부에 대하여도 같다.

④ [O] 이권있는 무기명식의 사채를 상환하는 경우에 이권이 흠결된 때에는 그 이권에 상당한 금액을 상환액으로부터 공제한다(상법 제486조 제1항).

⑤ [O] 사채의 상환청구권은 10년간 행사하지 아니하면 소멸시효가 완성한다(상법 제487조 제1항).

답 ③

40 세무사 2021   ☑ 확인Check! ○ △ ✕

상법상 자본금 총액이 10억원인 주식회사의 사채발행에 관한 설명으로 옳지 않은 것은?

① 회사가 사채를 발행하기 위해서는 주주총회의 승인을 얻어야 한다.

② 회사는 주식이나 그 밖의 다른 유가증권으로 교환 또는 상환할 수 있는 사채를 발행할 수 있다.

③ 사채의 모집이 완료한 때에는 이사는 지체없이 인수인에 대하여 각 사채의 전액 또는 제1회의 납입을 시켜야 한다.

④ 회사는 사채전액의 납입이 완료한 후가 아니면 채권을 발행하지 못한다.

⑤ 회사가 채권을 기명식에 한할 것으로 정한 경우, 사채권자는 기명식의 채권을 무기명식으로 할 것을 회사에 청구할 수 없다.

──────────────────────────────

┃해설┃

① [×] 상법 제469조 제1항

② [O] 상법 제469조 제2항 제2호

> **상법 제469조(사채의 발행)**
> ① 회사는 이사회의 결의에 의하여 사채(社債)를 발행할 수 있다.
> ② 제1항의 사채에는 다음 각 호의 사채를 포함한다.
>   1. 이익배당에 참가할 수 있는 사채
>   2. 주식이나 그 밖의 다른 유가증권으로 교환 또는 상환할 수 있는 사채
>   3. 유가증권이나 통화 또는 그 밖에 대통령령으로 정하는 자산이나 지표 등의 변동과 연계하여 미리 정하여진 방법에 따라 상환 또는 지급금액이 결정되는 사채

③ [O] 사채의 모집이 완료한 때에는 이사는 지체없이 인수인에 대하여 각 사채의 전액 또는 제1회의 납입을 시켜야 한다(상법 제476조 제1항).

④ [O] 채권은 사채전액의 납입이 완료한 후가 아니면 이를 발행하지 못한다(상법 제478조 제1항).

⑤ [O] 사채권자는 언제든지 기명식의 채권을 무기명식으로, 무기명식의 채권을 기명식으로 할 것을 회사에 청구할 수 있다. 그러나 채권을 기명식 또는 무기명식에 한할 것으로 정한 때에는 그러하지 아니하다(상법 제480조).

답 ①

---

41 세무사 2019

☑ 확인Check! ○ △ ✕

상법상 사채에 관한 설명으로 옳지 않은 것은?

① 사채의 경우에는 주금납입의 경우와 달리 상법상 상계금지의 제한규정은 없다.

② 회사가 사채를 발행할 경우에는 발행할 사채의 총액을 정관에 기재하여야 한다.

③ 회사는 이사회의 결의에 의하여 사채를 발행할 수 있으나 이사회는 정관이 정하는 바에 따라 대표이사에게 사채의 금액과 종류를 정하여 1년을 초과하지 않는 기간 내에 사채를 발행할 것을 위임할 수 있다.

④ 사채의 납입에는 분할납입이 인정된다.

⑤ 사채의 인수인은 그 사채의 사채관리회사가 될 수 없다.

┃해설┃

① [O], ④ [O] 주식은 납입기일에 인수가액의 전액을 납입하여야 하고 회사의 동의 없이는 상계가 금지되나(상법 제421조 제1항, 제2항 참조), 사채의 납입은 분할납입이 가능하며 상계가 금지되지 않는다(상법 제474조 제2항 제9호, 제476조 제1항 참조).

> **상법 제421조(주식에 대한 납입)**
> ① 이사는 신주의 인수인으로 하여금 그 배정한 주수(株數)에 따라 납입기일에 그 인수한 주식에 대한 인수가액의 전액을 납입시켜야 한다.
> ② 신주의 인수인은 회사의 동의 없이 제1항의 납입채무와 주식회사에 대한 채권을 상계할 수 없다.
>
> **상법 제474조(공모발행, 사채청약서)**
> ② 사채청약서는 이사가 작성하고 다음의 사항을 적어야 한다.
> … (중략) …
> 9. 사채를 수회에 분납할 것을 정한 때에는 그 분납금액과 시기
> … (하략) …

② [×] 발행할 사채의 총액은 <u>정관 기재사항이 아니다</u>.
③ [○] 상법 제469조 제1항, 제4항
⑤ [○] 사채의 인수인은 그 사채의 사채관리회사가 될 수 없다(상법 제480조의3 제2항).

답 ②

42 세무사 2018

☑ 확인Check! ○ △ ×

상법상 자본금 총액이 15억원인 비상장주식회사의 사채에 관한 설명으로 옳은 것은?

① 기명사채의 이전은 취득자의 성명과 주소를 사채원부에 기재하고 그 성명을 채권에 기재하지 아니하면 당사자 사이에 효력이 없다.
② 사채의 상환청구권은 10년간 행사하지 아니하면 소멸시효가 완성한다.
③ 이사회는 정관의 규정이 없이 이사회의 결의로 대표이사에게 사채의 금액 및 종류를 정하여 2년 이내에 사채를 발행할 것을 위임할 수 있다.
④ 사채가 수인의 공유에 속하는 경우 그 권리를 행사할 자가 없는 때에는 공유자에 대한 통지나 최고는 그 전원에 대하여 하여야 한다.
⑤ 사채관리회사가 사채를 발행한 회사와 사채권자집회의 동의를 받아 사임할 때에는 사채권자집회의 동의는 출석한 사채권자 의결권의 3분의 2 이상의 수와 발행한 사채총수의 3분의 1 이상의 수로써만 하여야 한다.

┃해설┃

① [×] 기명사채의 이전은 취득자의 성명과 주소를 사채원부에 기재하고 그 성명을 채권에 기재하지 아니하면 <u>회사 기타의 제3자에게 대항하지 못한다</u>(상법 제479조 제1항). 즉. 기명사채의 양도는 지명채권 양도방법에 의하므로 양도의 의사표시와 사채권의 교부로 당사자 간에 양도의 효력이 발생하고, 다만 사채원부에 명의개서를 하지 않으면 회사 기타의 제3자에게 대항할 수 없는 것이다.
② [○] 사채의 상환청구권은 10년간 행사하지 아니하면 소멸시효가 완성한다(상법 제487조 제1항).

③ [×] 상법 제469조 제4항

> **상법 제469조(사채의 발행)**
> ① 회사는 이사회의 결의에 의하여 사채(社債)를 발행할 수 있다.
> ④ 제1항에도 불구하고 정관으로 정하는 바에 따라 이사회는 대표이사에게 사채의 금액 및 종류를 정하여 1년을 초과하지 아니하는 기간 내에 사채를 발행할 것을 위임할 수 있다.

④ [×] 사채가 수인의 공유에 속하는 경우 그 권리를 행사할 자가 없는 때에는 공유자에 대한 통지나 최고는 그 1인에 대하여 하면 된다(상법 제489조 제2항, 제333조 제3항 참조).

> **상법 제489조(준용규정)**
> ② 제333조의 규정은 사채가 수인의 공유에 속하는 경우에 준용한다.
>
> **상법 제333조(주식의 공유)**
> ③ 주주의 권리를 행사할 자가 없는 때에는 공유자에 대한 통지나 최고는 그 1인에 대하여 하면 된다.

⑤ [×] 사채관리회사가 사채를 발행한 회사와 사채권자집회의 동의를 받아 사임할 때에는 사채권자집회의 동의는 출석한 사채권자 의결권의 과반수로 할 수 있다(상법 제481조, 제495조 제2항 참조).

> **상법 제481조(사채관리회사의 사임)**
> 사채관리회사는 사채를 발행한 회사와 사채권자집회의 동의를 받아 사임할 수 있다. 부득이한 사유가 있어 법원의 허가를 받은 경우에도 같다.
>
> **상법 제495조(결의의 방법)**
> ① 제434조의 규정은 사채권자집회의 결의에 준용한다.
> ② 제481조부터 제483조까지 및 제494조의 동의 또는 청구는 제1항에도 불구하고 출석한 사채권자 의결권의 과반수로 결정할 수 있다.

답 ②

43 세무사 2017

확인 Check! ○ △ ✕

상법상 주식과 사채에 관한 설명으로 옳지 않은 것은?

① 회사가 발행할 주식의 총수는 정관에 기재되어야 한다.

② 회사가 다른 회사의 발행주식총수의 100분의 1을 취득한 때에는 그 다른 회사에 대하여 지체없이 이를 통지하여야 한다.

③ 사채의 납입은 상계가 허용된다.

④ 사채를 발행한 회사 또는 사채관리회사는 사채권자집회를 소집할 수 있다.

⑤ 회사는 주주총회의 특별결의로 액면주식을 분할할 수 있다.

▌해설▌

① [○] 상법 제289조 제1항 제3호

> **상법 제289조(정관의 작성, 절대적 기재사항)**
> ① 발기인은 정관을 작성하여 다음의 사항을 적고 각 발기인이 기명날인 또는 서명하여야 한다.
> 1. 목 적
> 2. 상 호
> 3. 회사가 발행할 주식의 총수
> 4. 액면주식을 발행하는 경우 1주의 금액
> 5. 회사의 설립 시에 발행하는 주식의 총수
> 6. 본점의 소재지
> 7. 회사가 공고를 하는 방법
> 8. 발기인의 성명·주민등록번호 및 주소

② [✕] 회사가 다른 회사의 발행주식총수의 10분의 1을 초과하여 취득한 때에는 그 다른 회사에 대하여 지체없이 이를 통지하여야 한다(상법 제342조의3).

③ [○] 사채의 모집이 완료한 때에는 이사는 지체없이 인수인에 대하여 각 사채의 전액 또는 제1회의 납입을 시켜야 한다(상법 제476조 제1항). 사채의 경우에는 주금의 납입과 달리 납입이 지체되더라도 실권절차는 인정되지 않으며, 상계·경개·대물변제에 의한 납입도 가능하다.

④ [○] 사채권자집회는 사채를 발행한 회사 또는 사채관리회사가 소집한다(상법 제491조 제1항).

⑤ [○] 회사는 제434조의 규정에 의한 주주총회의 결의로 주식을 분할할 수 있다(상법 제329조의2 제1항).

답 ②

제5장 | 기업재무 등 **485**

상법상 주식회사의 사채(社債)에 관한 설명으로 <u>틀린</u> 것은?

① 회사는 원칙적으로 이사회의 결의에 의하여 사채를 발행할 수 있다.

② 사채의 모집이 완료한 때에는 이사는 지체없이 인수인에 대하여 각 사채의 전액 또는 제1회의 납입을 시켜야 한다.

③ 회사가 채권을 기명식에 한할 것을 정한 때에도, 사채권자가 기명식의 채권을 무기명식으로 할 것을 회사에 청구하면 회사는 사채권자의 청구대로 이를 변경하여야 한다.

④ 주주 외의 자에 대하여 신주인수권부사채를 발행하는 경우, 그 발행할 수 있는 신주인수권부사채의 액, 신주인수권의 내용과 신주인수권을 행사할 수 있는 기간에 관하여 정관의 규정이 없으면 주주총회의 특별결의로써 이를 정하여야 한다.

⑤ 이권있는 무기명식의 사채를 상환하는 경우에 이권이 흠결된 때에는 그 이권에 상당한 금액을 상환액으로부터 공제한다.

┃해설┃

① [○] 상법 제469조 제1항

> **상법 제469조(사채의 발행)**
> ① 회사는 이사회의 결의에 의하여 사채(社債)를 발행할 수 있다.
> ④ 제1항에도 불구하고 정관으로 정하는 바에 따라 이사회는 대표이사에게 사채의 금액 및 종류를 정하여 1년을 초과하지 아니하는 기간 내에 사채를 발행할 것을 위임할 수 있다.

② [○] 사채의 모집이 완료한 때에는 이사는 지체없이 인수인에 대하여 각 사채의 전액 또는 제1회의 납입을 시켜야 한다(상법 제476조 제1항).

③ [✕] 사채권자는 언제든지 기명식의 채권을 무기명식으로, 무기명식의 채권을 기명식으로 할 것을 회사에 청구할 수 있다. 그러나 <u>채권을 기명식 또는 무기명식에 한할 것으로 정한 때에는 그러하지 아니하다</u>(상법 제480조).

④ [○] 주주외의 자에 대하여 신주인수권부사채를 발행하는 경우에 그 발행할 수 있는 신주인수권부사채의 액, 신주인수권의 내용과 신주인수권을 행사할 수 있는 기간에 관하여 <u>정관에 규정이 없으면 제434조의 결의로써</u> 이를 정하여야 한다. 이 경우 제418조 제2항 단서의 규정을 준용한다(상법 제516조의2 제4항).

⑤ [○] 이권있는 무기명식의 사채를 상환하는 경우에 이권이 흠결된 때에는 그 이권에 상당한 금액을 상환액으로부터 공제한다(상법 제486조 제1항).

 ③

45 CPA 2020

상법상 사채에 관한 설명으로 옳은 것은?

① 사채관리회사는 사채권자를 위하여 사채에 관한 채권을 변제받기 위하여 필요한 재판상 또는 재판 외의 모든 행위를 할 수 있다.

② 사채의 인수인은 그 사채의 사채관리회사가 될 수 있다.

③ 기명사채의 이전은 취득자의 성명과 주소를 사채원부에 기재하고 그 성명을 채권에 기재하지 아니하면, 그 취득자는 회사에 대항하지 못하지만 제3자에게는 대항할 수 있다.

④ 사채의 모집이 완료된 때에는 사채인수인은 사채의 전액을 납입하여야 하고, 이 경우 분할납입은 허용되지 않는다.

⑤ 판례에 의하면, 전환사채발행무효의 소에는 신주발행무효의 소에 관한 6월 내의 제소기간 규정이 유추적용되지 않는다.

┃해설┃

① [○] 사채관리회사는 사채권자를 위하여 사채에 관한 채권을 변제받거나 채권의 실현을 보전하기 위하여 필요한 재판상 또는 재판 외의 모든 행위를 할 수 있다(상법 제484조 제1항).

② [✕] 사채의 인수인은 그 사채의 사채관리회사가 될 수 없다(상법 제480조의3 제2항).

③ [✕] 기명사채의 이전은 취득자의 성명과 주소를 사채원부에 기재하고 그 성명을 채권에 기재하지 아니하면 회사 기타의 제3자에게 대항하지 못한다(상법 제479조 제1항).

④ [✕] 사채의 모집이 완료된 때에는 이사는 지체없이 인수인에 대하여 각 사채의 전액 또는 제1회의 납입을 시켜야 한다(상법 제476조 제1항). 사채의 경우에는 주금의 납입과 달리 분할납입이 가능하다.

⑤ [✕] 상법은 제516조 제1항에서 신주발행의 유지청구권에 관한 제424조 및 불공정한 가액으로 주식을 인수한 자의 책임에 관한 제424조의2 등을 전환사채의 발행의 경우에 준용한다고 규정하면서도 신주발행무효의 소에 관한 제429조의 준용 여부에 대해서는 아무런 규정을 두고 있지 않으나, 전환사채는 전환권의 행사에 의하여 장차 주식으로 전환될 수 있는 권리가 부여된 사채로서, 이러한 전환사채의 발행은 주식회사의 물적 기초와 기존 주주들의 이해관계에 영향을 미친다는 점에서 사실상 신주를 발행하는 것과 유사하므로, 전환사채의 발행의 경우에도 신주발행무효의 소에 관한 상법 제429조가 유추적용된다(대판 2004.6.25. 2000다37326).

답 ①

상법상 사채관리회사에 관한 설명으로 옳지 않은 것은?

① 회사는 사채를 발행하는 경우에 사채관리회사를 정하여 변제의 수령, 채권의 보전, 그 밖에 사채관리를 위탁할 수 있다.

② 사채의 인수인은 그 사채의 사채관리회사가 될 수 없다.

③ 사채관리회사는 사채를 발행한 회사와 사채권자집회의 동의를 받아 사임할 수 있다.

④ 사채관리회사가 그 사무처리에 적임이 아니라고 인정되는 경우 법원은 사채발행회사 또는 사채권자집회의 청구에 의하여 사채관리회사를 해임할 수 있다.

⑤ 사채관리회사가 둘 이상 있을 때에는 그 권한에 속하는 행위를 공동으로 하지 않아도 된다.

┃해설┃

① [○] 회사는 사채를 발행하는 경우에 사채관리회사를 정하여 변제의 수령, 채권의 보전, 그 밖에 사채의 관리를 위탁할 수 있다(상법 제480조의2).

② [○] 사채의 인수인은 그 사채의 사채관리회사가 될 수 없다(상법 제480조의3 제2항).

③ [○] 사채관리회사는 사채를 발행한 회사와 사채권자집회의 동의를 받아 사임할 수 있다. 부득이한 사유가 있어 법원의 허가를 받은 경우에도 같다(상법 제481조).

④ [○] 사채관리회사가 그 사무를 처리하기에 적임이 아니거나 그 밖에 정당한 사유가 있을 때에는 법원은 사채를 발행하는 회사 또는 사채권자집회의 청구에 의하여 사채관리회사를 해임할 수 있다(상법 제482조).

⑤ [✕] 사채관리회사가 둘 이상 있을 때에는 그 권한에 속하는 행위는 <u>공동으로 하여야 한다</u>(상법 제485조 제1항).

답 ⑤

상법상 사채관리회사에 관한 설명으로 옳지 않은 것은?

① 사채의 인수인은 그 사채의 사채관리회사가 될 수 없다.

② 사채관리회사는 법원의 허가를 받은 경우에 한하여 사임할 수 있다.

③ 사채관리회사는 사채권자를 위하여 사채에 관한 채권을 변제받으면 지체 없이 그 뜻을 공고하고, 알고 있는 사채권자에게 통지하여야 한다.

④ 사채관리회사가 둘 이상 있을 때에는 그 권한에 속하는 행위는 공동으로 하여야 한다.

⑤ 사채관리회사에게 줄 보수와 그 사무 처리에 필요한 비용은 사채를 발행한 회사와의 계약에 약정된 경우 외에는 법원의 허가를 받아 사채를 발행한 회사로 하여금 부담하게 할 수 있다.

┃해설┃

① [○] 사채의 인수인은 그 사채의 사채관리회사가 될 수 없다(상법 제480조의3 제2항).

② [×] 사채관리회사는 사채를 발행한 회사와 사채권자집회의 동의를 받아 사임할 수 있다. 부득이한 사유가 있어 법원의 허가를 받은 경우에도 같다(상법 제481조).

③ [○] 상법 제484조 제2항

> **상법 제484조(사채관리회사의 권한)**
> ① 사채관리회사는 사채권자를 위하여 사채에 관한 채권을 변제받거나 채권의 실현을 보전하기 위하여 필요한 재판상 또는 재판 외의 모든 행위를 할 수 있다.
> ② 사채관리회사는 제1항의 변제를 받으면 지체 없이 그 뜻을 공고하고, 알고 있는 사채권자에게 통지하여야 한다.

④ [○] 사채관리회사가 둘 이상 있을 때에는 그 권한에 속하는 행위는 공동으로 하여야 한다(상법 제485조 제1항).

⑤ [○] 사채관리회사, 대표자 또는 집행자에게 줄 보수와 그 사무 처리에 필요한 비용은 사채를 발행한 회사와의 계약에 약정된 경우 외에는 법원의 허가를 받아 사채를 발행한 회사로 하여금 부담하게 할 수 있다(상법 제507조 제1항).

답 ②

---

48 세무사 2023

☑ 확인Check! ○ △ ✕

상법상 비상장주식회사의 사채권자집회에 관한 설명으로 옳지 않은 것은?

① 수종의 사채를 발행한 경우에 사채권자집회는 각종의 사채에 관하여 이를 소집하여야 한다.

② 해당 종류의 사채권자 전원이 동의한 결의라도 법원의 인가를 받지 않으면 효력이 없다.

③ 사채권자집회의 결의는 그 종류의 사채를 가진 모든 사채권자에게 그 효력이 있다.

④ 각 사채권자는 그가 가지는 해당 종류의 사채 금액의 합계액(상환받은 액은 제외한다)에 따라 의결권을 가진다.

⑤ 사채권자집회에 출석하지 아니한 사채권자는 서면에 의하여 의결권을 행사할 수 있다.

┃해설┃

① [○] 수종의 사채를 발행한 경우에는 사채권자집회는 각종의 사채에 관하여 이를 소집하여야 한다(상법 제509조).

② [×] 사채권자집회의 결의는 법원의 인가를 받음으로써 그 효력이 생긴다. 다만, 그 종류의 사채권자 전원이 동의한 결의는 법원의 인가가 필요하지 아니하다(상법 제498조 제1항).

③ [○] 사채권자집회의 결의는 그 종류의 사채를 가진 모든 사채권자에게 그 효력이 있다(상법 제498조 제2항).

④ [○] 각 사채권자는 그가 가지는 해당 종류의 사채 금액의 합계액(상환받은 액은 제외한다)에 따라 의결권을 가진다(상법 제492조 제1항).

⑤ [○] 사채권자집회에 출석하지 아니한 사채권자는 서면에 의하여 의결권을 행사할 수 있다(상법 제495조 제3항).

답 ②

49 세무사 2016

✅ 확인 Check! ○ △ ✕

상법상 사채권자집회에 관한 설명으로 옳지 않은 것은?

① 사채권자집회는 사채를 발행한 회사 또는 사채관리회사가 소집한다.

② 무기명식의 채권을 가진 자는 그 채권을 공탁하지 아니하면 사채권자집회의 소집을 청구할 수 없다.

③ 사채권자집회에서 각 사채권자는 그가 가지는 해당 종류의 사채금액의 합계액(상환받은 액은 제외함)에 따라 의결권을 가진다.

④ 사채권자집회의 결의요건은 주주총회의 보통결의 요건에 따른다.

⑤ 사채권자집회의 소집자는 결의한 날로부터 1주간 내에 결의의 인가를 법원에 청구하여야 한다.

┃해설┃

① [○] 사채권자집회는 사채를 발행한 회사 또는 사채관리회사가 소집한다(상법 제491조 제1항).

② [○] 상법 제491조 제2항, 제4항

> **상법 제491조(소집권자)**
> ② 사채의 종류별로 해당 종류의 사채 총액(상환받은 액은 제외한다)의 10분의 1 이상에 해당하는 사채를 가진 사채권자는 회의 목적인 사항과 소집 이유를 적은 서면 또는 전자문서를 사채를 발행한 회사 또는 사채관리회사에 제출하여 사채권자집회의 소집을 청구할 수 있다.
> ④ 무기명식의 채권을 가진 자는 그 채권을 공탁하지 아니하면 전2항의 권리를 행사하지 못한다.

③ [○] 각 사채권자는 그가 가지는 해당 종류의 사채 금액의 합계액(상환받은 액은 제외한다)에 따라 의결권을 가진다(상법 제492조 제1항).

④ [✕] <u>제434조의 규정</u>은 사채권자집회의 결의에 준용한다(상법 제495조 제1항).

⑤ [○] 사채권자집회의 소집자는 결의한 날로부터 1주간 내에 결의의 인가를 법원에 청구하여야 한다(상법 제496조).

 답 ④

50 세무사 2020

✅ 확인 Check! ○ △ ✕

상법상 전환사채에 관한 설명으로 옳지 않은 것은? (다툼이 있으면 판례에 따름)

① 회사가 법령 또는 정관에 위반하거나 현저하게 불공정한 방법에 의하여 전환사채를 발행함으로써 주주가 불이익을 받을 염려가 있는 때에는 그 주주는 회사에 대하여 전환사채 발행을 유지할 것을 청구할 수 있다.

② 이사와 통모하여 현저하게 불공정한 발행가액으로 전환사채를 인수한 자는 회사에 대하여 공정한 발행가액과의 차액에 상당한 금액을 지급할 의무가 있다.

③ 전환사채를 발행한 경우 신주발행과 사실상 유사하므로 전환사채발행의 경우에도 신주발행무효의 소에 관한 규정이 유추적용된다.

④ 회사는 정관에 정하는 바에 따라 주주 외의 자에게 전환사채를 발행할 수 있다. 다만, 이 경우에는 신기술의 도입, 재무구조의 개선 등 회사의 경영상 목적을 달성하기 위하여 필요한 경우에 한한다.

⑤ 전환사채권자가 발행회사의 주식으로 전환을 청구한 경우 발행회사가 전환을 승낙한 때에 비로소 전환의 효력이 발생하고 그 시점부터 주주가 된다.

▮해설▮

① [○] 상법 제516조 제1항, 제424조
② [○] 상법 제516조 제1항, 제424조의2 제1항

> **상법 제516조(준용규정)**
> ① 제346조 제4항, 제424조 및 제424조의2의 규정은 전환사채의 발행의 경우에 이를 준용한다.
>
> **상법 제424조(유지청구권)**
> 회사가 법령 또는 정관에 위반하거나 현저하게 불공정한 방법에 의하여 주식을 발행함으로써 주주가 불이익을 받을 염려가 있는 경우에는 그 주주는 회사에 대하여 그 발행을 유지할 것을 청구할 수 있다.
>
> **상법 제424조의2(불공정한 가액으로 주식을 인수한 자의 책임)**
> ① 이사와 통모하여 현저하게 불공정한 발행가액으로 주식을 인수한 자는 회사에 대하여 공정한 발행가액과의 차액에 상당한 금액을 지급할 의무가 있다.

③ [○] 상법은 제516조 제1항에서 신주발행의 유지청구권에 관한 제424조 및 불공정한 가액으로 주식을 인수한 자의 책임에 관한 제424조의2 등을 전환사채의 발행의 경우에 준용한다고 규정하면서도 신주발행무효의 소에 관한 제429조의 준용 여부에 대해서는 아무런 규정을 두고 있지 않으나, 전환사채는 전환권의 행사에 의하여 장차 주식으로 전환될 수 있는 권리가 부여된 사채로서, 이러한 전환사채의 발행은 주식회사의 물적 기초와 기존 주주들의 이해관계에 영향을 미친다는 점에서 사실상 신주를 발행하는 것과 유사하므로, 전환사채의 발행의 경우에도 신주발행무효의 소에 관한 상법 제429조가 유추적용된다고 봄이 상당하다(대판 2004.6.25. 2000다37326).

④ [○] 상법 제513조 제3항, 제418조 제2항 단서

> **상법 제513조(전환사채의 발행)**
> ③ 주주외의 자에 대하여 전환사채를 발행하는 경우에 그 발행할 수 있는 전환사채의 액, 전환의 조건, 전환으로 인하여 발행할 주식의 내용과 전환을 청구할 수 있는 기간에 관하여 정관에 규정이 없으면 제434조의 결의로써 이를 정하여야 한다. 이 경우 제418조 제2항 단서의 규정을 준용한다.
>
> **상법 제418조(신주인수권의 내용 및 배정일의 지정 · 공고)**
> ② 회사는 제1항의 규정에 불구하고 정관에 정하는 바에 따라 주주 외의 자에게 신주를 배정할 수 있다. 다만, 이 경우에는 신기술의 도입, 재무구조의 개선 등 회사의 경영상 목적을 달성하기 위하여 필요한 경우에 한한다.

⑤ [✕] 전환사채권자가 발행회사의 주식으로 전환을 청구한 경우 사채권자가 전환을 청구한 때 전환의 효력이 발생한다(상법 제516조 제2항, 제350조 제1항 참조).

> **상법 제516조(준용규정)**
> ② 제339조, 제348조, 제350조 및 제351조의 규정은 사채의 전환의 경우에 이를 준용한다.
>
> **상법 제350조(전환의 효력발생)**
> ① 주식의 전환은 주주가 전환을 청구한 경우에는 그 청구한 때에, 회사가 전환을 한 경우에는 제346조 제3항 제2호의 기간이 끝난 때에 그 효력이 발생한다.

답 ⑤

51 세무사 2019

☑ 확인 Check! ○ △ ✕

상법상 전환사채에 관한 설명으로 옳은 것은?

① 주주 외의 자에 대하여 전환사채를 발행하는 경우에는 정관에 규정이 없으면 이사회에서 발행사항에 관하여 결정한다.
② 사채의 전환은 전환사채권자가 전환을 청구하여 회사가 주식을 발행한 때 그 효력이 발생한다.
③ 주주명부폐쇄기간 중에는 전환사채가 주식으로 전환되지 못한다.
④ 전환사채의 인수권을 가진 주주는 그가 가진 주식의 수에 따라서 전환사채의 배정을 받을 권리가 있으나 각 전환사채의 금액 중 최저액에 미달하는 단수에 대하여는 그러하지 아니하다.
⑤ 전환사채의 발행가액 총액은 전환에 의하여 발행하는 주식의 액면가액 총액과 동일하여야 한다.

▌해설▐

① [✕] 주주 외의 자에 대하여 전환사채를 발행하는 경우에 그 발행할 수 있는 전환사채의 액, 전환의 조건, 전환으로 인하여 발행할 주식의 내용과 전환을 청구할 수 있는 기간에 관하여 정관에 규정이 없으면 <u>제434조의 결의로써</u> 이를 정하여야 한다. 이 경우 제418조 제2항 단서의 규정을 준용한다(상법 제513조 제3항).
② [✕] 사채의 전환은 전환사채권자가 전환을 청구한 경우에는 그 <u>청구한 때에</u> 효력이 발생한다(상법 제516조 제2항, 제350조 제1항 참조).
③ [✕] 주주명부폐쇄기간 중에도 전환사채가 주식으로 <u>전환될 수 있다</u>. 다만 폐쇄기간 중에 전환된 주식의 주주는 그 기간 중의 총회의 결의에 관하여는 의결권을 행사할 수 없다(상법 제516조 제2항, 제350조 제2항 참조).
④ [○] 전환사채의 인수권을 가진 주주는 그가 가진 주식의 수에 따라서 전환사채의 배정을 받을 권리가 있다. 그러나 각 전환사채의 금액중 최저액에 미달하는 단수에 대하여는 그러하지 아니하다(상법 제513조의2 제1항).
⑤ [✕] 전환사채의 발행가액 총액은 전환에 의하여 발행하는 주식의 <u>발행가액 총액</u>과 동일하여야 한다(상법 제516조 제2항, 제348조 참조).

> **상법 제516조(준용규정)**
> ② 제339조, <u>제348조</u>, <u>제350조</u> 및 제351조의 규정은 사채의 전환의 경우에 이를 준용한다.
>
> **상법 제348조(전환으로 인하여 발행하는 주식의 발행가액)**
> 전환으로 인하여 신주식을 발행하는 경우에는 <u>전환 전의 주식의 발행가액</u>을 신주식의 발행가액으로 한다.
>
> **상법 제350조(전환의 효력발생)**
> ① 주식의 전환은 <u>주주가 전환을 청구한 경우에는</u> 그 <u>청구한 때에</u>, 회사가 전환을 한 경우에는 제346조 제3항 제2호의 기간이 끝난 때에 그 효력이 발생한다.
> ② 제354조 제1항의 기간(주주명부폐쇄기간) 중에 전환된 주식의 주주는 <u>그 기간 중의 총회의 결의에 관하여는 의결권을 행사할 수 없다.</u>

답 ④

492 세무사 1차 객관식 상법(회사편)

☑ 확인Check! ○ △ ✕

상법상 전환사채에 관한 설명으로 옳지 않은 것은? (다툼이 있으면 판례에 따름)

① 회사가 전환사채를 발행할 경우에는 사채의 총액에 관하여 정관에 다른 규정이 없다면 이사회가 이를 결정한다.

② 주주외의 자에 대하여 전환사채를 발행하는 경우에 그 발행할 수 있는 전환사채의 액에 관하여 정관에 규정이 없으면 주주총회의 특별결의로써 이를 정하여야 한다.

③ 전환사채발행의 무효의 소에 관하여는 신주발행무효의 소에 관한 상법 제429조가 유추적용된다.

④ 전환사채의 인수권을 가진 주주는 그가 가진 주식의 수에 따라서 전환사채의 배정을 받을 권리가 있지만, 각 전환사채의 금액중 최저액에 미달하는 단수에 대하여는 그러하지 아니하다.

⑤ 회사가 전환사채를 발행한 때에는 정관에 전환사채의 발행총액을 기재하여야 한다.

┃ 해설 ┃

① [○] 상법 제513조 제1항, 제2항 제1호

> **상법 제513조(전환사채의 발행)**
> ① 회사는 전환사채를 발행할 수 있다.
> ② 제1항의 경우에 다음의 사항으로서 정관에 규정이 없는 것은 이사회가 이를 결정한다. 그러나 정관으로 주주총회에서 이를 결정하기로 정한 경우에는 그러하지 아니하다.
> 1. 전환사채의 총액
> 2. 전환의 조건
> 3. 전환으로 인하여 발행할 주식의 내용
> 4. 전환을 청구할 수 있는 기간
> 5. 주주에게 전환사채의 인수권을 준다는 뜻과 인수권의 목적인 전환사채의 액
> 6. 주주외의 자에게 전환사채를 발행하는 것과 이에 대하여 발행할 전환사채의 액

② [○] 주주외의 자에 대하여 전환사채를 발행하는 경우에 그 발행할 수 있는 전환사채의 액, 전환의 조건, 전환으로 인하여 발행할 주식의 내용과 전환을 청구할 수 있는 기간에 관하여 정관에 규정이 없으면 제434조의 결의로써 이를 정하여야 한다. 이 경우 제418조 제2항 단서의 규정을 준용한다(상법 제513조 제3항).

③ [○] 상법은 제516조 제1항에서 신주발행의 유지청구권에 관한 제424조 및 불공정한 가액으로 주식을 인수한 자의 책임에 관한 제424조의2 등을 전환사채의 발행의 경우에 준용한다고 규정하면서도 신주발행무효의 소에 관한 제429조의 준용 여부에 대해서는 아무런 규정을 두고 있지 않으나, 전환사채는 전환권의 행사에 의하여 장차 주식으로 전환될 수 있는 권리가 부여된 사채로서, 이러한 전환사채의 발행은 주식회사의 물적 기초와 기존 주주들의 이해관계에 영향을 미친다는 점에서 사실상 신주를 발행하는 것과 유사하므로, 전환사채의 발행의 경우에도 신주발행무효의 소에 관한 상법 제429조가 유추적용된다(대판 2004.6.25. 2000다37326).

④ [○] 전환사채의 인수권을 가진 주주는 그가 가진 주식의 수에 따라서 전환사채의 배정을 받을 권리가 있다. 그러나 각 전환사채의 금액중 최저액에 미달하는 단수에 대하여는 그러하지 아니하다(상법 제513조의2 제1항).

⑤ [✕] 전환사채의 총액은 등기사항이기는 하지만(상법 제514조의2 제2항 제1호 참조) **정관의 기재사항은 아니다.**

📖 답 ⑤

상법상 비상장주식회사에서 주주 외의 자에 대하여 전환사채를 발행하는 경우에 관한 설명으로 틀린 것은?

① 발행할 수 있는 전환사채의 액, 전환의 조건, 전환으로 인하여 발행할 주식의 내용과 전환을 청구할 수 있는 기간에 관하여 정관에 규정이 없으면 주주총회의 보통결의로써 이를 정하여야 한다.

② 전환사채의 발행은 신기술의 도입, 재무구조의 개선 등 회사의 경영상 목적을 달성하기 위하여 필요한 경우에 한한다.

③ 주주총회의 결의로 전환사채의 발행에 관한 사항을 정할 경우 전환사채의 발행에 관한 의안의 요령을 주주총회의 소집통지에 기재하여야 한다.

④ 전환사채의 모집이 완료한 때에는 이사는 지체없이 인수인에 대하여 각 사채의 전액 또는 제1회의 납입을 시켜야 한다.

⑤ 회사가 전환사채를 발행한 때에는 사채의 납입이 완료된 날로부터 2주간 내에 본점의 소재지에서 전환사채의 등기를 하여야 한다.

┃해설┃

① [✕] 주주에게 전환사채를 발행하는 경우에는 발행할 수 있는 전환사채의 액, 전환의 조건, 전환으로 인하여 발행할 주식의 내용과 전환을 청구할 수 있는 기간에 관하여 정관에 규정이 없으면 이사회가 이를 정하여야 한다(상법 제513조 제1항, 제2항 참조). 그러나 주주외의 자에게 전환사채를 발행하는 경우에는 발행할 수 있는 전환사채의 액, 전환의 조건, 전환으로 인하여 발행할 주식의 내용과 전환을 청구할 수 있는 기간에 관하여 정관에 규정이 없으면 <u>주주총회의 특별결의로써</u> 이를 정한다(상법 제513조 제3항 참조).

> **상법 제513조(전환사채의 발행)**
> ① 회사는 전환사채를 발행할 수 있다.
> ② 제1항의 경우에 다음의 사항으로서 정관에 규정이 없는 것은 <u>이사회가</u> 이를 결정한다. 그러나 정관으로 주주총회에서 이를 결정하기로 정한 경우에는 그러하지 아니하다.
> 　1. 전환사채의 총액
> 　2. 전환의 조건
> 　3. 전환으로 인하여 발행할 주식의 내용
> 　4. 전환을 청구할 수 있는 기간
> 　5. 주주에게 전환사채의 인수권을 준다는 뜻과 인수권의 목적인 전환사채의 액
> 　6. 주주외의 자에게 전환사채를 발행하는 것과 이에 대하여 발행할 전환사채의 액
>
> **상법 제513조(전환사채의 발행)**
> ③ 주주외의 자에 대하여 전환사채를 발행하는 경우에 그 발행할 수 있는 전환사채의 액, 전환의 조건, 전환으로 인하여 발행할 주식의 내용과 전환을 청구할 수 있는 기간에 관하여 정관에 규정이 없으면 제434조의 결의로써 이를 정하여야 한다. 이 경우 제418조 제2항 단서의 규정을 준용한다.

② [O] 상법 제513조 제3항, 제418조 제2항 단서
③ [O] 상법 제513조 제4항, 상법 제363조

> **상법 제513조(전환사채의 발행)**
> ③ 주주외의 자에 대하여 전환사채를 발행하는 경우에 그 발행할 수 있는 전환사채의 액, 전환의 조건, 전환으로 인하여 발행할 주식의 내용과 전환을 청구할 수 있는 기간에 관하여 정관에 규정이 없으면 제434조의 결의로써 이를 정하여야 한다. 이 경우 제418조 제2항 단서의 규정을 준용한다.
>
> > **상법 제418조(신주인수권의 내용 및 배정일의 지정·공고)**
> > ② 회사는 제1항의 규정에 불구하고 정관에 정하는 바에 따라 주주 외의 자에게 신주를 배정할 수 있다. 다만, 이 경우에는 신기술의 도입, 재무구조의 개선 등 회사의 경영상 목적을 달성하기 위하여 필요한 경우에 한한다.
>
> ④ 제3항의 결의에 있어서 전환사채의 발행에 관한 의안의 요령은 제363조의 규정에 의한 통지에 기재하여야 한다.
>
> > **상법 제363조(소집의 통지)**
> > ① 주주총회를 소집할 때에는 주주총회일의 2주 전에 각 주주에게 서면으로 통지를 발송하거나 각 주주의 동의를 받아 전자문서로 통지를 발송하여야 한다. 다만, 그 통지가 주주명부상 주주의 주소에 계속 3년간 도달하지 아니한 경우에는 회사는 해당 주주에게 총회의 소집을 통지하지 아니할 수 있다.

④ [O] 사채의 모집이 완료한 때에는 이사는 지체없이 인수인에 대하여 각 사채의 전액 또는 제1회의 납입을 시켜야 한다(상법 제476조 제1항).
⑤ [O] 회사가 전환사채를 발행한 때에는 제476조의 규정에 의한 납입이 완료된 날로부터 2주간 내에 본점의 소재지에서 전환사채의 등기를 하여야 한다(상법 제514조의2 제1항).

답 ①

상법상 사채에 관한 설명으로 틀린 것은?

① 전환사채의 전환으로 회사의 자본금은 증가하지 않는다.

② 주주 이외의 자에게 신주인수권부사채를 발행하는 경우, 신주인수권의 내용에 관하여 정관에 규정이 없으면 주주총회의 특별결의로써 이를 정하여야 한다.

③ 사채의 모집이 완료한 때에는 이사는 지체없이 인수인에 대하여 각 사채의 전액 또는 제1회의 납입을 시켜야 한다.

④ 정관으로 정하는 바에 따라 이사회는 대표이사에게 사채의 금액 및 종류를 정하여 1년을 초과하지 아니하는 기간 내에 사채를 발행할 것을 위임할 수 있다.

⑤ 사채권자집회의 결의는 법원의 인가를 받음으로써 그 효력이 생기지만, 그 종류의 사채권자 전원이 동의한 결의에는 법원의 인가가 필요하지 않다.

⋯⋯

∥해설∥

① [✕] 전환사채의 전환에서도 신주가 발행되므로 **자본금은 증가한다**(상법 제516조 제2항, 제348조 참조).

> **상법 제516조(준용규정)**
> ② 제339조, 제348조, 제350조 및 제351조의 규정은 사채의 전환의 경우에 이를 준용한다.
>
> **상법 제348조(전환으로 인하여 발행하는 주식의 발행가액)**
> 전환으로 인하여 신주식을 발행하는 경우에는 전환 전의 주식의 발행가액을 신주식의 발행가액으로 한다.

② [○] 주주외의 자에 대하여 신주인수권부사채를 발행하는 경우에 그 발행할 수 있는 신주인수권부사채의 액, 신주인수권의 내용과 신주인수권을 행사할 수 있는 기간에 관하여 정관에 규정이 없으면 제434조의 결의로써 이를 정하여야 한다. 이 경우 제418조 제2항 단서의 규정을 준용한다(상법 제516조의2 제4항).

③ [○] 사채의 모집이 완료한 때에는 이사는 지체없이 인수인에 대하여 각 사채의 전액 또는 제1회의 납입을 시켜야 한다(상법 제476조 제1항).

④ [○] 상법 제469조 제4항

> **상법 제469조(사채의 발행)**
> ① 회사는 이사회의 결의에 의하여 사채(社債)를 발행할 수 있다.
> ④ 제1항에도 불구하고 정관으로 정하는 바에 따라 이사회는 대표이사에게 사채의 금액 및 종류를 정하여 1년을 초과하지 아니하는 기간 내에 사채를 발행할 것을 위임할 수 있다.

⑤ [○] 사채권자집회의 결의는 법원의 인가를 받음으로써 그 효력이 생긴다. 다만, 그 종류의 사채권자 전원이 동의한 결의는 법원의 인가가 필요하지 아니하다(상법 제498조 제1항).

탑 ①

55 법무사 2023

전환사채에 관한 다음 설명 중 가장 옳지 않은 것은?

① 전환사채 발행일로부터 6월 내에 전환사채발행무효의 소가 제기되지 않거나 6월 내에 제기된 전환사채발행
무효의 소가 적극적 당사자의 패소로 확정되었다면, 이후에는 더 이상 전환사채 발행의 무효를 주장할
수 없으나, 전환권의 행사로 인한 신주발행에 대해서는 상법 제429조를 적용하여 신주발행무효의 소로써
다툴 수 있다. 이때 신주발행무효의 소의 제소기간은 신주발행일로부터 기산하여야 하고, 전환사채 발행일
부터 기산되는 것은 아니다.

② 전환사채 발행의 실체가 없음에도 전환사채 발행의 등기가 되어 있는 외관이 존재하는 경우 이를 제거하기
위한 전환사채발행부존재 확인의 소에 있어서는 상법 제429조에 따른 6월의 제소기간의 제한이 적용된다.

③ 전환사채발행유지 청구는 회사가 법령 또는 정관에 위반하거나 현저하게 불공정한 방법에 의하여 전환사채
를 발행함으로써 주주가 불이익을 받을 염려가 있는 경우에 회사에 대하여 그 발행의 유지를 청구하는
것으로서, 전환사채 발행의 효력이 생기기 전, 즉 전환사채의 납입기일까지 이를 행사하여야 한다.

④ 전환사채권자가 전환 청구를 한 이후에는 주식전환의 금지를 구할 법률상 이익이 없다.

⑤ 회사가 경영상 목적 없이 대주주 등의 경영권이나 지배권 방어 목적으로 제3자에게 전환사채를 발행하였다
면 전환사채의 발행은 무효가 될 수 있고, 전환사채 발행일로부터 6월 내에 위와 같은 사유를 들어 전환사채
발행무효의 소로써 다툴 수 있다.

┃해설┃

① [O] 전환사채는 전환권의 행사로 장차 주식으로 전환될 수 있는 권리가 부여된 사채이다. 이러한 전환사채의 발행은
주식회사의 물적 기초와 기존 주주들의 이해관계에 영향을 미친다는 점에서 사실상 신주를 발행하는 것과 유사하므
로 전환사채 발행의 경우에도 신주발행무효의 소에 관한 상법 제429조가 유추적용된다. 전환사채 발행의 무효는
주주 등이 전환사채를 발행한 날로부터 6월 내에 소만으로 주장할 수 있고, 6월의 출소기간이 지난 뒤에는 새로운
무효 사유를 추가하여 주장할 수 없다. 따라서 전환사채 발행일로부터 6월 내에 전환사채발행무효의 소가 제기되지
않거나 6월 내에 제기된 전환사채발행무효의 소가 적극적 당사자의 패소로 확정되었다면, 이후에는 더 이상 전환사
채 발행의 무효를 주장할 수 없다. 다만 전환권의 행사로 인한 신주발행에 대해서는 상법 제429조를 적용하여
신주발행무효의 소로써 다툴 수 있겠지만, 이때에는 특별한 사정이 없는 한 전환사채 발행이 무효라거나 그를
전제로 한 주장은 제기될 수 없고 전환권 행사나 그에 따른 신주발행에 고유한 무효 사유가 있다면 이를 주장할
수 있을 뿐이다(대판 2022.11.17. 2021다205650). 위에서 본 경우 신주발행무효의 소의 제소기간은 신주발행일로부터 기산
하여야 하고, 설령 신주발행이 신주인수권부사채에 부여된 신주인수권의 행사 결과에 따른 것이라 할지라도 신주인
수권부사채 발행일부터 기산되는 것은 아니다(대판 2022.10.27. 2021다201054).

② [✕] 전환사채 발행의 경우에도 신주발행무효의 소에 관한 상법 제429조가 유추적용되므로 전환사채발행무효 확인
의 소에 있어서도 상법 제429조 소정의 6월의 제소기간의 제한이 적용된다 할 것이나, 이와 달리 전환사채 발행의
실체가 없음에도 전환사채 발행의 등기가 되어 있는 외관이 존재하는 경우 이를 제거하기 위한 전환사채발행부존재
확인의 소에 있어서는 상법 제429조 소정의 6월의 제소기간의 제한이 적용되지 아니한다(대판 2004.8.16. 2003다9636).

③ [O], ④ [O] 전환사채발행유지 청구는 회사가 법령 또는 정관에 위반하거나 현저하게 불공정한 방법에 의하여
전환사채를 발행함으로써 주주가 불이익을 받을 염려가 있는 경우에 회사에 대하여 그 발행의 유지를 청구하는
것으로서(상법 제516조 제1항, 제424조), 전환사채 발행의 효력이 생기기 전, 즉 전환사채의 납입기일까지 이를 행사하여야
할 것이고, 한편 전환사채권자가 전환 청구를 하면 회사는 주식을 발행해 주어야 하는데, 전환권은 형성권이므로

전환을 청구한 때에 당연히 전환의 효력이 발생하여 전환사채권자는 그때부터 주주가 되고 사채권자로서의 지위를 상실하게 되므로(상법 제516조, 제350조) 그 이후에는 주식전환의 금지를 구할 법률상 이익이 없게 될 것이다(대판 2004.8.16. 2003다9636).

⑤ [O] 회사가 경영상 목적 없이 대주주 등의 경영권이나 지배권 방어 목적으로 제3자에게 전환사채를 발행하였다면 전환사채의 발행은 무효가 될 수 있고, 전환사채 발행일로부터 6월 내에 위와 같은 사유를 들어 전환사채발행무효의 소로써 다툴 수 있다. 나아가 대주주 등이 위와 같은 경위로 발행된 전환사채를 양수한 다음 전환사채 발행일로부터 6월이 지난 후 전환권을 행사하여 신주를 취득하였다면, 이는 실질적으로 회사가 경영상 목적 없이 대주주 등에게 신주를 발행한 것과 동일하므로 전환권 행사나 그에 따른 신주발행에 고유한 무효 사유에 준하여 신주발행무효의 소로도 신주발행의 무효를 주장할 수 있다고 보아야 한다(대판 2022.11.17. 2021다205650).

답 ②

---

56 법무사 2021

☑ 확인Check! ○ △ ✕

상법상 전환사채 발행의 하자에 관한 다음 설명 중 가장 옳지 않은 것은?

① 상법상 전환사채의 발행 무효의 주장방법으로 전환사채발행무효의 소가 명문으로 인정되고 그 구체적인 내용에 관하여는 신주발행 무효의 소에 관한 규정을 준용하고 있다.

② 전환사채발행무효확인의 소에 있어서도 신주발행무효의 소와 마찬가지로 6월의 제소기간의 제한이 적용된다.

③ 전환사채발행무효확인의 소에 있어서 전환사채를 발행한 날로부터 6월의 출소기간이 경과한 후에는 새로운 무효사유를 추가할 수 없다.

④ 전환사채인수인이 회사의 지배주주와 특별한 관계에 있는 자라거나 그 전환가액이 발행시점의 주가 등에 비추어 다소 낮은 가격이라는 사유는 일반적으로 이미 발행된 전환사채를 무효화할 만한 원인이 되지 못한다.

⑤ 전환사채발행부존재확인의 소도 인정되고 이 경우 6월의 제소기간 제한은 적용되지 않는다.

┃해설┃

① [✕] 상법은 제516조 제1항에서 신주발행의 유지청구권에 관한 제424조 및 불공정한 가액으로 주식을 인수한 자의 책임에 관한 제424조의2 등을 전환사채의 발행의 경우에 준용한다고 규정하면서도, <u>신주발행무효의 소에 관한 제429조의 준용 여부에 대해서는 아무런 규정을 두고 있지 않으나</u>, 전환사채는 전환권의 행사에 의하여 장차 주식으로 전환될 수 있는 권리가 부여된 사채로서, 이러한 전환사채의 발행은 주식회사의 물적 기초와 기존 주주들의 이해관계에 영향을 미친다는 점에서 사실상 신주를 발행하는 것과 유사하므로, 전환사채 발행의 경우에도 신주발행무효의 소에 관한 상법 제429조가 유추적용된다(대판 2004.8.16. 2003다9636).

② [○], ⑤ [○] 전환사채 발행의 경우에도 신주발행무효의 소에 관한 상법 제429조가 유추적용되므로 전환사채발행무효확인의 소에 있어서도 상법 제429조 소정의 6월의 제소기간의 제한이 적용된다 할 것이나, 이와 달리 전환사채 발행의 실체가 없음에도 전환사채 발행의 등기가 되어 있는 외관이 존재하는 경우 이를 제거하기 위한 전환사채발행 부존재확인의 소에 있어서는 상법 제429조 소정의 6월의 제소기간의 제한이 적용되지 아니한다(대판 2004.8.16. 2003다 9636).

③ [○] 상법 제429조는 신주발행의 무효는 주주·이사 또는 감사에 한하여 신주를 발행한 날로부터 6월 내에 소만으로 이를 주장할 수 있다고 규정하고 있는바, 이는 신주발행에 수반되는 복잡한 법률관계를 조기에 확정하고자 하는 것이므로, 새로운 무효사유를 출소시간의 경과 후에도 주장할 수 있도록 하면 법률관계가 불안정하게 되어 위 규정의 취지가 몰각된다는 점에 비추어 위 규정은 무효사유의 주장시기도 제한하고 있는 것이라고 해석함이 상당하고, 한편 상법 제429조의 유추적용에 의한 전환사채발행무효의 소에 있어서도 전환사채를 발행한 날로부터 6월의 출소기간이 경과한 후에는 새로운 무효사유를 추가하여 주장할 수 없다고 보아야 한다(대판 2004.6.25. 2000다37326).

④ [○] 전환사채의 인수인이 회사의 지배주주와 특별한 관계에 있는 자라거나 그 전환가액이 발행시점의 주가 등에 비추어 다소 낮은 가격이라는 것과 같은 사유는 일반적으로 전환사채발행유지청구의 원인이 될 수 있음은 별론으로 하고 이미 발행된 전환사채 또는 그 전환권의 행사로 발행된 주식을 무효화할 만한 원인이 되지는 못한다(대판 2004.6.25. 2000다37326).

답 ①

57 세무사 2023

☑ 확인Check! ○ △ ✕

상법상 비상장주식회사에서의 전환사채 및 신주인수권부사채에 관한 설명으로 옳은 것은?

① 위 사채 모두 주주외의 자에 대하여 발행하는 경우에는 상법이 정하는 발행사항에 관하여 정관에 규정이 없으면 주주총회의 특별결의로써 이를 정하여야 한다.

② 신주인수권부사채의 경우 대용납입 여부와 상관없이 신주인수권을 행사하면 해당 사채권자는 사채권자로서의 지위를 상실한다.

③ 전환사채의 경우 전환권은 사채와 분리하여 양도할 수 있다.

④ 신주인수권부사채의 경우 신주인수권을 행사하려는 자가 청구서 2통을 회사에 제출하고, 신주의 발행가액의 전액을 납입한 경우 납입한 다음 날로부터 주주가 된다.

⑤ 전환사채의 경우 주주명부 폐쇄기간 중 전환권을 행사하여 주주로 된 자는 그 기간 중의 총회의 결의에 관하여 의결권을 행사할 수 있다.

┃해설┃

① [O] 상법 제513조 제3항, 제516조의2 제4항

> **상법 제513조(전환사채의 발행)**
> ③ 주주외의 자에 대하여 전환사채를 발행하는 경우에 그 발행할 수 있는 전환사채의 액, 전환의 조건, 전환으로 인하여 발행할 주식의 내용과 전환을 청구할 수 있는 기간에 관하여 정관에 규정이 없으면 제434조의 결의로써 이를 정하여야 한다. 이 경우 제418조 제2항 단서의 규정을 준용한다.
>
> **상법 제516조의2(신주인수권부사채의 발행)**
> ④ 주주외의 자에 대하여 신주인수권부사채를 발행하는 경우에 그 발행할 수 있는 신주인수권부사채의 액, 신주인수권의 내용과 신주인수권을 행사할 수 있는 기간에 관하여 정관에 규정이 없으면 제434조의 결의로써 이를 정하여야 한다. 이 경우 제418조 제2항 단서의 규정을 준용한다.

② [×] 신주인수권부 사채는 신주를 인수할 권리가 부착된 사채이므로 신주인수권을 행사하여 주주의 지위를 취득하더라도 사채권자의 지위에는 영향이 없다. 다만 신주인수권부사채의 상환에 갈음하여 그 발행가액으로 신주 발행가액의 납입이 있는 것으로 보는 대용납입의 경우에는 사채권자의 지위를 상실하고 주주의 지위를 취득하게 된다.

③ [×] 신주인수권부사채는 분리형으로 발행하면 신주인수권을 따로 분리하여 양도할 수 있으나(상법 제516조의2 제2항 제4호 참조), 전환사채의 전환권은 사채와 분리하여 양도할 수 없다.

④ [×] 상법 제516조의9 제1항, 제516조의10

> **상법 제516조의9(신주인수권의 행사)**
> ① 신주인수권을 행사하려는 자는 청구서 2통을 회사에 제출하고, 신주의 발행가액의 전액을 납입하여야 한다.
>
> **상법 제516조의10(주주가 되는 시기)**
> 제516조의9 제1항에 따라 신주인수권을 행사한 자는 동항의 납입을 한 때에 주주가 된다. 이 경우 제350조 제2항을 준용한다.

⑤ [×] 상법 제516조 제2항, 제350조 제2항

> **상법 제516조(준용규정)**
> ② 제339조, 제348조, 제350조 및 제351조의 규정은 사채의 전환의 경우에 이를 준용한다.
>
> **상법 제350조(전환의 효력발생)**
> ② 제354조(주주명부의 폐쇄, 기준일) 제1항의 기간 중에 전환된 주식의 주주는 그 기간 중의 총회의 결의에 관하여는 의결권을 행사할 수 없다.

답 ①

58 세무사 2016

☑ 확인 Check! ○ △ ✕

상법상 사채에 관한 설명으로 옳지 않은 것은?

① 회사는 이사회의 결의에 의하여 사채를 발행할 수 있다.

② 사채관리회사는 법원의 허가를 받은 경우에 한하여 사임할 수 있다.

③ 각 신주인수권부사채에 부여된 신주인수권의 행사로 인하여 발행할 주식의 발행가액의 합계액은 각 신주인수권부사채의 금액을 초과할 수 없다.

④ 신주인수권부사채에 있어서 신주인수권증권이 발행된 경우에 신주인수권의 양도는 신주인수권증권의 교부에 의하여서만 이를 행한다.

⑤ 전환사채의 인수권을 가진 주주는 그가 가진 주식의 수에 따라서 전환사채의 배정을 받을 권리가 있다.

┃ 해설 ┃

① [O] 회사는 이사회의 결의에 의하여 사채를 발행할 수 있다(상법 제469조 제1항).

② [✕] 사채관리회사는 <u>사채를 발행한 회사와 사채권자집회의 동의</u>를 받아 사임할 수 있다. <u>부득이한 사유가 있어 법원의 허가를 받은 경우에도 같다</u>(상법 제481조).

③ [O] 각 신주인수권부사채에 부여된 신주인수권의 행사로 인하여 발행할 주식의 발행가액의 합계액은 각 신주인수권부사채의 금액을 초과할 수 없다(상법 제516조의2 제3항).

④ [O] 신주인수권증권이 발행된 경우에 신주인수권의 양도는 신주인수권증권의 교부에 의하여서만 이를 행한다(상법 제516조의6 제1항).

⑤ [O] 전환사채의 인수권을 가진 주주는 그가 가진 주식의 수에 따라서 전환사채의 배정을 받을 권리가 있다. 그러나 각 전환사채의 금액중 최저액에 미달하는 단수에 대하여는 그러하지 아니하다(상법 제513조의2 제1항).

탑 ②

제5장 ┃ 기업재무 등 **501**

상법상 신주인수권부 사채에 관한 설명으로 옳지 않은 것은?

① 각 신주인수권부사채에 부여된 신주인수권의 행사로 인하여 발행할 주식의 발행가액의 합계액은 각 신주인 수권부사채의 금액을 초과할 수 있다.

② 주주외의 자에 대하여 신주인수권부사채를 발행하는 경우에 신주인수권의 내용 등에 관하여 정관에 규정이 없으면 주주총회 특별결의로써 정하여야 한다.

③ 신주인수권증권이 발행된 경우에 신주인수권의 양도는 그 증권의 교부에 의하여서만 행한다.

④ 신주인수권을 행사한 자는 신주의 발행가액 전액을 납입한 때에 주주가 된다.

⑤ 신주인수권부사채를 발행하는 경우에는 사채납입이 완료된 때부터 본점소재지에서 2주간 내에 법정사항을 등기하여야 한다.

┃해설┃

① [✕] 각 신주인수권부사채에 부여된 신주인수권의 행사로 인하여 발행할 주식의 발행가액의 합계액은 각 신주인수권 부사채의 금액을 <u>초과할 수 없다</u>(상법 제516조의2 제3항).

② [O] 주주외의 자에 대하여 신주인수권부사채를 발행하는 경우에 그 발행할 수 있는 신주인수권부사채의 액, 신주인 수권의 내용과 신주인수권을 행사할 수 있는 기간에 관하여 정관에 규정이 없으면 제434조의 결의로써 이를 정하여 야 한다. 이 경우 제418조 제2항 단서의 규정을 준용한다(상법 제516조의2 제4항).

③ [O] 신주인수권증권이 발행된 경우에 신주인수권의 양도는 신주인수권증권의 교부에 의하여서만 이를 행한다(상법 제516조의6 제1항).

④ [O] 상법 제516조의9 제1항, 제516조의10

> **상법 제516조의9(신주인수권의 행사)**
> ① 신주인수권을 행사하려는 자는 청구서 2통을 회사에 제출하고, 신주의 발행가액의 전액을 납입하여야 한다.
>
> **상법 제516조의10(주주가 되는 시기)**
> 제516조의9 제1항에 따라 신주인수권을 행사한 자는 동항의 납입을 한 때에 주주가 된다. 이 경우 제350조 제2항을 준용한다.

⑤ [O] 상법 제516조의8 제1항·제2항, 제514조의2 제1항

> **상법 제516조의8(신주인수권부사채의 등기)**
> ① 회사가 신주인수권부사채를 발행한 때에는 다음의 사항을 등기하여야 한다.
>   1. 신주인수권부사채라는 뜻
>   2. 신주인수권의 행사로 인하여 발행할 주식의 발행가액의 총액
>   3. 각 신주인수권부사채의 금액
>   4. 각 신주인수권부사채의 납입금액
>   5. 제516조의2 제2항 제1호 내지 제3호에 정한 사항
> ② 제514조의2 제1항·제3항 및 제4항의 규정은 제1항의 등기에 관하여 이를 준용한다.

답 ①

60 세무사 2022

☑ 확인 Check! ○ △ ✕

상법상 신주인수권부사채에 관한 설명으로 옳은 것은?

① 주주 외의 자에게 신주인수권부사채를 발행하려는 경우 그에 관한 정관규정 또는 주주총회 특별결의가 있다면 적법하게 발행할 수 있으며, 경영상 목적을 달성하기 위하여 필요한 것인지 여부는 문제되지 않는다.

② 각 신주인수권부사채에 부여된 신주인수권 행사로 인하여 발행할 주식의 발행가액의 합계액은 각 신주인수권부사채의 금액을 초과할 수 있다.

③ 신주인수권증권이 발행된 경우 신주인수권증권의 선의취득은 인정되지 않는다.

④ 회사가 신주인수권부사채를 발행한 때에는 각 신주인수권부사채의 금액, 각 신주인수권부사채의 납입금액 등을 등기해야 한다.

⑤ 주식 양도에 관하여 이사회 승인을 얻도록 하는 정관 규정을 둔 회사가 신주인수권증권을 발행하는 경우에도 주식양도가 제한되는 사정을 채권에 기재해야 한다.

┃해설┃

① [✕] 주주외의 자에 대하여 신주인수권부사채를 발행하는 경우에 그 발행할 수 있는 신주인수권부사채의 액, 신주인수권의 내용과 신주인수권을 행사할 수 있는 기간에 관하여 정관에 규정이 없으면 제434조의 결의로써 이를 정하여야 한다. 이 경우 제418조 제2항 단서의 규정(다만, 이 경우에는 신기술의 도입, 재무구조의 개선 등 회사의 경영상 목적을 달성하기 위하여 필요한 경우에 한한다)을 준용한다(상법 제516조의2 제4항, 제418조 제2항).

② [✕] 각 신주인수권부사채에 부여된 신주인수권의 행사로 인하여 발행할 주식의 발행가액의 합계액은 각 신주인수권부사채의 금액을 초과할 수 없다(상법 제516조의2 제3항).

③ [✕] 신주인수권증권이 발행된 경우 신주인수권증권의 선의취득이 인정된다(상법 제516조의6 제2항, 수표법 제21조 참조).

④ [O] 상법 제516조의8 제1항 제3호, 제4호

> **상법 제516조의8(신주인수권부사채의 등기)**
> ① 회사가 신주인수권부사채를 발행한 때에는 다음의 사항을 등기하여야 한다.
>   1. 신주인수권부사채라는 뜻
>   2. 신주인수권의 행사로 인하여 발행할 주식의 발행가액의 총액
>   3. <u>각 신주인수권부사채의 금액</u>
>   4. <u>각 신주인수권부사채의 납입금액</u>
>   5. 제516조의2 제2항 제1호 내지 제3호에 정한 사항

⑤ [×] 주식 양도에 관하여 이사회 승인을 얻도록 하는 규정은 신주인수권부사채의 채권에 기재하여야 하나(상법 제516조의4 제4호 참조), <u>신주인수권증권을 발행하는 경우에는</u> 이를 신주인수권증권에 기재하므로(상법 제516조의5 제2항 제5호 참조), <u>채권에는 기재하지 아니한다</u>(상법 제516조의4 단서 참조).

> **상법 제516조의4(사채청약서 · 채권 · 사채원부의 기재사항)**
> 신주인수권부사채에 있어서는 사채청약서 · 채권 및 사채원부에 다음의 사항을 기재하여야 한다. 그러나 <u>제516조의5 제1항의 신주인수권증권을 발행할 때에는 채권에는 이를 기재하지 아니한다.</u>
>   1. 신주인수권부사채라는 뜻
>   2. 제516조의2 제2항 제2호 내지 제5호에 정한 사항
>   3. 제516조의9에 따라 납입을 맡을 은행이나 그 밖의 금융기관 및 납입장소
>   4. <u>주식의 양도에 관하여 이사회의 승인을 얻도록 정한 때에는 그 규정</u>
>
> **상법 제516조의5(신주인수권증권의 발행)**
> ② 신주인수권증권에는 다음의 사항과 번호를 기재하고 이사가 기명날인 또는 서명하여야 한다.
>   1. 신주인수권증권이라는 뜻의 표시
>   2. 회사의 상호
>   3. 제516조의2 제2항 제2호 · 제3호 및 제5호에 정한 사항
>   4. 제516조의4 제3호에 정한 사항
>   5. <u>주식의 양도에 관하여 이사회의 승인을 얻도록 정한 때에는 그 규정</u>

답 ④

상법상 신주인수권부사채에 관한 설명으로 옳지 않은 것은?

① 신주인수권부사채의 발행사항 중 정관에 규정이 없는 것은 이사회가 결정하지만, 정관으로 주주총회에서 이를 결정하도록 정한 경우에는 그러하지 아니하다.

② 신기술의 도입, 재무구조의 개선 등 회사의 경영상 목적을 달성하기 위하여 필요한 경우에 한하여 정관에 정하는 바에 따라 주주 외의 자에게 신주인수권부사채를 발행할 수 있다.

③ 각 신주인수권부사채에 부여된 신주인수권의 행사로 인하여 발행할 주식의 발행가액의 합계액은 각 신주인수권부사채의 금액과 동일하여야 한다.

④ 신주인수권을 행사한 자는 신주의 발행가액을 납입한 때에 주주가 된다.

⑤ 신주인수권증권이 발행된 경우에 신주인수권의 양도는 신주인수권증권의 교부에 의하여서만 이를 행한다.

┃해설┃

① [○] 상법 제516조의2 제2항

> **상법 제516조의2(신주인수권부사채의 발행)**
> ① 회사는 신주인수권부사채를 발행할 수 있다.
> ② 제1항의 경우에 다음의 사항으로서 정관에 규정이 없는 것은 이사회가 이를 결정한다. 그러나 정관으로 주주총회에서 이를 결정하도록 정한 경우에는 그러하지 아니하다.
> … (각 호 생략) …

② [○] 상법 제516조의2 제4항, 제418조 제2항 단서

> **상법 제516조의2(신주인수권부사채의 발행)**
> ④ 주주외의 자에 대하여 신주인수권부사채를 발행하는 경우에 그 발행할 수 있는 신주인수권부사채의 액, 신주인수권의 내용과 신주인수권을 행사할 수 있는 기간에 관하여 정관에 규정이 없으면 제434조의 결의로써 이를 정하여야 한다. 이 경우 제418조 제2항 단서의 규정을 준용한다.
>
> **상법 제418조(신주인수권의 내용 및 배정일의 지정 · 공고)**
> ② 회사는 제1항의 규정에 불구하고 정관에 정하는 바에 따라 주주 외의 자에게 신주를 배정할 수 있다. 다만, 이 경우에는 신기술의 도입, 재무구조의 개선 등 회사의 경영상 목적을 달성하기 위하여 필요한 경우에 한한다.

③ [✕] 각 신주인수권부사채에 부여된 신주인수권의 행사로 인하여 발행할 주식의 발행가액의 합계액은 각 신주인수권부사채의 금액을 <u>초과할 수 없다</u>(상법 제516조의2 제3항).

④ [○] 제516조의9 제1항에 따라 신주인수권을 행사한 자는 동항의 납입을 한 때에 주주가 된다. 이 경우 제350조 제2항을 준용한다(상법 제516조의10).

⑤ [○] 신주인수권증권이 발행된 경우에 신주인수권의 양도는 신주인수권증권의 교부에 의하여서만 이를 행한다(상법 제516조의6 제1항).

답 ③

상법상 주식회사의 신주인수권부사채에 관한 설명으로 옳은 것은?

① 신주인수권증권이 발행된 경우에 신주인수권의 양도는 신주인수권증권의 교부에 의하여서만 이를 행한다.

② 각 신주인수권부사채에 부여된 신주인수권의 행사로 인하여 발행할 주식의 발행가액의 합계액은 각 신주인수권부사채의 금액을 초과할 수 있다.

③ 신주의 발행가액의 일부만을 납입한 자도 신주인수권을 행사할 수 있다.

④ 주주외의 자에 대한 신주인수권부사채의 발행은 금지된다.

⑤ 회사는 신주인수권증권을 발행하는 대신 정관으로 정하여도 전자등록기관의 전자등록부에 신주인수권을 등록할 수 없다.

┃해설┃

① [○] 신주인수권증권이 발행된 경우에 신주인수권의 양도는 신주인수권증권의 교부에 의하여서만 이를 행한다(상법 제516조의6 제1항).

② [✕] 각 신주인수권부사채에 부여된 신주인수권의 행사로 인하여 발행할 주식의 발행가액의 합계액은 각 신주인수권부사채의 금액을 <u>초과할 수 없다</u>(상법 제516조의2 제3항).

③ [✕] 신주인수권을 행사하려는 자는 청구서 2통을 회사에 제출하고, 신주의 발행가액의 <u>전액을 납입하여야 한다</u>(상법 제516조의9 제1항).

④ [✕] 주주외의 제3자에 대한 신주인수권부사채의 발행은 <u>정관에 근거를 두거나 주주총회의 특별결의를 거쳐 일정한 경영상 목적이 있는 경우 인정된다</u>(상법 제516조의2 제4항 참조).

> **상법 제516조의2(신주인수권부사채의 발행)**
> ④ <u>주주외의 자에 대하여 신주인수권부사채를 발행하는 경우</u>에 그 발행할 수 있는 신주인수권부사채의 액, 신주인수권의 내용과 신주인수권을 행사할 수 있는 기간에 관하여 정관에 규정이 없으면 제434조의 결의로써 이를 정하여야 한다. 이 경우 제418조 제2항 단서의 규정을 준용한다.
>
> **상법 제418조(신주인수권의 내용 및 배정일의 지정 · 공고)**
> ② 회사는 제1항의 규정에 불구하고 정관에 정하는 바에 따라 주주 외의 자에게 신주를 배정할 수 있다. 다만, 이 경우에는 신기술의 도입, 재무구조의 개선 등 회사의 경영상 목적을 달성하기 위하여 필요한 경우에 한한다.

⑤ [✕] 회사는 신주인수권증권을 발행하는 대신 정관으로 정하는 바에 따라 <u>전자등록기관의 전자등록부에 신주인수권</u>을 등록할 수 있다. 이 경우 제356조의2 제2항부터 제4항까지의 규정을 준용한다(상법 제516조의7).

답 ①

신주인수권부사채에 관한 다음 설명 중 가장 옳지 않은 것은?

① 주주 외의 자에 대하여 신주인수권부사채를 발행하는 경우에 그 발행할 수 있는 신주인수권부사채의 액, 신주인수권의 내용과 신주인수권을 행사할 수 있는 기간에 관하여 정관에 규정이 없으면 주주총회에서 출석한 주주의 의결권의 3분의 2 이상의 수와 발행주식총수의 3분의 1 이상의 수로써 이를 정하여야 한다.

② 상법의 규정에 따르면 주주 외의 자에 대하여 신주인수권부사채를 발행하는 경우에 회사는 제516조 제2항에서 정한 신주인수권부사채에 관한 내용을 그 납입기일의 2주 전까지 주주에게 통지하거나 공고하여야 한다.

③ 회사가 법령 또는 정관에 위반하거나 현저하게 불공정한 방법에 의하여 신주인수권부사채를 발행함으로써 주주가 불이익을 받을 염려가 있는 경우에는 그 주주는 회사에 대하여 그 발행을 유지할 것을 청구할 수 있다.

④ 이사와 통모하여 현저하게 불공정한 발행가액으로 신주인수권부사채를 인수한 자는 회사에 대하여 공정한 발행가액과의 차액에 상당한 금액을 지급할 의무가 있다.

⑤ 신주인수권부사채 발행의 무효는 주주·이사 또는 감사에 한하여 신주인수권부사채를 발행한 날로부터 6월 내에 소만으로 이를 주장할 수 있다.

▌해설▐

① [O] 주주 외의 자에 대하여 신주인수권부사채를 발행하는 경우에 그 발행할 수 있는 신주인수권부사채의 액, 신주인수권의 내용과 신주인수권을 행사할 수 있는 기간에 관하여 정관에 규정이 없으면 제434조의 결의(출석한 주주의 의결권의 3분의 2 이상의 수와 발행주식총수의 3분의 1 이상의 수)로써 이를 정하여야 한다. 이 경우 제418조 제2항 단서의 규정을 준용한다(상법 제516조의2 제4항).

② [✕] 신주의 제3자배정의 경우에는 신주의 종류와 수, 신주의 인수방법 등 신주의 발행에 관한 사항을 그 납입기일의 2주 전까지 주주에게 통지하거나 공고하여야 하나(상법 제418조 제4항), <u>전환사채와 신주인수권부사채의 경우에 이를 준용하고 있지 않다</u>.

③ [O], ④ [O] 위법·불공정한 신주인수권부사채 발행에 대한 구제수단으로 유지청구권과 통모인수인의 책임이 인정된다(상법 제516조의11, 제516조 제1항, 제424조, 제424조의2 참조).

> **상법 제516조의11(준용규정)**
> 제351조의 규정은 신주인수권의 행사가 있는 경우에, 제513조의2 및 제516조 제1항의 규정은 신주인수권부사채에 관하여 이를 준용한다.
>
> **상법 제516조(준용규정)**
> ① 제346조 제4항, 제424조 및 제424조의2의 규정은 전환사채의 발행의 경우에 이를 준용한다.
>
> **상법 제424조(유지청구권)**
> 회사가 법령 또는 정관에 위반하거나 현저하게 불공정한 방법에 의하여 주식을 발행함으로써 주주가 불이익을 받을 염려가 있는 경우에는 그 주주는 회사에 대하여 그 발행을 유지할 것을 청구할 수 있다.
>
> **상법 제424조의2(불공정한 가액으로 주식을 인수한 자의 책임)**
> ① 이사와 통모하여 현저하게 불공정한 발행가액으로 주식을 인수한 자는 회사에 대하여 공정한 발행가액과의 차액에 상당한 금액을 지급할 의무가 있다.

⑤ [○] 신주인수권부사채는 미리 확정된 가액으로 일정한 수의 신주 인수를 청구할 수 있는 신주인수권이 부여된 사채로서 신주인수권부사채 발행의 경우에도 주식회사의 물적 기초와 기존 주주들의 이해관계에 영향을 미친다는 점에서 사실상 신주를 발행하는 것과 유사하므로, 신주발행무효의 소에 관한 상법 제429조가 유추적용되고, 신주발행의 무효원인에 관한 법리 또한 마찬가지로 적용된다(대판 2015.12.10. 2015다202919).

> **상법 제429조(신주발행무효의 소)**
> 신주발행의 무효는 주주·이사 또는 감사에 한하여 신주를 발행한 날로부터 6월 내에 소만으로 이를 주장할 수 있다.

답 ②

64 세무사 2020

☑ 확인 Check! ○ △ ✕

상법상 자본금 총액이 15억원인 주식회사의 회계에 관한 설명으로 옳지 않은 것은?

① 이사회의 결의로 재무제표의 승인이 가능한 회사의 이사는 이사회의 승인을 얻은 재무제표를 주주총회에 보고할 의무가 없다.
② 이사는 영업보고서를 정기주주총회에 제출하여 그 내용을 보고하여야 한다.
③ 이사는 정기주주총회 회일의 6주간 전에 재무제표를 감사 또는 감사위원회에게 제출하여야 한다.
④ 이사가 매결산기에 작성하는 영업보고서는 상법에서 규정하고 있는 재무제표에 포함되지 않는다.
⑤ 정기주주총회에서 재무제표를 승인하는 결의 후 2년 내에 다른 결의가 없으면 회사는 이사와 감사의 책임을 해제한 것으로 본다. 그러나 이사 또는 감사의 부정행위에 대하여는 그러하지 아니하다.

┃해설┃

① [✕] 이사회의 결의로 재무제표의 승인이 가능한 회사의 이사는 이사회의 승인을 얻은 재무제표를 주주총회에 <u>보고하여야 한다</u>(상법 제449조의2 제1항, 제2항 참조).

> **상법 제449조의2(재무제표 등의 승인에 대한 특칙)**
> ① 제449조에도 불구하고 회사는 정관으로 정하는 바에 따라 제447조(재무제표의 작성)의 각 서류를 이사회의 결의로 승인할 수 있다. 다만, 이 경우에는 다음 각 호의 요건을 모두 충족하여야 한다.
> 　1. 제447조의 각 서류가 법령 및 정관에 따라 회사의 재무상태 및 경영성과를 적정하게 표시하고 있다는 외부감사인의 의견이 있을 것
> 　2. 감사(감사위원회 설치회사의 경우에는 감사위원을 말한다) 전원의 동의가 있을 것
> ② 제1항에 따라 이사회가 승인한 경우에는 이사는 제447조(재무제표의 작성)의 각 서류의 내용을 주주총회에 보고하여야 한다.

② [○] 이사는 제447조의2(영업보고서의 작성)의 서류를 정기총회에 제출하여 그 내용을 보고하여야 한다(상법 제449조 제2항).

③ [○] 상법 제447조의3, 제415조의2 제7항

> **상법 제447조의3(재무제표등의 제출)**
> 이사는 정기총회회일의 6주간 전에 제447조(재무제표의 작성) 및 제447조의2(영업보고서의 작성)의 서류를 감사에게 제출하여야 한다.
>
> **상법 제415조의2(감사위원회)**
> ⑦ 제296조・제312조・제367조・제387조・제391조의2 제2항・제394조 제1항・제400조・제402조 내지 제407조・제412조 내지 제414조・<u>제447조의3</u>・제447조의4・제450조・제527조의4・제530조의5 제1항 제9호・제530조의6 제1항 제10호 및 제534조의 규정은 <u>감사위원회에 관하여 이를 준용한다</u>. 이 경우 제530조의5 제1항 제9호 및 제530조의6 제1항 제10호중 "감사"는 "감사위원회 위원"으로 본다.

제5장

④ [O] 재무제표란 회사의 재무상태와 경영성과를 표시하는 것으로 대차대조표, 손익계산서, 자본변동표 또는 이익잉여금처분계산서 등을 의미하며 주식회사 등의 외부감사에 관한 법률에 따른 외부감사대상회사의 경우 현금흐름표와 주석이 추가된다(상법 제447조 제1항, 상법 시행령 제16조 제1항 참조). 반면에 영업보고서란 회사의 해당 영업연도의 영업의 경과와 성과 등 숫자로 표현되지 않는 영업에 관한 중요한 사항을 기재한 것을 말한다(상법 제447조의2, 상법 시행령 제17조 참조).

⑤ [O] 정기총회에서 전조 제1항의 승인(재무제표 등의 승인)을 한 후 2년 내에 다른 결의가 없으면 회사는 이사와 감사의 책임을 해제한 것으로 본다. 그러나 이사 또는 감사의 부정행위에 대하여는 그러하지 아니하다(상법 제450조).

🖐 답 ①

65 세무사 2024
☑ 확인Check! ○ △ ✕

상법상 액면주식을 발행한 회사의 법정준비금에 관한 설명으로 옳지 않은 것은?

① 준비금을 자본금으로 전입하는 경우 전입된 금액을 1주의 액면금액으로 나눈 수의 신주가 발행된다.

② 신설합병의 경우 소멸되는 회사의 법정준비금은 새로 설립되는 회사가 승계할 수 없다.

③ 정관의 정함에 따라 주주총회에서 준비금을 자본금으로 전입하기로 결의한 경우 주주는 그 결의가 있은 때부터 신주의 주주가 된다.

④ 회사는 주식배당의 경우 외에 자본금의 2분의 1이 될 때까지 매 결산기 이익배당액의 10분의 1이상을 이익준비금으로 적립해야 한다.

⑤ 자본금을 결손 보전에 충당하는 경우에는 자본준비금과 이익준비금 중 어느 것이든 사용할 수 있다.

❚ 해설 ❚

① [O] 준비금의 자본금 전입으로 회사의 자본금이 증가하고, 액면주식의 경우 그 증가하는 자본금액을 액면가로 나눈 수에 해당하는 신주가 발행된다. 이 경우, 발행하는 신주에 대해 기존의 주주들은 별도의 납입을 하지 않고 그가 가진 주식 수에 비례하여 신주를 취득한다(상법 제461조 제2항 참조).

② [✕] 합병이나 제530조의2에 따른 분할 또는 분할합병의 경우 소멸 또는 분할되는 회사의 이익준비금이나 그 밖의 법정준비금은 합병·분할·분할합병 후 존속되거나 새로 설립되는 회사가 승계할 수 있다(상법 제459조 제2항).

③ [O] 상법 제461조 제1항, 제4항

> **상법 제461조(준비금의 자본금 전입)**
> ① 회사는 이사회의 결의에 의하여 준비금의 전부 또는 일부를 자본금에 전입할 수 있다. 그러나 정관으로 주주총회에서 결정하기로 정한 경우에는 그러하지 아니하다.
> ② 제1항의 경우에는 주주에 대하여 그가 가진 주식의 수에 따라 주식을 발행하여야 한다. 이 경우 1주에 미달하는 단수에 대하여는 제443조 제1항의 규정을 준용한다.
> ④ 제1항 단서의 경우에 주주는 주주총회의 결의가 있은 때로부터 제2항의 신주의 주주가 된다.

④ [O] 회사는 그 자본금의 2분의 1이 될 때까지 매 결산기 이익배당액의 10분의 1 이상을 이익준비금으로 적립하여야 한다. 다만, 주식배당의 경우에는 그러하지 아니하다(상법 제458조).

⑤ [O] 제458조(이익준비금) 및 제459조(자본준비금)의 준비금은 자본금의 결손 보전에 충당하는 경우 외에는 처분하지 못한다(상법 제460조). 구상법과 달리 현행상법은 준비금의 결손 보전 사용에 순서 제한이 없으므로, 자본준비금과 이익준비금 중 어느 것이든 먼저 결손 보전에 사용할 수 있다.

🖐 답 ②

상법상 비상장주식회사의 회계에 관한 설명으로 옳은 것은?

① 준비금의 자본금전입은 정관에서 이사회 결의로 결정한다는 규정이 없는 한 주주총회결의로 정한다.

② 회사는 그 자본금의 2분의 1이 될 때까지 매 결산기 이익배당액의 10분의 1 이상을 이익준비금으로 적립하여야 하지만 주식배당의 경우에는 그러하지 아니하다.

③ 회사채권자는 법원의 허가를 얻은 경우에 한해 본점에서 비치하고 있는 재무제표를 열람할 수 있다.

④ 법정준비금은 자본금의 결손 보전에 충당할 수 없다.

⑤ 정기주주총회에서 재무제표 등을 승인한 후 2년 내에 다른 결의가 없으면 비록 이사에게 부정행위가 있더라도 회사는 이사와 감사의 책임을 해제한 것으로 본다.

┃해설┃

① [✕] 회사는 <u>이사회의 결의</u>에 의하여 준비금의 전부 또는 일부를 자본금에 전입할 수 있다. 그러나 <u>정관으로 주주총회에서 결정하기로 정한 경우에는 그러하지 아니하다</u>(상법 제461조 제1항). 즉 준비금의 자본금전입은 정관에서 주주총회의 결의로 결정한다는 규정이 없는 한 이사회 결의로 정한다.

② [○] 회사는 그 자본금의 2분의 1이 될 때까지 매 결산기 이익배당액의 10분의 1 이상을 이익준비금으로 적립하여야 한다. 다만, 주식배당의 경우에는 그러하지 아니하다(상법 제458조).

③ [✕] 주주와 회사채권자는 <u>영업시간 내에 언제든지</u> 제1항의 비치서류(재무제표, 영업보고서, 감사보고서)를 열람할 수 있으며 회사가 정한 비용을 지급하고 그 서류의 등본이나 초본의 교부를 청구할 수 있다(상법 제448조 제2항).

④ [✕] 제458조 및 제459조의 준비금(이익준비금, 자본준비금)은 <u>자본금의 결손 보전에 충당하는 경우 외에는 처분하지 못한다</u>(상법 제460조).

⑤ [✕] 정기총회에서 전조 제1항의 승인(재무제표의 승인)을 한 후 2년 내에 다른 결의가 없으면 회사는 이사와 감사의 책임을 해제한 것으로 본다. 그러나 <u>이사 또는 감사의 부정행위에 대하여는 그러하지 아니하다</u>(상법 제450조).

답 ②

67 세무사 2022

☑ 확인Check! ○ △ ✕

상법상 주식회사의 자본금과 준비금에 관한 설명으로 옳지 않은 것은?

① 무액면주식을 발행하는 회사의 자본금의 액은 설립등기사항이 아니다.

② 회사의 자본금에 결손이 생긴 경우 준비금을 결손보전에 충당할 수 있다.

③ 회사는 적립된 자본준비금 및 이익준비금의 총액이 자본금의 1.5배를 초과하는 경우에 주주총회의 결의에 따라 그 초과한 금액 범위에서 자본준비금과 이익준비금을 감액할 수 있다.

④ 준비금의 자본금 전입은 이사회가 결의할 사항이지만 정관에 의하여 주주총회의 결의사항으로 할 수 있다.

⑤ 이사회결의에 의하여 준비금을 자본금으로 전입하는 경우 전입의 효력 발생시기는 이사회에서 정한 신주배정기준일이다.

┃해설┃

① [✕] 자본금은 주식회사의 <u>설립등기사항이다</u>(상법 제317조 제2항 제2호 참조). 회사가 무액면주식을 발행하는 경우 회사의 자본금은 주식 발행가액의 2분의 1 이상의 금액으로서 이사회(제416조 단서에서 정한 주식발행의 경우에는 주주총회를 말한다)에서 자본금으로 계상하기로 한 금액의 총액으로 한다(상법 제451조 제2항 본문).

② [O] 제458조(이익준비금) 및 제459조(자본준비금)의 준비금은 자본금의 결손 보전에 충당하는 경우 외에는 처분하지 못한다(상법 제460조).

③ [O] 회사는 적립된 자본준비금 및 이익준비금의 총액이 자본금의 1.5배를 초과하는 경우에 주주총회의 결의에 따라 그 초과한 금액 범위에서 자본준비금과 이익준비금을 감액할 수 있다(상법 제461조의2).

④ [O] 상법 제461조 제1항

⑤ [O] 이사회 결의로 준비금의 자본전입을 결정하는 경우, 이사회 결의로 정한 신주배정기준일에 신주의 효력이 발생하지만(상법 제461조 제3항 참조), 주주총회 결의로 결정하는 경우에는 주주총회 결의가 있은 때로부터 신주의 주주가 된다(상법 제461조 제4항 참조).

> **상법 제461조(준비금의 자본금 전입)**
> ① 회사는 이사회의 결의에 의하여 준비금의 전부 또는 일부를 자본금에 전입할 수 있다. 그러나 정관으로 주주총회에서 결정하기로 정한 경우에는 그러하지 아니하다.
> ③ 제1항의 이사회의 결의가 있은 때에는 회사는 일정한 날을 정하여 그날에 주주명부에 기재된 주주가 제2항의 신주의 주주가 된다는 뜻을 그날의 2주간 전에 공고하여야 한다. 그러나 그날이 제354조 제1항의 기간 중인 때에는 그 기간의 초일의 2주간 전에 이를 공고하여야 한다.
> ④ 제1항 단서의 경우에 주주는 주주총회의 결의가 있은 때로부터 제2항의 신주의 주주가 된다.

 ①

세무사 1차 객관식 상법(회사편)

상법상 자본금 총액이 15억원인 비상장주식회사의 자본금과 준비금에 관한 설명으로 옳지 않은 것은?

① 회사가 무액면주식을 발행하는 경우 주식의 발행가액 중 자본금으로 계상하지 아니하는 금액은 자본준비금으로 계상하여야 한다.

② 회사는 그 자본금의 2분의 1이 될 때까지 매 결산기 이익배당액의 10분의 1 이상을 이익 준비금으로 적립하여야 하지만 주식배당의 경우에는 그러하지 아니하다.

③ 액면주식을 발행하는 경우 회사의 자본금은 상법에서 달리 규정한 경우 외에는 발행주식의 액면총액으로 한다.

④ 회사는 이사회의 결의에 의하여 준비금의 전부 또는 일부를 자본금에 전입할 수 있으나, 정관으로 주주총회에서 결정하기로 정한 경우에는 그러하지 아니하다.

⑤ 회사는 적립된 자본준비금 및 이익준비금의 총액이 자본금의 1.5배를 초과하는 경우에 대표이사가 단독으로 그 초과한 금액 범위에서 자본준비금과 이익준비금을 감액할 수 있다.

∥해설∥

① [○] 회사가 무액면주식을 발행하는 경우 회사의 자본금은 주식 발행가액의 2분의 1 이상의 금액으로서 이사회(제416조 단서에서 정한 주식발행의 경우에는 주주총회를 말한다)에서 자본금으로 계상하기로 한 금액의 총액으로 한다. 이 경우 주식의 발행가액 중 자본금으로 계상하지 아니하는 금액은 자본준비금으로 계상하여야 한다(상법 제451조 제2항).

② [○] 회사는 그 자본금의 2분의 1이 될 때까지 매 결산기 이익배당액의 10분의 1 이상을 이익준비금으로 적립하여야 한다. 다만, 주식배당의 경우에는 그러하지 아니하다(상법 제458조).

③ [○] 회사의 자본금은 이 법에서 달리 규정한 경우 외에는 발행주식의 액면총액으로 한다(상법 제451조 제1항).

④ [○] 회사는 이사회의 결의에 의하여 준비금의 전부 또는 일부를 자본금에 전입할 수 있다. 그러나 정관으로 주주총회에서 결정하기로 정한 경우에는 그러하지 아니하다(상법 제461조 제1항).

⑤ [✕] 회사는 적립된 자본준비금 및 이익준비금의 총액이 자본금의 1.5배를 초과하는 경우에 <u>주주총회의 결의</u>에 따라 그 초과한 금액 범위에서 자본준비금과 이익준비금을 감액할 수 있다(상법 제461조의2).

답 ⑤

69 세무사

☑ 확인 Check! ○ △ ✕

상법상 주식회사의 준비금에 관한 설명으로 옳은 것은?

① 자본준비금은 자본금의 결손 보전에 충당하는 경우 이를 처분할 수 있으나 이익준비금은 그러하지 아니하다.

② 자본금의 2분의 1이 될 때까지 매 결산기 주식배당 및 이익배당액의 10분의 1 이상을 이익준비금으로 적립하여야 한다.

③ 무액면주식을 발행하는 경우 주식의 발행가액 중 자본금으로 계상하지 아니하는 금액은 이익준비금으로 계상하여야 한다.

④ 준비금의 전부 또는 일부를 자본금에 전입하는 경우 주주에 대하여 그가 가진 주식의 수에 따라 주식을 발행하여야 한다.

⑤ 적립된 자본준비금 및 이익준비금의 총액이 자본금의 1.5배를 초과하는 경우에 이사회의 결의에 따라 그 초과한 금액 범위에서 자본준비금과 이익준비금을 감액할 수 있다.

┃해설┃

① [✕] 제458조(이익준비금) 및 제459조(자본준비금)의 준비금은 자본금의 결손 보전에 충당하는 경우 외에는 처분하지 못한다(상법 제460조).

② [✕] 회사는 그 자본금의 2분의 1이 될 때까지 매 결산기 이익배당액의 10분의 1 이상을 이익준비금으로 적립하여야 한다. 다만, 주식배당의 경우에는 그러하지 아니하다(상법 제458조).

③ [✕] 회사가 무액면주식을 발행하는 경우 회사의 자본금은 주식 발행가액의 2분의 1 이상의 금액으로서 이사회(제416조 단서에서 정한 주식발행의 경우에는 주주총회를 말한다)에서 자본금으로 계상하기로 한 금액의 총액으로 한다. 이 경우 주식의 발행가액 중 자본금으로 계상하지 아니하는 금액은 자본준비금으로 계상하여야 한다(상법 제451조 제2항).

④ [○] 상법 제461조 제1항, 제2항

> **상법 제461조(준비금의 자본금 전입)**
> ① 회사는 이사회의 결의에 의하여 준비금의 전부 또는 일부를 자본금에 전입할 수 있다. 그러나 정관으로 주주총회에서 결정하기로 정한 경우에는 그러하지 아니하다.
> ② 제1항의 경우에는 주주에 대하여 그가 가진 주식의 수에 따라 주식을 발행하여야 한다. 이 경우 1주에 미달하는 단수에 대하여는 제443조 제1항의 규정을 준용한다.

⑤ [✕] 회사는 적립된 자본준비금 및 이익준비금의 총액이 자본금의 1.5배를 초과하는 경우에 주주총회의 결의에 따라 그 초과한 금액 범위에서 자본준비금과 이익준비금을 감액할 수 있다(상법 제461조의2).

답 ④

514 세무사 1차 객관식 상법(회사편)

상법상 주식회사의 각종 준비금에 관한 설명으로 옳지 않은 것은?

① 회사는 자본거래에서 발생한 잉여금을 대통령령으로 정하는 바에 따라 자본준비금으로 적립하여야 한다.

② 회사는 이사회의 결의에 의하여 준비금의 전부 또는 일부를 자본금에 전입할 수 있지만, 정관으로 주주총회에서 결정하기로 정한 경우에는 그러하지 아니하다.

③ 회사는 적립된 자본준비금 및 이익준비금의 총액이 자본금의 1.5배를 초과하는 경우에 주주총회의 결의에 따라 그 초과한 금액 범위에서 자본준비금과 이익준비금을 감액할 수 있다.

④ 합병이나 분할 또는 분할합병의 경우 소멸 또는 분할되는 회사의 이익준비금이나 그 밖의 법정준비금은 합병·분할·분할합병 후 존속되거나 새로 설립되는 회사가 승계할 수 있다.

⑤ 주식배당을 하는 경우, 회사는 그 자본금의 2분의 1이 될 때까지 매 결산기 이익배당액의 10분의 1 이상을 이익준비금으로 적립하여야 한다.

┃**해설**┃

① [○] 회사는 자본거래에서 발생한 잉여금을 대통령령으로 정하는 바에 따라 자본준비금으로 적립하여야 한다(상법 제459조 제1항).

② [○] 회사는 이사회의 결의에 의하여 준비금의 전부 또는 일부를 자본금에 전입할 수 있다. 그러나 정관으로 주주총회에서 결정하기로 정한 경우에는 그러하지 아니하다(상법 제461조 제1항).

③ [○] 회사는 적립된 자본준비금 및 이익준비금의 총액이 자본금의 1.5배를 초과하는 경우에 주주총회의 결의에 따라 그 초과한 금액 범위에서 자본준비금과 이익준비금을 감액할 수 있다(상법 제461조의2).

④ [○] 합병이나 제530조의2에 따른 분할 또는 분할합병의 경우 소멸 또는 분할되는 회사의 이익준비금이나 그 밖의 법정준비금은 합병·분할·분할합병 후 존속되거나 새로 설립되는 회사가 승계할 수 있다(상법 제459조 제2항).

⑤ [✕] 회사는 그 자본금의 2분의 1이 될 때까지 매 결산기 이익배당액의 10분의 1 이상을 이익준비금으로 적립하여야 한다. 다만, 주식배당의 경우에는 그러하지 아니하다(상법 제458조).

답 ⑤

상법상 액면주식을 발행하는 비상장주식회사의 법정준비금에 관한 설명으로 옳은 것은?

① 정관에 따라 주주총회 결의로 법정준비금을 자본금으로 전입하는 경우 주주총회 결의가 있은 때로부터 주주는 신주의 주주가 된다.
② 법정준비금을 자본금으로 전입한 경우 회사의 순자산이 증가한다.
③ 신주 발행을 수반하지 않아도 법정준비금을 자본금으로 전입할 수 있다.
④ 법정준비금을 자본금으로 전입하는 경우 줄어드는 법정준비금과 늘어나는 자본금이 같은 금액일 필요는 없다.
⑤ 법정준비금을 자본금의 결손 보전에 충당하는 경우 회사의 순자산이 회사 밖으로 유출된다.

∎해설∎

① [O] 이사회 결의로 준비금의 자본전입을 결정하는 경우, 이사회 결의로 정한 신주배정기준일에 신주의 효력이 발생하지만(상법 제461조 제3항 참조), 주주총회 결의로 결정하는 경우에는 주주총회 결의가 있은 때로부터 신주의 주주가 된다(상법 제461조 제4항 참조).
② [✕] 법정준비금의 자본금 전입으로 자본금은 증가하고, 그 증가하는 자본금에 해당하는 만큼 기존 주주에게 신주가 발행되지만 기존 주주들이 별도의 납입을 하지 않고 신주를 취득하므로 실제 회사에 유입되는 자산은 없다. 즉 법정준비금 계정의 금액을 자본금 계정으로 이전하는 것에 불과하여 회사의 순자산에는 변동이 없다.
③ [✕] 법정준비금의 자본금 전입의 경우에는 주주에 대하여 그가 가진 주식의 수에 따라 주식을 발행하여야 한다(상법 제461조 제2항 참조).

> **상법 제461조(준비금의 자본금 전입)**
> ① 회사는 이사회의 결의에 의하여 준비금의 전부 또는 일부를 자본금에 전입할 수 있다. 그러나 정관으로 주주총회에서 결정하기로 정한 경우에는 그러하지 아니하다.
> ② 제1항의 경우에는 주주에 대하여 그가 가진 주식의 수에 따라 주식을 발행하여야 한다. 이 경우 1주에 미달하는 단수에 대하여는 제443조 제1항의 규정을 준용한다.
> ③ 제1항의 이사회의 결의가 있은 때에는 회사는 일정한 날을 정하여 그날에 주주명부에 기재된 주주가 제2항의 신주의 주주가 된다는 뜻을 그날의 2주간 전에 공고하여야 한다. 그러나 그날이 제354조 제1항의 기간 중인 때에는 그 기간의 초일의 2주간 전에 이를 공고하여야 한다.
> ④ 제1항 단서의 경우에 주주는 주주총회의 결의가 있은 때로부터 제2항의 신주의 주주가 된다.

④ [✕] 법정준비금의 자본금 전입의 효력이 발생하면 소정의 금액만큼 법정준비금이 감소하고 같은 금액의 자본금이 증가한다.
⑤ [✕] 법정준비금에 의한 결손 보전이 이루어지면 자금이 준비금 계정에서 이익잉여금 계정으로 이동하게 된다. 하지만 이는 회계상 계정 간의 이동에 불과하여 회사의 순자산에는 변동이 없다.

 답 ①

상법상 주식회사의 회계에 관한 설명으로 틀린 것은?

① 이익준비금으로 자본금의 결손 보전에 충당하고도 부족한 경우에만 자본준비금으로 결손 보전에 충당할 수 있다.

② 회사는 주식배당의 경우를 제외하고는 그 자본금의 2분의 1이 될 때까지 매 결산기 이익배당액의 10분의 1 이상을 이익준비금으로 적립하여야 한다.

③ 회사는 정관으로 금전 외의 재산으로 배당을 할 수 있음을 정할 수 있다.

④ 회사는 적립된 자본준비금 및 이익준비금의 총액이 자본금의 1.5배를 초과하는 경우에, 주주총회의 결의에 따라 그 초과한 금액 범위에서 자본준비금과 이익준비금을 감액할 수 있다.

⑤ 연 1회의 결산기를 정한 회사는 영업연도 중 1회에 한하여 이사회 결의로 중간배당을 할 수 있음을 정관으로 정할 수 있다.

∥해설∥

① [✕] 제458조(이익준비금) 및 제459조(자본준비금)의 준비금은 자본금의 결손 보전에 충당하는 경우 외에는 처분하지 못한다(상법 제460조). 구상법과 달리 현행상법은 준비금의 결손 보전 사용에 순서 제한이 없으므로, <u>자본준비금과 이익준비금 중 어느 것이든 먼저 결손 보전에 사용할 수 있다.</u>

② [O] 회사는 그 자본금의 2분의 1이 될 때까지 매 결산기 이익배당액의 10분의 1 이상을 이익준비금으로 적립하여야 한다. 다만, 주식배당의 경우에는 그러하지 아니하다(상법 제458조).

③ [O] 회사는 정관으로 금전 외의 재산으로 배당을 할 수 있음을 정할 수 있다(상법 제462조의4 제1항).

④ [O] 회사는 적립된 자본준비금 및 이익준비금의 총액이 자본금의 1.5배를 초과하는 경우에 주주총회의 결의에 따라 그 초과한 금액 범위에서 자본준비금과 이익준비금을 감액할 수 있다(상법 제461조의2).

⑤ [O] 연 1회의 결산기를 정한 회사는 영업년도중 1회에 한하여 이사회의 결의로 일정한 날을 정하여 그날의 주주에 대하여 이익을 배당(이하 이 조에서 "중간배당"이라 한다)할 수 있음을 정관으로 정할 수 있다(상법 제462조의3 제1항).

답 ①

73 세무사 2024

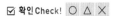 ☑ 확인 Check! ○ △ ×

상법상 회사가 이익배당을 할 경우 대차대조표의 순자산액으로부터 공제하여야 하는 항목을 모두 고른 것은?

> ㄱ. 자본금의 액
> ㄴ. 그 결산기까지 적립된 자본준비금과 이익준비금의 합계액
> ㄷ. 그 결산기까지 적립된 임의준비금의 합계액
> ㄹ. 자산 및 부채에 대한 평가로 인하여 증가한 대차대조표상의 순자산액으로서 미실현손실과 상계된 금액
> ㅁ. 그 결산기에 적립하여야 할 이익준비금의 액

① ㄱ, ㄴ, ㄷ   ② ㄱ, ㄴ, ㅁ
③ ㄱ, ㄷ, ㅁ   ④ ㄴ, ㄹ, ㅁ
⑤ ㄷ, ㄹ, ㅁ

┃해설┃

ㄱ. [○] 상법 제462조 제1항 제1호
ㄴ. [○], ㄷ. [×] 상법 제462조 제1항 제2호
ㄹ. [×] 상법 제462조 제1항 제4호, 상법 시행령 제19조 제1항
ㅁ. [○] 상법 제462조 제1항 제3호

> **상법 제462조(이익의 배당)**
> ① 회사는 대차대조표의 순자산액으로부터 다음의 금액을 공제한 액을 한도로 하여 이익배당을 할 수 있다.
>   1. 자본금의 액
>   2. 그 결산기까지 적립된 자본준비금과 이익준비금의 합계액
>   3. 그 결산기에 적립하여야 할 이익준비금의 액
>   4. 대통령령으로 정하는 미실현이익
>
> **상법 시행령 제19조(미실현이익의 범위)**
> ① 법 제462조 제1항 제4호에서 "대통령령으로 정하는 미실현이익"이란 법 제446조의2의 회계 원칙에 따른 자산 및 부채에 대한 평가로 인하여 증가한 대차대조표상의 순자산액으로서, 미실현손실과 상계하지 아니한 금액을 말한다.

답 ②

상법상 액면주식을 발행하는 비상장주식회사의 배당에 관한 설명으로 옳지 않은 것은?

① 중간배당은 연 1회의 결산기를 정한 회사에 한해서만 허용된다.

② 주식배당은 이익배당총액의 2분의 1에 상당하는 금액을 초과하지 못한다.

③ 회사가 각 주주가 가진 주식의 수에 따라 이익배당을 하는 경우 배당금 지급청구권의 소멸시효는 10년이다.

④ 회사가 배당가능이익이 없음에도 주주에게 현금배당한 경우 회사채권자는 배당한 이익을 회사에 반환할 것을 청구할 수 있다.

⑤ 회사는 정관으로 현물배당을 할 수 있음을 정할 수 있다.

┃해설┃

① [○] 연 1회의 결산기를 정한 회사는 영업년도중 1회에 한하여 이사회의 결의로 일정한 날을 정하여 그날의 주주에 대하여 이익을 배당(이하 이 조에서 "중간배당"이라 한다)할 수 있음을 정관으로 정할 수 있다(상법 제462조의3 제1항).

② [○] 회사는 주주총회의 결의에 의하여 이익의 배당을 새로이 발행하는 주식으로써 할 수 있다. 그러나 주식에 의한 배당은 이익배당총액의 2분의 1에 상당하는 금액을 초과하지 못한다(상법 제462조의2 제1항).

③ [✕] 제1항의 배당금의 지급청구권은 <u>5년간</u> 이를 행사하지 아니하면 소멸시효가 완성한다(상법 제464조의2 제2항).

④ [○] 상법 제462조 제1항, 제3항

> **상법 제462조(이익의 배당)**
> ① 회사는 대차대조표의 순자산액으로부터 다음의 금액을 공제한 액을 한도로 하여 이익배당을 할 수 있다.
>   1. 자본금의 액
>   2. 그 결산기까지 적립된 자본준비금과 이익준비금의 합계액
>   3. 그 결산기에 적립하여야 할 이익준비금의 액
>   4. 대통령령으로 정하는 미실현이익
> ③ 제1항을 위반하여 이익을 배당한 경우에 회사채권자는 배당한 이익을 회사에 반환할 것을 청구할 수 있다.

⑤ [○] 회사는 정관으로 금전 외의 재산으로 배당을 할 수 있음을 정할 수 있다(상법 제462조의4 제1항).

답 ③

상법상 주식회사의 이익배당에 관한 설명으로 옳지 않은 것은?

① 회사는 정관으로 금전 외의 재산으로 배당을 할 수 있음을 정할 수 있다.

② 상법 규정에 따른 배당가능이익을 초과하여 이익배당을 한 경우, 회사채권자는 배당한 이익을 회사에 반환할 것을 청구할 수 있다.

③ 이익배당은 주주총회의 결의로 정하여야 하지만, 재무제표를 상법 규정에 따라 이사회가 승인하는 경우에는 이사회의 결의로 정한다.

④ 이익배당에 관하여 내용이 다른 종류주식이 아닌 한, 이익배당은 각 주주가 가진 주식의 수에 따라 한다.

⑤ 년 2회의 결산기를 정한 회사는 중간배당을 할 수 있음을 정관으로 정할 수 있다.

∥해설∥

① [O] 회사는 정관으로 금전 외의 재산으로 배당을 할 수 있음을 정할 수 있다(상법 제462조의4 제1항).

② [O] 상법 제462조 제3항

> **상법 제462조(이익의 배당)**
> ① 회사는 대차대조표의 순자산액으로부터 다음의 금액을 공제한 액을 한도로 하여 이익배당을 할 수 있다.
>   1. 자본금의 액
>   2. 그 결산기까지 적립된 자본준비금과 이익준비금의 합계액
>   3. 그 결산기에 적립하여야 할 이익준비금의 액
>   4. 대통령령으로 정하는 미실현이익
> ③ 제1항을 위반하여 이익을 배당한 경우에 회사채권자는 배당한 이익을 회사에 반환할 것을 청구할 수 있다.

③ [O] 이익배당은 주주총회의 결의로 정한다. 다만, 제449조의2 제1항에 따라 재무제표를 이사회가 승인하는 경우에는 이사회의 결의로 정한다(상법 제462조 제2항).

④ [O] 상법 제464조, 제344조 제1항

⑤ [✕] <u>연 1회의 결산기를 정한 회사는</u> 영업년도 중 1회에 한하여 이사회의 결의로 일정한 날을 정하여 그날의 주주에 대하여 이익을 배당(이하 이 조에서 "중간배당"이라 한다)할 수 있음을 정관으로 정할 수 있다(상법 제462조의3 제1항).

 ⑤

상법상 주식회사의 이익배당에 관한 설명으로 옳지 않은 것은?

① 주식배당은 이익배당총액의 2분의 1에 상당하는 금액을 초과하지 못한다.

② 연 1회의 결산기를 정한 회사는 영업년도중 1회에 한하여 이사회의 결의로 일정한 날을 정하여 그날의 주주에 대하여 이익을 배당할 수 있음을 정관으로 정할 수 있다.

③ 배당가능이익이 없음에도 이익배당을 한 경우 회사채권자는 배당한 이익을 회사에 반환할 것을 청구할 수 있다.

④ 주식배당을 하는 경우 그 자본금의 2분의 1이 될 때까지 주식으로 배당할 이익의 금액의 10분의 1 이상의 금액을 이익준비금으로 적립하여야 한다.

⑤ 이익배당우선주식을 보유한 주주에 대하여 주식배당을 하는 경우 그 주주에게 같은 종류의 이익배당우선주식으로 배당할 수 있다.

▌해설▌

① [○] 상법 제462조의2 제1항

② [○] 연 1회의 결산기를 정한 회사는 영업년도중 1회에 한하여 이사회의 결의로 일정한 날을 정하여 그날의 주주에 대하여 이익을 배당(이하 이 조에서 "중간배당"이라 한다)할 수 있음을 정관으로 정할 수 있다(상법 제462조의3 제1항).

③ [○] 상법 제462조 제1항, 제3항

> **상법 제462조(이익의 배당)**
> ① 회사는 대차대조표의 순자산액으로부터 다음의 금액을 공제한 액을 한도로 하여 이익배당을 할 수 있다.
> 1. 자본금의 액
> 2. 그 결산기까지 적립된 자본준비금과 이익준비금의 합계액
> 3. 그 결산기에 적립하여야 할 이익준비금의 액
> 4. 대통령령으로 정하는 미실현이익
> ③ 제1항을 위반하여 이익을 배당한 경우에 회사채권자는 배당한 이익을 회사에 반환할 것을 청구할 수 있다.

④ [✕] 회사는 그 자본금의 2분의 1이 될 때까지 매 결산기 이익배당액의 10분의 1 이상을 이익준비금으로 적립하여야 한다. 다만, <u>주식배당의 경우에는 그러하지 아니하다</u>(상법 제458조).

⑤ [○] 상법 제462조의2 제2항

> **상법 제462조의2(주식배당)**
> ① 회사는 주주총회의 결의에 의하여 이익의 배당을 새로이 발행하는 주식으로써 할 수 있다. 그러나 주식에 의한 배당은 이익배당총액의 2분의 1에 상당하는 금액을 초과하지 못한다.
> ② 제1항의 배당은 주식의 권면액으로 하며, 회사가 종류주식을 발행한 때에는 각각 그와 같은 종류의 주식으로 할 수 있다.

답 ④

상법상 주식회사의 배당에 관한 설명으로 옳은 것은?

① 주식배당의 경우 주주는 배당받은 신주의 주권을 교부받은 때에 신주의 주주가 된다.
② 회사가 주식배당을 하는 경우에 주주총회의 특별결의에 의하여 액면초과의 발행가액을 정할 수 있다.
③ 주주의 이익배당금의 지급청구권은 3년간 이를 행사하지 아니하면 소멸시효가 완성한다.
④ 회사는 주주총회의 결의에 의하여 이익의 배당을 새로이 발행하는 주식으로써 할 수 있다.
⑤ 이익배당은 주주총회의 결의로 정하고, 정관에서 이를 이사회의 결의로 정하도록 변경할 수 없다.

┃해설┃

① [✕] 주식으로 배당을 받은 주주는 <u>제1항의 결의(주식배당의 결의)가 있는 주주총회가 종결한 때부터</u> 신주의 주주가 된다(상법 제462조의2 제4항).

② [✕] 제1항의 배당(주식배당)은 <u>주식의 권면액으로</u> 하며, 회사가 종류주식을 발행한 때에는 각각 그와 같은 종류의 주식으로 할 수 있다(상법 제462조의2 제2항). 즉 회사가 주식배당을 하는 경우에 신주의 발행가액은 권면액(액면가)이며, 주주총회의 특별결의에 의하여도 이를 변경할 수 없다.

③ [✕] 상법 제464조의2 제2항

> **상법 제464조의2(이익배당의 지급시기)**
> ① 회사는 제464조에 따른 이익배당을 제462조 제2항의 주주총회나 이사회의 결의 또는 제462조의3 제1항의 결의를 한 날부터 1개월 내에 하여야 한다. 다만, 주주총회 또는 이사회에서 배당금의 지급시기를 따로 정한 경우에는 그러하지 아니하다.
> ② 제1항의 배당금의 지급청구권은 <u>5년간</u> 이를 행사하지 아니하면 소멸시효가 완성한다.

④ [○] 회사는 주주총회의 결의에 의하여 이익의 배당을 새로이 발행하는 주식으로써 할 수 있다. 그러나 주식에 의한 배당은 이익배당총액의 2분의 1에 상당하는 금액을 초과하지 못한다(상법 제462조의2 제1항).

⑤ [✕] 이익배당은 주주총회의 결의로 정한다. 다만, 제449조의2 제1항에 따라 <u>재무제표를 이사회가 승인하는 경우에는 이사회의 결의로 정한다</u>(상법 제462조 제2항).

답 ④

78 세무사 2018

상법상 액면주식을 발행하는 비상장주식회사의 배당에 관한 설명으로 옳지 않은 것은?

① 주식배당의 경우 신주의 발행가액을 주식의 권면액을 초과하는 금액으로 결정할 수 있다.

② 이사회가 적법하게 재무제표를 승인하는 경우 금전에 의한 이익배당은 이사회 결의로 정한다.

③ 회사가 이익배당을 새로이 발행하는 주식으로써 하기로 주주총회에서 결의한 경우 주주들은 그 주주총회가 종결한 때부터 신주의 주주가 된다.

④ 모회사가 보유하고 있는 자회사의 주식으로 모회사의 주주들에게 현물배당을 하기 위해서는 모회사 정관에 현물로 배당할 수 있음을 정하고 있어야 한다.

⑤ 배당가능이익이 없음에도 주주가 금전으로 배당받은 경우 회사의 채권자는 주주를 상대로 회사에 배당금을 반환할 것을 청구할 수 있다.

┃해설┃

① [✕] 주식배당의 경우 신주의 발행가액은 <u>주식의 권면액으로 한다</u>(상법 제462조의2 제2항 참조).

② [○] 이익배당은 주주총회의 결의로 정한다. 다만, 제449조의2 제1항에 따라 재무제표를 이사회가 승인하는 경우에는 이사회의 결의로 정한다(상법 제462조 제2항).

③ [○] 상법 제462조의2 제4항

> **상법 제462조의2(주식배당)**
> ① 회사는 주주총회의 결의에 의하여 이익의 배당을 새로이 발행하는 주식으로써 할 수 있다. 그러나 주식에 의한 배당은 이익배당총액의 2분의 1에 상당하는 금액을 초과하지 못한다.
> ② 제1항의 배당은 주식의 권면액으로 하며, 회사가 종류주식을 발행한 때에는 각각 그와 같은 종류의 주식으로 할 수 있다.
> ④ 주식으로 배당을 받은 주주는 제1항의 결의가 있는 주주총회가 종결한 때부터 신주의 주주가 된다.

④ [○] 회사는 정관으로 금전 외의 재산으로 배당을 할 수 있음을 정할 수 있다(상법 제462조의4 제1항).

⑤ [○] 상법 제462조 제1항, 제3항

> **상법 제462조(이익의 배당)**
> ① 회사는 대차대조표의 순자산액으로부터 다음의 금액을 공제한 액을 한도로 하여 이익배당을 할 수 있다.
> 　1. 자본금의 액
> 　2. 그 결산기까지 적립된 자본준비금과 이익준비금의 합계액
> 　3. 그 결산기에 적립하여야 할 이익준비금의 액
> 　4. 대통령령으로 정하는 미실현이익
> ③ 제1항을 위반하여 이익을 배당한 경우에 회사채권자는 배당한 이익을 회사에 반환할 것을 청구할 수 있다.

답 ①

상법상 주식회사의 이익배당에 관한 설명으로 옳은 것은?

① 이익배당금의 지급청구권은 1년간 이를 행사하지 아니하면 소멸시효가 완성된다.

② 이익배당은 예외없이 주주총회의 결의로 정한다.

③ 회사는 정관으로 금전 외의 재산으로 배당을 할 수 있음을 정할 수 있다.

④ 연 2회의 결산기를 정한 회사도 영업년도 중 1회에 한하여 이사회의 결의로 일정한 날을 정하여 그날의 주주에 대하여 중간배당을 할 수 있음을 정관으로 정할 수 있다.

⑤ 회사는 대차대조표의 순자산액으로부터 그 결산기에 적립하여야 할 이익준비금의 액을 공제하지 아니하고 이익배당을 할 수 있다.

❚ 해설 ❚

① [✕] 상법 제464조의2 제2항

> **상법 제464조의2(이익배당의 지급시기)**
> ① 회사는 제464조에 따른 이익배당을 제462조 제2항의 주주총회나 이사회의 결의 또는 제462조의3 제1항의 결의를 한 날부터 1개월 내에 하여야 한다. 다만, 주주총회 또는 이사회에서 배당금의 지급시기를 따로 정한 경우에는 그러하지 아니하다.
> ② 제1항의 배당금의 지급청구권은 <u>5년간</u> 이를 행사하지 아니하면 소멸시효가 완성한다.

② [✕] 이익배당은 주주총회의 결의로 정한다. 다만, <u>제449조의2 제1항에 따라 재무제표를 이사회가 승인하는 경우에는 이사회의 결의로 정한다</u>(상법 제462조 제2항).

③ [O] 회사는 정관으로 금전 외의 재산으로 배당을 할 수 있음을 정할 수 있다(상법 제462조의4 제1항).

④ [✕] <u>년 1회의 결산기를 정한 회사는</u> 영업년도 중 1회에 한하여 이사회의 결의로 일정한 날을 정하여 그날의 주주에 대하여 이익을 배당(이하 이 조에서 "중간배당"이라 한다)할 수 있음을 정관으로 정할 수 있다(상법 제462조의3 제1항).

⑤ [✕] 상법 제462조 제1항 제3호

> **상법 제462조(이익의 배당)**
> ① 회사는 대차대조표의 순자산액으로부터 <u>다음의 금액을 공제한 액</u>을 한도로 하여 이익배당을 할 수 있다.
> 1. 자본금의 액
> 2. 그 결산기까지 적립된 자본준비금과 이익준비금의 합계액
> 3. <u>그 결산기에 적립하여야 할 이익준비금의 액</u>
> 4. 대통령령으로 정하는 미실현이익

답 ③

상법상 주식회사의 배당에 관한 설명으로 옳지 않은 것은?

① 이익배당은 주주총회의 결의로 정한다. 다만, 상법 규정에 따라 재무제표를 이사회가 승인하는 경우에는 이사회의 결의로 정한다.

② 배당가능이익에 관한 제한규정을 위반하여 이익을 배당한 경우에 회사채권자는 배당한 이익을 회사에 반환할 것을 청구할 수 있다.

③ 회사는 주주총회의 결의에 의하여 이익배당총액의 전액의 배당을 새로이 발행하는 주식으로써 할 수 있다.

④ 주식배당은 주식의 권면액으로 하며, 회사가 종류주식을 발행한 때에는 각각 그와 같은 종류의 주식으로 할 수 있다.

⑤ 중간배당은 정관 규정에 의하여 이사회의 결의로 할 수 있다.

┃ 해설 ┃

① [○] 이익배당은 주주총회의 결의로 정한다. 다만, 제449조의2 제1항에 따라 재무제표를 이사회가 승인하는 경우에는 이사회의 결의로 정한다(상법 제462조 제2항).

② [○] 상법 제462조 제1항, 제3항

> **상법 제462조(이익의 배당)**
> ① 회사는 대차대조표의 순자산액으로부터 다음의 금액을 공제한 액을 한도로 하여 이익배당을 할 수 있다.
>   1. 자본금의 액
>   2. 그 결산기까지 적립된 자본준비금과 이익준비금의 합계액
>   3. 그 결산기에 적립하여야 할 이익준비금의 액
>   4. 대통령령으로 정하는 미실현이익
> ③ 제1항을 위반하여 이익을 배당한 경우에 회사채권자는 배당한 이익을 회사에 반환할 것을 청구할 수 있다.

③ [✕] 상법 제462조의2 제1항

④ [○] 상법 제462조의2 제2항

> **상법 제462조의2(주식배당)**
> ① 회사는 주주총회의 결의에 의하여 이익의 배당을 새로이 발행하는 주식으로써 할 수 있다. 그러나 주식에 의한 배당은 이익배당총액의 2분의 1에 상당하는 금액을 초과하지 못한다.
> ② 제1항의 배당은 주식의 권면액으로 하며, 회사가 종류주식을 발행한 때에는 각각 그와 같은 종류의 주식으로 할 수 있다.

⑤ [○] 년 1회의 결산기를 정한 회사는 영업년도중 1회에 한하여 이사회의 결의로 일정한 날을 정하여 그날의 주주에 대하여 이익을 배당(이하 이 조에서 "중간배당"이라 한다)할 수 있음을 정관으로 정할 수 있다(상법 제462조의3 제1항).

답 ③

상법상 자본금 10억원 이상인 비상장주식회사의 이익배당 등에 관한 설명으로 틀린 것은?

① 회사는 현물배당을 정관으로 정할 수 있으며 현물배당을 결정한 경우 일정 수 미만의 주식을 보유한 주주에게 현물 대신 금전을 지급하는 것을 정할 수 있다.

② 연 1회의 결산기를 정한 회사는 영업년도 중 1회에 한하여 이사회의 결의로 일정한 날을 정하여 그날의 주주에 대하여 이익을 배당할 수 있음을 정관으로 정할 수 있다.

③ 주식배당의 경우 회사는 주주총회의 결의에 의하여 이익의 배당을 자기주식으로써 할 수 있다.

④ 주식배당은 주식의 권면액으로 하며, 회사가 종류주식을 발행한 때에는 각각 그와 같은 종류의 주식으로 할 수 있다.

⑤ 상법 제462조 제1항의 배당가능이익 한도를 위반하여 금전으로 이익을 배당한 경우에 회사채권자는 배당한 이익을 회사에 반환할 것을 청구할 수 있다.

┃해설┃

① [○] 상법 제462조의4 제1항, 제2항 제2호

> **상법 제462조의4(현물배당)**
> ① 회사는 정관으로 금전 외의 재산으로 배당을 할 수 있음을 정할 수 있다.
> ② 제1항에 따라 배당을 결정한 회사는 다음 사항을 정할 수 있다.
> 1. 주주가 배당되는 금전 외의 재산 대신 금전의 지급을 회사에 청구할 수 있도록 한 경우에는 그 금액 및 청구할 수 있는 기간
> 2. 일정 수 미만의 주식을 보유한 주주에게 금전 외의 재산 대신 금전을 지급하기로 한 경우에는 그 일정 수 및 금액

② [○] 연 1회의 결산기를 정한 회사는 영업년도중 1회에 한하여 이사회의 결의로 일정한 날을 정하여 그날의 주주에 대하여 이익을 배당(이하 이 조에서 "중간배당"이라 한다)할 수 있음을 정관으로 정할 수 있다(상법 제462조의3 제1항).

③ [✕] 주식배당의 경우 회사는 주주총회의 결의에 의하여 이익의 배당을 <u>새로이 발행하는 주식</u>으로써 할 수 있다. 회사가 이미 가지고 있는 자기주식으로 하는 배당은 현물배당이지 주식배당은 아니다(상법 제462조의2 제1항 참조).

④ [○] 상법 제462조의2 제2항

> **상법 제462조의2(주식배당)**
> ① 회사는 주주총회의 결의에 의하여 이익의 배당을 <u>새로이 발행하는 주식</u>으로써 할 수 있다. 그러나 주식에 의한 배당은 이익배당총액의 2분의 1에 상당하는 금액을 초과하지 못한다.
> ② 제1항의 배당은 주식의 권면액으로 하며, 회사가 종류주식을 발행한 때에는 각각 그와 같은 종류의 주식으로 할 수 있다.

⑤ [O] 상법 제462조 제1항, 제3항

> **상법 제462조(이익의 배당)**
> ① 회사는 대차대조표의 순자산액으로부터 다음의 금액을 공제한 액을 한도로 하여 이익배당을 할 수 있다.
>   1. 자본금의 액
>   2. 그 결산기까지 적립된 자본준비금과 이익준비금의 합계액
>   3. 그 결산기에 적립하여야 할 이익준비금의 액
>   4. 대통령령으로 정하는 미실현이익
> ③ 제1항을 위반하여 이익을 배당한 경우에 회사채권자는 배당한 이익을 회사에 반환할 것을 청구할 수 있다.

답 ③

---

82 CPA 2022
☑ 확인Check! ○ △ ✕

상법상 비상장주식회사의 자본금, 준비금, 배당에 관한 설명으로 틀린 것은?

① 회사가 무액면주식을 발행하는 경우, 주식의 발행가액 중 자본금으로 계상하지 아니하는 금액은 자본준비금으로 계상하여야 한다.
② 준비금의 자본금 전입을 정관으로 주주총회에서 결정하기로 정한 회사가 아닌 경우, 회사는 이사회의 결의에 의하여 준비금의 전부를 자본금에 전입할 수 있다.
③ 회사는 적립된 자본준비금 및 이익준비금의 총액이 자본금의 1.5배를 초과하는 경우에는 이사회의 결의에 따라 그 초과한 금액의 범위에서 자본준비금과 이익준비금을 감액할 수 있다.
④ 주식배당은 이익배당총액의 2분의 1에 상당하는 금액을 초과하지 못한다.
⑤ 주식배당이 있을 경우, 주식의 등록질권자의 권리는 주주가 주식배당으로 받을 주식에 미친다.

┃해설┃

① [O] 회사가 무액면주식을 발행하는 경우 회사의 자본금은 주식 발행가액의 2분의 1 이상의 금액으로서 이사회(제416조 단서에서 정한 주식발행의 경우에는 주주총회를 말한다)에서 자본금으로 계상하기로 한 금액의 총액으로 한다. 이 경우 주식의 발행가액 중 자본금으로 계상하지 아니하는 금액은 자본준비금으로 계상하여야 한다(상법 제451조 제2항).
② [O] 회사는 이사회의 결의에 의하여 준비금의 전부 또는 일부를 자본금에 전입할 수 있다. 그러나 정관으로 주주총회에서 결정하기로 정한 경우에는 그러하지 아니하다(상법 제461조 제1항).
③ [✕] 회사는 적립된 자본준비금 및 이익준비금의 총액이 자본금의 1.5배를 초과하는 경우에 <u>주주총회의 결의에</u> 따라 그 초과한 금액 범위에서 자본준비금과 이익준비금을 감액할 수 있다(상법 제461조의2).

④ [O] 상법 제462조의2 제1항
⑤ [O] 상법 제462조의2 제6항, 제340조 제1항

> **상법 제462조의2(주식배당)**
> ① 회사는 주주총회의 결의에 의하여 이익의 배당을 새로이 발행하는 주식으로써 할 수 있다. 그러나 주식에 의한 배당은 이익배당총액의 2분의 1에 상당하는 금액을 초과하지 못한다.
> ⑥ 제340조 제1항의 질권자의 권리는 제1항의 규정에 의한 주주가 받을 주식에 미친다. 이 경우 제340조 제3항의 규정을 준용한다.
>
> **상법 제340조(주식의 등록질)**
> ① 주식을 질권(質權)의 목적으로 한 경우에 회사가 질권설정자의 청구에 따라 그 성명과 주소를 주주명부에 덧붙여 쓰고 그 성명을 주권(株券)에 적은 경우에는 질권자는 회사로부터 이익배당, 잔여재산의 분배 또는 제339조에 따른 금전의 지급을 받아 다른 채권자에 우선하여 자기채권의 변제에 충당할 수 있다.

답 ③

83 법무사 2023 ☑ 확인Check! ○ △ ✕

주주의 이익배당청구권에 관한 다음 설명 중 가장 옳지 않은 것은?

① 회사는 상법 제464조에 따른 이익배당을 원칙적으로 이익배당을 결의한 주주총회나 이사회의 결의를 한 날로부터 1개월 내에 하여야 하고, 주주의 배당금지급청구권은 5년간 이를 행사하지 아니하면 소멸시효가 완성된다.

② 이익잉여금처분계산서가 주주총회에서 승인됨으로써 이익배당이 확정될 때까지는 주주에게 구체적이고 확정적인 배당금지급청구권이 인정되지 아니한다.

③ 정관에서 회사에 배당의무를 부과하면서 배당금의 지급조건이나 배당금액을 산정하는 방식 등을 구체적으로 정하고 있어 그에 따라 개별 주주에게 배당할 금액이 일의적으로 산정되고, 대표이사나 이사회가 경영판단에 따라 배당금 지급 여부나 시기, 배당금액 등을 달리 정할 수 있도록 하는 규정이 없다면, 정관에서 정한 지급조건이 갖추어지는 때에 주주에게 구체적이고 확정적인 배당금지급청구권이 인정될 수 있다. 이러한 경우 회사는 주주총회에서 이익배당에 관한 결의가 이루어지지 않았더라도 주주에게 이익배당금의 지급을 거절할 수 없다.

④ 상법 제467조의2 제1항은 "회사는 누구에게든지 주주의 권리행사와 관련하여 재산상의 이익을 공여할 수 없다"라고 규정하고 있는데, 위 규정에서 정한 '주주의 권리'에 주주총회에서의 의결권, 대표소송 제기권, 주주총회결의에 관한 각종 소권 등과 같은 공익권은 포함되나, 이익배당청구권, 잔여재산분배청구권, 신주인수권 등과 같은 자익권은 포함되지 않는다.

⑤ 주주총회에서 특정 주주를 제외한 나머지 주주들에 대하여만 배당금을 지급하기로 하는 내용으로 이익배당 결의가 이루어졌을 경우 그와 같은 결의는 주주평등의 원칙에 반하는 것으로서 무효이다. 이 경우 이익배당에서 제외된 주주가 주주평등의 원칙을 내세워 회사를 상대로 다른 주주에게 지급된 이익배당금과 동일한 비율로 계산된 이익배당금의 지급을 구할 수는 없다.

┃해설┃

① [○] 상법 제464조의2 제1항, 제2항

> **상법 제464조의2(이익배당의 지급시기)**
> ① 회사는 제464조에 따른 이익배당을 제462조 제2항의 주주총회나 이사회의 결의 또는 제462조의3 제1항의 결의를 한 날부터 1개월 내에 하여야 한다. 다만, 주주총회 또는 이사회에서 배당금의 지급시기를 따로 정한 경우에는 그러하지 아니하다.
> ② 제1항의 배당금의 지급청구권은 5년간 이를 행사하지 아니하면 소멸시효가 완성한다.

② [○], ③ [○] 주주의 이익배당청구권은 장차 이익배당을 받을 수 있다는 의미의 권리에 지나지 아니하여 이익잉여금처분계산서가 주주총회에서 승인됨으로써 이익배당이 확정될 때까지는 주주에게 구체적이고 확정적인 배당금지급청구권이 인정되지 아니한다. 다만 정관에서 회사에 배당의무를 부과하면서 배당금의 지급조건이나 배당금액을 산정하는 방식 등을 구체적으로 정하고 있어 그에 따라 개별 주주에게 배당할 금액이 일의적으로 산정되고, 대표이사나 이사회가 경영판단에 따라 배당금 지급 여부나 시기, 배당금액 등을 달리 정할 수 있도록 하는 규정이 없다면, 예외적으로 정관에서 정한 지급조건이 갖추어지는 때에 주주에게 구체적이고 확정적인 배당금지급청구권이 인정될 수 있다. 그리고 이러한 경우 회사는 주주총회에서 이익배당에 관한 결의를 하지 않았다거나 정관과 달리 이익배당을 거부하는 결의를 하였다는 사정을 들어 주주에게 이익배당금의 지급을 거절할 수 없다(대판 2022.8.19. 2020다263574).

④ [×] 상법 제467조의2 제1항에서 정한 '주주의 권리'란 법률과 정관에 따라 주주로서 행사할 수 있는 모든 권리를 의미하고, 주주총회에서의 의결권, 대표소송 제기권, 주주총회결의에 관한 각종 소권 등과 같은 공익권뿐만 아니라 이익배당청구권, 잔여재산분배청구권, 신주인수권 등과 같은 자익권도 포함하지만, 회사에 대한 계약상의 특수한 권리는 포함되지 아니한다. 그리고 '주주의 권리행사와 관련하여'란 주주의 권리행사에 영향을 미치기 위한 것을 의미한다(대판 2017.1.12. 2015다68355).

⑤ [○] 주주총회에서 특정 주주를 제외한 나머지 주주들에 대하여만 배당금을 지급하기로 하는 내용으로 이익배당 결의가 이루어졌을 경우 그와 같은 결의는 주주평등의 원칙에 반하는 것으로서 무효이다. 따라서 무효인 배당결의에 기해서는 이익배당청구권이 발생하지 않기 때문에 이익배당에서 제외된 주주는 주주평등에 근거하여 회사를 상대로 다른 주주에게 지급된 이익배당금과 동일한 비율로 계산된 이익배당금의 지급을 구할 수는 없다.

> 주주의 이익배당청구권은 주주의 고유권으로 이를 함부로 박탈하거나 제한할 수 없는 것이므로 주주평등의 원칙에 반하는 이익배당결의는 무효라 할 것이다. 그러나 이익배당의 결정은 주주총회의 권한에 전속하기 때문에 주주총회 결의에 의하여 비로소 그 내용이 구체적으로 확정되는 것이고, 이익배당이 확정되기 전에는 주주의 이익배당청구권은 일종의 기대권을 내용으로 하는 추상적 권리에 지나지 않는다 할 것이므로 당연무효인 위 결의 이외에 10,000주 이상의 주주를 포함한 모든 주주에 대한 별도의 배당결의가 없음을 원고가 자인하는 이 사건에 있어서 원고의 권리는 추상적 권리에 지나지 않고, 현행상법상 법원이 주주총회에 가름하여 이사회에서 제출한 이익금 처분안을 수정하여 주주의 구체적 이익배당을 확정지을 길이 없고, 주주가 이익배당에 관한 주주총회의 결의를 강요할 수도 없는 것이므로 결국 원고에게는 확정적인 이익배당 청구권이 없고, 또 적법한 이익배당에 관한 주주총회의 결의가 없다 하여 상법상의 채무불이행 또는 불법행위도 될 수 없다 할 것이고 보면, 원고에게 이익배당청구권이 있음을 전제로 한 위 청구 역시 이유 없다 할 것이다(서울고법 1976.6.11. 75나1555).

답 ④

중간배당에 관한 다음 설명 중 가장 옳지 않은 것은?

① 연 2회 이상의 결산기를 정한 회사는 상법 제462조의3에 따른 중간배당을 할 수 없다.

② 중간배당에 관한 이사회의 결의가 있는 경우, 같은 영업연도 중 다시 중간배당에 관한 이사회 결의를 하는 것은 허용되지 않으나, 같은 영업연도 중이라도 중간배당 지급청구권의 내용을 수정하는 이사회 결의는 허용된다.

③ 배당가능이익이 없는데도 중간배당이 실시된 경우, 위법배당에 따른 부당이득반환청구권은 민법 제162조 제1항이 적용되어 10년의 민사소멸시효에 걸린다.

④ 상법 제462조의3에 따른 중간배당의 횟수는 영업연도 중 1회로 제한된다.

⑤ 당해 결산기 대차대조표상의 순자산액이 상법 제462조 제1항에 규정된 이익배당의 법정한도에 미치지 못함에도 불구하고 중간배당을 한 경우 이사는 회사에 대하여 연대하여 그 차액(배당액이 그 차액보다 적을 경우에는 배당액)을 배상할 책임이 있다.

┃해설┃

① [○], ④ [○] 상법 제462조의3 제1항은 중간배당에 관하여 '연 1회의 결산기를 정한 회사는 영업연도 중 1회에 한하여 이사회의 결의로 일정한 날을 정하여 그날의 주주에 대하여 이익을 배당할 수 있음을 정관으로 정할 수 있다'고 규정하고 있다. 이에 따라 연 1회의 결산기를 정한 회사의 경우 정관에 정함이 있으면 이사회 결의로 중간배당을 실시할 수 있고 그 횟수는 영업연도 중 1회로 제한된다(대판 2022.9.7. 2022다223778).

② [✕] 중간배당에 관한 이사회의 결의가 성립하면 추상적으로 존재하던 중간배당청구권이 구체적인 중간배당금 지급청구권으로 확정되므로, 상법 제462조의3이 정하는 중간배당에 관한 이사회 결의가 있으면 중간배당금이 지급되기 전이라도 당해 영업연도 중 1회로 제한된 중간배당은 이미 결정된 것이고, 같은 영업연도 중 다시 중간배당에 관한 이사회 결의를 하는 것은 허용되지 않는다. <u>이사회 결의로 주주의 중간배당금 지급청구권이 구체적으로 확정된 이상 그 청구권의 내용을 수정 내지 변경하는 내용의 이사회 결의도 허용될 수 없다</u>(대판 2022.9.7. 2022다223778).

③ [○] 이익의 배당이나 중간배당은 회사가 획득한 이익을 내부적으로 주주에게 분배하는 행위로서 회사가 영업으로 또는 영업을 위하여 하는 상행위가 아니므로 배당금지급청구권은 상법 제64조가 적용되는 상행위로 인한 채권이라고 볼 수 없다. 이에 따라 위법배당에 따른 부당이득반환청구권 역시 근본적으로 상행위에 기초하여 발생한 것이라고 볼 수 없다. 특히 배당가능이익이 없는데도 이익의 배당이나 중간배당이 실시된 경우 회사나 채권자가 주주로부터 배당금을 회수하는 것은 회사의 자본충실을 도모하고 회사 채권자를 보호하는 데 필수적이므로, 회수를 위한 부당이득반환청구권 행사를 신속하게 확정할 필요성이 크다고 볼 수 없다. 따라서 위법배당에 따른 부당이득반환청구권은 민법 제162조 제1항이 적용되어 10년의 민사 소멸시효에 걸린다고 보아야 한다(대판 2021.6.24. 2020다208621).

⑤ [○] 당해 결산기 대차대조표상의 순자산액이 제462조 제1항 각 호의 금액의 합계액에 미치지 못함에도 불구하고 중간배당을 한 경우 이사는 회사에 대하여 연대하여 그 차액(배당액이 그 차액보다 적을 경우에는 배당액)을 배상할 책임이 있다. 다만, 이사가 제3항의 우려가 없다고 판단함에 있어 주의를 게을리하지 아니하였음을 증명한 때에는 그러하지 아니하다(상법 제462조의3 제4항).

답 ②

85

☑ 확인 Check! ○ △ ✕

상법상 주식회사의 배당에 관한 다음 설명 중 가장 옳은 것은?

① 이익배당을 할 수 있는 금액을 계산할 때에는 대통령령으로 정하는 미실현이익을 공제하지 않는다.

② 이익배당의 의사결정은 주주총회의 결의로만 정할 수 있다.

③ 배당가능이익에 관한 제한을 위반하여 이익을 배당한 경우에도 무효라고 할 수는 없으므로 회사채권자는 배당한 이익을 회사에 반환할 것을 청구할 수는 없다.

④ 이익의 배당은 새로이 발행하는 주식으로써 할 수도 있고 그 경우 이익배당총액 상당까지 할 수 있다.

⑤ 주식배당의 의사결정은 주주총회의 결의로만 정할 수 있다.

┃해설┃

① [✕], ② [✕], ③ [✕] 상법 제462조 제1항 제4호, 제2항, 제3항

> **상법 제462조(이익의 배당)**
> ① 회사는 대차대조표의 순자산액으로부터 <u>다음의 금액을 공제한 액</u>을 한도로 하여 이익배당을 할 수 있다.
>   1. 자본금의 액
>   2. 그 결산기까지 적립된 자본준비금과 이익준비금의 합계액
>   3. 그 결산기에 적립하여야 할 이익준비금의 액
>   4. <u>대통령령으로 정하는 미실현이익</u>
> ② 이익배당은 주주총회의 결의로 정한다. 다만, 제449조의2 제1항에 따라 재무제표를 이사회가 승인하는 경우에는 <u>이사회의 결의로 정한다.</u>
> ③ 제1항을 위반하여 이익을 배당한 경우에 <u>회사채권자는 배당한 이익을 회사에 반환할 것을 청구할 수 있다.</u>

④ [✕], ⑤ [○] 회사는 <u>주주총회의 결의</u>에 의하여 이익의 배당을 새로이 발행하는 <u>주식으로써 할 수 있다.</u> 그러나 <u>주식에 의한 배당은 이익배당총액의 2분의 1에 상당하는 금액을 초과하지 못한다</u>(상법 제462조의2 제1항).

답 ⑤

86

☑ 확인 Check! ○ △ ✕

상법상 비상장주식회사의 주식배당에 관한 설명으로 옳지 않은 것은?

① 회사는 주주총회의 결의에 의하여 이익배당을 새로이 발행하는 주식으로써 할 수 있다.

② 이사는 주식배당에 관한 주주총회의 결의가 있는 때에는 지체 없이 배당을 받을 주주와 주주명부에 기재된 질권자에게 그 주주가 받을 주식의 종류와 수를 통지하여야 한다.

③ 주식배당은 이익배당총액의 2분의 1에 상당하는 금액을 초과하지 못한다.

④ 주식배당은 주식의 권면액으로 한다.

⑤ 주식배당을 받은 주주는 주주총회가 종결되고 1개월이 지난 후부터 신주의 주주가 될 수 있다.

┃해설┃

① [○], ③ [○] 상법 제462조의2 제1항

② [○], ④ [○], ⑤ [×] 상법 제462조의2 제5항, 제2항 전단, 제4항

> **상법 제462조의2(주식배당)**
> ① 회사는 주주총회의 결의에 의하여 이익의 배당을 새로이 발행하는 주식으로써 할 수 있다. 그러나 주식에 의한 배당은 이익배당총액의 2분의 1에 상당하는 금액을 초과하지 못한다.
> ② 제1항의 배당은 주식의 권면액으로 하며, 회사가 종류주식을 발행한 때에는 각각 그와 같은 종류의 주식으로 할 수 있다.
> ④ 주식으로 배당을 받은 주주는 제1항의 결의가 있는 <u>주주총회가 종결한 때부터</u> 신주의 주주가 된다.
> ⑤ 이사는 제1항의 결의가 있는 때에는 지체없이 배당을 받을 주주와 주주명부에 기재된 질권자에게 그 주주가 받을 주식의 종류와 수를 통지하여야 한다.

답 ⑤

---

87 세무사 2022 　　　　　　☑ 확인Check! ○ △ ✕

상법상 주식배당에 관한 설명으로 옳지 않은 것은?

① 회사는 주주총회의 결의에 의하여 이익의 배당을 새로이 발행하는 주식으로써 할 수 있다.

② 주식배당의 경우 배당액의 10분의 1 이상을 이익준비금으로 적립해야 한다.

③ 주식으로 배당을 받은 주주는 주식배당을 결의하는 주주총회가 종결한 때부터 신주의 주주가 된다.

④ 회사가 종류주식을 발행한 때에는 각각 그와 같은 종류의 주식으로 주식배당을 할 수 있다.

⑤ 주식에 대한 등록질권자의 권리는 주주가 주식배당에 의하여 새로이 발행받을 주식에 미친다.

┃해설┃

① [○] 상법 제462조의2 제1항 본문

② [×] 회사는 그 자본금의 2분의 1이 될 때까지 매 결산기 이익배당액의 10분의 1 이상을 이익준비금으로 적립하여야 한다. 다만, <u>주식배당의 경우에는 그러하지 아니하다</u>(상법 제458조).

③ [○], ④ [○], ⑤ [○] 상법 제462조의2 제4항, 제2항, 제6항 전문

> **상법 제462조의2(주식배당)**
> ① 회사는 주주총회의 결의에 의하여 이익의 배당을 새로이 발행하는 주식으로써 할 수 있다. 그러나 주식에 의한 배당은 이익배당총액의 2분의 1에 상당하는 금액을 초과하지 못한다.
> ② 제1항의 배당은 주식의 권면액으로 하며, 회사가 종류주식을 발행한 때에는 각각 그와 같은 종류의 주식으로 할 수 있다.
> ④ 주식으로 배당을 받은 주주는 제1항의 결의가 있는 주주총회가 종결한 때부터 신주의 주주가 된다.
> ⑥ 제340조(주식의 등록질) 제1항의 질권자의 권리는 제1항의 규정에 의한 주주가 받을 주식에 미친다. 이 경우 제340조 제3항의 규정을 준용한다.

답 ②

☑ 확인 Check! ○ △ ✕

상법상 액면주식을 발행한 비상장주식회사의 주식배당에 관한 설명으로 옳지 않은 것은?

① 주식배당은 이익배당총액의 2분의 1에 상당하는 금액을 초과하지 못한다.
② 주식의 배당은 주식의 권면액으로 한다.
③ 주식으로 배당을 받은 주주는 주식배당 결의가 있는 주주총회가 종결한 때부터 신주의 주주가 된다.
④ 주식배당에 의하여 회사의 자본금은 증가하지 않는다.
⑤ 회사가 종류주식을 발행한 때에는 각각 그와 같은 종류의 주식으로 주식배당을 할 수 있다.

❙해설❙
① [○] 상법 제462조의2 제1항
② [○], ⑤ [○] 상법 제462조의2 제2항
③ [○] 상법 제462조의2 제4항

> **상법 제462조의2(주식배당)**
> ① 회사는 주주총회의 결의에 의하여 이익의 배당을 새로이 발행하는 주식으로써 할 수 있다. 그러나 주식에 의한 배당은 이익배당총액의 2분의 1에 상당하는 금액을 초과하지 못한다.
> ② 제1항의 배당은 주식의 권면액으로 하며, 회사가 종류주식을 발행한 때에는 각각 그와 같은 종류의 주식으로 할 수 있다.
> ④ 주식으로 배당을 받은 주주는 제1항의 결의가 있는 주주총회가 종결한 때부터 신주의 주주가 된다.

④ [✕] 주식배당은 배당가능이익을 자본금으로 전환시키므로 <u>자본금이 증가한다</u>.

답 ④

☑ 확인 Check! ○ △ ✕

상법상 액면주식을 발행한 비상장주식회사의 주식배당에 관한 설명으로 옳은 것은?

① 재무제표를 이사회 결의로 승인할 수 있도록 정관 규정을 둔 회사의 경우 주식배당은 이사회 결의로 할 수 있다.
② 주식배당은 회사가 보유하고 있는 자기주식을 교부함으로써 행할 수 있다.
③ 주식배당을 통해 자본금이 증가하면, 그 금액만큼 회사의 법정준비금이 감소한다.
④ 주식배당이 완료된 후에도 변경등기는 필요하지 않다.
⑤ 주식으로 배당을 받은 주주는 주식배당의 결의가 있는 주주총회가 종결한 때부터 신주의 주주가 된다.

┃해설┃

① [×] 재무제표를 이사회 결의로 승인할 수 있도록 정관 규정을 둔 회사의 경우 <u>이익배당</u>은 이사회 결의로 할 수 있다(상법 제462조 제2항 참조). 그러나 <u>주식배당은 주주총회의 결의에 의하여야 하고 이사회 결의로는 할 수 없다</u>(상법 제462조의2 제1항 참조).

> **상법 제462조(이익의 배당)**
> ② 이익배당은 주주총회의 결의로 정한다. 다만, 제449조의2 제1항에 따라 재무제표를 이사회가 승인하는 경우에는 이사회의 결의로 정한다.

② [×] 주식배당은 <u>새로이 발행하는 주식(신주발행)으로</u> 한다(상법 제462조의2 제1항 참조). 회사가 보유한 자기주식을 지급하는 것은 현물배당이지 주식배당이 아니다.

> **상법 제462조의2(주식배당)**
> ① 회사는 주주총회의 결의에 의하여 이익의 배당을 <u>새로이 발행하는 주식으로써</u> 할 수 있다. 그러나 주식에 의한 배당은 이익배당총액의 2분의 1에 상당하는 금액을 초과하지 못한다.

③ [×] 주식배당은 이익의 배당을 주식으로 하는 것이므로 배당가능이익을 그 재원으로 한다. 따라서 주식배당을 통해 자본금이 증가하더라도 배당가능이익이 감소하는 것이지 <u>법정준비금이 감소하지는 않는다.</u>

④ [×] 주식배당을 하면 발행주식의 총수 및 그 종류와 각종 주식의 내용과 수 및 자본금의 총액에 변경이 생기므로 주식배당의 효력이 발생하는 주주총회결의일로부터 2주간 내에 본점소재지에서 그 <u>변경등기를 해야 한다</u>(상법 제317조 제2항 제2호·제3호, 제317조 제4항, 제183조).

> **상법 제317조(설립의 등기)**
> ② 제1항의 설립등기에 있어서는 다음의 사항을 등기하여야 한다.
> 1. 제289조 제1항 제1호 내지 제4호, 제6호와 제7호에 게기한 사항
> 2. 자본금의 액
> 3. 발행주식의 총수, 그 종류와 각종주식의 내용과 수
> ··· (중략) ···
> ④ 제181조 내지 제183조의 규정은 주식회사의 등기에 준용한다.
>
> **상법 제183조(변경등기)**
> 제180조 각 호의 사항이 변경되었을 때에는 본점의 소재지에서 2주일 내에 변경등기를 하여야 한다.

⑤ [O] 주식으로 배당을 받은 주주는 제1항의 결의(주식배당의 결의)가 있는 주주총회가 종결한 때부터 신주의 주주가 된다(상법 제462조의2 제4항).

답 ⑤

상법상 주식회사의 현물배당에 관한 설명으로 옳지 않은 것은?

① 연 1회의 결산기를 정한 회사는 영업년도 중 1회에 한하여 중간배당을 할 수 있으며, 이 경우 현물배당이 가능하다.

② 현물배당 방식으로 배당을 행하기 위해서는 현물배당을 할 수 있도록 허용하는 정관규정이 있어야 한다.

③ 현물배당은 주주총회의 결의로 정하지만, 정관에 의하여 재무제표를 이사회가 승인하는 회사의 경우에는 이사회 결의로 정한다.

④ 현물배당을 결정한 회사는 주주가 배당되는 현물 대신 금전의 지급을 회사에 청구할 수 있도록 한 경우에는 그 금액 및 청구할 수 있는 기간을 정할 수 있다.

⑤ 회사는 현물배당을 할 때 일정 수 미만의 주식을 보유한 주주에게 현물 대신 금전을 지급할 것을 정할 수 없다.

┃해설┃

① [○] 연 1회의 결산기를 정한 회사는 영업년도중 1회에 한하여 이사회의 결의로 일정한 날을 정하여 그날의 주주에 대하여 이익을 배당(이하 이 조에서 "중간배당"이라 한다)할 수 있음을 정관으로 정할 수 있다(상법 제462조의3 제1항). 이렇듯 중간배당은 이사회의 결의로 정하기 때문에 주주총회 결의로만 정하는 주식배당은 불가능하고(상법 제462조의2 제1항 참조), 이사회 결의로도 가능한 현물배당 또는 금전배당으로 할 수 있다.

② [○] 제462조의4 제1항

③ [○] 이익배당은 주주총회의 결의로 정한다. 다만, 제449조의2 제1항에 따라 재무제표를 이사회가 승인하는 경우에는 이사회의 결의로 정한다(상법 제462조 제2항). 현물배당을 하기 위해서는 이러한 이익배당을 결정하는 주주총회 또는 이사회 결의에서 현물배당을 하기로 정하여야 한다.

④ [○] 제462조의4 제2항 제1호

⑤ [✕] 제462조의4 제2항 제2호

> **상법 제462조의4(현물배당)**
> ① 회사는 정관으로 금전 외의 재산으로 배당을 할 수 있음을 정할 수 있다.
> ② 제1항에 따라 배당을 결정한 회사는 다음 사항을 정할 수 있다.
> 　1. 주주가 배당되는 금전 외의 재산 대신 금전의 지급을 회사에 청구할 수 있도록 한 경우에는 그 금액 및 청구할 수 있는 기간
> 　2. 일정 수 미만의 주식을 보유한 주주에게 금전 외의 재산 대신 금전을 지급하기로 한 경우에는 그 일정 수 및 금액

답 ⑤

상법상 자본금 총액이 10억원 이상인 비상장주식회사의 주주의 경영감독에 관한 설명으로 옳지 않은 것은?

① 발행주식총수의 100분의 3 이상에 해당하는 주식을 가진 주주가 회사에 대하여 회계의 장부와 서류의 열람 또는 등사를 청구하려면 자신의 청구가 정당함을 증명하여야 한다.

② 회사의 업무집행에 관하여 부정행위 또는 법령이나 정관에 위반한 중대한 사실이 있음을 의심할 사유가 있는 때에는 발행주식의 총수의 100분의 3 이상에 해당하는 주식을 가진 주주는 회사의 업무와 재산상태를 조사하게 하기 위하여 법원에 검사인의 선임을 청구할 수 있다.

③ 주주와 회사채권자는 영업시간 내에 언제든지 본점과 지점에 비치된 회사의 정관, 주주총회의 의사록, 본점에 비치된 주주명부, 사채원부의 열람 또는 등사를 청구할 수 있다.

④ 주주는 영업시간 내에 이사회의사록의 열람 또는 등사를 청구할 수 있다.

⑤ 주주와 회사채권자는 영업시간 내에 언제든지 상법에 따라 비치·공시된 재무제표 및 영업보고서와 감사보고서를 열람할 수 있으며 회사가 정한 비용을 지급하고 그 서류의 등본이나 초본의 교부를 청구할 수 있다.

┃해설┃

① [✕] <u>회사가</u> 주주의 회계장부열람청구를 거부하려면 회사가 그 <u>청구의 부당함을 증명하여야 한다</u>(상법 제466조 제2항 참조).

> **상법 제466조(주주의 회계장부열람권)**
> ① 발행주식의 총수의 100분의 3 이상에 해당하는 주식을 가진 주주는 이유를 붙인 서면으로 회계의 장부와 서류의 열람 또는 등사를 청구할 수 있다.
> ② 회사는 제1항의 주주의 청구가 부당함을 증명하지 아니하면 이를 거부하지 못한다.

② [○] 회사의 업무집행에 관하여 부정행위 또는 법령이나 정관에 위반한 중대한 사실이 있음을 의심할 사유가 있는 때에는 발행주식의 총수의 100분의 3 이상에 해당하는 주식을 가진 주주는 회사의 업무와 재산상태를 조사하게 하기 위하여 법원에 검사인의 선임을 청구할 수 있다(상법 제467조 제1항).

③ [○] 상법 제396조 제2항

> **상법 제396조(정관 등의 비치, 공시의무)**
> ① 이사는 회사의 정관, 주주총회의 의사록을 본점과 지점에, 주주명부, 사채원부를 본점에 비치하여야 한다. 이 경우 명의개서대리인을 둔 때에는 주주명부나 사채원부 또는 그 복본을 명의개서대리인의 영업소에 비치할 수 있다.
> ② 주주와 회사채권자는 영업시간 내에 언제든지 제1항의 서류의 열람 또는 등사를 청구할 수 있다.

④ [○] 주주는 영업시간 내에 이사회의사록의 열람 또는 등사를 청구할 수 있다(상법 제391조의3 제3항).

⑤ [O] 상법 제448조 제2항

> **상법 제448조(재무제표 등의 비치·공시)**
> ① 이사는 정기총회회일의 1주간 전부터 제447조 및 제447조의2의 서류와 감사보고서를 본점에 5년간, 그 등본을 지점에 3년간 비치하여야 한다.
> ② 주주와 회사채권자는 영업시간 내에 언제든지 제1항의 비치서류를 열람할 수 있으며 회사가 정한 비용을 지급하고 그 서류의 등본이나 초본의 교부를 청구할 수 있다.

답 ①

92 CPA 2024
☑ 확인 Check! ○ △ ✕

상법상 비상장주식회사에 대한 회계장부 열람등사청구권에 관한 설명으로 **틀린** 것은? (이견이 있으면 판례에 의함)

① 회계장부 열람등사청구권은 발행주식총수의 100분의 3 이상에 해당하는 주식을 가진 주주가 행사할 수 있다.
② 회계장부 열람등사청구권의 대상이 되는 것은 회계의 장부와 서류이다.
③ 회계장부 열람등사청구는 이유를 붙인 서면으로 해야 한다.
④ 회계장부 열람등사청구권의 행사가 회사업무의 운영 또는 주주 공동의 이익을 해치지 않는다면, 회사에 지나치게 불리한 시기를 택하여 이를 행사하더라도 청구의 목적은 정당하다.
⑤ 회사는 회계장부 열람등사청구권을 행사한 주주의 청구가 부당함을 증명하지 아니하면 이를 거부하지 못한다.

┃해설┃

① [O], ② [O], ③ [O] 상법 제466조 제1항
④ [✕] 상법 제391조의3 제3항, 제466조 제1항에서 규정하고 있는 주주의 이사회의 의사록 또는 회계의 장부와 서류 등에 대한 열람·등사청구가 있는 경우, 회사는 그 청구가 부당함을 증명하여 이를 거부할 수 있는바, 주주의 열람·등사권 행사가 부당한 것인지 여부는 그 행사에 이르게 된 경위, 행사의 목적, 악의성 유무 등 제반 사정을 종합적으로 고려하여 판단하여야 할 것이고, 특히 주주의 이와 같은 열람·등사권의 행사가 회사업무의 운영 또는 주주 공동의 이익을 해치거나 주주가 회사의 경쟁자로서 그 취득한 정보를 경영에 이용할 우려가 있거나, 또는 회사에 지나치게 불리한 시기를 택하여 행사하는 경우 등에는 정당한 목적을 결하여 부당한 것이라고 보아야 한다(대결 2004.12.24. 2003마1575).
⑤ [O] 상법 제466조 제2항

> **상법 제466조(주주의 회계장부열람권)**
> ① 발행주식의 총수의 100분의 3 이상에 해당하는 주식을 가진 주주는 이유를 붙인 서면으로 회계의 장부와 서류의 열람 또는 등사를 청구할 수 있다.
> ② 회사는 제1항의 주주의 청구가 부당함을 증명하지 아니하면 이를 거부하지 못한다.

답 ④

93 CPA 2022

☑ 확인 Check! ○ △ ✕

상법상 비상장주식회사의 회계에 관한 설명으로 틀린 것은? (이견이 있으면 판례에 의함)

① 상법에는 회사의 회계는 상법과 대통령령으로 규정한 것을 제외하고는 일반적으로 공정하고 타당한 회계의 관행에 따른다고 규정되어 있다.

② 이사는 매결산기에 영업보고서를 작성하여 이사회의 승인을 받은 후 정기총회에 제출하여 그 내용을 보고하여야 한다.

③ 회사채권자는 영업시간 내에 언제든지 재무제표를 열람할 수 있으며, 회사가 정한 비용을 지급하고 그 서류의 등본이나 초본의 교부를 청구할 수 있다.

④ 상법상 연결재무제표를 작성할 의무가 없는 회사의 경우, 이사는 정기총회 회일의 1주간 전부터 재무제표와 그 부속명세서 및 영업보고서와 감사보고서를 본점에 5년간, 그 등본을 지점에 3년간 비치하여야 한다.

⑤ 발행주식총수의 100분의 3 이상의 주식을 보유한 주주가 회계장부의 열람을 재판상 청구한 경우, 소송이 계속되는 동안 그 주식보유 요건이 계속 구비될 필요는 없다.

┃해설┃

① [O] 회사의 회계는 이 법과 대통령령으로 규정한 것을 제외하고는 일반적으로 공정하고 타당한 회계관행에 따른다(상법 제446조의2).

② [O] 상법 제447조의2 제1항, 제449조 제2항

> **상법 제447조의2(영업보고서의 작성)**
> ① 이사는 매결산기에 영업보고서를 작성하여 이사회의 승인을 얻어야 한다.
>
> **상법 제449조(재무제표 등의 승인·공고)**
> ② 이사는 제447조의2의 서류를 정기총회에 제출하여 그 내용을 보고하여야 한다.

③ [O] 상법 제448조 제2항
④ [O] 상법 제448조 제1항

> **상법 제448조(재무제표 등의 비치·공시)**
> ① 이사는 정기총회회일의 1주간 전부터 제447조(재무제표의 작성) 및 제447조의2(영업보고서의 작성)의 서류와 감사보고서를 본점에 5년간, 그 등본을 지점에 3년간 비치하여야 한다.
> ② 주주와 회사채권자는 영업시간 내에 언제든지 제1항의 비치서류를 열람할 수 있으며 회사가 정한 비용을 지급하고 그 서류의 등본이나 초본의 교부를 청구할 수 있다.

⑤ [✕] 발행주식의 총수의 100분의 3 이상에 해당하는 주식을 가진 주주는 상법 제466조 제1항에 따라 이유를 붙인 서면으로 회계의 장부와 서류의 열람 또는 등사를 청구할 수 있다. 열람과 등사에 시간이 소요되는 경우에는 열람·등사를 청구한 주주가 전 기간을 통해 발행주식 총수의 100분의 3 이상의 주식을 보유하여야 하고, 회계장부의 열람·등사를 재판상 청구하는 경우에는 <u>소송이 계속되는 동안 위 주식 보유요건을 구비하여야 한다</u>(대판 2017.11.9. 2015다252037).

답 ⑤

상법상 비상장 주식회사에서 발행주식총수의 100분의 3에 해당하는 주식을 가진 주주가 행사할 수 있는 권리가 **아닌** 것은? (의결권 배제·제한에 관한 종류주식은 발행되지 않음)

① 해산판결청구권

② 주주제안권

③ 청산인해임청구권

④ 감사해임청구권

⑤ 회계장부열람청구권

┃ 해설 ┃

① [×] 상법 제520조 제1항

> **상법 제520조(해산판결)**
> ① 다음의 경우에 부득이한 사유가 있는 때에는 발행주식의 총수의 <u>100분의 10 이상</u>에 해당하는 주식을 가진 주주는 회사의 해산을 법원에 청구할 수 있다.
> 1. 회사의 업무가 현저한 정돈상태를 계속하여 회복할 수 없는 손해가 생긴 때 또는 생길 염려가 있는 때
> 2. 회사재산의 관리 또는 처분의 현저한 실당으로 인하여 회사의 존립을 위태롭게 한 때

② [○] <u>의결권 없는 주식을 제외한 발행주식총수의 100분의 3 이상</u>에 해당하는 주식을 가진 주주는 이사에게 주주총회일(정기주주총회의 경우 직전 연도의 정기주주총회일에 해당하는 그 해의 해당일. 이하 이 조에서 같다)의 6주 전에 서면 또는 전자문서로 일정한 사항을 주주총회의 목적사항으로 할 것을 제안(이하 '주주제안'이라 한다)할 수 있다(상법 제363조의2 제1항).

③ [○] 청산인이 그 업무를 집행함에 현저하게 부적임하거나 중대한 임무에 위반한 행위가 있는 때에는 <u>발행주식의 총수의 100분의 3 이상</u>에 해당하는 주식을 가진 주주는 법원에 그 청산인의 해임을 청구할 수 있다(상법 제539조 제2항).

④ [○] 상법 제415조, 제385조 제2항

> **상법 제415조(준용규정)**
> 제382조 제2항, 제382조의4, <u>제385조</u>, 제386조, 제388조, 제400조, 제401조, 제403조부터 제406조까지, 제406조의2 및 제407조는 감사에 준용한다.
>
> **상법 제385조(해임)**
> ② 이사가 그 직무에 관하여 부정행위 또는 법령이나 정관에 위반한 중대한 사실이 있음에도 불구하고 주주총회에서 그 해임을 부결한 때에는 <u>발행주식의 총수의 100분의 3 이상</u>에 해당하는 주식을 가진 주주는 총회의 결의가 있은 날부터 1월 내에 그 이사의 해임을 법원에 청구할 수 있다.

⑤ [○] <u>발행주식의 총수의 100분의 3 이상</u>에 해당하는 주식을 가진 주주는 이유를 붙인 서면으로 회계의 장부와 서류의 열람 또는 등사를 청구할 수 있다(상법 제466조 제1항).

답 ①

주주의 회계장부 등에 대한 열람·등사권(상법 제466조)에 관한 다음 설명 중 가장 옳지 않은 것은?

① 회계장부의 열람 또는 등사를 청구할 수 있는 자는 발행주식총수의 100분의 3 이상에 해당하는 주식을 가진 주주이다.

② 회계장부열람·등사권은 이유를 붙인 서면에 의해 행사되어야 하고, 그 서면에는 특별한 사정이 없는 한 열람·등사청구를 하는 이유를 뒷받침하는 자료가 첨부되어야 한다.

③ 주식매수청구권을 행사한 주주도 회사로부터 주식의 매매대금을 지급받지 아니하고 있는 동안에는 특별한 사정이 없는 한 주주로서의 권리를 행사하기 위하여 필요한 경우에는 회계장부열람·등사권을 가진다.

④ 회계장부 열람·등사청구의 대상이 되는 '회계의 장부 및 서류'는 소수주주가 열람·등사를 구하는 이유와 실질적으로 관련이 있는 회계장부와 그 근거자료가 되는 회계서류이다.

⑤ 열람·등사제공의무를 부담하는 회사의 출자 또는 투자로 성립한 자회사의 회계장부가 모회사에 보관되어 있고, 모회사의 회계상황을 파악하기 위한 근거자료로서 실질적으로 필요한 경우에는 모회사 소수주주의 열람·등사청구의 대상이 될 수 있다.

┃ 해설 ┃

① [○] 발행주식의 총수의 100분의 3 이상에 해당하는 주식을 가진 주주는 이유를 붙인 서면으로 회계의 장부와 서류의 열람 또는 등사를 청구할 수 있다(상법 제466조 제1항).

② [✕] 상법 제466조 제1항은 '이유를 붙인 서면'으로 열람·등사를 청구할 수 있다고 정한다. 그 이유는 주주가 회계장부와 서류를 열람·등사하는 것이 회사의 회계운영상 중대한 일이므로 그 절차가 신중하게 진행될 필요가 있고, 또 회사가 열람·등사에 응할 의무의 존부나 열람·등사 대상인 회계장부와 서류의 범위 등을 손쉽게 판단할 수 있도록 할 필요가 있기 때문이다. 주주가 제출하는 열람·등사청구서에 붙인 '이유'는 회사가 열람·등사에 응할 의무의 존부를 판단하거나 열람·등사에 제공할 회계장부와 서류의 범위 등을 확인할 수 있을 정도로 열람·등사청구권 행사에 이르게 된 경위와 행사의 목적 등이 구체적으로 기재되면 충분하고, 더 나아가 <u>그 이유가 사실일지도 모른다는 합리적 의심이 생기게 할 정도로 기재하거나 그 이유를 뒷받침하는 자료를 첨부할 필요는 없다.</u> 이와 달리 주주가 열람·등사청구서에 이유가 사실일지도 모른다는 합리적 의심이 생기게 할 정도로 기재해야 한다면, 회사의 업무 등에 관하여 적절한 정보를 가지고 있지 않은 주주에게 과중한 부담을 줌으로써 주주의 권리를 크게 제한하게 되고, 그에 따라 주주가 회사의 업무 등에 관한 정보를 확인할 수 있도록 열람·등사청구권을 부여한 상법의 취지에 반하는 결과가 초래되어 부당하다(대판 2022.5.13. 2019다270163).

③ [○] 주식매수청구권을 행사한 주주도 회사로부터 주식의 매매대금을 지급받지 아니하고 있는 동안에는 주주로서의 지위를 여전히 가지고 있으므로 특별한 사정이 없는 한 주주로서의 권리를 행사하기 위하여 필요한 경우에는 위와 같은 회계장부열람·등사권을 가진다(대판 2018.2.28. 2017다270916).

④ [○], ⑤ [○] 상법 제466조 제1항에서 정하고 있는 소수주주의 열람·등사청구의 대상이 되는 '회계의 장부 및 서류'에는 소수주주가 열람·등사를 구하는 이유와 실질적으로 관련이 있는 회계장부와 그 근거자료가 되는 회계서류를 가리키는 것으로서, 그것이 회계서류인 경우에는 그 작성명의인이 반드시 열람·등사제공의무를 부담하는 회사로 국한되어야 하거나, 원본에 국한되는 것은 아니며, 열람·등사제공의무를 부담하는 회사의 출자 또는 투자로 성립한 자회사의 회계장부라 할지라도 그것이 모자관계에 있는 모회사에 보관되어 있고, 또한 모회사의 회계상황을 파악하기 위한 근거자료로서 실질적으로 필요한 경우에는 모회사의 회계서류로서 모회사 소수주주의 열람·등사청구의 대상이 될 수 있다(대판 2001.10.26. 99다58051).

답 ②

상법상 주식회사 주주의 회계장부 및 주주명부 열람·등사청구에 관한 다음 설명 중 가장 옳지 않은 것은?

① 발행주식 총수의 100분의 3 이상에 해당하는 주식을 가진 상태에서 회계장부와 서류 열람 등을 재판상으로 청구하였더라도 소송계속 중 신주발행 등으로 위 요건에 미달하게 된 경우에는 당사자적격이 상실된다.

② 주식매수청구권을 행사한 주주도 회사로부터 아직 대금을 지급받지 않고 있다면 여전히 주주로서의 지위를 가지므로 주주권 행사에 필요하다면 회계장부의 열람·등사를 청구할 수 있다.

③ 주주가 열람·등사를 청구하기 위해서는 이유를 붙인 서면을 미리 회사에 제출하여야 하고, 구두에 의한 청구나 이유를 기재하지 않은 청구는 효력이 없다.

④ 회사는 주주의 회계장부 열람·등사청구가 부당함을 입증하여 이를 거부할 수 있고, 주주명부에 대한 열람·등사청구에 대하여도 그 청구에 정당한 목적이 없음을 입증하여 거부할 수 있다.

⑤ 회계장부의 열람·등사청구권을 피보전권리로 한 당해 회계장부의 열람·등사를 명하는 가처분은 사실상 본안소송의 목적을 완전히 달성하게 되는 결과가 되므로 허용되지 않는다.

- -

▌해설▌

① [○] 발행주식의 총수의 100분의 3 이상에 해당하는 주식을 가진 주주는 상법 제466조 제1항에 따라 이유를 붙인 서면으로 회계의 장부와 서류의 열람 또는 등사를 청구할 수 있다. 열람과 등사에 시간이 소요되는 경우에는 열람·등사를 청구한 주주가 전 기간을 통해 발행주식 총수의 100분의 3 이상의 주식을 보유하여야 하고, 회계장부의 열람·등사를 재판상 청구하는 경우에는 소송이 계속되는 동안 위 주식 보유요건을 구비하여야 한다(대판 2017.11.9. 2015다252037).

② [○] 주식매수청구권을 행사한 주주도 회사로부터 주식의 매매대금을 지급받지 아니하고 있는 동안에는 주주로서의 지위를 여전히 가지고 있으므로 특별한 사정이 없는 한 주주로서의 권리를 행사하기 위하여 필요한 경우에는 위와 같은 회계장부열람·등사권을 가진다. 주주가 주식의 매수가액을 결정하기 위한 경우뿐만 아니라 회사의 이사에 대하여 대표소송을 통한 책임추궁이나 유지청구, 해임청구를 하는 등 주주로서의 권리를 행사하기 위하여 필요하다고 인정되는 경우에는 특별한 사정이 없는 한 그 청구는 회사의 경영을 감독하여 회사와 주주의 이익을 보호하기 위한 것이므로, 주식매수청구권을 행사하였다는 사정만으로 청구가 정당한 목적을 결하여 부당한 것이라고 볼 수 없다(대판 2018.2.28. 2017다270916).

③ [○] 주식회사 소수주주가 상법 제466조 제1항의 규정에 따라 회사에 대하여 회계의 장부와 서류의 열람 또는 등사를 청구하기 위하여는 이유를 붙인 서면으로 하여야 하는바, 회계의 장부와 서류를 열람 또는 등사시키는 것은 회계운영상 중대한 일이므로 그 절차를 신중하게 함과 동시에 상대방인 회사에게 열람 및 등사에 응하여야 할 의무의 존부 또는 열람 및 등사를 허용하지 않으면 안 될 회계의 장부 및 서류의 범위 등의 판단을 손쉽게 하기 위하여 그 이유는 구체적으로 기재하여야 한다(대판 1999.12.21. 99다137).

④ [○] 상법 제466조 제1항에서 규정하고 있는 주주의 회계장부와 서류 등에 대한 열람·등사청구가 있는 경우 회사는 청구가 부당함을 증명하여 이를 거부할 수 있고, 주주의 열람·등사권 행사가 부당한 것인지는 행사에 이르게 된 경위, 행사의 목적, 악의성 유무 등 제반 사정을 종합적으로 고려하여 판단하여야 한다(대판 2018.2.28. 2017다270916). 상법 제396조 제2항에서 규정하고 있는 주주 또는 회사채권자의 주주명부 등에 대한 열람등사청구는 회사가 그 청구의 목적이 정당하지 아니함을 주장·입증하는 경우에는 이를 거부할 수 있다(대결 1997.3.19. 97그7).

⑤ [×] 상법 제466조 제1항 소정의 소수주주의 회계장부열람등사청구권을 피보전권리로 하여 당해 장부 등의 열람·등사를 명하는 가처분이 실질적으로 본안소송의 목적을 달성하여 버리는 면이 있다고 할지라도, 나중에 본안소송에서 패소가 확정되면 손해배상청구권이 인정되는 등으로 법률적으로는 여전히 잠정적인 면을 가지고 있기 때문에 임시적인 조치로서 이러한 <u>회계장부열람등사청구권을 피보전권리로 하는 가처분도 허용된다</u>고 볼 것이고, 이러한 가처분을 허용함에 있어서는 피신청인인 회사에 대하여 직접 열람·등사를 허용하라는 명령을 내리는 방법뿐만 아니라, 열람·등사의 대상 장부 등에 관하여 훼손, 폐기, 은닉, 개찬이 행하여질 위험이 있는 때에는 이를 방지하기 위하여 그 장부 등을 집행관에게 이전 보관시키는 가처분을 허용할 수도 있다(대판 1999.12.21. 99다137).

답 ⑤

97 세무사 2024

☑ 확인Check! ○ △ ✕

상법상 정관변경에 관한 설명으로 옳지 않은 것은?

① 정관변경을 위해 주주총회를 소집할 경우 정관변경에 관한 의안의 요령을 소집통지서에 기재하여야 한다.
② 정관변경의 총회결의는 출석한 주주의 의결권의 3분의 2 이상의 수와 발행주식총수의 과반수로 하여야 한다.
③ 정관변경으로 어느 종류주식의 주주에게 손해를 미치게 될 때에는 주주총회의 정관변경 결의 외에 그 종류주식의 주주의 총회의 결의가 있어야 한다.
④ 정관변경으로 인하여 등기사항의 변경이 발생하는 경우에는 변경등기를 하여야 한다.
⑤ 회사가 발행할 주식의 총수를 변경하기 위해서는 정관변경이 필요하다.

┃해설┃

① [○] 상법 제433조 제1항, 제2항
② [✕] 상법 제434조

> **상법 제433조(정관변경의 방법)**
> ① 정관의 변경은 주주총회의 결의에 의하여야 한다.
> ② 정관의 변경에 관한 의안의 요령은 제363조에 따른 통지에 기재하여야 한다.
>
> **상법 제434조(정관변경의 특별결의)**
> 제433조 제1항의 결의는 출석한 주주의 의결권의 3분의 2 이상의 수와 발행주식총수의 3분의 1 이상의 수로써 하여야 한다.

③ [○] 회사가 종류주식을 발행한 경우에 정관을 변경함으로써 어느 종류주식의 주주에게 손해를 미치게 될 때에는 주주총회의 결의 외에 그 종류주식의 주주의 총회의 결의가 있어야 한다(상법 제435조 제1항).
④ [○] 정관변경 자체는 등기할 필요가 없으나, 정관변경으로 등기사항이 변동된 때에는 본점의 소재지에서 2주일 내에 변경등기를 하여야 한다(상법 제317조 제4항, 제183조 참조).

> **상법 제317조(설립의 등기)**
> ④ 제181조 내지 제183조의 규정은 주식회사의 등기에 준용한다.
>
> **상법 제183조(변경등기)**
> 제180조 각 호의 사항이 변경되었을 때에는 본점의 소재지에서 2주일 내에 변경등기를 하여야 한다.

⑤ [○] 회사가 발행할 주식의 총수는 정관의 절대적 기재사항이므로(상법 제289조 제1항 제3호 참조), 이것을 변경하기 위해서는 정관변경이 필요하다.

답 ②

상법상 주식회사의 정관변경에 관한 설명으로 옳지 않은 것은?

① 주식회사 성립 후 신주발행권한을 이사회에서 주주총회로 변경하는 정관변경은 유효하다.

② 주식회사의 정관변경은 주주총회의 특별결의에 의한다.

③ 회사가 종류주식을 발행한 경우 정관을 변경함으로써 어느 종류주식의 주주에게 손해를 미치게 될 때에는 주주총회의 결의 외에 그 종류주식의 주주총회의 결의가 있어야 한다.

④ 신설합병의 창립총회에서는 합병계약의 취지에 반하는 정관변경도 결의할 수 있다.

⑤ 정관변경으로 등기사항이 변동된 때에는 변경등기를 하여야 한다.

▌해설▌

① [O] 회사가 그 성립 후에 주식을 발행하는 경우에는 다음의 사항으로서 정관에 규정이 없는 것은 이사회가 결정한다. 다만, 이 법에 다른 규정이 있거나 정관으로 주주총회에서 결정하기로 정한 경우에는 그러하지 아니하다(상법 제416조).

② [O] 상법 제433조 제1항, 제434조

> **상법 제433조(정관변경의 방법)**
> ① 정관의 변경은 주주총회의 결의에 의하여야 한다.
>
> **상법 제434조(정관변경의 특별결의)**
> 제433조 제1항의 결의는 출석한 주주의 의결권의 3분의 2 이상의 수와 발행주식총수의 3분의 1 이상의 수로써 하여야 한다.

③ [O] 회사가 종류주식을 발행한 경우에 정관을 변경함으로써 어느 종류주식의 주주에게 손해를 미치게 될 때에는 주주총회의 결의 외에 그 종류주식의 주주의 총회의 결의가 있어야 한다(상법 제435조 제1항).

④ [X] (신설합병) 창립총회에서는 정관변경의 결의를 할 수 있다. 그러나 합병계약의 취지에 위반하는 결의는 하지 못한다(상법 제527조 제2항).

⑤ [O] 정관변경 자체는 등기할 필요가 없으나, 정관변경으로 등기사항이 변동된 때에는 본점의 소재지에서 2주일 내에 변경등기를 하여야 한다(상법 제317조 제4항, 제183조 참조).

> **상법 제317조(설립의 등기)**
> ④ 제181조 내지 제183조의 규정은 주식회사의 등기에 준용한다.
>
> **상법 제183조(변경등기)**
> 제180조 각 호의 사항이 변경되었을 때에는 본점의 소재지에서 2주일 내에 변경등기를 하여야 한다.

답 ④

CHAPTER 06 | 기업구조조정

제1절 | 주식회사의 합병

01 세무사 2021
☑ 확인 Check! ○ △ ✕

상법상 주식회사의 소규모합병에 관한 설명으로 옳은 것을 모두 고른 것은?

> ㄱ. 소규모합병의 경우에는 채권자 보호절차를 거쳐야 한다.
> ㄴ. 존속회사의 반대주주는 주식매수청구권을 행사할 수 없다.
> ㄷ. 존속회사 발행주식총수의 100분의 10을 소유한 주주가 회사에 대해 서면으로 합병에 반대하는 의사를 통지한 때에는 소규모합병을 할 수 없다.

① ㄱ
② ㄱ, ㄴ
③ ㄱ, ㄷ
④ ㄴ, ㄷ
⑤ ㄱ, ㄴ, ㄷ

해설

ㄱ. [○] 합병은 존속회사와 소멸회사의 채권자의 이해관계에 영향을 미치므로 채권자보호절차를 거쳐야 한다(상법 제527조의5 제1항 참조). 간이합병·소규모합병의 경우에도 이는 마찬가지이므로 채권자보호절차를 거쳐야 한다. 다만 이사회의 승인결의를 주주총회의 승인결의로 본다(상법 제527조의5 제2항 참조).

> **상법 제527조의5(채권자보호절차)**
> ① 회사는 제522조의 주주총회의 승인결의가 있은 날부터 2주 내에 채권자에 대하여 합병에 이의가 있으면 1월이상의 기간 내에 이를 제출할 것을 공고하고 알고 있는 채권자에 대하여는 따로따로 이를 최고하여야 한다.
> ② 제1항의 규정을 적용함에 있어서 제527조의2(간이합병) 및 제527조의3(소규모합병)의 경우에는 이사회의 승인결의를 주주총회의 승인결의로 본다.

ㄴ. [O] 상법 제527조의3 제5항
ㄷ. [×] 상법 제527조의3 제4항

> **상법 제527조의3(소규모합병)**
> ① 합병 후 존속하는 회사가 합병으로 인하여 발행하는 신주 및 이전하는 자기주식의 총수가 그 회사의 발행주식총수의 100분의 10을 초과하지 아니하는 경우에는 그 존속하는 회사의 주주총회의 승인은 이를 이사회의 승인으로 갈음할 수 있다. 다만, 합병으로 인하여 소멸하는 회사의 주주에게 제공할 금전이나 그 밖의 재산을 정한 경우에 그 금액 및 그 밖의 재산의 가액이 존속하는 회사의 최종 대차대조표상으로 현존하는 순자산액의 100분의 5를 초과하는 경우에는 그러하지 아니하다.
> ③ 제1항의 경우에 존속하는 회사는 합병계약서를 작성한 날부터 2주 내에 소멸하는 회사의 상호 및 본점의 소재지, 합병을 할 날, 주주총회의 승인을 얻지 아니하고 합병을 한다는 뜻을 공고하거나 주주에게 통지하여야 한다.
> ④ 합병 후 존속하는 회사의 발행주식총수의 <u>100분의 20 이상</u>에 해당하는 주식을 소유한 주주가 제3항의 규정에 의한 공고 또는 통지를 한 날부터 2주 내에 회사에 대하여 서면으로 제1항의 합병에 반대하는 의사를 통지한 때에는 제1항 본문의 규정에 의한 합병을 할 수 없다.
> ⑤ 제1항 본문의 경우에는 제522조의3(합병반대주주의 주식매수청구권)의 규정은 이를 적용하지 아니한다.

 답 ②

02 세무사 2015

☑ 확인 Check! ○ △ ×

주식회사의 합병에 관한 설명으로 옳지 않은 것은? (다툼이 있으면 판례에 따름)

① 회사가 합병을 함에는 합병계약서를 작성하여 주주총회의 특별결의에 의한 승인을 얻어야 한다.
② 합병에 반대하는 주주가 자기가 소유하는 주식의 매수를 청구하는 때에는 서면으로 하여야 한다.
③ 합병비율이 현저하게 불공정한 경우 합병할 각 회사의 주주는 소로써 합병무효를 주장할 수 있다.
④ 회사는 합병계약서를 승인하는 주주총회의 승인결의가 있는 날부터 2주 내에 채권자에 대하여 합병에 이의가 있으면 1월 이상의 기간 내에 이를 제출할 것을 공고하여야 한다.
⑤ 합병무효의 판결은 제3자에 대하여도 그 효력이 있으며 판결확정 전에 생긴 회사와 주주 및 제3자 간의 권리의무에 영향을 미친다.

──────────────────────

┃해설┃

① [O] 상법 제522조 제1항, 제3항

> **상법 제522조(합병계약서와 그 승인결의)**
> ① 회사가 합병을 함에는 합병계약서를 작성하여 주주총회의 승인을 얻어야 한다.
> ③ 제1항의 승인결의는 제434조의 규정에 의하여야 한다.

② [O] 제522조(합병계약서와 그 승인결의) 제1항에 따른 결의사항에 관하여 이사회의 결의가 있는 때에 그 결의에 반대하는 주주(의결권이 없거나 제한되는 주주를 포함한다. 이하 이 조에서 같다)는 주주총회 전에 회사에 대하여 서면으로 그 결의에 반대하는 의사를 통지한 경우에는 그 총회의 결의일부터 20일 이내에 주식의 종류와 수를 기재한 <u>서면으로</u> 회사에 대하여 자기가 소유하고 있는 주식의 매수를 청구할 수 있다(상법 제522조의3 제1항).

③ [O] 합병비율을 정하는 것은 합병계약의 가장 중요한 내용이고, 그 합병비율은 합병할 각 회사의 재산 상태와 그에 따른 주식의 실제적 가치에 비추어 공정하게 정함이 원칙이며, 만일 그 비율이 합병할 각 회사의 일방에게 불리하게 정해진 경우에는 그 회사의 주주가 합병 전 회사의 재산에 대하여 가지고 있던 지분비율을 합병 후에 유지할 수 없게 됨으로써 실질적으로 주식의 일부를 상실케 되는 결과를 초래하므로, 현저하게 불공정한 합병비율을 정한 합병계약은 사법관계를 지배하는 신의성실의 원칙이나 공평의 원칙 등에 비추어 무효이고, 따라서 합병비율이 현저하게 불공정한 경우 합병할 각 회사의 주주 등은 상법 제529조에 의하여 소로써 합병의 무효를 구할 수 있다(대판 2008.1.10. 2007다64136).

④ [O] 회사는 제522조(합병계약서와 그 승인결의)의 주주총회의 승인결의가 있는 날부터 2주 내에 채권자에 대하여 합병에 이의가 있으면 1월이상의 기간 내에 이를 제출할 것을 공고하고 알고 있는 채권자에 대하여는 따로따로 이를 최고하여야 한다(상법 제527조의5 제1항).

⑤ [X] 합병무효의 판결은 제3자에 대하여도 그 효력이 미친다. 그러나 <u>판결확정 전에 생긴 회사와 주주 및 제3자 간의 권리의무에 영향을 미치지 아니한다</u>(상법 제530조 제2항, 제240조, 제190조 참조).

상법 제530조(준용규정)

② 제234조, 제235조, 제237조 내지 <u>제240조</u>, 제329조의2, 제374조 제2항, 제374조의2 제2항 내지 제5항 및 제439조 제3항의 규정은 주식회사의 합병에 관하여 이를 준용한다.

상법 제240조(준용규정)

제186조 내지 제191조의 규정은 합병무효의 소에 준용한다.

상법 제190조(판결의 효력)

설립무효의 판결 또는 설립취소의 판결은 제3자에 대하여도 그 효력이 있다. 그러나 <u>판결확정 전에 생긴 회사와 사원 및 제3자 간의 권리의무에 영향을 미치지 아니한다.</u>

답 ⑤

03 CPA 2024   ☑ 확인 Check! ○ △ ×

상법상 비상장주식회사의 합병에 관한 설명으로 틀린 것은?

① 존속회사는 소멸회사의 주주에게 합병 대가의 전부 또는 일부로서 금전이나 그 밖의 재산을 제공할 수 있다.

② 회사는 합병으로 인한 경우 배당가능이익이 없더라도 자기의 주식을 취득할 수 있다.

③ 간이합병의 경우 존속회사, 소멸회사 모두 채권자보호절차를 거쳐야 한다.

④ 소규모합병의 경우 그 합병에 반대하는 소멸회사의 주주에게는 주식매수청구권이 인정되지 않는다.

⑤ 합병무효는 각 회사의 주주·이사·감사·청산인·파산관재인 또는 합병을 승인하지 아니한 채권자에 한하여 소만으로 이를 주장할 수 있다.

┃해설┃

① [O] 합병 후 존속하는 회사는 합병으로 소멸하는 회사의 주주에게 합병의 대가의 전부 또는 일부를 주식 이외의 금전이나 기타의 재산을 제공할 수 있는데(상법 제523조 제4호 참조), 이를 교부금합병이라 한다.

> **상법 제523조(흡수합병의 합병계약서)**
> 합병할 회사의 일방이 합병 후 존속하는 경우에는 합병계약서에 다음의 사항을 적어야 한다.
> … (중략) …
> 3. 존속하는 회사가 합병을 하면서 신주를 발행하거나 자기주식을 이전하는 경우에는 발행하는 신주 또는 이전하는 자기주식의 총수, 종류와 수 및 합병으로 인하여 소멸하는 회사의 주주에 대한 신주의 배정 또는 자기주식의 이전에 관한 사항
> 4. 존속하는 회사가 합병으로 소멸하는 회사의 주주에게 제3호에도 불구하고 그 <u>대가의 전부 또는 일부로서 금전이나 그 밖의 재산을 제공하는 경우</u>에는 그 내용 및 배정에 관한 사항
> … (하략) …

② [O] 상법 제341조 제1항 단서, 제341조의2 제1호

> **상법 제341조(자기주식의 취득)**
> ① 회사는 다음의 방법에 따라 자기의 명의와 계산으로 자기의 주식을 취득할 수 있다. 다만, 그 취득가액의 총액은 직전 결산기의 대차대조표상의 순자산액에서 제462조 제1항 각 호의 금액을 뺀 금액을 초과하지 못한다.
> 1. 거래소에서 시세(時勢)가 있는 주식의 경우에는 거래소에서 취득하는 방법
> 2. 제345조 제1항의 주식의 상환에 관한 종류주식의 경우 외에 각 주주가 가진 주식 수에 따라 균등한 조건으로 취득하는 것으로서 대통령령으로 정하는 방법
>
> **상법 제341조의2(특정목적에 의한 자기주식의 취득)**
> 회사는 다음 각 호의 어느 하나에 해당하는 경우에는 <u>제341조에도 불구하고</u> 자기의 주식을 취득할 수 있다.
> 1. <u>회사의 합병</u> 또는 다른 회사의 영업전부의 양수로 인한 경우
> 2. 회사의 권리를 실행함에 있어 그 목적을 달성하기 위하여 필요한 경우
> 3. 단주(端株)의 처리를 위하여 필요한 경우
> 4. 주주가 주식매수청구권을 행사한 경우

③ [O] 간이합병과 소규모합병의 경우에도 채권자보호절차를 거쳐야 하고, 이 경우 이사회 승인결의를 주주총회 승인결의로 본다(상법 제527조의5 제2항 참조).

> **상법 제527조의5(채권자보호절차)**
> ① 회사는 제522조의 주주총회의 승인결의가 있은 날부터 2주 내에 채권자에 대하여 합병에 이의가 있으면 1월이상의 기간 내에 이를 제출할 것을 공고하고 알고 있는 채권자에 대하여는 따로따로 이를 최고하여야 한다.
> ② 제1항의 규정을 적용함에 있어서 제527조의2(간이합병) 및 제527조의3(소규모합병) 의 경우에는 이사회의 승인결의를 주주총회의 승인결의로 본다.

④ [×] 일반적인 합병의 경우 반대주주에게 주식매수청구권이 인정된다(상법 제522조의3 참조). 하지만 소규모합병의 경우 존속회사의 주주는 합병에 반대하더라도 주식매수청구권을 행사할 수 없다(상법 제527조의3 제5항 참조). 그러나 소멸회사의 반대주주에게는 이를 배제하는 규정이 없으므로 원칙으로 돌아가 주식매수청구권이 인정된다.

> **상법 제527조의3(소규모합병)**
> ① 합병 후 존속하는 회사가 합병으로 인하여 발행하는 신주 및 이전하는 자기주식의 총수가 그 회사의 발행주식총수의 100분의 10을 초과하지 아니하는 경우에는 그 존속하는 회사의 주주총회의 승인은 이를 이사회의 승인으로 갈음할 수 있다. 다만, 합병으로 인하여 소멸하는 회사의 주주에게 제공할 금전이나 그 밖의 재산을 정한 경우에 그 금액 및 그 밖의 재산의 가액이 존속하는 회사의 최종 대차대조표상으로 현존하는 순자산액의 100분의 5를 초과하는 경우에는 그러하지 아니하다.
> ⑤ 제1항 본문의 경우에는 제522조의3의 규정은 이를 적용하지 아니한다.
>
> **상법 제522조의3(합병반대주주의 주식매수청구권)**
> ① 제522조 제1항에 따른 결의사항에 관하여 이사회의 결의가 있는 때에 그 결의에 반대하는 주주(의결권이 없거나 제한되는 주주를 포함한다. 이하 이 조에서 같다)는 주주총회 전에 회사에 대하여 서면으로 그 결의에 반대하는 의사를 통지한 경우에는 그 총회의 결의일부터 20일 이내에 주식의 종류와 수를 기재한 서면으로 회사에 대하여 자기가 소유하고 있는 주식의 매수를 청구할 수 있다.

⑤ [○] 합병무효는 각 회사의 주주·이사·감사·청산인·파산관재인 또는 합병을 승인하지 아니한 채권자에 한하여 소만으로 이를 주장할 수 있다(상법 제529조 제1항).

답 ④

---

04   CPA 2023   ☑ 확인Check! ○ △ ✕

A주식회사가 B주식회사를 흡수합병하면서 B회사의 주주들에게 A회사의 자기주식과 금전으로만 합병의 대가를 지급하기로 한 경우 상법상 합병계약서에 기재할 사항에 해당하지 <u>않는</u> 것은? (A회사와 B회사는 비상장회사이며, 간이·소규모합병은 고려하지 않음)

① A회사 및 B회사에서 합병의 승인결의를 할 주주총회의 기일
② 합병을 할 날
③ A회사가 합병으로 인하여 정관을 변경하기로 정한 때에는 그 규정
④ A회사 및 B회사가 합병으로 이익배당을 할 때에는 그 한도액
⑤ A회사의 증가할 자본금에 관한 사항

┃해설┃
① [○] 상법 제523조 제5호
② [○] 상법 제523조 제6호
③ [○] 상법 제523조 제7호
④ [○] 상법 제523조 제8호

⑤ [×] A주식회사가 합병의 대가로 신주를 발행하는 경우가 아니기 때문에 <u>자본금이 증가하지</u> 않는다. 따라서 상법 제523조 제2호의 증가할 자본금에 관한 사항은 합병계약서에 기재할 사항에 해당하지 않는다.

상법 제523조(흡수합병의 합병계약서)

합병할 회사의 일방이 합병 후 존속하는 경우에는 합병계약서에 다음의 사항을 적어야 한다.

1. 존속하는 회사가 합병으로 인하여 그 발행할 주식의 총수를 증가하는 때에는 그 증가할 주식의 총수, 종류와 수
2. 존속하는 회사의 자본금 또는 준비금이 증가하는 경우에는 증가할 자본금 또는 준비금에 관한 사항
3. 존속하는 회사가 합병을 하면서 신주를 발행하거나 자기주식을 이전하는 경우에는 발행하는 신주 또는 이전하는 자기주식의 총수, 종류와 수 및 합병으로 인하여 소멸하는 회사의 주주에 대한 신주의 배정 또는 자기주식의 이전에 관한 사항
4. 존속하는 회사가 합병으로 소멸하는 회사의 주주에게 제3호에도 불구하고 그 대가의 전부 또는 일부로서 금전이나 그 밖의 재산을 제공하는 경우에는 그 내용 및 배정에 관한 사항
5. <u>각 회사에서 합병의 승인결의를 할 사원 또는 주주의 총회의 기일</u>
6. <u>합병을 할 날</u>
7. <u>존속하는 회사가 합병으로 인하여 정관을 변경하기로 정한 때에는 그 규정</u>
8. <u>각 회사가 합병으로 이익배당을 할 때에는 그 한도액</u>
9. 합병으로 인하여 존속하는 회사에 취임할 이사와 감사 또는 감사위원회의 위원을 정한 때에는 그 성명 및 주민등록번호

답 ⑤

---

05 CPA 2022　　　　　　　　　　　　　　　　　　　　　　　　☑확인Check! ○ △ ✕

상법상 비상장주식회사의 합병에 관한 설명으로 틀린 것은? (이견이 있으면 판례에 의함)

① 소규모합병의 경우 존속회사의 주주는 물론이고 소멸회사의 주주에게도 합병반대주주의 주식매수청구권이 인정되지 않는다.

② 존속회사가 소멸회사의 주주에게 합병 대가의 전부 또는 일부를 존속회사의 모회사주식으로 제공하는 경우 존속회사는 그 지급을 위하여 모회사주식을 취득할 수 있다.

③ 합병 후 존속하는 회사가 주식회사인 경우에, 합병할 회사의 일방이 합명회사 또는 합자회사인 때에는 총사원의 동의를 얻어 합병계약서를 작성하여야 한다.

④ 합병무효의 소는 합병의 등기가 있은 날로부터 6월 내에 제기하여야 한다.

⑤ 현저하게 불공정한 합병비율을 정한 합병계약은 사법관계를 지배하는 신의성실의 원칙이나 공평의 원칙에 비추어 무효이므로, 합병할 각 회사의 주주는 합병무효의 소로써 합병의 무효를 구할 수 있다.

┃해설┃

① [×] 일반적인 합병의 경우 반대주주에게 주식매수청구권이 인정된다(상법 제522조의3 참조). 하지만 소규모합병의 경우 존속회사의 주주는 합병에 반대하더라도 주식매수청구권을 행사할 수 없다(상법 제527조의3 제5항 참조). 그러나 소멸회사의 반대주주에게는 이를 배제하는 규정이 없으므로 원칙으로 돌아가 주식매수청구권이 인정된다.

> **상법 제527조의3(소규모합병)**
> ① 합병 후 존속하는 회사가 합병으로 인하여 발행하는 신주 및 이전하는 자기주식의 총수가 그 회사의 발행주식총수의 100분의 10을 초과하지 아니하는 경우에는 그 존속하는 회사의 주주총회의 승인은 이를 이사회의 승인으로 갈음할 수 있다. 다만, 합병으로 인하여 소멸하는 회사의 주주에게 제공할 금전이나 그 밖의 재산을 정한 경우에 그 금액 및 그 밖의 재산의 가액이 존속하는 회사의 최종 대차대조표상으로 현존하는 순자산액의 100분의 5를 초과하는 경우에는 그러하지 아니하다.
> ⑤ 제1항 본문의 경우에는 제522조의3의 규정은 이를 적용하지 아니한다.
>
> **상법 제522조의3(합병반대주주의 주식매수청구권)**
> ① 제522조 제1항에 따른 결의사항에 관하여 이사회의 결의가 있는 때에 그 결의에 반대하는 주주(의결권이 없거나 제한되는 주주를 포함한다. 이하 이 조에서 같다)는 주주총회 전에 회사에 대하여 서면으로 그 결의에 반대하는 의사를 통지한 경우에는 그 총회의 결의일부터 20일 이내에 주식의 종류와 수를 기재한 서면으로 회사에 대하여 자기가 소유하고 있는 주식의 매수를 청구할 수 있다.
> ② 제527조의2 제2항의 공고 또는 통지를 한 날부터 2주 내에 회사에 대하여 서면으로 합병에 반대하는 의사를 통지한 주주는 그 기간이 경과한 날부터 20일 이내에 주식의 종류와 수를 기재한 서면으로 회사에 대하여 자기가 소유하고 있는 주식의 매수를 청구할 수 있다.

② [O] 제342조의2(자회사에 의한 모회사주식의 취득금지)에도 불구하고 제523조(흡수합병의 합병계약서) 제4호에 따라 소멸하는 회사의 주주에게 제공하는 재산이 존속하는 회사의 모회사주식을 포함하는 경우에는 존속하는 회사는 그 지급을 위하여 모회사주식을 취득할 수 있다(상법 제523조의2 제1항).

③ [O] 합병 후 존속하는 회사 또는 합병으로 인하여 설립되는 회사가 주식회사인 경우에 합병할 회사의 일방 또는 쌍방이 합명회사 또는 합자회사인 때에는 총사원의 동의를 얻어 합병계약서를 작성하여야 한다(상법 제525조 제1항).

④ [O] 상법 제529조 제2항

> **상법 제529조(합병무효의 소)**
> ① 합병무효는 각 회사의 주주·이사·감사·청산인·파산관재인 또는 합병을 승인하지 아니한 채권자에 한하여 소만으로 이를 주장할 수 있다.
> ② 제1항의 소는 제528조의 등기(합병의 등기)가 있은 날로부터 6월 내에 제기하여야 한다.

⑤ [O] 합병비율을 정하는 것은 합병계약의 가장 중요한 내용이고, 그 합병비율은 합병할 각 회사의 재산 상태와 그에 따른 주식의 실제적 가치에 비추어 공정하게 정함이 원칙이며, 만일 그 비율이 합병할 각 회사의 일방에게 불리하게 정해진 경우에는 그 회사의 주주가 합병 전 회사의 재산에 대하여 가지고 있던 지분비율을 합병 후에 유지할 수 없게 됨으로써 실질적으로 주식의 일부를 상실케 되는 결과를 초래하므로, 현저하게 불공정한 합병비율을 정한 합병계약은 사법관계를 지배하는 신의성실의 원칙이나 공평의 원칙 등에 비추어 무효이고, 따라서 합병비율이 현저하게 불공정한 경우 합병할 각 회사의 주주 등은 상법 제529조에 의하여 소로써 합병의 무효를 구할 수 있다(대판 2008.1.10. 2007다64136).

답 ①

상법상 회사의 합병에 관한 설명으로 틀린 것은? (이견이 있으면 판례에 의함)

① 해산 후의 회사는 존립 중의 회사를 존속회사로 하는 경우에 한하여 합병할 수 있다.

② 유한회사가 주식회사와 합병하는 경우에 합병 후 존속하는 회사가 유한회사인 때에는 법원의 인가를 얻지 아니하면 합병의 효력이 없다.

③ 소규모합병의 경우 그 합병에 반대하는 존속회사의 주주에게는 주식매수청구권이 인정되지 않는다.

④ 합병승인을 위한 주주총회 결의에 무효사유가 있는 경우, 합병등기 전에는 주주총회 결의무효확인의 소를 제기할 수 있지만 합병등기 후에는 합병무효의 소만 인정된다.

⑤ 합병을 무효로 한 판결이 확정된 때에는, 합병을 한 회사는 합병 후 존속한 회사의 합병 후 부담한 채무에 대하여 연대하여 변제할 책임이 있다.

▌해설▐

① [○] 해산 후의 회사는 존립 중의 회사를 존속하는 회사로 하는 경우에 한하여 합병을 할 수 있다(상법 제174조 제3항).

② [✕] 유한회사가 주식회사와 합병하는 경우에 합병 후 존속하는 회사 또는 합병으로 인하여 설립되는 회사가 <u>주식회사인 때</u>에는 법원의 인가를 얻지 아니하면 합병의 효력이 없다(상법 제600조 제1항). 주식회사 설립에 관한 엄격한 규제를 피하기 위한 방법으로 유한회사 설립 후 주식회사와 합병하는 것을 방지하기 위한 것이다.

③ [○] 상법 제527조의3 제5항

> **상법 제527조의3(소규모합병)**
> ① 합병 후 존속하는 회사가 합병으로 인하여 발행하는 신주 및 이전하는 자기주식의 총수가 그 회사의 발행주식총수의 100분의 10을 초과하지 아니하는 경우에는 그 존속하는 회사의 주주총회의 승인은 이를 이사회의 승인으로 갈음할 수 있다. 다만, 합병으로 인하여 소멸하는 회사의 주주에게 제공할 금전이나 그 밖의 재산을 정한 경우에 그 금액 및 그 밖의 재산의 가액이 존속하는 회사의 최종 대차대조표상으로 현존하는 순자산액의 100분의 5를 초과하는 경우에는 그러하지 아니하다.
> ⑤ 제1항 본문의 경우에는 제522조의3(합병반대주주의 주식매수청구권)의 규정은 이를 적용하지 아니한다.

④ [○] 회사합병에 있어서 합병등기에 의하여 합병의 효력이 발생한 후에는 합병무효의 소를 제기하는 외에 합병결의무효확인청구만을 독립된 소로서 구할 수 없다(대판 1993.5.27. 92누14908).

⑤ [○] 상법 제530조 제2항, 제239조 제1항

> **상법 제530조(준용규정)**
> ② 제234조, 제235조, 제237조 내지 제240조, 제329조의2, 제374조 제2항, 제374조의2 제2항 내지 제5항 및 제439조 제3항의 규정은 주식회사의 합병에 관하여 이를 준용한다.
>
> **상법 제239조(무효판결확정과 회사의 권리의무의 귀속)**
> ① 합병을 무효로 한 판결이 확정된 때에는 합병을 한 회사는 합병 후 존속한 회사 또는 합병으로 인하여 설립된 회사의 합병 후 부담한 채무에 대하여 연대하여 변제할 책임이 있다.

답 ②

07 CPA 2020

상법상 주식회사의 합병에 관한 설명으로 옳은 것은?

① 간이합병에 반대하는 소멸회사의 주주에게는 주식매수청구권이 인정되지 않는다.

② 존속회사가 소멸회사의 주주에게 제공하기 위하여 취득한 존속회사의 모회사주식 중 합병등기 후 남아 있는 주식은 즉시 처분하여야 한다.

③ 소멸회사의 주주에게 제공할 금액 및 기타 재산의 가액이 존속회사의 최종 대차대조표상으로 현존하는 순자산액의 100분의 5를 초과하는 경우에는, 존속회사의 주주총회의 특별결의가 있어야 합병이 가능하다.

④ 소규모합병의 경우에는 존속회사는 채권자보호절차를 거치지 않아도 된다.

⑤ 존속회사는 소멸회사의 주주에게 합병대가의 일부로서 금전이나 그 밖의 재산을 제공할 수는 있으나, 합병대가의 전부를 금전이나 그 밖의 재산으로 제공할 수는 없다.

┃해설┃

① [✕] 간이합병에 반대하는 소멸회사의 주주에게는 주식매수청구권이 인정된다(상법 제522조의3 제2항, 제527조의2 제1항, 제2항 참조).

> **상법 제522조의3(합병반대주주의 주식매수청구권)**
> ② 제527조의2 제2항의 공고 또는 통지를 한 날부터 2주 내에 회사에 대하여 서면으로 합병에 반대하는 의사를 통지한 주주는 그 기간이 경과한 날부터 20일 이내에 주식의 종류와 수를 기재한 서면으로 회사에 대하여 자기가 소유하고 있는 주식의 매수를 청구할 수 있다.
>
> **상법 제527조의2(간이합병)**
> ① 합병할 회사의 일방이 합병 후 존속하는 경우에 합병으로 인하여 소멸하는 회사의 총주주의 동의가 있거나 그 회사의 발행주식총수의 100분의 90이상을 합병 후 존속하는 회사가 소유하고 있는 때에는 합병으로 인하여 소멸하는 회사의 주주총회의 승인은 이를 이사회의 승인으로 갈음할 수 있다.
> ② 제1항의 경우에 합병으로 인하여 소멸하는 회사는 합병계약서를 작성한 날부터 2주 내에 주주총회의 승인을 얻지 아니하고 합병을 한다는 뜻을 공고하거나 주주에게 통지하여야 한다. 다만, 총주주의 동의가 있는 때에는 그러하지 아니하다.

② [✕] 존속회사가 소멸회사의 주주에게 제공하기 위하여 취득한 존속회사의 모회사주식 중 합병등기 후 남아 있는 주식은 합병의 효력이 발생하는 날(합병등기일)부터 6개월 이내에 처분하여야 한다(상법 제523조의2 제1항, 제2항 참조).

> **상법 제523조의2(합병대가가 모회사주식인 경우의 특칙)**
> ① 제342조의2(자회사에 의한 모회사주식의 취득금지)에도 불구하고 제523조(흡수합병의 합병계약서) 제4호에 따라 소멸하는 회사의 주주에게 제공하는 재산이 존속하는 회사의 모회사주식을 포함하는 경우에는 존속하는 회사는 그 지급을 위하여 모회사주식을 취득할 수 있다.
> ② 존속하는 회사는 제1항에 따라 취득한 모회사의 주식을 합병 후에도 계속 보유하고 있는 경우 합병의 효력이 발생하는 날부터 6개월 이내에 그 주식을 처분하여야 한다.

③ [O] 합병 후 존속하는 회사가 합병으로 인하여 발행하는 신주 및 이전하는 자기주식의 총수가 그 회사의 발행주식총수의 100분의 10을 초과하지 아니하는 경우에는 그 존속하는 회사의 주주총회의 승인은 이를 이사회의 승인으로 갈음할 수 있다. 다만, 합병으로 인하여 소멸하는 회사의 주주에게 제공할 금전이나 그 밖의 재산을 정한 경우에 그 금액 및 그 밖의 재산의 가액이 존속하는 회사의 최종 대차대조표상으로 현존하는 순자산액의 100분의 5를 초과하는 경우에는 그러하지 아니하다(상법 제527조의3 제1항).

④ [×] 합병은 존속회사와 소멸회사의 채권자의 이해관계에 영향을 미치므로 채권자보호절차를 거쳐야 한다(상법 제527조의5 제1항 참조). 이는 간이합병·소규모합병의 경우도 마찬가지이다(상법 제527조의5 제2항 참조).

> **상법 제527조의5(채권자보호절차)**
> ① 회사는 제522조의 주주총회의 승인결의가 있은 날부터 2주 내에 채권자에 대하여 합병에 이의가 있으면 1월이상의 기간 내에 이를 제출할 것을 공고하고 알고 있는 채권자에 대하여는 따로따로 이를 최고하여야 한다.
> ② 제1항의 규정을 적용함에 있어서 제527조의2(간이합병) 및 제527조의3(소규모합병)의 경우에는 이사회의 승인결의를 주주총회의 승인결의로 본다.

⑤ [×] 존속하는 회사가 합병으로 소멸하는 회사의 주주에게 그 대가의 전부나 일부를 금전이나 그 밖의 재산으로 제공할 수 있다(상법 제523조 제4호 참조).

> **상법 제523조(흡수합병의 합병계약서)**
> 합병할 회사의 일방이 합병 후 존속하는 경우에는 합병계약서에 다음의 사항을 적어야 한다.
> 1. 존속하는 회사가 합병으로 인하여 그 발행할 주식의 총수를 증가하는 때에는 그 증가할 주식의 총수, 종류와 수
> 2. 존속하는 회사의 자본금 또는 준비금이 증가하는 경우에는 증가할 자본금 또는 준비금에 관한 사항
> 3. 존속하는 회사가 합병을 하면서 신주를 발행하거나 자기주식을 이전하는 경우에는 발행하는 신주 또는 이전하는 자기주식의 총수, 종류와 수 및 합병으로 인하여 소멸하는 회사의 주주에 대한 신주의 배정 또는 자기주식의 이전에 관한 사항
> 4. 존속하는 회사가 합병으로 소멸하는 회사의 주주에게 제3호에도 불구하고 그 대가의 전부 또는 일부로서 금전이나 그 밖의 재산을 제공하는 경우에는 그 내용 및 배정에 관한 사항
> 5. 각 회사에서 합병의 승인결의를 할 사원 또는 주주의 총회의 기일
> 6. 합병을 할 날
> 7. 존속하는 회사가 합병으로 인하여 정관을 변경하기로 정한 때에는 그 규정
> 8. 각 회사가 합병으로 이익배당을 할 때에는 그 한도액
> 9. 합병으로 인하여 존속하는 회사에 취임할 이사와 감사 또는 감사위원회의 위원을 정한 때에는 그 성명 및 주민등록번호

 ③

상법상 간이합병·소규모합병에 관한 다음 설명 중 가장 옳지 않은 것은?

① 주식회사 간 흡수합병의 경우 소멸회사 총주주의 동의가 있거나 그 회사 발행주식총수의 90% 이상을 합병 후 존속회사가 소유하고 있는 때에는 소멸회사 주주총회 승인을 이사회 승인으로 갈음할 수 있다.

② 소규모합병의 경우 존속하는 회사의 합병계약서에는 주주총회의 승인을 얻지 아니하고 합병을 한다는 뜻을 기재하여야 한다.

③ 소규모합병의 경우 존속하는 회사는 합병계약서를 작성한 날부터 2주 내에 소멸하는 회사의 상호 및 본점의 소재지, 합병을 할 날, 주주총회의 승인을 얻지 아니하고 합병을 한다는 뜻을 공고하거나 주주에게 통지하여야 한다.

④ 소규모합병 및 간이합병의 경우 모두 합병에 반대하는 의사를 통지한 반대주주에게 주식매수청구권이 인정되지 아니한다.

⑤ 소멸회사의 주주에게 지급할 금액이나 그 밖의 재산을 정한 경우 그 금액 및 그 밖의 재산의 가액이 존속회사의 최종 대차대조표상으로 현존하는 순자산액의 100분의 5를 초과하는 때에는 주주총회의 특별결의를 거쳐야 한다.

- -

▌해설▌

① [○] 상법 제527조의2 제1항

② [○] 상법 제527조의3 제1항, 제2항

③ [○] 상법 제527조의3 제1항, 제3항

④ [✕] 간이합병의 경우 반대주주의 주식매수청구권이 인정되나(상법 제522조의3 제2항, 제527조의2 제2항 참조), 소규모합병의 경우 존속회사의 주주는 합병에 반대하더라도 주식매수청구권을 행사할 수 없다(상법 제527조의3 제5항 참조).

⑤ [○] 상법 제527조의3 제1항 후단

상법 제522조의3(합병반대주주의 주식매수청구권)

① 제522조 제1항에 따른 결의사항에 관하여 이사회의 결의가 있는 때에 그 결의에 반대하는 주주(의결권이 없거나 제한되는 주주를 포함한다. 이하 이 조에서 같다)는 주주총회 전에 회사에 대하여 서면으로 그 결의에 반대하는 의사를 통지한 경우에는 그 총회의 결의일부터 20일 이내에 주식의 종류와 수를 기재한 서면으로 회사에 대하여 자기가 소유하고 있는 주식의 매수를 청구할 수 있다.

② 제527조의2 제2항의 공고 또는 통지를 한 날부터 2주 내에 회사에 대하여 서면으로 합병에 반대하는 의사를 통지한 주주는 그 기간이 경과한 날부터 20일 이내에 주식의 종류와 수를 기재한 서면으로 회사에 대하여 자기가 소유하고 있는 주식의 매수를 청구할 수 있다.

상법 제527조의2(간이합병)

① 합병할 회사의 일방이 합병 후 존속하는 경우에 합병으로 인하여 소멸하는 회사의 총주주의 동의가 있거나 그 회사의 발행주식총수의 100분의 90이상을 합병 후 존속하는 회사가 소유하고 있는 때에는 합병으로 인하여 소멸하는 회사의 주주총회의 승인은 이를 이사회의 승인으로 갈음할 수 있다.

② 제1항의 경우에 합병으로 인하여 소멸하는 회사는 합병계약서를 작성한 날부터 2주 내에 주주총회의 승인을 얻지 아니하고 합병을 한다는 뜻을 공고하거나 주주에게 통지하여야 한다. 다만, 총주주의 동의가 있는 때에는 그러하지 아니하다.

답 ④

09 ‖ 법무사 ‖ 2023

☑ 확인Check! ○ △ ✕

주식회사의 합병에 관한 다음 설명 중 가장 옳지 않은 것은?

① 합병은 주로 흡수합병과 신설합병으로 구별되고, 권리와 의무가 합병 후 존속회사 또는 합병으로 신설되는 회사에 법률상 포괄승계되는 측면에서 영업양도와 유사하다.

② 회사는 합병계약서를 작성하여 주주총회 승인결의를 얻어야 하고, 그 결의가 있은 날로부터 2주 내에 채권자에 대하여 합병에 관한 이의제출의 기회를 부여해야 한다. 이때 적법한 최고를 받은 채권자가 기한 내에 이의를 제기하지 아니하면 합병을 승인한 것으로 간주되고, 이후 합병무효의 소를 제기할 수 없다.

③ 회사의 합병은 합병 후 존속하는 회사 또는 합병으로 인하여 설립되는 회사가 그 본점 소재지에서 합병의 등기를 마쳐야만 소멸된 회사의 권리의무를 승계하는 효력이 생긴다.

④ 현저하게 불공정한 합병비율을 정한 합병계약은 사법관계를 지배하는 신의성실의 원칙이나 공평의 원칙 등에 비추어 무효이고, 따라서 합병비율이 현저하게 불공정한 경우 합병할 각 회사의 주주 등은 상법 제529조(합병무효의 소)에 의하여 소로써 합병의 무효를 구할 수 있다.

⑤ 합병무효의 소는 합병의 등기가 있은 날로부터 6월 내에 제기하여야 한다.

┃ 해설 ┃

① [✕] 영업양도는 채권계약이므로 양도인이 재산이전의무를 이행함에 있어서는 상속이나 회사의 합병의 경우와 같이 포괄적 승계가 인정되지 않고 특정 승계의 방법에 의하여 재산의 종류에 따라 개별적으로 이전행위를 하여야 할 것인바, 그 이전에 있어 양도인의 제3자에 대한 매매계약 해제에 따른 원상회복청구권은 지명채권이므로 그 양도에는 양도인의 채무자에 대한 통지나 채무자의 승낙이 있어야 채무자에게 대항할 수 있다(대판 1991.10.8. 91다22018). 즉 합병은 주로 흡수합병과 신설합병으로 구별되고, 권리와 의무가 합병 후 존속회사 또는 합병으로 신설되는 회사에 법률상 포괄승계되나(상법 제235조 참조), 영업양도는 특정승계의 방법으로 개별적 이전행위를 해야 하는 점에서 다르다.

② [O] 상법 제522조 제1항, 제527조의5 제1항·제3항, 제232조 제2항, 제529조 제1항

> **상법 제522조(합병계약서와 그 승인결의)**
> ① 회사가 합병을 함에는 합병계약서를 작성하여 주주총회의 승인을 얻어야 한다.
>
> **상법 제527조의5(채권자보호절차)**
> ① 회사는 제522조의 주주총회의 승인결의가 있은 날부터 2주 내에 채권자에 대하여 합병에 이의가 있으면 1월 이상의 기간 내에 이를 제출할 것을 공고하고 알고 있는 채권자에 대하여는 따로따로 이를 최고하여야 한다.
> ③ 제232조 제2항 및 제3항의 규정은 제1항 및 제2항의 경우에 이를 준용한다.
>
> > **상법 제232조(채권자의 이의)**
> > ② 채권자가 제1항의 기간 내에 이의를 제출하지 아니한 때에는 합병을 승인한 것으로 본다.
>
> **상법 제529조(합병무효의 소)**
> ① 합병무효는 각 회사의 주주·이사·감사·청산인·파산관재인 또는 합병을 승인하지 아니한 채권자에 한하여 소만으로 이를 주장할 수 있다.

③ [O] 합병등기는 합병의 효력발생요건으로 존속회사 또는 설립회사가 합병에 관한 등기를 함으로써 합병의 효력이 생긴다(상법 제530조 제2항, 제234조).

> **상법 제530조(준용규정)**
> ② 제234조, 제235조, 제237조 내지 제240조, 제329조의2, 제374조 제2항, 제374조의2 제2항 내지 제5항 및 제439조 제3항의 규정은 주식회사의 합병에 관하여 이를 준용한다.
>
> **상법 제234조(합병의 효력발생)**
> 회사의 합병은 합병 후 존속하는 회사 또는 합병으로 인하여 설립되는 회사가 그 본점소재지에서 전조의 등기를 함으로써 그 효력이 생긴다.

④ [O] 합병비율을 정하는 것은 합병계약의 가장 중요한 내용이고, 현저하게 불공정한 합병비율을 정한 합병계약은 사법관계를 지배하는 신의성실의 원칙이나 공평의 원칙 등에 비추어 무효이고, 따라서 합병비율이 현저하게 불공정한 경우 합병할 각 회사의 주주 등은 상법 제529조에 의하여 소로써 합병의 무효를 구할 수 있다(대판 2008.1.10. 2007다64136).

⑤ [O] 상법 제529조 제2항

> **상법 제529조(합병무효의 소)**
> ① 합병무효는 각 회사의 주주·이사·감사·청산인·파산관재인 또는 합병을 승인하지 아니한 채권자에 한하여 소만으로 이를 주장할 수 있다.
> ② 제1항의 소는 제528조의 등기(합병의 등기)가 있은 날로부터 6월 내에 제기하여야 한다.

답 ①

10 세무사 2023

☑ 확인 Check! ○ △ ✕

상법상 비상장주식회사의 분할에 관한 설명으로 옳지 않은 것은?

① 분할회사의 출자만으로 회사가 설립되는 경우 현물출자에 대한 검사인의 조사는 필요 없다.

② 해산 후의 회사는 존립 중의 회사를 존속하는 회사로 하거나 새로 회사를 설립하는 경우에 한하여 분할 또는 분할합병할 수 있다.

③ 분할회사의 일부가 다른 회사와 합병하여 그 다른 회사가 존속하는 경우 그 분할승계회사의 모회사 주식을 분할회사의 주주에게 분할의 대가로 교부할 수 있음을 분할합병계약서에 정할 수 있다.

④ 분할회사의 채무 중에서 단순분할신설회사가 승계할 책임을 일정한 범위 내로 제한하는 것은 허용되지 않는다.

⑤ 단순분할신설회사, 분할승계회사 또는 분할합병신설회사는 분할회사의 권리와 의무를 분할계획서 또는 분할합병계약서에서 정하는 바에 따라 승계한다.

┃**해설**┃

① [○] 제530조의2(회사의 분할·분할합병)에 따른 회사의 설립에 관하여는 이 장 제1절의 회사설립에 관한 규정을 준용한다. 다만, <u>분할되는 회사(이하 "분할회사"라 한다)의 출자만으로 회사가 설립되는 경우에는 제299조(검사인의 조사, 보고)를 적용하지 아니한다</u>(상법 제530조의4). 이는 분할회사 또는 그 주주 이외에 현물출자에 관한 새로운 이해관계가 생기지 않기 때문이다.

② [○] 해산 후의 회사는 존립 중의 회사를 존속하는 회사로 하거나 새로 회사를 설립하는 경우에 한하여 분할 또는 분할합병할 수 있다(상법 제530조의2 제4항).

③ [○] 2015년 상법개정으로 승계회사가 자신의 모회사의 주식을 분할대가로 지급하는 삼각분할합병이 가능하게 되었다(상법 제530조의6 제1항 제4호, 제4항).

> **상법 제530조의6(분할합병계약서의 기재사항 및 분할합병대가가 모회사주식인 경우의 특칙)**
> ① 분할회사의 일부가 다른 회사와 합병하여 그 다른 회사(이하 "분할합병의 상대방 회사"라 한다)가 존속하는 경우에는 분할합병계약서에 다음 각 호의 사항을 기재하여야 한다.
> ··· (중략) ···
> 4. 분할승계회사가 분할회사의 주주에게 제3호에도 불구하고 그 대가의 전부 또는 일부로서 금전이나 그 밖의 재산을 제공하는 경우에는 그 내용 및 배정에 관한 사항
> ··· (하략) ···
> ④ 제342조의2 제1항에도 불구하고 제1항 제4호에 따라 분할회사의 주주에게 제공하는 재산이 분할승계회사의 모회사 주식을 포함하는 경우에는 분할승계회사는 그 지급을 위하여 모회사 주식을 취득할 수 있다.

④ [×] 상법 제530조의9 제2항

> **상법 제530조의9(분할 및 분할합병 후의 회사의 책임)**
> ① 분할회사, 단순분할신설회사, 분할승계회사 또는 분할합병신설회사는 분할 또는 분할합병 전의 분할회사 채무에 관하여 연대하여 변제할 책임이 있다.
> ② 제1항에도 불구하고 분할회사가 제530조의3 제2항에 따른 결의(주주총회 특별결의)로 분할에 의하여 회사를 설립하는 경우에는 단순분할신설회사는 분할회사의 채무 중에서 분할계획서에 승계하기로 정한 채무에 대한 책임만을 부담하는 것으로 정할 수 있다. 이 경우 분할회사가 분할 후에 존속하는 경우에는 단순분할신설회사가 부담하지 아니하는 채무에 대한 책임만을 부담한다.

⑤ [○] 단순분할신설회사, 분할승계회사 또는 분할합병신설회사는 분할회사의 권리와 의무를 분할계획서 또는 분할합병계약서에서 정하는 바에 따라 승계한다(상법 제530조의10).

답 ④

11 세무사 2022

☑ 확인 Check! ○ △ ✕

상법상 주식회사의 분할에 관한 설명으로 옳지 않은 것은?

① 회사가 분할합병을 할 경우 분할합병계약서를 작성하여 주주총회의 특별결의에 의한 승인을 얻어야 한다.
② 단순분할신설회사는 분할회사의 권리와 의무를 분할계획서에서 정하는 바에 따라 승계하게 된다.
③ 분할되는 회사가 분할로 인하여 설립되는 회사의 주식의 총수를 취득하는 방식의 분할이 인정된다.
④ 분할회사의 주주에게 분할합병의 대가로 제공하는 재산이 분할승계회사의 모회사의 주식을 포함할 경우에도 분할승계회사는 그 모회사의 주식을 취득할 수 없다.
⑤ 분할합병의 경우 분할회사는 주주총회의 특별결의로 분할합병에 따른 출자를 받는 분할승계회사 또는 분할합병신설회사가 분할회사의 채무 중 분할합병계약서에 승계하기로 정한 채무에 대한 책임만을 부담하는 것으로 정할 수 있다.

┃해설┃

① [○] 상법 제530조의3 제1항, 제2항

> **상법 제530조의3(분할계획서·분할합병계약서의 승인)**
> ① 회사가 분할 또는 분할합병을 하는 때에는 분할계획서 또는 분할합병계약서를 작성하여 주주총회의 승인을 얻어야 한다.
> ② 제1항의 승인결의는 제434조의 규정에 의하여야 한다.

② [○] 단순분할신설회사, 분할승계회사 또는 분할합병신설회사는 분할회사의 권리와 의무를 분할계획서 또는 분할합병계약서에서 정하는 바에 따라 승계한다(상법 제530조의10).

③ [O] 인적 분할이란 신설회사 또는 승계회사가 발행하는 분할신주를 분할회사의 주주에게 교부하는 것이고, 물적 분할이란 신설회사 또는 승계회사가 발행하는 분할신주를 분할회사에게 교부하는 것이다. 상법은 제530조의2 이하에서 인적 분할에 대해 규정하고 이를 물적 분할에 준용하고 있다(상법 제530조의12 참조).

> **상법 제530조의12(물적 분할)**
> 이 절의 규정은 분할되는 회사가 분할 또는 분할합병으로 인하여 설립되는 회사의 주식의 총수를 취득하는 경우에 이를 준용한다.

④ [×] 제342조의2 제1항에도 불구하고 제1항 제4호에 따라 분할회사의 주주에게 제공하는 재산이 분할승계회사의 모회사 주식을 포함하는 경우에는 분할승계회사는 그 지급을 위하여 모회사 주식을 취득할 수 있다(상법 제530조의6 제4항). 이러한 방법을 통하여 삼각분할합병을 할 수 있다.

⑤ [O] 분할 또는 분할합병 전의 분할회사 채무에 관하여 분할회사, 단순분할신설회사, 분할승계회사 또는 분할합병신설회사는 연대책임을 지는 것이 원칙이나(상법 제530조의9 제1항 참조), 분할회사 주주총회의 특별결의로 분할계획서나 분할합병계약서에서 정한 채무는 신설회사나 승계회사가 부담하고 나머지는 존속하는 분할회사가 부담하는 것으로 정할 수 있다(상법 제530조의9 제2항, 제3항 참조).

> **상법 제530조의9(분할 및 분할합병 후의 회사의 책임)**
> ① 분할회사, 단순분할신설회사, 분할승계회사 또는 분할합병신설회사는 분할 또는 분할합병 전의 분할회사 채무에 관하여 연대하여 변제할 책임이 있다.
> ② 제1항에도 불구하고 분할회사가 제530조의3 제2항에 따른 결의로 분할에 의하여 회사를 설립하는 경우에는 단순분할신설회사는 분할회사의 채무 중에서 분할계획서에 승계하기로 정한 채무에 대한 책임만을 부담하는 것으로 정할 수 있다. 이 경우 분할회사가 분할 후에 존속하는 경우에는 단순분할신설회사가 부담하지 아니하는 채무에 대한 책임만을 부담한다.
> ③ 분할합병의 경우에 분할회사는 제530조의3 제2항에 따른 결의(주주총회 특별결의)로 분할합병에 따른 출자를 받는 분할승계회사 또는 분할합병신설회사가 분할회사의 채무 중에서 분할합병계약서에 승계하기로 정한 채무에 대한 책임만을 부담하는 것으로 정할 수 있다. 이 경우 제2항 후단을 준용한다.

🔖 ④

12 세무사 2021 　　　　　　　　　　　　　　　　　　　☑ 확인 Check! ○ △ ×

상법상 주식회사의 분할합병에 관한 설명으로 옳지 않은 것은?

① 의결권이 배제되는 주식의 주주는 분할합병을 승인하는 주주총회에서 의결권이 없다.

② 분할합병을 한 경우, 합병으로 설립된 회사는 설립등기를 하여야 하고, 합병으로 소멸하는 회사는 해산등기를 하여야 한다.

③ 분할회사와 분할승계회사는 각각 채권자 보호절차를 거쳐야 한다.

④ 신설분할합병의 경우에는 분할합병신설회사의 대표이사가 창립총회를 소집하여야 한다.

⑤ 분할합병으로 인하여 분할합병에 관련되는 각 회사의 주주의 부담이 가중되는 경우에는 주주총회의 승인 및 종류주주총회의 결의 외에 그 주주 전원의 동의가 있어야 한다.

┃해설┃

① [✗] 분할합병의 결의에는 <u>의결권이 배제되는 주주에게도 의결권이 있다</u>(상법 제530조의3 제3항 참조). 그러나 합병, 주식교환·이전의 결의의 경우에는 의결권이 배제되는 주주에게 의결권을 인정하는 규정이 없다.

> **상법 제530조의3(분할계획서·분할합병계약서의 승인)**
> ① 회사가 분할 또는 분할합병을 하는 때에는 분할계획서 또는 분할합병계약서를 작성하여 주주총회의 승인을 얻어야 한다.
> ② 제1항의 승인결의는 제434조의 규정에 의하여야 한다.
> ③ 제2항의 결의에 관하여는 제344조의3 제1항에 따라 <u>의결권이 배제되는 주주도 의결권이 있다.</u>

② [O] 상법 제530조의11 제1항, 제528조 제1항

> **상법 제530조의11(준용규정)**
> ① 분할 또는 분할합병의 경우에는 제234조, 제237조부터 제240조까지, 제329조의2, 제440조부터 제443조까지, 제526조, 제527조, 제527조의6, <u>제528조</u> 및 제529조를 준용한다. 다만, 제527조의 설립위원은 대표이사로 한다.
>
> **상법 제528조(합병의 등기)**
> ① 회사가 합병을 한 때에는 제526조의 주주총회가 종결된 날 또는 보고를 갈음하는 공고일, 제527조의 창립총회가 종결된 날 또는 보고를 갈음하는 공고일부터 2주일 내에 본점의 소재지에서 합병 후 존속하는 회사의 변경등기, 합병으로 인하여 소멸하는 회사의 해산등기, 합병으로 인하여 설립되는 회사의 설립등기를 하여야 한다.

③ [O] 분할합병의 경우 채권자보호절차를 거쳐야 한다(상법 제530조의11 제2항, 제527조의5 참조). 분할회사의 채권자는 책임 재산의 감소의 위험이 있고, 분할승계회사의 채권자는 회사가 부실재산을 이전받을 위험이 있기 때문이다.

> **상법 제530조의11(준용규정)**
> ② 제374조 제2항, 제439조 제3항, 제522조의3, 제527조의2, 제527조의3 및 제527조의5(채권자보호절차)의 규정은 분할합병의 경우에 이를 준용한다.

④ [O] 상법 제530조의11 제1항, 제527조 제1항

> **상법 제530조의11(준용규정)**
> ① 분할 또는 분할합병의 경우에는 제234조, 제237조부터 제240조까지, 제329조의2, 제440조부터 제443조까지, 제526조, 제527조, 제527조의6, 제528조 및 제529조를 준용한다. 다만, 제527조의 설립위원은 대표이사로 한다.
>
> **상법 제527조(신설합병의 창립총회)**
> ① 합병으로 인하여 회사를 설립하는 경우에는 설립위원은 제527조의5의 절차의 종료후, 합병으로 인한 주식의 병합이 있을 때에는 그 효력이 생긴 후, 병합에 적당하지 아니한 주식이 있을 때에는 제443조의 처분을 한 후 지체없이 창립총회를 소집하여야 한다.

⑤ [O] 회사의 분할 또는 분할합병으로 인하여 분할 또는 분할합병에 관련되는 각 회사의 주주의 부담이 가중되는 경우에는 제1항 및 제436조의 결의외에 그 주주 전원의 동의가 있어야 한다(상법 제530조의3 제6항).

답 ①

13 세무사 2019

☑ 확인 Check! ○ △ ✕

상법상 회사의 분할에 관한 설명으로 옳지 않은 것은?

① 회사는 분할에 의하여 1개 또는 수개의 회사를 설립함과 동시에 분할합병할 수 있다.

② 회사의 분할은 주식회사의 경우에만 인정된다.

③ 분할회사의 출자만으로 회사가 설립하는 경우에는 현물출자에 대한 검사인의 조사를 받지 않아도 된다.

④ 주식회사가 분할을 위하여 분할계획서를 작성하여 주주총회의 승인을 얻어야 하는 경우, 의결권이 배제되는 주주도 의결권이 있다.

⑤ 해산 후의 회사는 새로 회사를 설립하는 경우에 한하여 분할 또는 분할합병할 수 있다.

┃해설┃

① [O] 회사는 분할에 의하여 1개 또는 수개의 회사를 설립함과 동시에 분할합병할 수 있다(상법 제530조의2 제3항).

② [O] 상법상 회사의 분할, 분할합병은 주식회사에서만 인정된다.

③ [O] 제530조의2(회사의 분할·분할합병)에 따른 회사의 설립에 관하여는 이 장 제1절의 회사설립에 관한 규정을 준용한다. 다만, 분할되는 회사(이하 "분할회사"라 한다)의 출자만으로 회사가 설립되는 경우에는 제299조(검사인의 조사, 보고)를 적용하지 아니한다(상법 제530조의4). 왜냐하면 분할회사의 출자만으로 회사가 설립되는 경우에는 분할회사의 주주에게 신설회사의 주식이 발행되므로 분할회사 또는 그 주주 이외에 현물출자에 관한 새로운 이해관계가 생기지 않게 되기 때문이다.

④ [O] 상법 제530조의3 제1항, 제2항, 제3항

> **상법 제530조의3(분할계획서·분할합병계약서의 승인)**
> ① 회사가 분할 또는 분할합병을 하는 때에는 분할계획서 또는 분할합병계약서를 작성하여 주주총회의 승인을 얻어야 한다.
> ② 제1항의 승인결의는 제434조의 규정에 의하여야 한다.
> ③ 제2항의 결의에 관하여는 제344조의3 제1항에 따라 의결권이 배제되는 주주도 의결권이 있다.

⑤ [✕] 해산 후의 회사는 존립 중의 회사를 존속하는 회사로 하거나 새로 회사를 설립하는 경우에 한하여 분할 또는 분할합병할 수 있다(상법 제530조의2 제4항).

답 ⑤

14 CPA 2023

☑ 확인 Check! ○ △ ✕

상법상 비상장주식회사의 분할 또는 분할합병에 관한 설명으로 옳은 것은? (인적 분할임을 가정함)

① 분할합병의 상법상 절차를 종료한 분할승계회사의 이사회는 공고로써 분할승계회사의 주주총회에 대한 분할합병 관련 사항의 보고를 갈음할 수 있다.

② 분할회사의 주주는 분할등기가 이루어지기 전이라도 분할계획서에서 정하여진 분할을 할 날에 단순분할신설회사의 주주가 된다.

③ 분할합병에서 분할승계회사는 분할회사의 주주에게 신주를 발행하거나 자기주식을 이전하지 않고 그 대가의 전부를 금전이나 그 밖의 재산으로 지급할 수는 없다.

④ 분할회사가 주주총회 특별결의에 의하여 단순분할신설회사가 분할계획서에서 승계하기로 정한 채무에 대한 책임만을 부담하는 것으로 정한 경우 분할회사는 채권자보호절차를 거칠 필요가 없다.

⑤ 분할합병 무효판결이 확정된 경우 분할승계회사가 분할합병 후에 취득한 재산은 분할승계회사의 단독 소유로 한다.

▌해설▌

① [○] 상법 제530조의11 제1항, 제526조 제1항·제3항

> **상법 제530조의11(준용규정)**
> ① 분할 또는 분할합병의 경우에는 제234조, 제237조부터 제240조까지, 제329조의2, 제440조부터 제443조까지, 제526조, 제527조, 제527조의6, 제528조 및 제529조를 준용한다. 다만, 제527조의 설립위원은 대표이사로 한다.
>
> **상법 제526조(흡수합병의 보고총회)**
> ① 합병을 하는 회사의 일방이 합병 후 존속하는 경우에는 그 이사는 제527조의5의 절차의 종료후, 합병으로 인한 주식의 병합이 있을 때에는 그 효력이 생긴 후, 병합에 적당하지 아니한 주식이 있을 때에는 합병 후, 존속하는 회사에 있어서는 제443조의 처분을 한 후, 소규모합병의 경우에는 제527조의3 제3항 및 제4항의 절차를 종료한 후 지체없이 주주총회를 소집하고 합병에 관한 사항을 보고하여야 한다.
> ③ 제1항의 경우에 이사회는 공고로써 주주총회에 대한 보고에 갈음할 수 있다.

② [✕] 회사분할은 분할등기를 함으로써 효력이 발생한다(상법 제530조의11 제1항, 제234조 참조). 분할신주의 효력발생도 마찬가지이다.

> **상법 제530조의11(준용규정)**
> ① 분할 또는 분할합병의 경우에는 제234조, 제237조부터 제240조까지, 제329조의2, 제440조부터 제443조까지, 제526조, 제527조, 제527조의6, 제528조 및 제529조를 준용한다. 다만, 제527조의 설립위원은 대표이사로 한다.
>
> **상법 제234조(합병의 효력발생)**
> 회사의 합병은 합병 후 존속하는 회사 또는 합병으로 인하여 설립되는 회사가 그 본점소재지에서 전조의 등기를 함으로써 그 효력이 생긴다.

제6장 | 기업구조조정 **563**

③ [×] 분할합병에서 분할승계회사는 분할회사의 주주에게 신주를 발행하거나 자기주식을 이전하지 않고 그 대가의 전부를 금전이나 그 밖의 재산으로 <u>지급할 수 있다</u>(상법 제530조의6 제1항 제4호 참조). 즉, 교부금분할합병이 인정된다.

> **상법 제530조의6(분할합병계약서의 기재사항 및 분할합병대가가 모회사주식인 경우의 특칙)**
> ① 분할회사의 일부가 다른 회사와 합병하여 그 다른 회사(이하 "분할합병의 상대방 회사"라 한다)가 존속하는 경우에는 분할합병계약서에 다음 각 호의 사항을 기재하여야 한다.
> 　3. 분할승계회사가 분할합병을 하면서 신주를 발행하거나 자기주식을 이전하는 경우에는 분할회사의 주주에 대한 분할승계회사의 신주의 배정 또는 자기주식의 이전에 관한 사항 및 주식의 병합 또는 분할을 하는 경우에는 그에 관한 사항
> 　4. 분할승계회사가 분할회사의 주주에게 제3호에도 불구하고 그 대가의 전부 또는 일부로서 금전이나 그 밖의 재산을 제공하는 경우에는 그 내용 및 배정에 관한 사항

④ [×] 분할회사가 주주총회 특별결의에 의하여 단순분할신설회사가 분할계획서에서 승계하기로 정한 채무에 대한 책임만을 부담하는 것으로 정한 경우 분할회사는 <u>채권자보호절차를 거쳐야 한다</u>(상법 제530조의9 제2항·제4항, 제527조의5 제1항 참조).

> **상법 제530조의9(분할 및 분할합병 후의 회사의 책임)**
> ① 분할회사, 단순분할신설회사, 분할승계회사 또는 분할합병신설회사는 분할 또는 분할합병 전의 분할회사 채무에 관하여 연대하여 변제할 책임이 있다.
> ② 제1항에도 불구하고 분할회사가 제530조의3 제2항에 따른 결의로 분할에 의하여 회사를 설립하는 경우에는 단순분할신설회사는 분할회사의 채무 중에서 분할계획서에 승계하기로 정한 채무에 대한 책임만을 부담하는 것으로 정할 수 있다. 이 경우 분할회사가 분할 후에 존속하는 경우에는 단순분할신설회사가 부담하지 아니하는 채무에 대한 책임만을 부담한다.
> ④ 제2항의 경우에는 제439조 제3항 및 제527조의5를 준용한다.
>
> **상법 제527조의5(채권자보호절차)**
> ① 회사는 제522조의 주주총회의 승인결의가 있은 날부터 2주 내에 채권자에 대하여 합병에 이의가 있으면 1월이상의 기간 내에 이를 제출할 것을 공고하고 알고 있는 채권자에 대하여는 따로따로 이를 최고하여야 한다.

⑤ [×] 분할합병 무효판결이 확정된 경우 분할승계회사가 분할합병 후에 취득한 재산은 분할회사와 분할승계회사의 <u>공유로 한다</u>(상법 제530조의11 제1항, 제239조 제2항 참조).

> **상법 제530조의11(준용규정)**
> ① 분할 또는 <u>분할합병</u>의 경우에는 제234조, <u>제237조부터 제240조까지,</u> 제329조의2, 제440조부터 제443조까지, 제526조, 제527조, 제527조의6, 제528조 및 제529조를 준용한다. 다만, 제527조의 설립위원은 대표이사로 한다.
>
> **상법 제239조(무효판결확정과 회사의 권리의무의 귀속)**
> ① 합병을 무효로 한 판결이 확정된 때에는 합병을 한 회사는 합병 후 존속한 회사 또는 합병으로 인하여 설립된 회사의 합병 후 부담한 채무에 대하여 연대하여 변제할 책임이 있다.
> ② 합병 후 존속한 회사 또는 <u>합병</u>으로 인하여 설립한 회사의 합병 후 취득한 재산은 <u>합병을 한 회사의 공유로 한다</u>.

답 ①

상법상 주식회사의 분할에 관한 설명으로 틀린 것은?

① 분할의 승인을 위한 주주총회의 특별결의에 관하여는 의결권이 배제되는 주주도 의결권이 있다.

② 단순분할에 반대하는 분할회사의 주주에게는 주식매수청구권이 인정되지 않는다.

③ 분할회사가 단순분할에 의하여 설립되는 회사의 주식의 총수를 취득하는 경우, 이에 반대하는 주주에게는 주식매수청구권이 인정되지 않는다.

④ 단순분할신설회사가 분할회사의 분할 전 채무에 대해 연대책임을 지는 경우, 분할회사는 이의를 제기하는 채권자에 대해서 변제 또는 상당한 담보를 제공하거나 이를 목적으로 하여 상당한 재산을 신탁회사에 신탁하여야 한다.

⑤ 단순분할신설회사는 분할회사의 권리와 의무를 분할계획서에서 정하는 바에 따라 승계한다.

┃해설┃

① [○] 상법 제530조의3 제1항, 제2항, 제3항

> **상법 제530조의3(분할계획서·분할합병계약서의 승인)**
> ① 회사가 분할 또는 분할합병을 하는 때에는 분할계획서 또는 분할합병계약서를 작성하여 주주총회의 승인을 얻어야 한다.
> ② 제1항의 승인결의는 제434조의 규정에 의하여야 한다.
> ③ 제2항의 결의에 관하여는 제344조의3 제1항에 따라 의결권이 배제되는 주주도 의결권이 있다.

② [○], ③ [○] 단순분할의 경우에는 주주의 권리가 분할 후 신설회사에 그대로 미쳐 주주의 이해관계에 큰 변화가 있는 것이 아니므로 반대주주 주식매수청구권이 인정되지 않는다. 이는 주주가 분할에 의하여 설립되는 회사의 주식의 총수를 취득하는 인적 분할뿐만 아니라, 분할회사가 분할에 의하여 설립되는 회사의 주식의 총수를 취득하는 물적 분할의 경우에도 마찬가지이다. 참고로 분할합병의 경우에는 반대주주의 주식매수청구권이 인정된다(상법 제530조의11 제2항, 제522조의3 참조).

④ [✕] 이의를 제기하는 채권자에 대해서 변제 또는 상당한 담보를 제공하거나 이를 목적으로 하여 상당한 재산을 신탁회사에 신탁하는 것은 채권자보호절차에서 요구되는 것이다(상법 제527조의5 제1항·제3항, 제232조 제3항 참조). 단순분할신설회사가 분할회사의 분할 전 채무에 대해 연대책임을 지는 경우에는 채권자의 이익을 해할 우려가 없으므로 채권자보호절차가 불필요하나, 연대책임을 배제하는 경우에는 채권자 보호절차가 필요하다(상법 제530조의9 제1항, 제2항, 제4항 참조).

> **상법 제530조의9(분할 및 분할합병 후의 회사의 책임)**
> ① 분할회사, 단순분할신설회사, 분할승계회사 또는 분할합병신설회사는 분할 또는 분할합병 전의 분할회사 채무에 관하여 연대하여 변제할 책임이 있다.
> ② 제1항에도 불구하고 분할회사가 제530조의3 제2항에 따른 결의로 분할에 의하여 회사를 설립하는 경우에는 단순분할신설회사는 분할회사의 채무 중에서 분할계획서에 승계하기로 정한 채무에 대한 책임만을 부담하는 것으로 정할 수 있다. 이 경우 분할회사가 분할 후에 존속하는 경우에는 단순분할신설회사가 부담하지 아니하는 채무에 대한 책임만을 부담한다.
> ④ 제2항의 경우에는 제439조 제3항 및 제527조의5를 준용한다.

제6장

> **상법 제527조의5(채권자보호절차)**
> ① 회사는 제522조의 주주총회의 승인결의가 있은 날부터 2주 내에 채권자에 대하여 합병에 이의가 있으면 1월이상의 기간 내에 이를 제출할 것을 공고하고 알고 있는 채권자에 대하여는 따로따로 이를 최고하여야 한다.
> ③ 제232조 제2항 및 제3항의 규정은 제1항 및 제2항의 경우에 이를 준용한다.
>
> **상법 제232조(채권자의 이의)**
> ③ 이의를 제출한 채권자가 있는 때에는 회사는 그 채권자에 대하여 변제 또는 상당한 담보를 제공하거나 이를 목적으로 하여 상당한 재산을 신탁회사에 신탁하여야 한다.

⑤ [O] 단순분할신설회사, 분할승계회사 또는 분할합병신설회사는 분할회사의 권리와 의무를 분할계획서 또는 분할합병계약서에서 정하는 바에 따라 승계한다(상법 제530조의10).

답 ④

16 세무사 2024

☑ 확인Check! ○ △ ✕

A주식회사는 B주식회사의 모회사인데, B회사가 C주식회사를 완전자회사로 하기 위한 주식의 포괄적 교환을 행하는 경우에 관한 설명으로 옳지 않은 것은?

① B회사가 C회사의 주주에게 A회사의 주식을 교환대가로 지급하고 교환절차를 완료하면 C회사의 주주는 A회사의 주주가 된다.

② B회사와 C회사는 주식의 포괄적 교환계약서에 대해 각각 주주총회 특별결의에 의한 승인을 얻어야 한다.

③ B회사가 C회사의 주주에게 A회사의 주식을 교환대가로 지급하고 교환절차를 완료하더라도 C회사가 A회사의 자회사가 되는 것은 아니다.

④ B회사가 자기주식만으로 C회사의 주주에게 교환대가를 지급하고 교환절차를 완료하였다면 교환으로 인하여 B회사의 자본금이 증가하지는 않는다.

⑤ B회사와 C회사 사이의 포괄적 주식교환의 효력은 주식을 교환하는 날에 발생한다.

┃ 해설 ┃

① [O] 완전자회사가 되는 회사의 주주는 그 완전모회사가 되는 회사가 주식교환을 위하여 발행하는 신주의 배정을 받거나 그 회사 자기주식의 이전을 받음으로써 그 회사의 주주가 된다(상법 제360조의2 제2항 참조). 그런데 완전모회사가 되는 회사가 완전자회사가 되는 회사의 주주에게 대가의 전부 또는 일부로서 금전이나 그 밖의 재산을 제공할 수도 있는데(상법 제360조의3 제3항 제4호 참조), 이러한 재산에는 완전모회사가 되는 회사의 모회사 주식도 해당한다(상법 제360조의3 제6항 참조). 따라서 완전모회사가 되는 회사가 완전자회사가 되는 회사의 주주에게 교환대가의 전부를 자신의 모회사의 주식으로 제공하는 방식의 주식교환인 삼각주식교환이 가능하다. 이러한 삼각주식교환을 통하여 완전자회사가 되는 회사의 주주인 C회사의 주주는 완전모회사가 되는 회사의 모회사인 A회사의 주주가 된다.

> **상법 제360조의2(주식의 포괄적 교환에 의한 완전모회사의 설립)**
> ② 주식의 포괄적 교환(이하 이 관에서 "주식교환"이라 한다)에 의하여 완전자회사가 되는 회사의 주주가 가지는 그 회사의 주식은 주식을 교환하는 날에 주식교환에 의하여 완전모회사가 되는 회사에 이전하고, 그 완전자회사가 되는 회사의 주주는 그 완전모회사가 되는 회사가 주식교환을 위하여 발행하는 신주의 배정을 받거나 그 회사 자기주식의 이전을 받음으로써 그 회사의 주주가 된다.
>
> **상법 제360조의3(주식교환계약서의 작성과 주주총회의 승인 및 주식교환대가가 모회사 주식인 경우의 특칙)**
> ③ 주식교환계약서에는 다음 각 호의 사항을 적어야 한다.
> ··· (중략) ···
> 4. 완전자회사가 되는 회사의 주주에게 제2호에도 불구하고 그 대가의 전부 또는 일부로서 금전이나 그 밖의 재산을 제공하는 경우에는 그 내용 및 배정에 관한 사항
> ··· (하략) ···
> ⑥ 제342조의2 제1항에도 불구하고 제3항 제4호에 따라 완전자회사가 되는 회사의 주주에게 제공하는 재산이 완전모회사가 되는 회사의 모회사 주식을 포함하는 경우에는 완전모회사가 되는 회사는 그 지급을 위하여 그 모회사의 주식을 취득할 수 있다.

제6장

② [O] 상법 제360조의3 제1항, 제2항

> **상법 제360조의3(주식교환계약서의 작성과 주주총회의 승인 및 주식교환대가가 모회사 주식인 경우의 특칙)**
> ① 주식교환을 하고자 하는 회사는 주식교환계약서를 작성하여 주주총회의 승인을 얻어야 한다.
> ② 제1항의 승인결의는 제434조의 규정에 의하여야 한다.

③ [×] 다른 회사의 발행주식의 총수의 100분의 50을 초과하는 주식을 모회사 및 자회사 또는 자회사가 가지고 있는 경우 그 다른 회사는 이 법의 적용에 있어 <u>그 모회사의 자회사로 본다</u>(상법 제342조의2 제3항). 주식교환의 대가로 모회사 (A회사)의 주식이 다른 회사(C회사)에게 지급되었더라도 자회사(B회사)가 다른 회사(C회사)의 완전모회사 된 경우 <u>다른 회사(C회사)는 모회사(A회사)의 자회사가 된다</u>.

④ [O] B 주식회사가 신주발행 없이 자기주식만을 C 주식회사의 주주들에게 교환대가로 지급하고 교환절차를 완료하였다면 B 주식회사의 발행주식총수에 변화가 없으므로 B 주식회사의 자본금에는 변동이 없다.

⑤ [O] 주식의 포괄적 교환에 의하여 완전자회사가 되는 회사의 주주가 가지는 그 회사의 주식은 주식을 교환하는 날에 주식교환에 의하여 완전모회사가 되는 회사에 이전하므로(상법 제360조의2 제2항 참조) 주식을 교환하는 날에 주식교환의 효력이 발생한다. 반면에 주식이전의 경우에는 설립등기가 창설적 효력을 가지므로 설립등기일에 주식이전의 효력이 발생한다(상법 제360조의21 참조).

답 ③

---

17 세무사 2021

☑ 확인 Check! ○ △ ✕

상법상 주식의 포괄적 교환에 관한 설명으로 옳지 않은 것은?

① 주식교환의 무효는 각 회사의 주주·이사·감사·감사위원회의 위원 또는 청산인에 한하여 주식교환의 날부터 6월 내에 소만으로 이를 주장할 수 있다.

② 완전자회사가 되는 회사의 발행주식총수의 100분의 90 이상을 완전모회사가 되는 회사가 소유하고 있는 때에는 완전자회사가 되는 회사의 주주총회의 승인은 이를 이사회의 승인으로 갈음할 수 있다.

③ 주식교환을 무효로 하는 판결이 확정된 때에는 완전모회사가 된 회사는 주식교환을 위하여 발행한 신주 또는 이전한 자기주식의 주주에 대하여 그가 소유하였던 완전자회사가 된 회사의 주식을 이전하여야 한다.

④ 주식교환을 하고자 하는 회사는 주식교환계약서를 작성하여 주주총회의 승인을 얻은 후 채권자 보호절차를 거쳐야 한다.

⑤ 주식교환에 의하여 완전모회사가 되는 회사의 이사 및 감사로서 주식교환 전에 취임한 자는 주식교환계약서에 다른 정함이 있는 경우를 제외하고는 주식교환 후 최초로 도래하는 결산기에 관한 정기총회가 종료하는 때에 퇴임한다.

┃해설┃

① [O] 주식교환의 무효는 각 회사의 주주·이사·감사·감사위원회의 위원 또는 청산인에 한하여 주식교환의 날부터 6월 내에 소만으로 이를 주장할 수 있다(상법 제360조의14 제1항).

② [O] 완전자회사가 되는 회사의 총주주의 동의가 있거나 그 회사의 발행주식총수의 100분의 90 이상을 완전모회사가 되는 회사가 소유하고 있는 때에는 완전자회사가 되는 회사의 주주총회의 승인은 이를 이사회의 승인으로 갈음할 수 있다(상법 제360조의9 제1항).

③ [O] 주식교환을 무효로 하는 판결이 확정된 때에는 완전모회사가 된 회사는 주식교환을 위하여 발행한 신주 또는 이전한 자기주식의 주주에 대하여 그가 소유하였던 완전자회사가 된 회사의 주식을 이전하여야 한다(상법 제360조의14 제3항).

④ [×] 주식교환을 하고자 하는 회사는 주식교환계약서를 작성하여 주주총회의 승인을 얻어야 한다(상법 제360조의3 제1항). 그러나 완전모회사가 되는 회사는 신주를 지급한 경우에는 신주의 발행으로 자본금이 증가하게 되고 자기주식을 지급하는 경우에는 주식 소유자만 변동이 있을 뿐 자본금에 변동이 없으며, 완전자회사가 되는 회사의 경우도 주식 소유자만 변동이 있을 뿐이므로 회사채권자를 해할 염려가 없다. 따라서 주식의 포괄적 교환에서는 합병과 달리 회사채권자의 보호절차를 거치지 않는다.

⑤ [O] 주식교환에 의하여 완전모회사가 되는 회사의 이사 및 감사로서 주식교환 전에 취임한 자는 주식교환계약서에 다른 정함이 있는 경우를 제외하고는 주식교환 후 최초로 도래하는 결산기에 관한 정기총회가 종료하는 때에 퇴임한다(상법 제360조의13).

답 ④

18 세무사 2019

☑ 확인Check! ○ △ ✕

상법상 주식의 포괄적 교환에 관한 설명으로 옳지 않은 것은?

① 의결권이 없거나 제한되는 주주라도 주식의 포괄적 교환에 반대하는 경우에는 회사에 대하여 자기가 소유하고 있는 주식의 매수를 청구할 수 있다.

② 주식교환무효의 소는 완전모회사가 되는 회사의 본점소재지의 지방법원의 관할에 전속한다.

③ 완전자회사가 되는 회사의 총주주의 동의가 있는 경우에는 완전자회사가 되는 회사의 주주총회의 승인이나 이사회의 승인은 필요하지 않다.

④ 소규모주식교환의 경우에 완전모회사가 되는 회사의 발행주식총수의 100분의 20 이상에 해당하는 주식을 가지는 주주가 상법에서 정한 절차에 따라 소규모주식교환에 반대하는 의사를 통지한 때에는 주식교환을 할 수 없다.

⑤ 주식교환에 의하여 완전모회사가 되는 회사의 이사로서 주식교환 전에 취임한 자는 주식교환계약서에 다른 정함이 없는 경우에는 주식교환 후 최초로 도래하는 결산기에 관한 정기총회가 종료하는 때에 퇴임한다.

▌해설▐

① [○] 상법 제360조의5 제1항

> **상법 제360조의3(주식교환계약서의 작성과 주주총회의 승인 및 주식교환대가가 모회사 주식인 경우의 특칙)**
> ① 주식교환을 하고자 하는 회사는 주식교환계약서를 작성하여 주주총회의 승인을 얻어야 한다.
>
> **상법 제360조의5(반대주주의 주식매수청구권)**
> ① 제360조의3 제1항의 규정에 의한 승인사항에 관하여 이사회의 결의가 있는 때에 그 결의에 반대하는 주주(의결권이 없거나 제한되는 주주를 포함한다. 이하 이 조에서 같다)는 주주총회 전에 회사에 대하여 서면으로 그 결의에 반대하는 의사를 통지한 경우에는 그 총회의 결의일부터 20일 이내에 주식의 종류와 수를 기재한 서면으로 회사에 대하여 자기가 소유하고 있는 주식의 매수를 청구할 수 있다.

② [○] 제1항의 소(주식교환무효의 소)는 완전모회사가 되는 회사의 본점소재지의 지방법원의 관할에 전속한다(상법 제360조의14 제2항).

③ [×] 완전자회사가 되는 회사의 총주주의 동의가 있거나 그 회사의 발행주식총수의 100분의 90 이상을 완전모회사가 되는 회사가 소유하고 있는 때에는 완전자회사가 되는 회사의 주주총회의 승인은 이를 이사회의 승인으로 갈음할 수 있다(상법 제360조의9 제1항).

④ [○] 상법 제360조의10 제5항

> **상법 제360조의10(소규모 주식교환)**
> ① 완전모회사가 되는 회사가 주식교환을 위하여 발행하는 신주 및 이전하는 자기주식의 총수가 그 회사의 발행주식총수의 100분의 10을 초과하지 아니하는 경우에는 그 회사에서의 제360조의3 제1항의 규정에 의한 주주총회의 승인은 이를 이사회의 승인으로 갈음할 수 있다. 다만, 완전자회사가 되는 회사의 주주에게 제공할 금전이나 그 밖의 재산을 정한 경우에 그 금액 및 그 밖의 재산의 가액이 제360조의4 제1항 제3호에서 규정한 최종 대차대조표에 의하여 완전모회사가 되는 회사에 현존하는 순자산액의 100분의 5를 초과하는 때에는 그러하지 아니하다.
> ⑤ 완전모회사가 되는 회사의 발행주식총수의 100분의 20 이상에 해당하는 주식을 가지는 주주가 제4항에 따른 공고 또는 통지를 한 날부터 2주 내에 회사에 대하여 서면으로 제1항 본문에 따른 주식교환에 반대하는 의사를 통지한 경우에는 이 조에 따른 주식교환을 할 수 없다.

⑤ [○] 주식교환에 의하여 완전모회사가 되는 회사의 이사 및 감사로서 주식교환 전에 취임한 자는 주식교환계약서에 다른 정함이 있는 경우를 제외하고는 주식교환 후 최초로 도래하는 결산기에 관한 정기총회가 종료하는 때에 퇴임한다(상법 제360조의13).

답 ③

A 주식회사는 상법상 주식의 포괄적 교환에 의하여 B 주식회사를 A 주식회사의 자회사가 되도록 하고자한다. 상법상 이에 관한 설명으로 옳은 것은?

① 주식의 포괄적 교환을 행하기 위하여 A 주식회사는 B 주식회사의 모든 주주와 개별적으로 주식교환계약을체결해야 한다.

② 주식교환 전에 취임한 A 주식회사의 이사는 주식교환계약서에서 다른 정함이 없다면 주식교환 후 최초로도래하는 결산기에 관한 정기총회가 종료하는 때에 퇴임한다.

③ A 주식회사가 신주발행 없이 자기주식만을 B 주식회사의 주주들에게 이전해 주고 B 주식회사 주식 전부를취득하였다면 주식교환의 날에 A 주식회사의 자본금은 증가한다.

④ A 주식회사가 B 주식회사 주주들에게 주식교환의 대가로 이전하기 위하여 취득한 A 주식회사의 모회사주식이 주식교환 후에도 남은 경우 A 주식회사는 이를 처분할 의무가 없다.

⑤ A 주식회사가 B 주식회사 주주들에게 신주를 발행하는 방법으로 주식교환을 마친 경우 A 주식회사의 변경등기는 필요하지 않다.

┃ 해설 ┃

① [✕] 주식교환을 하고자 하는 회사는 주식교환계약서를 작성하여 주주총회의 승인을 얻어야 한다(상법 제360조의3 제1항). 주식의 포괄적 교환은 완전모회사가 되는 회사(A 주식회사)와 완전자회사가 되는 회사(B 주식회사)사이에 이루어지는 조직법상의 거래로서 개별적인 주주와 주식교환계약을 체결하는 것이 아니다. 따라서 주주의 보호를위해 주주총회의 승인절차를 거쳐야 한다.

② [○] 주식교환에 의하여 완전모회사가 되는 회사의 이사 및 감사로서 주식교환 전에 취임한 자는 주식교환계약서에다른 정함이 있는 경우를 제외하고는 주식교환 후 최초로 도래하는 결산기에 관한 정기총회가 종료하는 때에 퇴임한다(상법 제360조의13).

③ [✕] A 주식회사가 신주발행 없이 자기주식만을 B 주식회사의 주주들에게 이전해 주고 B 주식회사 주식 전부를취득하였다면 A 주식회사의 발행주식총수에 변화가 없으므로 A 주식회사의 자본금에는 변동이 없다.

④ [✕] A 주식회사가 B 주식회사 주주들에게 주식교환의 대가로 이전하기 위하여 취득한 A 주식회사의 모회사 주식이주식교환 후에도 남은 경우 A 주식회사는 주식교환의 효력이 발생하는 날부터 6개월 이내에 그 주식을 처분하여야한다(상법 상법 제360조의3 제7항 참조).

> **상법 제360조의3(주식교환계약서의 작성과 주주총회의 승인 및 주식교환대가가 모회사 주식인 경우의 특칙)**
> ⑥ 제342조의2 제1항에도 불구하고 제3항 제4호에 따라 완전자회사가 되는 회사의 주주에게 제공하는 재산이 완전모회사가 되는 회사의 모회사 주식을 포함하는 경우에는 완전모회사가 되는 회사는 그 지급을 위하여 그 모회사의주식을 취득할 수 있다.
> ⑦ 완전모회사가 되는 회사는 제6항에 따라 취득한 그 회사의 모회사 주식을 주식교환 후에도 계속 보유하고 있는경우 주식교환의 효력이 발생하는 날부터 6개월 이내에 그 주식을 처분하여야 한다.

⑤ [✕] 완전모회사(A 주식회사)가 주식교환을 위하여 신주를 발행하는 경우에는 등기사항인 발행주식총수, 그 종류와각종 주식의 내용과 수, 자본금의 총액이 변경되므로 완전모회사(A 주식회사)는 변경등기를 하여야 한다.

답 ②

상법상 주식의 포괄적 교환에 관한 설명으로 옳지 않은 것은?

① 주식교환에 의하여 완전자회사가 되는 회사의 주주가 가지는 그 회사의 주식은 주식을 교환하는 날에 주식교환에 의하여 완전모회사가 되는 회사에 이전한다.
② 주식회사는 주식교환에 의하여 다른 회사의 발행주식의 총수를 소유하는 완전모회사가 될 수 있다.
③ 주식교환을 할 날은 주식교환계약서에 기재하여야 한다.
④ 주식교환에 의하여 완전자회사가 되는 회사의 총주주의 동의가 있는 때에는 완전자회사가 되는 회사의 주주총회의 승인은 이를 이사회의 승인으로 갈음할 수 있다.
⑤ 주식교환무효의 판결은 판결확정 전에 생긴 회사와 사원 및 제3자 간의 권리의무에 영향을 미친다.

▮해설▮

① [O] 주식의 포괄적 교환(이하 이 관에서 "주식교환"이라 한다)에 의하여 완전자회사가 되는 회사의 주주가 가지는 그 회사의 주식은 주식을 교환하는 날에 주식교환에 의하여 완전모회사가 되는 회사에 이전하고, 그 완전자회사가 되는 회사의 주주는 그 완전모회사가 되는 회사가 주식교환을 위하여 발행하는 신주의 배정을 받거나 그 회사 자기주식의 이전을 받음으로써 그 회사의 주주가 된다(상법 제360조의2 제2항).
② [O] 회사는 이 관의 규정에 의한 주식의 포괄적 교환에 의하여 다른 회사의 발행주식의 총수를 소유하는 회사(이하 "완전모회사"라 한다)가 될 수 있다. 이 경우 그 다른 회사를 "완전자회사"라 한다(상법 제360조의2 제1항).
③ [O] 상법 제360조의3 제3항 제6호

> **상법 제360조의3(주식교환계약서의 작성과 주주총회의 승인 및 주식교환대가가 모회사 주식인 경우의 특칙)**
> ③ 주식교환계약서에는 다음 각 호의 사항을 적어야 한다.
> 1. 완전모회사가 되는 회사가 주식교환으로 인하여 정관을 변경하는 경우에는 그 규정
> 2. 완전모회사가 되는 회사가 주식교환을 위하여 신주를 발행하거나 자기주식을 이전하는 경우에는 발행하는 신주 또는 이전하는 자기주식의 총수·종류, 종류별 주식의 수 및 완전자회사가 되는 회사의 주주에 대한 신주의 배정 또는 자기주식의 이전에 관한 사항
> 3. 완전모회사가 되는 회사의 자본금 또는 준비금이 증가하는 경우에는 증가할 자본금 또는 준비금에 관한 사항
> 4. 완전자회사가 되는 회사의 주주에게 제2호에도 불구하고 그 대가의 전부 또는 일부로서 금전이나 그 밖의 재산을 제공하는 경우에는 그 내용 및 배정에 관한 사항
> 5. 각 회사가 제1항의 결의를 할 주주총회의 기일
> 6. <u>주식교환을 할 날</u>
> 7. 각 회사가 주식교환을 할 날까지 이익배당을 할 때에는 그 한도액
> 8. 삭제 〈2015.12.1.〉
> 9. 완전모회사가 되는 회사에 취임할 이사와 감사 또는 감사위원회의 위원을 정한 때에는 그 성명 및 주민등록번호

④ [O] 완전자회사가 되는 회사의 총주주의 동의가 있거나 그 회사의 발행주식총수의 100분의 90 이상을 완전모회사가 되는 회사가 소유하고 있는 때에는 완전자회사가 되는 회사의 주주총회의 승인은 이를 이사회의 승인으로 갈음할 수 있다(상법 제360조의9 제1항).

⑤ [×] 주식교환무효의 소는 상법 제190조 본문만 준용하고 단서를 준용하고 있지 않지만 상법 제431조를 준용함으로써 <u>소급효를 배제한다</u>(상법 제360조의14 제4항, 제190조 본문, 제431조 제1항 참조).

> **상법 제360조의14(주식교환무효의 소)**
> ④ 제187조 내지 제189조, <u>제190조 본문</u>, 제191조, 제192조, 제377조 및 <u>제431조</u>의 규정은 제1항의 소에, 제339조 및 제340조 제3항의 규정은 제3항의 경우에 각각 이를 <u>준용한다</u>.
>
> **상법 제190조(판결의 효력)**
> 설립무효의 판결 또는 설립취소의 판결은 제3자에 대하여도 그 효력이 있다. 그러나 판결확정 전에 생긴 회사와 사원 및 제3자 간의 권리의무에 영향을 미치지 아니한다.
>
> **상법 제431조(신주발행무효판결의 효력)**
> ① 신주발행무효의 판결이 확정된 때에는 신주는 <u>장래에 대하여 그 효력을 잃는다</u>.

답 ⑤

21 세무사 2016
☑ 확인Check! ○ △ ×

상법상 소규모 주식교환에 관한 설명으로 옳은 것은?

① 완전모회사가 되는 회사가 주식교환을 위하여 발행하는 신주의 총수가 그 회사의 발행주식총수의 100분의 5를 초과하지 않아야 한다.

② 완전자회사가 되는 회사의 주주에게 제공할 금전이나 그 밖의 재산을 정한 경우에 그 금액 및 그 밖의 재산의 가액이 최종 대차대조표에 의하여 완전모회사가 되는 회사에 현존하는 순자산액의 100분의 5를 초과하지 않아야 한다.

③ 완전모회사가 되는 회사는 주식교환계약서를 작성한 날부터 3주 내에 완전자회사가 되는 회사의 상호와 본점, 주식교환을 할 날 및 주주총회의 승인을 얻지 않고 주식교환을 한다는 뜻을 공고하거나 주주에게 통지하여야 한다.

④ 완전모회사가 되는 회사의 발행주식총수의 100분의 10 이상에 해당하는 주식을 가지는 주주가 법정기간 내에 회사에 대하여 서면으로 소규모 주식교환에 반대하는 의사를 통지한 경우에는 소규모 주식교환을 할 수 없다.

⑤ 소규모 주식교환에 반대하는 주주는 이사회 승인일부터 20일 이내에 주식의 종류와 수를 기재한 서면으로 회사에 대하여 자기보유 주식의 매수를 청구할 수 있다.

▌해설▐

① [×], ② [○] 완전모회사가 되는 회사가 주식교환을 위하여 발행하는 신주 및 이전하는 자기주식의 총수가 그 회사의 발행주식총수의 <u>100분의 10을 초과하지 아니하는 경우</u>에는 그 회사에서의 제360조의3 제1항의 규정에 의한 주주총회의 승인은 이를 이사회의 승인으로 갈음할 수 있다. 다만, 완전자회사가 되는 회사의 주주에게 제공할 금전이나 그 밖의 재산을 정한 경우에 그 금액 및 그 밖의 재산의 가액이 제360조의4 제1항 제3호에서 규정한 최종 대차대조표에 의하여 완전모회사가 되는 회사에 현존하는 순자산액의 100분의 5를 초과하는 때에는 그러하지 아니하다(상법 제360조의10 제1항).

③ [×] 완전모회사가 되는 회사는 주식교환계약서를 작성한 날부터 <u>2주</u> 내에 완전자회사가 되는 회사의 상호와 본점, 주식교환을 할 날 및 제360조의3 제1항의 승인을 얻지 아니하고 주식교환을 한다는 뜻을 공고하거나 주주에게 통지하여야 한다(상법 제360조의10 제4항).

④ [×] 완전모회사가 되는 회사의 발행주식총수의 <u>100분의 20 이상</u>에 해당하는 주식을 가지는 주주가 제4항에 따른 공고 또는 통지를 한 날부터 2주 내에 회사에 대하여 서면으로 제1항 본문에 따른 주식교환에 반대하는 의사를 통지한 경우에는 이 조(소규모 주식교환)에 따른 주식교환을 할 수 없다(상법 제360조의10 제5항).

⑤ [×] 제1항 본문(소규모 주식교환)의 경우에는 <u>제360조의5(반대주주의 주식매수청구권)의 규정은 이를 적용하지 아니한다</u>(상법 제360조의10 제7항).

답 ②

22 세무사 2015

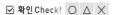 ☑ 확인 Check! ○ △ ✕

상법상 주식의 포괄적 교환에 관한 설명으로 옳지 않은 것은?

① 의결권 없는 주식을 보유하는 자도 주식교환의 날부터 1년 내에 소로써 주식교환의 무효를 주장할 수 있다.

② 주식교환을 하고자 하는 회사는 주식교환계약서를 작성하여 주주총회의 특별결의에 의한 승인을 얻어야 한다.

③ 주식의 포괄적 교환에 대해서는 이사회의 결의에 반대하는 주주의 주식매수청구권이 인정된다.

④ 회사는 주식의 포괄적 교환에 의하여 다른 회사의 발행주식의 총수를 소유하는 완전모회사가 될 수 있다.

⑤ 완전자회사가 되는 회사의 총주주의 동의가 있는 때에는 완전자회사가 되는 회사의 주주총회의 승인은 이를 이사회의 승인으로 갈음할 수 있다.

┃해설┃

① [×] 주식교환의 무효는 각 회사의 주주・이사・감사・감사위원회의 위원 또는 청산인에 한하여 주식교환의 날부터 <u>6월</u> 내에 소만으로 이를 주장할 수 있다(상법 제360조의14 제1항).

② [○] 상법 제360조의3 제1항, 제2항

③ [○] 상법 제360조의5 제1항

> **상법 제360조의3(주식교환계약서의 작성과 주주총회의 승인 및 주식교환대가가 모회사 주식인 경우의 특칙)**
> ① 주식교환을 하고자 하는 회사는 주식교환계약서를 작성하여 주주총회의 승인을 얻어야 한다.
> ② 제1항의 승인결의는 제434조의 규정에 의하여야 한다.
>
> **상법 제360조의5(반대주주의 주식매수청구권)**
> ① 제360조의3 제1항의 규정에 의한 승인사항에 관하여 이사회의 결의가 있는 때에 그 결의에 반대하는 주주(의결권이 없거나 제한되는 주주를 포함한다. 이하 이 조에서 같다)는 주주총회 전에 회사에 대하여 서면으로 그 결의에 반대하는 의사를 통지한 경우에는 그 총회의 결의일부터 20일 이내에 주식의 종류와 수를 기재한 서면으로 회사에 대하여 자기가 소유하고 있는 주식의 매수를 청구할 수 있다.

④ [O] 회사는 이 관의 규정에 의한 주식의 포괄적 교환에 의하여 다른 회사의 발행주식의 총수를 소유하는 회사(이하 "완전모회사"라 한다)가 될 수 있다. 이 경우 그 다른 회사를 "완전자회사"라 한다(상법 제360조의2 제1항).

⑤ [O] 완전자회사가 되는 회사의 총주주의 동의가 있거나 그 회사의 발행주식총수의 100분의 90 이상을 완전모회사가 되는 회사가 소유하고 있는 때에는 완전자회사가 되는 회사의 주주총회의 승인은 이를 이사회의 승인으로 갈음할 수 있다(상법 제360조의9 제1항).

답 ①

23 CPA 2023   ☑ 확인 Check! ○ △ ✕

상법상 A주식회사가 B주식회사를 완전자회사로 만드는 주식의 포괄적 교환을 하는 경우에 관한 설명으로 옳은 것은? (A회사와 B회사는 비상장회사이며, 간이·소규모 주식교환은 고려하지 않음)

① 주식교환계약서에 대해 B회사의 주주총회 특별결의에 의한 승인이 필요하지만 A회사의 주주총회 특별결의에 의한 승인은 필요하지 않다.

② 주식의 포괄적 교환절차가 완료되면 B회사가 보유하고 있던 A회사 주식은 A회사에게 이전된다.

③ A회사는 주식의 포괄적 교환에 의하여 B회사의 주식 전부를 취득하는 대가로 B회사의 주주에게 금전을 제공할 수는 없다.

④ B회사가 주주총회 특별결의로 주식교환계약서를 승인한 후 B회사 주주에게 주권을 제출할 것을 통지한 경우 B회사 주주가 주권을 제출하면 그 시점에 주권은 무효가 된다.

⑤ 주식교환무효의 소에서 주식교환 무효판결이 확정된 경우 A회사는 주식교환을 위하여 A회사로부터 신주를 발행받았거나 A회사의 자기주식을 이전받은 B회사의 주주에게 B회사 주식을 이전해야 한다.

▌해설▌

① [✕] 주식교환계약서에 대해 <u>A회사와 B회사 모두 주주총회 특별결의에 의한 승인이 필요하다</u>(상법 제360조의3 제1항, 제2항 참조).

> **상법 제360조의3(주식교환계약서의 작성과 주주총회의 승인 및 주식교환대가가 모회사 주식인 경우의 특칙)**
> ① 주식교환을 하고자 하는 회사는 주식교환계약서를 작성하여 <u>주주총회의 승인을 얻어야 한다</u>.
> ② 제1항의 승인결의는 제434조의 규정에 의하여야 한다.

② [✕] 주식의 포괄적 교환절차가 완료되면 <u>B회사의 주주가 보유하고 있던 B회사의 주식이 A회사에게 이전된다</u>(상법 제360조의2 제2항 참조). B회사가 보유하고 있던 A회사 주식은 B회사의 재산으로서 주식의 포괄적 교환 후에도 B회사가 보유한다. 다만 6개월 이내에 처분해야 한다(상법 제342조의2 제1항 제1호, 제2항 참조).

> **상법 제360조의2(주식의 포괄적 교환에 의한 완전모회사의 설립)**
> ② 주식의 포괄적 교환(이하 이 관에서 "주식교환"이라 한다)에 의하여 완전자회사가 되는 회사의 주주가 가지는 <u>그 회사의 주식은 주식을 교환하는 날에 주식교환에 의하여 완전모회사가 되는 회사에 이전하고</u>, 그 완전자회사가 되는 회사의 주주는 그 완전모회사가 되는 회사가 주식교환을 위하여 발행하는 신주의 배정을 받거나 그 회사 자기주식의 이전을 받음으로써 그 회사의 주주가 된다.

> **상법 제342조의2(자회사에 의한 모회사주식의 취득)**
> ① 다른 회사의 발행주식의 총수의 100분의 50을 초과하는 주식을 가진 회사(이하 "모회사"라 한다)의 주식은 다음의
> 경우를 제외하고는 그 다른 회사(이하 "자회사"라 한다)가 이를 취득할 수 없다.
>   1. 주식의 포괄적 교환, 주식의 포괄적 이전, 회사의 합병 또는 다른 회사의 영업전부의 양수로 인한 때
>   2. 회사의 권리를 실행함에 있어 그 목적을 달성하기 위하여 필요한 때
> ② 제1항 각 호의 경우 자회사는 그 주식을 취득한 날로부터 6월 이내에 모회사의 주식을 처분하여야 한다.

③ [×] A회사는 주식의 포괄적 교환에 의하여 B회사의 주식 전부를 취득하는 대가로 B회사의 주주에게 금전을 제공할
수 있다(상법 제360조의3 제3항 제4호 참조). 즉, 교부금주식교환이 허용된다.

> **상법 제360조의3(주식교환계약서의 작성과 주주총회의 승인 및 주식교환대가가 모회사 주식인 경우의 특칙)**
> ③ 주식교환계약서에는 다음 각 호의 사항을 적어야 한다.
>   1. 완전모회사가 되는 회사가 주식교환으로 인하여 정관을 변경하는 경우에는 그 규정
>   2. 완전모회사가 되는 회사가 주식교환을 위하여 신주를 발행하거나 자기주식을 이전하는 경우에는 발행하는
>   신주 또는 이전하는 자기주식의 총수·종류, 종류별 주식의 수 및 완전자회사가 되는 회사의 주주에 대한
>   신주의 배정 또는 자기주식의 이전에 관한 사항
>   3. 완전모회사가 되는 회사의 자본금 또는 준비금이 증가하는 경우에는 증가할 자본금 또는 준비금에 관한
>   사항
>   4. 완전자회사가 되는 회사의 주주에게 제2호에도 불구하고 그 대가의 전부 또는 일부로서 금전이나 그 밖의
>   재산을 제공하는 경우에는 그 내용 및 배정에 관한 사항
>   5. 각 회사가 제1항의 결의를 할 주주총회의 기일
>   6. 주식교환을 할 날
>   7. 각 회사가 주식교환을 할 날까지 이익배당을 할 때에는 그 한도액
>   8. 삭제 〈2015.12.1.〉
>   9. 완전모회사가 되는 회사에 취임할 이사와 감사 또는 감사위원회의 위원을 정한 때에는 그 성명 및 주민등록
>   번호

④ [×] B회사가 주주총회 특별결의로 주식교환계약서를 승인한 후 B회사 주주에게 주권을 제출할 것을 통지한 경우
주식교환의 날에 주권은 무효가 된다(상법 제360조의8 제1항 제3호 참조).

> **상법 제360조의8(주권의 실효절차)**
> ① 주식교환에 의하여 완전자회사가 되는 회사는 주주총회에서 제360조의3 제1항의 규정에 의한 승인을 한 때에는
> 다음 각 호의 사항을 주식교환의 날 1월 전에 공고하고, 주주명부에 기재된 주주와 질권자에 대하여 따로 따로
> 그 통지를 하여야 한다.
>   1. 제360조의3 제1항의 규정에 의한 승인을 한 뜻
>   2. 주식교환의 날의 전날까지 주권을 회사에 제출하여야 한다는 뜻
>   3. 주식교환의 날에 주권이 무효가 된다는 뜻

⑤ [○] 주식교환을 무효로 하는 판결이 확정된 때에는 완전모회사가 된 회사는 주식교환을 위하여 발행한 신주 또는
이전한 자기주식의 주주에 대하여 그가 소유하였던 완전자회사가 된 회사의 주식을 이전하여야 한다(상법 제360조의14
제3항).

답 ⑤

상법상 주식의 포괄적 교환(이 문제에서 '주식교환'이라고 한다)에 관한 다음 설명 중 가장 옳은 것은?

① 회사의 채권자는 주식교환의 날로부터 6개월 내에 소만으로 주식교환의 무효를 주장할 수 있다.

② 주식교환에 의하여 완전자회사가 되는 회사의 주주는 완전모회사가 되는 회사가 주식교환을 위하여 발행하는 신주의 배정을 받거나 그 회사 자기주식의 이전을 받음으로써 그 회사의 주주가 된다.

③ 완전모회사가 되는 회사가 완전자회사가 되는 회사의 주주들에게 주식교환의 대가로 이전하기 위하여 취득한 그 모회사의 주식이 주식교환 후에도 남은 경우 완전모회사가 되는 회사는 이를 처분할 의무가 없다.

④ 주식교환에 의하여 완전모회사가 되는 회사의 이사로서 주식교환 이전에 취임한 자는 주식교환계약서에 다른 정함이 있는 경우를 제외하고는 주식교환이 이루어진 영업연도가 종료된 때 퇴임한다.

⑤ 완전자회사가 되는 회사의 총주주의 동의가 있거나 그 회사의 발행주식 총수의 100분의 90 이상을 완전모회사가 되는 회사가 소유하고 있는 때에는 완전자회사가 되는 회사의 주주총회의 승인이나 이사회의 승인은 필요하지 않다.

┃해설┃

① [×] 주식교환의 무효는 각 회사의 <u>주주·이사·감사·감사위원회의 위원 또는 청산인</u>에 한하여 주식교환의 날부터 6월 내에 소만으로 이를 주장할 수 있다(상법 제360조의14 제1항).

② [O] 주식의 포괄적 교환(이하 "주식교환"이라 한다)에 의하여 완전자회사가 되는 회사의 주주가 가지는 그 회사의 주식은 주식을 교환하는 날에 주식교환에 의하여 완전모회사가 되는 회사에 이전하고, 그 완전자회사가 되는 회사의 주주는 그 완전모회사가 되는 회사가 주식교환을 위하여 발행하는 신주의 배정을 받거나 그 회사 자기주식의 이전을 받음으로써 그 회사의 주주가 된다(상법 제360조의2 제2항).

③ [×] 상법 제360조의3 제7항

> **상법 제360조의3(주식교환계약서의 작성과 주주총회의 승인 및 주식교환대가가 모회사 주식인 경우의 특칙)**
> ⑥ 제342조의2 제1항에도 불구하고 제3항 제4호에 따라 완전자회사가 되는 회사의 주주에게 제공하는 재산이 완전모회사가 되는 회사의 모회사 주식을 포함하는 경우에는 완전모회사가 되는 회사는 그 지급을 위하여 그 모회사의 주식을 취득할 수 있다.
> ⑦ 완전모회사가 되는 회사는 제6항에 따라 취득한 그 회사의 모회사 주식을 주식교환 후에도 계속 보유하고 있는 경우 <u>주식교환의 효력이 발생하는 날부터 6개월 이내에 그 주식을 처분하여야 한다.</u>

④ [×] 주식교환에 의하여 완전모회사가 되는 회사의 이사 및 감사로서 주식교환 전에 취임한 자는 주식교환계약서에 다른 정함이 있는 경우를 제외하고는 <u>주식교환 후 최초로 도래하는 결산기에 관한 정기총회가 종료하는 때에 퇴임한 다</u>(상법 제360조의13).

⑤ [×] 완전자회사가 되는 회사의 총주주의 동의가 있거나 그 회사의 발행주식 총수의 100분의 90 이상을 완전모회사가 되는 회사가 소유하고 있는 때에는 완전자회사가 되는 회사의 주주총회의 승인은 <u>이를 이사회의 승인으로 갈음할 수 있다</u>(상법 제360조의9).

답 ②

상법상 주식의 포괄적 이전에 관한 설명으로 옳은 것은?

① 주주총회 및 종류주주총회에서 주식이전계획서가 승인된 경우에는, 주식이전으로 인하여 주식이전에 관련되는 각 회사의 주주의 부담이 가중되더라도 그 주주의 동의가 필요하지 아니하다.

② 주식이전으로 설립하는 완전모회사의 자본금은 주식이전의 날에 완전자회사가 되는 회사에 현존하는 순자산액에서 그 회사의 주주에게 제공할 금전 및 그 밖의 재산의 가액을 뺀 액을 초과하지 못한다.

③ 주식이전의 경우 자회사는 모회사의 주식을 취득할 수 있으나 그 주식을 취득한 날로부터 3월 이내에 모회사의 주식을 처분하여야 한다.

④ 주식이전은 이로 인하여 설립한 완전모회사가 그 본점소재지 및 지점소재지 모두에서 회사의 설립등기를 행함으로써 그 효력이 발생한다.

⑤ 주식이전을 무효로 하는 판결이 확정된 때에는 해당 주식이전은 당연 무효이므로 완전 모회사가 된 회사는 주식이전을 위하여 발행한 주식의 주주에 대하여 그가 소유하였던 완전자회사가 된 회사의 주식을 이전하지 않아도 된다.

┃해설┃

① [✕] 주식이전으로 인하여 주식이전에 관련되는 각 회사의 주주의 부담이 가중되는 경우에는 제1항(주주총회) 및 제436조(종류주주총회)의 결의 외에 <u>그 주주 전원의 동의가 있어야 한다</u>(상법 제360조의16 제4항).

② [○] 설립하는 완전모회사의 자본금은 주식이전의 날에 완전자회사가 되는 회사에 현존하는 순자산액에서 그 회사의 주주에게 제공할 금전 및 그 밖의 재산의 가액을 뺀 액을 초과하지 못한다(상법 제360조의18).

③ [✕] 주식이전의 경우 자회사는 모회사의 주식을 취득할 수 있으나 그 주식을 취득한 날로부터 <u>6월 이내에</u> 모회사의 주식을 처분하여야 한다(상법 제342조의2 제1항 제1호, 제2항 참조).

> **상법 제342조의2(자회사에 의한 모회사주식의 취득)**
> ① 다른 회사의 발행주식의 총수의 100분의 50을 초과하는 주식을 가진 회사(이하 "母會社"라 한다)의 주식은 다음의 경우를 제외하고는 그 다른 회사(이하 "子會社"라 한다)가 이를 취득할 수 없다.
> 　1. 주식의 포괄적 교환, <u>주식의 포괄적 이전</u>, 회사의 합병 또는 다른 회사의 영업전부의 양수로 인한 때
> 　2. 회사의 권리를 실행함에 있어 그 목적을 달성하기 위하여 필요한 때
> ② 제1항 각 호의 경우 자회사는 그 주식을 취득한 날로부터 6월 이내에 모회사의 주식을 처분하여야 한다.

④ [✕] 주식이전은 이로 인하여 설립한 완전모회사가 그 <u>본점소재지에서</u> 제360조의20의 규정에 의한 등기를 함으로써 그 효력이 발생한다(상법 제360조의21).

⑤ [✕] 주식이전을 무효로 하는 판결이 확정된 때에는 완전모회사가 된 회사는 주식이전을 위하여 발행한 주식의 주주에 대하여 <u>그가 소유하였던 완전자회사가 된 회사의 주식을 이전하여야 한다</u>(상법 제360조의23 제3항).

답 ②

상법상 주식의 포괄적 교환과 포괄적 이전에 관한 설명으로 옳지 않은 것은?

① 주식의 포괄적 교환은 이로 인하여 설립한 완전모회사가 그 본점소재지에서 설립등기를 함으로써 그 효력이 발생한다.

② 주식의 포괄적 이전은 이로 인하여 설립한 완전모회사가 그 본점소재지에서 설립등기를 함으로써 그 효력이 발생한다.

③ 완전모자회사 관계를 형성하는 구조변경으로 주식회사에서만 인정된다.

④ 주식의 포괄적 교환과 달리 포괄적 이전은 간이주식이전, 소규모 주식이전이 허용되지 않는다.

⑤ 주식이전의 무효는 각 회사의 주주·이사·감사·감사위원회의 위원 또는 청산인에 한하여 주식이전의 날부터 6월 내에 소만으로 주장할 수 있다.

❚ 해설 ❚

① [✕] 주식의 포괄적 교환으로 인하여 신주발행이 이루어지고 이에 따라 변경등기를 하지만, 이 변경등기는 신주발행의 효력과는 상관이 없으므로 <u>주식교환을 할 날에 주식교환의 효력이 발생한다</u>.

② [O] 주식이전은 이로 인하여 설립한 완전모회사가 그 본점소재지에서 제360조의20의 규정에 의한 등기를 함으로써 그 효력이 발생한다(상법 제360조의21). 주식의 포괄적 이전으로 인하여 신설회사의 설립등기가 이루어지는데, 설립등기의 경우 창설적 효력을 가지므로 주식의 포괄적 교환과 달리 설립등기일에 주식이전의 효력이 발생하는 것이다.

③ [O] 주식의 포괄적 교환 및 이전은 인수회사와 대상회사 간에 완전모자회사 관계가 성립하는 조직법적 행위이다(상법 제360조의2, 제360조의15 참조). 회사의 구조조정 방법에는 합병, 분할, 분할합병, 주식교환, 주식이전이 있는데 이 중 분할, 분할합병, 주식의 포괄적 교환 및 이전은 주식회사에서만 인정된다.

> **상법 제360조의2(주식의 포괄적 교환에 의한 완전모회사의 설립)**
> ① 회사는 이 관의 규정에 의한 주식의 포괄적 교환에 의하여 다른 회사의 발행주식의 총수를 소유하는 회사(이하 "완전모회사"라 한다)가 될 수 있다. 이 경우 그 다른 회사를 "완전자회사"라 한다.
>
> **상법 제360조의15(주식의 포괄적 이전에 의한 완전모회사의 설립)**
> ① 회사는 이 관의 규정에 의한 주식의 포괄적 이전(이하 이 관에서 "주식이전"이라 한다)에 의하여 완전모회사를 설립하고 완전자회사가 될 수 있다.

④ [O] 주식의 포괄적 이전의 경우에는 완전모회사가 주식이전에 의하여 비로소 신설되므로, 간이주식교환이나 소규모 주식교환에서처럼 완전모회사가 자회사의 주식을 미리 소유하는 경우가 발생할 수 없다. 따라서 주식의 포괄적 교환과 달리 포괄적 이전은 간이주식이전, 소규모 주식이전 제도는 성립할 수 없다.

⑤ [O] 주식이전의 무효는 각 회사의 주주·이사·감사·감사위원회의 위원 또는 청산인에 한하여 주식이전의 날부터 6월 내에 소만으로 이를 주장할 수 있다(상법 제360조의23 제1항). 합병과 달리 주식의 포괄적 교환 및 이전은 회사채권자의 이해관계가 달라지지 않으므로 채권자는 주식교환·이전 무효의 소의 원고적격이 없다.

답 ①

27 CPA 2022 ☑ 확인 Check! ○ △ ✕

상법상 주식의 포괄적 교환 또는 포괄적 이전에 관한 설명으로 틀린 것은?

① 주식이전 무효의 판결은 대세적 효력과 불소급효가 있다.
② 간이주식교환도 아니고 소규모 주식교환도 아닌 경우, 주식의 포괄적 교환을 하고자 하는 회사는 주식교환계약서를 작성하여 주주총회의 특별결의로 승인을 얻어야 한다.
③ 의결권 없는 주식을 가진 주주는 주식교환계약서를 승인하는 주주총회의 결의에 반대하는 경우, 상법상 다른 요건을 갖추더라도 반대주주의 주식매수청구권을 행사할 수 없다.
④ 주식이전으로 인하여 어느 종류의 주주에게 손해를 미치게 될 경우에는 주주총회의 결의 외에 그 종류주식의 주주의 총회의 결의가 있어야 한다.
⑤ 주식교환무효의 소는 완전모회사가 되는 회사의 본점소재지의 지방법원의 관할에 전속한다.

▌해설▌

① [○] 상법 제360조의23 제3항·제4항, 제190조

> **상법 제360조의23(주식이전무효의 소)**
> ③ 주식이전을 무효로 하는 판결이 확정된 때에는 완전모회사가 된 회사는 주식이전을 위하여 발행한 주식의 주주에 대하여 그가 소유하였던 완전자회사가 된 회사의 주식을 이전하여야 한다.
> ④ 제187조 내지 제193조 및 제377조의 규정은 제1항의 소에, 제339조 및 제340조 제3항의 규정은 제3항의 경우에 각각 이를 준용한다.
>
> **상법 제190조(판결의 효력)**
> 설립무효의 판결 또는 설립취소의 판결은 제3자에 대하여도 그 효력이 있다. 그러나 판결확정 전에 생긴 회사와 사원 및 제3자 간의 권리의무에 영향을 미치지 아니한다.

② [○] 상법 제360조의3 제1항, 제2항

> **상법 제360조의3(주식교환계약서의 작성과 주주총회의 승인 및 주식교환대가가 모회사 주식인 경우의 특칙)**
> ① 주식교환을 하고자 하는 회사는 주식교환계약서를 작성하여 주주총회의 승인을 얻어야 한다.
> ② 제1항의 승인결의는 제434조의 규정에 의하여야 한다.

③ [✕] 제360조의3 제1항의 규정에 의한 승인사항에 관하여 이사회의 결의가 있는 때에 그 결의에 반대하는 주주(의결권이 없거나 제한되는 주주를 포함한다. 이하 이 조에서 같다)는 주주총회 전에 회사에 대하여 서면으로 그 결의에 반대하는 의사를 통지한 경우에는 그 총회의 결의일부터 20일 이내에 주식의 종류와 수를 기재한 서면으로 회사에 대하여 자기가 소유하고 있는 주식의 매수를 청구할 수 있다(상법 제360조의5 제1항).

④ [○] 상법 제435조 제1항, 제436조

> **상법 제435조(종류주주총회)**
> ① 회사가 종류주식을 발행한 경우에 정관을 변경함으로써 어느 종류주식의 주주에게 손해를 미치게 될 때에는 주주총회의 결의 외에 그 종류주식의 주주의 총회의 결의가 있어야 한다.

> **상법 제436조(준용규정)**
> 제344조 제3항에 따라 주식의 종류에 따라 특수하게 정하는 경우와 회사의 분할 또는 분할합병, 주식교환, 주식이전 및 회사의 합병으로 인하여 어느 종류의 주주에게 손해를 미치게 될 경우에는 제435조를 준용한다.

⑤ [○] 상법 제360조의14 제2항

> **상법 제360조의14(주식교환무효의 소)**
> ① 주식교환의 무효는 각 회사의 주주·이사·감사·감사위원회의 위원 또는 청산인에 한하여 주식교환의 날부터 6월 내에 소만으로 이를 주장할 수 있다.
> ② 제1항의 소는 완전모회사가 되는 회사의 본점소재지의 지방법원의 관할에 전속한다.

답 ③

28 CPA 2021 ☑ 확인Check! ○ △ ✕

상법상 주식의 포괄적 교환 및 포괄적 이전에 관한 설명으로 틀린 것은?

① 주식의 포괄적 교환에 의하여 완전자회사가 되는 회사의 주주가 가지는 그 회사의 주식은 주식을 교환하는 날에 주식교환에 의하여 완전모회사가 되는 회사에 이전한다.

② 주식의 포괄적 교환을 하는 회사는 채권자보호절차가 필요하다.

③ 주식이전 무효의 판결이 확정되면 완전모회사는 해산의 경우에 준하여 청산하여야 한다.

④ 간이주식교환의 경우에 완전자회사가 되는 회사의 주주총회의 승인은 이를 이사회의 승인으로 갈음할 수 있다.

⑤ 주식이전은 이로 인하여 설립한 완전모회사가 그 본점소재지에서 2주 내에 주식이전에 의한 등기를 함으로써 효력이 발생한다.

▌해설▐

① [○] 주식의 포괄적 교환(이하 이 관에서 "주식교환"이라 한다)에 의하여 완전자회사가 되는 회사의 주주가 가지는 그 회사의 주식은 주식을 교환하는 날에 주식교환에 의하여 완전모회사가 되는 회사에 이전하고, 그 완전자회사가 되는 회사의 주주는 그 완전모회사가 되는 회사가 주식교환을 위하여 발행하는 신주의 배정을 받거나 그 회사 자기주식의 이전을 받음으로써 그 회사의 주주가 된다(상법 제360조의2 제2항).

② [✕] 완전모회사가 되는 회사는 신주를 지급한 경우에는 신주의 발행으로 자본금이 증가하게 되고 자기주식을 지급하는 경우에는 주식 소유자만 변동이 있을 뿐 자본금에 변동이 없으며, 완전자회사가 되는 회사의 경우도 주식 소유자만 변동이 있을 뿐이므로 회사채권자를 해할 염려가 없다. 따라서 주식의 포괄적 교환에서는 합병과 달리 회사채권자의 보호절차를 거치지 않는다.

제6장

③ [O] 상법 제360조의23 제4항, 제193조 제1항

> **상법 제360조의23(주식이전무효의 소)**
> ① 주식이전의 무효는 각 회사의 주주·이사·감사·감사위원회의 위원 또는 청산인에 한하여 주식이전의 날부터 6월 내에 소만으로 이를 주장할 수 있다.
> ④ 제187조 내지 제193조 및 제377조의 규정은 제1항의 소에, 제339조 및 제340조 제3항의 규정은 제3항의 경우에 각각 이를 준용한다.
>
> **상법 제193조(설립무효, 취소판결의 효과)**
> ① 설립무효의 판결 또는 설립취소의 판결이 확정된 때에는 해산의 경우에 준하여 청산하여야 한다.

④ [O] 완전자회사가 되는 회사의 총주주의 동의가 있거나 그 회사의 발행주식총수의 100분의 90 이상을 완전모회사가 되는 회사가 소유하고 있는 때에는 완전자회사가 되는 회사의 주주총회의 승인은 이를 이사회의 승인으로 갈음할 수 있다(상법 제360조의9 제1항).

⑤ [O] 상법 제360조의20, 제360조의21

> **상법 제360조의20(주식이전에 의한 등기)**
> 주식이전을 한 때에는 설립한 완전모회사의 본점의 소재지에서 2주일 내에 제317조 제2항에서 정하는 사항을 등기하여야 한다.
>
> **상법 제360조의21(주식이전의 효력발생시기)**
> 주식이전은 이로 인하여 설립한 완전모회사가 그 본점소재지에서 제360조의20의 규정에 의한 등기를 함으로써 그 효력이 발생한다.

답 ②

---

29 CPA 2020

☑ 확인 Check! ○ △ ✕

상법상 주식의 포괄적 교환 및 이전, 조직변경에 관한 설명으로 틀린 것은?

① 주식의 포괄적 이전에 의해 설립되는 완전모회사의 자본금은 주식이전의 날에 완전자회사로 되는 회사에 현존하는 순자산액에서 완전자회사의 주주에게 제공할 금전 및 그 밖의 재산의 가액을 뺀 액을 초과하지 못한다.

② 간이주식교환의 경우 완전자회사가 되는 회사의 주주총회의 승인은 이사회의 승인으로 갈음할 수 있고, 이에 반대하는 완전자회사가 되는 회사의 주주는 주식매수청구권을 행사할 수 있다.

③ 주식의 포괄적 교환 및 이전을 위해서는 채권자 보호절차가 필요하다.

④ 주식회사에서 유한회사로의 조직변경을 위해서는 법원의 인가가 필요하지 않으나, 유한회사에서 주식회사로의 조직변경을 위해서는 법원의 인가가 필요하다.

⑤ 주식회사에서 유한책임회사로의 조직변경은 허용되나, 유한회사에서 유한책임회사로의 조직변경은 허용되지 않는다.

┃해설┃

① [O] 설립하는 완전모회사의 자본금은 주식이전의 날에 완전자회사가 되는 회사에 현존하는 순자산액에서 그 회사의 주주에게 제공할 금전 및 그 밖의 재산의 가액을 뺀 액을 초과하지 못한다(상법 제360조의18).

② [O] 상법 제360조의5 제2항, 제360조의9 제1항·제2항

> **상법 제360조의5(반대주주의 주식매수청구권)**
> ② 제360조의9 제2항의 공고 또는 통지를 한 날부터 2주 내에 회사에 대하여 서면으로 주식교환에 반대하는 의사를 통지한 주주는 그 기간이 경과한 날부터 20일 이내에 주식의 종류와 수를 기재한 서면으로 회사에 대하여 자기가 소유하고 있는 주식의 매수를 청구할 수 있다.
>
> **상법 제360조의9(간이주식교환)**
> ① 완전자회사가 되는 회사의 총주주 동의가 있거나 그 회사의 발행주식총수의 100분의 90 이상을 완전모회사가 되는 회사가 소유하고 있는 때에는 완전자회사가 되는 회사의 주주총회의 승인은 이를 이사회의 승인으로 갈음할 수 있다.
> ② 제1항의 경우에 완전자회사가 되는 회사는 주식교환계약서를 작성한 날부터 2주 내에 주주총회의 승인을 얻지 아니하고 주식교환을 한다는 뜻을 공고하거나 주주에게 통지하여야 한다. 다만, 총주주의 동의가 있는 때에는 그러하지 아니하다.

③ [X] 주식의 포괄적 교환 및 이전의 경우에는 주식 소유자만 변동이 있을 뿐이어서 회사채권자를 해할 염려가 없으므로 합병과 달리 회사채권자 보호절차를 거치지 않는다.

④ [O] 유한회사나 유한책임회사가 주식회사로 조직변경을 하려면 법원의 인가를 얻어야 한다. 이는 엄격한 주식회사의 설립절차를 회피하는 방법으로 조직변경을 이용하는 것을 막기 위한 것이다(상법 제287조의44, 제607조 제3항 참조). 그러나 주식회사가 유한회사로 조직변경하는 경우에는 법원의 인가가 요구되지 않는다.

> **상법 제607조(유한회사의 주식회사로의 조직변경)**
> ① 유한회사는 총사원의 일치에 의한 총회의 결의로 주식회사로 조직을 변경할 수 있다. 다만, 회사는 그 결의를 정관으로 정하는 바에 따라 제585조의 사원총회의 결의로 할 수 있다.
> ③ 제1항의 조직변경은 법원의 인가를 받지 아니하면 효력이 없다.

⑤ [O] 조직변경은 합명회사와 합자회사 상호 간(상법 제242조, 제286조 참조), 주식회사와 유한회사 상호 간(상법 제604조 제1항, 제607조 제1항 참조), 주식회사와 유한책임회사 상호 간(상법 제287조의43 제1항, 제2항 참조)에만 허용되고, 유한책임회사와 유한회사 상호 간의 조직변경은 허용되지 않는다.

> **상법 제287조의43(조직의 변경)**
> ① 주식회사는 총회에서 총주주의 동의로 결의한 경우에는 그 조직을 변경하여 이 장에 따른 유한책임회사로 할 수 있다.
> ② 유한책임회사는 총사원의 동의에 의하여 주식회사로 변경할 수 있다.

답 ③

CHAPTER 07 | 주식회사 외의 회사

제1절 | 합명회사

01 세무사 2024 　　　　　　　　　　　　　　　☑ 확인Check! ○ △ ✕

상법상 합명회사에 관한 설명으로 옳지 않은 것은?

① 회사설립의 무효는 그 사원에 한하여 회사성립의 날로부터 2년 내에 소만으로 주장할 수 있다.

② 사원이 채권자를 해할 것을 알고 회사를 설립한 때에는 채권자는 회사만을 상대로 하여 회사의 설립취소소송을 제기할 수 있다.

③ 설립등기사항에는 사원의 성명·주민등록번호 및 주소도 포함되지만, 회사를 대표할 사원을 정한 때에는 그 외의 사원의 주소는 제외한다.

④ 회사는 정관 또는 총사원의 동의로 수인의 사원이 공동으로 회사를 대표할 것을 정할 수 있다.

⑤ 수개의 설립무효의 소가 제기된 때에는 법원은 이를 병합심리 하여야 한다.

┃해설┃

① [○] 회사의 설립의 무효는 그 사원에 한하여, 설립의 취소는 그 취소권 있는 자에 한하여 회사성립의 날로부터 2년 내에 소만으로 이를 주장할 수 있다(상법 제184조 제1항).

② [✕] 사원이 그 채권자를 해할 것을 알고 회사를 설립한 때에는 채권자는 그 <u>사원과 회사에 대한 소로</u> 회사의 설립취소를 청구할 수 있다(상법 제185조).

③ [○] 상법 제180조 제1호

> **상법 제180조(설립의 등기)**
> 합명회사의 설립등기에 있어서는 다음의 사항을 등기하여야 한다.
> 1. 제179조 제1호 내지 제3호(목적, 상호, <u>사원의 성명·주민등록번호 및 주소</u>) 및 제5호(본점의 소재지)의 사항과 지점을 둔 때에는 그 소재지. 다만, <u>회사를 대표할 사원을 정한 때에는 그 외의 사원의 주소를 제외한다.</u>
> 2. 사원의 출자의 목적, 재산출자에는 그 가격과 이행한 부분
> 3. 존립기간 기타 해산사유를 정한 때에는 그 기간 또는 사유
> 4. 회사를 대표할 사원을 정한 경우에는 그 성명·주소 및 주민등록번호
> 5. 수인의 사원이 공동으로 회사를 대표할 것을 정한 때에는 그 규정

④ [O] 회사는 정관 또는 총사원의 동의로 수인의 사원이 공동으로 회사를 대표할 것을 정할 수 있다(상법 제208조 제1항).

⑤ [O] 수개의 설립무효의 소 또는 설립취소의 소가 제기된 때에는 법원은 이를 병합심리하여야 한다(상법 제188조).

답 ②

02 세무사 2023

☑ 확인Check! ○ △ ✕

상법상 합명회사에 관한 설명으로 옳지 않은 것은?

① 회사의 설립에는 2인 이상의 사원이 공동으로 정관을 작성하여야 한다.

② 사원은 다른 사원의 동의를 얻지 아니하면 그 지분의 전부 또는 일부를 타인에게 양도하지 못한다.

③ 총사원의 과반수 이상의 동의로 사원의 1인 또는 수인을 업무집행사원으로 정한 때에는 그 사원이 회사의 업무를 집행할 권리와 의무를 가진다.

④ 사원은 다른 사원의 동의가 없으면 자기 또는 제3자의 계산으로 회사의 영업부류에 속하는 거래를 하지 못하며 동종영업을 목적으로 하는 다른 회사의 무한책임사원 또는 이사가 되지 못한다.

⑤ 회사의 재산으로 회사의 채무를 완제할 수 없는 때에는 각 사원은 연대하여 변제할 책임이 있다.

┃해설┃

① [O] 합명회사의 설립에는 2인 이상의 사원이 공동으로 정관을 작성하여야 한다(상법 제178조).

② [O] 사원은 다른 사원의 동의를 얻지 아니하면 그 지분의 전부 또는 일부를 타인에게 양도하지 못한다(상법 제197조).

③ [✕] 정관으로 사원의 1인 또는 수인을 업무집행사원으로 정한 때에는 그 사원이 회사의 업무를 집행할 권리와 의무가 있다(상법 제201조 제1항).

④ [O] 사원은 다른 사원의 동의가 없으면 자기 또는 제3자의 계산으로 회사의 영업부류에 속하는 거래를 하지 못하며 동종영업을 목적으로 하는 다른 회사의 무한책임사원 또는 이사가 되지 못한다(상법 제198조 제1항).

⑤ [O]] 회사의 재산으로 회사의 채무를 완제할 수 없는 때에는 각 사원은 연대하여 변제할 책임이 있다(상법 제212조 제1항).

답 ③

상법상 합명회사에 관한 설명으로 옳지 않은 것은?

① 회사를 설립하기 위해서는 2인 이상의 사원이 공동으로 정관을 작성해야 한다.

② 회사의 정관에는 절대적 기재사항을 기재하고 총사원의 기명날인 또는 서명이 있어야 한다.

③ 사원이 그 채권자를 해할 것을 알고 회사를 설립한 때에는 채권자는 그 사원과 회사에 대한 소로 회사의 설립취소를 청구할 수 있다.

④ 사원은 그 보유지분의 일부에 대해서는 다른 사원의 동의가 없어도 타인에게 양도할 수 있다.

⑤ 사원은 다른 사원 과반수의 결의가 있는 때에 한하여 자기 또는 제3자의 계산으로 회사와 거래를 할 수 있다.

▌해설▐

① [O] 합명회사의 설립에는 2인 이상의 사원이 공동으로 정관을 작성하여야 한다(상법 제178조).

② [O] 상법 제179조

> **상법 제179조(정관의 절대적 기재사항)**
> 정관에는 다음의 사항을 기재하고 총사원이 기명날인 또는 서명하여야 한다.
> 1. 목 적
> 2. 상 호
> 3. 사원의 성명·주민등록번호 및 주소
> 4. 사원의 출자의 목적과 그 가격 또는 평가의 표준
> 5. 본점의 소재지
> 6. 정관의 작성연월일

③ [O] 사원이 그 채권자를 해할 것을 알고 회사를 설립한 때에는 채권자는 그 사원과 회사에 대한 소로 회사의 설립취소를 청구할 수 있다(상법 제185조).

④ [X] 사원은 다른 사원의 동의를 얻지 아니하면 그 지분의 전부 또는 일부를 타인에게 양도하지 못한다(상법 제197조).

⑤ [O] 사원은 다른 사원 과반수의 결의가 있는 때에 한하여 자기 또는 제3자의 계산으로 회사와 거래를 할 수 있다. 이 경우에는 민법 제124조의 규정을 적용하지 아니한다(상법 제199조). 참고로 사원의 경업은 다른 모든 사원의 동의가 있어야 한다(상법 제198조 제1항 참조).

답 ④

상법상 합명회사에 관한 설명으로 옳지 않은 것은?

① 사원은 다른 사원의 동의를 얻지 아니하면 그 지분의 전부 또는 일부를 타인에게 양도하지 못한다.

② 정관으로 지분을 상속할 수 있음을 정한 때에는 사원의 상속인은 상속의 개시를 안 날부터 3월 내에 회사에 대하여 승계 또는 포기의 통지를 발송하여야 한다.

③ 회사성립 후에 가입한 사원은 그 가입 전에 생긴 회사 채무에 대하여 책임이 없다.

④ 정관 또는 총사원의 동의로 회사를 대표할 업무집행사원을 정한 경우에는 그 업무집행사원이 회사를 대표한다.

⑤ 회사의 재산으로 회사 채무를 완제할 수 없는 때에는 각 사원은 연대하여 변제할 책임이 있다.

┃**해설**┃

① [○] 사원은 다른 사원의 동의를 얻지 아니하면 그 지분의 전부 또는 일부를 타인에게 양도하지 못한다(상법 제197조).

② [○] 정관으로 사원이 사망한 경우에 그 상속인이 회사에 대한 피상속인의 권리의무를 승계하여 사원이 될 수 있음을 정한 때에는 상속인은 상속의 개시를 안 날로부터 3월 내에 회사에 대하여 승계 또는 포기의 통지를 발송하여야 한다(상법 제219조 제1항).

③ [✕] 회사성립 후에 가입한 사원은 그 가입 전에 생긴 회사채무에 대하여 <u>다른 사원과 동일한 책임을 진다</u>(상법 제213조).

④ [○] 정관으로 업무집행사원을 정하지 아니한 때에는 각 사원은 회사를 대표한다. 수인의 업무집행사원을 정한 경우에 각 업무집행사원은 회사를 대표한다. 그러나 정관 또는 총사원의 동의로 업무집행사원 중 특히 회사를 대표할 자를 정할 수 있다(상법 제207조).

⑤ [○] 회사의 재산으로 회사의 채무를 완제할 수 없는 때에는 각 사원은 연대하여 변제할 책임이 있다(상법 제212조 제1항).

답 ③

상법상 합명회사에 관한 설명으로 옳은 것을 모두 고른 것은? (다툼이 있으면 판례에 따름)

> ㄱ. 회사가 사원에 대하여 소를 제기하는 경우 회사를 대표할 사원이 없을 때에는 법원에 청구하여 대표자를 선정해야 한다.
> ㄴ. 회사는 총사원의 동의로 수인의 사원이 공동으로 회사를 대표할 것을 정할 수 있다.
> ㄷ. 채무자인 사원의 지분을 압류한 채권자가 영업연도말에 그 사원을 퇴사시키기 위해서는 다른 사원 전원의 동의를 얻어야 한다.
> ㄹ. 사원은 다른 사원 과반수의 결의가 있는 때에 한하여 자기 또는 제3자의 계산으로 회사와 거래를 할 수 있다.

① ㄱ, ㄷ
② ㄴ, ㄷ
③ ㄴ, ㄹ
④ ㄱ, ㄷ, ㄹ
⑤ ㄴ, ㄷ, ㄹ

ㄱ. [×] 회사가 사원에 대하여 또는 사원이 회사에 대하여 소를 제기하는 경우에 회사를 대표할 사원이 없을 때에는 다른 사원 과반수의 결의로 선정하여야 한다(상법 제211조).

ㄴ. [○] 회사는 정관 또는 총사원의 동의로 수인의 사원이 공동으로 회사를 대표할 것을 정할 수 있다(상법 제208조 제1항).

ㄷ. [×] 사원의 지분을 압류한 채권자는 영업년도말에 그 사원을 퇴사시킬 수 있다. 그러나 회사와 그 사원에 대하여 6월 전에 그 예고를 하여야 한다(상법 제224조 제1항). 다른 사원의 동의를 받을 필요는 없다.

ㄹ. [○] 사원은 다른 사원 과반수의 결의가 있는 때에 한하여 자기 또는 제3자의 계산으로 회사와 거래를 할 수 있다. 이 경우에는 민법 제124조의 규정을 적용하지 아니한다(상법 제199조).

답 ③

06 세무사 2019
☑ 확인 Check! ○ △ ×

상법상 합명회사에 관한 설명으로 옳지 않은 것은?

① 채권을 출자의 목적으로 한 사원은 그 채권이 변제기에 변제되지 아니한 때에는 그 채권액을 변제할 책임을 진다.

② 사원은 다른 사원의 동의를 얻지 아니하면 그 지분의 전부 또는 일부를 타인에게 양도하지 못한다.

③ 회사설립의 무효는 그 사원에 한하여, 설립의 취소는 그 취소권 있는 자에 한하여 회사성립의 날부터 2년 내에 소만으로 이를 주장할 수 있다.

④ 법정청산 시 청산인이 회사의 영업의 전부를 양도함에는 총사원의 동의가 있어야 한다.

⑤ 지배인의 선임과 해임은 정관에 다른 정함이 없으면 업무집행사원이 있는 경우에도 총사원 과반수의 결의에 의한다.

① [○] 채권을 출자의 목적으로 한 사원은 그 채권이 변제기에 변제되지 아니한 때에는 그 채권액을 변제할 책임을 진다. 이 경우에는 이자를 지급하는 외에 이로 인하여 생긴 손해를 배상하여야 한다(상법 제196조).

② [○] 사원은 다른 사원의 동의를 얻지 아니하면 그 지분의 전부 또는 일부를 타인에게 양도하지 못한다(상법 제197조).

③ [○] 회사의 설립의 무효는 그 사원에 한하여, 설립의 취소는 그 취소권 있는 자에 한하여 회사성립의 날로부터 2년 내에 소만으로 이를 주장할 수 있다(상법 제184조 제1항).

④ [×] 상법 제250조, 제257조

> **상법 제250조(법정청산)**
> 제247조(임의청산) 제1항의 규정에 의하여 회사재산의 처분방법을 정하지 아니한 때에는 합병과 파산의 경우를 제외하고 제251조 내지 제265조의 규정에 따라서 청산을 하여야 한다.
>
> **상법 제257조(영업의 양도)**
> 청산인이 회사의 영업의 전부 또는 일부를 양도함에는 <u>총사원 과반수의 결의</u>가 있어야 한다.

⑤ [O] 지배인의 선임과 해임은 정관에 다른 정함이 없으면 업무집행사원이 있는 경우에도 총사원 과반수의 결의에 의하여야 한다(상법 제203조).

달 ④

---

07 세무사 2018

☑ 확인 Check! ○ △ ×

상법상 합명회사에 관한 설명으로 옳은 것은? (단, 정관에 상법과 달리 정하는 규정은 없다)

① 사원이 그 채권자를 해할 것을 알고 회사를 설립한 때에는 채권자는 그 사원과 회사에 대한 소로 회사의 설립취소를 청구할 수 있다.

② 사원이 회사채무에 관하여 변제의 청구를 받은 때에는 회사가 주장할 수 있는 항변으로 그 채권자에게 대항할 수 없다.

③ 설립등기시 회사를 대표할 사원을 정한 경우 회사를 대표할 사원의 성명은 등기해야 하지만 그 외의 사원의 성명은 등기하지 않아도 된다.

④ 노무를 출자한 사원이 퇴사한 경우 정관에 지분의 환급여부에 대한 규정이 없으면 퇴사한 노무출자사원은 지분의 환급을 받을 수 없다.

⑤ 회사성립 후에 가입한 사원은 그 가입 전에 생긴 회사채무에 대하여는 책임을 지지 않는다.

┃해설┃

① [O] 사원이 그 채권자를 해할 것을 알고 회사를 설립한 때에는 채권자는 그 사원과 회사에 대한 소로 회사의 설립취소를 청구할 수 있다(상법 제185조).

② [×] 사원이 회사채무에 관하여 변제의 청구를 받은 때에는 회사가 주장할 수 있는 항변으로 그 채권자에게 <u>대항할 수 있다</u>(상법 제214조 제1항).

③ [×] <u>사원의 성명·주민등록번호 및 주소는 설립등기사항이다.</u> 다만 회사를 대표할 사원을 정한 때에는 그 외의 사원의 주소는 등기사항에서 제외된다(상법 제180조 제1호 참조).

> **상법 제180조(설립의 등기)**
> 합명회사의 설립등기에 있어서는 다음의 사항을 등기하여야 한다.
> 1. <u>제179조 제1호 내지 제3호</u> 및 제5호의 사항과 지점을 둔 때에는 그 소재지. 다만, <u>회사를 대표할 사원을 정한 때에는 그 외의 사원의 주소를 제외한다.</u>
> 2. 사원의 출자의 목적, 재산출자에는 그 가격과 이행한 부분

>   3. 존립기간 기타 해산사유를 정한 때에는 그 기간 또는 사유
>   4. 회사를 대표할 사원을 정한 경우에는 그 성명·주소 및 주민등록번호
>   5. 수인의 사원이 공동으로 회사를 대표할 것을 정한 때에는 그 규정
>
>   **상법 제179조(정관의 절대적 기재사항)**
>   정관에는 다음의 사항을 기재하고 총사원이 기명날인 또는 서명하여야 한다.
>   1. 목 적
>   2. 상 호
>   3. 사원의 성명·주민등록번호 및 주소
>   4. 사원의 출자의 목적과 그 가격 또는 평가의 표준
>   5. 본점의 소재지
>   6. 정관의 작성연월일

④ [×] 퇴사한 사원은 노무 또는 신용으로 출자의 목적으로 한 경우에도 <u>그 지분의 환급을 받을 수 있다.</u> 그러나 정관에 다른 규정이 있는 때에는 그러하지 아니하다(상법 제222조).

⑤ [×] 회사성립 후에 가입한 사원은 그 가입 전에 생긴 회사채무에 대하여 <u>다른 사원과 동일한 책임을 진다</u>(상법 제213조).

답 ①

---

08 세무사 2017

상법상 회사에 관한 설명으로 옳지 않은 것은?

① 주식회사의 발기인이 회사의 설립 시에 발행하는 주식의 총수를 인수한 때에는 지체없이 각 주식에 대하여 그 인수가액의 전액을 납입하여야 한다.

② 합명회사의 사원은 다른 사원 전원의 동의가 있어야만 자기 또는 제3자의 계산으로 회사와 거래를 할 수 있다.

③ 유한책임회사에서의 자본금의 액은 정관의 기재사항이다.

④ 유한회사에서 사원총회를 소집할 때에는 사원총회일의 1주 전에 각 사원에게 서면으로 통지서를 발송하거나 각 사원의 동의를 받아 전자문서로 통지서를 발송하여야 한다.

⑤ 상법상 회사는 합명회사, 합자회사, 유한책임회사, 주식회사와 유한회사의 5종으로 한다.

┃해설┃

① [O] 발기인이 회사의 설립 시에 발행하는 주식의 총수를 인수한 때에는 지체없이 각 주식에 대하여 그 인수가액의 전액을 납입하여야 한다. 이 경우 발기인은 납입을 맡을 은행 기타 금융기관과 납입장소를 지정하여야 한다(상법 제295조 제1항).

② [×] (합명회사의) 사원은 다른 사원 과반수의 결의가 있는 때에 한하여 자기 또는 제3자의 계산으로 회사와 거래를 할 수 있다. 이 경우에는 민법 제124조의 규정을 적용하지 아니한다(상법 제199조).

③ [O] 상법 제287조의3 제3호

> **상법 제287조의3(정관의 기재사항)**
> (유한책임회사의) 정관에는 다음 각 호의 사항을 적고 각 사원이 기명날인하거나 서명하여야 한다.
> 1. 제179조 제1호부터 제3호까지, 제5호 및 제6호에서 정한 사항(목적, 상호, 사원의 성명·주민등록번호 및 주소, 본점의 소재지, 정관의 작성연월일)
> 2. 사원의 출자의 목적 및 가액
> 3. 자본금의 액
> 4. 업무집행자의 성명(법인인 경우에는 명칭) 및 주소

④ [O] (유한회사에서) 사원총회를 소집할 때에는 사원총회일의 1주 전에 각 사원에게 서면으로 통지서를 발송하거나 각 사원의 동의를 받아 전자문서로 통지서를 발송하여야 한다(상법 제571조 제2항).

⑤ [O] 회사는 합명회사, 합자회사, 유한책임회사, 주식회사와 유한회사의 5종으로 한다(상법 제170조).

답 ②

09 세무사 **2017**   ☑ 확인 Check! ○ △ ✕

상법상 합명회사에 관한 설명으로 옳지 않은 것은? 기출수정

① 사원이 1인으로 되어 해산하게 된 경우 해산된 회사의 재산처분방법은 정관 또는 총사원의 동의로 이를 정할 수 있다.

② 지배인의 선임과 해임은 정관에 다른 정함이 없으면 업무집행사원이 있는 경우에도 총사원 과반수의 결의에 의하여야 한다.

③ 업무집행사원의 권한상실선고의 판결이 확정된 때에는 본점의 소재지에서 등기하여야 한다.

④ 정관에 수인의 업무집행사원이 있는 경우 그 각 사원의 업무집행에 관한 행위에 대하여 다른 업무집행사원의 이의가 있는 때에는 곧 그 행위를 중지하고 업무집행사원 과반수의 결의에 의하여야 한다.

⑤ 정관을 변경하려면 총사원의 동의가 있어야 한다.

▌해설▐

① [×] 사원이 1인으로 되어 해산하게 된 경우 해산된 회사의 재산처분방법은 정관 또는 총사원의 동의로 이를 정할 수 없다(상법 제247조 제1항·제2항, 제227조 제3호 참조). 즉, 사원이 1인으로 되어 해산한 때와 법원의 해산명령 또는 해산판결에 의하여 해산한 때에는 임의청산이 허용되지 않는다.

> **상법 제247조(임의청산)**
> ① 해산된 회사의 재산처분방법은 정관 또는 총사원의 동의로 이를 정할 수 있다. 이 경우에는 해산사유가 있는 날로부터 2주간 내에 재산목록과 대차대조표를 작성하여야 한다.
> ② 전항의 규정은 회사가 제227조 제3호 또는 제6호의 사유로 인하여 해산한 경우에는 이를 적용하지 아니한다.
>
> **상법 제227조(해산원인)**
> 회사는 다음의 사유로 인하여 해산한다.
> 1. 존립기간의 만료 기타 정관으로 정한 사유의 발생
> 2. 총사원의 동의
> 3. 사원이 1인으로 된 때
> 4. 합 병
> 5. 파 산
> 6. 법원의 명령 또는 판결

② [○] 지배인의 선임과 해임은 정관에 다른 정함이 없으면 업무집행사원이 있는 경우에도 총사원 과반수의 결의에 의하여야 한다(상법 제203조).

③ [○] 상법 제205조 제2항

> **상법 제205조(업무집행사원의 권한상실선고)**
> ① 사원이 업무를 집행함에 현저하게 부적임하거나 중대한 의무에 위반한 행위가 있는 때에는 법원은 사원의 청구에 의하여 업무집행권한의 상실을 선고할 수 있다.
> ② 제1항의 판결이 확정된 때에는 본점의 소재지에서 등기하여야 한다.

④ [○] 수인의 업무집행사원이 있는 경우에 그 각 사원의 업무집행에 관한 행위에 대하여 다른 업무집행사원의 이의가 있는 때에는 곧 그 행위를 중지하고 업무집행사원 과반수의 결의에 의하여야 한다(상법 제201조 제2항).

⑤ [○] 정관을 변경함에는 총사원의 동의가 있어야 한다(상법 제204조).

답 ①

상법상 회사에 관한 설명으로 옳지 않은 것은?

① 합명회사 성립 후에 가입한 사원은 가입 전에 생긴 회사 채무에 대하여 다른 사원과 동일한 책임을 진다.

② 합자회사의 유한책임사원은 출자가액에서 이미 이행한 부분을 공제한 가액을 한도로 회사채무에 대한 변제책임을 진다.

③ 유한책임회사의 사원은 신용이나 노무를 출자 목적으로 할 수 없다.

④ 유한회사의 사원은 정관에서 제한이 없는 이상 지분의 전부 또는 일부를 양도할 수 있다.

⑤ 합명회사의 사원은 무한·연대책임을 부담하므로 회사가 주장할 수 있는 항변으로 합명회사의 채권자에게 대항할 수 없다.

┃해설┃

① [○] (합명)회사 성립 후에 가입한 사원은 그 가입 전에 생긴 회사채무에 대하여 다른 사원과 동일한 책임을 진다(상법 제213조).

② [○] (합자회사의) 유한책임사원은 그 출자가액에서 이미 이행한 부분을 공제한 가액을 한도로 하여 회사채무를 변제할 책임이 있다(상법 제279조 제1항).

③ [○] (유한책임회사의) 사원은 신용이나 노무를 출자의 목적으로 하지 못한다(상법 제287조의4 제1항).

④ [○] (유한회사의) 사원은 그 지분의 전부 또는 일부를 양도하거나 상속할 수 있다. 다만, 정관으로 지분의 양도를 제한할 수 있다(상법 제556조).

⑤ [✕] (합명회사의) 사원이 회사채무에 관하여 변제의 청구를 받은 때에는 <u>회사가 주장할 수 있는 항변으로 그 채권자에게 대항할 수 있다</u>(상법 제214조 제1항).

답 ⑤

상법상 합명회사에 관한 설명으로 옳은 것은?

① 합명회사의 사원은 출자에 대하여 직접, 연대, 무한의 책임을 진다.

② 합명회사의 설립의 하자에 대하여 설립무효의 소는 인정되나 설립취소의 소는 인정되지 않는다.

③ 채권을 출자의 목적으로 한 사원은 그 채권이 변제기에 변제되지 아니한 때에는 그 채권액을 변제할 책임을 진다.

④ 사원은 다른 사원의 동의를 얻은 때에도 그 지분의 전부 또는 일부를 타인에게 양도하지 못한다.

⑤ 지배인의 선임은 정관에 다른 정함이 없으면 업무집행사원이 있는 경우에도 사원 전원의 동의를 얻어야 한다.

─────────────────────────

┃해설┃

① [✕] 합명회사의 사원은 회사채무에 대하여 채권자에게 직접·연대·무한책임을 진다(상법 제212조 제1항 참조). 이 책임은 대외적으로 회사채권자에 대한 책임으로서 대내적으로 부담하는 출자의무와 구별된다.

> **상법 제212조(사원의 책임)**
> ① 회사의 재산으로 회사의 채무를 완제할 수 없는 때에는 각 사원은 연대하여 변제할 책임이 있다.

② [✕] (합명)회사의 설립의 무효는 그 사원에 한하여, 설립의 취소는 그 취소권 있는 자에 한하여 회사성립의 날로부터 2년 내에 소만으로 이를 주장할 수 있다(상법 제184조 제1항). 즉, 합명회사는 사원의 개성이 중요하므로 설립무효의 소뿐만 아니라 사원의 설립행위의 주관적 하자를 원인으로 하는 설립취소의 소도 인정되고, 무효원인으로 객관적 무효원인 이외에 사원의 주관적 무효원인도 포함된다. 참고로 주식회사는 설립무효의 소만 인정되고 설립취소의 소는 인정되지 않는다.

③ [O] 채권을 출자의 목적으로 한 사원은 그 채권이 변제기에 변제되지 아니한 때에는 그 채권액을 변제할 책임을 진다. 이 경우에는 이자를 지급하는 외에 이로 인하여 생긴 손해를 배상하여야 한다(상법 제196조).

④ [✕] 사원은 다른 사원의 동의를 얻지 아니하면 그 지분의 전부 또는 일부를 타인에게 양도하지 못한다(상법 제197조). 즉, 다른 사원 전원의 동의를 얻으면 지분을 양도할 수 있다.

⑤ [✕] 지배인의 선임과 해임은 정관에 다른 정함이 없으면 업무집행사원이 있는 경우에도 총사원 과반수의 결의에 의하여야 한다(상법 제203조).

 답 ③

상법상 정관으로 업무집행사원을 정하고 있지 아니한 합명회사에 관한 설명으로 옳은 것은?

① 회사의 사원 뿐 아니라 회사채권자도 설립무효의 소를 제기할 수 있다.

② 회사는 정관 또는 총사원의 동의로 수인의 사원이 공동으로 회사를 대표할 것을 정할 수 있다.

③ 회사가 총사원의 동의로 해산하는 경우 해산등기가 이루어지면 회사는 소멸한다.

④ 노무를 출자의 목적으로 한 사원이 퇴사한 경우 정관에 정함이 있어야 회사로부터 지분의 환급을 받을 수 있다.

⑤ 회사가 정관으로 존립기간을 정하고 있지 아니한 경우 사원은 부득이한 사유가 있는지 여부를 불문하고 언제든지 퇴사할 수 있다.

▌해설

① [✕] (합명)회사의 설립의 무효는 그 <u>사원에 한하여</u>, 설립의 취소는 그 취소권 있는 자에 한하여 회사성립의 날로부터 2년 내에 소만으로 이를 주장할 수 있다(상법 제184조 제1항).

② [○] (합명)회사는 정관 또는 총사원의 동의로 수인의 사원이 공동으로 회사를 대표할 것을 정할 수 있다(상법 제208조 제1항).

③ [✕] (합명)회사는 해산된 후에도 <u>청산의 목적 범위 내에서 존속하고</u>(상법 제245조), 청산절차를 거쳐 청산을 사실상 종결하였을 때 권리능력이 소멸한다.

④ [✕] 퇴사한 사원은 노무 또는 신용으로 출자의 목적으로 한 경우에도 <u>그 지분의 환급을 받을 수 있다</u>. 그러나 <u>정관에 다른 규정이 있는 때에는 그러하지 아니하다</u>(상법 제222조).

⑤ [✕] 회사가 정관으로 존립기간을 정하고 있지 아니한 경우 사원은 영업년도말에 한하여 퇴사할 수 있다. 그러나 사원이 <u>부득이한 사유가 있을 때에는 언제든지 퇴사할 수 있다</u>(상법 제217조 제1항, 제2항 참조).

> **상법 제217조(사원의 퇴사권)**
> ① 정관으로 회사의 존립기간을 정하지 아니하거나 어느 사원의 종신까지 존속할 것을 정한 때에는 사원은 영업년도말에 한하여 퇴사할 수 있다. 그러나 6월 전에 이를 예고하여야 한다.
> ② 사원이 부득이한 사유가 있을 때에는 언제든지 퇴사할 수 있다.

답 ②

상법상 회사에 관한 설명으로 틀린 것은?

① 주식회사는 합명회사의 사원이 되지 못한다.

② 합자회사의 주소는 본점소재지에 있는 것으로 한다.

③ 법원은 유한회사가 정당한 사유없이 설립 후 1년 내에 영업을 개시하지 아니하면 직권으로 회사의 해산을 명할 수 있다.

④ 존립 중의 유한회사가 합명회사와 합병하는 경우에 합병 후 존속하는 회사는 유한회사이어야 한다.

⑤ 합명회사의 사원이 회사 채무에 관하여 변제의 청구를 받은 때에는 회사가 그 채권자에 대하여 상계할 권리가 있더라도 그 사원은 그 변제를 거부할 수 없다.

▌해설▌

① [○] 회사는 다른 회사의 무한책임사원이 되지 못한다(상법 제173조).

② [○] 회사의 주소는 본점소재지에 있는 것으로 한다(상법 제171조).

③ [○] 상법 제176조 제1항 제2호

> **상법 제176조(회사의 해산명령)**
> ① 법원은 다음의 사유가 있는 경우에는 이해관계인이나 검사의 청구에 의하여 또는 직권으로 회사의 해산을 명할 수 있다.
> 1. 회사의 설립목적이 불법한 것인 때
> 2. 회사가 정당한 사유없이 설립 후 1년 내에 영업을 개시하지 아니하거나 1년 이상 영업을 휴지하는 때
> 3. 이사 또는 회사의 업무를 집행하는 사원이 법령 또는 정관에 위반하여 회사의 존속을 허용할 수 없는 행위를 한 때

④ [○] 합병을 하는 회사의 일방 또는 쌍방이 주식회사, 유한회사 또는 유한책임회사인 경우에는 합병 후 존속하는 회사나 합병으로 설립되는 회사는 주식회사, 유한회사 또는 유한책임회사이어야 한다(상법 제174조 제2항).

⑤ [✕] 상법 제214조 제1항, 제2항

> **상법 제214조(사원의 항변)**
> ① 사원이 회사채무에 관하여 변제의 청구를 받은 때에는 회사가 주장할 수 있는 항변으로 그 채권자에게 대항할 수 있다.
> ② 회사가 그 채권자에 대하여 상계, 취소 또는 해제할 권리가 있는 경우에는 사원은 전항의 청구에 대하여 변제를 거부할 수 있다.

 답 ⑤

14 법무사 2023

합명회사에 관한 다음 설명 중 가장 옳은 것은?

① 상법상 합명회사의 사원 또는 업무집행사원의 업무집행권한을 상실시키는 것은 상법 제205조 제1항에 따라 다른 사원의 청구에 의하여 법원의 선고로써 권한을 상실시키는 방법에 의해서만 가능하다.

② 합명회사의 사원은 회사채권자에 대하여 직접·연대·무한책임을 부담하지만, 업무집행권한 상실제도를 통하여 업무집행에 현저히 부적합하거나 중대하게 의무를 위반한 사원이나 업무집행사원을 업무집행에서 배제함으로써 자신의 책임이 부당하게 발생·증대되는 것으로부터 자신을 보호할 수 있다.

③ 합명회사 사원의 책임은 '회사의 재산으로 회사의 채무를 완제할 수 없는 때' 또는 '회사재산에 대한 강제집행이 주효하지 못한 때'에 비로소 발생한다.

④ 합명회사의 청산 중에 사원의 퇴사가 허용된다.

⑤ 상법은 합명회사의 경우 표현책임에 관한 규정을 두고 있지 아니하므로, 합명회사의 사원이 아닌 자가 타인에게 자기를 사원이라고 오인시키는 행위를 하였더라도 오인으로 인하여 회사와 거래한 자에 대하여 사원과 책임을 부담하는 것은 아니다.

┃해설┃

① [✕] 상법상 합명회사의 사원 또는 업무집행사원의 업무집행권한을 상실시키는 방법으로는 다음의 두 가지를 상정할 수 있다. 첫째, 상법 제205조 제1항에 따라 다른 사원의 청구에 의하여 법원의 선고로써 권한을 상실시키는 방법이다. 둘째, 상법 제195조에 의하여 준용되는 민법 제708조에 따라 법원의 선고절차를 거치지 않고 총사원이 일치하여 업무집행사원을 해임함으로써 권한을 상실시키는 방법이다. 위 두 가지 방법은 요건과 절차가 서로 다르므로, 상법 제205조 제1항이 민법 제708조의 준용을 배제하고 있다고 보기 어렵다. 따라서 정관에서 달리 정하고 있지 않는 이상, 합명회사의 사원은 두 가지 방법 중 어느 하나의 방법으로 다른 사원 또는 업무집행사원의 업무집행권한을 상실시킬 수 있다(대판 2015.5.29. 2014다51541).

② [○] 합명회사의 사원은 회사채권자에 대하여 직접·연대·무한책임을 진다. 만약 다른 사원 또는 업무집행사원이 업무집행에 현저히 부적합하거나 중대하게 의무를 위반하는 경우에는 그로 인하여 자신의 책임이 발생·증대될 우려가 있으므로, 다른 사원 또는 업무집행사원을 업무집행에서 배제할 수 있는지는 각 사원의 이해관계에 큰 영향을 미친다. 합명회사의 사원은 업무집행권한 상실제도를 통하여 업무집행에 현저히 부적합하거나 중대하게 의무를 위반한 사원이나 업무집행사원을 업무집행에서 배제함으로써 자신의 책임이 부당하게 발생·증대되는 것으로부터 자신을 보호할 수 있다. 따라서 업무집행권한 상실에 관한 정관이나 관련 법률 규정을 해석할 때에는 위와 같은 사원의 권리가 합리적 근거 없이 제한되지 않도록 신중하게 해석하여야 한다(대판 2015.5.29. 2014다51541).

③ [✕] 합명회사는 실질적으로 조합적 공동기업체여서 회사의 채무는 실질적으로 각 사원의 공동채무이므로, 합명회사 사원의 책임은 회사가 채무를 부담하면 법률의 규정에 기해 당연히 발생하는 것이고, '회사의 재산으로 회사의 채무를 완제할 수 없는 때' 또는 '회사재산에 대한 강제집행이 주효하지 못한 때'에 비로소 발생하는 것은 아니며, 이는 회사 채권자가 그와 같은 경우에 해당함을 증명하여 합명회사의 사원에게 보충적으로 책임의 이행을 청구할 수 있다는 책임이행의 요건을 정한 것으로 봄이 타당하다(대판 2009.5.28. 2006다65903).

④ [✕] 합명회사의 청산절차에서는 사원의 퇴사가 허용되지 않는다(대판 2005.7.15. 2003다46963).

⑤ [✕] 사원이 아닌 자가 타인에게 자기를 사원이라고 오인시키는 행위를 하였을 때에는 오인으로 인하여 회사와 거래한 자에 대하여 사원과 동일한 책임을 진다(상법 제215조).

답 ②

15 세무사 2024

☑ 확인Check! ○ △ ✕

상법상 합자회사에 관한 설명으로 옳은 것은?

① 유한책임사원은 신용을 출자의 목적으로 할 수 있다.

② 무한책임사원은 정관에 정함이 있어야 각자 회사의 업무를 집행할 권리와 의무가 있다.

③ 유한책임사원은 무한책임사원의 동의를 얻어야 자기 또는 제3자의 계산으로 회사의 동종영업에 속하는 거래를 할 수 있다.

④ 지배인의 선임과 해임은 업무집행사원이 있는 경우에도 무한책임사원 과반수의 결의에 의하여야 한다.

⑤ 유한책임사원의 사망으로 그 지분을 수인의 상속인이 상속하는 경우 그 사원의 권리행사는 공동으로 한다.

┃해설┃

① [✕] 유한책임사원은 <u>신용 또는 노무를 출자의 목적으로 하지 못한다</u>(상법 제272조).

② [✕] 무한책임사원은 <u>정관에 다른 규정이 없는</u> 때에는 각자가 회사의 업무를 집행할 권리와 의무가 있다(상법 제273조).

③ [✕] 유한책임사원은 <u>다른 사원의 동의없이</u> 자기 또는 제3자의 계산으로 회사의 영업부류에 속하는 거래를 할 수 있고 동종영업을 목적으로 하는 다른 회사의 무한책임사원 또는 이사가 될 수 있다(상법 제275조).

④ [○] 지배인의 선임과 해임은 업무집행사원이 있는 경우에도 무한책임사원 과반수의 결의에 의하여야 한다(상법 제274조).

⑤ [✕] 상법 제283조 제1항, 제2항

> **상법 제283조(유한책임사원의 사망)**
> ① 유한책임사원이 사망한 때에는 그 상속인이 그 지분을 승계하여 사원이 된다.
> ② 전항의 경우에 상속인이 수인인 때에는 <u>사원의 권리를 행사할 자 1인을 정하여야 한다.</u> 이를 정하지 아니한 때에는 회사의 통지 또는 최고는 그중의 1인에 대하여 하면 전원에 대하여 그 효력이 있다.

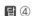 답 ④

16 세무사 2023

☑ 확인Check! ○ △ ✕

상법상 합자회사의 유한책임사원에 관한 설명으로 옳은 것은?

① 유한책임사원은 회사의 대표행위를 하지 못한다.

② 유한책임사원이 타인에게 자기를 무한책임사원이라고 오인시키는 행위를 한 때에는 오인으로 인하여 회사와 거래를 한 자에 대하여도 유한책임의 한도 내에서 책임을 진다.

③ 유한책임사원은 다른 사원의 동의없이 동종영업을 목적으로 하는 다른 회사의 무한책임사원 또는 이사가 될 수 없다.

④ 유한책임사원은 총사원의 동의가 없으면 그 지분의 전부 또는 일부를 타인에게 양도할 수 없다.

⑤ 유한책임사원은 성년후견개시 심판을 받은 경우에는 퇴사한다.

┃ 해설 ┃

① [○] 유한책임사원은 회사의 업무집행이나 대표행위를 하지 못한다(상법 제278조).

② [✕] 유한책임사원이 타인에게 자기를 무한책임사원이라고 오인시키는 행위를 한 때에는 오인으로 인하여 회사와 거래를 한 자에 대하여 <u>무한책임사원과 동일한 책임</u>이 있다(상법 제281조 제1항).

③ [✕] 유한책임사원은 다른 사원의 동의없이 자기 또는 제3자의 계산으로 회사의 영업부류에 속하는 거래를 할 수 있고 동종영업을 목적으로 하는 다른 회사의 무한책임사원 또는 이사가 될 수 있다(상법 제275조).

④ [✕] 유한책임사원은 <u>무한책임사원 전원의 동의</u>가 있으면 그 지분의 전부 또는 일부를 타인에게 양도할 수 있다. 지분의 양도에 따라 정관을 변경하여야 할 경우에도 같다(상법 제276조).

⑤ [✕] 유한책임사원은 성년후견개시 심판을 받은 경우에도 <u>퇴사되지 아니한다</u>(상법 제284조).

답 ①

제7장

17 세무사 2022

☑ 확인Check! ○ △ ✕

상법상 합자회사에 관한 설명으로 옳지 않은 것은?

① 회사는 무한책임사원 및 유한책임사원으로 조직되며 그 사원의 총수는 2인 이상이어야 한다.

② 무한책임사원은 정관에 다른 규정이 없는 때에는 각자가 회사의 업무를 집행할 권리와 의무가 있다.

③ 지배인의 선임과 해임은 업무집행사원이 있는 경우에도 무한책임사원과 유한책임사원 전원의 결의로 해야 한다.

④ 유한책임사원이 보유하고 있는 지분의 일부를 타인에게 양도하려면 무한책임사원 전원의 동의가 있어야 한다.

⑤ 유한책임사원은 성년후견개시의 심판을 받은 경우에도 퇴사되지 아니한다.

┃해설┃

① [O] 합자회사는 무한책임사원과 유한책임사원으로 조직하며(상법 제268조), 합자회사는 사원이 1인으로 된 때 해산한다(상법 제269조, 제227조 제3호 참조). 따라서 합자회사의 사원의 총수는 2인 이상이어야 한다.

> **상법 제268조(회사의 조직)**
> 합자회사는 무한책임사원과 유한책임사원으로 조직한다.
>
> **상법 제269조(준용규정)**
> 합자회사에는 본장에 다른 규정이 없는 사항은 합명회사에 관한 규정을 준용한다.
>
> **상법 제227조(해산원인)**
> 회사는 다음의 사유로 인하여 해산한다.
> 1. 존립기간의 만료 기타 정관으로 정한 사유의 발생
> 2. 총사원의 동의
> 3. 사원이 1인으로 된 때
> 4. 합 병
> 5. 파 산
> 6. 법원의 명령 또는 판결

② [O] 무한책임사원은 정관에 다른 규정이 없는 때에는 각자가 회사의 업무를 집행할 권리와 의무가 있다(상법 제273조).

③ [✕] 지배인의 선임과 해임은 업무집행사원이 있는 경우에도 <u>무한책임사원 과반수의 결의</u>에 의하여야 한다(상법 제274조).

④ [O] 유한책임사원은 무한책임사원 전원의 동의가 있으면 그 지분의 전부 또는 일부를 타인에게 양도할 수 있다. 지분의 양도에 따라 정관을 변경하여야 할 경우에도 같다(상법 제276조).

⑤ [O] 유한책임사원은 성년후견개시 심판을 받은 경우에도 퇴사되지 아니한다(상법 제284조). 또한 유한책임사원의 사망의 경우에도 퇴사원인이 되지 않고 그 상속인이 승계한다(상법 제283조 제1항 참조). 반면에 무한책임사원의 사망, 피성년후견개시는 퇴사원인이 된다(상법 제269조, 제218조 참조).

 답 ③

600 세무사 1차 객관식 상법(회사편)

18 세무사 2021

상법상 무한책임사원 A와 유한책임사원 B로만 구성된 합자회사에 관한 설명으로 옳지 않은 것은?

① B는 신용 또는 노무를 출자의 목적으로 하지 못한다.

② B도 업무집행이나 대표행위를 할 수 있다.

③ A의 지분양도에는 사원 전원의 동의를 요하지만, B의 지분양도에는 A의 동의만 있으면 된다.

④ 사원 전원의 동의로 정관을 변경함으로써 A를 유한책임사원으로, B를 무한책임사원으로 변경할 수 있다.

⑤ B가 사망한 때에는 상속인이 그 지분을 승계하여 사원이 된다.

┃해설┃

① [○] 유한책임사원은 신용 또는 노무를 출자의 목적으로 하지 못한다(상법 제272조).

② [✕] 유한책임사원은 회사의 업무집행이나 대표행위를 하지 못한다(상법 제278조).

③ [○] 무한책임사원의 지분 양도에는 유한책임사원을 포함한 다른 사원 전원의 동의가 있어야 하나(상법 제269조, 제197조 참조), 유한책임사원은 무한책임사원 전원의 동의가 있으면 지분을 양도할 수 있다(상법 제276조 참조).

> **상법 제269조(준용규정)**
> 합자회사에는 본장에 다른 규정이 없는 사항은 합명회사에 관한 규정을 준용한다.
>
> **상법 제197조(지분의 양도)**
> (합명회사) 사원은 다른 사원의 동의를 얻지 아니하면 그 지분의 전부 또는 일부를 타인에게 양도하지 못한다.
>
> **상법 제276조(유한책임사원의 지분양도)**
> 유한책임사원은 무한책임사원 전원의 동의가 있으면 그 지분의 전부 또는 일부를 타인에게 양도할 수 있다. 지분의 양도에 따라 정관을 변경하여야 할 경우에도 같다.

④ [○] 상법 제270조는 합자회사 정관에는 각 사원이 무한책임사원인지 또는 유한책임사원인지를 기재하도록 규정하고 있으므로, 정관에 기재된 합자회사 사원의 책임 변경은 정관변경의 절차에 의하여야 하고, 이를 위해서는 정관에 그 의결정족수 내지 동의정족수 등에 관하여 별도로 정하고 있다는 등의 특별한 사정이 없는 한 상법 제269조에 의하여 준용되는 상법 제204조에 따라 총 사원의 동의가 필요하다(대판 2010.9.30. 2010다21337).

⑤ [○] 유한책임사원이 사망한 때에는 그 상속인이 그 지분을 승계하여 사원이 된다(상법 제283조 제1항).

답 ②

19 세무사 2020

☑ 확인Check! ○ △ X

상법상 합자회사에 관한 설명으로 옳지 않은 것은?

① 업무집행사원이 있는 경우에도 지배인의 선임과 해임은 무한책임사원 과반수 결의에 의하여야 한다.

② 유한책임사원은 무한책임사원 전원의 동의가 있으면 지분을 타인에게 양도할 수 있다.

③ 유한책임사원은 그 출자가액에서 이미 이행한 부분을 공제한 가액을 한도로 하여 회사채무를 변제할 책임이 있다.

④ 유한책임사원이 성년후견개시 심판을 받은 경우에는 퇴사하여야 한다.

⑤ 유한책임사원이 사망한 때에 그 상속인이 지분을 승계하여 사원이 된다.

┃해설┃

① [○] 지배인의 선임과 해임은 업무집행사원이 있는 경우에도 무한책임사원 과반수의 결의에 의하여야 한다(상법 제274조).

② [○] 유한책임사원은 무한책임사원 전원의 동의가 있으면 그 지분의 전부 또는 일부를 타인에게 양도할 수 있다. 지분의 양도에 따라 정관을 변경하여야 할 경우에도 같다(상법 제276조).

③ [○] 유한책임사원은 그 출자가액에서 이미 이행한 부분을 공제한 가액을 한도로 하여 회사채무를 변제할 책임이 있다(상법 제279조 제1항). 즉, 합자회사에서 유한책임사원은 직접·유한책임을 부담한다.

④ [×] 유한책임사원은 성년후견개시 심판을 받은 경우에도 **퇴사되지 아니한다**(상법 제284조).

⑤ [○] 유한책임사원이 사망한 때에는 그 상속인이 그 지분을 승계하여 사원이 된다(상법 제283조 제1항).

답 ④

---

20 세무사 2019

☑ 확인Check! ○ △ X

상법상 합자회사에 관한 설명으로 옳은 것은?

① 유한책임사원은 신용 또는 노무를 출자의 목적으로 할 수 있다.

② 유한책임사원이 성년후견개시 심판을 받은 경우에는 퇴사된 것으로 본다.

③ 유한책임사원은 다른 사원의 동의 없이 자기의 계산으로 회사의 영업부류에 속하는 거래를 할 수 있다.

④ 유한책임사원은 회사의 업무집행이나 대표행위를 할 수 있다.

⑤ 유한책임사원이 사망한 때에는 그 상속인이 그 지분을 승계하지 못한다.

┃해설┃

① [×] 유한책임사원은 **신용 또는 노무를 출자의 목적으로 하지 못한다**(상법 제272조).

② [×] 유한책임사원은 **성년후견개시 심판을 받은 경우에도 퇴사되지 아니한다**(상법 제284조).

③ [○] 유한책임사원은 다른 사원의 동의없이 자기 또는 제3자의 계산으로 회사의 영업부류에 속하는 거래를 할 수 있고 동종영업을 목적으로 하는 다른 회사의 무한책임사원 또는 이사가 될 수 있다(상법 제275조).

④ [×] 유한책임사원은 **회사의 업무집행이나 대표행위를 하지 못한다**(상법 제278조).

⑤ [×] 유한책임사원이 사망한 때에는 **그 상속인이 그 지분을 승계하여 사원이 된다**(상법 제283조 제1항).

답 ③

21 세무사 2018

☑ 확인Check! ○ △ ✕

상법상 甲(무한책임사원)과 乙(유한책임사원)이 A 합자회사를 설립하여 현재 甲, 乙만이 사원으로 있는 A 합자회사에 관한 설명으로 옳지 않은 것은? (단, 정관에 상법과 달리 정하는 규정은 없으며, 다툼이 있으면 판례에 따름)

① 甲이 무한책임사원, 乙이 유한책임사원이라는 것은 설립 시 등기하여야 할 사항이다.

② 乙은 신용 또는 노무를 출자의 목적으로 할 수 있다.

③ 乙은 甲의 동의 없이 자기의 계산으로 A 합자회사의 영업부류에 속하는 거래를 할 수 있다.

④ 乙이 퇴사한 때에는 A 합자회사는 해산된다.

⑤ 무한책임사원 甲과 유한책임사원 乙 각 1인만으로 된 합자회사에 있어서는 한 사원의 의사에 의하여 다른 사원의 제명을 할 수는 없다.

─────────────────────────────

❚해설❚

① [○] 합자회사의 설립등기를 할 때에는 제180조[(합명회사)설립의 등기] 각 호의 사항 외에 각 사원의 무책임이 무한책임인지 유한책임인지를 등기하여야 한다(상법 제271조).

② [✕] 유한책임사원은 신용 또는 노무를 출자의 목적으로 하지 못한다(상법 제272조).

③ [○] 유한책임사원은 다른 사원의 동의 없이 자기 또는 제3자의 계산으로 회사의 영업부류에 속하는 거래를 할 수 있고 동종영업을 목적으로 하는 다른 회사의 무한책임사원 또는 이사가 될 수 있다(상법 제275조).

④ [○] 합자회사는 무한책임사원 또는 유한책임사원의 전원이 퇴사한 때에는 해산된다(상법 제285조 제1항).

⑤ [○] 상법 제220조 제1항, 제269조는 합자회사에 있어서 사원에게 같은 법조 소정의 제명사유가 있는 경우에는 다른 사원 과반수의 결의에 의하여 그 사원의 제명선고를 법원에 청구할 수 있다고 규정하고 있는바, 다른 사원 과반수의 결의란 그 문언상 명백한 바와 같이 제명대상인 사원 이외에 다른 사원 2인 이상의 존재를 전제로 하고 있는 점, 위 제명선고제도의 취지나 성질 등에 비추어 보면, 무한책임사원과 유한책임사원 각 1인만으로 된 합자회사에 있어서는 한 사원의 의사에 의하여 다른 사원의 제명을 할 수는 없다고 보아야 한다(대판 1991.7.26. 90다19206).

 ②

22 세무사 2017

☑ 확인 Check! ○ △ ✕

상법상 합자회사의 유한책임사원에 관한 설명으로 옳은 것은? 기출수정

① 유한책임사원이 성년후견개시 심판을 받은 경우에는 퇴사된다.

② 유한책임사원은 다른 사원의 동의없이 자기 또는 제3자의 계산으로 회사의 영업부류에 속하는 거래를 할 수 없다.

③ 유한책임사원은 회사의 업무집행은 할 수 없으나 대표행위는 할 수 있다.

④ 유한책임사원은 신용 또는 노무를 출자의 목적으로 할 수 있다.

⑤ 유한책임사원이 사망한 때에는 그 상속인이 그 지분을 승계하여 사원이 된다.

┃해설┃

① [✕] 유한책임사원은 성년후견개시 심판을 받은 경우에도 <u>퇴사되지 아니한다</u>(상법 제284조).

② [✕] 유한책임사원은 <u>다른 사원의 동의없이 자기 또는 제3자의 계산으로 회사의 영업부류에 속하는 거래를 할 수 있고</u> 동종영업을 목적으로 하는 다른 회사의 무한책임사원 또는 이사가 될 수 있다(상법 제275조).

③ [✕] 유한책임사원은 <u>회사의 업무집행이나 대표행위를 하지 못한다</u>(상법 제278조).

④ [✕] 유한책임사원은 <u>신용 또는 노무를 출자의 목적으로 하지 못한다</u>(상법 제272조).

⑤ [○] 유한책임사원이 사망한 때에는 그 상속인이 그 지분을 승계하여 사원이 된다(상법 제283조 제1항).

답 ⑤

23 세무사 2016

☑ 확인 Check! ○ △ ✕

상법상 합자회사에 관한 설명으로 옳지 않은 것은?

① 유한책임사원은 회사의 대표행위를 하지 못한다.

② 지배인의 선임과 해임은 총사원의 동의에 의한다.

③ 유한책임사원은 무한책임사원 전원의 동의가 있으면 그 지분을 타인에게 양도할 수 있으며 지분의 양도에 따라 정관을 변경하여야 할 경우에도 같다.

④ 유한책임사원이 무한책임사원으로 된 경우 그 책임 변경 전에 생긴 회사채무에 대하여 다른 무한책임사원과 동일한 책임을 진다.

⑤ 무한책임사원이 유한책임사원으로 된 경우, 그 사원은 본점소재지에서 책임에 관한 변경등기를 하기 전에 생긴 회사채무에 대하여는 등기 후 2년 내에는 다른 무한책임사원과 동일한 책임이 있다.

┃해설┃

① [○] 유한책임사원은 회사의 업무집행이나 대표행위를 하지 못한다(상법 제278조).

② [✕] 지배인의 선임과 해임은 업무집행사원이 있는 경우에도 <u>무한책임사원 과반수의 결의</u>에 의하여야 한다(상법 제274조).

③ [O] 유한책임사원은 무한책임사원 전원의 동의가 있으면 그 지분의 전부 또는 일부를 타인에게 양도할 수 있다.
   지분의 양도에 따라 정관을 변경하여야 할 경우에도 같다(상법 제276조).
④ [O] 상법 제282조, 제213조
⑤ [O] 상법 제282조, 제225조 제1항

상법 제282조(책임을 변경한 사원의 책임)
제213조의 규정은 유한책임사원이 무한책임사원으로 된 경우에, 제225조의 규정은 무한책임사원이 유한책임사원으로 된 경우에 준용한다.

상법 제213조(신입사원의 책임)
회사성립 후에 가입한 사원은 그 가입 전에 생긴 회사채무에 대하여 다른 사원과 동일한 책임을 진다.

상법 제225조(퇴사원의 책임)
① 퇴사한 사원은 본점소재지에서 퇴사등기를 하기 전에 생긴 회사채무에 대하여는 등기 후 2년 내에는 다른 사원과 동일한 책임이 있다.

답 ②

24 CPA 2022

☑ 확인 Check! ○ △ ✕

상법상 합자회사에 관한 설명으로 틀린 것은?

① 합자회사의 정관에는 각 사원의 무한책임 또는 유한책임인 것을 기재하여야 한다.
② 유한책임사원은 신용 또는 노무를 출자의 목적으로 하지 못한다.
③ 회사의 지배인 선임과 해임은 업무집행사원이 있는 경우에도 무한책임사원 전원의 동의가 있어야 한다.
④ 회사는 유한책임사원의 전원이 퇴사한 때에는 해산된다.
⑤ 유한책임사원이 사망한 때에는 그 상속인이 그 지분을 승계하여 사원이 된다.

┃해설┃

① [O] 합자회사의 정관에는 제179조에 게기한 사항외에 각 사원의 무한책임 또는 유한책임인 것을 기재하여야 한다(상법 제270조).
② [O] 유한책임사원은 신용 또는 노무를 출자의 목적으로 하지 못한다(상법 제272조).
③ [✕] 지배인의 선임과 해임은 업무집행사원이 있는 경우에도 무한책임사원 과반수의 결의에 의하여야 한다(상법 제274조).
④ [O] 합자회사는 무한책임사원 또는 유한책임사원의 전원이 퇴사한 때에는 해산된다(상법 제285조 제1항).
⑤ [O] 유한책임사원이 사망한 때에는 그 상속인이 그 지분을 승계하여 사원이 된다(상법 제283조 제1항).

답 ③

25 CPA 2021

☑ 확인 Check! ○ △ ✕

상법상 합명회사와 합자회사에 관한 설명으로 옳은 것은?

① 합명회사의 사원은 신용 또는 노무를 출자의 목적으로 하지 못한다.

② 합명회사의 사원이 회사채무에 관하여 변제의 청구를 받은 때에는 회사가 주장할 수 있는 항변으로 그 채권자에게 대항할 수 없다.

③ 합명회사 성립 후에 가입한 사원은 그 가입 전에 생긴 회사채무에 대해서는 다른 사원과 동일한 책임을 지지 않는다.

④ 합자회사의 유한책임사원은 다른 사원의 동의없이 자기 또는 제3자의 계산으로 회사의 영업부류에 속하는 거래를 할 수 있다.

⑤ 합자회사의 유한책임사원은 사원 전원의 동의가 있어야만 그 지분의 전부 또는 일부를 타인에게 양도할 수 있다.

┃해설┃

① [✕] 합명회사의 사원은 무한책임을 지므로 <u>노무 또는 신용의 출자도 가능하다</u>(상법 제222조 참조).

> **상법 제222조(지분의 환급)**
> 퇴사한 사원은 노무 또는 신용으로 출자의 목적으로 한 경우에도 그 지분의 환급을 받을 수 있다. 그러나 정관에 다른 규정이 있는 때에는 그러하지 아니하다.

② [✕] (합명회사의) 사원이 회사채무에 관하여 변제의 청구를 받은 때에는 회사가 주장할 수 있는 항변으로 그 채권자에게 <u>대항할 수 있다</u>(상법 제214조 제1항).

③ [✕] (합명)회사 성립 후에 가입한 사원은 그 가입 전에 생긴 회사채무에 대하여 <u>다른 사원과 동일한 책임을 진다</u>(상법 제213조).

④ [O] 유한책임사원은 다른 사원의 동의없이 자기 또는 제3자의 계산으로 회사의 영업부류에 속하는 거래를 할 수 있고 동종영업을 목적으로 하는 다른 회사의 무한책임사원 또는 이사가 될 수 있다(상법 제275조).

⑤ [✕] 유한책임사원은 <u>무한책임사원 전원의 동의</u>가 있으면 그 지분의 전부 또는 일부를 타인에게 양도할 수 있다. 지분의 양도에 따라 정관을 변경하여야 할 경우에도 같다(상법 제276조).

답 ④

세무사 1차 객관식 상법(회사편)

26 CPA 2020

✅ 확인 Check! ○ △ ✕

상법상 합자회사에 관한 설명으로 옳은 것은?

① 중요한 사유가 있는 때에는 유한책임사원은 언제든지 법원의 허가를 얻어 회사의 업무와 재산상태를 검사할 수 있다.
② 무한책임사원은 신용 또는 노무를 출자의 목적으로 하지 못한다.
③ 유한책임사원은 사원 전원의 동의가 있어야만 그 지분의 전부를 양도할 수 있다.
④ 지배인의 선임과 해임은 사원 전원의 과반수의 결의에 의한다.
⑤ 무한책임사원 전원의 동의만으로 합명회사로의 조직변경이 가능하다.

┃해설┃

① [○] 상법 제277조 제2항

> **상법 제277조(유한책임사원의 감사권)**
> ① 유한책임사원은 영업년도말에 있어서 영업시간 내에 한하여 회사의 회계장부·대차대조표 기타의 서류를 열람할 수 있고 회사의 업무와 재산상태를 검사할 수 있다.
> ② 중요한 사유가 있는 때에는 유한책임사원은 언제든지 법원의 허가를 얻어 제1항의 열람과 검사를 할 수 있다.

② [✕] 합자회사에서 자금조달의 목적으로 참가시킨 유한책임사원은 신용 또는 노무를 출자의 목적으로 하지 못한다(상법 제272조). 그러나 합명회사의 사원과 같이 무한책임을 지는 <u>무한책임사원은 신용 또는 노무를 출자의 목적으로 할 수 있다</u>(상법 제269조, 제222조 참조).

> **상법 제269조(준용규정)**
> 합자회사에는 본장에 다른 규정이 없는 사항은 합명회사에 관한 규정을 준용한다.
>
> **상법 제222조(지분의 환급)**
> 퇴사한 사원은 노무 또는 신용으로 출자의 목적으로 한 경우에도 그 지분의 환급을 받을 수 있다. 그러나 정관에 다른 규정이 있는 때에는 그러하지 아니하다.

③ [✕] 유한책임사원은 <u>무한책임사원 전원의 동의</u>가 있으면 그 지분의 전부 또는 일부를 타인에게 양도할 수 있다. 지분의 양도에 따라 정관을 변경하여야 할 경우에도 같다(상법 제276조).
④ [✕] 지배인의 선임과 해임은 업무집행사원이 있는 경우에도 <u>무한책임사원 과반수의 결의</u>에 의하여야 한다(상법 제274조).
⑤ [✕] 합자회사는 <u>사원전원의 동의</u>로 그 조직을 합명회사로 변경하여 계속할 수 있다(상법 제286조 제1항).

답 ①

27 세무사 2024

☑ 확인 Check! ○ △ ✕

상법상 감사를 둔 유한회사에 관한 설명으로 옳은 것은?

① 감사는 언제든지 회사의 업무와 재산상태를 조사할 수 있고 이사에 대해서 영업에 관한 보고를 요구할 수 있다.

② 지분의 이전은 취득자의 성명, 주소와 그 출자좌수에 관해 변경등기를 해야 회사와 제3자에게 대항할 수 있다.

③ 회사가 이사에 대해 소를 제기하는 경우에는 감사는 회사를 대표할 자의 지정을 법원에 신청해야 한다.

④ 이사는 매결산기에 대차대조표와 손익계산서 등을 작성하여 정기총회 회일로부터 2주간 전에 감사에게 제출해야 한다.

⑤ 사원총회 결의의 목적사항에 대해서 서면 또는 구두로 총사원이 동의한 때에는 서면에 의한 결의가 있는 것으로 추정한다.

❙해설❙

① [○] 감사는 언제든지 회사의 업무와 재산상태를 조사할 수 있고 이사에 대하여 영업에 관한 보고를 요구할 수 있다(상법 제569조).

② [✕] 지분의 이전은 취득자의 성명, 주소와 그 목적이 되는 출자좌수를 <u>사원명부에 기재</u>하지 아니하면 이로써 회사와 제3자에게 대항하지 못한다(상법 제557조).

③ [✕] 회사가 이사에 대하여 또는 이사가 회사에 대하여 소를 제기하는 경우에는 <u>사원총회는</u> 그 소에 관하여 <u>회사를 대표할 자를 선정하여야</u> 한다(상법 제563조).

④ [✕] 상법 제579조 제1항, 제2항

> **상법 제579조(재무제표의 작성)**
> ① 이사는 매결산기에 다음의 서류와 그 부속명세서를 작성하여야 한다.
>   1. 대차대조표
>   2. 손익계산서
>   3. 그 밖에 회사의 재무상태와 경영성과를 표시하는 것으로서 제447조 제1항 제3호에 따른 서류
> ② 감사가 있는 때에는 이사는 정기총회 회일로부터 <u>4주간 전</u>에 제1항의 서류를 감사에게 제출하여야 한다.

⑤ [✕] 결의의 목적사항에 대하여 총사원이 <u>서면으로</u> 동의를 한 때에는 서면에 의한 결의가 있은 것으로 <u>본다</u>(상법 제577조 제2항).

답 ①

상법상 유한회사에 관한 설명으로 옳은 것은?

① 사원의 지분에 관하여 무기명식으로 증권을 발행하지 못한다.

② 사원의 지분은 질권의 목적으로 할 수 있고, 주식과 같이 약식질도 인정된다.

③ 정관으로 사원의 지분의 양도를 제한할 수 없다.

④ 이사가 수인인 경우에 정관에 다른 정함이 없으면 회사의 업무집행은 이사의 과반수 출석과 출석이사의 과반수의 결의에 의한다.

⑤ 정관변경의 특별결의는 총사원의 반수 이상이며 총사원의 의결권의 3분의 2 이상을 가지는 자의 동의로 한다.

┃해설┃

① [○] 유한회사는 사원의 지분에 관하여 지시식 또는 무기명식의 증권을 발행하지 못한다(상법 제555조).

② [✕] 지분은 질권의 목적으로 할 수 있다(상법 제559조 제1항). 다만 주식의 입질과 달리 약식질은 인정되지 않고 등록질만 인정된다(상법 제559조 제2항, 제557조 참조). 또한 상법 제560조는 주식의 등록질에 관한 제340조는 준용하고 있지만 약식질에 관한 제338조는 준용하고 있지 않다.

> **상법 제559조(지분의 입질)**
> ① 지분은 질권의 목적으로 할 수 있다.
> ② 제556조와 제557조의 규정은 지분의 입질에 준용한다.
>
> **상법 제557조(지분이전의 대항요건)**
> 지분의 이전은 취득자의 성명, 주소와 그 목적이 되는 출자좌수를 사원명부에 기재하지 아니하면 이로써 회사와 제3자에게 대항하지 못한다.
>
> **상법 제560조(준용규정)**
> ① 사원의 지분에 대하여는 제339조, 제340조 제1항·제2항, 제341조의2, 제341조의3, 제342조 및 제343조 제1항을 준용한다.

③ [✕] 사원은 그 지분의 전부 또는 일부를 양도하거나 상속할 수 있다. 다만, 정관으로 지분의 양도를 제한할 수 있다(상법 제556조).

④ [✕] 이사가 수인인 경우에 정관에 다른 정함이 없으면 회사의 업무집행, 지배인의 선임 또는 해임과 지점의 설치·이전 또는 폐지는 이사 과반수의 결의에 의하여야 한다(상법 제564조 제1항).

⑤ [✕] 상법 제584조, 제585조 제1항

> **상법 제584조(정관변경의 방법)**
> 정관을 변경함에는 사원총회의 결의가 있어야 한다.
>
> **상법 제585조(정관변경의 특별결의)**
> ① 전조의 결의는 총사원의 반수 이상이며 총사원의 의결권의 4분의 3 이상을 가지는 자의 동의로 한다.

답 ①

상법상 유한회사에 관한 설명으로 옳은 것은?

① 자본금은 최소 1,000만원이어야 한다.

② 사원 총수는 50인을 초과할 수 없다.

③ 사원이 그 지분의 전부를 양도하려는 경우, 정관의 규정이 없는 한 사원총회의 승인을 얻어야 한다.

④ 사원이 1인으로 된 때에는 해산사유가 된다.

⑤ 이사가 자기 또는 제3자의 계산으로 회사와 거래하려는 경우, 감사가 없는 때에는 사원총회의 승인을 얻어야 한다.

| 해설 |

① [✕] 유한회사의 최저자본금 규정은 상법 개정으로 삭제되어 최저자본금에 관한 제한은 없다. 참고로 주식회사의 최저자본금 규정도 삭제되었다.

② [✕] 유한회사의 사원 원수 상한에 관한 규정은 상법 개정으로 삭제되어 그에 관한 제한은 없다.

③ [✕] (유한회사의) 사원은 그 지분의 전부 또는 일부를 양도하거나 상속할 수 있다. 다만, 정관으로 지분의 양도를 제한할 수 있다(상법 제556조).

④ [✕] 합명회사와 합자회사는 사원이 1인이 된 때가 해산사유가 되나(상법 제227조 제3호, 제269조 참조), 주식회사, 유한회사, 유한책임회사는 사원이 1인이 된 때에도 해산사유가 아니다.

⑤ [○] 이사는 감사가 있는 때에는 그 승인이, 감사가 없는 때에는 사원총회의 승인이 있는 때에 한하여 자기 또는 제3자의 계산으로 회사와 거래를 할 수 있다. 이 경우에는 민법 제124조의 규정을 적용하지 아니한다(상법 제564조 제3항).

답 ⑤

상법상 유한회사에 관한 설명으로 옳지 않은 것은?

① 회사는 정관으로 정하는 바에 따라 사원의 지분양도를 제한할 수 있다.

② 회사는 자본금을 증가할 때 광고 기타의 방법에 의하여 출자의 인수인을 공모할 수 없다.

③ 회사가 총회의 결의를 하여야 하는 경우에 총사원의 동의가 있는 때에는 서면에 의한 결의를 할 수 있다.

④ 자본금 증가의 경우에 출자의 인수를 한 자는 자본금 증가의 변경등기일로부터 이익배당에 관하여 사원과 동일한 권리를 가진다.

⑤ 회사가 존립기간의 만료로 해산한 경우에 사원총회의 특별결의로 회사를 계속할 수 있다.

┃해설┃

① [○] 사원은 그 지분의 전부 또는 일부를 양도하거나 상속할 수 있다. 다만, 정관으로 지분의 양도를 제한할 수 있다(상법 제556조).

② [○] 유한회사는 광고 기타의 방법에 의하여 인수인을 공모하지 못한다(상법 제589조 제2항).

③ [○] 총회의 결의를 하여야 할 경우에 총사원의 동의가 있는 때에는 서면에 의한 결의를 할 수 있다(상법 제577조 제1항).

④ [✕] 자본금 증가의 경우에 출자의 인수를 한 자는 <u>출자의 납입의 기일 또는 현물출자의 목적인 재산의 급여의 기일로부터</u> 이익배당에 관하여 사원과 동일한 권리를 가진다(상법 제590조).

⑤ [○] 상법 제610조 제1항, 제227조 제1호, 제585조 제1항

> **상법 제610조(회사의 계속)**
> ① 제227조 제1호 또는 전조 제1항 제2호의 사유로 인하여 회사가 해산한 경우에는 제585조의 규정에 의한 사원총회의 결의로써 회사를 계속할 수 있다.
>
> **상법 제227조(해산원인)**
> 회사는 다음의 사유로 인하여 해산한다.
> 　1. 존립기간의 만료 기타 정관으로 정한 사유의 발생
> 　　　　　　　　　　　　… (중략) …
>
> **상법 제585조(정관변경의 특별결의)**
> ① 전조의 결의는 총사원의 반수 이상이며 총사원의 의결권의 4분의 3 이상을 가지는 자의 동의로 한다.

답 ④

31

상법상 유한회사에 관한 설명으로 옳은 것은?

① 회사설립 시 정관으로 이사를 정하지 아니한 때에는 회사성립 전에 사원총회를 열어 이사를 선임하여야 한다.

② 사원은 자기의 지분을 자유롭게 양도할 수 있으며, 정관으로 지분의 양도를 제한할 수 없다.

③ 이사가 수인인 경우에 정관에 다른 정함이 없으면 이사회에서 회사를 대표할 이사를 선정하여야 한다.

④ 회사가 이사에 대하여 또는 이사가 회사에 대하여 소를 제기하는 경우에는 감사가 회사를 대표한다.

⑤ 유한회사는 사원의 지분에 관하여 지시식 또는 무기명식의 증권을 발행할 수 있다.

┃ 해설 ┃

① [○] 정관으로 이사를 정하지 아니한 때에는 회사성립 전에 사원총회를 열어 이를 선임하여야 한다(상법 제547조 제1항).

② [✕] 사원은 그 지분의 전부 또는 일부를 양도하거나 상속할 수 있다. 다만, <u>정관으로 지분의 양도를 제한할 수 있다</u>(상법 제556조).

③ [✕] 이사가 수인인 경우에 정관에 다른 정함이 없으면 <u>사원총회에서</u> 회사를 대표할 이사를 선정하여야 한다(상법 제562조 제2항).

④ [✕] 회사가 이사에 대하여 또는 이사가 회사에 대하여 소를 제기하는 경우에는 <u>사원총회는 그 소에 관하여 회사를 대표할 자를 선정하여야 한다</u>(상법 제563조).

⑤ [✕] 유한회사는 사원의 지분에 관하여 <u>지시식 또는 무기명식의 증권을 발행하지 못한다</u>(상법 제555조).

답 ①

32

상법상 유한회사에 관한 설명으로 옳지 않은 것은?

① 상법은 유한회사 이사의 임기는 3년을 초과하지 못한다고 규정하고 있다.

② 유한회사는 정관에 의하여 1인 또는 수인의 감사를 둘 수 있다.

③ 이사가 수인인 경우에 정관에 다른 정함이 없으면 사원총회에서 회사를 대표할 이사를 선정하여야 한다.

④ 총사원의 동의가 있을 때에는 소집절차없이 총회를 열 수 있다.

⑤ 각 사원은 출자1좌마다 1개의 의결권을 가진다. 그러나 정관으로 의결권의 수에 관하여 다른 정함을 할 수 있다.

① [×] 상법상 유한회사 이사의 <u>자격·임기에는 제한이 없다.</u>

② [○] 유한회사는 정관에 의하여 1인 또는 수인의 감사를 둘 수 있다(상법 제568조 제1항).

③ [○] 이사가 수인인 경우에 정관에 다른 정함이 없으면 사원총회에서 회사를 대표할 이사를 선정하여야 한다(상법 제562조 제2항).

④ [○] 총사원의 동의가 있을 때에는 소집절차없이 총회를 열 수 있다(상법 제573조).

⑤ [○] 각 사원은 출자1좌마다 1개의 의결권을 가진다. 그러나 정관으로 의결권의 수에 관하여 다른 정함을 할 수 있다(상법 제575조).

답 ①

33 세무사 2017

☑ 확인Check! ○ △ ×

상법상 유한회사에 관한 설명으로 옳지 않은 것은?

① 각 사원은 그 출자좌수에 따라 지분을 가진다.

② 이사가 수인인 경우에 정관에 다른 정함이 없으면 사원총회에서 회사를 대표할 이사를 선정하여야 한다.

③ 사원의 지분에 관하여 지시식 증권을 발행할 수 있다.

④ 사원의 지분은 질권의 목적으로 할 수 있다.

⑤ 회사성립 후에 출자금액의 납입 또는 현물출자의 이행이 완료되지 아니하였음이 발견된 때에는 회사성립 당시의 사원, 이사와 감사는 회사에 대하여 그 납입되지 아니한 금액 또는 이행되지 아니한 현물의 가액을 연대하여 지급할 책임이 있다.

① [○] 각 사원은 그 출자좌수에 따라 지분을 가진다(상법 제554조).

② [○] 이사가 수인인 경우에 정관에 다른 정함이 없으면 사원총회에서 회사를 대표할 이사를 선정하여야 한다(상법 제562조 제2항).

③ [×] 유한회사는 사원의 지분에 관하여 <u>지시식 또는 무기명식의 증권을 발행하지 못한다</u>(상법 제555조).

④ [○] 지분은 질권의 목적으로 할 수 있다(상법 제559조 제1항).

⑤ [○] 회사성립 후에 출자금액의 납입 또는 현물출자의 이행이 완료되지 아니하였음이 발견된 때에는 회사성립 당시의 사원, 이사와 감사는 회사에 대하여 그 납입되지 아니한 금액 또는 이행되지 아니한 현물의 가액을 연대하여 지급할 책임이 있다(상법 제551조 제1항).

답 ③

34

☑ 확인 Check! ○ △ ✕

상법상 유한회사에 관한 설명으로 옳지 않은 것은?

① 유한회사가 이사에 대하여 소를 제기하는 경우 사원총회가 그 소에 관하여 회사를 대표할 자를 선정하여야 한다.

② 자본금 총액이 20억원인 유한회사를 설립하는 경우에는 공증인의 인증은 정관의 효력발생 요건이 아니다.

③ 유한회사의 임시총회는 감사도 소집할 수 있다.

④ 유한회사의 정관으로 이사를 정하지 아니한 때에는 이사의 선임을 위해 회사성립 전에 각 사원이 사원총회를 소집할 수 있다.

⑤ 사원총회의 결의를 하여야 할 경우에 총사원의 동의가 있는 때에는 서면에 의한 결의를 할 수 있다.

┃해설┃

① [○] 회사가 이사에 대하여 또는 이사가 회사에 대하여 소를 제기하는 경우에는 사원총회는 그 소에 관하여 회사를 대표할 자를 선정하여야 한다(상법 제563조).

② [✕] 자본금 총액이 <u>10억 미만</u>인 유한회사를 설립하는 경우에는 공증인의 인증은 정관의 효력발생 요건이 아니다(상법 제543조 제3항, 제292조 참조).

> **상법 제543조(정관의 작성, 절대적 기재사항)**
> ③ 제292조의 규정은 유한회사에 준용한다.
>
> **상법 제292조(정관의 효력발생)**
> 정관은 공증인의 인증을 받음으로써 효력이 생긴다. 다만, 자본금 총액이 10억원 미만인 회사를 제295조 제1항에 따라 발기설립(發起設立)하는 경우에는 제289조 제1항에 따라 각 발기인이 정관에 기명날인 또는 서명함으로써 효력이 생긴다.

③ [○] 사원총회는 이 법에서 달리 규정하는 경우 외에는 이사가 소집한다. 그러나 임시총회는 감사도 소집할 수 있다(상법 제571조 제1항).

④ [○] 상법 제547조 제1항, 제2항

> **상법 제547조(초대이사의 선임)**
> ① 정관으로 이사를 정하지 아니한 때에는 회사성립 전에 사원총회를 열어 이를 선임하여야 한다.
> ② 전항의 사원총회는 각 사원이 소집할 수 있다.

⑤ [○] 총회의 결의를 하여야 할 경우에 총사원의 동의가 있는 때에는 서면에 의한 결의를 할 수 있다(상법 제577조 제1항).

답 ②

35 세무사 2016

☑ 확인 Check! ○ △ ✕

상법상 유한회사의 소수사원권이 아닌 것은?

① 대표소송권
② 집중투표청구권
③ 청산인 해임청구권
④ 이사의 위법행위에 대한 유지청구권
⑤ 회사의 업무와 재산상태를 조사하게 하기 위한 검사인의 선임청구권

┃해설┃

① [O] 자본금 총액의 100분의 3 이상에 해당하는 출자좌수를 가진 사원은 회사에 대하여 이사의 책임을 추궁할 소의 제기를 청구할 수 있다(상법 제565조 제1항).

② [✕] 이사선임의 집중투표제는 주식회사편에 규정되어 있으나(상법 제382조의2 참조), <u>유한회사에 이를 적용하거나 준용하는 규정이 없다.</u>

③ [O] 상법 제613조 제2항, 제539조 제2항

> **상법 제613조(준용규정)**
> ② 제209조, 제210조, 제366조 제2항·제3항, 제367조, 제373조 제2항, 제376조, 제377조, 제382조 제2항, 제386조, 제388조, 제399조 내지 제402조, 제407조, 제408조, 제411조 내지 제413조, 제414조 제3항, 제450조, 제466조 제2항, 제539조, 제562조, 제563조, 제564조 제3항, 제565조, 제566조, 제571조, 제572조 제1항과 제581조의 규정은 유한회사의 청산인에 준용한다.
>
> **상법 제539조(청산인의 해임)**
> ② 청산인이 그 업무를 집행함에 현저하게 부적임하거나 중대한 임무에 위반한 행위가 있는 때에는 발행주식의 총수의 100분의 3 이상에 해당하는 주식을 가진 주주는 법원에 그 청산인의 해임을 청구할 수 있다.

④ [O] 이사가 법령 또는 정관에 위반한 행위를 하여 이로 인하여 회사에 회복할 수 없는 손해가 생길 염려가 있는 경우에는 감사 또는 자본금 총액의 100분의 3 이상에 해당하는 출자좌수를 가진 사원은 회사를 위하여 이사에 대하여 그 행위를 유지할 것을 청구할 수 있다(상법 제564조의2).

⑤ [O] 회사의 업무집행에 관하여 부정행위 또는 법령이나 정관에 위반한 중대한 사유가 있는 때에는 자본금 총액의 100분의 3 이상에 해당하는 출자좌수를 가진 사원은 회사의 업무와 재산상태를 조사하게 하기 위하여 법원에 검사인의 선임을 청구할 수 있다(상법 제582조 제1항).

답 ②

제7장 ┃ 주식회사 외의 회사 **615**

상법상 유한회사의 사원총회에 관한 설명으로 틀린 것은?

① 사원총회를 소집할 때에는 사원총회일의 1주 전에 각 사원에게 서면으로 통지서를 발송하거나 각 사원의 동의를 받아 전자문서로 통지서를 발송하여야 한다.

② 정관에 다른 정함이 없는 경우 자본금 총액의 100분의 3 이상에 해당하는 출자좌수를 가진 사원은 회의의 목적사항과 소집의 이유를 기재한 서면을 이사에게 제출하여 총회의 소집을 청구할 수 있다.

③ 총사원의 의결권의 과반수의 동의가 있을 때에는 소집절차 없이 총회를 열 수 있으며 총회의 결의를 하여야 할 경우 서면에 의한 결의를 할 수 있다.

④ 사원총회의 결의는 정관 또는 상법에 다른 규정이 있는 경우 외에는 총사원의 의결권의 과반수를 가지는 사원이 출석하고 그 의결권의 과반수로써 하여야 한다.

⑤ 각 사원은 출자1좌마다 1개의 의결권을 가지나 정관으로 의결권의 수에 관하여 다른 정함을 할 수 있다.

┃해설┃

① [○] 사원총회를 소집할 때에는 사원총회일의 1주 전에 각 사원에게 서면으로 통지서를 발송하거나 각 사원의 동의를 받아 전자문서로 통지서를 발송하여야 한다(상법 제571소 세2항).

② [○] 상법 제572조 제1항, 제2항

> **상법 제572조(소수사원에 의한 총회소집청구)**
> ① 자본금 총액의 100분의 3 이상에 해당하는 출자좌수를 가진 사원은 회의의 목적사항과 소집의 이유를 기재한 서면을 이사에게 제출하여 총회의 소집을 청구할 수 있다.
> ② 전항의 규정은 정관으로 다른 정함을 할 수 있다.

③ [✕] 총사원의 동의가 있을 때에는 소집절차 없이 총회를 열 수 있으며 총회의 결의를 하여야 할 경우 서면에 의한 결의를 할 수 있다(상법 제573조, 제577조 제1항 참조).

> **상법 제573조(소집절차의 생략)**
> 총사원의 동의가 있을 때에는 소집절차없이 총회를 열 수 있다.
>
> **상법 제577조(서면에 의한 결의)**
> ① 총회의 결의를 하여야 할 경우에 총사원의 동의가 있는 때에는 서면에 의한 결의를 할 수 있다.

④ [○] 사원총회의 결의는 정관 또는 본법에 다른 규정이 있는 경우 외에는 총사원의 의결권의 과반수를 가지는 사원이 출석하고 그 의결권의 과반수로써 하여야 한다(상법 제574조).

⑤ [○] 각 사원은 출자1좌마다 1개의 의결권을 가진다. 그러나 정관으로 의결권의 수에 관하여 다른 정함을 할 수 있다(상법 제575조).

답 ③

상법상 회사의 업무집행 또는 대표에 관한 설명으로 옳은 것만을 <u>모두</u> 고른 것은? (이견이 있으면 판례에 의함)

> ㄱ. 유한회사에서 이사가 수인인 경우 정관에 다른 정함이 없으면 지점의 설치·이전 또는 폐지는 이사 과반수의 결의에 의하여야 한다.
> ㄴ. 유한책임회사는 정관으로 사원이 아닌 자를 업무집행자로 정할 수 없다.
> ㄷ. 합자회사의 무한책임사원은 정관에 다른 규정이 없는 때에는 각자가 회사의 업무를 집행할 권리와 의무가 있다.
> ㄹ. 합자회사의 유한책임사원은 정관 또는 총사원의 동의로써 회사대표자로 지정되면 업무집행권과 대표권을 가질 수 있다.
> ㅁ. 합명회사에서 수인의 업무집행사원을 정한 경우에 정관 또는 총사원의 동의로 특히 회사를 대표할 자를 정할 수 있다.

① ㄱ, ㄴ
② ㄱ, ㄷ
③ ㄱ, ㄷ, ㅁ
④ ㄴ, ㄷ, ㄹ
⑤ ㄴ, ㄹ, ㅁ

┃해설┃

ㄱ. [○] (유한회사에서) 이사가 수인인 경우에 정관에 다른 정함이 없으면 회사의 업무집행, 지배인의 선임 또는 해임과 지점의 설치·이전 또는 폐지는 이사 과반수의 결의에 의하여야 한다(상법 제564조 제1항).

ㄴ. [✕] 유한책임회사는 정관으로 <u>사원 또는 사원이 아닌 자</u>를 업무집행자로 정하여야 한다(상법 제287조의12 제1항).

ㄷ. [○] (합자회사의) 무한책임사원은 정관에 다른 규정이 없는 때에는 각자가 회사의 업무를 집행할 권리와 의무가 있다(상법 제273조).

ㄹ. [✕] 합자회사의 유한책임사원이 정관 또는 총사원의 동의로서 회사의 대표자로 지정되어 그와 같은 등기까지 경유되었다 하더라도 <u>회사대표권을 가질 수 없다</u>(대판 1966.1.25. 65다2128).

> **상법 제278조(유한책임사원의 업무집행, 회사대표의 금지)**
> 유한책임사원은 회사의 <u>업무집행이나 대표행위를 하지 못한다.</u>

ㅁ. [○] (합명회사에서) 정관으로 업무집행사원을 정하지 아니한 때에는 각 사원은 회사를 대표한다. 수인의 업무집행사원을 정한 경우에 각 업무집행사원은 회사를 대표한다. 그러나 정관 또는 총사원의 동의로 업무집행사원 중 특히 회사를 대표할 자를 정할 수 있다(상법 제207조).

답 ③

38 2021

상법상 유한회사에 관한 설명으로 옳은 것은?

① 금전출자에 의한 자본금 증가의 경우에 출자의 인수를 한 자는 그 자본금 증가의 등기일로부터 이익배당에 관하여 사원과 동일한 권리를 가진다.

② 이사가 회사에 대하여 소를 제기하는 경우에는 감사만 그 소에 관하여 회사를 대표한다.

③ 이사가 수인인 경우 정관에 다른 정함이 없으면 각 이사가 회사를 대표한다.

④ 현물출자의 목적인 재산의 자본금 증가 당시의 실가가 자본금 증가의 결의에 의하여 정한 가격에 현저하게 부족한 때에는 그 결의에 동의한 사원은 회사에 대하여 그 부족액을 연대하여 지급할 책임이 있다.

⑤ 회사의 설립취소는 그 사원·이사·감사에 한하여 회사설립일로부터 2년 내에 소만으로 이를 주장할 수 있다.

┃해설┃

① [✕] 자본금 증가의 경우에 출자의 인수를 한 자는 출자의 납입의 기일 또는 현물출자의 목적인 재산의 급여의 기일로부터 이익배당에 관하여 사원과 동일한 권리를 가진다(상법 제590조).

② [✕] 회사가 이사에 대하여 또는 이사가 회사에 대하여 소를 제기하는 경우에는 사원총회는 그 소에 관하여 회사를 대표할 자를 선정하여야 한다(상법 제563조).

③ [✕] 이사가 수인인 경우에 정관에 다른 정함이 없으면 사원총회에서 회사를 대표할 이사를 선정하여야 한다(상법 제562조 제2항).

④ [○] 상법 제593조 제1항, 제586조 제1호

> **상법 제593조(현물출자등에 관한 사원의 책임)**
> ① 제586조 제1호와 제2호의 재산의 자본금 증가당시의 실가가 자본금 증가의 결의에 의하여 정한 가격에 현저하게 부족한 때에는 그 결의에 동의한 사원은 회사에 대하여 그 부족액을 연대하여 지급할 책임이 있다.
>
> **상법 제586조(자본금 증가의 결의)**
> 다음 각 호의 사항은 정관에 다른 정함이 없더라도 자본금 증가의 결의에서 정할 수 있다.
> 　1. 현물출자를 하는 자의 성명과 그 목적인 재산의 종류, 수량, 가격과 이에 대하여 부여할 출자좌수
> 　2. 본금 증가 후에 양수할 것을 약정한 재산의 종류, 수량, 가격과 그 양도인의 성명
> 　3. 증가할 자본금에 대한 출자의 인수권을 부여할 자의 성명과 그 권리의 내용

⑤ [✕] 회사의 설립의 무효는 그 사원, 이사와 감사에 한하여 설립의 취소는 그 취소권 있는 자에 한하여 회사설립의 날로부터 2년 내에 소만으로 이를 주장할 수 있다(상법 제552조 제1항).

답 ④

상법상 유한회사에 관한 설명으로 틀린 것은?

① 이사가 수인인 경우에 정관에 다른 정함이 없으면 사원총회에서 회사를 대표할 이사를 선정하여야 한다.
② 현물출자의 목적인 재산의 회사성립 당시의 실가(實價)가 정관에 정한 가격에 현저하게 부족한 때에는, 회사성립 당시의 사원은 회사에 대하여 그 부족액을 연대하여 지급할 책임이 있다.
③ 회사설립의 무효는 그 사원, 이사와 감사에 한하여 회사성립의 날로부터 2년 내에 소만으로 이를 주장할 수 있다.
④ 정관으로 이사를 정하지 아니한 때에는 회사성립 전에 사원총회를 열어 이를 선임하여야 한다.
⑤ 감사가 없는 경우, 이사는 이사 전원의 승인이 있는 때에 한하여 자기 또는 제3자의 계산으로 회사와 거래를 할 수 있다.

┃ 해설 ┃

① [○] 이사가 수인인 경우에 정관에 다른 정함이 없으면 사원총회에서 회사를 대표할 이사를 선정하여야 한다(상법 제562조 제2항).
② [○] 상법 제550조 제1항, 제544조 제1호

> **상법 제550조(현물출자 등에 관한 회사성립시의 사원의 책임)**
> ① 제544조 제1호와 제2호의 재산의 회사성립 당시의 실가가 정관에 정한 가격에 현저하게 부족한 때에는 회사성립 당시의 사원은 회사에 대하여 그 부족액을 연대하여 지급할 책임이 있다.
>
> **상법 제544조(변태설립사항)**
> 다음의 사항은 정관에 기재함으로써 그 효력이 있다.
>   1. 현물출자를 하는 자의 성명과 그 목적인 재산의 종류, 수량, 가격과 이에 대하여 부여하는 출자좌수
>   2. 회사의 설립 후에 양수할 것을 약정한 재산의 종류, 수량, 가격과 그 양도인의 성명
>   3. 회사가 부담할 설립비용

③ [○] 회사의 설립의 무효는 그 사원, 이사와 감사에 한하여 설립의 취소는 그 취소권 있는 자에 한하여 회사설립의 날로부터 2년 내에 소만으로 이를 주장할 수 있다(상법 제552조 제1항).
④ [○] 정관으로 이사를 정하지 아니한 때에는 회사성립 전에 사원총회를 열어 이를 선임하여야 한다(상법 제547조 제1항).
⑤ [✕] 이사는 감사가 있는 때에는 그 승인이, 감사가 없는 때에는 사원총회의 승인이 있는 때에 한하여 자기 또는 제3자의 계산으로 회사와 거래를 할 수 있다. 이 경우에는 민법 제124조의 규정을 적용하지 아니한다(상법 제564조 제3항).

답 ⑤

제7장

유한회사에 관한 다음 설명 중 가장 옳지 않은 것은?

① 유한회사의 정관에서 특정 이사의 보수액을 구체적으로 정한 경우, 보수액은 임용계약의 내용이 되어 당사자
인 회사와 이사 쌍방을 구속하므로, 특별한 사정이 없는 한 유한회사의 사원총회에서 임용계약의 내용으로
이미 편입된 이사의 보수를 감액하거나 박탈하는 결의를 하더라도, 이러한 사원총회 결의는 결의 자체의
효력과 관계없이 이사의 보수청구권에 아무런 영향을 미치지 못한다.

② 유한회사의 사원총회에서 선임된 이사가 회사와의 명시적 또는 묵시적 약정에 따라 그 업무를 다른 이사
등에게 포괄적으로 위임하고 이사로서의 실질적인 업무를 수행하지 않은 경우라 하더라도 특별한 사정이
없는 한 소극적인 직무수행 사유만을 가지고 그 이사로서의 자격을 부정하거나 사원총회 결의에서 정한
보수청구권의 효력을 부정하기는 어렵다.

③ 유한회사 성립 후에 출자금액의 납입 또는 현물출자의 이행이 완료되지 아니하였음이 발견된 때에 회사성립
당시의 사원, 이사와 감사는 회사에 대하여 그 납입되지 아니한 금액 또는 이행되지 아니한 현물의 가액을
연대하여 지급할 책임이 있는데, 이때 사원의 책임은 면제하지 못하나, 이사와 감사의 책임은 총사원의
동의가 있으면 면제할 수 있다.

④ 유한회사 사원의 지분은 사원이 회사에 대하여 가지는 권리의무의 총체 즉 사원권으로서 신분상의 권리와
아울러 재산상의 권리를 포함하고 있는 것이므로 재산상의 가치를 가지고 이를 현금화하는 것이 가능하므로
강제집행의 대상이 되고, 피전부채권으로서의 적격도 있다.

⑤ 유한회사의 사원권에 관한 명의신탁 해지로 명의신탁자가 사원권을 회복하기 위하여는 사원총회의 특별결
의가 있는 때에 한하여 그 효력이 생기고, 해지의 의사표시만에 의하여 수탁된 지분이 바로 명의신탁자에게
복귀하는 것은 아니다.

....

┃해설┃

① [○] 유한회사에서 상법 제567조, 제388조에 따라 정관 또는 사원총회 결의로 특정 이사의 보수액을 구체적으로
정하였다면, 보수액은 임용계약의 내용이 되어 당사자인 회사와 이사 쌍방을 구속하므로, 이사가 보수의 변경에
대하여 명시적으로 동의하였거나, 적어도 직무의 내용에 따라 보수를 달리 지급하거나 무보수로 하는 보수체계에
관한 내부규정이나 관행이 존재함을 알면서 이사직에 취임한 경우와 같이 직무내용의 변동에 따른 보수의 변경을
감수한다는 묵시적 동의가 있었다고 볼 만한 특별한 사정이 없는 한, 유한회사가 이사의 보수를 일방적으로 감액하거
나 박탈할 수 없다. 따라서 유한회사의 사원총회에서 임용계약의 내용으로 이미 편입된 이사의 보수를 감액하거나
박탈하는 결의를 하더라도, 이러한 사원총회 결의는 결의 자체의 효력과 관계없이 이사의 보수청구권에 아무런
영향을 미치지 못한다(대판 2017.3.30. 2016다21643).

② [○] 유한회사의 사원총회에서 이사로 선임된 사람이 회사와 계약을 맺고 이사로 취임한 경우에, 상법 제388조,
제567조에 따라 정관 또는 사원총회에서 정한 금액·지급시기·지급방법에 의하여 보수를 받을 수 있다. 이에
비추어 보면, 비록 사원총회에서 선임된 이사가 회사와의 명시적 또는 묵시적 약정에 따라 그 업무를 다른 이사
등에게 포괄적으로 위임하고 이사로서의 실질적인 업무를 수행하지 않은 경우라 하더라도 이사로서 상법 제399조,
제401조, 제567조 등에서 정한 법적 책임을 지므로, 그 이사를 선임하거나 보수를 정한 사원총회 결의의 효력이
무효이거나 또한 위와 같은 소극적인 직무 수행이 사원총회에서 그 이사를 선임하면서 예정하였던 직무 내용과
달라 사원총회에서 한 선임 결의 및 보수지급 결의에 위배되는 배임적인 행위에 해당하는 등의 특별한 사정이
없다면, 위와 같은 소극적인 직무 수행 사유만을 가지고 그 이사로서의 자격을 부정하거나 사원총회 결의에서
정한 보수청구권의 효력을 부정하기는 어렵다(대판 2015.8.27. 2015다200524).

③ [○] 상법 제551조 제1항, 제2항, 제3항

> **상법 제551조(출자미필액에 대한 회사성립시의 사원 등의 책임)**
> ① 회사성립 후에 출자금액의 납입 또는 현물출자의 이행이 완료되지 아니하였음이 발견된 때에는 회사성립 당시의 사원, 이사와 감사는 회사에 대하여 그 납입되지 아니한 금액 또는 이행되지 아니한 현물의 가액을 연대하여 지급할 책임이 있다.
> ② 전항의 사원의 책임은 면제하지 못한다.
> ③ 제1항의 이사와 감사의 책임은 총사원의 동의가 없으면 면제하지 못한다.

④ [×] 사원의 지분에 대한 압류는 사원의 장래 이익의 배당 및 지분환급청구권에도 그 효력이 미치고(상법 제223조, 제269조), 그 밖에 해산한 경우에 생기는 사원의 잔여재산분배청구권에도 미친다(상법 제260조, 제269조, 제287조의45). 이러한 청구권은 구체적으로 발생할 때까지 액수가 정해져 있지 않으므로 액수가 정해질 때까지 추심할 수 없고, 사원의 지분은 금전채권이 아니므로 전부명령의 방법도 취할 수 없다(대결 2004.7.5. 2004마463 참조).

> 전부명령은 압류된 채권을 지급에 갈음하여 압류채권자에게 이전시키고 그것으로 채무자가 변제를 한 것으로 간주하는 제도이므로 그 대상인 피압류채권은 금전채권이어야 하고, 또한 양도성이 있어야 하는데, 이 사건 피압류채권인 유한회사의 지분은 민사집행법 제229조 제1항이 정한 금전채권에 해당하지 아니하고, 사원총회의 결의가 있는 경우에 한하여 지분을 양도할 수 있으며 다만 사원 상호 간의 양도에 대하여는 정관으로 달리 정할 수 있을 뿐이어서(상법 제556조) 피전부채권으로서의 적격이 없고, 유한회사의 지분을 압류한 채권자로서는 총사원의 승낙서를 첨부하여 민사집행법 제241조가 정한 양도명령이나 매각명령의 방법으로 유한회사 지분을 현금화하여 채권의 만족을 얻거나, 사원의 이익배당청구권(상법 제580조)과 잔여재산분배청구권(상법 제612조)이 구체화되어 그 행사를 할 수 있는 시기가 도래할 경우 그 채권에 대하여 추심명령이나 전부명령 등의 현금화절차를 거쳐 채권의 만족을 얻을 수 있을 뿐이다(대결 2004.7.5. 2004마463).

⑤ [○] 상법 제556조 제1항의 규정 취지는 소수의 사원으로 구성되고 사원의 개성이 중시되며 사원 상호 간의 긴밀한 신뢰관계를 기초로 하는 유한회사에 있어서 사원이 그 지분을 자유롭게 양도할 수 있도록 허용하게 되면 회사에 우호적이지 않은 자가 사원이 될 수 있어 경영의 원활과 사원 상호 간의 신뢰관계를 저해하게 되는 결과 유한회사가 가지는 폐쇄성·비공개성에 반하게 되므로 이를 방지하기 위한 것이라 할 것인바, 유한회사의 지분(사원권)에 관한 명의신탁 해지의 경우에도 사원의 변경을 가져오므로 위 규정을 유추적용하여 사원총회의 특별결의가 있어야 그 효력이 생긴다고 보는 것이 법의 취지에 비추어 상당하다고 할 것이고, 따라서 해지의 의사표시만에 의하여 수탁된 지분이 바로 명의신탁자에게 복귀하는 것은 아니다(대판 1997.6.27. 95다20140).

답 ④

41 세무사 2024

☑ 확인Check! ○ △ ×

상법상 유한책임회사에 관한 설명으로 옳은 것을 모두 고른 것은?

> ㄱ. 유한책임회사는 그 지분의 전부 또는 일부를 양수할 수 있다.
> ㄴ. 사원은 다른 사원의 동의를 받지 아니하면 그 지분의 전부를 타인에게 양도하지 못한다.
> ㄷ. 2명 이상의 업무집행자를 정한 경우에는 업무집행자 각자가 회사의 업무를 집행할 권리와 의무가 있다.
> ㄹ. 업무집행자는 다른 사원 과반수의 결의가 있는 경우에만 자기 또는 제3자의 계산으로 회사와 거래를 할 수 있다.
> ㅁ. 정관에 다른 규정이 없는 경우 정관을 변경하려면 사원 과반수의 동의로 해야 한다.

① ㄱ, ㄴ, ㄷ   ② ㄱ, ㄴ, ㅁ
③ ㄴ, ㄷ, ㄹ   ④ ㄴ, ㄹ, ㅁ
⑤ ㄷ, ㄹ, ㅁ

┃해설┃

ㄱ. [×] 유한책임회사는 그 지분의 전부 또는 일부를 <u>양수할 수 없다</u>(상법 제287조의9 제1항).
ㄴ. [○] 사원은 다른 사원의 동의를 받지 아니하면 그 지분의 전부 또는 일부를 타인에게 양도하지 못한다(상법 제287조의8 제1항).
ㄷ. [○] 1명 또는 둘 이상의 업무집행자를 정한 경우에는 업무집행자 각자가 회사의 업무를 집행할 권리와 의무가 있다. 이 경우에는 제201조 제2항을 준용한다(상법 제287조의12 제2항).
ㄹ. [○] 업무집행자는 다른 사원 과반수의 결의가 있는 경우에만 자기 또는 제3자의 계산으로 회사와 거래를 할 수 있다. 이 경우에는 「민법」 제124조를 적용하지 아니한다(상법 제287조의11).
ㅁ. [×] 정관에 다른 규정이 없는 경우 정관을 변경하려면 <u>총사원의 동의</u>가 있어야 한다(상법 제287조의16).

답 ③

42 세무사 2023

☑ 확인Check! ○ △ ×

상법상 유한책임회사에 관한 설명으로 옳지 않은 것은?

① 유한책임회사는 정관을 변경함으로써 새로운 사원을 가입시킬 수 있다.
② 유한책임회사는 그 지분의 전부를 양수할 수 있다.
③ 유한책임회사는 정관변경의 방법으로 자본금을 감소할 수 있다.
④ 유한책임회사를 대표하는 업무집행자가 그 업무집행으로 타인에게 손해를 입힌 경우에는 회사는 그 업무집행자와 연대하여 배상할 책임이 있다.
⑤ 업무집행자는 다른 사원의 과반수의 결의가 있는 경우에만 자기 또는 제3자의 계산으로 회사와 거래할 수 있다.

┃ 해설 ┃

① [○] 유한책임회사는 정관을 변경함으로써 새로운 사원을 가입시킬 수 있다(상법 제287조의23 제1항). 사원은 정관의 기재사항이기 때문이다(상법 제287조의3 제1호 참조).

② [×] 유한책임회사는 <u>그 지분의 전부 또는 일부를 양수할 수 없다</u>(상법 제287조의9 제1항).

③ [○] 유한책임회사는 정관 변경의 방법으로 자본금을 감소할 수 있다(상법 제287조의36 제1항).

④ [○] 유한책임회사를 대표하는 업무집행자가 그 업무집행으로 타인에게 손해를 입힌 경우에는 회사는 그 업무집행자와 연대하여 배상할 책임이 있다(상법 제287조의20).

⑤ [○] 업무집행자는 다른 사원 과반수의 결의가 있는 경우에만 자기 또는 제3자의 계산으로 회사와 거래를 할 수 있다. 이 경우에는 「민법」 제124조를 적용하지 아니한다(상법 제287조의11). 참고로 업무집행자의 경업승인은 총사원의 동의가 필요하다(상법 제287조의10 제1항 참조).

답 ②

43 세무사 2022

☑ 확인Check! ○ △ ×

상법상 유한책임회사에 관한 설명으로 옳지 않은 것은? (단, 정관에 달리 정함이 없음)

① 사원은 노무를 출자의 목적으로 할 수 없지만 신용은 출자의 목적으로 할 수 있다.

② 2인 이상의 업무집행자를 정한 경우에는 업무집행자 각자가 회사의 업무를 집행할 권리와 의무가 있다.

③ 총사원의 동의가 있어야만 정관을 변경할 수 있다.

④ 업무집행자가 2인 이상인 경우에는 총사원의 동의로 회사를 대표할 업무집행자를 정할 수 있다.

⑤ 퇴사 사원은 그 지분의 환급을 금전으로 받을 수 있다.

┃ 해설 ┃

① [×] (유한책임회사) 사원은 <u>신용이나 노무를 출자의 목적으로 하지 못한다</u>(상법 제287조의4 제1항).

② [○] 1명 또는 둘 이상의 업무집행자를 정한 경우에는 업무집행자 각자가 회사의 업무를 집행할 권리와 의무가 있다. 이 경우에는 제201조 제2항을 준용한다(상법 제287조의12 제2항).

③ [○] 정관에 다른 규정이 없는 경우 정관을 변경하려면 총사원의 동의가 있어야 한다(상법 제287조의16).

④ [○] 업무집행자가 둘 이상인 경우 정관 또는 총사원의 동의로 유한책임회사를 대표할 업무집행자를 정할 수 있다(상법 제287조의19 제2항).

⑤ [○] 퇴사 사원은 그 지분의 환급을 금전으로 받을 수 있다(상법 제287조의28 제1항).

답 ①

상법상 유한책임회사에 관한 설명으로 옳지 않은 것은?

① 유한책임회사는 그 지분의 전부 또는 일부를 양수할 수 없다.

② 유한책임회사는 정관으로 사원 또는 사원이 아닌 자를 업무집행자로 정하여야 한다.

③ 유한책임회사의 내부관계에 관하여는 정관이나 상법에 다른 규정이 없으면 유한회사에 관한 규정을 준용한다.

④ 자본금 감소 후의 자본금의 액이 순자산액 이상인 경우에는 채권자 이의절차를 거칠 필요가 없다.

⑤ 유한책임회사를 주식회사로 조직변경할 경우에는 법원의 인가를 받지 아니하면 효력이 없다.

∥해설∥

① [O] 유한책임회사는 그 지분의 전부 또는 일부를 양수할 수 없다(상법 제287조의9 제1항).

② [O] 유한책임회사는 정관으로 사원 또는 사원이 아닌 자를 업무집행자로 정하여야 한다(상법 제287조의12 제1항).

③ [×] 유한책임회사의 내부관계에 관하여는 정관이나 이 법에 다른 규정이 없으면 <u>합명회사</u>에 관한 규정을 준용한다(상법 제287조의18).

④ [O] 상법 제287조의36 제2항

> **상법 제287조의36(자본금의 감소)**
> ① 유한책임회사는 정관 변경의 방법으로 자본금을 감소할 수 있다.
> ② 제1항의 경우에는 제232조(채권자의 이의)를 준용한다. 다만, 감소 후의 자본금의 액이 순자산액 이상인 경우에는 그러하지 아니하다.

⑤ [O] 유한회사나 유한책임회사가 주식회사로 조직변경을 하려면 법원의 인가를 얻어야 한다(상법 제287조의44, 제607조 제3항 참조). 이는 엄격한 주식회사의 설립절차를 회피하는 방법으로 조직변경을 이용하는 것을 막기 위한 것이다.

> **상법 제287조의44(준용규정)**
> 유한책임회사의 조직의 변경에 관하여는 제232조 및 제604조부터 제607조까지의 규정을 준용한다.
>
> **상법 제607조(유한회사의 주식회사로의 조직변경)**
> ① 유한회사는 총사원의 일치에 의한 총회의 결의로 주식회사로 조직을 변경할 수 있다. 다만, 회사는 그 결의를 정관으로 정하는 바에 따라 제585조의 사원총회의 결의로 할 수 있다.
> ③ 제1항의 조직변경은 법원의 인가를 받지 아니하면 효력이 없다.

답 ③

45 세무사 2020

상법상 유한책임회사에 관한 설명으로 옳은 것은?

① 사원은 정관 작성 후 설립등기를 하는 때까지 금전이나 그 밖의 재산의 출자 중 일부만 이행하여도 된다.

② 자본금의 액은 정관의 절대적 기재사항이나 설립등기사항은 아니다.

③ 유한책임회사에는 설립취소의 소가 허용되지 않는다.

④ 정관변경을 통해 새로 가입한 사원이 출자에 관한 납입을 하지 아니한 경우에는 그 납입을 마친 때에 사원이 된다.

⑤ 사원의 지분의 압류는 잉여금의 배당을 청구하는 권리에 대해서는 그 효력이 없다.

┃해설┃

① [✕] 사원은 정관의 작성 후 설립등기를 하는 때까지 금전이나 그 밖의 재산의 출자를 <u>전부 이행하여야 한다</u>(상법 제287조의4 제2항).

② [✕] 유한책임회사에서 자본금의 액은 정관의 <u>절대적 기재사항이자</u>(상법 제287조의3 제3호 참조) <u>설립등기사항이다</u>(상법 제287조의5 제1항 제3호 참조).

> **상법 제287조의3(정관의 기재사항)**
> 정관에는 다음 각 호의 사항을 적고 각 사원이 기명날인하거나 서명하여야 한다.
> 1. 제179조 제1호부터 제3호까지, 제5호 및 제6호에서 정한 사항
> 2. 사원의 출자의 목적 및 가액
> 3. <u>자본금의 액</u>
> 4. 업무집행자의 성명(법인인 경우에는 명칭) 및 주소
>
> **상법 제287조의5(설립의 등기 등)**
> ① 유한책임회사는 본점의 소재지에서 다음 각 호의 사항을 등기함으로써 성립한다.
> 1. 제179조 제1호·제2호 및 제5호에서 정한 사항과 지점을 둔 경우에는 그 소재지
> 2. 제180조 제3호에서 정한 사항
> 3. <u>자본금의 액</u>
> 4. 업무집행자의 성명, 주소 및 주민등록번호(법인인 경우에는 명칭, 주소 및 법인등록번호). 다만, 유한책임회사를 대표할 업무집행자를 정한 경우에는 그 외의 업무집행자의 주소는 제외한다.
> 5. 유한책임회사를 대표할 자를 정한 경우에는 그 성명 또는 명칭과 주소
> 6. 정관으로 공고방법을 정한 경우에는 그 공고방법
> 7. 둘 이상의 업무집행자가 공동으로 회사를 대표할 것을 정한 경우에는 그 규정

③ [✕] 유한책임회사에서는 설립무효의 소 뿐만 아니라 <u>설립취소의 소도 인정된다</u>(상법 제287조의6, 제184조 제1항 참조). 주식회사의 경우에는 설립무효의 소만이 가능하며 설립취소의 소가 인정되지 않는다.

> **상법 제287조의6(준용규정)**
> 유한책임회사의 설립의 무효와 취소에 관하여는 제184조부터 제194조까지의 규정을 준용한다. 이 경우 제184조 중 "사원"은 "사원 및 업무집행자"로 본다.

> **상법 제184조(설립무효, 취소의 소)**
> ① 회사의 설립의 무효는 그 사원에 한하여, 설립의 취소는 그 취소권 있는 자에 한하여 회사성립의 날로부터 2년 내에 소만으로 이를 주장할 수 있다.

④ [O] 상법 제287조의23 제2항 단서

> **상법 제287조의23(사원의 가입)**
> ① 유한책임회사는 정관을 변경함으로써 새로운 사원을 가입시킬 수 있다.
> ② 제1항에 따른 사원의 가입은 정관을 변경한 때에 효력이 발생한다. 다만, 정관을 변경한 때에 해당 사원이 출자에 관한 납입 또는 재산의 전부 또는 일부의 출자를 이행하지 아니한 경우에는 그 납입 또는 이행을 마친 때에 사원이 된다.

⑤ [×] 사원의 지분의 압류는 잉여금의 배당을 청구하는 권리에 대하여도 그 <u>효력이 있다</u>(상법 제287조의37 제6항).

답 ④

46 세무사 2019

상법상 유한책임회사에 관한 설명으로 옳지 않은 것은?

① 현물출자를 하는 사원은 설립등기를 하는 때까지 유한책임회사에 출자의 목적인 재산을 인도하고, 등기, 등록, 그 밖의 권리의 설정 또는 이전이 필요한 경우에는 이에 관한 서류를 모두 갖추어 교부하여야 한다.
② 업무를 집행하지 아니한 사원은 업무를 집행하는 사원 전원의 동의가 있으면 지분의 전부 또는 일부를 타인에게 양도할 수 있다.
③ 유한책임회사는 정관으로 사원 또는 사원이 아닌 자를 업무집행자로 정하여야 한다.
④ 유한책임회사에 새로 가입하면서 정관 변경 시까지도 출자에 관한 납입 또는 재산의 전부 또는 일부의 출자를 이행하지 아니한 자는 그 납입 또는 이행을 마친 때에 사원이 된다. 따라
⑤ 정관으로 달리 정함이 없으면, 유한책임회사의 퇴사 사원에 대한 환급금액은 퇴사 시의 회사의 재산 상황에 정한다.

┃해설┃
① [×] 현물출자를 하는 사원은 <u>납입기일에 지체 없이</u> 유한책임회사에 출자의 목적인 재산을 인도하고, 등기, 등록, 그 밖의 권리의 설정 또는 이전이 필요한 경우에는 이에 관한 서류를 모두 갖추어 교부하여야 한다(상법 제287조의4 제3항).
② [O] 제1항에도 불구하고 업무를 집행하지 아니한 사원은 업무를 집행하는 사원 전원의 동의가 있으면 지분의 전부 또는 일부를 타인에게 양도할 수 있다. 다만, 업무를 집행하는 사원이 없는 경우에는 사원 전원의 동의를 받아야 한다(상법 제287조의8 제2항).
③ [O] 유한책임회사는 정관으로 사원 또는 사원이 아닌 자를 업무집행자로 정하여야 한다(상법 제287조의12 제1항).

④ [O] 상법 제287조의23 제2항

> **상법 제287조의23(사원의 가입)**
> ① 유한책임회사는 정관을 변경함으로써 새로운 사원을 가입시킬 수 있다.
> ② 제1항에 따른 사원의 가입은 정관을 변경한 때에 효력이 발생한다. 다만, 정관을 변경한 때에 해당 사원이 출자에 관한 납입 또는 재산의 전부 또는 일부의 출자를 이행하지 아니한 경우에는 그 납입 또는 이행을 마친 때에 사원이 된다.

⑤ [O] 상법 제287조의28 제2항, 제3항

> **상법 제287조의28(퇴사 사원 지분의 환급)**
> ② 퇴사 사원에 대한 환급금액은 퇴사 시의 회사의 재산 상황에 따라 정한다.
> ③ 퇴사 사원의 지분 환급에 대하여는 정관으로 달리 정할 수 있다.

답 ①

47 세무사 2018 ☑ 확인 Check! ○ △ ✕

상법상 유한책임회사에 관한 설명으로 옳지 않은 것은? (단, 정관에 상법과 달리 정하는 규정은 없다)

① 사원은 신용이나 노무를 출자의 목적으로 하지 못한다.
② 업무를 집행하는 사원이 없는 경우, 사원은 사원 전원의 동의를 얻어야 지분의 일부를 타인에게 양도할 수 있다.
③ 업무집행자는 다른 사원 전원의 동의가 있어야 자기 또는 제3자의 계산으로 회사와 거래를 할 수 있다.
④ 유한책임회사를 대표하는 업무집행자가 그 업무집행으로 타인에게 손해를 입힌 경우에는 회사는 그 업무집행자와 연대하여 배상할 책임이 있다.
⑤ 유한책임회사는 그 지분의 전부 또는 일부를 양수할 수 없으며, 유한책임회사가 지분을 취득하는 경우에는 그 지분은 취득한 때에 소멸한다.

┃해설┃

① [O] 사원은 신용이나 노무를 출자의 목적으로 하지 못한다(상법 제287조의4 제1항).
② [O] 제1항에도 불구하고 업무를 집행하지 아니한 사원은 업무를 집행하는 사원 전원의 동의가 있으면 지분의 전부 또는 일부를 타인에게 양도할 수 있다. 다만, 업무를 집행하는 사원이 없는 경우에는 사원 전원의 동의를 받아야 한다(상법 제287조의8 제2항).
③ [✕] 업무집행자는 다른 사원 과반수의 결의가 있는 경우에만 자기 또는 제3자의 계산으로 회사와 거래를 할 수 있다. 이 경우에는 「민법」 제124조를 적용하지 아니한다(상법 제287조의11).
④ [O] 유한책임회사를 대표하는 업무집행자가 그 업무집행으로 타인에게 손해를 입힌 경우에는 회사는 그 업무집행자와 연대하여 배상할 책임이 있다(상법 제287조의20).

⑤ [O] 상법 제287조의9 제1항, 제2항

> **상법 제287조의9(유한책임회사에 의한 지분양수의 금지)**
> ① 유한책임회사는 그 지분의 전부 또는 일부를 양수할 수 없다.
> ② 유한책임회사가 지분을 취득하는 경우에 그 지분은 취득한 때에 소멸한다.

답 ③

48 세무사 2018

☑ 확인Check! O △ X

상법상 회사의 설립에 관한 설명으로 옳지 않은 것은?

① 유한책임회사는 정관으로 사원 또는 사원이 아닌 자를 업무집행자로 정하여야 한다.
② 유한책임회사의 경우 사원의 출자목적 및 가액은 정관의 절대적 기재사항이고, 사원은 설립등기를 할 때까지 그 출자의 전부를 이행하여야 한다.
③ 합명회사의 설립등기에 있어서는 수인의 사원이 공동으로 회사를 대표할 것을 정한 때에는 그 규정을 등기하여야 한다.
④ 유한책임회사의 업무집행자의 성명(법인인 경우에는 명칭) 및 주소는 정관에 기재하여야 한다.
⑤ 회사의 종류를 불문하고, 회사의 정관에는 일정한 사항을 기재하고 사원 또는 발기인이 기명날인 또는 서명한 후 공증인의 인증절차를 거쳐야 효력이 발생한다.

┃해설┃

① [O] 유한책임회사는 정관으로 사원 또는 사원이 아닌 자를 업무집행자로 정하여야 한다(상법 제287조의12 제1항).
② [O], ④ [O] 상법 제287조의3 제2호 · 제4호, 제287조의4 제2항

> **상법 제287조의3(정관의 기재사항)**
> 정관에는 다음 각 호의 사항을 적고 각 사원이 기명날인하거나 서명하여야 한다.
>   1. 제179조 제1호부터 제3호까지, 제5호 및 제6호에서 정한 사항
>
> > **상법 제179조(정관의 절대적 기재사항)**
> > 정관에는 다음의 사항을 기재하고 총사원이 기명날인 또는 서명하여야 한다.
> >   1. 목 적
> >   2. 상 호
> >   3. 사원의 성명 · 주민등록번호 및 주소
> >   4. 사원의 출자의 목적과 그 가격 또는 평가의 표준
> >   5. 본점의 소재지
> >   6. 정관의 작성연월일

    2. 사원의 출자의 목적 및 가액

    3. 자본금의 액

    4. 업무집행자의 성명(법인인 경우에는 명칭) 및 주소

상법 제287조의4(설립 시의 출자의 이행)

② 사원은 정관의 작성 후 설립등기를 하는 때까지 금전이나 그 밖의 재산의 출자를 전부 이행하여야 한다.

③ [○] 상법 제180조 제5호

상법 제180조(설립의 등기)

합명회사의 설립등기에 있어서는 다음의 사항을 등기하여야 한다.

    1. 제179조 제1호 내지 제3호 및 제5호의 사항과 지점을 둔 때에는 그 소재지. 다만, 회사를 대표할 사원을 정한 때에는 그 외의 사원의 주소를 제외한다.

    2. 사원의 출자의 목적, 재산출자에는 그 가격과 이행한 부분

    3. 존립기간 기타 해산사유를 정한 때에는 그 기간 또는 사유

    4. 회사를 대표할 사원을 정한 경우에는 그 성명·주소 및 주민등록번호

    5. 수인의 사원이 공동으로 회사를 대표할 것을 정한 때에는 그 규정

⑤ [×] 주식회사와 유한회사의 경우에는 공증인의 인증을 받아야 정관의 효력이 발생하나(상법 제292조, 제543조 제3항 참조), 합명회사, 합자회사, 유한책임회사의 경우에는 정관에 공증인의 인증을 요하지 않는다.

상법 제292조(정관의 효력발생)

(주식회사) 정관은 공증인의 인증을 받음으로써 효력이 생긴다. 다만, 자본금 총액이 10억원 미만인 회사를 제295조 제1항에 따라 발기설립하는 경우에는 제289조 제1항에 따라 각 발기인이 정관에 기명날인 또는 서명함으로써 효력이 생긴다.

상법 제543조(정관의 작성, 절대적 기재사항)

③ 제292조의 규정은 유한회사에 준용한다.

답 ⑤

49 세무사

☑ 확인 Check! ○ △ ✕

상법상 유한책임회사의 사원에 관한 설명으로 옳은 것은?

① 사원의 책임은 상법에 다른 규정이 있는 경우 외에는 그 출자금액을 한도로 한다.

② 회사는 정관으로 사원이 아닌 자를 업무집행자로 정할 수 없다.

③ 사원은 신용이나 노무를 출자의 목적으로 할 수 있다.

④ 사원은 정관의 작성 전까지 금전이나 그 밖의 재산의 출자를 전부 이행하여야 한다.

⑤ 퇴사한 사원의 성명이 유한책임회사의 상호 중에 사용된 경우 그 사원은 유한책임회사에 대하여 그 사용의 폐지를 청구할 수 없다.

❚ 해설 ❚

① [○] 사원의 책임은 이 법에 다른 규정이 있는 경우 외에는 그 출자금액을 한도로 한다(상법 제287조의7).

② [✕] 유한책임회사는 정관으로 <u>사원 또는 사원이 아닌 자를 업무집행자로 정하여야 한다</u>(상법 제287조의12 제1항).

③ [✕] 사원은 <u>신용이나 노무를 출자의 목적으로 하지 못한다</u>(상법 제287조의4 제1항).

④ [✕] 사원은 <u>정관의 작성 후 설립등기를 하는 때까지</u> 금전이나 그 밖의 재산의 출자를 전부 이행하여야 한다(상법 제287조의4 제2항).

⑤ [✕] 퇴사한 사원의 성명이 유한책임회사의 상호 중에 사용된 경우에는 그 사원은 유한책임회사에 대하여 <u>그 사용의 폐지를 청구할 수 있다</u>(상법 제287조의31).

답 ①

630 세무사 1차 객관식 상법(회사편)

50 세무사 2016

☑ 확인 Check! ○ △ ✕

상법상 유한책임회사의 설립의 취소 또는 무효에 관한 설명으로 옳지 않은 것은?

① 설립의 취소는 그 취소권 있는 자에 한하여 회사성립의 날로부터 2년 내에 소만으로 이를 주장할 수 있다.

② 사원이 그 채권자를 해할 것을 알고 회사를 설립한 때에는 채권자는 그 사원과 회사에 대한 소로 회사의 설립취소를 청구할 수 있다.

③ 설립의 무효는 이사, 감사에 한하여 회사성립의 날로부터 2년 내에 소만으로 이를 주장할 수 있다.

④ 설립취소의 소 또는 설립무효의 소가 그 심리 중에 원인이 된 하자가 보완되고 회사의 현황과 제반사정을 참작하여 설립을 취소 또는 무효로 하는 것이 부적당하다고 인정한 때에는 법원은 그 청구를 기각할 수 있다.

⑤ 설립취소의 판결은 판결확정 전에 생긴 회사와 사원 및 제3자 간의 권리의무에 영향을 미치지 아니한다.

┃해설┃

① [○] 상법 제287조의6, 제184조 제1항

② [○] 상법 제287조의6, 제185조

③ [✕] 설립의 무효는 <u>사원 및 업무집행자에 한하여</u> 회사성립의 날로부터 2년 내에 소만으로 이를 주장할 수 있다(상법 제287조의6, 제184조 제1항 참조).

④ [○] 상법 제287조의6, 제189조

⑤ [○] 상법 제287조의6, 제190조

> **상법 제287조의6(준용규정)**
> 유한책임회사의 설립의 무효와 취소에 관하여는 제184조부터 제194조까지의 규정을 준용한다. 이 경우 제184조 중 "사원"은 <u>"사원 및 업무집행자"로 본다.</u>
>
> **상법 제184조(설립무효, 취소의 소)**
> ① 회사의 설립의 무효는 그 사원에 한하여, 설립의 취소는 그 취소권 있는 자에 한하여 회사성립의 날로부터 2년 내에 소만으로 이를 주장할 수 있다.
>
> **상법 제185조(채권자에 의한 설립취소의 소)**
> 사원이 그 채권자를 해할 것을 알고 회사를 설립한 때에는 채권자는 그 사원과 회사에 대한 소로 회사의 설립취소를 청구할 수 있다.
>
> **상법 제189조(하자의 보완 등과 청구의 기각)**
> 설립무효의 소 또는 설립취소의 소가 그 심리 중에 원인이 된 하자가 보완되고 회사의 현황과 제반사정을 참작하여 설립을 무효 또는 취소하는 것이 부적당하다고 인정한 때에는 법원은 그 청구를 기각할 수 있다.
>
> **상법 제190조(판결의 효력)**
> 설립무효의 판결 또는 설립취소의 판결은 제3자에 대하여도 그 효력이 있다. 그러나 판결확정 전에 생긴 회사와 사원 및 제3자 간의 권리의무에 영향을 미치지 아니한다.

답 ③

제7장

상법상 회사에 관한 설명으로 옳은 것은?

① 합명회사의 사원은 다른 사원의 동의가 없어도 동종영업을 목적으로 하는 주식회사의 이사가 될 수 있다.

② 합자회사의 유한책임사원은 다른 사원 전원의 동의가 없으면 주식회사의 이사가 될 수 없다.

③ 합자회사의 유한책임사원은 다른 사원 전원의 동의가 없으면 그 지분의 전부 또는 일부를 타인에게 양도하지 못한다.

④ 유한책임회사는 그 지분의 전부 또는 일부를 양수할 수 없으며, 지분을 취득하는 경우 그 지분은 취득한 때에 소멸한다.

⑤ 유한책임회사의 총지분의 100분의 1 이상에 해당하는 지분을 가진 사원이어야 회사에 대하여 업무집행자의 책임을 추궁하는 소의 제기를 청구할 수 있다.

┃해설┃

① [✕] (합명회사의) 사원은 <u>다른 사원의 동의가 없으면</u> 자기 또는 제3자의 계산으로 회사의 영업부류에 속하는 거래를 하지 못하며 <u>동종영업을 목적으로 하는 다른 회사의 무한책임사원 또는 이사가 되지 못한다</u>(상법 제198조 제1항).

② [✕] (합자회사의) 유한책임사원은 <u>다른 사원의 동의없이</u> 자기 또는 제3자의 계산으로 회사의 영업부류에 속하는 거래를 할 수 있고 <u>동종영업을 목적으로 하는 다른 회사의 무한책임사원 또는 이사가 될 수 있다</u>(상법 제275조).

③ [✕] (합자회사의) 유한책임사원은 <u>무한책임사원 전원의 동의가</u> 있으면 그 지분의 전부 또는 일부를 타인에게 양도할 수 있다. 지분의 양도에 따라 정관을 변경하여야 할 경우에도 같다(상법 제276조).

④ [○] 상법 제287조의9 제1항, 제2항

> **상법 제287조의9(유한책임회사에 의한 지분양수의 금지)**
> ① 유한책임회사는 그 지분의 전부 또는 일부를 양수할 수 없다.
> ② 유한책임회사가 지분을 취득하는 경우에 그 지분은 취득한 때에 소멸한다.

⑤ [✕] (유한책임회사의) <u>사원은</u> 회사에 대하여 업무집행자의 책임을 추궁하는 소의 제기를 청구할 수 있다(상법 제287조의22 제1항). 즉, 유한책임회사의 대표소송 제소권은 <u>단독사원권</u>이다. 참고로 주식회사는 발행주식총수의 100분의 1 이상을 가진 주주이어야 하며, 유한회사는 자본금 총액의 100분의 3 이상에 해당하는 출자좌수를 가진 사원이어야 한다.

답 ④

상법상 회사에 관한 설명으로 옳지 않은 것은?

① 주식회사와 유한회사의 최저자본금의 제한은 없다.

② 회사는 다른 회사의 유한책임사원이 될 수 있다.

③ 유한책임회사의 업무집행자는 사원 중에서 정하여야 한다.

④ 유한책임회사는 1인의 사원으로 설립이 가능하다.

⑤ 합명회사의 내부관계는 정관 또는 상법에 다른 규정이 없으면 조합에 관한 민법규정을 준용한다.

▌해설▌

① [O] 현행 상법상 주식회사와 유한회사의 최저자본금에 관한 제한 규정은 없다.

② [O] 회사는 다른 회사의 무한책임사원이 되지 못한다(상법 제173조). 그러나 다른 회사의 유한책임사원은 될 수 있다.

③ [✕] 유한책임회사는 정관으로 <u>사원 또는 사원이 아닌 자</u>를 업무집행자로 정하여야 한다(상법 제287조의12 제1항).

④ [O] 합명회사와 합자회사는 설립 시 2인 이상의 사원이 있어야 하나(상법 제178조, 제268조 참조), 유한책임회사, 주식회사, 유한회사는 그와 같은 제한이 없어 1인 설립이 가능하다(상법 제287조의2, 제288조, 제543조 참조).

> **상법 제178조(정관의 작성)**
> 합명회사의 설립에는 2인 이상의 사원이 공동으로 정관을 작성하여야 한다.
>
> **상법 제268조(회사의 조직)**
> 합자회사는 무한책임사원과 유한책임사원으로 조직한다.
>
> **상법 제287조의2(정관의 작성)**
> 유한책임회사를 설립할 때에는 사원은 정관을 작성하여야 한다.
>
> **상법 제288조(발기인)**
> 주식회사를 설립함에는 발기인이 정관을 작성하여야 한다.
>
> **상법 제543조(정관의 작성, 절대적 기재사항)**
> ① 유한회사를 설립함에는 사원이 정관을 작성하여야 한다.

⑤ [O] 합명회사의 내부관계에 관하여는 정관 또는 본법에 다른 규정이 없으면 조합에 관한 민법의 규정을 준용한다(상법 제195조).

답 ③

53

상법상 각종 회사에 관한 설명으로 옳은 것을 모두 고른 것은?

> ㄱ. 합명회사는 사원이 1인으로 된 때에는 해산사유가 된다.
> ㄴ. 주식회사는 주주가 1인으로 된 때에는 해산사유가 된다.
> ㄷ. 유한책임회사는 영리를 목적으로 하여 설립한 법인이다.
> ㄹ. 합자회사는 무한책임사원과 유한책임사원으로 조직한다.
> ㅁ. 유한회사는 사원이 1인으로 된 때에는 해산사유가 된다.

① ㄷ, ㄹ
② ㄱ, ㄷ, ㄹ
③ ㄱ, ㄷ, ㅁ
④ ㄱ, ㄴ, ㄹ, ㅁ
⑤ ㄱ, ㄷ, ㄹ, ㅁ

┃해설┃

ㄱ. [O], ㄴ. [✕], ㅁ. [✕] 합명회사와 합자회사는 사원이 1인이 된 때가 해산사유가 되나(상법 제227조 제3호, 제269조 참조), 주식회사, 유한회사, 유한책임회사는 사원이 1인이 된 때에도 해산사유가 아니다.

> **상법 제227조(해산원인)**
> 회사는 다음의 사유로 인하여 해산한다.
>   1. 존립기간의 만료 기타 정관으로 정한 사유의 발생
>   2. 총사원의 동의
>   3. 사원이 1인으로 된 때
>   4. 합 병
>   5. 파 산
>   6. 법원의 명령 또는 판결
>
> **상법 제269조(준용규정)**
> 합자회사에는 본장에 다른 규정이 없는 사항은 합명회사에 관한 규정을 준용한다.

ㄷ. [O] 이 법에서 "회사"란 상행위나 그 밖의 영리를 목적으로 하여 설립한 법인을 말한다(상법 제169조).

ㄹ. [O] 합자회사는 무한책임사원과 유한책임사원으로 조직한다(상법 제268조).

답 ②

상법상 회사에 관한 설명으로 옳지 않은 것은?

① 유한책임회사의 사원은 신용이나 노무를 출자의 목적으로 할 수 있다.

② 유한책임회사는 자기지분을 양수할 수 없으며 지분을 취득하는 경우에 그 지분은 취득한 때에 소멸한다.

③ 유한회사의 경우 설립무효의 소 및 설립취소의 소가 허용된다.

④ 합자회사의 유한책임사원은 영업년도말에 있어서 영업시간 내에 한하여 회사의 회계장부·대차대조표 기타의 서류를 열람할 수 있다.

⑤ 합자회사의 유한책임사원이 사망한 때에는 그 상속인이 그 지분을 승계하여 사원이 된다.

┃해설┃

① [✕] (유한책임회사의) 사원은 신용이나 노무를 출자의 목적으로 하지 못한다(상법 제287조의4 제1항).

② [○] 상법 제287조의9 제1항, 제2항

③ [○] (유한)회사의 설립의 무효는 그 사원, 이사와 감사에 한하여 설립의 취소는 그 취소권 있는 자에 한하여 회사설립의 날로부터 2년 내에 소만으로 이를 주장할 수 있다(상법 제552조 제1항). 상법상 회사 중 주식회사는 설립무효의 소만 인정되나, 그 이외의 회사는 설립무효의 소와 설립취소의 소가 모두 인정된다.

④ [○] (합자회사의) 유한책임사원은 영업년도말에 있어서 영업시간 내에 한하여 회사의 회계장부·대차대조표 기타의 서류를 열람할 수 있고 회사의 업무와 재산상태를 검사할 수 있다(상법 제277조 제1항).

⑤ [○] (합자회사의) 유한책임사원이 사망한 때에는 그 상속인이 그 지분을 승계하여 사원이 된다(상법 제283조 제1항).

답 ①

55

상법상 유한책임회사에 관한 설명으로 틀린 것은?

① 사원은 신용이나 노무를 출자의 목적으로 하지 못하며 정관의 작성 후 설립등기를 하는 때까지 금전이나 그 밖의 재산의 출자를 전부 이행하여야 한다.

② 회사는 그 지분의 전부 또는 일부를 양수할 수 없으며 회사가 지분을 취득하는 경우 그 지분은 취득한 때에 소멸한다.

③ 업무집행자는 사원 과반수의 동의를 받지 아니하고는 같은 종류의 영업을 목적으로 하는 다른 회사의 업무집행자·이사 또는 집행임원이 되지 못한다.

④ 정관에 다른 규정이 없는 경우 정관을 변경하려면 총사원의 동의가 있어야 한다.

⑤ 회사의 내부관계에 관하여는 정관이나 상법에 다른 규정이 없으면 합명회사에 관한 규정을 준용한다.

┃해설┃

① [○] 상법 제287조의4 제1항, 제2항

> **상법 제287조의4(설립 시의 출자의 이행)**
> ① 사원은 신용이나 노무를 출자의 목적으로 하지 못한다.
> ② 사원은 정관의 작성 후 설립등기를 하는 때까지 금전이나 그 밖의 재산의 출자를 전부 이행하여야 한다.

② [○] 상법 제287조의9 제1항, 제2항

> **상법 제287조의9(유한책임회사에 의한 지분양수의 금지)**
> ① 유한책임회사는 그 지분의 전부 또는 일부를 양수할 수 없다.
> ② 유한책임회사가 지분을 취득하는 경우에 그 지분은 취득한 때에 소멸한다.

③ [✕] 업무집행자는 <u>사원 전원의 동의</u>를 받지 아니하고는 자기 또는 제3자의 계산으로 회사의 영업부류에 속한 거래를 하지 못하며, 같은 종류의 영업을 목적으로 하는 다른 회사의 업무집행자·이사 또는 집행임원이 되지 못한다(상법 제287조의10 제1항).

④ [○] 정관에 다른 규정이 없는 경우 정관을 변경하려면 총사원의 동의가 있어야 한다(상법 제287조의16).

⑤ [○] 유한책임회사의 내부관계에 관하여는 정관이나 이 법에 다른 규정이 없으면 합명회사에 관한 규정을 준용한다(상법 제287조의18).

답 ③

상법상 유한책임회사에 관한 설명으로 틀린 것은?

① 사원의 책임은 상법에 다른 규정이 있는 경우 외에는 그 출자금액을 한도로 한다.

② 사원의 성명·주민등록번호 및 주소는 정관에 반드시 기재되어야 하므로 1인 사원만으로 회사를 설립할 수 없다.

③ 회사성립 후에 업무집행자를 변경하려면 정관변경의 절차가 필요하다.

④ 회사를 대표하는 업무집행자가 그 업무집행으로 타인에게 손해를 입힌 경우에 회사는 그 업무집행자와 연대하여 그 손해를 배상할 책임이 있다.

⑤ 회사가 잉여금을 한도로 하여 분배할 수 있다는 상법 규정을 위반하여 잉여금을 분배한 경우에는 회사의 채권자는 그 잉여금을 분배받은 자에 대하여 회사에 반환할 것을 청구할 수 있다.

┃해설┃

① [○] (유한책임회사에서) 사원의 책임은 이 법에 다른 규정이 있는 경우 외에는 그 출자금액을 한도로 한다(상법 제287조의7).

② [✕] 유한책임회사에서 사원의 성명·주민등록번호 및 주소는 정관에 반드시 기재되어야 하나(상법 제287조의3 제1호, 제179조 제3호 참조), 1인 사원만으로 회사를 설립할 수 있다(상법 제287조의2 참조).

> **상법 제287조의2(정관의 작성)**
> 유한책임회사를 설립할 때에는 사원은 정관을 작성하여야 한다.
>
> **상법 제287조의3(정관의 기재사항)**
> 정관에는 다음 각 호의 사항을 적고 각 사원이 기명날인하거나 서명하여야 한다.
> 1. 제179조 제1호부터 제3호까지, 제5호 및 제6호에서 정한 사항(목적, 상호, 사원의 성명·주민등록번호 및 주소, 본점의 소재지, 정관의 작성년월일)
> 2. 사원의 출자의 목적 및 가액
> 3. 자본금의 액
> 4. 업무집행자의 성명(법인인 경우에는 명칭) 및 주소

③ [○] 업무집행자의 성명(법인인 경우에는 명칭) 및 주소는 정관기재사항이므로(상법 제287조의3 제4호 참조), 회사성립 후에 업무집행자를 변경하려면 정관변경의 절차가 필요하다.

④ [○] 유한책임회사를 대표하는 업무집행자가 그 업무집행으로 타인에게 손해를 입힌 경우에는 회사는 그 업무집행자와 연대하여 배상할 책임이 있다(상법 제287조의20).

⑤ [○] 상법 제287조의37 제1항, 제2항

> **상법 제287조의37(잉여금의 분배)**
> ① 유한책임회사는 대차대조표상의 순자산액으로부터 자본금의 액을 뺀 액(이하 이 조에서 "잉여금"이라 한다)을 한도로 하여 잉여금을 분배할 수 있다.
> ② 제1항을 위반하여 잉여금을 분배한 경우에는 유한책임회사의 채권자는 그 잉여금을 분배받은 자에 대하여 회사에 반환할 것을 청구할 수 있다.

답 ②

상법상 유한책임회사에 관한 설명으로 옳은 것은?

① 유한책임회사는 정관을 변경함으로써 새로운 사원을 가입시킬 수 있다.

② 유한책임회사는 그 지분의 전부 또는 일부를 양수할 수 있다.

③ 사원의 지분을 압류한 채권자는 그 사원을 퇴사시킬 수 없다.

④ 유한책임회사는 총사원의 동의에 의하여 유한회사로 조직변경을 할 수 있다.

⑤ 사원이 아닌 자가 정관에 의해 업무집행자가 된 경우 유한책임회사를 대표할 수 없다.

━━━

┃해설┃

① [○] 유한책임회사는 정관을 변경함으로써 새로운 사원을 가입시킬 수 있다(상법 제287조의23 제1항).

② [×] 유한책임회사는 그 지분의 전부 또는 일부를 <u>양수할 수 없다</u>(상법 제287조의9 제1항).

③ [×] 상법 제287조의29, 제224조 제1항

> **상법 제287조의29(지분압류채권자에 의한 퇴사)**
> 사원의 지분을 압류한 채권자가 그 사원을 퇴사시키는 경우에는 제224조를 준용한다.
>
> **상법 제224조(지분 압류채권자에 의한 퇴사청구)**
> ① 사원의 지분을 압류한 채권자는 영업년도말에 <u>그 사원을 퇴사시킬 수 있다</u>. 그러나 회사와 그 사원에 대하여 6월 전에 그 예고를 하여야 한다.

④ [×] 조직변경은 합명회사와 합자회사 상호 간(상법 제242조, 제286조 참조), <u>주식회사와 유한회사 상호 간</u>(상법 제604조 제1항, 제607조 제1항 참조), <u>주식회사와 유한책임회사 상호 간</u>(상법 제287조의43 참조)에만 허용되고, <u>유한책임회사와 유한회사 상호 간의 조직변경은 허용되지 않는다</u>.

⑤ [×] 사원이 아닌 자가 정관에 의해 업무집행자가 된 경우 유한책임회사를 <u>대표할 수 있다</u>(상법 제287조의12 제1항, 제287조의19 제1항 참조).

> **상법 제287조의12(업무의 집행)**
> ① 유한책임회사는 정관으로 사원 또는 사원이 아닌 자를 업무집행자로 정하여야 한다.
>
> **상법 제287조의19(유한책임회사의 대표)**
> ① <u>업무집행자는 유한책임회사를 대표한다</u>.

답 ①

58 법무사 2022

☑ 확인Check! ○ △ ✕

유한책임회사에 관한 다음 설명 중 가장 옳지 않은 것은?

① 유한책임회사의 설립 시 사원은 신용이나 노무를 출자의 목적으로 하지 못한다.

② 유한책임회사의 사원은 다른 사원의 동의를 받지 아니하면 그 지분의 전부 또는 일부를 타인에게 양도하지 못한다.

③ 유한책임회사는 법인을 업무집행자로 선임할 수 있고, 이 경우 그 법인은 해당 업무집행자의 직무를 행할 자를 선임하여야 한다.

④ 유한책임회사는 총사원의 동의에 의하여 유한회사로 변경할 수 있다.

⑤ 유한책임회사의 업무집행자는 결산기마다 대차대조표, 손익계산서, 그 밖에 유한책임회사의 재무상태와 경영성과를 표시하는 것으로서 대통령령으로 정하는 서류를 작성하여야 한다.

┃ 해설 ┃

① [O] (유한책임회사의) 사원은 신용이나 노무를 출자의 목적으로 하지 못한다(상법 제287조의4 제1항).

② [O] (유한책임회사의) 사원은 다른 사원의 동의를 받지 아니하면 그 지분의 전부 또는 일부를 타인에게 양도하지 못한다(상법 제287조의8 제1항).

③ [O] 법인이 업무집행자인 경우에는 그 법인은 해당 업무집행자의 직무를 행할 자를 선임하고, 그 자의 성명과 주소를 다른 사원에게 통지하여야 한다(상법 제287조의15 제1항).

④ [✕] 유한책임회사는 총사원의 동의에 의하여 <u>주식회사</u>로 변경할 수 있다(상법 제287조의43 제2항). 회사의 조직변경은 성질이 비슷한 합명회사와 합자회사 상호 간(상법 제242조, 제286조), 주식회사와 유한회사 상호 간(상법 제604조 제1항, 제607조 제1항), 주식회사와 유한책임회사 상호 간(상법 제287조의43)에만 허용된다.

⑤ [O] (유한책임회사의) 업무집행자는 결산기마다 대차대조표, 손익계산서, 그 밖에 유한책임회사의 재무상태와 경영성과를 표시하는 것으로서 대통령령으로 정하는 서류를 작성하여야 한다(상법 제287조의33).

답 ④

제7장 | 주식회사 외의 회사 **639**

☑확인 Check! ○ △ ✕

다음 중 유한책임회사 설립등기사항을 모두 고른 것은?

> ㉠ 목적, 상호, 본점의 소재지, 지점을 둔 경우에는 그 소재지
> ㉡ 존립기간 기타 해산사유를 정한 때에는 그 기간 또는 사유
> ㉢ 자본금의 액
> ㉣ 사원의 성명 · 주민등록번호
> ㉤ 유한책임회사를 대표할 자를 정한 경우에는 그 성명 또는 명칭과 주소

① ㉠, ㉡, ㉤   ② ㉠, ㉣, ㉤
③ ㉠, ㉡, ㉢, ㉣   ④ ㉠, ㉡, ㉢, ㉤
⑤ ㉠, ㉡, ㉢, ㉣, ㉤

해설

㉠ [○], ㉡ [○], ㉢ [○], ㉣ [✕], ㉤ [○] 업무집행자의 인적사항은 설립등기사항이나, 사원의 인적사항은 설립등기사항이 아니다.

> **상법 제287조의5(설립의 등기 등)**
> ① 유한책임회사는 본점의 소재지에서 다음 각 호의 사항을 등기함으로써 성립한다.
> 1. 제179조 제1호(목적) · 제2호(상호) 및 제5호(본점의 소재지)에서 정한 사항과 지점을 둔 경우에는 그 소재지(㉠)
> 2. 제180조 제3호(존립기간 기타 해산사유를 정한 때에는 그 기간 또는 사유)에서 정한 사항(㉡)
> 3. 자본금의 액(㉢)
> 4. 업무집행자의 성명, 주소 및 주민등록번호(법인인 경우에는 명칭, 주소 및 법인등록번호). 다만, 유한책임회사를 대표할 업무집행자를 정한 경우에는 그 외의 업무집행자의 주소는 제외한다.
> 5. 유한책임회사를 대표할 자를 정한 경우에는 그 성명 또는 명칭과 주소(㉤)
> 6. 정관으로 공고방법을 정한 경우에는 그 공고방법
> 7. 둘 이상의 업무집행자가 공동으로 회사를 대표할 것을 정한 경우에는 그 규정

답 ④

60 세무사 2015

☑ 확인 Check! ○ △ ✕

상법상 외국회사에 관한 설명으로 옳지 않은 것은?

① 외국회사가 대한민국에서 영업을 하려면 대한민국에서의 대표자를 정하고 대한민국 내에 영업소를 설치하거나 대표자 중 1명 이상이 대한민국에 그 주소를 두어야 한다.

② 외국에서 설립된 회사라도 대한민국에서 영업할 것을 주된 목적으로 하는 때에는 대한민국에서 설립된 회사와 같은 규정에 따라야 한다.

③ 외국회사는 다른 법률의 적용에 있어서는 법률에 다른 규정이 있는 경우 외에는 대한민국에서 성립된 동종 또는 가장 유사한 회사로 본다.

④ 외국회사가 대한민국에 영업소를 설치한 경우에 그 설치목적이 불법한 것인 때에는 법원은 이해관계인 또는 검사의 청구에 의하여 그 영업소의 폐쇄를 명할 수 있다.

⑤ 외국회사는 대한민국 영업소의 소재지에서 소정의 등기를 하기 전이라도 정관에서 정한 영업범위 내에서는 계속하여 거래할 수 있다.

┃ 해설 ┃

① [○] 외국회사가 대한민국에서 영업을 하려면 대한민국에서의 대표자를 정하고 대한민국 내에 영업소를 설치하거나 대표자 중 1명 이상이 대한민국에 그 주소를 두어야 한다(상법 제614조 제1항).

② [○] 외국에서 설립된 회사라도 대한민국에 그 본점을 설치하거나 대한민국에서 영업할 것을 주된 목적으로 하는 때에는 대한민국에서 설립된 회사와 같은 규정에 따라야 한다(상법 제617조).

③ [○] 외국회사는 다른 법률의 적용에 있어서는 법률에 다른 규정이 있는 경우 외에는 대한민국에서 성립된 동종 또는 가장 유사한 회사로 본다(상법 제621조).

④ [○] 상법 제619조 제1항 제1호

> **상법 제619조(영업소폐쇄명령)**
> ① 외국회사가 대한민국에 영업소를 설치한 경우에 다음의 사유가 있는 때에는 법원은 이해관계인 또는 검사의 청구에 의하여 그 영업소의 폐쇄를 명할 수 있다.
> 1. 영업소의 설치목적이 불법한 것인 때
> 2. 영업소의 설치등기를 한 후 정당한 사유없이 1년 내에 영업을 개시하지 아니하거나 1년 이상 영업을 휴지한 때 또는 정당한 사유없이 지급을 정지한 때
> 3. 회사의 대표자 기타 업무를 집행하는 자가 법령 또는 선량한 풍속 기타 사회질서에 위반한 행위를 한 때

⑤ [✕] 외국회사는 그 영업소의 소재지에서 제614조(대표자, 영업소의 설정과 등기)의 규정에 의한 <u>등기를 하기 전에는 계속하여 거래를 하지 못한다</u>(상법 제616조 제1항).

답 ⑤

합격의 공식
시대에듀

나는 젊었을 때, 10번 시도하면 9번 실패했다.
그래서 10번씩 시도했다.

- 조지 버나드 쇼 -

2025 시대에듀 세무사 1차 객관식 상법(회사편)

초 판 발 행	2025년 03월 10일(인쇄 2025년 02월 07일)
발 행 인	박영일
책 임 편 집	이해욱
편 저	김주한 · 시대법학연구소
편 집 진 행	김성열 · 이재성
표 지 디 자 인	김도연
편 집 디 자 인	표미영 · 김휘주
발 행 처	(주)시대고시기획
출 판 등 록	제10-1521호
주 소	서울시 마포구 큰우물로 75 [도화동 538 성지 B/D] 9F
전 화	1600-3600
팩 스	02-701-8823
홈 페 이 지	www.sdedu.co.kr
I S B N	979-11-383-8762-0 (13360)
정 가	30,000원

나는 이렇게
합격했다

당신의 합격 스토리를 들려주세요
추첨을 통해 선물을 드립니다

이벤트 참여방법

합격수기

시대에듀와 함께한
도서 or 강의 **선택**
＞
나만의 합격 노하우
정성껏 **작성**
＞
상반기/하반기
추첨을 통해 선물 증정

인터뷰

시대에듀와 함께한
강의 **선택**
＞
합격증명서 or
자격증 사본 첨부,
간단한 **소개 작성**
＞
인터뷰 완료 후
백화점 상품권 증정

이벤트 참여방법
다음 합격의 주인공은 바로 여러분입니다!

QR코드 스캔하고 ▷ ▷ ▶
이벤트 참여하여 푸짐한 경품받자!

합격의 공식
시대에듀

세무사 1차 시험

기출문제해설 도서로 단기간 합격을 안내합니다.

1차 시험 이렇게 준비하라!

회독과 반복	선택과 집중(8-8-4-4 전략)	오답 + 암기노트
• 생소한 개념, 어려운 용어 반복적 학습 • 계산문제는 반드시 손으로 풀어보기	• 선택과목과 재정학에서 80점 이상 득점 • 세법학개론과 회계학개론에서 40점 이상 득점	• 시험 전날 꼭 봐야 할 암기사항 정리 • 자주 틀리는 오답사항 정리

시대에듀 세무사 1차 시험 기출문제해설 도서가 합격을 안내합니다.

연도별 문제풀이
최근 10년간 연도별
기출문제로 실전연습

상세한 해설
혼자서도 학습이 가능한
정확하고 상세한 해설

동영상 강의 예정
전문강사의 기출문제해설
유료 동영상 강의

1차 시험 합격을 안내하는 시대에듀 기출문제해설 도서

2025 시대에듀 세무사 1차
상법 10개년 기출문제해설

10개년 기출문제 + 상세한 해설 + 판례&조문

- 2025년 제62회 세무사 시험 대비
- 최근 10개년(2015~2024) 기출문제 수록
- 최신 개정법령 및 관련 판례 완벽 반영